抗日战争时期中国人口伤亡和财产损失调研丛书

主　编　李忠杰
副主编　李　蓉　姚金果
　　　　霍海丹　蒋建农

山东省百县（市、区）抗日战争时期死难者名录

3

山东省委党史研究室　编

中共党史出版社

山东省抗日战争时期人口伤亡和
财产损失课题研究办公室

（2006 年 9 月）

主　任（重大专项课题组组长）　　常连霆
副主任（重大专项课题组副组长）　席　伟
成　员　岳绍红　张绍麟　丁广斌　于文新　王成华
　　　　陈金亮　李清汉　郑世诗　宋继法　亓　涛
　　　　张启信　范伟正　李秀业　崔维志　张宜华
　　　　刘如峰　李双安　苗祥义　韩立明　刘桂林
　　　　魏子焱　张艳芳　王增乾

山东省抗日战争时期人口伤亡和
财产损失课题研究办公室

（2008 年 2 月）

主　任（重大专项课题组组长）　　常连霆
副主任（重大专项课题组副组长）　席　伟
成　员　岳绍红　张绍麟　丁广斌　侯希杰　张开增
　　　　陈金亮　李清汉　郑世诗　秦佑镇　亓　涛
　　　　张启信　范伟正　李秀业　李克彬　李凤华
　　　　刘如峰　李双安　魏玉杰　韩立明

山东省抗日战争时期人口伤亡和
财产损失课题研究办公室

（2010 年 7 月）

主　任（重大专项课题组组长）　　常连霆

副主任（重大专项课题组副组长）　　席　伟　韩立明

成　员　岳绍红　张绍麟　丁广斌　张开增　褚金光

　　　　李清汉　郑世诗　秦佑镇　亓　涛　张启信

　　　　范伟正　李秀业　李克彬　李凤华　刘如峰

　　　　李双安　魏玉杰

山东省抗日战争时期人口伤亡和
财产损失课题研究办公室

（2014 年 8 月）

主　任（重大专项课题组组长）　　常连霆

副主任（重大专项课题组副组长）　　席　伟　韩立明

成　员　刘　浩　冯　英　司志兰　张开增　褚金光

　　　　杨仁祥　郑世诗　崔　康　牛国新　肖　怡

　　　　肖　梅　李秀业　李洪彦　刘宝良　张绪阳

　　　　李文进　李允富　张　华

《山东省百县（市、区）抗日战争时期死难者名录》编纂委员会

（2014 年 8 月）

主　任　　常连霆

副主任　　邱传贵　　林　杰　　席　伟　　李晨玉

　　　　　韩延明　　吴士英　　臧济红

成　员　　姚丙华　　韩立明　　田同军　　郭洪云　　危永安

　　　　　许　元　　刘　浩　　冯　英　　司志兰　　张开增

　　　　　褚金光　　杨仁祥　　郑世诗　　崔　康　　牛国新

　　　　　肖　怡　　肖　梅　　李秀业　　李洪彦　　刘宝良

　　　　　张绪阳　　李文进　　李允富

主　编　　常连霆

副主编　　席　伟　　韩立明

编　辑　　赵　明　　李　峰　　吕　海　　李草晖　　邱吉元

　　　　　王华艳　　尹庆峰　　郑功臣　　贾文章　　韩　莉

　　　　　姜俊英　　曹东亚　　高培忠　　刘佳慧　　韩百功

　　　　　李治朴　　李耀德　　宋元明　　李海卫　　封彦君

　　　　　韩庆伟　　刘　可　　邵维霞　　潘维胜　　郭纪锋

　　　　　刘兆东　　吉薇薇　　杨兴文　　王玉玺　　宁　峰

　　　　　陈　旭　　罗　丹　　焦晓丽　　赵建国　　孙　颖

王红兵	张　丽	樊京荣	曾世芳	田同军
郭洪云	危永安	许　元	肖　夏	张耀龙
闫化川	乔士华	邱从强	刘　莹	孟红兵
王增乾	左进峰	马　明	潘　洋	吴秀才
张　华	张江山	朱伟波	耿玉石	秦国杰
王小龙	齐　薇	柳　晶		

编纂说明

　　本名录以 2006 年山东省抗日战争时期人口伤亡和财产损失大型调研活动收集的见证人、知情人口述资料为基础整理编纂而成。

　　按照中央党史研究室关于开展抗日战争时期中国人口伤亡和财产损失调研方案的总体要求，在中央党史研究室的精心组织和科学指导下，山东省于 2006 年开展了抗日战争时期人口伤亡和财产损失大型调研活动。调研期间，全省组织 32 万余名乡村走访调查人员，走访调查了省内 95% 以上的行政村和 80% 以上的 70 岁以上老人，收集见证人和知情人关于日军屠杀平民的证言证词 79 万余份。此后，在中央党史研究室的指导下，山东省委党史研究室组织各市、县（市、区）委党史研究室以县（市、区）为单位认真梳理证言证词等调研资料，于 2010 年整理形成了包括 140 个县（市、区）和 16 个经济开发区、高新技术开发区的《山东省抗日战争时期伤亡人员名录》，共收录现山东行政区域范围内抗日战争期间（1937 年 7 月至 1945 年 8 月）因战争因素造成伤亡的人员 46.9 万余名。2014 年初，根据中央党史研究室关于编纂出版《抗日战争时期中国人口伤亡和财产损失调研丛书》的部署，我们以《山东省抗日战争时期伤亡人员名录》为基础，选择信息比较完整、填写比较规范的 100 个县（市、区）抗日战争时期死难人员名录，经省市县三级党史部门进一步整理、编纂，形成了《山东省百县（市、区）抗日战争时期死难者名录》，共收录死难者 169173 人。

　　本名录所收录的死难者，系指抗日战争时期因日本发动侵略战争，在山东境内造成死难的平民。包括被杀死、轰炸及其引起火灾等致死和因生化战、被奸淫、被迫吸毒等而死，以及因战争因素造成的饿死、冻死、累死等其他非正常死亡的平民。死难者信息主要来源于 2006 年乡村走访调查的口述资料，也有个别县（市、区）收录了文献资料中记载的部分死难者。死难者信息包含"姓名"、"籍贯"、"年龄"、"性别"、"死难时间" 5 项要素。在编纂过程中，我们尽量使各项要素达到规范、完整。但由于历史已经过去了 60 多年，行政区划有很大变动，人口迁徙规模很大，流动状况非常复杂，有的见证人和知情人对死难者信息的记忆本身就不完整；由于参与调查笔录和名录整理的人员多达数万人，对死难者信息各要素的规范和掌握也难以做到完全一致，所以，名录编纂工作非常复杂。为了保证科学性、规范性和准确性，我们尽可能采取了比较合理的处理方式，现特作如下说明：

1. "姓名"一栏中，一律以见证人和知情人的证言证词记录的死难者姓名为依据。证言证词怎么记录的，名录就怎么记载，在编纂中未作改变和加工。有些死难者姓名为乳名、绰号，有的乳名、绰号多则四个字，少则一个字；有些死难者姓名是以其家人或关联人的姓名记录的，用"××之子"、"××之家属之一"、"××之家属之二"等表述；还有些死难人员无名无姓但职业指向明确，如"卖炸鱼之妇女"、"老油匠"等；还有个别情况，是死难人员的亲属感到死难人员的乳名、绰号不雅，为其重新起了名字。上述情况都依据证言证词上的原始记录保留了其称谓。有的死难者只知道姓氏，如"杨某某"、"李××"等，在编纂中我们作了适当规范，其名字统一用"×"号代替，如"杨××"、"李××"等。

2. "籍贯"一栏中，地名为2006年调研时的名称。部分县（市、区）收录了少量非本县（市、区）籍或非山东籍，但死难地在本县（市、区）的死难者。凡山东省籍的死难人员均略去了省名，一般标明了县（市、区）、乡（镇）、村三级名称。但也有个别条目，由于证言证词记录不完整，只记录了县名或县、乡（镇）两级名称或县、村两级名称。村一级名称，有些标注了"村"字，有些标注了"社区"，有些既未标注"村"字，也未标注"社区"，在编纂中我们未作规范。对于死难者籍贯不明，但能够说明其死难时居住地点或工作、就业的组织（单位）情况的，也在此栏中予以保留。

3. "年龄"一栏中，死难者的岁数大多是见证人或知情人回忆或与同龄人比对后估算的，所以整数相对较多。由于年代久远，亦不可避免地存在着部分死难者年龄要素缺失的情况。

4. "性别"一栏中，个别死难者的性别因调查笔录漏记，其性别难以判断和核查，只能暂时空缺。另外，由于乡村风俗习惯造成的个别男性取女性名字，如"张二妮"性别为"男"等情况均保持原貌。

5. "死难时间"一栏中，由于年代久远，当事人或知情人记忆模糊，部分死难者遇难时间没有留下精确的记录。凡确认抗日战争时期死难，但无法确定具体年份的用"—"作了标示。另外，把农历和公历混淆的情况也较多见，也不排除个别把年份记错的情况。

在编纂中，对于见证人或知情人证言证词中缺漏的要素，在对应的表格栏目内采用"—"标示。

本名录所收录的 100 个县（市、区）的名称、区域范围，均为 2006 年山东省开展抗日战争时期人口伤亡和财产损失大型调研活动时的名称和区域范围。各县（市、区）死难者名录填报单位、填表人及填报时间，保留了 2009 年各县（市、区）伤亡人员名录形成时的记录，核实人、责任人除保留原核实人和责任人外，增加了 2014 年各县（市、区）复核时的核实人和责任人。名录所依据的证言证词原件存于各县（市、区）党史部门或档案馆。

编　者

2014 年 8 月

目　　录

滕州市抗日战争时期死难者名录

姓 名	籍 贯	年 龄	性 别	死难时间
孔祥坡	滕州市级索镇级索村	—	男	1938 年
周永发	滕州市级索镇级索村	—	女	1938 年
王庆余	滕州市鲍沟镇成屯	31	男	1938 年 3 月 15 日
张秀花	滕州市鲍沟镇成屯	40	女	1938 年 3 月 15 日
李际珠	滕州市鲍沟镇姜店村	24	男	1938 年 3 月 15 日
李召来	滕州市鲍沟镇姜店村	17	男	1938 年 3 月 15 日
杨崇弟	滕州市鲍沟镇姜店村	23	男	1938 年 3 月 15 日
李存广	滕州市鲍沟镇前汉宫村	29	男	1938 年 3 月 15 日
李自斌	滕州市鲍沟镇前汉宫村	40	男	1938 年 3 月 15 日
孟牛氏	滕州市鲍沟镇前汉宫村	41	女	1938 年 3 月 15 日
姜开法	滕州市鲍沟镇孙岗	60	男	1938 年 3 月 15 日
姜王氏	滕州市鲍沟镇孙岗	46	女	1938 年 3 月 15 日
时付正	滕州市鲍沟镇孙岗	50	男	1938 年 3 月 15 日
孙井木	滕州市鲍沟镇孙岗	40	男	1938 年 3 月 15 日
王朝胜	滕州市鲍沟镇吴庄村	17	男	1938 年 3 月 15 日
张本泰	滕州市鲍沟镇吴庄村	28	男	1938 年 3 月 15 日
张凤猜	滕州市鲍沟镇吴庄村	49	男	1938 年 3 月 15 日
刘兆洪	滕州市鲍沟镇小刘庄	20	男	1938 年 3 月 15 日
闫德明	滕州市鲍沟镇闫庙	23	男	1938 年 3 月 15 日
闫书庆	滕州市鲍沟镇闫庙	27	男	1938 年 3 月 15 日
闫书忠	滕州市鲍沟镇闫庙	29	男	1938 年 3 月 15 日
闫玉三	滕州市鲍沟镇闫庙	24	男	1938 年 3 月 15 日
小 闯	滕州市东郭镇厤城店	7	男	1938 年 3 月 15 日
小 礼	滕州市东郭镇厤城店	9	男	1938 年 3 月 15 日
小 妮	滕州市东郭镇厤城店	1	女	1938 年 3 月 15 日
小 同	滕州市东郭镇厤城店	1	男	1938 年 3 月 15 日
吕祥敬	滕州市东郭镇楼里	37	男	1938 年 3 月 15 日
丁 伦	滕州市东郭镇陶庄	24	男	1938 年 3 月 15 日
丁 五	滕州市东郭镇陶庄	38	男	1938 年 3 月 15 日
孟广臣	滕州市东郭镇陶庄	33	男	1938 年 3 月 15 日
任 海	滕州市东郭镇陶庄	16	男	1938 年 3 月 15 日

姓 名	籍 贯	年龄	性别	死难时间
任 河	滕州市东郭镇陶庄	13	男	1938 年 3 月 15 日
任金标	滕州市东郭镇陶庄	25	男	1938 年 3 月 15 日
任金×	滕州市东郭镇陶庄	40	男	1938 年 3 月 15 日
赵夫庆	滕州市东郭镇陶庄	41	男	1938 年 3 月 15 日
党西山	滕州市东郭镇党吉山	29	男	1938 年 3 月 15 日
党延岭	滕州市东郭镇党吉山	38	男	1938 年 3 月 15 日
党延民	滕州市东郭镇党吉山	26	男	1938 年 3 月 15 日
党延山	滕州市东郭镇党吉山	28	男	1938 年 3 月 15 日
党赵氏	滕州市东郭镇党吉山	33	女	1938 年 3 月 15 日
刘 虎	滕州市东郭镇党吉山	28	男	1938 年 3 月 15 日
刘李氏	滕州市东郭镇党吉山	38	女	1938 年 3 月 15 日
刘 龙	滕州市东郭镇党吉山	32	男	1938 年 3 月 15 日
刘张氏	滕州市东郭镇党吉山	26	女	1938 年 3 月 15 日
王逢喜	滕州市东沙河镇	27	男	1938 年 3 月 15 日
王张氏	滕州市东沙河镇	23	女	1938 年 3 月 15 日
乔元忠	滕州市级索镇后牛集村	60	男	1938 年 3 月 15 日
贾 锋	滕州市荆河街道	31	男	1938 年 3 月 15 日
李 云	滕州市荆河街道贾庄	40	女	1938 年 3 月 15 日
李云之女	滕州市荆河街道贾庄	8	女	1938 年 3 月 15 日
刘 民	滕州市荆河街道贾庄	30	男	1938 年 3 月 15 日
田桂芝	滕州市荆河街道贾庄	55	女	1938 年 3 月 15 日
王巧灵	滕州市荆河街道贾庄	31	女	1938 年 3 月 15 日
王玉山	滕州市荆河街道贾庄	41	男	1938 年 3 月 15 日
王玉水	滕州市荆河街道贾庄	56	男	1938 年 3 月 15 日
赵大山	滕州市荆河街道贾庄	40	男	1938 年 3 月 15 日
刘海臣	滕州市龙泉街道双庙	37	男	1938 年 3 月 15 日
刘海泽	滕州市龙泉街道双庙	49	男	1938 年 3 月 15 日
刘记启	滕州市龙泉街道双庙	53	男	1938 年 3 月 15 日
刘记友	滕州市龙泉街道双庙	43	男	1938 年 3 月 15 日
张军杰	滕州市龙泉街道双庙	50	男	1938 年 3 月 15 日
郑启玉	滕州市龙泉街道双庙	48	男	1938 年 3 月 15 日
郑协兰	滕州市龙泉街道双庙	39	女	1938 年 3 月 15 日
张大妮	滕州市龙泉街道张庄	69	女	1938 年 3 月 15 日
张恒河	滕州市龙泉街道张庄	67	男	1938 年 3 月 15 日

姓 名	籍 贯	年 龄	性 别	死难时间
张恒善	滕州市龙泉街道张庄	68	男	1938 年 3 月 15 日
张聂氏	滕州市龙泉街道张庄	70	女	1938 年 3 月 15 日
张王氏	滕州市龙泉街道张庄	63	女	1938 年 3 月 15 日
张兴龙	滕州市龙泉街道张庄	48	男	1938 年 3 月 15 日
张兴伍	滕州市龙泉街道张庄	68	男	1938 年 3 月 15 日
张兴友	滕州市龙泉街道张庄	34	男	1938 年 3 月 15 日
黄文义	滕州市龙阳镇黄岭村	32	男	1938 年 3 月 15 日
黄幼民	滕州市龙阳镇黄岭村	4	男	1938 年 3 月 15 日
黄幼民之妹	滕州市龙阳镇黄岭村	2	女	1938 年 3 月 15 日
黄幼民之母	滕州市龙阳镇黄岭村	36	女	1938 年 3 月 15 日
王大毛	滕州市南沙河镇彭王楼	28	男	1938 年 3 月 15 日
秦继柱	滕州市东郭镇大坞沟村	38	男	1938 年 3 月 15 日
秦继领	滕州市东郭镇大坞沟村	42	男	1938 年 3 月 15 日
秦继琢	滕州市东郭镇大坞沟村	28	男	1938 年 3 月 15 日
秦昭西	滕州市东郭镇大坞沟村	20	男	1938 年 3 月 15 日
秦传祥	滕州市东郭镇大坞沟村	38	男	1938 年 3 月 15 日
秦继晓	滕州市东郭镇大坞沟村	18	男	1938 年 3 月 15 日
秦广喜	滕州市东郭镇大坞沟村	24	男	1938 年 3 月 15 日
秦广标	滕州市东郭镇大坞沟村	24	男	1938 年 3 月 15 日
秦广恒	滕州市东郭镇大坞沟村	22	男	1938 年 3 月 15 日
赵如意	滕州市东郭镇大坞沟村	21	男	1938 年 3 月 15 日
赵张氏	滕州市东郭镇大坞沟村	19	女	1938 年 3 月 15 日
葛宝海	滕州市东郭镇大坞沟村	40	男	1938 年 3 月 15 日
葛张氏	滕州市东郭镇大坞沟村	46	女	1938 年 3 月 15 日
秦传友	滕州市东郭镇大坞沟村	47	男	1938 年 3 月 15 日
蔡永胜	滕州市东郭镇大坞沟村	22	男	1938 年 3 月 15 日
李福宽	滕州市官桥镇东磨庄	34	男	1938 年 3 月 16 日
孔庆才	滕州市级索镇西孔村	20	男	1938 年 3 月 16 日
大 狗	滕州市荆河街道	2	男	1938 年 3 月 16 日
韩 兵	滕州市荆河街道	29	男	1938 年 3 月 16 日
张 强	滕州市荆河街道	5	男	1938 年 3 月 16 日
蒋玉之	滕州市龙泉街道任村	20	女	1938 年 3 月 16 日
任广玲	滕州市龙泉街道任村	18	女	1938 年 3 月 16 日
徐甫洁	滕州市龙泉街道任村	39	男	1938 年 3 月 16 日

姓 名	籍 贯	年龄	性别	死难时间
徐刘氏	滕州市龙泉街道任村	23	女	1938 年 3 月 16 日
张恒文	滕州市龙泉街道张庄	60	男	1938 年 3 月 16 日
张恒兴	滕州市龙泉街道张庄	58	男	1938 年 3 月 16 日
张兴利	滕州市龙泉街道张庄	34	男	1938 年 3 月 16 日
张兴信	滕州市龙泉街道张庄	46	男	1938 年 3 月 16 日
张兴玉	滕州市龙泉街道张庄	43	男	1938 年 3 月 16 日
赵宪国	滕州市龙泉街道赵庄	30	男	1938 年 3 月 16 日
赵宪虎	滕州市龙泉街道赵庄	29	男	1938 年 3 月 16 日
赵宪立	滕州市龙泉街道赵庄	37	男	1938 年 3 月 16 日
赵宪义	滕州市龙泉街道赵庄	28	男	1938 年 3 月 16 日
赵徐氏	滕州市龙泉街道赵庄	43	女	1938 年 3 月 16 日
赵一河	滕州市龙泉街道赵庄	27	男	1938 年 3 月 16 日
赵一江	滕州市龙泉街道赵庄	34	男	1938 年 3 月 16 日
赵一龙	滕州市龙泉街道赵庄	42	男	1938 年 3 月 16 日
高金吉	滕州市南沙河镇房村	44	男	1938 年 3 月 16 日
高金朴	滕州市南沙河镇房村	37	男	1938 年 3 月 16 日
高金文	滕州市南沙河镇房村	19	男	1938 年 3 月 16 日
高金尧	滕州市南沙河镇房村	40	男	1938 年 3 月 16 日
高小毛	滕州市南沙河镇房村	12	男	1938 年 3 月 16 日
侯以珠	滕州市南沙河镇房村	42	男	1938 年 3 月 16 日
李大壮	滕州市南沙河镇房村	8 个月	男	1938 年 3 月 16 日
李富贵	滕州市南沙河镇房村	25	男	1938 年 3 月 16 日
李刘氏	滕州市南沙河镇房村	36	女	1938 年 3 月 16 日
刘凤鹃	滕州市南沙河镇房村	19	女	1938 年 3 月 16 日
孙王氏	滕州市南沙河镇房村	38	女	1938 年 3 月 16 日
王 刚	滕州市南沙河镇房村	36	男	1938 年 3 月 16 日
张庆喜	滕州市南沙河镇房村	37	男	1938 年 3 月 16 日
张有才	滕州市南沙河镇房村	26	男	1938 年 3 月 16 日
张有福	滕州市南沙河镇房村	26	男	1938 年 3 月 16 日
蒋清营	滕州市南沙河镇房村	42	男	1938 年 3 月 16 日
朱怀田	滕州市南沙河镇	65	男	1938 年 3 月 16 日
朱兴旺	滕州市南沙河镇	25	男	1938 年 3 月 16 日
高孙氏	滕州市南沙河镇后仓	36	女	1938 年 3 月 16 日
荣 妮	滕州市南沙河镇后仓	16	女	1938 年 3 月 16 日

姓 名	籍 贯	年龄	性别	死难时间
王刘氏	滕州市南沙河镇后仓	58	女	1938 年 3 月 16 日
朱刘氏	滕州市南沙河镇后仓	38	女	1938 年 3 月 16 日
刘广礼	滕州市善南街道刘屯	58	男	1938 年 3 月 16 日
赵开环	滕州市鲍沟镇	34	男	1938 年 3 月 17 日
钟文英	滕州市鲍沟镇鲍沟东村	71	男	1938 年 3 月 17 日
李庆宣	滕州市鲍沟镇河崖	26	男	1938 年 3 月 17 日
李庆英	滕州市鲍沟镇河崖	28	女	1938 年 3 月 17 日
李延茂	滕州市鲍沟镇河崖	20	男	1938 年 3 月 17 日
郝金乡	滕州市鲍沟镇南潭村	50	男	1938 年 3 月 17 日
关长中之父	滕州市东沙河镇史楼	40	男	1938 年 3 月 17 日
关广新之父	滕州市东沙河镇史楼	38	男	1938 年 3 月 17 日
王氏兰之母	滕州市东沙河镇史楼	41	女	1938 年 3 月 17 日
小 栋	滕州市东沙河镇史楼	29	男	1938 年 3 月 17 日
小栋之女	滕州市东沙河镇史楼	5	女	1938 年 3 月 17 日
小栋之妻	滕州市东沙河镇史楼	27	女	1938 年 3 月 17 日
白昌水	滕州市东沙河镇向阳山	33	男	1938 年 3 月 17 日
白张氏	滕州市东沙河镇向阳山	31	女	1938 年 3 月 17 日
邵赵氏	滕州市东沙河镇向阳山	30	女	1938 年 3 月 17 日
王高氏	滕州市东沙河镇向阳山	32	女	1938 年 3 月 17 日
王金山	滕州市东沙河镇向阳山	35	男	1938 年 3 月 17 日
王赵氏	滕州市东沙河镇向阳山	32	女	1938 年 3 月 17 日
张宝元	滕州市东沙河镇向阳山	40	男	1938 年 3 月 17 日
张华氏	滕州市东沙河镇向阳山	29	女	1938 年 3 月 17 日
张林昌	滕州市东沙河镇向阳山	34	男	1938 年 3 月 17 日
张秀芝	滕州市东沙河镇向阳山	38	女	1938 年 3 月 17 日
张彦坤	滕州市东沙河镇向阳山	32	男	1938 年 3 月 17 日
张赵氏	滕州市东沙河镇向阳山	28	女	1938 年 3 月 17 日
赵黄金	滕州市东沙河镇向阳山	36	男	1938 年 3 月 17 日
赵李氏	滕州市东沙河镇向阳山	36	女	1938 年 3 月 17 日
赵梁氏	滕州市东沙河镇向阳山	37	女	1938 年 3 月 17 日
赵晓凤	滕州市东沙河镇向阳山	36	女	1938 年 3 月 17 日
赵杨氏	滕州市东沙河镇向阳山	36	女	1938 年 3 月 17 日
殷茂瑞	滕州市官桥镇坝上村	41	男	1938 年 3 月 17 日
彭修存	滕州市官桥镇北辛村	55	男	1938 年 3 月 17 日

姓 名	籍 贯	年 龄	性 别	死难时间
李洪太	滕州市官桥镇东康留	55	男	1938 年 3 月 17 日
张明宝	滕州市官桥镇前莱村	17	男	1938 年 3 月 17 日
牛元和	滕州市级索镇后牛集村	30	男	1938 年 3 月 17 日
郭来琪	滕州市姜屯镇前徐	50	男	1938 年 3 月 17 日
梁金章	滕州市姜屯镇前徐	30	男	1938 年 3 月 17 日
梁金铸	滕州市姜屯镇前徐	40	男	1938 年 3 月 17 日
梁荣标	滕州市姜屯镇前徐	70	男	1938 年 3 月 17 日
梁荣怀	滕州市姜屯镇前徐	60	男	1938 年 3 月 17 日
秦 氏	滕州市姜屯镇前徐	15	女	1938 年 3 月 17 日
徐承香	滕州市姜屯镇前徐	50	男	1938 年 3 月 17 日
徐广汉	滕州市姜屯镇前徐	60	男	1938 年 3 月 17 日
徐广欣	滕州市姜屯镇前徐	60	男	1938 年 3 月 17 日
徐怀成	滕州市姜屯镇前徐	70	男	1938 年 3 月 17 日
张廷兰	滕州市姜屯镇前徐	50	男	1938 年 3 月 17 日
张廷忠	滕州市姜屯镇前徐	50	男	1938 年 3 月 17 日
赵景平	滕州市姜屯镇前徐	60	男	1938 年 3 月 17 日
赵宪武	滕州市姜屯镇前徐	40	男	1938 年 3 月 17 日
赵 ×	滕州市姜屯镇前徐	13	女	1938 年 3 月 17 日
程春茶	滕州市龙泉街道程堂	45	男	1938 年 3 月 17 日
程春树之母	滕州市龙泉街道程堂	52	女	1938 年 3 月 17 日
程洪壁之祖父	滕州市龙泉街道程堂	42	男	1938 年 3 月 17 日
程洪壁之祖母	滕州市龙泉街道程堂	46	女	1938 年 3 月 17 日
程洪法之祖父	滕州市龙泉街道程堂	48	男	1938 年 3 月 17 日
程洪法之祖母	滕州市龙泉街道程堂	49	女	1938 年 3 月 17 日
程洪乐	滕州市龙泉街道程堂	45	男	1938 年 3 月 17 日
程洪乐之妻	滕州市龙泉街道程堂	46	女	1938 年 3 月 17 日
程洪林	滕州市龙泉街道程堂	42	男	1938 年 3 月 17 日
程洪泰	滕州市龙泉街道程堂	46	男	1938 年 3 月 17 日
程洪泰之妻	滕州市龙泉街道程堂	49	女	1938 年 3 月 17 日
程洪云	滕州市龙泉街道程堂	58	男	1938 年 3 月 17 日
程坤田	滕州市龙泉街道程堂	40	男	1938 年 3 月 17 日
程茂偿	滕州市龙泉街道程堂	42	男	1938 年 3 月 17 日
程茂坦之祖父	滕州市龙泉街道程堂	50	男	1938 年 3 月 17 日
程茂坦之祖母	滕州市龙泉街道程堂	50	女	1938 年 3 月 17 日

姓　名	籍　贯	年　龄	性　别	死难时间
程明珠之祖母	滕州市龙泉街道程堂	46	女	1938 年 3 月 17 日
程农生	滕州市龙泉街道程堂	42	男	1938 年 3 月 17 日
程荣信	滕州市龙泉街道程堂	52	男	1938 年 3 月 17 日
程王开	滕州市龙泉街道程堂	59	男	1938 年 3 月 17 日
程徐海之妻	滕州市龙泉街道程堂	52	女	1938 年 3 月 17 日
程徐氏	滕州市龙泉街道程堂	44	女	1938 年 3 月 17 日
程学栋	滕州市龙泉街道程堂	49	男	1938 年 3 月 17 日
程学栋之妻	滕州市龙泉街道程堂	48	女	1938 年 3 月 17 日
程学府	滕州市龙泉街道程堂	48	男	1938 年 3 月 17 日
程学府之妻	滕州市龙泉街道程堂	49	女	1938 年 3 月 17 日
程学海	滕州市龙泉街道程堂	48	男	1938 年 3 月 17 日
程学滕	滕州市龙泉街道程堂	42	男	1938 年 3 月 17 日
程学滕之妻	滕州市龙泉街道程堂	45	女	1938 年 3 月 17 日
程学文	滕州市龙泉街道程堂	56	男	1938 年 3 月 17 日
程学先	滕州市龙泉街道程堂	50	男	1938 年 3 月 17 日
程学先之妻	滕州市龙泉街道程堂	52	女	1938 年 3 月 17 日
刘炳山	滕州市龙泉街道程堂	48	男	1938 年 3 月 17 日
夏甘氏	滕州市龙泉街道程堂	50	女	1938 年 3 月 17 日
夏子凯	滕州市龙泉街道程堂	50	男	1938 年 3 月 17 日
夏子凯之妻	滕州市龙泉街道程堂	51	女	1938 年 3 月 17 日
周文祥之母	滕州市龙泉街道程堂	48	女	1938 年 3 月 17 日
于贵才	滕州市龙泉街道东大庙	11	男	1938 年 3 月 17 日
郭建坦	滕州市龙泉街道董村	70	男	1938 年 3 月 17 日
郭市启	滕州市龙泉街道董村	71	男	1938 年 3 月 17 日
刘　建	滕州市龙泉街道董村	60	男	1938 年 3 月 17 日
刘　江	滕州市龙泉街道董村	61	男	1938 年 3 月 17 日
刘　亮	滕州市龙泉街道董村	60	男	1938 年 3 月 17 日
刘　涛	滕州市龙泉街道董村	61	女	1938 年 3 月 17 日
刘　腾	滕州市龙泉街道董村	62	男	1938 年 3 月 17 日
刘道乾	滕州市龙泉街道董村	64	男	1938 年 3 月 17 日
刘其东	滕州市龙泉街道董村	61	男	1938 年 3 月 17 日
刘其寒	滕州市龙泉街道董村	69	男	1938 年 3 月 17 日
刘其河	滕州市龙泉街道董村	57	男	1938 年 3 月 17 日
刘其来	滕州市龙泉街道董村	62	男	1938 年 3 月 17 日

姓 名	籍 贯	年 龄	性 别	死难时间
刘其林	滕州市龙泉街道董村	59	男	1938 年 3 月 17 日
刘其青	滕州市龙泉街道董村	70	女	1938 年 3 月 17 日
刘其山	滕州市龙泉街道董村	60	男	1938 年 3 月 17 日
刘其省	滕州市龙泉街道董村	58	男	1938 年 3 月 17 日
刘其坦	滕州市龙泉街道董村	62	男	1938 年 3 月 17 日
刘其忠	滕州市龙泉街道董村	66	男	1938 年 3 月 17 日
刘维才	滕州市龙泉街道董村	59	男	1938 年 3 月 17 日
刘维东	滕州市龙泉街道董村	59	男	1938 年 3 月 17 日
刘维好	滕州市龙泉街道董村	62	男	1938 年 3 月 17 日
刘维华	滕州市龙泉街道董村	54	男	1938 年 3 月 17 日
刘维凯	滕州市龙泉街道董村	60	男	1938 年 3 月 17 日
刘维玲	滕州市龙泉街道董村	62	男	1938 年 3 月 17 日
刘维乾	滕州市龙泉街道董村	58	男	1938 年 3 月 17 日
刘维山	滕州市龙泉街道董村	56	男	1938 年 3 月 17 日
刘维胜	滕州市龙泉街道董村	56	男	1938 年 3 月 17 日
刘维×	滕州市龙泉街道董村	64	男	1938 年 3 月 17 日
刘维水	滕州市龙泉街道董村	63	男	1938 年 3 月 17 日
刘维现	滕州市龙泉街道董村	50	男	1938 年 3 月 17 日
刘维友	滕州市龙泉街道董村	62	男	1938 年 3 月 17 日
刘维正	滕州市龙泉街道董村	58	男	1938 年 3 月 17 日
孙 广	滕州市龙泉街道董村	58	男	1938 年 3 月 17 日
孙道亮	滕州市龙泉街道董村	59	男	1938 年 3 月 17 日
孙道腾	滕州市龙泉街道董村	64	男	1938 年 3 月 17 日
孙 乾	滕州市龙泉街道董村	58	男	1938 年 3 月 17 日
赵井成	滕州市龙泉街道董村	68	男	1938 年 3 月 17 日
陈大孩	滕州市龙泉街道冯村	20	男	1938 年 3 月 17 日
冯存成之父	滕州市龙泉街道冯村	38	男	1938 年 3 月 17 日
冯存朗之祖父	滕州市龙泉街道冯村	43	男	1938 年 3 月 17 日
冯存岳之祖父	滕州市龙泉街道冯村	48	男	1938 年 3 月 17 日
冯大昌之父	滕州市龙泉街道冯村	42	男	1938 年 3 月 17 日
冯大玖之父	滕州市龙泉街道冯村	38	男	1938 年 3 月 17 日
冯大龙之父	滕州市龙泉街道冯村	43	男	1938 年 3 月 17 日
冯大振之父	滕州市龙泉街道冯村	47	男	1938 年 3 月 17 日
冯大宗之父	滕州市龙泉街道冯村	46	男	1938 年 3 月 17 日

姓 名	籍 贯	年 龄	性 别	死难时间
冯集安之父	滕州市龙泉街道冯村	36	男	1938 年 3 月 17 日
冯集法之祖父	滕州市龙泉街道冯村	41	男	1938 年 3 月 17 日
冯集来之母	滕州市龙泉街道冯村	44	女	1938 年 3 月 17 日
冯集泉之祖父	滕州市龙泉街道冯村	37	男	1938 年 3 月 17 日
冯集田之父	滕州市龙泉街道冯村	48	男	1938 年 3 月 17 日
冯集喜之父	滕州市龙泉街道冯村	41	男	1938 年 3 月 17 日
冯集印之父	滕州市龙泉街道冯村	39	男	1938 年 3 月 17 日
冯集印之母	滕州市龙泉街道冯村	40	女	1938 年 3 月 17 日
冯集振之母	滕州市龙泉街道冯村	43	女	1938 年 3 月 17 日
冯集铸之父	滕州市龙泉街道冯村	43	男	1938 年 3 月 17 日
冯集总之父	滕州市龙泉街道冯村	50	男	1938 年 3 月 17 日
冯升庭之母	滕州市龙泉街道冯村	38	女	1938 年 3 月 17 日
冯祥标之父	滕州市龙泉街道冯村	47	男	1938 年 3 月 17 日
冯祥电之父	滕州市龙泉街道冯村	44	男	1938 年 3 月 17 日
冯祥电之母	滕州市龙泉街道冯村	42	女	1938 年 3 月 17 日
冯祥海	滕州市龙泉街道冯村	22	男	1938 年 3 月 17 日
冯祥汉之父	滕州市龙泉街道冯村	44	男	1938 年 3 月 17 日
冯祥汉之母	滕州市龙泉街道冯村	42	女	1938 年 3 月 17 日
冯祥俊之父	滕州市龙泉街道冯村	42	男	1938 年 3 月 17 日
冯祥科之父	滕州市龙泉街道冯村	46	男	1938 年 3 月 17 日
冯祥玲	滕州市龙泉街道冯村	23	男	1938 年 3 月 17 日
冯祥銮之父	滕州市龙泉街道冯村	44	男	1938 年 3 月 17 日
冯祥位之父	滕州市龙泉街道冯村	41	男	1938 年 3 月 17 日
冯祥西之父	滕州市龙泉街道冯村	45	男	1938 年 3 月 17 日
冯耀奎之父	滕州市龙泉街道冯村	44	男	1938 年 3 月 17 日
冯耀奎之母	滕州市龙泉街道冯村	41	女	1938 年 3 月 17 日
冯宜功之父	滕州市龙泉街道冯村	42	男	1938 年 3 月 17 日
冯宜华之祖父	滕州市龙泉街道冯村	32	男	1938 年 3 月 17 日
冯宜敬之祖母	滕州市龙泉街道冯村	45	女	1938 年 3 月 17 日
冯宜均之父	滕州市龙泉街道冯村	45	男	1938 年 3 月 17 日
冯宜坤之祖父	滕州市龙泉街道冯村	46	男	1938 年 3 月 17 日
冯宜桐之祖父	滕州市龙泉街道冯村	50	男	1938 年 3 月 17 日
冯子福	滕州市龙泉街道冯村	23	男	1938 年 3 月 17 日
梁在军之祖父	滕州市龙泉街道冯村	44	男	1938 年 3 月 17 日

姓 名	籍 贯	年 龄	性 别	死难时间
梁在苓之祖父	滕州市龙泉街道冯村	42	男	1938 年 3 月 17 日
刘学秀之父	滕州市龙泉街道冯村	41	男	1938 年 3 月 17 日
刘学秀之母	滕州市龙泉街道冯村	43	女	1938 年 3 月 17 日
王传汉之父	滕州市龙泉街道冯村	45	男	1938 年 3 月 17 日
张贻云之父	滕州市龙泉街道冯村	51	男	1938 年 3 月 17 日
赵伟之父	滕州市龙泉街道冯村	32	男	1938 年 3 月 17 日
朱传文之祖父	滕州市龙泉街道冯村	43	男	1938 年 3 月 17 日
朱洪臣之父	滕州市龙泉街道冯村	46	男	1938 年 3 月 17 日
朱洪金之父	滕州市龙泉街道冯村	41	男	1938 年 3 月 17 日
蒋玉红	滕州市龙泉街道欧庄	39	男	1938 年 3 月 17 日
李红生	滕州市龙泉街道欧庄	45	男	1938 年 3 月 17 日
钱敬喜	滕州市龙泉街道欧庄	42	男	1938 年 3 月 17 日
钱敬轩	滕州市龙泉街道欧庄	58	男	1938 年 3 月 17 日
吴李氏	滕州市龙泉街道欧庄	41	女	1938 年 3 月 17 日
杨光仁	滕州市龙泉街道欧庄	60	男	1938 年 3 月 17 日
崔凤刚	滕州市龙泉街道任村	39	男	1938 年 3 月 17 日
崔凤花	滕州市龙泉街道任村	46	女	1938 年 3 月 17 日
崔凤兰	滕州市龙泉街道任村	27	女	1938 年 3 月 17 日
崔凤仁	滕州市龙泉街道任村	16	男	1938 年 3 月 17 日
崔凤振	滕州市龙泉街道任村	70	男	1938 年 3 月 17 日
崔广行	滕州市龙泉街道任村	39	男	1938 年 3 月 17 日
崔王氏	滕州市龙泉街道任村	32	女	1938 年 3 月 17 日
蒋凤辛	滕州市龙泉街道任村	62	男	1938 年 3 月 17 日
蒋凤元	滕州市龙泉街道任村	58	男	1938 年 3 月 17 日
蒋兆云	滕州市龙泉街道任村	52	男	1938 年 3 月 17 日
刘玉英	滕州市龙泉街道任村	22	女	1938 年 3 月 17 日
钱广具	滕州市龙泉街道任村	32	男	1938 年 3 月 17 日
任广具	滕州市龙泉街道任村	58	男	1938 年 3 月 17 日
任照河	滕州市龙泉街道任村	20	男	1938 年 3 月 17 日
任照亮	滕州市龙泉街道任村	28	男	1938 年 3 月 17 日
康文标之父	滕州市龙泉街道赵楼	46	男	1938 年 3 月 17 日
康文标之母	滕州市龙泉街道赵楼	43	女	1938 年 3 月 17 日
康文标之叔	滕州市龙泉街道赵楼	38	男	1938 年 3 月 17 日
康文平之父	滕州市龙泉街道赵楼	34	男	1938 年 3 月 17 日

姓　名	籍　贯	年　龄	性　别	死难时间
王宝业	滕州市南沙河镇后小庄	26	男	1938 年 3 月 17 日
陈敬台	滕州市善南街道丁庄	2	男	1938 年 3 月 17 日
侯宜武	滕州市鲍沟镇	26	男	1938 年 3 月 18 日
侯致仁	滕州市鲍沟镇	32	男	1938 年 3 月 18 日
程洪桂	滕州市龙泉街道程堂	42	男	1938 年 3 月 18 日
程洪清之母	滕州市龙泉街道程堂	60	女	1938 年 3 月 18 日
程洪祥	滕州市龙泉街道程堂	44	男	1938 年 3 月 18 日
程洪妖	滕州市龙泉街道程堂	46	男	1938 年 3 月 18 日
程茂良	滕州市龙泉街道程堂	48	男	1938 年 3 月 18 日
程茂俗之母	滕州市龙泉街道程堂	—	女	1938 年 3 月 18 日
程茂俗之祖父	滕州市龙泉街道程堂	41	男	1938 年 3 月 18 日
程大义	滕州市龙泉街道赵楼	38	男	1938 年 3 月 18 日
程洪会	滕州市龙泉街道赵楼	20	男	1938 年 3 月 18 日
康俊兵	滕州市龙泉街道赵楼	28	男	1938 年 3 月 18 日
康协功	滕州市龙泉街道赵楼	10	男	1938 年 3 月 18 日
党文亮	滕州市南沙河镇房村	28	男	1938 年 3 月 18 日
邓永远	滕州市南沙河镇南池	36	男	1938 年 3 月 18 日
陈丙秋	滕州市张汪镇	33	男	1938 年 3 月 18 日
陈丙仁	滕州市张汪镇	34	男	1938 年 3 月 18 日
陈丙伍	滕州市张汪镇	22	男	1938 年 3 月 18 日
陈丙印	滕州市张汪镇	29	男	1938 年 3 月 18 日
陈正举	滕州市张汪镇	27	男	1938 年 3 月 18 日
郝玉喜	滕州市鲍沟镇郝庄	23	男	1938 年 3 月 19 日
李庆栋	滕州市鲍沟镇河崖	31	男	1938 年 3 月 19 日
李井龙	滕州市柴胡店镇四李庄村	37	男	1938 年 3 月 19 日
李井田	滕州市柴胡店镇四李庄村	21	男	1938 年 3 月 19 日
李井新	滕州市柴胡店镇四李庄村	34	男	1938 年 3 月 19 日
王思亮	滕州市柴胡店镇四李庄村	53	男	1938 年 3 月 19 日
谢振江	滕州市柴胡店镇四李庄村	76	男	1938 年 3 月 19 日
杨茂田之女	滕州市柴胡店镇四李庄村	7 个月	女	1938 年 3 月 19 日
范支臣之祖父	滕州市官桥镇官桥村	46	男	1938 年 3 月 19 日
孙开庆之祖母	滕州市官桥镇官桥村	49	女	1938 年 3 月 19 日
刘　志	滕州市荆河街道	7	男	1938 年 3 月 19 日
陈玉方之父	滕州市龙泉街道贺庄	49	男	1938 年 3 月 19 日

姓　名	籍　贯	年　龄	性　别	死难时间
王纪红	滕州市南沙河镇北王铺	37	女	1938 年 3 月 19 日
邓高氏	滕州市南沙河镇南池	38	女	1938 年 3 月 19 日
靳照敏	滕州市张汪镇邓寨	30	男	1938 年 3 月 19 日
刘荣堂之妻	滕州市张汪镇邓寨	31	女	1938 年 3 月 19 日
王昭堂	滕州市张汪镇邓寨	36	男	1938 年 3 月 19 日
种延春	滕州市张汪镇邓寨	28	男	1938 年 3 月 19 日
朱恒虎	滕州市张汪镇邓寨	27	男	1938 年 3 月 19 日
刘金来	滕州市柴胡店镇官路口村	62	男	1938 年 3 月 20 日
王全柱	滕州市柴胡店镇官路口村	48	男	1938 年 3 月 20 日
张得生	滕州市柴胡店镇官路口村	42	男	1938 年 3 月 20 日
范召胜	滕州市官桥镇后莱村	32	男	1938 年 3 月 20 日
朱广海	滕州市南沙河镇北古石村	32	男	1938 年 3 月 20 日
张玉华	滕州市鲍沟镇东荆林村	37	男	1938 年 3 月 21 日
郝贵芬	滕州市鲍沟镇郝庄	27	男	1938 年 3 月 21 日
郝清泉	滕州市鲍沟镇郝庄	23	男	1938 年 3 月 21 日
郝玉文	滕州市鲍沟镇郝庄	24	男	1938 年 3 月 21 日
李茂田	滕州市鲍沟镇河崖	32	男	1938 年 3 月 21 日
肖洪同	滕州市鲍沟镇刘西	19	男	1938 年 3 月 21 日
杜永光	滕州市鲍沟镇中皇甫村	32	男	1938 年 3 月 21 日
刘成对	滕州市鲍沟镇中皇甫村	20	男	1938 年 3 月 21 日
渠时氏	滕州市官桥镇渠村	40	女	1938 年 3 月 21 日
张玉洪	滕州市官桥镇渠村	31	男	1938 年 3 月 21 日
王道溪之祖父	滕州市龙泉街道贺庄	56	男	1938 年 3 月 21 日
王广垒之祖父	滕州市龙泉街道贺庄	62	男	1938 年 3 月 21 日
朱梁氏	滕州市南沙河镇北古石村	30	女	1938 年 3 月 21 日
党文海	滕州市南沙河镇房村	54	男	1938 年 3 月 21 日
王陈氏	滕州市南沙河镇后小庄	58	女	1938 年 3 月 21 日
王小迎	滕州市南沙河镇后小庄	5 个月	女	1938 年 3 月 21 日
张丰其	滕州市善南街道七里堡	60	男	1938 年 3 月 21 日
张恒起	滕州市善南街道七里堡	58	男	1938 年 3 月 21 日
张赵氏	滕州市善南街道七里堡	61	女	1938 年 3 月 21 日
朱继燕	滕州市官桥镇北韩村	30	女	1938 年 3 月 22 日
吴运明	滕州市官桥镇吴庄村	6	男	1938 年 3 月 22 日
大　龙	滕州市南沙河镇南池	6 个月	男	1938 年 3 月 22 日

姓　名	籍　贯	年　龄	性　别	死难时间
郝玉魁	滕州市鲍沟镇郝庄	24	男	1938 年 3 月 23 日
孙建明之祖父	滕州市龙泉街道贺庄	47	男	1938 年 3 月 23 日
王道德之祖父	滕州市龙泉街道贺庄	58	男	1938 年 3 月 23 日
王历让之祖父	滕州市龙泉街道贺庄	56	男	1938 年 3 月 23 日
张二妮	滕州市龙阳镇杨庄村	12	女	1938 年 3 月 23 日
张金宝	滕州市龙阳镇杨庄村	28	男	1938 年 3 月 23 日
张金远	滕州市龙阳镇杨庄村	30	男	1938 年 3 月 23 日
张玉花	滕州市龙阳镇杨庄村	15	女	1938 年 3 月 23 日
赵来庆	滕州市龙阳镇杨庄村	30	男	1938 年 3 月 23 日
杜　光	滕州市鲍沟镇中皇甫村	32	男	1938 年 3 月 24 日
蔡德纯	滕州市龙阳镇	31	男	1938 年 3 月 24 日
丁老大	滕州市龙阳镇	27	男	1938 年 3 月 24 日
张二年	滕州市龙阳镇	28	男	1938 年 3 月 24 日
王振明	滕州市南沙河镇杨杭	40	男	1938 年 3 月 24 日
王专诺	滕州市南沙河镇杨杭	30	男	1938 年 3 月 24 日
王专诺之子	滕州市南沙河镇杨杭	7 个月	男	1938 年 3 月 24 日
彭加友	滕州市西岗镇柴里东村	67	男	1938 年 3 月 24 日
王继登	滕州市鲍沟镇东石	20	男	1938 年 3 月 25 日
王清义	滕州市鲍沟镇东石	21	男	1938 年 3 月 25 日
张大汉	滕州市鲍沟镇东石	46	男	1938 年 3 月 25 日
李庆轩	滕州市鲍沟镇河崖	22	男	1938 年 3 月 25 日
孙井堂	滕州市官桥镇车站村	46	男	1938 年 3 月 25 日
流　民	滕州市官桥镇大康留	45	男	1938 年 3 月 25 日
郭兴光	滕州市官桥镇东郑庄	26	男	1938 年 3 月 25 日
杨四军	滕州市级索镇满庄村	81	男	1938 年 3 月 25 日
杨位生	滕州市级索镇满庄村	80	男	1938 年 3 月 25 日
陈田全之祖父	滕州市龙泉街道贺庄	67	男	1938 年 3 月 25 日
陈田全之祖母	滕州市龙泉街道贺庄	63	女	1938 年 3 月 25 日
王广友之祖父	滕州市龙泉街道贺庄	64	男	1938 年 3 月 25 日
王西园	滕州市龙泉街道贺庄	12	男	1938 年 3 月 25 日
王　凤	滕州市荆河街道	18	女	1938 年 3 月 26 日
杨小亭	滕州市荆河街道	20	女	1938 年 3 月 26 日
冬　至	滕州市龙泉街道贺庄	8	男	1938 年 3 月 26 日
狗　妮	滕州市龙泉街道贺庄	10	女	1938 年 3 月 26 日

姓 名	籍 贯	年 龄	性 别	死难时间
蒋刘氏	滕州市鲍沟镇大李楼	37	女	1938 年 3 月 27 日
蒋 梅	滕州市鲍沟镇大李楼	15	女	1938 年 3 月 27 日
杨小兰	滕州市荆河街道	20	女	1938 年 3 月 27 日
索继水	滕州市龙泉街道贺庄	9	男	1938 年 3 月 17 日
索子德	滕州市龙泉街道贺庄	36	男	1938 年 3 月 17 日
程洪才	滕州市龙泉街道杏坦居	26	男	1938 年 3 月 27 日
高振梅	滕州市龙泉街道杏坦居	18	女	1938 年 3 月 27 日
小 美	滕州市荆河街道	2	女	1938 年 3 月 28 日
程洪海	滕州市龙泉街道杏坦居	27	男	1938 年 3 月 28 日
程茂祥	滕州市龙泉街道杏坦居	24	男	1938 年 3 月 29 日
程学迎	滕州市龙泉街道杏坦居	15	女	1938 年 3 月 29 日
徐高氏	滕州市南沙河镇下徐	22	女	1938 年 3 月 29 日
巩继承	滕州市龙泉街道杏坦居	19	男	1938 年 3 月 30 日
徐孔氏	滕州市南沙河镇下徐	43	女	1938 年 3 月 30 日
徐席氏	滕州市南沙河镇下徐	29	女	1938 年 3 月 30 日
徐杜氏	滕州市南沙河镇下徐	51	女	1938 年 3 月 31 日
侯以坤	滕州市龙泉街道南侯	14	男	1938 年 3 月
郑广龙	滕州市龙泉街道双庙	43	男	1938 年 3 月
褚洪涛	滕州市北辛街道	72	男	1938 年 3 月
丁相斌	滕州市北辛街道	18	男	1938 年 3 月
丁业诚	滕州市北辛街道	17	男	1938 年 3 月
丁业刚	滕州市北辛街道	36	男	1938 年 3 月
丁一启	滕州市北辛街道	22	男	1938 年 3 月
丁 振	滕州市北辛街道	37	男	1938 年 3 月
黄启藻	滕州市北辛街道	60	男	1938 年 3 月
黄文江	滕州市北辛街道	18	男	1938 年 3 月
黄文生	滕州市北辛街道	22	男	1938 年 3 月
黄文诗	滕州市北辛街道	24	男	1938 年 3 月
黄文运	滕州市北辛街道	19	男	1938 年 3 月
黄章斌	滕州市北辛街道	6	男	1938 年 3 月
李广兰	滕州市北辛街道	26	女	1938 年 3 月
刘大富	滕州市北辛街道	65	男	1938 年 3 月
刘大华	滕州市北辛街道	64	男	1938 年 3 月
刘吉安	滕州市北辛街道	53	男	1938 年 3 月

姓 名	籍 贯	年 龄	性 别	死难时间
刘三妮	滕州市北辛街道	4	女	1938 年 3 月
刘学修	滕州市北辛街道	30	男	1938 年 3 月
刘玉芬	滕州市北辛街道	12	女	1938 年 3 月
刘玉兰	滕州市北辛街道	57	女	1938 年 3 月
闵庆丰	滕州市北辛街道	58	男	1938 年 3 月
孙宝来	滕州市北辛街道	22	男	1938 年 3 月
孙凤合	滕州市北辛街道	26	男	1938 年 3 月
孙凤先	滕州市北辛街道	72	男	1938 年 3 月
孙凤云	滕州市北辛街道	29	男	1938 年 3 月
孙恒山	滕州市北辛街道	48	男	1938 年 3 月
王宝堂	滕州市北辛街道	46	男	1938 年 3 月
王长江	滕州市北辛街道	16	男	1938 年 3 月
王贵森	滕州市北辛街道	27	男	1938 年 3 月
王厚金	滕州市北辛街道	29	男	1938 年 3 月
王来娣	滕州市北辛街道	5	女	1938 年 3 月
王式宽	滕州市北辛街道	17	男	1938 年 3 月
王学谓	滕州市北辛街道	32	男	1938 年 3 月
王志斌	滕州市北辛街道	23	男	1938 年 3 月
王子全	滕州市北辛街道	48	男	1938 年 3 月
于凤羞	滕州市北辛街道	59	男	1938 年 3 月
张凤国	滕州市北辛街道	29	男	1938 年 3 月
张凤全	滕州市北辛街道	58	男	1938 年 3 月
张贵军	滕州市北辛街道	56	男	1938 年 3 月
张合来	滕州市北辛街道	46	男	1938 年 3 月
周宝湖	滕州市北辛街道	19	男	1938 年 3 月
周广安	滕州市北辛街道	18	男	1938 年 3 月
朱广发	滕州市北辛街道	48	男	1938 年 3 月
朱广宽	滕州市北辛街道	47	男	1938 年 3 月
程广杰	滕州市北辛街道	63	男	1938 年 3 月
汪王强	滕州市北辛街道	42	男	1938 年 3 月
殷现成	滕州市北辛街道	65	男	1938 年 3 月
周士杰	滕州市北辛街道	73	男	1938 年 3 月
周运发	滕州市北辛街道	57	男	1938 年 3 月
褚福宝	滕州市北辛街道	27	男	1938 年 3 月

姓 名	籍 贯	年 龄	性 别	死难时间
王裕耀	滕州市北辛街道	40	男	1938 年 3 月
单来安	滕州市北辛街道	43	男	1938 年 3 月
黄启年	滕州市北辛街道	38	男	1938 年 3 月
张成玉	滕州市北辛街道	36	男	1938 年 3 月
赵振武	滕州市北辛街道	36	男	1938 年 3 月
安 氏	滕州市北辛街道北关	31	女	1938 年 3 月
蔡玉方	滕州市北辛街道北关	64	男	1938 年 3 月
曹李氏	滕州市北辛街道北关	19	女	1938 年 3 月
陈贵祥	滕州市北辛街道北关	17	男	1938 年 3 月
廖开泗	滕州市北辛街道北关	23	男	1938 年 3 月
春 正	滕州市北辛街道北关	33	男	1938 年 3 月
代志强	滕州市北辛街道北关	34	男	1938 年 3 月
丁大强	滕州市北辛街道北关	16	男	1938 年 3 月
董洪昌	滕州市北辛街道北关	20	男	1938 年 3 月
范绍岑	滕州市北辛街道北关	6	女	1938 年 3 月
冯福华	滕州市北辛街道北关	34	男	1938 年 3 月
巩运来	滕州市北辛街道北关	7	男	1938 年 3 月
谷 秀	滕州市北辛街道北关	49	女	1938 年 3 月
顾大法	滕州市北辛街道北关	47	男	1938 年 3 月
郭继全	滕州市北辛街道北关	39	男	1938 年 3 月
郭 亮	滕州市北辛街道北关	43	男	1938 年 3 月
韩发挥	滕州市北辛街道北关	32	男	1938 年 3 月
韩敬山	滕州市北辛街道北关	56	男	1938 年 3 月
韩志刚	滕州市北辛街道北关	50	男	1938 年 3 月
郝岚峰	滕州市北辛街道北关	69	男	1938 年 3 月
侯长贵	滕州市北辛街道北关	29	男	1938 年 3 月
胡卫山	滕州市北辛街道北关	36	男	1938 年 3 月
黄长明	滕州市北辛街道北关	46	男	1938 年 3 月
黄大妮	滕州市北辛街道北关	15	女	1938 年 3 月
黄夫泰	滕州市北辛街道北关	27	男	1938 年 3 月
黄士玉	滕州市北辛街道北关	37	男	1938 年 3 月
黄玉山	滕州市北辛街道北关	50	男	1938 年 3 月
黄 志	滕州市北辛街道北关	17	男	1938 年 3 月
纪怀宣	滕州市北辛街道北关	61	男	1938 年 3 月

姓 名	籍 贯	年 龄	性 别	死难时间
贾玉山	滕州市北辛街道北关	32	男	1938 年 3 月
姜建国	滕州市北辛街道北关	17	男	1938 年 3 月
蒋风学	滕州市北辛街道北关	48	男	1938 年 3 月
蒋李氏	滕州市北辛街道北关	33	女	1938 年 3 月
蒋王氏	滕州市北辛街道北关	56	女	1938 年 3 月
张 氏	滕州市北辛街道北关	43	女	1938 年 3 月
孔凡文	滕州市北辛街道北关	55	男	1938 年 3 月
孔立章	滕州市北辛街道北关	58	男	1938 年 3 月
孔祥文	滕州市北辛街道北关	48	男	1938 年 3 月
孔学辉	滕州市北辛街道北关	57	男	1938 年 3 月
李保华	滕州市北辛街道北关	19	男	1938 年 3 月
李长根	滕州市北辛街道北关	37	男	1938 年 3 月
李成功	滕州市北辛街道北关	46	男	1938 年 3 月
李大强	滕州市北辛街道北关	20	男	1938 年 3 月
李二保	滕州市北辛街道北关	31	男	1938 年 3 月
李凤祥	滕州市北辛街道北关	51	男	1938 年 3 月
李三孩	滕州市北辛街道北关	28	男	1938 年 3 月
李尚贤	滕州市北辛街道北关	18	男	1938 年 3 月
李 松	滕州市北辛街道北关	3	男	1938 年 3 月
李田氏	滕州市北辛街道北关	41	女	1938 年 3 月
李王氏	滕州市北辛街道北关	25	女	1938 年 3 月
李文珍	滕州市北辛街道北关	58	男	1938 年 3 月
李玉山	滕州市北辛街道北关	19	男	1938 年 3 月
李玉水	滕州市北辛街道北关	49	男	1938 年 3 月
李运英	滕州市北辛街道北关	53	男	1938 年 3 月
李兆林	滕州市北辛街道北关	47	男	1938 年 3 月
李振岭	滕州市北辛街道北关	26	男	1938 年 3 月
李政军	滕州市北辛街道北关	19	男	1938 年 3 月
李政民	滕州市北辛街道北关	25	男	1938 年 3 月
梁在朝	滕州市北辛街道北关	9	男	1938 年 3 月
刘二狗	滕州市北辛街道北关	18	男	1938 年 3 月
刘凡胜	滕州市北辛街道北关	37	男	1938 年 3 月
刘凤楼	滕州市北辛街道北关	48	男	1938 年 3 月
刘高氏	滕州市北辛街道北关	32	女	1938 年 3 月

姓 名	籍 贯	年 龄	性 别	死难时间
刘怀栋	滕州市北辛街道北关	23	男	1938 年 3 月
刘怀毅	滕州市北辛街道北关	36	男	1938 年 3 月
刘家庆	滕州市北辛街道北关	21	男	1938 年 3 月
刘李氏	滕州市北辛街道北关	47	女	1938 年 3 月
刘明德	滕州市北辛街道北关	71	男	1938 年 3 月
刘明善	滕州市北辛街道北关	49	男	1938 年 3 月
刘三孩	滕州市北辛街道北关	27	男	1938 年 3 月
刘士民	滕州市北辛街道北关	48	男	1938 年 3 月
刘士同	滕州市北辛街道北关	21	男	1938 年 3 月
刘 氏	滕州市北辛街道北关	29	女	1938 年 3 月
刘王氏	滕州市北辛街道北关	36	女	1938 年 3 月
刘 伟	滕州市北辛街道北关	23	男	1938 年 3 月
刘文海	滕州市北辛街道北关	65	男	1938 年 3 月
刘西九	滕州市北辛街道北关	60	男	1938 年 3 月
刘晓兰	滕州市北辛街道北关	36	女	1938 年 3 月
刘学森	滕州市北辛街道北关	30	男	1938 年 3 月
刘曾顺	滕州市北辛街道北关	31	男	1938 年 3 月
刘忠方	滕州市北辛街道北关	70	男	1938 年 3 月
刘宗盛	滕州市北辛街道北关	17	男	1938 年 3 月
刘宗友	滕州市北辛街道北关	20	男	1938 年 3 月
刘尊烈	滕州市北辛街道北关	21	男	1938 年 3 月
龙兴斌	滕州市北辛街道北关	19	男	1938 年 3 月
龙兴林	滕州市北辛街道北关	31	男	1938 年 3 月
卢爱芹	滕州市北辛街道北关	3	女	1938 年 3 月
鲁作凯	滕州市北辛街道北关	19	男	1938 年 3 月
鲁作权	滕州市北辛街道北关	23	男	1938 年 3 月
路二孩	滕州市北辛街道北关	35	男	1938 年 3 月
路 华	滕州市北辛街道北关	29	男	1938 年 3 月
吕 敏	滕州市北辛街道北关	6	女	1938 年 3 月
吕湘淮	滕州市北辛街道北关	22	男	1938 年 3 月
马金明	滕州市北辛街道北关	25	男	1938 年 3 月
马延虎	滕州市北辛街道北关	27	男	1938 年 3 月
马宗水	滕州市北辛街道北关	50	男	1938 年 3 月
满庆林	滕州市北辛街道北关	36	男	1938 年 3 月

姓 名	籍 贯	年 龄	性 别	死难时间
满庆耀	滕州市北辛街道北关	24	男	1938 年 3 月
毛朵品	滕州市北辛街道北关	7	男	1938 年 3 月
孟祥伟	滕州市北辛街道北关	49	男	1938 年 3 月
闵玉法	滕州市北辛街道北关	46	男	1938 年 3 月
明二孩	滕州市北辛街道北关	18	男	1938 年 3 月
明老二	滕州市北辛街道北关	30	男	1938 年 3 月
明秀山	滕州市北辛街道北关	29	男	1938 年 3 月
聂殿泗	滕州市北辛街道北关	19	男	1938 年 3 月
钱吕氏	滕州市北辛街道北关	45	女	1938 年 3 月
乔成法	滕州市北辛街道北关	12	男	1938 年 3 月
秦大柱	滕州市北辛街道北关	46	男	1938 年 3 月
秦二妮	滕州市北辛街道北关	38	女	1938 年 3 月
秦 氏	滕州市北辛街道北关	30	女	1938 年 3 月
邱玉山	滕州市北辛街道北关	69	男	1938 年 3 月
渠 丰	滕州市北辛街道北关	26	男	1938 年 3 月
任凤国	滕州市北辛街道北关	13	男	1938 年 3 月
商登奎	滕州市北辛街道北关	27	男	1938 年 3 月
商兆亭	滕州市北辛街道北关	21	男	1938 年 3 月
沈吕氏	滕州市北辛街道北关	36	女	1938 年 3 月
司振刚	滕州市北辛街道北关	36	男	1938 年 3 月
孙培成	滕州市北辛街道北关	48	男	1938 年 3 月
唐文苓	滕州市北辛街道北关	11	女	1938 年 3 月
唐运平	滕州市北辛街道北关	35	男	1938 年 3 月
田维家	滕州市北辛街道北关	42	男	1938 年 3 月
田吴氏	滕州市北辛街道北关	47	女	1938 年 3 月
田五娃	滕州市北辛街道北关	18	男	1938 年 3 月
田玉敬	滕州市北辛街道北关	60	男	1938 年 3 月
田玉科	滕州市北辛街道北关	20	男	1938 年 3 月
田玉启	滕州市北辛街道北关	21	男	1938 年 3 月
田运国	滕州市北辛街道北关	50	男	1938 年 3 月
汪恒哲	滕州市北辛街道北关	46	男	1938 年 3 月
王大孩	滕州市北辛街道北关	17	男	1938 年 3 月
王光雨	滕州市北辛街道北关	7	男	1938 年 3 月
王桂花	滕州市北辛街道北关	42	女	1938 年 3 月

姓　名	籍　贯	年　龄	性　别	死难时间
王吉光	滕州市北辛街道北关	74	男	1938 年 3 月
王建邦	滕州市北辛街道北关	32	男	1938 年 3 月
王建良	滕州市北辛街道北关	30	男	1938 年 3 月
王金娥	滕州市北辛街道北关	70	女	1938 年 3 月
王景辉	滕州市北辛街道北关	66	男	1938 年 3 月
王培山	滕州市北辛街道北关	11	男	1938 年 3 月
王庆吉	滕州市北辛街道北关	48	男	1938 年 3 月
王三妮	滕州市北辛街道北关	3	女	1938 年 3 月
王司平	滕州市北辛街道北关	29	男	1938 年 3 月
王兴修	滕州市北辛街道北关	47	男	1938 年 3 月
王学贞	滕州市北辛街道北关	25	男	1938 年 3 月
王玉芝	滕州市北辛街道北关	15	女	1938 年 3 月
王兆华	滕州市北辛街道北关	46	男	1938 年 3 月
王振山	滕州市北辛街道北关	19	男	1938 年 3 月
王振涛	滕州市北辛街道北关	56	男	1938 年 3 月
王忠奇	滕州市北辛街道北关	59	男	1938 年 3 月
魏彭氏	滕州市北辛街道北关	36	女	1938 年 3 月
吴广来	滕州市北辛街道北关	35	男	1938 年 3 月
吴庆生	滕州市北辛街道北关	22	男	1938 年 3 月
夏小翠	滕州市北辛街道北关	4	女	1938 年 3 月
相孝平	滕州市北辛街道北关	69	男	1938 年 3 月
熊继典	滕州市北辛街道北关	27	男	1938 年 3 月
徐继涛	滕州市北辛街道北关	46	男	1938 年 3 月
徐瑞龙	滕州市北辛街道北关	21	男	1938 年 3 月
徐玉山	滕州市北辛街道北关	45	男	1938 年 3 月
闫庚长	滕州市北辛街道北关	60	男	1938 年 3 月
闫西友	滕州市北辛街道北关	45	男	1938 年 3 月
颜建彩	滕州市北辛街道北关	17	男	1938 年 3 月
颜廷水	滕州市北辛街道北关	61	男	1938 年 3 月
杨凤银	滕州市北辛街道北关	26	男	1938 年 3 月
杨家珍	滕州市北辛街道北关	32	男	1938 年 3 月
杨三妮	滕州市北辛街道北关	6	女	1938 年 3 月
杨士岭	滕州市北辛街道北关	58	男	1938 年 3 月
杨志昌	滕州市北辛街道北关	61	男	1938 年 3 月

姓 名	籍 贯	年 龄	性 别	死难时间
殷永水	滕州市北辛街道北关	16	男	1938 年 3 月
袁建林	滕州市北辛街道北关	34	男	1938 年 3 月
袁建山	滕州市北辛街道北关	23	男	1938 年 3 月
展成法	滕州市北辛街道北关	19	男	1938 年 3 月
张宝华	滕州市北辛街道北关	27	男	1938 年 3 月
张长山	滕州市北辛街道北关	21	男	1938 年 3 月
张诚宇	滕州市北辛街道北关	46	男	1938 年 3 月
张大爱	滕州市北辛街道北关	24	女	1938 年 3 月
张和平	滕州市北辛街道北关	25	男	1938 年 3 月
张纪浩	滕州市北辛街道北关	31	男	1938 年 3 月
张建文	滕州市北辛街道北关	18	男	1938 年 3 月
张培真	滕州市北辛街道北关	41	男	1938 年 3 月
张 强	滕州市北辛街道北关	15	男	1938 年 3 月
张青虎	滕州市北辛街道北关	17	男	1938 年 3 月
张三娃	滕州市北辛街道北关	46	男	1938 年 3 月
张士强	滕州市北辛街道北关	24	男	1938 年 3 月
张文汤	滕州市北辛街道北关	17	男	1938 年 3 月
张文忠	滕州市北辛街道北关	38	男	1938 年 3 月
张学昌	滕州市北辛街道北关	68	男	1938 年 3 月
张学君	滕州市北辛街道北关	22	男	1938 年 3 月
张学民	滕州市北辛街道北关	43	男	1938 年 3 月
张永贵	滕州市北辛街道北关	52	男	1938 年 3 月
张云九	滕州市北辛街道北关	60	男	1938 年 3 月
张云男	滕州市北辛街道北关	46	男	1938 年 3 月
张云荣	滕州市北辛街道北关	26	男	1938 年 3 月
张振怀	滕州市北辛街道北关	65	男	1938 年 3 月
赵崇华	滕州市北辛街道北关	56	男	1938 年 3 月
赵福生	滕州市北辛街道北关	22	男	1938 年 3 月
赵海英	滕州市北辛街道北关	30	男	1938 年 3 月
赵洪高	滕州市北辛街道北关	58	男	1938 年 3 月
赵洪龙	滕州市北辛街道北关	30	男	1938 年 3 月
赵洪祥	滕州市北辛街道北关	16	男	1938 年 3 月
赵玉移	滕州市北辛街道北关	32	男	1938 年 3 月
周长富	滕州市北辛街道北关	43	男	1938 年 3 月

姓 名	籍 贯	年 龄	性 别	死难时间
庄李氏	滕州市北辛街道北关	37	女	1938 年 3 月
庄张氏	滕州市北辛街道北关	41	女	1938 年 3 月
邹 伦	滕州市北辛街道北关	11	男	1938 年 3 月
顾茂云之父	滕州市北辛街道北关	42	男	1938 年 3 月
二豹子	滕州市北辛街道北关	14	男	1938 年 3 月
李翠花	滕州市北辛街道北关	43	女	1938 年 3 月
许 友	滕州市北辛街道北关	40	男	1938 年 3 月
许 庄	滕州市北辛街道北关	16	男	1938 年 3 月
何继胜	滕州市北辛街道北刘	21	男	1938 年 3 月
李继敏	滕州市北辛街道北刘	15	男	1938 年 3 月
刘成水	滕州市北辛街道北刘	38	男	1938 年 3 月
孙庆龙	滕州市北辛街道北刘	17	男	1938 年 3 月
王净成	滕州市北辛街道北刘	45	男	1938 年 3 月
温素友	滕州市北辛街道北刘	56	男	1938 年 3 月
张德红	滕州市北辛街道北刘	25	男	1938 年 3 月
张义洪	滕州市北辛街道北刘	19	男	1938 年 3 月
曹宝祥	滕州市北辛街道北楼	43	男	1938 年 3 月
曹凤林	滕州市北辛街道北楼	32	男	1938 年 3 月
曹广坤	滕州市北辛街道北楼	23	男	1938 年 3 月
曹沈宁	滕州市北辛街道北楼	33	男	1938 年 3 月
曹文涛	滕州市北辛街道北楼	36	男	1938 年 3 月
曹现钧	滕州市北辛街道北楼	36	男	1938 年 3 月
曹玉祥	滕州市北辛街道北楼	52	男	1938 年 3 月
陈金祥	滕州市北辛街道北楼	30	男	1938 年 3 月
陈明华	滕州市北辛街道北楼	29	男	1938 年 3 月
陈庆家	滕州市北辛街道北楼	36	男	1938 年 3 月
陈香菊	滕州市北辛街道北楼	41	女	1938 年 3 月
陈张氏	滕州市北辛街道北楼	50	女	1938 年 3 月
丁张氏	滕州市北辛街道北楼	58	女	1938 年 3 月
郭小梅	滕州市北辛街道北楼	39	女	1938 年 3 月
郭玉凤	滕州市北辛街道北楼	28	男	1938 年 3 月
黄光瑞	滕州市北辛街道北楼	31	男	1938 年 3 月
黄桂花	滕州市北辛街道北楼	42	女	1938 年 3 月
黄明波	滕州市北辛街道北楼	46	男	1938 年 3 月

姓 名	籍 贯	年 龄	性 别	死难时间
黄明山	滕州市北辛街道北楼	28	男	1938 年 3 月
黄永和	滕州市北辛街道北楼	34	男	1938 年 3 月
李爱国	滕州市北辛街道北楼	27	男	1938 年 3 月
李长江	滕州市北辛街道北楼	32	男	1938 年 3 月
李德怀	滕州市北辛街道北楼	72	男	1938 年 3 月
李凤菊	滕州市北辛街道北楼	33	女	1938 年 3 月
李加凤	滕州市北辛街道北楼	50	女	1938 年 3 月
李加喜	滕州市北辛街道北楼	30	男	1938 年 3 月
李庆发	滕州市北辛街道北楼	27	男	1938 年 3 月
李曲红	滕州市北辛街道北楼	69	男	1938 年 3 月
李瑞平	滕州市北辛街道北楼	28	男	1938 年 3 月
李小花	滕州市北辛街道北楼	50	女	1938 年 3 月
李学华	滕州市北辛街道北楼	49	女	1938 年 3 月
李耀田	滕州市北辛街道北楼	56	男	1938 年 3 月
李永富	滕州市北辛街道北楼	27	男	1938 年 3 月
李玉国	滕州市北辛街道北楼	23	男	1938 年 3 月
李玉山	滕州市北辛街道北楼	63	男	1938 年 3 月
李玉生	滕州市北辛街道北楼	30	男	1938 年 3 月
李兆基	滕州市北辛街道北楼	70	男	1938 年 3 月
刘宝祥	滕州市北辛街道北楼	30	男	1938 年 3 月
刘成兰	滕州市北辛街道北楼	33	男	1938 年 3 月
刘大富	滕州市北辛街道北楼	47	男	1938 年 3 月
刘大全	滕州市北辛街道北楼	78	男	1938 年 3 月
刘德宾	滕州市北辛街道北楼	57	男	1938 年 3 月
刘二妮	滕州市北辛街道北楼	27	女	1938 年 3 月
刘福生	滕州市北辛街道北楼	40	男	1938 年 3 月
刘海强	滕州市北辛街道北楼	59	男	1938 年 3 月
刘 虎	滕州市北辛街道北楼	70	男	1938 年 3 月
刘家元	滕州市北辛街道北楼	52	男	1938 年 3 月
刘 雷	滕州市北辛街道北楼	49	男	1938 年 3 月
刘庆香	滕州市北辛街道北楼	32	女	1938 年 3 月
刘淑鸣	滕州市北辛街道北楼	27	男	1938 年 3 月
刘思腾	滕州市北辛街道北楼	45	男	1938 年 3 月
刘 香	滕州市北辛街道北楼	30	女	1938 年 3 月

姓 名	籍 贯	年 龄	性 别	死难时间
刘学国	滕州市北辛街道北楼	66	男	1938 年 3 月
刘学军	滕州市北辛街道北楼	27	男	1938 年 3 月
刘学山	滕州市北辛街道北楼	48	男	1938 年 3 月
刘永来	滕州市北辛街道北楼	28	男	1938 年 3 月
刘玉兰	滕州市北辛街道北楼	46	女	1938 年 3 月
刘玉苹	滕州市北辛街道北楼	46	女	1938 年 3 月
刘玉强	滕州市北辛街道北楼	22	男	1938 年 3 月
刘云生	滕州市北辛街道北楼	42	男	1938 年 3 月
马景富	滕州市北辛街道北楼	24	男	1938 年 3 月
马守才	滕州市北辛街道北楼	50	男	1938 年 3 月
倪凤来	滕州市北辛街道北楼	26	男	1938 年 3 月
孙奉先	滕州市北辛街道北楼	28	男	1938 年 3 月
孙光明	滕州市北辛街道北楼	36	男	1938 年 3 月
孙玉辰	滕州市北辛街道北楼	23	男	1938 年 3 月
唐金强	滕州市北辛街道北楼	35	男	1938 年 3 月
田修成	滕州市北辛街道北楼	27	男	1938 年 3 月
田绪光	滕州市北辛街道北楼	57	男	1938 年 3 月
王宝祥	滕州市北辛街道北楼	59	男	1938 年 3 月
王昌海	滕州市北辛街道北楼	54	男	1938 年 3 月
王崇阳	滕州市北辛街道北楼	36	男	1938 年 3 月
王传义	滕州市北辛街道北楼	25	男	1938 年 3 月
王大妮	滕州市北辛街道北楼	5	女	1938 年 3 月
王待弟	滕州市北辛街道北楼	34	男	1938 年 3 月
王道一	滕州市北辛街道北楼	30	男	1938 年 3 月
王二壮	滕州市北辛街道北楼	37	男	1938 年 3 月
王广河	滕州市北辛街道北楼	30	男	1938 年 3 月
王广义	滕州市北辛街道北楼	63	男	1938 年 3 月
王洪臣	滕州市北辛街道北楼	74	男	1938 年 3 月
王加青	滕州市北辛街道北楼	52	男	1938 年 3 月
王 建	滕州市北辛街道北楼	30	男	1938 年 3 月
王建华	滕州市北辛街道北楼	27	男	1938 年 3 月
王景富	滕州市北辛街道北楼	31	男	1938 年 3 月
王俊富	滕州市北辛街道北楼	56	男	1938 年 3 月
王利勇	滕州市北辛街道北楼	60	男	1938 年 3 月

姓 名	籍 贯	年 龄	性 别	死难时间
王 玲	滕州市北辛街道北楼	72	女	1938 年 3 月
王书生	滕州市北辛街道北楼	46	男	1938 年 3 月
王顺利	滕州市北辛街道北楼	32	男	1938 年 3 月
王天平	滕州市北辛街道北楼	36	男	1938 年 3 月
王 伟	滕州市北辛街道北楼	29	男	1938 年 3 月
王小柱	滕州市北辛街道北楼	28	男	1938 年 3 月
王 新	滕州市北辛街道北楼	37	男	1938 年 3 月
王旭光	滕州市北辛街道北楼	77	男	1938 年 3 月
王学友	滕州市北辛街道北楼	37	男	1938 年 3 月
王宜群	滕州市北辛街道北楼	52	男	1938 年 3 月
王玉芬	滕州市北辛街道北楼	42	女	1938 年 3 月
王玉龙	滕州市北辛街道北楼	48	男	1938 年 3 月
王玉荣	滕州市北辛街道北楼	52	女	1938 年 3 月
徐兰英	滕州市北辛街道北楼	32	女	1938 年 3 月
杨海峰	滕州市北辛街道北楼	27	男	1938 年 3 月
张成富	滕州市北辛街道北楼	28	男	1938 年 3 月
张大雷	滕州市北辛街道北楼	66	男	1938 年 3 月
张法文	滕州市北辛街道北楼	27	男	1938 年 3 月
张国庆	滕州市北辛街道北楼	50	男	1938 年 3 月
张金来	滕州市北辛街道北楼	73	男	1938 年 3 月
张俊文	滕州市北辛街道北楼	27	男	1938 年 3 月
张克宁	滕州市北辛街道北楼	26	男	1938 年 3 月
张来财	滕州市北辛街道北楼	76	男	1938 年 3 月
张 龙	滕州市北辛街道北楼	43	男	1938 年 3 月
张奇林	滕州市北辛街道北楼	60	男	1938 年 3 月
张庆勇	滕州市北辛街道北楼	57	男	1938 年 3 月
张寿臣	滕州市北辛街道北楼	30	男	1938 年 3 月
张寿成	滕州市北辛街道北楼	28	男	1938 年 3 月
张思政	滕州市北辛街道北楼	27	男	1938 年 3 月
张太生	滕州市北辛街道北楼	38	男	1938 年 3 月
张新民	滕州市北辛街道北楼	32	男	1938 年 3 月
张新文	滕州市北辛街道北楼	33	男	1938 年 3 月
张学山	滕州市北辛街道北楼	72	男	1938 年 3 月
张学书	滕州市北辛街道北楼	68	男	1938 年 3 月

姓　名	籍　贯	年　龄	性　别	死难时间
张运发	滕州市北辛街道北楼	47	男	1938 年 3 月
赵二妮	滕州市北辛街道北楼	22	女	1938 年 3 月
赵光华	滕州市北辛街道北楼	72	男	1938 年 3 月
赵海盛	滕州市北辛街道北楼	36	男	1938 年 3 月
赵河南	滕州市北辛街道北楼	32	男	1938 年 3 月
赵怀军	滕州市北辛街道北楼	38	男	1938 年 3 月
赵建军	滕州市北辛街道北楼	27	男	1938 年 3 月
赵南柯	滕州市北辛街道北楼	29	男	1938 年 3 月
赵王氏	滕州市北辛街道北楼	44	女	1938 年 3 月
赵小明	滕州市北辛街道北楼	62	男	1938 年 3 月
赵学永	滕州市北辛街道北楼	67	男	1938 年 3 月
曹广安	滕州市荆河街道北门里	42	男	1938 年 3 月
曹广城	滕州市荆河街道北门里	47	男	1938 年 3 月
程春兰	滕州市荆河街道北门里	63	女	1938 年 3 月
怀广毅	滕州市荆河街道北门里	70	男	1938 年 3 月
黄成花	滕州市荆河街道北门里	33	女	1938 年 3 月
黄启兰	滕州市荆河街道北门里	19	女	1938 年 3 月
黄启云	滕州市荆河街道北门里	13	女	1938 年 3 月
黄文巨	滕州市荆河街道北门里	52	男	1938 年 3 月
黄玉清	滕州市荆河街道北门里	53	男	1938 年 3 月
黄章程	滕州市荆河街道北门里	18	男	1938 年 3 月
黄章诗	滕州市荆河街道北门里	39	男	1938 年 3 月
黄章文	滕州市荆河街道北门里	52	男	1938 年 3 月
李宝宝	滕州市荆河街道北门里	39	男	1938 年 3 月
李常法	滕州市荆河街道北门里	53	男	1938 年 3 月
李富春	滕州市荆河街道北门里	53	男	1938 年 3 月
李广富	滕州市荆河街道北门里	25	男	1938 年 3 月
李广森	滕州市荆河街道北门里	68	男	1938 年 3 月
李黄氏	滕州市荆河街道北门里	57	女	1938 年 3 月
李文广	滕州市荆河街道北门里	52	男	1938 年 3 月
商登科	滕州市荆河街道北门里	48	男	1938 年 3 月
商登堂	滕州市荆河街道北门里	67	男	1938 年 3 月
孙宝吉	滕州市荆河街道北门里	59	男	1938 年 3 月
孙凤安	滕州市荆河街道北门里	48	男	1938 年 3 月

姓 名	籍 贯	年 龄	性 别	死难时间
孙王氏	滕州市荆河街道北门里	70	女	1938 年 3 月
王 强	滕州市荆河街道北门里	16	男	1938 年 3 月
王学仁	滕州市荆河街道北门里	47	男	1938 年 3 月
王学文	滕州市荆河街道北门里	44	男	1938 年 3 月
王学义	滕州市荆河街道北门里	38	男	1938 年 3 月
王玉民	滕州市荆河街道北门里	26	男	1938 年 3 月
王玉兴	滕州市荆河街道北门里	37	男	1938 年 3 月
王兆虎	滕州市荆河街道北门里	53	男	1938 年 3 月
吴法安	滕州市荆河街道北门里	29	男	1938 年 3 月
严凤英	滕州市荆河街道北门里	60	女	1938 年 3 月
于大栓	滕州市荆河街道北门里	53	男	1938 年 3 月
于 二	滕州市荆河街道北门里	59	男	1938 年 3 月
于二菊	滕州市荆河街道北门里	7	女	1938 年 3 月
于佩远	滕州市荆河街道北门里	63	男	1938 年 3 月
于三妮	滕州市荆河街道北门里	5	女	1938 年 3 月
赵二孩	滕州市荆河街道北门里	7	男	1938 年 3 月
赵黄氏	滕州市荆河街道北门里	65	女	1938 年 3 月
赵王氏	滕州市荆河街道北门里	46	女	1938 年 3 月
安庆华之母	滕州市荆河街道北门里	59	女	1938 年 3 月
陈张氏	滕州市荆河街道北门里	63	女	1938 年 3 月
黄戈武	滕州市荆河街道北门里	54	男	1938 年 3 月
黄文生	滕州市荆河街道北门里	40	男	1938 年 3 月
李二娃	滕州市荆河街道北门里	42	男	1938 年 3 月
李广花	滕州市荆河街道北门里	47	女	1938 年 3 月
李培林之祖父	滕州市荆河街道北门里	60	男	1938 年 3 月
马士元之堂兄	滕州市荆河街道北门里	27	男	1938 年 3 月
马 氏	滕州市荆河街道北门里	70	女	1938 年 3 月
王二丫	滕州市荆河街道北门里	38	女	1938 年 3 月
王恒瑞	滕州市荆河街道北门里	20	男	1938 年 3 月
王立成	滕州市荆河街道北门里	47	男	1938 年 3 月
张二妮	滕州市荆河街道北门里	32	女	1938 年 3 月
秦李氏	滕州市北辛街道北秦	31	女	1938 年 3 月
秦刘氏	滕州市北辛街道北秦	26	女	1938 年 3 月
秦孙氏	滕州市北辛街道北秦	29	女	1938 年 3 月

姓　名	籍　贯	年　龄	性　别	死难时间
秦肇国	滕州市北辛街道北秦	39	男	1938 年 3 月
曹奉年	滕州市北辛街道曹王	37	男	1938 年 3 月
刘孝和	滕州市北辛街道曹王	32	男	1938 年 3 月
孙东举	滕州市北辛街道曹王	19	男	1938 年 3 月
杜后宽	滕州市北辛街道东北坛	28	男	1938 年 3 月
韩　宣	滕州市北辛街道东北坛	22	男	1938 年 3 月
何　虎	滕州市北辛街道东北坛	44	男	1938 年 3 月
侯　波	滕州市北辛街道东北坛	40	男	1938 年 3 月
侯绍敏	滕州市北辛街道东北坛	39	男	1938 年 3 月
侯　帅	滕州市北辛街道东北坛	45	男	1938 年 3 月
贾宝会	滕州市北辛街道东北坛	22	男	1938 年 3 月
李恩涛	滕州市北辛街道东北坛	38	男	1938 年 3 月
李洪得	滕州市北辛街道东北坛	24	男	1938 年 3 月
李　建	滕州市北辛街道东北坛	35	男	1938 年 3 月
李　金	滕州市北辛街道东北坛	25	男	1938 年 3 月
李　明	滕州市北辛街道东北坛	40	男	1938 年 3 月
李　行	滕州市北辛街道东北坛	23	男	1938 年 3 月
李之水	滕州市北辛街道东北坛	27	男	1938 年 3 月
梁腾腾	滕州市北辛街道东北坛	23	男	1938 年 3 月
梁文华	滕州市北辛街道东北坛	25	男	1938 年 3 月
刘海军	滕州市北辛街道东北坛	28	男	1938 年 3 月
吕士涛	滕州市北辛街道东北坛	40	男	1938 年 3 月
马运友	滕州市北辛街道东北坛	40	男	1938 年 3 月
梅法忠	滕州市北辛街道东北坛	56	男	1938 年 3 月
倪其才	滕州市北辛街道东北坛	25	男	1938 年 3 月
倪士中	滕州市北辛街道东北坛	40	男	1938 年 3 月
倪玉东	滕州市北辛街道东北坛	23	男	1938 年 3 月
倪玉海	滕州市北辛街道东北坛	38	男	1938 年 3 月
邱丙东	滕州市北辛街道东北坛	31	男	1938 年 3 月
邱贵成	滕州市北辛街道东北坛	34	男	1938 年 3 月
孙庆河	滕州市北辛街道东北坛	35	男	1938 年 3 月
万　成	滕州市北辛街道东北坛	32	男	1938 年 3 月
万　里	滕州市北辛街道东北坛	30	男	1938 年 3 月
王传峰	滕州市北辛街道东北坛	29	男	1938 年 3 月

姓　名	籍　贯	年　龄	性　别	死难时间
王　凯	滕州市北辛街道东北坛	40	男	1938 年 3 月
王　伟	滕州市北辛街道东北坛	27	男	1938 年 3 月
王新友	滕州市北辛街道东北坛	31	男	1938 年 3 月
魏　国	滕州市北辛街道东北坛	42	男	1938 年 3 月
奚修坦	滕州市北辛街道东北坛	29	男	1938 年 3 月
徐怀军	滕州市北辛街道东北坛	41	男	1938 年 3 月
杨玉水	滕州市北辛街道东北坛	26	男	1938 年 3 月
杨中山	滕州市北辛街道东北坛	32	男	1938 年 3 月
姚　腾	滕州市北辛街道东北坛	37	男	1938 年 3 月
于新文	滕州市北辛街道东北坛	36	男	1938 年 3 月
张海鹏	滕州市北辛街道东北坛	41	男	1938 年 3 月
张后鹏	滕州市北辛街道东北坛	40	男	1938 年 3 月
张后行	滕州市北辛街道东北坛	39	男	1938 年 3 月
张继田	滕州市北辛街道东北坛	36	男	1938 年 3 月
张　林	滕州市北辛街道东北坛	34	男	1938 年 3 月
张　伟	滕州市北辛街道东北坛	31	男	1938 年 3 月
赵永启	滕州市北辛街道东北坛	21	男	1938 年 3 月
朱长峰	滕州市北辛街道东北坛	40	男	1938 年 3 月
朱荣江	滕州市北辛街道东北坛	35	男	1938 年 3 月
曹刘氏	滕州市北辛街道东七	71	女	1938 年 3 月
刘成山	滕州市北辛街道东七	16	男	1938 年 3 月
王花荣	滕州市北辛街道东七	61	女	1938 年 3 月
王小虎	滕州市北辛街道东七	62	男	1938 年 3 月
张东花	滕州市北辛街道东七	21	女	1938 年 3 月
张　芳	滕州市北辛街道东七	27	女	1938 年 3 月
张郑氏	滕州市北辛街道东七	68	女	1938 年 3 月
周广花	滕州市北辛街道东七	54	女	1938 年 3 月
贾夫兰	滕州市北辛街道冯河	26	女	1938 年 3 月
李传辉	滕州市北辛街道冯河	61	男	1938 年 3 月
李茂芝	滕州市北辛街道冯河	46	男	1938 年 3 月
刘德生	滕州市北辛街道冯河	50	男	1938 年 3 月
刘小梅	滕州市北辛街道冯河	21	女	1938 年 3 月
殷士云	滕州市北辛街道冯河	26	女	1938 年 3 月
张付品	滕州市北辛街道冯河	64	男	1938 年 3 月

姓 名	籍 贯	年 龄	性 别	死难时间
张映生	滕州市北辛街道冯河	51	男	1938 年 3 月
赵继常	滕州市北辛街道冯河	29	男	1938 年 3 月
赵金路	滕州市北辛街道冯河	57	男	1938 年 3 月
周张氏	滕州市北辛街道冯河	71	女	1938 年 3 月
王文友之父	滕州市北辛街道	40	男	1938 年 3 月
侯贺来	滕州市北辛街道侯王村	17	男	1938 年 3 月
马登宇	滕州市北辛街道侯王村	18	男	1938 年 3 月
侯以坤	滕州市北辛街道后荆沟居	40	男	1938 年 3 月
王冬至	滕州市北辛街道后荆沟居	20	男	1938 年 3 月
魏怀伍	滕州市北辛街道后荆沟居	26	男	1938 年 3 月
魏马氏	滕州市北辛街道后荆沟居	28	女	1938 年 3 月
魏文海	滕州市北辛街道后荆沟居	26	男	1938 年 3 月
魏振若	滕州市北辛街道后荆沟居	32	男	1938 年 3 月
赵王氏	滕州市北辛街道后荆沟居	27	女	1938 年 3 月
马家时	滕州市北辛街道后铺	43	男	1938 年 3 月
马鹏江	滕州市北辛街道后铺	53	男	1938 年 3 月
邵成江	滕州市北辛街道后铺	39	男	1938 年 3 月
宋斗金	滕州市北辛街道后铺	37	男	1938 年 3 月
宋解氏	滕州市北辛街道后铺	53	女	1938 年 3 月
宋克水	滕州市北辛街道后铺	62	男	1938 年 3 月
宋李氏	滕州市北辛街道后铺	36	女	1938 年 3 月
宋张氏	滕州市北辛街道后铺	45	女	1938 年 3 月
王丙文	滕州市北辛街道后铺	43	男	1938 年 3 月
王丙香	滕州市北辛街道后铺	37	男	1938 年 3 月
曾家印	滕州市北辛街道后铺	37	男	1938 年 3 月
曾学东	滕州市北辛街道后铺	48	男	1938 年 3 月
曾学阴	滕州市北辛街道后铺	47	男	1938 年 3 月
张金银	滕州市北辛街道后铺	42	男	1938 年 3 月
李大全	滕州市北辛街道后屯	49	男	1938 年 3 月
李 强	滕州市北辛街道后屯	12	男	1938 年 3 月
李思山	滕州市北辛街道后屯	50	男	1938 年 3 月
李 四	滕州市北辛街道后屯	46	男	1938 年 3 月
李 怡	滕州市北辛街道后屯	36	男	1938 年 3 月
李 太	滕州市北辛街道后屯	3	男	1938 年 3 月

姓名	籍贯	年龄	性别	死难时间
李田宝	滕州市北辛街道后屯	61	男	1938 年 3 月
李张氏	滕州市北辛街道后屯	54	女	1938 年 3 月
刘 具	滕州市北辛街道后屯	62	男	1938 年 3 月
刘 军	滕州市北辛街道后屯	62	男	1938 年 3 月
刘 全	滕州市北辛街道后屯	17	男	1938 年 3 月
刘 全	滕州市北辛街道后屯	57	男	1938 年 3 月
刘 顺	滕州市北辛街道后屯	18	男	1938 年 3 月
史县芳	滕州市北辛街道后屯	48	男	1938 年 3 月
王福保	滕州市北辛街道后屯	52	男	1938 年 3 月
张宝伟	滕州市北辛街道后屯	47	男	1938 年 3 月
张德红	滕州市北辛街道后屯	16	男	1938 年 3 月
张德军	滕州市北辛街道后屯	12	男	1938 年 3 月
张来生	滕州市北辛街道后屯	42	男	1938 年 3 月
张 美	滕州市北辛街道后屯	48	男	1938 年 3 月
张 氏	滕州市北辛街道后屯	68	女	1938 年 3 月
黄恒章	滕州市北辛街道黄安	22	男	1938 年 3 月
黄李氏	滕州市北辛街道黄安	39	女	1938 年 3 月
黄启章	滕州市北辛街道黄安	40	男	1938 年 3 月
黄水章	滕州市北辛街道黄安	38	男	1938 年 3 月
黄赵氏	滕州市北辛街道黄安	35	女	1938 年 3 月
蔡庆同	滕州市北辛街道教场	76	男	1938 年 3 月
陈志国	滕州市北辛街道教场	28	男	1938 年 3 月
郭大强	滕州市北辛街道教场	30	男	1938 年 3 月
侯佩举	滕州市北辛街道教场	46	男	1938 年 3 月
黄家轩	滕州市北辛街道教场	48	男	1938 年 3 月
李富强	滕州市北辛街道教场	20	男	1938 年 3 月
李明军	滕州市北辛街道教场	31	男	1938 年 3 月
李树成	滕州市北辛街道教场	17	男	1938 年 3 月
刘 辉	滕州市北辛街道教场	39	男	1938 年 3 月
刘 珂	滕州市北辛街道教场	19	男	1938 年 3 月
刘二贵	滕州市北辛街道教场	42	男	1938 年 3 月
刘二涛	滕州市北辛街道教场	47	男	1938 年 3 月
刘加柱	滕州市北辛街道教场	27	男	1938 年 3 月
刘文全	滕州市北辛街道教场	29	男	1938 年 3 月

姓 名	籍 贯	年 龄	性 别	死难时间
刘玉兰	滕州市北辛街道教场	40	女	1938 年 3 月
刘张氏	滕州市北辛街道教场	50	女	1938 年 3 月
刘志伟	滕州市北辛街道教场	35	男	1938 年 3 月
刘忠亮	滕州市北辛街道教场	37	男	1938 年 3 月
鲁组建	滕州市北辛街道教场	34	男	1938 年 3 月
马奎彦	滕州市北辛街道教场	18	男	1938 年 3 月
时军红	滕州市北辛街道教场	31	男	1938 年 3 月
时军霞	滕州市北辛街道教场	21	女	1938 年 3 月
时培清	滕州市北辛街道教场	52	男	1938 年 3 月
时小翠	滕州市北辛街道教场	7	女	1938 年 3 月
万富强	滕州市北辛街道教场	59	男	1938 年 3 月
王登友	滕州市北辛街道教场	36	男	1938 年 3 月
王洪刚	滕州市北辛街道教场	22	男	1938 年 3 月
王金山	滕州市北辛街道教场	42	男	1938 年 3 月
王万里	滕州市北辛街道教场	43	男	1938 年 3 月
王学峰	滕州市北辛街道教场	78	男	1938 年 3 月
王裕安	滕州市北辛街道教场	70	男	1938 年 3 月
王裕成	滕州市北辛街道教场	63	男	1938 年 3 月
王赵氏	滕州市北辛街道教场	44	女	1938 年 3 月
魏凤伟	滕州市北辛街道教场	52	男	1938 年 3 月
魏英民	滕州市北辛街道教场	40	男	1938 年 3 月
魏张氏	滕州市北辛街道教场	70	女	1938 年 3 月
吴金文	滕州市北辛街道教场	37	男	1938 年 3 月
伊 三	滕州市北辛街道教场	46	男	1938 年 3 月
张 琳	滕州市北辛街道教场	28	男	1938 年 3 月
张 雨	滕州市北辛街道教场	18	男	1938 年 3 月
张大刚	滕州市北辛街道教场	36	男	1938 年 3 月
张二宝	滕州市北辛街道教场	38	男	1938 年 3 月
张丰奎	滕州市北辛街道教场	39	男	1938 年 3 月
张广华	滕州市北辛街道教场	25	男	1938 年 3 月
张桂生	滕州市北辛街道教场	74	男	1938 年 3 月
张立勇	滕州市北辛街道教场	42	男	1938 年 3 月
张清敏	滕州市北辛街道教场	47	男	1938 年 3 月
张晓燕	滕州市北辛街道教场	22	女	1938 年 3 月

姓 名	籍 贯	年 龄	性 别	死难时间
张延安	滕州市北辛街道教场	83	男	1938 年 3 月
张玉才	滕州市北辛街道教场	39	男	1938 年 3 月
张兆娥	滕州市北辛街道教场	29	女	1938 年 3 月
张兆启	滕州市北辛街道教场	50	男	1938 年 3 月
张兆祥	滕州市北辛街道教场	45	男	1938 年 3 月
张振法	滕州市北辛街道教场	48	男	1938 年 3 月.
赵崇磊	滕州市北辛街道教场	69	男	1938 年 3 月
安贵生	滕州市北辛街道伢庄	46	男	1938 年 3 月
李茂可	滕州市北辛街道伢庄	46	男	1938 年 3 月
李孝兰	滕州市北辛街道伢庄	57	女	1938 年 3 月
王兰英	滕州市北辛街道伢庄	48	女	1938 年 3 月
王允英	滕州市北辛街道伢庄	43	女	1938 年 3 月
于憨二	滕州市北辛街道伢庄	46	男	1938 年 3 月
李忠常	滕州市北辛街道马王东村	52	男	1938 年 3 月
李忠桐	滕州市北辛街道马王东村	61	男	1938 年 3 月
马侯氏	滕州市北辛街道马王西村	26	女	1938 年 3 月
马景诚	滕州市北辛街道马王西村	30	男	1938 年 3 月
马景美	滕州市北辛街道马王西村	28	男	1938 年 3 月
马姚氏	滕州市北辛街道马王西村	31	女	1938 年 3 月
孙克永	滕州市北辛街道明王	22	男	1938 年 3 月
王 氏	滕州市北辛街道明王	29	女	1938 年 3 月
陈传成	滕州市北辛街道前铺	27	男	1938 年 3 月
陈传太	滕州市北辛街道前铺	50	男	1938 年 3 月
陈瑞山	滕州市北辛街道前铺	36	男	1938 年 3 月
陈瑞友	滕州市北辛街道前铺	13	男	1938 年 3 月
丛殿臣	滕州市北辛街道前铺	42	男	1938 年 3 月
李昌河	滕州市北辛街道前铺	15	男	1938 年 3 月
李昌礼	滕州市北辛街道前铺	7	男	1938 年 3 月
李洪胜	滕州市北辛街道前铺	48	男	1938 年 3 月
李景河	滕州市北辛街道前铺	42	男	1938 年 3 月
倪金山	滕州市北辛街道前铺	45	男	1938 年 3 月
孙继庆	滕州市北辛街道前铺	32	男	1938 年 3 月
徐兆龙	滕州市北辛街道前铺	43	男	1938 年 3 月
徐兆庆	滕州市北辛街道前铺	62	男	1938 年 3 月

姓 名	籍 贯	年 龄	性 别	死难时间
张刘氏	滕州市北辛街道前铺	30	女	1938 年 3 月
李传贵	滕州市北辛街道前辛	36	男	1938 年 3 月
李 平	滕州市北辛街道前辛	23	男	1938 年 3 月
王玉国	滕州市北辛街道前辛	37	男	1938 年 3 月
张 汉	滕州市北辛街道前辛	26	男	1938 年 3 月
张学军	滕州市北辛街道前辛	29	男	1938 年 3 月
刁统英	滕州市北辛街道沈庄	7	女	1938 年 3 月
黄启云	滕州市北辛街道沈庄	33	男	1938 年 3 月
沈德武	滕州市北辛街道沈庄	37	男	1938 年 3 月
沈广德	滕州市北辛街道沈庄	27	男	1938 年 3 月
沈洪升	滕州市北辛街道沈庄	31	男	1938 年 3 月
沈洪元	滕州市北辛街道沈庄	52	男	1938 年 3 月
沈家宝	滕州市北辛街道沈庄	64	男	1938 年 3 月
沈家和	滕州市北辛街道沈庄	49	男	1938 年 3 月
沈李氏	滕州市北辛街道沈庄	36	女	1938 年 3 月
沈张氏	滕州市北辛街道沈庄	78	女	1938 年 3 月
王光荣	滕州市北辛街道沈庄	27	男	1938 年 3 月
王张氏	滕州市北辛街道沈庄	54	女	1938 年 3 月
姚传芝	滕州市北辛街道沈庄	53	男	1938 年 3 月
朱陈大	滕州市北辛街道沈庄	71	男	1938 年 3 月
朱陈东	滕州市北辛街道沈庄	41	男	1938 年 3 月
朱传伯	滕州市北辛街道沈庄	48	男	1938 年 3 月
朱传于	滕州市北辛街道沈庄	41	男	1938 年 3 月
朱广传	滕州市北辛街道沈庄	79	男	1938 年 3 月
朱广千	滕州市北辛街道沈庄	36	男	1938 年 3 月
朱何氏	滕州市北辛街道沈庄	47	女	1938 年 3 月
朱 利	滕州市北辛街道沈庄	5	女	1938 年 3 月
朱刘氏	滕州市北辛街道沈庄	71	女	1938 年 3 月
朱培山	滕州市北辛街道沈庄	77	男	1938 年 3 月
朱培水	滕州市北辛街道沈庄	56	男	1938 年 3 月
朱王氏	滕州市北辛街道沈庄	45	女	1938 年 3 月
朱王氏	滕州市北辛街道沈庄	75	女	1938 年 3 月
朱张氏	滕州市北辛街道沈庄	39	女	1938 年 3 月
柳清泉	滕州市北辛街道孙庄	17	男	1938 年 3 月

姓　名	籍　贯	年　龄	性　别	死难时间
彭寿坤	滕州市北辛街道孙庄	35	男	1938 年 3 月
孙大奎	滕州市北辛街道孙庄	30	男	1938 年 3 月
孙德花	滕州市北辛街道孙庄	12	女	1938 年 3 月
孙二柱	滕州市北辛街道孙庄	20	男	1938 年 3 月
孙纪良	滕州市北辛街道孙庄	36	男	1938 年 3 月
孙庆典	滕州市北辛街道孙庄	19	男	1938 年 3 月
孙庆吉	滕州市北辛街道孙庄	50	男	1938 年 3 月
杨　氏	滕州市北辛街道孙庄	27	女	1938 年 3 月
汤丙义	滕州市北辛街道汤庄	26	男	1938 年 3 月
汤井江	滕州市北辛街道汤庄	37	男	1938 年 3 月
汤明礼	滕州市北辛街道汤庄	38	男	1938 年 3 月
汤张氏	滕州市北辛街道汤庄	38	女	1938 年 3 月
徐来品	滕州市北辛街道汤庄	34	男	1938 年 3 月
周荣玲	滕州市北辛街道汤庄	26	女	1938 年 3 月
包德海	滕州市北辛街道西北坛	42	男	1938 年 3 月
曹建军	滕州市北辛街道西北坛	15	男	1938 年 3 月
陈传江	滕州市北辛街道西北坛	43	男	1938 年 3 月
陈庆池	滕州市北辛街道西北坛	43	男	1938 年 3 月
程明位	滕州市北辛街道西北坛	45	男	1938 年 3 月
程右军	滕州市北辛街道西北坛	46	男	1938 年 3 月
褚铁雷	滕州市北辛街道西北坛	46	男	1938 年 3 月
崔宝华	滕州市北辛街道西北坛	45	男	1938 年 3 月
丁善争	滕州市北辛街道西北坛	5	男	1938 年 3 月
董　鹏	滕州市北辛街道西北坛	72	男	1938 年 3 月
杜贵平	滕州市北辛街道西北坛	45	男	1938 年 3 月
杜厚林	滕州市北辛街道西北坛	45	男	1938 年 3 月
杜文忠	滕州市北辛街道西北坛	45	男	1938 年 3 月
杜以峰	滕州市北辛街道西北坛	44	男	1938 年 3 月
费忠东	滕州市北辛街道西北坛	45	男	1938 年 3 月
顾兴军	滕州市北辛街道西北坛	43	男	1938 年 3 月
韩　利	滕州市北辛街道西北坛	63	男	1938 年 3 月
郝　永	滕州市北辛街道西北坛	45	男	1938 年 3 月
何　彬	滕州市北辛街道西北坛	45	男	1938 年 3 月
鞠　伟	滕州市北辛街道西北坛	45	男	1938 年 3 月

姓 名	籍 贯	年 龄	性 别	死难时间
孔令贵	滕州市北辛街道西北坛	33	男	1938 年 3 月
李传举	滕州市北辛街道西北坛	45	男	1938 年 3 月
李继承	滕州市北辛街道西北坛	18	男	1938 年 3 月
李金伟	滕州市北辛街道西北坛	45	男	1938 年 3 月
李思峰	滕州市北辛街道西北坛	45	男	1938 年 3 月
李向松	滕州市北辛街道西北坛	55	男	1938 年 3 月
李振华	滕州市北辛街道西北坛	60	男	1938 年 3 月
李宗义	滕州市北辛街道西北坛	22	男	1938 年 3 月
刘守伟	滕州市北辛街道西北坛	32	男	1938 年 3 月
柳宣存	滕州市北辛街道西北坛	46	男	1938 年 3 月
罗艳森	滕州市北辛街道西北坛	46	男	1938 年 3 月
马爱民	滕州市北辛街道西北坛	45	男	1938 年 3 月
马加河	滕州市北辛街道西北坛	41	男	1938 年 3 月
马建伟	滕州市北辛街道西北坛	45	男	1938 年 3 月
秦创业	滕州市北辛街道西北坛	18	男	1938 年 3 月
邵明超	滕州市北辛街道西北坛	45	男	1938 年 3 月
石梦琦	滕州市北辛街道西北坛	45	男	1938 年 3 月
苏文平	滕州市北辛街道西北坛	45	男	1938 年 3 月
孙茂渠	滕州市北辛街道西北坛	45	男	1938 年 3 月
孙宜军	滕州市北辛街道西北坛	44	男	1938 年 3 月
王 超	滕州市北辛街道西北坛	46	男	1938 年 3 月
王传林	滕州市北辛街道西北坛	45	男	1938 年 3 月
王东硕	滕州市北辛街道西北坛	45	男	1938 年 3 月
王冬强	滕州市北辛街道西北坛	81	男	1938 年 3 月
王福存	滕州市北辛街道西北坛	38	男	1938 年 3 月
王广利	滕州市北辛街道西北坛	44	男	1938 年 3 月
王会林	滕州市北辛街道西北坛	45	男	1938 年 3 月
王凌志	滕州市北辛街道西北坛	45	男	1938 年 3 月
王其相	滕州市北辛街道西北坛	70	男	1938 年 3 月
王延文	滕州市北辛街道西北坛	75	男	1938 年 3 月
王战战	滕州市北辛街道西北坛	48	男	1938 年 3 月
王兆伟	滕州市北辛街道西北坛	56	男	1938 年 3 月
肖亚南	滕州市北辛街道西北坛	45	男	1938 年 3 月
徐芳成	滕州市北辛街道西北坛	46	男	1938 年 3 月

姓 名	籍 贯	年龄	性别	死难时间
徐福生	滕州市北辛街道西北坛	45	男	1938 年 3 月
徐福银	滕州市北辛街道西北坛	45	男	1938 年 3 月
徐化伟	滕州市北辛街道西北坛	44	男	1938 年 3 月
徐庆涛	滕州市北辛街道西北坛	20	男	1938 年 3 月
许金伟	滕州市北辛街道西北坛	45	男	1938 年 3 月
薛 勇	滕州市北辛街道西北坛	16	男	1938 年 3 月
闫吉训	滕州市北辛街道西北坛	43	男	1938 年 3 月
杨宝涛	滕州市北辛街道西北坛	45	男	1938 年 3 月
杨钦波	滕州市北辛街道西北坛	45	男	1938 年 3 月
杨位庆	滕州市北辛街道西北坛	45	男	1938 年 3 月
杨振华	滕州市北辛街道西北坛	46	男	1938 年 3 月
张洪卫	滕州市北辛街道西北坛	42	男	1938 年 3 月
张坤坤	滕州市北辛街道西北坛	30	男	1938 年 3 月
张庆伟	滕州市北辛街道西北坛	45	男	1938 年 3 月
张全建	滕州市北辛街道西北坛	45	男	1938 年 3 月
张 涛	滕州市北辛街道西北坛	17	男	1938 年 3 月
张晓东	滕州市北辛街道西北坛	46	男	1938 年 3 月
张正宏	滕州市北辛街道西北坛	80	男	1938 年 3 月
赵海宾	滕州市北辛街道西北坛	45	男	1938 年 3 月
赵佳科	滕州市北辛街道西北坛	54	男	1938 年 3 月
赵 强	滕州市北辛街道西北坛	60	男	1938 年 3 月
郑纪苓	滕州市北辛街道西北坛	12	男	1938 年 3 月
朱方华	滕州市北辛街道西北坛	43	男	1938 年 3 月
陈玲玲	滕州市北辛街道西七	20	女	1938 年 3 月
杜文秀	滕州市北辛街道西七	38	女	1938 年 3 月
刘光武	滕州市北辛街道西七	38	男	1938 年 3 月
周继臣	滕州市北辛街道西七	30	男	1938 年 3 月
周继洪	滕州市北辛街道西七	51	男	1938 年 3 月
朱传义	滕州市北辛街道西七	39	男	1938 年 3 月
朱传真	滕州市北辛街道西七	31	男	1938 年 3 月
朱继伟	滕州市北辛街道西七	37	男	1938 年 3 月
黄启章	滕州市北辛街道小岗村	47	男	1938 年 3 月
生复氏	滕州市北辛街道小岗村	39	女	1938 年 3 月
生克贡	滕州市北辛街道小岗村	20	男	1938 年 3 月

姓　名	籍　贯	年　龄	性　别	死难时间
生克仁	滕州市北辛街道小岗村	18	男	1938 年 3 月
生李氏	滕州市北辛街道小岗村	44	女	1938 年 3 月
生玉新	滕州市北辛街道小岗村	17	男	1938 年 3 月
生玉章	滕州市北辛街道小岗村	21	男	1938 年 3 月
生周氏	滕州市北辛街道小岗村	42	女	1938 年 3 月
孙巩氏	滕州市北辛街道小岗村	38	女	1938 年 3 月
吴学红	滕州市北辛街道小岗村	12	男	1938 年 3 月
周德明	滕州市北辛街道小岗村	47	男	1938 年 3 月
黄俊杰	滕州市北辛街道小岗村	40	男	1938 年 3 月
白金祥	滕州市北辛街道新生	36	男	1938 年 3 月
陈宝良	滕州市北辛街道新生	23	男	1938 年 3 月
陈二柱	滕州市北辛街道新生	18	男	1938 年 3 月
程志奎	滕州市北辛街道新生	46	男	1938 年 3 月
褚洪波	滕州市北辛街道新生	60	男	1938 年 3 月
丁　明	滕州市北辛街道新生	29	男	1938 年 3 月
高金元	滕州市北辛街道新生	42	男	1938 年 3 月
胡景法	滕州市北辛街道新生	45	男	1938 年 3 月
胡景全	滕州市北辛街道新生	27	男	1938 年 3 月
黄刘氏	滕州市北辛街道新生	29	女	1938 年 3 月
贾　鹏	滕州市北辛街道新生	27	男	1938 年 3 月
蒋立家	滕州市北辛街道新生	50	男	1938 年 3 月
孔祥友	滕州市北辛街道新生	47	男	1938 年 3 月
李二宝	滕州市北辛街道新生	32	男	1938 年 3 月
李敏华	滕州市北辛街道新生	5	女	1938 年 3 月
李　明	滕州市北辛街道新生	31	男	1938 年 3 月
李　×	滕州市北辛街道新生	36	男	1938 年 3 月
李　强	滕州市北辛街道新生	27	男	1938 年 3 月
李小亮	滕州市北辛街道新生	19	男	1938 年 3 月
刘程氏	滕州市北辛街道新生	57	女	1938 年 3 月
刘桂兰	滕州市北辛街道新生	18	女	1938 年 3 月
刘　奎	滕州市北辛街道新生	52	男	1938 年 3 月
刘　强	滕州市北辛街道新生	27	男	1938 年 3 月
刘　×	滕州市北辛街道新生	36	男	1938 年 3 月
刘三妮	滕州市北辛街道新生	29	女	1938 年 3 月

姓 名	籍 贯	年 龄	性 别	死难时间
刘西泉	滕州市北辛街道新生	49	男	1938 年 3 月
鲁开元	滕州市北辛街道新生	43	男	1938 年 3 月
马 奎	滕州市北辛街道新生	41	男	1938 年 3 月
孟凡毅	滕州市北辛街道新生	52	男	1938 年 3 月
邱王氏	滕州市北辛街道新生	60	女	1938 年 3 月
宋德胜	滕州市北辛街道新生	49	男	1938 年 3 月
田庆元	滕州市北辛街道新生	22	男	1938 年 3 月
王 宽	滕州市北辛街道新生	20	男	1938 年 3 月
王庆民	滕州市北辛街道新生	49	男	1938 年 3 月
王士文	滕州市北辛街道新生	22	男	1938 年 3 月
王小宝	滕州市北辛街道新生	21	男	1938 年 3 月
王小栋	滕州市北辛街道新生	20	男	1938 年 3 月
徐庆文	滕州市北辛街道新生	32	男	1938 年 3 月
张二蛋	滕州市北辛街道新生	5	男	1938 年 3 月
张福来	滕州市北辛街道新生	49	男	1938 年 3 月
张金云	滕州市北辛街道新生	40	男	1938 年 3 月
赵小强	滕州市北辛街道新生	26	男	1938 年 3 月
赵徐氏	滕州市北辛街道新生	48	女	1938 年 3 月
陈庆礼	滕州市北辛街道杏东	54	男	1938 年 3 月
范 君	滕州市北辛街道杏东	9	男	1938 年 3 月
冷来云	滕州市北辛街道杏东	6	男	1938 年 3 月
李祥喜	滕州市北辛街道杏东	64	男	1938 年 3 月
刘凤山	滕州市北辛街道杏东	49	男	1938 年 3 月
鲁 宾	滕州市北辛街道杏东	21	男	1938 年 3 月
马 进	滕州市北辛街道杏东	41	男	1938 年 3 月
马小华	滕州市北辛街道杏东	6	女	1938 年 3 月
彭庆江	滕州市北辛街道杏东	11	男	1938 年 3 月
商 洪	滕州市北辛街道杏东	6	男	1938 年 3 月
商庆虎	滕州市北辛街道杏东	8	男	1938 年 3 月
宋绍兰	滕州市北辛街道杏东	19	女	1938 年 3 月
张川明	滕州市北辛街道杏东	11	男	1938 年 3 月
张玉山	滕州市北辛街道杏东	8	男	1938 年 3 月
张玉水	滕州市北辛街道杏东	6	男	1938 年 3 月
赵素册	滕州市北辛街道杏东	17	女	1938 年 3 月

姓 名	籍 贯	年 龄	性 别	死难时间
郑美华	滕州市北辛街道杏东	7	女	1938 年 3 月
郑玉堂	滕州市北辛街道杏东	34	男	1938 年 3 月
周 山	滕州市北辛街道杏东	56	男	1938 年 3 月
曹广华	滕州市北辛街道杏花村	24	男	1938 年 3 月
曹纪华	滕州市北辛街道杏花村	37	男	1938 年 3 月
曹开晓	滕州市北辛街道杏花村	36	男	1938 年 3 月
陈敬方	滕州市北辛街道杏花村	36	男	1938 年 3 月
陈兰海	滕州市北辛街道杏花村	26	男	1938 年 3 月
公晓兰	滕州市北辛街道杏花村	43	女	1938 年 3 月
何继森	滕州市北辛街道杏花村	27	男	1938 年 3 月
侯贺元	滕州市北辛街道杏花村	49	男	1938 年 3 月
侯铁刚	滕州市北辛街道杏花村	49	男	1938 年 3 月
侯新民	滕州市北辛街道杏花村	37	男	1938 年 3 月
侯玉德	滕州市北辛街道杏花村	19	男	1938 年 3 月
孔祥伟	滕州市北辛街道杏花村	40	男	1938 年 3 月
李长彬	滕州市北辛街道杏花村	27	男	1938 年 3 月
李长江	滕州市北辛街道杏花村	37	男	1938 年 3 月
李大敏	滕州市北辛街道杏花村	4	女	1938 年 3 月
李方明	滕州市北辛街道杏花村	37	男	1938 年 3 月
李奉举	滕州市北辛街道杏花村	22	男	1938 年 3 月
李 亮	滕州市北辛街道杏花村	18	男	1938 年 3 月
李庆福	滕州市北辛街道杏花村	32	男	1938 年 3 月
李兴付	滕州市北辛街道杏花村	36	男	1938 年 3 月
李修海	滕州市北辛街道杏花村	17	男	1938 年 3 月
李修智	滕州市北辛街道杏花村	24	男	1938 年 3 月
李亚鹏	滕州市北辛街道杏花村	33	男	1938 年 3 月
李亚群	滕州市北辛街道杏花村	33	男	1938 年 3 月
李玉民	滕州市北辛街道杏花村	26	男	1938 年 3 月
李玉明	滕州市北辛街道杏花村	43	男	1938 年 3 月
刘昌催	滕州市北辛街道杏花村	40	男	1938 年 3 月
刘东科	滕州市北辛街道杏花村	51	男	1938 年 3 月
刘贺盛	滕州市北辛街道杏花村	45	男	1938 年 3 月
刘文百	滕州市北辛街道杏花村	47	男	1938 年 3 月
刘文波	滕州市北辛街道杏花村	27	男	1938 年 3 月

姓 名	籍 贯	年 龄	性 别	死难时间
刘文英	滕州市北辛街道杏花村	42	男	1938 年 3 月
刘 杨	滕州市北辛街道杏花村	18	男	1938 年 3 月
刘玉军	滕州市北辛街道杏花村	27	男	1938 年 3 月
刘玉明	滕州市北辛街道杏花村	50	男	1938 年 3 月
刘增义	滕州市北辛街道杏花村	53	男	1938 年 3 月
鲁金元	滕州市北辛街道杏花村	18	男	1938 年 3 月
吕成兰	滕州市北辛街道杏花村	40	女	1938 年 3 月
吕成亮	滕州市北辛街道杏花村	20	男	1938 年 3 月
吕士海	滕州市北辛街道杏花村	25	男	1938 年 3 月
毛群众	滕州市北辛街道杏花村	23	男	1938 年 3 月
毛邵兰	滕州市北辛街道杏花村	39	女	1938 年 3 月
彭河贵	滕州市北辛街道杏花村	35	男	1938 年 3 月
彭新刚	滕州市北辛街道杏花村	27	男	1938 年 3 月
彭玉河	滕州市北辛街道杏花村	29	男	1938 年 3 月
孙本英	滕州市北辛街道杏花村	51	女	1938 年 3 月
汤 云	滕州市北辛街道杏花村	40	女	1938 年 3 月
田 奎	滕州市北辛街道杏花村	32	男	1938 年 3 月
田庆方	滕州市北辛街道杏花村	30	男	1938 年 3 月
田元礼	滕州市北辛街道杏花村	50	男	1938 年 3 月
王炳德	滕州市北辛街道杏花村	30	男	1938 年 3 月
王春航	滕州市北辛街道杏花村	27	男	1938 年 3 月
王德金	滕州市北辛街道杏花村	23	男	1938 年 3 月
王继航	滕州市北辛街道杏花村	26	男	1938 年 3 月
王敬文	滕州市北辛街道杏花村	30	男	1938 年 3 月
王俊昌	滕州市北辛街道杏花村	21	男	1938 年 3 月
王开元	滕州市北辛街道杏花村	27	男	1938 年 3 月
王 明	滕州市北辛街道杏花村	29	男	1938 年 3 月
王士鹏	滕州市北辛街道杏花村	30	男	1938 年 3 月
王士文	滕州市北辛街道杏花村	29	男	1938 年 3 月
王污生	滕州市北辛街道杏花村	26	男	1938 年 3 月
王新平	滕州市北辛街道杏花村	46	男	1938 年 3 月
王秀娟	滕州市北辛街道杏花村	19	女	1938 年 3 月
王忠田	滕州市北辛街道杏花村	37	男	1938 年 3 月
吴军亮	滕州市北辛街道杏花村	57	男	1938 年 3 月

姓 名	籍 贯	年 龄	性 别	死难时间
吴 亮	滕州市北辛街道杏花村	39	男	1938 年 3 月
吴沈阳	滕州市北辛街道杏花村	20	男	1938 年 3 月
徐贺运	滕州市北辛街道杏花村	49	男	1938 年 3 月
闫道西	滕州市北辛街道杏花村	22	男	1938 年 3 月
颜景祥	滕州市北辛街道杏花村	29	男	1938 年 3 月
颜 磊	滕州市北辛街道杏花村	22	男	1938 年 3 月
杨鲁群	滕州市北辛街道杏花村	37	男	1938 年 3 月
杨平亮	滕州市北辛街道杏花村	29	男	1938 年 3 月
张付明	滕州市北辛街道杏花村	26	男	1938 年 3 月
张金森	滕州市北辛街道杏花村	34	男	1938 年 3 月
张金祥	滕州市北辛街道杏花村	26	男	1938 年 3 月
张金行	滕州市北辛街道杏花村	29	男	1938 年 3 月
张运文	滕州市北辛街道杏花村	26	男	1938 年 3 月
赵连启	滕州市北辛街道杏花村	46	男	1938 年 3 月
赵连友	滕州市北辛街道杏花村	25	男	1938 年 3 月
赵西俊	滕州市北辛街道杏花村	46	男	1938 年 3 月
赵永花	滕州市北辛街道杏花村	46	女	1938 年 3 月
朱昌盛	滕州市北辛街道杏花村	20	男	1938 年 3 月
朱德新	滕州市北辛街道杏花村	42	男	1938 年 3 月
朱 旗	滕州市北辛街道杏花村	39	男	1938 年 3 月
曹庆川	滕州市北辛街道杏西	34	男	1938 年 3 月
常永水	滕州市北辛街道杏西	17	男	1938 年 3 月
车小冬	滕州市北辛街道杏西	11	男	1938 年 3 月
陈建建	滕州市北辛街道杏西	11	男	1938 年 3 月
陈庆奎	滕州市北辛街道杏西	52	男	1938 年 3 月
陈孙芝	滕州市北辛街道杏西	49	女	1938 年 3 月
程 程	滕州市北辛街道杏西	19	男	1938 年 3 月
丛玉水	滕州市北辛街道杏西	12	男	1938 年 3 月
党金法	滕州市北辛街道杏西	21	男	1938 年 3 月
杜素甫	滕州市北辛街道杏西	31	男	1938 年 3 月
高永军	滕州市北辛街道杏西	31	男	1938 年 3 月
胡建元	滕州市北辛街道杏西	21	男	1938 年 3 月
胡玉员	滕州市北辛街道杏西	5	男	1938 年 3 月
黄士臣	滕州市北辛街道杏西	39	男	1938 年 3 月

姓 名	籍 贯	年 龄	性 别	死难时间
黄秀安	滕州市北辛街道杏西	20	男	1938年3月
贾金钟	滕州市北辛街道杏西	16	男	1938年3月
贾庆水	滕州市北辛街道杏西	27	男	1938年3月
姜桂喜	滕州市北辛街道杏西	19	男	1938年3月
李岱山	滕州市北辛街道杏西	19	男	1938年3月
李建元	滕州市北辛街道杏西	13	男	1938年3月
李金山	滕州市北辛街道杏西	60	男	1938年3月
李金田	滕州市北辛街道杏西	62	男	1938年3月
李明水	滕州市北辛街道杏西	6	男	1938年3月
刘延臣	滕州市北辛街道杏西	19	男	1938年3月
娄学亮	滕州市北辛街道杏西	60	男	1938年3月
马 兵	滕州市北辛街道杏西	17	男	1938年3月
麦花苓	滕州市北辛街道杏西	40	女	1938年3月
孟庆川	滕州市北辛街道杏西	49	男	1938年3月
孟余水	滕州市北辛街道杏西	44	男	1938年3月
苗 苗	滕州市北辛街道杏西	6	女	1938年3月
闵 强	滕州市北辛街道杏西	7	男	1938年3月
明山山	滕州市北辛街道杏西	21	男	1938年3月
倪玉君	滕州市北辛街道杏西	40	男	1938年3月
潘王氏	滕州市北辛街道杏西	39	女	1938年3月
秦秀山	滕州市北辛街道杏西	32	男	1938年3月
邱西林	滕州市北辛街道杏西	48	男	1938年3月
邱玉山	滕州市北辛街道杏西	49	男	1938年3月
邱玉秀	滕州市北辛街道杏西	43	男	1938年3月
宋大江	滕州市北辛街道杏西	49	男	1938年3月
孙长富	滕州市北辛街道杏西	50	男	1938年3月
孙芹兰	滕州市北辛街道杏西	13	女	1938年3月
孙庆富	滕州市北辛街道杏西	51	男	1938年3月
孙文清	滕州市北辛街道杏西	11	男	1938年3月
万会石	滕州市北辛街道杏西	59	男	1938年3月
王长沁	滕州市北辛街道杏西	39	男	1938年3月
王长顺	滕州市北辛街道杏西	13	男	1938年3月
王大喜	滕州市北辛街道杏西	14	男	1938年3月
王方田	滕州市北辛街道杏西	50	男	1938年3月

姓 名	籍 贯	年 龄	性 别	死难时间
王永贵	滕州市北辛街道杏西	33	男	1938 年 3 月
王周氏	滕州市北辛街道杏西	48	女	1938 年 3 月
吴善杰	滕州市北辛街道杏西	7	男	1938 年 3 月
夏 朋	滕州市北辛街道杏西	16	男	1938 年 3 月
熊 军	滕州市北辛街道杏西	11	男	1938 年 3 月
徐守清	滕州市北辛街道杏西	43	男	1938 年 3 月
延永川	滕州市北辛街道杏西	4	男	1938 年 3 月
闫守山	滕州市北辛街道杏西	39	男	1938 年 3 月
杨东平	滕州市北辛街道杏西	56	男	1938 年 3 月
杨贵青	滕州市北辛街道杏西	59	男	1938 年 3 月
杨 贞	滕州市北辛街道杏西	51	男	1938 年 3 月
张长芝	滕州市北辛街道杏西	13	男	1938 年 3 月
张 刚	滕州市北辛街道杏西	19	男	1938 年 3 月
张建沅	滕州市北辛街道杏西	46	男	1938 年 3 月
张苓玉	滕州市北辛街道杏西	42	女	1938 年 3 月
张倪氏	滕州市北辛街道杏西	47	女	1938 年 3 月
张清臣	滕州市北辛街道杏西	39	男	1938 年 3 月
张玉山	滕州市北辛街道杏西	18	男	1938 年 3 月
赵菊香	滕州市北辛街道杏西	16	女	1938 年 3 月
赵明山	滕州市北辛街道杏西	33	男	1938 年 3 月
赵宜岭	滕州市北辛街道杏西	44	男	1938 年 3 月
周洪均	滕州市北辛街道杏西	42	男	1938 年 3 月
周 礼	滕州市北辛街道杏西	41	男	1938 年 3 月
陈玉梅	滕州市北辛街道于岗	28	女	1938 年 3 月
李孝军	滕州市北辛街道于岗	45	男	1938 年 3 月
王恒冰	滕州市北辛街道于楼村	22	男	1938 年 3 月
于李氏	滕州市北辛街道于楼村	23	女	1938 年 3 月
曹洪珍	滕州市北辛街道俞寨	32	女	1938 年 3 月
曹玉兴	滕州市北辛街道俞寨	23	男	1938 年 3 月
侯志仁	滕州市北辛街道俞寨	41	男	1938 年 3 月
侯志贤	滕州市北辛街道俞寨	32	男	1938 年 3 月
侯志玉	滕州市北辛街道俞寨	29	男	1938 年 3 月
孙传敏	滕州市北辛街道俞寨	51	男	1938 年 3 月
俞利英	滕州市北辛街道俞寨	46	女	1938 年 3 月

姓名	籍贯	年龄	性别	死难时间
曹广才	滕州市北辛街道岳庄	28	男	1938 年 3 月
曹王氏	滕州市北辛街道岳庄	53	女	1938 年 3 月
沈得具	滕州市北辛街道岳庄	40	男	1938 年 3 月
沈德厚	滕州市北辛街道岳庄	60	男	1938 年 3 月
沈王氏	滕州市北辛街道岳庄	49	女	1938 年 3 月
沈张氏	滕州市北辛街道岳庄	33	女	1938 年 3 月
沈赵氏	滕州市北辛街道岳庄	45	女	1938 年 3 月
李玉山	滕州市北辛街道赵场	45	男	1938 年 3 月
张士荣	滕州市北辛街道赵场	56	女	1938 年 3 月
赵忠山	滕州市北辛街道赵场	69	男	1938 年 3 月
周玉田	滕州市北辛街道赵场	28	男	1938 年 3 月
陈凤玲	滕州市北辛街道赵东	77	女	1938 年 3 月
丁 德	滕州市北辛街道赵东	81	男	1938 年 3 月
高晓兰	滕州市北辛街道赵东	71	女	1938 年 3 月
韩 涛	滕州市北辛街道赵东	41	男	1938 年 3 月
刘明义	滕州市北辛街道赵东	49	男	1938 年 3 月
满明连	滕州市北辛街道赵东	79	男	1938 年 3 月
孙振涛	滕州市北辛街道赵东	56	男	1938 年 3 月
王清岭	滕州市北辛街道赵东	72	男	1938 年 3 月
王 争	滕州市北辛街道赵东	57	男	1938 年 3 月
徐家宝	滕州市北辛街道赵东	67	男	1938 年 3 月
徐明贞	滕州市北辛街道赵东	69	男	1938 年 3 月
张明民	滕州市北辛街道赵东	69	男	1938 年 3 月
赵际奎	滕州市北辛街道赵东	76	男	1938 年 3 月
蔡庆同	滕州市北辛街道赵王河西区	76	男	1938 年 3 月
曹庆珠	滕州市北辛街道赵王河西区	53	男	1938 年 3 月
陈景玉	滕州市北辛街道赵王河西区	77	男	1938 年 3 月
关亚云	滕州市北辛街道赵王河西区	55	女	1938 年 3 月
郭生霞	滕州市北辛街道赵王河西区	23	女	1938 年 3 月
韩权生	滕州市北辛街道赵王河西区	73	男	1938 年 3 月
化明生	滕州市北辛街道赵王河西区	23	男	1938 年 3 月
黄启文	滕州市北辛街道赵王河西区	56	男	1938 年 3 月
黄玉权	滕州市北辛街道赵王河西区	60	男	1938 年 3 月
李长庆	滕州市北辛街道赵王河西区	54	男	1938 年 3 月

姓 名	籍 贯	年 龄	性 别	死难时间
李道玉	滕州市北辛街道赵王河西区	20	男	1938 年 3 月
李兰生	滕州市北辛街道赵王河西区	56	男	1938 年 3 月
李刘氏	滕州市北辛街道赵王河西区	50	女	1938 年 3 月
李玉英	滕州市北辛街道赵王河西区	76	女	1938 年 3 月
刘庆生	滕州市北辛街道赵王河西区	57	男	1938 年 3 月
刘显龙	滕州市北辛街道赵王河西区	76	男	1938 年 3 月
刘雪芹	滕州市北辛街道赵王河西区	74	男	1938 年 3 月
马金良	滕州市北辛街道赵王河西区	25	男	1938 年 3 月
彭生权	滕州市北辛街道赵王河西区	45	男	1938 年 3 月
孙照权	滕州市北辛街道赵王河西区	74	男	1938 年 3 月
孙中泉	滕州市北辛街道赵王河西区	51	男	1938 年 3 月
邢配忠	滕州市北辛街道赵王河西区	44	男	1938 年 3 月
闫志峰	滕州市北辛街道赵王河西区	56	男	1938 年 3 月
杨生华	滕州市北辛街道赵王河西区	73	男	1938 年 3 月
於兴善	滕州市北辛街道赵王河西区	77	男	1938 年 3 月
张玉焕	滕州市北辛街道赵王河西区	77	男	1938 年 3 月
周刘氏	滕州市北辛街道周楼	28	女	1938 年 3 月
周王氏	滕州市北辛街道周楼	31	女	1938 年 3 月
孔庆文	滕州市北辛街道周庄	23	男	1938 年 3 月
柳德美	滕州市北辛街道周庄	30	女	1938 年 3 月
宋宝廷	滕州市北辛街道周庄	38	男	1938 年 3 月
张召斌	滕州市北辛街道周庄	29	男	1938 年 3 月
周学礼	滕州市北辛街道周庄	41	男	1938 年 3 月
周学义	滕州市北辛街道周庄	34	男	1938 年 3 月
周志山	滕州市北辛街道周庄	42	男	1938 年 3 月
段成荣	滕州市大坞镇池东村	39	女	1938 年 3 月
蒋振美	滕州市大坞镇池东村	52	女	1938 年 3 月
孔凡兰	滕州市大坞镇池东村	50	女	1938 年 3 月
李怀用	滕州市大坞镇池东村	47	男	1938 年 3 月
刘守兰	滕州市大坞镇池东村	55	女	1938 年 3 月
马二丫	滕州市大坞镇池东村	3	女	1938 年 3 月
马加胜	滕州市大坞镇池东村	58	男	1938 年 3 月
马培钧	滕州市大坞镇池东村	49	男	1938 年 3 月
马培增	滕州市大坞镇池东村	5	男	1938 年 3 月

姓 名	籍 贯	年 龄	性 别	死难时间
马士慧	滕州市大坞镇池东村	53	男	1938 年 3 月
邵绪标	滕州市大坞镇池东村	2	男	1938 年 3 月
邵绪栋	滕州市大坞镇池东村	56	男	1938 年 3 月
邵彦菊	滕州市大坞镇池东村	57	女	1938 年 3 月
孙延永	滕州市大坞镇池东村	4	男	1938 年 3 月
孙卓栋	滕州市大坞镇池东村	52	男	1938 年 3 月
王承志	滕州市大坞镇池东村	62	男	1938 年 3 月
王延英	滕州市大坞镇池东村	63	女	1938 年 3 月
魏志莲	滕州市大坞镇池东村	11	女	1938 年 3 月
魏志峦	滕州市大坞镇池东村	59	男	1938 年 3 月
岳士青	滕州市大坞镇池东村	8	女	1938 年 3 月
岳士全	滕州市大坞镇池东村	65	男	1938 年 3 月
张瑞梅	滕州市大坞镇池东村	49	女	1938 年 3 月
马永浩	滕州市大坞镇池西村	52	男	1938 年 3 月
孟庆光	滕州市大坞镇池西村	67	男	1938 年 3 月
倪登英	滕州市大坞镇池西村	29	女	1938 年 3 月
孙洪梅	滕州市大坞镇池西村	18	女	1938 年 3 月
孙开泉	滕州市大坞镇池西村	40	男	1938 年 3 月
孙其孝	滕州市大坞镇池西村	25	男	1938 年 3 月
唐树英	滕州市大坞镇池西村	62	男	1938 年 3 月
邢天成	滕州市大坞镇池西村	30	男	1938 年 3 月
张玉操	滕州市大坞镇池西村	15	男	1938 年 3 月
张兆英	滕州市大坞镇池西村	36	男	1938 年 3 月
马维善	滕州市大坞镇池中村	30	男	1938 年 3 月
孟庆珍	滕州市大坞镇池中村	19	女	1938 年 3 月
苗东海	滕州市大坞镇池中村	13	男	1938 年 3 月
任正扩	滕州市大坞镇池中村	60	男	1938 年 3 月
孙庆贤	滕州市大坞镇池中村	45	男	1938 年 3 月
孙宜振	滕州市大坞镇池中村	59	男	1938 年 3 月
王恩相	滕州市大坞镇池中村	27	男	1938 年 3 月
王卓美	滕州市大坞镇池中村	23	女	1938 年 3 月
袁克兰	滕州市大坞镇池中村	31	女	1938 年 3 月
张立法	滕州市大坞镇池中村	5	男	1938 年 3 月
孔 谋	滕州市大坞镇东洋汶	20	男	1938 年 3 月

姓 名	籍 贯	年 龄	性 别	死难时间
李 泗	滕州市大坞镇东洋汶	27	男	1938 年 3 月
李小国	滕州市大坞镇东洋汶	26	男	1938 年 3 月
孟宪章	滕州市大坞镇东洋汶	24	男	1938 年 3 月
张从科	滕州市大坞镇东洋汶	28	男	1938 年 3 月
张从岭	滕州市大坞镇东洋汶	23	男	1938 年 3 月
张从盛	滕州市大坞镇东洋汶	18	男	1938 年 3 月
张从双	滕州市大坞镇东洋汶	21	男	1938 年 3 月
张道强	滕州市大坞镇东洋汶	35	男	1938 年 3 月
路 氏	滕州市大坞镇雷山	19	女	1938 年 3 月
刘希景	滕州市大坞镇刘北	41	男	1938 年 3 月
刘希茂	滕州市大坞镇刘北	48	男	1938 年 3 月
刘真环	滕州市大坞镇刘北	34	男	1938 年 3 月
刘真理	滕州市大坞镇刘北	35	男	1938 年 3 月
罗延喜	滕州市大坞镇刘西村	23	男	1938 年 3 月
李玉田	滕州市大坞镇任山	28	男	1938 年 3 月
刘延芳	滕州市大坞镇任山	36	女	1938 年 3 月
生昌华	滕州市大坞镇任山	22	男	1938 年 3 月
生克平	滕州市大坞镇任山	39	男	1938 年 3 月
张行明	滕州市大坞镇任山	25	男	1938 年 3 月
赵汝美	滕州市大坞镇任山	47	女	1938 年 3 月
段允东	滕州市大坞镇小坞村	28	男	1938 年 3 月
段正芝	滕州市大坞镇小坞村	52	男	1938 年 3 月
贺贵申	滕州市东郭镇刘庄	32	男	1938 年 3 月
李大福	滕州市东郭镇刘庄	32	男	1938 年 3 月
李名帆	滕州市东郭镇刘庄	46	男	1938 年 3 月
邱贵合	滕州市东郭镇刘庄	21	男	1938 年 3 月
邱继科	滕州市东郭镇刘庄	28	男	1938 年 3 月
邱小三	滕州市东郭镇刘庄	17	男	1938 年 3 月
邱玉海	滕州市东郭镇刘庄	32	男	1938 年 3 月
邱玉山	滕州市东郭镇刘庄	38	男	1938 年 3 月
邱玉水	滕州市东郭镇刘庄	41	男	1938 年 3 月
邱玉文	滕州市东郭镇刘庄	40	男	1938 年 3 月
孙宝山	滕州市东郭镇刘庄	36	男	1938 年 3 月
王 海	滕州市东郭镇刘庄	25	男	1938 年 3 月

姓 名	籍 贯	年 龄	性 别	死难时间
王小六	滕州市东郭镇刘庄	26	男	1938 年 3 月
王学得	滕州市东郭镇刘庄	40	男	1938 年 3 月
赵大伟	滕州市东郭镇刘庄	30	男	1938 年 3 月
赵三平	滕州市东郭镇刘庄	38	男	1938 年 3 月
赵有财	滕州市东郭镇刘庄	42	男	1938 年 3 月
宋春银	滕州市东郭镇罗庄	35	男	1938 年 3 月
丁 亚	滕州市东郭镇马河	36	男	1938 年 3 月
颜景尧	滕州市东郭镇马庄	24	男	1938 年 3 月
张广俊	滕州市东郭镇马庄	27	男	1938 年 3 月
许广元	滕州市东郭镇辛庄	22	男	1938 年 3 月
华金荣之父	滕州市东沙河镇	38	男	1938 年 3 月
聂运孚之父	滕州市东沙河镇	41	男	1938 年 3 月
聂运河之母	滕州市东沙河镇	40	女	1938 年 3 月
聂运梅之父	滕州市东沙河镇	39	男	1938 年 3 月
仁守信之叔	滕州市东沙河镇	37	男	1938 年 3 月
魏金田之父	滕州市东沙河镇	42	男	1938 年 3 月
梁贵才	滕州市东沙河镇王母店	19	男	1938 年 3 月
梁贵兰	滕州市东沙河镇王母店	50	女	1938 年 3 月
梁贵领	滕州市东沙河镇王母店	20	男	1938 年 3 月
梁生红	滕州市东沙河镇王母店	55	女	1938 年 3 月
张清远	滕州市姜屯镇大彦	—	男	1938 年 3 月
张允远	滕州市姜屯镇大彦	—	男	1938 年 3 月
张泽民	滕州市姜屯镇大彦	—	男	1938 年 3 月
甘王氏	滕州市界河镇北界河村	56	女	1938 年 3 月
甘朱氏	滕州市界河镇北界河村	48	女	1938 年 3 月
李行太	滕州市界河镇北界河村	37	男	1938 年 3 月
刘金珍	滕州市界河镇北界河村	21	男	1938 年 3 月
王继斌	滕州市界河镇北界河村	17	男	1938 年 3 月
周长远	滕州市界河镇北界河村	7	男	1938 年 3 月
周长珠	滕州市界河镇北界河村	53	男	1938 年 3 月
周王氏	滕州市界河镇北界河村	51	女	1938 年 3 月
常宝安	滕州市界河镇北沙河村	—	男	1938 年 3 月 15 日
常宝安之长子	滕州市界河镇北沙河村	—	男	1938 年 3 月 15 日
常宝安之次子	滕州市界河镇北沙河村	—	男	1938 年 3 月

姓 名	籍 贯	年 龄	性 别	死难时间
常宝安之女	滕州市界河镇北沙河村	—	女	1938 年 3 月
常宝安之三子	滕州市界河镇北沙河村	—	男	1938 年 3 月
常宝安之妻	滕州市界河镇北沙河村	—	女	1938 年 3 月
常宝和	滕州市界河镇北沙河村	—	男	1938 年 3 月
常宝和之长女	滕州市界河镇北沙河村	—	女	1938 年 3 月
常宝和之长子	滕州市界河镇北沙河村	—	男	1938 年 3 月
常宝和之次女	滕州市界河镇北沙河村	—	女	1938 年 3 月
常宝和之妻	滕州市界河镇北沙河村	—	女	1938 年 3 月
常宝平	滕州市界河镇北沙河村	—	男	1938 年 3 月
常宝太	滕州市界河镇北沙河村	—	男	1938 年 3 月
常宝太之妻	滕州市界河镇北沙河村	—	女	1938 年 3 月
常老太太	滕州市界河镇北沙河村	—	女	1938 年 3 月
侯广喜	滕州市界河镇北沙河村	—	男	1938 年 3 月
侯以柱之祖母	滕州市界河镇北沙河村	—	女	1938 年 3 月
侯志茂之祖母	滕州市界河镇北沙河村	—	女	1938 年 3 月
胡清位	滕州市界河镇北沙河村	—	男	1938 年 3 月
胡之斌	滕州市界河镇北沙河村	—	男	1938 年 3 月
胡之才	滕州市界河镇北沙河村	—	男	1938 年 3 月
胡之伶	滕州市界河镇北沙河村	—	男	1938 年 3 月
胡之茂	滕州市界河镇北沙河村	—	男	1938 年 3 月
胡之启	滕州市界河镇北沙河村	—	男	1938 年 3 月
胡之启之长女	滕州市界河镇北沙河村	—	女	1938 年 3 月
胡之启之三女	滕州市界河镇北沙河村	—	女	1938 年 3 月
胡之启之妻	滕州市界河镇北沙河村	—	女	1938 年 3 月
罗 斗	滕州市界河镇北沙河村	—	男	1938 年 3 月
罗斗之女	滕州市界河镇北沙河村	—	女	1938 年 3 月
罗斗之妻	滕州市界河镇北沙河村	—	女	1938 年 3 月
罗斗之子	滕州市界河镇北沙河村	—	男	1938 年 3 月
罗会满	滕州市界河镇北沙河村	—	男	1938 年 3 月
罗会启	滕州市界河镇北沙河村	—	男	1938 年 3 月
罗会胜	滕州市界河镇北沙河村	—	男	1938 年 3 月
罗会喜	滕州市界河镇北沙河村	—	男	1938 年 3 月
罗会元	滕州市界河镇北沙河村	—	男	1938 年 3 月
罗会志	滕州市界河镇北沙河村	—	男	1938 年 3 月

姓　名	籍　贯	年　龄	性　别	死难时间
罗会忠	滕州市界河镇北沙河村	—	男	1938 年 3 月
罗士宾	滕州市界河镇北沙河村	—	男	1938 年 3 月
罗运全	滕州市界河镇北沙河村	—	男	1938 年 3 月
罗运生之妻	滕州市界河镇北沙河村	—	女	1938 年 3 月
罗运源	滕州市界河镇北沙河村	—	男	1938 年 3 月
邱　丁	滕州市界河镇北沙河村	—	男	1938 年 3 月
邱东田	滕州市界河镇北沙河村	—	男	1938 年 3 月
邱培元	滕州市界河镇北沙河村	—	男	1938 年 3 月
邱庆友	滕州市界河镇北沙河村	—	男	1938 年 3 月
邱以桂	滕州市界河镇北沙河村	—	男	1938 年 3 月
邱以元	滕州市界河镇北沙河村	—	男	1938 年 3 月
王党之父	滕州市界河镇北沙河村	—	男	1938 年 3 月
王党之母	滕州市界河镇北沙河村	—	女	1938 年 3 月
王德海	滕州市界河镇北沙河村	—	男	1938 年 3 月
王德海之妻	滕州市界河镇北沙河村	—	女	1938 年 3 月
王德和	滕州市界河镇北沙河村	—	男	1938 年 3 月
王德柱之女	滕州市界河镇北沙河村	—	女	1938 年 3 月
王德柱之妻	滕州市界河镇北沙河村	—	女	1938 年 3 月
王兴河之弟	滕州市界河镇北沙河村	—	男	1938 年 3 月
王兴河之父	滕州市界河镇北沙河村	—	男	1938 年 3 月
王兴河之妹	滕州市界河镇北沙河村	—	女	1938 年 3 月
王兴河之母	滕州市界河镇北沙河村	—	女	1938 年 3 月
王延标之兄	滕州市界河镇北沙河村	—	男	1938 年 3 月
王延标之弟	滕州市界河镇北沙河村	—	男	1938 年 3 月
王延标之父	滕州市界河镇北沙河村	—	男	1938 年 3 月
王延标之妹	滕州市界河镇北沙河村	一个月	女	1938 年 3 月
王延标之母	滕州市界河镇北沙河村	—	女	1938 年 3 月
王延标之祖母	滕州市界河镇北沙河村	70	女	1938 年 3 月
王延龄之婶母	滕州市界河镇北沙河村	—	女	1938 年 3 月
王延龄之叔	滕州市界河镇北沙河村	—	男	1938 年 3 月
王子兰之妹	滕州市界河镇北沙河村	—	女	1938 年 3 月
王子田之祖母	滕州市界河镇北沙河村	—	女	1938 年 3 月
王子亭之母	滕州市界河镇北沙河村	—	女	1938 年 3 月
张广法	滕州市界河镇北沙河村	—	男	1938 年 3 月

姓 名	籍 贯	年 龄	性 别	死难时间
张广具	滕州市界河镇北沙河村	—	男	1938 年 3 月
张金元	滕州市界河镇北沙河村	—	男	1938 年 3 月
张金元之母	滕州市界河镇北沙河村	—	女	1938 年 3 月
张蓝国之祖母	滕州市界河镇北沙河村	—	女	1938 年 3 月
张兴伦之兄	滕州市界河镇北沙河村	—	男	1938 年 3 月
张兴伦之二叔	滕州市界河镇北沙河村	—	男	1938 年 3 月
张兴伦之三叔	滕州市界河镇北沙河村	—	男	1938 年 3 月
张兴伦之父	滕州市界河镇北沙河村	—	男	1938 年 3 月
张兴伦之母	滕州市界河镇北沙河村	—	女	1938 年 3 月
张秀兰之母	滕州市界河镇北沙河村	—	女	1938 年 3 月
张秀喜之三祖父	滕州市界河镇北沙河村	—	男	1938 年 3 月
张秀喜之四祖父	滕州市界河镇北沙河村	—	男	1938 年 3 月
张秀喜之父	滕州市界河镇北沙河村	—	男	1938 年 3 月
陈树柏	滕州市界河镇陈马厂村	18	男	1938 年 3 月
陈树梧	滕州市界河镇陈马厂村	15	男	1938 年 3 月
生 二	滕州市界河镇陈马厂村	16	男	1938 年 3 月
单岭元	滕州市界河镇单马厂村	15	男	1938 年 3 月
单勤修	滕州市界河镇单马厂村	14	男	1938 年 3 月
邱运海	滕州市界河镇单马厂村	16	男	1938 年 3 月
生玉海	滕州市界河镇东柳村	37	男	1938 年 3 月
邓庆奎	滕州市界河镇东孟村	44	男	1938 年 3 月
杜东拔	滕州市界河镇杜庄村	44	男	1938 年 3 月
杜东关	滕州市界河镇杜庄村	41	男	1938 年 3 月
杜东良	滕州市界河镇杜庄村	36	男	1938 年 3 月
杜东琪	滕州市界河镇杜庄村	41	男	1938 年 3 月
杜东选	滕州市界河镇杜庄村	38	男	1938 年 3 月
王书充	滕州市界河镇范庄村	—	男	1938 年 3 月
王书认	滕州市界河镇范庄村	27	男	1938 年 3 月
王书深	滕州市界河镇范庄村	30	男	1938 年 3 月
王书同	滕州市界河镇范庄村	27	男	1938 年 3 月
王书印	滕州市界河镇范庄村	54	男	1938 年 3 月
王衍勤	滕州市界河镇范庄村	17	女	1938 年 3 月
张道吉	滕州市界河镇范庄村	33	男	1938 年 3 月
王 二	滕州市界河镇房岭村	26	男	1938 年 3 月

姓 名	籍 贯	年 龄	性 别	死难时间
王秀臣	滕州市界河镇房岭村	47	男	1938 年 3 月
余成昆	滕州市界河镇后枣村	20	男	1938 年 3 月
刘井德	滕州市界河镇后枣村	55	男	1938 年 3 月
赵敦堂	滕州市界河镇后枣村	18	男	1938 年 3 月
韩学孝	滕州市界河镇皇娘沟村	30	男	1938 年 3 月
王子连	滕州市界河镇马山头村	21	男	1938 年 3 月
郭培存	滕州市界河镇南界河村	22	男	1938 年 3 月
郭王氏	滕州市界河镇南界河村	20	女	1938 年 3 月
侯来芳	滕州市界河镇南界河村	12	女	1938 年 3 月
马朝忠	滕州市界河镇南界河村	20	男	1938 年 3 月
马加启	滕州市界河镇南界河村	4	男	1938 年 3 月
马姜氏	滕州市界河镇南界河村	26	女	1938 年 3 月
马井荣	滕州市界河镇南界河村	—	女	1938 年 3 月
任德信	滕州市界河镇南界河村	16	男	1938 年 3 月
任连祥	滕州市界河镇南界河村	12	男	1938 年 3 月
王保田	滕州市界河镇南界河村	22	男	1938 年 3 月
王春林	滕州市界河镇南界河村	10	男	1938 年 3 月
王凡崎	滕州市界河镇南界河村	—	男	1938 年 3 月
王祥计	滕州市界河镇南界河村	13	男	1938 年 3 月
相士英	滕州市界河镇南界河村	18	女	1938 年 3 月
张后金	滕州市界河镇南界河村	30	男	1938 年 3 月
张厚山	滕州市界河镇南界河村	25	男	1938 年 3 月
赵广兰	滕州市界河镇南界河村	18	女	1938 年 3 月
周龙顺	滕州市界河镇南界河村	16	男	1938 年 3 月
周茂芳	滕州市界河镇南界河村	6	男	1938 年 3 月
周茂兰	滕州市界河镇南界河村	8	男	1938 年 3 月
朱凤玲	滕州市界河镇南界河村	33	女	1938 年 3 月
孔宪刚	滕州市界河镇西柳泉村	15	男	1938 年 3 月
孔宪尧	滕州市界河镇西柳泉村	17	男	1938 年 3 月
陈本河	滕州市界河镇西万院村	71	男	1938 年 3 月
陈本山	滕州市界河镇西万院村	—	男	1938 年 3 月
陈小龙	滕州市界河镇西万院村	1	男	1938 年 3 月
陈小妮	滕州市界河镇西万院村	3	男	1938 年 3 月
陈延海	滕州市界河镇西万院村	2	男	1938 年 3 月

姓 名	籍 贯	年 龄	性 别	死难时间
段允协	滕州市大坞镇小坞村	40	男	1938 年 3 月
段正叵	滕州市大坞镇小坞村	63	男	1938 年 3 月
陈玉河	滕州市界河镇西万院村	60	男	1938 年 3 月
陈玉铨	滕州市界河镇西万院村	60	男	1938 年 3 月
王春前	滕州市界河镇西万院村	61	男	1938 年 3 月
王来海	滕州市界河镇西万院村	51	男	1938 年 3 月
王振前	滕州市界河镇西万院村	70	男	1938 年 3 月
杨继光	滕州市界河镇西杨庄村	37	男	1938 年 3 月
杨秀文	滕州市界河镇西杨庄村	70	男	1938 年 3 月
范忠庆	滕州市界河镇小万院村	18	男	1938 年 3 月
李奉延	滕州市界河镇小万院村	28	男	1938 年 3 月
史春干	滕州市界河镇小万院村	35	男	1938 年 3 月
张传志	滕州市界河镇小万院村	19	男	1938 年 3 月
赵广才	滕州市界河镇小万院村	22	男	1938 年 3 月
赵 志	滕州市界河镇小万院村	21	男	1938 年 3 月
王启玉	滕州市荆河街道郭彭庄	41	男	1938 年 3 月
郭承志	滕州市界河镇东孟村	35	男	1938 年 3 月
苏孝龙	滕州市界河镇东孟村	68	男	1938 年 3 月
李学俭	滕州市界河镇后枣村	60	男	1938 年 3 月
赵从枝	滕州市界河镇后枣村	37	男	1938 年 3 月
韩子纯	滕州市界河镇皇娘沟村	—	男	1938 年 3 月
张广云	滕州市界河镇马楼村	2	男	1938 年 3 月
张振海	滕州市界河镇马楼村	28	男	1938 年 3 月
秦邢氏	滕州市界河镇南界河村	50	女	1938 年 3 月
邱玉侠	滕州市界河镇南界河村	26	女	1938 年 3 月
王治清	滕州市界河镇南界河村	30	男	1938 年 3 月
孔宪纲	滕州市	—	男	1938 年 3 月
孔宪尧	滕州市	—	男	1938 年 3 月
蒋段氏	滕州市大坞镇小坞村	43	女	1938 年 3 月
段正林	滕州市大坞镇小坞村	30	男	1938 年 3 月
段正苓	滕州市大坞镇小坞村	40	男	1938 年 3 月
陈克店	滕州市界河镇王楼村	19	男	1938 年 3 月
陈克俭	滕州市界河镇王楼村	16	男	1938 年 3 月
孔昭玲	滕州市界河镇西柳泉村	45	男	1938 年 3 月

姓名	籍贯	年龄	性别	死难时间
段正楼	滕州市大坞镇小坞村	39	男	1938 年 3 月
杜　氏	滕州市	20	女	1938 年 3 月
张纪检	滕州市	50	男	1938 年 3 月
刘其爱	滕州市	50	男	1938 年 3 月
张敬兰之姑母	滕州市	18	女	1938 年 3 月
张敬兰之祖母	滕州市	52	女	1938 年 3 月
张敬兰之祖父	滕州市	58	男	1938 年 3 月
张得意	滕州市龙泉街道	15	男	1938 年 3 月
张金富	滕州市龙泉街道	40	男	1938 年 3 月
张二瞎之子	滕州市	30	男	1938 年 3 月
张二瞎之妻	滕州市	70	女	1938 年 3 月
张二瞎	滕州市	72	男	1938 年 3 月
刘启敏	滕州市龙泉街道	—	男	1938 年 3 月
胡龙之母	滕州市	—	女	1938 年 3 月·
刘广仁	滕州市	—	男	1938 年 3 月
刘洪年	滕州市	—	男	1938 年 3 月
裴玉林	滕州市	—	男	1938 年 3 月
李玉之妻	滕州市	—	女	1938 年 3 月
李玉之父	滕州市	—	男	1938 年 3 月
李守朴之妻	滕州市	—	女	1938 年 3 月
李守朴之子	滕州市	—	男	1938 年 3 月
任伦增	滕州市	—	男	1938 年 3 月
任守来之大嫂	滕州市	—	女	1938 年 3 月
任德胜之妻	滕州市	—	女	1938 年 3 月
任德胜	滕州市	—	男	1938 年 3 月
裴人子	滕州市龙泉街道黄山桥居	—	男	1938 年 3 月
王士晶之儿媳	滕州市龙泉街道黄山桥居	—	女	1938 年 3 月
高　四	滕州市龙泉街道黄山桥居	—	男	1938 年 3 月
甄海富之父	滕州市龙泉街道黄山桥居	38	男	1938 年 3 月
张大振之表妹	滕州市龙泉街道	6	女	1938 年 3 月
张大振之表弟	滕州市龙泉街道	8	男	1938 年 3 月
陈慕堂之长女	滕州市	11	女	1938 年 3 月
孙庆发之妻	滕州市龙泉街道	30	女	1938 年 3 月
纪怀贤之父	滕州市龙泉街道岗子街	60	男	1938 年 3 月

姓　名	籍　贯	年　龄	性　别	死难时间
姜凤山	滕州市龙泉街道岗子街	30	男	1938 年 3 月
姜凤山之妻	滕州市龙泉街道岗子街	30	女	1938 年 3 月
姜凤山之子	滕州市龙泉街道岗子街	8	男	1938 年 3 月
姜凤同	滕州市龙泉街道岗子街	30	男	1938 年 3 月
张大振	滕州市龙泉街道	40	男	1938 年 3 月
张大振之父	滕州市龙泉街道	70	男	1938 年 3 月
张大振之姑母	滕州市龙泉街道	65	女	1938 年 3 月
孔××	滕州市龙泉街道	12	男	1938 年 3 月
刘××	滕州市龙泉街道	12	男	1938 年 3 月
刘金铸之姑母	滕州市龙泉街道	40	女	1938 年 3 月
刘金铸之姑父	滕州市龙泉街道	40	男	1938 年 3 月
沙印才	滕州市	40	男	1938 年 3 月
沙印才之妻	滕州市	40	女	1938 年 3 月
沙大柱之妻	滕州市	20	女	1938 年 3 月
彭宝中	滕州市	40	男	1938 年 3 月
彭印妮	滕州市	—	女	1938 年 3 月
彭二印	滕州市	—	男	1938 年 3 月
陈长明	滕州市龙泉街道	—	男	1938 年 3 月
张大山之弟	滕州市龙泉街道	—	男	1938 年 3 月
王德太	滕州市	42	男	1938 年 3 月
孙庆平之妻	滕州市	—	女	1938 年 3 月
郭瑞林	滕州市	60	男	1938 年 3 月
郭书生	滕州市	43	男	1938 年 3 月
郭书厚	滕州市	40	男	1938 年 3 月
赵金先	滕州市龙泉街道	40	男	1938 年 3 月
赵金先之妻	滕州市龙泉街道	40	女	1938 年 3 月
孙大库	滕州市龙泉街道	—	男	1938 年 3 月
孙大库之次子	滕州市龙泉街道	—	男	1938 年 3 月
孙裕之父	滕州市龙泉街道	—	男	1938 年 3 月
郭大春	滕州市龙泉街道	—	男	1938 年 3 月
郭明春	滕州市龙泉街道	—	男	1938 年 3 月
孙厚土	滕州市滨湖镇奎子东	30	男	1938 年 4 月 1 日
刘巨贤	滕州市柴胡店镇沙庄村	32	男	1938 年 4 月 1 日
李继坤	滕州市大坞镇后峰庄村	19	男	1938 年 4 月 1 日

姓 名	籍 贯	年 龄	性 别	死难时间
龙兴学	滕州市大坞镇后峄庄村	12	男	1938 年 4 月 1 日
龙宜贵	滕州市大坞镇后峄庄村	16	男	1938 年 4 月 1 日
龙宜山	滕州市大坞镇后峄庄村	20	男	1938 年 4 月 1 日
龙宜元	滕州市大坞镇后峄庄村	17	男	1938 年 4 月 1 日
龙振彪	滕州市大坞镇后峄庄村	46	男	1938 年 4 月 1 日
龙振典	滕州市大坞镇后峄庄村	26	男	1938 年 4 月 1 日
龙振黄	滕州市大坞镇后峄庄村	40	男	1938 年 4 月 1 日
龙振俭	滕州市大坞镇后峄庄村	31	男	1938 年 4 月 1 日
龙振坤	滕州市大坞镇后峄庄村	41	男	1938 年 4 月 1 日
龙振苹	滕州市大坞镇后峄庄村	19	女	1938 年 4 月 1 日
龙振申	滕州市大坞镇后峄庄村	51	男	1938 年 4 月 1 日
王兆堂	滕州市大坞镇后峄庄村	61	男	1938 年 4 月 1 日
王兆宇	滕州市大坞镇后峄庄村	31	女	1938 年 4 月 1 日
王志远	滕州市大坞镇后峄庄村	19	男	1938 年 4 月 1 日
刘昭建	滕州市大坞镇俭林村	35	男	1938 年 4 月 1 日
张文祥	滕州市大坞镇任山	20	男	1938 年 4 月 1 日
刘凤成	滕州市大坞镇西立里村	40	男	1938 年 4 月 1 日
段允翠	滕州市大坞镇小坞村	30	男	1938 年 4 月 1 日
段正河	滕州市大坞镇小坞村	53	男	1938 年 4 月 1 日
李复读	滕州市大坞镇前峄庄西村	53	男	1938 年 4 月 1 日
吴斌江之子	滕州市洪绪镇赤店村	6	男	1938 年 4 月 1 日
韩成美之女	滕州市洪绪镇金庄	5	女	1938 年 4 月 1 日
王洪真之女	滕州市洪绪镇玉楼村	4	女	1938 年 4 月 1 日
孔现皆	滕州市界河镇东张庄村	40	男	1938 年 4 月 1 日
赖 马	滕州市界河镇东张庄村	37	男	1938 年 4 月 1 日
赵培成	滕州市界河镇东张庄村	36	男	1938 年 4 月 1 日
赵业文	滕州市界河镇东张庄村	40	男	1938 年 4 月 1 日
李玉玉	滕州市界河镇花庄村	8	女	1938 年 4 月 1 日
韩宝才	滕州市界河镇皇娘沟村	37	男	1938 年 4 月 1 日
韩宝德	滕州市界河镇皇娘沟村	11	男	1938 年 4 月 1 日
韩宝付	滕州市界河镇皇娘沟村	20	男	1938 年 4 月 1 日
韩宝连	滕州市界河镇皇娘沟村	28	男	1938 年 4 月 1 日
韩宝珠	滕州市界河镇皇娘沟村	12	女	1938 年 4 月 1 日
韩学富	滕州市界河镇皇娘沟村	29	男	1938 年 4 月 1 日

姓 名	籍 贯	年 龄	性 别	死难时间
韩学祥	滕州市界河镇皇娘沟村	18	男	1938 年 4 月 1 日
韩学前	滕州市界河镇皇娘沟村	35	男	1938 年 4 月 1 日
韩学胜	滕州市界河镇皇娘沟村	28	男	1938 年 4 月 1 日
韩学文	滕州市界河镇皇娘沟村	32	女	1938 年 4 月 1 日
韩学增	滕州市界河镇皇娘沟村	16	男	1938 年 4 月 1 日
李克尧	滕州市界河镇李楼	30	男	1938 年 4 月 1 日
万广元	滕州市界河镇宋坡村	—	男	1938 年 4 月 1 日
万现耕	滕州市界河镇宋坡村	21	男	1938 年 4 月 1 日
王宜连	滕州市界河镇王马厂村	47	男	1938 年 4 月 1 日
马世材	滕州市界河镇西孟村	10	男	1938 年 4 月 1 日
马延新	滕州市界河镇西孟村	47	男	1938 年 4 月 1 日
马召年	滕州市界河镇西孟村	20	男	1938 年 4 月 1 日
刘家乐	滕州市荆河街道	36	女	1938 年 4 月 1 日
康文平之祖父	滕州市龙泉街道赵楼	54	男	1938 年 4 月 1 日
郭 三	滕州市张汪镇柴楼	—	男	1938 年 4 月 1 日
郭三之女	滕州市张汪镇柴楼	—	女	1938 年 4 月 1 日
郭三之妻	滕州市张汪镇柴楼	—	女	1938 年 4 月 1 日
胡争彩	滕州市张汪镇柴楼	26	男	1938 年 4 月 1 日
赵殿臣	滕州市张汪镇柴楼	60	男	1938 年 4 月 1 日
渠玉河	滕州市张汪镇东渠庄	34	男	1938 年 4 月 1 日
李维群之曾祖父	滕州市张汪镇皇殿岗	49	男	1938 年 4 月 1 日
渠若木	滕州市张汪镇皇殿岗	40	男	1938 年 4 月 1 日
渠志野之曾祖父	滕州市张汪镇皇殿岗	50	男	1938 年 4 月 1 日
张大山	滕州市张汪镇皇殿岗	51	男	1938 年 4 月 1 日
刘昭栋	滕州市大坞镇俭林村	29	男	1938 年 4 月 1 日
段正册	滕州市大坞镇小坞村	35	男	1938 年 4 月 1 日
段正海	滕州市大坞镇小坞村	48	男	1938 年 4 月 1 日
王恒祥	滕州市大坞镇前峰庄西村	35	男	1938 年 4 月 1 日
段黄氏	滕州市大坞镇小坞村	31	女	1938 年 4 月 1 日
段朱氏	滕州市大坞镇小坞村	58	女	1938 年 4 月 1 日
王恒勤	滕州市大坞镇前峰庄西村	44	男	1938 年 4 月 1 日
段张氏	滕州市大坞镇小坞村	60	女	1938 年 4 月 1 日
金李氏	滕州市大坞镇小坞村	42	女	1938 年 4 月 1 日
孙厚本	滕州市大坞镇前峰庄西村	58	男	1938 年 4 月 1 日

姓 名	籍 贯	年 龄	性 别	死难时间
段元良	滕州市大坞镇小坞村	40	男	1938 年 4 月 1 日
金王氏	滕州市大坞镇小坞村	49	女	1938 年 4 月 1 日
孙厚云	滕州市大坞镇前峄庄西村	55	男	1938 年 4 月 1 日
陈李氏	滕州市大坞镇小坞村	26	女	1938 年 4 月 1 日
段允圭	滕州市大坞镇小坞村	35	男	1938 年 4 月 1 日
孙厚珠	滕州市大坞镇前峄庄西村	62	男	1938 年 4 月 1 日
吴张氏	滕州市善南街道七里堡	59	女	1938 年 4 月 3 日
吕以海	滕州市鲍沟镇	20	男	1938 年 4 月 5 日
郝玉丰	滕州市鲍沟镇郝寨村	50	男	1938 年 4 月 5 日
吕任氏	滕州市鲍沟镇吕坡	27	女	1938 年 4 月 5 日
吕思良	滕州市鲍沟镇吕坡	24	男	1938 年 4 月 5 日
吕以信	滕州市鲍沟镇	35	男	1938 年 4 月 5 日
李成萌	滕州市鲍沟镇孙岗	36	男	1938 年 4 月 5 日
赵小思	滕州市滨湖镇田桥	34	男	1938 年 4 月 5 日
罗福荣	滕州市善南街道十里铺一	25	男	1938 年 4 月 5 日
罗福堂	滕州市善南街道十里铺一	27	男	1938 年 4 月 5 日
罗广法	滕州市善南街道十里铺一	18	男	1938 年 4 月 5 日
孙利典	滕州市官桥镇西康留	52	男	1938 年 4 月 6 日
胡连志	滕州市级索镇董庄村	49	男	1938 年 4 月 6 日
满维明	滕州市西岗镇李庄	21	男	1938 年 4 月 6 日
崔玉缀	滕州市张汪镇尤楼	44	男	1938 年 4 月 6 日
刘际善	滕州市张汪镇尤楼	53	男	1938 年 4 月 6 日
刘际志	滕州市张汪镇尤楼	51	男	1938 年 4 月 6 日
牛德仲	滕州市张汪镇尤楼	42	男	1938 年 4 月 6 日
牛玉喜之侄	滕州市张汪镇尤楼	31	男	1938 年 4 月 6 日
王宝常	滕州市张汪镇尤楼	44	男	1938 年 4 月 6 日
陈庆弟	滕州市鲍沟镇磨庄	14	女	1938 年 4 月 7 日
丁修山	滕州市鲍沟镇磨庄	76	男	1938 年 4 月 7 日
丁修云	滕州市鲍沟镇磨庄	17	女	1938 年 4 月 7 日
杨继续	滕州市鲍沟镇磨庄	57	男	1938 年 4 月 7 日
杨继于	滕州市鲍沟镇磨庄	65	男	1938 年 4 月 7 日
裴仁义	滕州市鲍沟镇裴楼	42	男	1938 年 4 月 7 日
王兴宇	滕州市鲍沟镇裴楼	51	男	1938 年 4 月 7 日
裴德业	滕州市鲍沟镇裴楼	60	男	1938 年 4 月 7 日

姓 名	籍 贯	年 龄	性 别	死难时间
钱金斗	滕州市鲍沟镇裴楼	12	男	1938 年 4 月 7 日
钱来臣	滕州市鲍沟镇裴楼	56	男	1938 年 4 月 7 日
邱泉明	滕州市鲍沟镇裴楼	28	男	1938 年 4 月 7 日
赵金居	滕州市鲍沟镇裴楼	48	男	1938 年 4 月 7 日
孙庆龙	滕州市荆河街道	41	男	1938 年 4 月 7 日
彭 天	滕州市荆河街道公园居	33	男	1938 年 4 月 7 日
王 二	滕州市荆河街道公园居	30	男	1938 年 4 月 7 日
齐成宝	滕州市西岗镇东满庄	60	男	1938 年 4 月 7 日
吴开来	滕州市西岗镇东满庄	18	男	1938 年 4 月 7 日
吕庆宝	滕州市西岗镇高庙南村	21	男	1938 年 4 月 7 日
吕庆昌	滕州市西岗镇高庙南村	25	男	1938 年 4 月 7 日
吕庆良	滕州市西岗镇高庙南村	22	男	1938 年 4 月 7 日
吕庆行	滕州市西岗镇高庙南村	21	男	1938 年 4 月 7 日
吕庆志	滕州市西岗镇高庙南村	24	男	1938 年 4 月 7 日
徐元龄	滕州市西岗镇高庙南村	26	男	1938 年 4 月 7 日
徐元玉	滕州市西岗镇高庙南村	30	男	1938 年 4 月 7 日
李庆廷	滕州市鲍沟镇河崖	29	男	1938 年 4 月 8 日
李延双	滕州市鲍沟镇河崖	31	男	1938 年 4 月 8 日
满凤祥	滕州市鲍沟镇圈里村	36	男	1938 年 4 月 8 日
姜小妮	滕州市鲍沟镇西荆林村	4	女	1938 年 4 月 8 日
刘奉春	滕州市木石镇沂河	21	男	1938 年 4 月 8 日
刘训全	滕州市木石镇沂河	20	男	1938 年 4 月 8 日
赵玉佩	滕州市鲍沟镇鲍沟中村	60	男	1938 年 4 月 9 日
小石头	滕州市鲍沟镇东石	6	男	1938 年 4 月 9 日
郝英艾	滕州市鲍沟镇郝庄	18	男	1938 年 4 月 9 日
郝英柚	滕州市鲍沟镇郝庄	31	男	1938 年 4 月 9 日
李自刚	滕州市鲍沟镇前汉宫村	40	男	1938 年 4 月 9 日
孙大柱	滕州市荆河街道	19	男	1938 年 4 月 9 日
蒋 元	滕州市鲍沟镇	38	男	1938 年 4 月 10 日
蒋邱花	滕州市鲍沟镇大李楼	59	女	1938 年 4 月 10 日
陈效伟	滕州市鲍沟镇磨庄	23	男	1938 年 4 月 10 日
李天浩	滕州市鲍沟镇磨庄	37	男	1938 年 4 月 10 日
施西明	滕州市滨湖镇后古	26	男	1938 年 4 月 10 日
杨知江	滕州市龙阳镇	16	男	1938 年 4 月 10 日

姓 名	籍 贯	年龄	性别	死难时间
徐青海	滕州市龙阳镇	21	男	1938 年 4 月 10 日
杜徐氏	滕州市南沙河镇房村	54	女	1938 年 4 月 10 日
王张氏	滕州市南沙河镇房村	56	女	1938 年 4 月 10 日
王子林	滕州市南沙河镇南池	54	男	1938 年 4 月 10 日
吕传玉	滕州市鲍沟镇	27	男	1938 年 4 月 11 日
吕以才	滕州市鲍沟镇	26	男	1938 年 4 月 11 日
吕以启	滕州市鲍沟镇	22	男	1938 年 4 月 11 日
吕作伍	滕州市鲍沟镇	23	男	1938 年 4 月 11 日
姜开合	滕州市鲍沟镇孙岗	60	男	1938 年 4 月 11 日
姜开云	滕州市鲍沟镇孙岗	63	男	1938 年 4 月 11 日
姜玉花	滕州市鲍沟镇孙岗	—	女	1938 年 4 月 11 日
彭廷会	滕州市鲍沟镇孙岗	9	男	1938 年 4 月 11 日
李 氏	滕州市鲍沟镇薛岩后村	23	女	1938 年 4 月 11 日
李同树	滕州市鲍沟镇薛岩后村	21	男	1938 年 4 月 11 日
张继丰	滕州市鲍沟镇薛岩后村	29	男	1938 年 4 月 11 日
张杨氏	滕州市鲍沟镇薛岩后村	30	女	1938 年 4 月 11 日
段赵氏	滕州市大坞镇小坞村	41	女	1938 年 4 月 11 日
宫玉朴	滕州市官桥镇后善庄	29	男	1938 年 4 月 11 日
代康平	滕州市官桥镇苏坦村	25	男	1938 年 4 月 11 日
林士均	滕州市官桥镇苏坦村	25	男	1938 年 4 月 11 日
刘顺生	滕州市官桥镇苏坦村	30	男	1938 年 4 月 11 日
程李氏	滕州市龙泉街道杏坦居	52	女	1938 年 4 月 11 日
高兴国	滕州市龙泉街道杏坦居	40	男	1938 年 4 月 11 日
巩广山	滕州市龙泉街道杏坦居	47	男	1938 年 4 月 11 日
刘德仁	滕州市龙阳镇	18	男	1938 年 4 月 11 日
王孙氏	滕州市南沙河镇房村	58	女	1938 年 4 月 11 日
党刘氏	滕州市南沙河镇房村	28	女	1938 年 4 月 11 日
时开贵	滕州市西岗镇东满庄	16	男	1938 年 4 月 11 日
马大朋	滕州市滨湖镇孙阁	22	女	1938 年 4 月 12 日
张 伟	滕州市滨湖镇孙阁	25	男	1938 年 4 月 12 日
张 役	滕州市滨湖镇孙阁	30	男	1938 年 4 月 12 日
陈可立	滕州市级索镇东龙岗村	30	男	1938 年 4 月 12 日
李荣成	滕州市善南街道刘屯	50	男	1938 年 4 月 12 日
蒋邱氏	滕州市鲍沟镇大李楼	59	女	1938 年 4 月 13 日

姓　名	籍　贯	年　龄	性　别	死难时间
蒋振元	滕州市鲍沟镇大李楼	38	男	1938 年 4 月 13 日
郝玉连	滕州市鲍沟镇关村	80	男	1938 年 4 月 13 日
吕鹏展	滕州市鲍沟镇	46	男	1938 年 4 月 14 日
赵殿春	滕州市官桥镇后掌大	18	男	1938 年 4 月 14 日
李百志之弟	滕州市龙泉街道邾城村	22	男	1938 年 4 月 14 日
李百志之兄	滕州市龙泉街道邾城村	25	男	1938 年 4 月 14 日
温长臣	滕州市西岗镇高庙南村	23	男	1938 年 4 月 14 日
郝金锋	滕州市鲍沟镇郝庄	25	男	1938 年 4 月 15 日
郝玉贵	滕州市鲍沟镇郝庄	24	男	1938 年 4 月 15 日
刘永贵	滕州市鲍沟镇吴庄村	38	男	1938 年 4 月 15 日
赵　美	滕州市荆河街道公园居	21	女	1938 年 4 月 15 日
刘其金	滕州市龙泉街道董村	72	男	1938 年 4 月 15 日
孙道洪	滕州市龙泉街道董村	68	男	1938 年 4 月 15 日
郝清太	滕州市鲍沟镇郝庄	26	男	1938 年 4 月 16 日
郝清溪	滕州市鲍沟镇郝庄	25	男	1938 年 4 月 16 日
郝玉德	滕州市鲍沟镇郝庄	25	男	1938 年 4 月 16 日
马宝华	滕州市鲍沟镇马庄	25	男	1938 年 4 月 16 日
刘长春	滕州市官桥镇西洪林	29	男	1938 年 4 月 16 日
刘方海	滕州市级索镇后泉村	—	男	1938 年 4 月 16 日
王学田	滕州市级索镇西孔村	—	男	1938 年 4 月 16 日
黄金川	滕州市龙泉街道岗子街	46	男	1938 年 4 月 16 日
黄玉国	滕州市龙泉街道岗子街	42	男	1938 年 4 月 16 日
黄金芝之母	滕州市龙泉街道岗子街	39	女	1938 年 4 月 16 日
黄王氏	滕州市龙泉街道岗子街	37	女	1938 年 4 月 16 日
刁清玉	滕州市龙泉街道梁场村	34	男	1938 年 4 月 16 日
史学纯	滕州市龙阳镇史村	41	男	1938 年 4 月 16 日
满清风	滕州市西岗镇东满庄	20	男	1938 年 4 月 16 日
张卫冬	滕州市西岗镇南王庄村	20	男	1938 年 4 月 16 日
马希礼	滕州市滨湖镇东马	17	男	1938 年 4 月 17 日
杨传玉	滕州市官桥镇东公桥村	42	男	1938 年 4 月 17 日
钟士右	滕州市柴胡店镇坦山	39	男	1938 年 4 月 18 日
钟青武	滕州市柴胡店镇钟辛村	23	男	1938 年 4 月 18 日
钟荣武	滕州市柴胡店镇钟辛村	32	男	1938 年 4 月 18 日
钟向武	滕州市柴胡店镇钟辛村	37	男	1938 年 4 月 18 日

姓 名	籍 贯	年 龄	性 别	死难时间
朱传经	滕州市柴胡店镇钟辛村	41	男	1938 年 4 月 18 日
朱芳武	滕州市柴胡店镇钟辛村	29	男	1938 年 4 月 18 日
牛元柱	滕州市级索镇后牛集村	20	男	1938 年 4 月 18 日
刘维洪	滕州市龙泉街道董村	62	男	1938 年 4 月 18 日
刘维金	滕州市龙泉街道董村	59	男	1938 年 4 月 18 日
黄金水	滕州市龙泉街道岗子街	45	男	1938 年 4 月 18 日
张刘氏	滕州市南沙河镇房村	49	女	1938 年 4 月 18 日
李田氏	滕州市官桥镇大韩村	61	女	1938 年 4 月 19 日
杨勇尚	滕州市官桥镇大韩村	59	男	1938 年 4 月 19 日
张成举	滕州市官桥镇西王公	45	男	1938 年 4 月 19 日
杜宗干	滕州市级索镇西田庄村	—	男	1938 年 4 月 19 日
汪西敏	滕州市级索镇西田庄村	—	男	1938 年 4 月 19 日
王广来之祖父	滕州市龙泉街道岗子街	62	男	1938 年 4 月 19 日
吴应礼	滕州市柴胡店镇后黄村	71	男	1938 年 4 月 20 日
吴应龙	滕州市柴胡店镇后黄村	23	男	1938 年 4 月 20 日
王广纪之祖父	滕州市龙泉街道岗子街	60	男	1938 年 4 月 20 日
王广举之祖父	滕州市龙泉街道岗子街	52	男	1938 年 4 月 20 日
王广喜之祖父	滕州市龙泉街道岗子街	39	男	1938 年 4 月 20 日
王广元之祖父	滕州市龙泉街道岗子街	60	男	1938 年 4 月 20 日
王宝田	滕州市龙阳镇南岭村	21	男	1938 年 4 月 20 日
杜维英	滕州市西岗镇大满庄居	66	女	1938 年 4 月 20 日
蒋继云	滕州市西岗镇大满庄居	29	女	1938 年 4 月 20 日
李修芳	滕州市西岗镇大满庄居	43	女	1938 年 4 月 20 日
刘恒坤	滕州市西岗镇大满庄居	4	男	1938 年 4 月 20 日
马昭喜	滕州市西岗镇大满庄居	22	男	1938 年 4 月 20 日
马召才	滕州市西岗镇大满庄居	36	男	1938 年 4 月 20 日
满广弟	滕州市西岗镇大满庄居	38	男	1938 年 4 月 20 日
满广方	滕州市西岗镇大满庄居	36	男	1938 年 4 月 20 日
满广河	滕州市西岗镇大满庄居	38	男	1938 年 4 月 20 日
满广领	滕州市西岗镇大满庄居	35	男	1938 年 4 月 20 日
满广乾	滕州市西岗镇大满庄居	44	男	1938 年 4 月 20 日
满洪海	滕州市西岗镇大满庄居	37	男	1938 年 4 月 20 日
满清怀	滕州市西岗镇大满庄居	46	男	1938 年 4 月 20 日
满清乾	滕州市西岗镇大满庄居	44	男	1938 年 4 月 20 日

姓 名	籍 贯	年 龄	性 别	死难时间
满清贤	滕州市西岗镇大满庄居	17	女	1938 年 4 月 20 日
满玉成	滕州市西岗镇大满庄居	39	男	1938 年 4 月 20 日
彭成云	滕州市西岗镇大满庄居	49	女	1938 年 4 月 20 日
时广英	滕州市西岗镇大满庄居	9	男	1938 年 4 月 20 日
苏继典	滕州市西岗镇大满庄居	47	男	1938 年 4 月 20 日
苏继会	滕州市西岗镇大满庄居	35	男	1938 年 4 月 20 日
苏继孔	滕州市西岗镇大满庄居	31	男	1938 年 4 月 20 日
苏继连	滕州市西岗镇大满庄居	59	男	1938 年 4 月 20 日
苏继香	滕州市西岗镇大满庄居	3	男	1938 年 4 月 20 日
苏继信	滕州市西岗镇大满庄居	3	男	1938 年 4 月 20 日
苏继友	滕州市西岗镇大满庄居	49	男	1938 年 4 月 20 日
苏马氏	滕州市西岗镇大满庄居	43	女	1938 年 4 月 20 日
苏满氏	滕州市西岗镇大满庄居	43	女	1938 年 4 月 20 日
苏士俊	滕州市西岗镇大满庄居	41	男	1938 年 4 月 20 日
苏士连	滕州市西岗镇大满庄居	39	男	1938 年 4 月 20 日
苏士良	滕州市西岗镇大满庄居	31	男	1938 年 4 月 20 日
苏士同	滕州市西岗镇大满庄居	25	男	1938 年 4 月 20 日
苏士选	滕州市西岗镇大满庄居	33	男	1938 年 4 月 20 日
苏玉元	滕州市西岗镇大满庄居	62	男	1938 年 4 月 20 日
苏张氏	滕州市西岗镇大满庄居	26	女	1938 年 4 月 20 日
涂朝亮	滕州市西岗镇大满庄居	29	男	1938 年 4 月 20 日
王正全	滕州市西岗镇大满庄居	42	男	1938 年 4 月 20 日
徐宜顺	滕州市西岗镇大满庄居	56	男	1938 年 4 月 20 日
朱美英	滕州市西岗镇大满庄居	27	女	1938 年 4 月 20 日
赵宝水	滕州市鲍沟镇坝前	30	男	1938 年 4 月 21 日
赵 化	滕州市鲍沟镇坝前	31	男	1938 年 4 月 21 日
赵瑞云	滕州市鲍沟镇鲍沟中村	66	男	1938 年 4 月 21 日
李连春	滕州市鲍沟镇东皇甫村	41	男	1938 年 4 月 21 日
李连义	滕州市鲍沟镇东皇甫村	36	男	1938 年 4 月 21 日
吕修亭	滕州市鲍沟镇东皇甫村	38	男	1938 年 4 月 21 日
周成栋	滕州市鲍沟镇东皇甫村	29	男	1938 年 4 月 21 日
周成威	滕州市鲍沟镇东皇甫村	27	男	1938 年 4 月 21 日
郝玉亲	滕州市鲍沟镇郝庄	19	男	1938 年 4 月 21 日
郝玉尚	滕州市鲍沟镇郝庄	26	男	1938 年 4 月 21 日

姓 名	籍 贯	年 龄	性 别	死难时间
杨成凯	滕州市鲍沟镇	17	男	1938 年 4 月 21 日
孟庆法	滕州市鲍沟镇前汉宫村	41	男	1938 年 4 月 21 日
孙井建之父	滕州市官桥镇太平庄	71	男	1938 年 4 月 21 日
马金荣之祖父	滕州市龙泉街道岗子街	58	男	1938 年 4 月 21 日
王茂金之祖父	滕州市龙泉街道岗子街	59	男	1938 年 4 月 21 日
高张氏	滕州市南沙河镇南池	46	女	1938 年 4 月 21 日
侯王氏	滕州市南沙河镇南池	48	女	1938 年 4 月 21 日
张王氏	滕州市南沙河镇南池	19	女	1938 年 4 月 21 日
崔小狗	滕州市龙阳镇曾楼村	13	男	1938 年 4 月 22 日
郑绕水	滕州市级索镇后牛集村	55	男	1938 年 4 月 23 日
刘合礼	滕州市级索镇刘庄村	23	男	1938 年 4 月 23 日
高宪延	滕州市级索镇彭庄村	58	男	1938 年 4 月 23 日
马世昌	滕州市级索镇彭庄村	—	男	1938 年 4 月 23 日
赵文彬	滕州市级索镇彭庄村	38	男	1938 年 4 月 23 日
赵文作	滕州市级索镇彭庄村	33	男	1938 年 4 月 23 日
王有标	滕州市级索镇王庄村	42	男	1938 年 4 月 23 日
王有明	滕州市级索镇王庄村	31	男	1938 年 4 月 23 日
赵广瑞	滕州市张汪镇	42	男	1938 年 4 月 23 日
杜振山	滕州市张汪镇杨仓村	50	男	1938 年 4 月 23 日
黄贵合	滕州市张汪镇杨仓村	62	男	1938 年 4 月 23 日
黄孝堂	滕州市张汪镇杨仓村	47	男	1938 年 4 月 23 日
李庆武	滕州市张汪镇杨仓村	50	男	1938 年 4 月 23 日
路广林	滕州市张汪镇杨仓村	58	男	1938 年 4 月 23 日
路青允	滕州市张汪镇杨仓村	44	男	1938 年 4 月 23 日
马立林	滕州市张汪镇杨仓村	47	男	1938 年 4 月 23 日
齐妈妈	滕州市张汪镇杨仓村	55	女	1938 年 4 月 23 日
商庆云	滕州市张汪镇杨仓村	66	男	1938 年 4 月 23 日
王茂全	滕州市张汪镇杨仓村	54	男	1938 年 4 月 23 日
徐存合	滕州市张汪镇杨仓村	53	男	1938 年 4 月 23 日
杨际俭	滕州市张汪镇杨仓村	70	男	1938 年 4 月 23 日
杨际生	滕州市张汪镇杨仓村	50	男	1938 年 4 月 23 日
杨际水	滕州市张汪镇杨仓村	59	男	1938 年 4 月 23 日
杨际尧	滕州市张汪镇杨仓村	53	男	1938 年 4 月 23 日
杨正理	滕州市张汪镇杨仓村	60	男	1938 年 4 月 23 日

姓 名	籍 贯	年 龄	性 别	死难时间
张成环	滕州市张汪镇杨仓村	43	男	1938 年 4 月 23 日
张凤凰	滕州市张汪镇杨仓村	50	男	1938 年 4 月 23 日
张顾氏	滕州市张汪镇杨仓村	58	女	1938 年 4 月 23 日
张其贤	滕州市张汪镇杨仓村	55	男	1938 年 4 月 23 日
张召伦	滕州市张汪镇杨仓村	37	男	1938 年 4 月 23 日
吕玉祝	滕州市官桥镇吕楼村	43	男	1938 年 4 月 24 日
江桂清	滕州市东沙河镇江楼	29	男	1938 年 4 月 25 日
江桂元	滕州市东沙河镇江楼	38	男	1938 年 4 月 25 日
王德让	滕州市级索镇千佛阁村	20	男	1938 年 4 月 25 日
王化厂	滕州市柴胡店镇大庙村	37	男	1938 年 4 月 26 日
孙二富	滕州市柴胡店镇高桥村	37	男	1938 年 4 月 26 日
范雷清	滕州市柴胡店镇	50	男	1938 年 4 月 26 日
王元品	滕州市柴胡店镇	65	男	1938 年 4 月 26 日
赵刘氏	滕州市柴胡店镇王官庄	37	女	1938 年 4 月 26 日
郝传江	滕州市柴胡店镇永福村	38	男	1938 年 4 月 26 日
赵长生	滕州市柴胡店镇永福村	43	男	1938 年 4 月 26 日
赵张氏	滕州市柴胡店镇永福村	42	女	1938 年 4 月 26 日
陈庆和	滕州市级索镇董庄村	56	男	1938 年 4 月 26 日
王德建	滕州市级索镇千佛阁村	10	男	1938 年 4 月 26 日
张泽卫	滕州市级索镇千佛阁村	15	男	1938 年 4 月 26 日
杜钦沛	滕州市级索镇前王晁村	30	男	1938 年 4 月 26 日
满程氏	滕州市西岗镇东满庄	20	女	1938 年 4 月 26 日
关 山	滕州市张汪镇	28	男	1938 年 4 月 26 日
孙玉山	滕州市张汪镇	30	男	1938 年 4 月 26 日
孙玉善	滕州市张汪镇	20	男	1938 年 4 月 26 日
孙玉秀	滕州市张汪镇	46	男	1938 年 4 月 26 日
蒋 军	滕州市鲍沟镇大李楼	14	男	1938 年 4 月 27 日
倪宝和	滕州市官桥镇中洪林	48	男	1938 年 4 月 27 日
倪正×	滕州市官桥镇中洪林	48	男	1938 年 4 月 27 日
杨刘氏	滕州市官桥镇后官庄	59	女	1938 年 4 月 29 日
李玉林	滕州市级索镇西田庄村	—	男	1938 年 4 月 29 日
王微思	滕州市西岗镇东河岔	38	男	1938 年 4 月 29 日
龙兴安	滕州市级索镇港沟崖村	30	男	1938 年 4 月 30 日
杜要饭	—	—	男	1938 年 5 月 1 日

姓名	籍贯	年龄	性别	死难时间
宋彦奎	滕州市东郭镇罗庄	30	男	1938 年 5 月 1 日
丁 红	滕州市东郭镇马河	34	男	1938 年 5 月 1 日
闫和永	滕州市东郭镇马庄	26	男	1938 年 5 月 1 日
王 健	滕州市东郭镇秦林	25	男	1938 年 5 月 1 日
刘夫申	滕州市东郭镇山前	38	男	1938 年 5 月 1 日
刘洪全	滕州市东郭镇山前	18	男	1938 年 5 月 1 日
刘宝银	滕州市东郭镇唐林	25	男	1938 年 5 月 1 日
刘玉善	滕州市东郭镇唐林	22	男	1938 年 5 月 1 日
陈成兰	滕州市洪绪镇安庄村	34	女	1938 年 5 月 1 日
郭德辰	滕州市界河镇东孟村	42	男	1938 年 5 月 1 日
王金枝	滕州市界河镇东孟村	60	男	1938 年 5 月 1 日
胡广领	滕州市界河镇胡庄村	47	男	1938 年 5 月 1 日
李传青	滕州市界河镇倪庄村	25	男	1938 年 5 月 1 日
李传月	滕州市界河镇倪庄村	21	男	1938 年 5 月 1 日
万现耙	滕州市界河镇宋坡村	22	男	1938 年 5 月 1 日
孙元晴	滕州市界河镇土楼村	23	男	1938 年 5 月 1 日
孙二柱	滕州市荆河街道	18	男	1938 年 5 月 1 日
韩大东	滕州市荆河街道	36	男	1938 年 5 月 1 日
马召宽	滕州市鲍沟镇马庄	31	男	1938 年 5 月 1 日
陈兆美	滕州市大坞镇大市庄	33	女	1938 年 5 月 1 日
甘信菊	滕州市大坞镇大市庄	58	女	1938 年 5 月 1 日
胡绍奎	滕州市大坞镇大市庄	71	男	1938 年 5 月 1 日
胡绍廉	滕州市大坞镇大市庄	65	男	1938 年 5 月 1 日
胡士国	滕州市大坞镇大市庄	62	男	1938 年 5 月 1 日
胡士敏	滕州市大坞镇大市庄	43	男	1938 年 5 月 1 日
李福阳	滕州市大坞镇大市庄	29	男	1938 年 5 月 1 日
李洪杰	滕州市大坞镇大市庄	39	男	1938 年 5 月 1 日
李洪连	滕州市大坞镇大市庄	67	男	1938 年 5 月 1 日
李庆连	滕州市大坞镇大市庄	38	男	1938 年 5 月 1 日
李泽平	滕州市大坞镇大市庄	43	男	1938 年 5 月 1 日
刘茂红	滕州市大坞镇大市庄	56	女	1938 年 5 月 1 日
刘昭兰	滕州市大坞镇大市庄	65	女	1938 年 5 月 1 日
刘召美	滕州市大坞镇大市庄	59	女	1938 年 5 月 1 日
刘真杰	滕州市大坞镇大市庄	33	男	1938 年 5 月 1 日

姓 名	籍 贯	年 龄	性 别	死难时间
龙兴红	滕州市大坞镇大市庄	32	女	1938 年 5 月 1 日
龙兴建	滕州市大坞镇大市庄	37	男	1938 年 5 月 1 日
吕守花	滕州市大坞镇大市庄	27	女	1938 年 5 月 1 日
马加英	滕州市大坞镇大市庄	61	女	1938 年 5 月 1 日
马家俊	滕州市大坞镇大市庄	62	男	1938 年 5 月 1 日
马祥宝	滕州市大坞镇大市庄	45	男	1938 年 5 月 1 日
马孝兰	滕州市大坞镇大市庄	22	女	1938 年 5 月 1 日
孟庆宏	滕州市大坞镇大市庄	47	男	1938 年 5 月 1 日
施李氏	滕州市大坞镇大市庄	65	女	1938 年 5 月 1 日
施瑞河	滕州市大坞镇大市庄	48	男	1938 年 5 月 1 日
施瑞元	滕州市大坞镇大市庄	43	男	1938 年 5 月 1 日
孙彦英	滕州市大坞镇大市庄	35	女	1938 年 5 月 1 日
王八斤	滕州市大坞镇大市庄	13	男	1938 年 5 月 1 日
王陈氏	滕州市大坞镇大市庄	30	女	1938 年 5 月 1 日
王二妮	滕州市大坞镇大市庄	9	女	1938 年 5 月 1 日
王洪轩	滕州市大坞镇大市庄	4	男	1938 年 5 月 1 日
王洪振	滕州市大坞镇大市庄	5	男	1938 年 5 月 1 日
王开满	滕州市大坞镇大市庄	64	男	1938 年 5 月 1 日
王开敏	滕州市大坞镇大市庄	25	男	1938 年 5 月 1 日
王开清	滕州市大坞镇大市庄	28	男	1938 年 5 月 1 日
王三妮	滕州市大坞镇大市庄	6	女	1938 年 5 月 1 日
王慎杰	滕州市大坞镇大市庄	27	男	1938 年 5 月 1 日
王慎美	滕州市大坞镇大市庄	5	女	1938 年 5 月 1 日
王慎先	滕州市大坞镇大市庄	17	男	1938 年 5 月 1 日
王兆义	滕州市大坞镇大市庄	37	男	1938 年 5 月 1 日
魏永刚	滕州市大坞镇大市庄	67	男	1938 年 5 月 1 日
魏永固	滕州市大坞镇大市庄	69	男	1938 年 5 月 1 日
魏允青	滕州市大坞镇大市庄	52	男	1938 年 5 月 1 日
徐洪国	滕州市大坞镇大市庄	42	男	1938 年 5 月 1 日
徐振炳	滕州市大坞镇大市庄	46	男	1938 年 5 月 1 日
徐振会	滕州市大坞镇大市庄	57	男	1938 年 5 月 1 日
徐振科	滕州市大坞镇大市庄	28	男	1938 年 5 月 1 日
徐振立	滕州市大坞镇大市庄	41	男	1938 年 5 月 1 日
徐振年	滕州市大坞镇大市庄	39	男	1938 年 5 月 1 日

姓　名	籍　贯	年　龄	性　别	死难时间
吕守柏	滕州市大坞镇桥南	18	男	1938 年 5 月 1 日
吕守标	滕州市大坞镇桥南	17	男	1938 年 5 月 1 日
吕学乾	滕州市大坞镇桥南	25	男	1938 年 5 月 1 日
刘青贵	滕州市荆河街道	69	男	1938 年 5 月 1 日
吕守玉	滕州市大坞镇桥南	18	男	1938 年 5 月 1 日
吕守贵	滕州市大坞镇桥南	17	男	1938 年 5 月 1 日
王恒海	滕州市大坞镇桥南	19	男	1938 年 5 月 1 日
吕守阳	滕州市大坞镇桥南	13	男	1938 年 5 月 1 日
吕守钱	滕州市大坞镇桥南	16	男	1938 年 5 月 1 日
尹茂盛	滕州市荆河街道	47	男	1938 年 5 月 2 日
王学庆	滕州市南沙河镇房村	45	男	1938 年 5 月 2 日
王学祥	滕州市南沙河镇房村	42	男	1938 年 5 月 2 日
巩继寅	滕州市南沙河镇	40	男	1938 年 5 月 2 日
刘召群	滕州市张汪镇陈庄	43	男	1938 年 5 月 2 日
姜立斗	滕州市鲍沟镇西荆林村	26	男	1938 年 5 月 3 日
彭张氏	滕州市官桥镇轩庄村	62	女	1938 年 5 月 3 日
张荣字	滕州市官桥镇轩庄村	55	男	1938 年 5 月 3 日
王其召	滕州市西岗镇高庙南村	34	男	1938 年 5 月 3 日
张开山	滕州市西岗镇高庙南村	26	男	1938 年 5 月 3 日
吕宜漫	滕州市鲍沟镇	22	男	1938 年 5 月 4 日
吕宜良	滕州市鲍沟镇	20	男	1938 年 5 月 4 日
姜铭奇	滕州市鲍沟镇西荆林村	40	男	1938 年 5 月 4 日
姜铭志	滕州市鲍沟镇西荆林村	37	男	1938 年 5 月 4 日
姜绍玲	滕州市鲍沟镇西荆林村	20	男	1938 年 5 月 4 日
满文宪	滕州市鲍沟薛岩后村	22	男	1938 年 5 月 4 日
苗守金	滕州市滨湖镇南陈	49	女	1938 年 5 月 4 日
孙井年之父	滕州市官桥镇太平庄	72	男	1938 年 5 月 5 日
马士昌	滕州市滨湖镇东马	29	男	1938 年 5 月 6 日
马昭德	滕州市滨湖镇东马	16	男	1938 年 5 月 6 日
吴家彬	滕州市滨湖镇东屯后	22	男	1938 年 5 月 6 日
吕守坤	滕州市大坞镇桥南	21	男	1938 年 5 月 6 日
渠开弓	滕州市官桥镇渠村	38	男	1938 年 5 月 6 日
渠玉斗	滕州市官桥镇渠村	39	男	1938 年 5 月 6 日
渠志富	滕州市官桥镇渠村	27	男	1938 年 5 月 6 日

姓 名	籍 贯	年 龄	性 别	死难时间
常宝方	滕州市荆河街道	41	女	1938年5月6日
刘石林	滕州市荆河街道	45	男	1938年5月6日
王金花	滕州市荆河街道	53	女	1938年5月6日
李运河	滕州市龙阳镇跨河村	23	男	1938年5月6日
李中章	滕州市善南街道十里铺一	25	男	1938年5月6日
李中章之妻	滕州市善南街道十里铺一	23	女	1938年5月6日
李中章之子	滕州市善南街道十里铺一	6	男	1938年5月6日
孙顺为	滕州市西岗镇姜桥	40	男	1938年5月6日
孙王氏	滕州市西岗镇姜桥	35	女	1938年5月6日
邢学礼	滕州市西岗镇姜桥	43	男	1938年5月6日
黄学文	滕州市西岗镇姜桥	30	男	1938年5月6日
费全武	滕州市西岗镇姜桥	38	男	1938年5月6日
李家友	滕州市西岗镇孔楼	37	男	1938年5月6日
满昌喜	滕州市西岗镇孔楼	37	男	1938年5月6日
王开来	滕州市西岗镇孔楼	38	男	1938年5月6日
王开银	滕州市西岗镇孔楼	35	男	1938年5月6日
孔庆连	滕州市西岗镇小杨庄村	21	男	1938年5月6日
杨 氏	滕州市鲍沟镇坝前	28	女	1938年5月7日
杨知荣	滕州市鲍沟镇坝前	29	男	1938年5月7日
崔玉红	滕州市鲍沟镇磨庄	11	男	1938年5月7日
丁广喜	滕州市鲍沟镇磨庄	19	男	1938年5月7日
丁广宇	滕州市鲍沟镇磨庄	18	男	1938年5月7日
李洪菊	滕州市鲍沟镇磨庄	27	男	1938年5月7日
马文花	滕州市鲍沟镇磨庄	26	男	1938年5月7日
朱郝氏	滕州市鲍沟镇南朱庄	60	女	1938年5月7日
朱庆雨	滕州市鲍沟镇南朱庄	44	男	1938年5月7日
朱绍友	滕州市鲍沟镇南朱庄	21	男	1938年5月7日
裴刘军	滕州市鲍沟镇裴楼	32	男	1938年5月7日
裴 马	滕州市鲍沟镇裴楼	41	男	1938年5月7日
刘宏法	滕州市鲍沟镇前皇甫村	26	男	1938年5月7日
刘学平	滕州市鲍沟镇前皇甫村	37	男	1938年5月7日
赵宝君	滕州市鲍沟镇前皇甫村	65	男	1938年5月7日
赵宝龙	滕州市鲍沟镇前皇甫村	61	男	1938年5月7日
姜开阔	滕州市鲍沟镇孙岗	70	男	1938年5月7日

姓 名	籍 贯	年 龄	性 别	死难时间
张肖氏	滕州市鲍沟镇薛岩后村	42	女	1938 年 5 月 7 日
陈开运	滕州市柴胡店镇钟辛村	39	男	1938 年 5 月 7 日
王忠地	滕州市柴胡店镇钟辛村	35	男	1938 年 5 月 7 日
刘小兵	滕州市荆河街道润泽街	30	男	1938 年 5 月 7 日
张洪端	滕州市鲍沟镇磨庄	19	男	1938 年 5 月 8 日
张路氏	滕州市鲍沟镇南朱庄	70	女	1938 年 5 月 8 日
赵广太	滕州市鲍沟镇前皇甫村	67	男	1938 年 5 月 8 日
李方山	滕州市西岗镇西北田岗	71	男	1938 年 5 月 8 日
宋士远	滕州市西岗镇西北田岗	13	男	1938 年 5 月 8 日
赵瑞龙	滕州市鲍沟镇鲍沟中村	51	男	1938 年 5 月 9 日
杨宝业	滕州市鲍沟镇大杨楼村	37	男	1938 年 5 月 9 日
宋丙富	滕州市鲍沟镇宋庄	30	男	1938 年 5 月 9 日
王显义	滕州市鲍沟镇薛岩后村	64	男	1938 年 5 月 9 日
单兴海	滕州市西岗镇高庙南村	26	男	1938 年 5 月 9 日
单兴美	滕州市西岗镇高庙南村	33	男	1938 年 5 月 9 日
单兴业	滕州市西岗镇高庙南村	32	男	1938 年 5 月 9 日
单学顺	滕州市西岗镇高庙南村	25	男	1938 年 5 月 9 日
单学溪	滕州市西岗镇高庙南村	31	男	1938 年 5 月 9 日
李魏氏	滕州市西岗镇西北田岗	71	女	1938 年 5 月 9 日
李延广	滕州市鲍沟镇	43	男	1938 年 5 月 10 日
吕传申	滕州市鲍沟镇	45	男	1938 年 5 月 10 日
邓连水	滕州市鲍沟镇西宁村	24	男	1938 年 5 月 10 日
康明空	滕州市鲍沟镇西宁村	20	男	1938 年 5 月 10 日
杨学同	滕州市鲍沟镇西宁村	18	男	1938 年 5 月 10 日
贺志历	滕州市鲍沟镇薛岩中村	50	男	1938 年 5 月 10 日
石风岗	滕州市鲍沟镇薛岩中村	55	男	1938 年 5 月 10 日
石李氏	滕州市鲍沟镇薛岩中村	37	女	1938 年 5 月 10 日
吕存良	滕州市鲍沟镇于仓	27	男	1938 年 5 月 10 日
裴李氏	滕州市官桥镇史庄村	32	女	1938 年 5 月 10 日
史来水	滕州市官桥镇史庄村	24	男	1938 年 5 月 10 日
史来鱼	滕州市官桥镇史庄村	28	男	1938 年 5 月 10 日
大 虎	滕州市南沙河镇房村	5 个月	男	1938 年 5 月 10 日
李自元	滕州市西岗镇西北田岗	66	男	1938 年 5 月 10 日
高文芝	滕州市鲍沟镇	23	男	1938 年 5 月 11 日

姓 名	籍 贯	年 龄	性 别	死难时间
高本吉	滕州市鲍沟镇东宁村	24	男	1938 年 5 月 11 日
高印标	滕州市鲍沟镇东宁村	26	男	1938 年 5 月 11 日
高印同	滕州市鲍沟镇东宁村	29	男	1938 年 5 月 11 日
邓秦氏	滕州市官桥镇西公桥	30	女	1938 年 5 月 11 日
邓夏氏	滕州市官桥镇西公桥	36	女	1938 年 5 月 11 日
李斌文	滕州市官桥镇西公桥	40	男	1938 年 5 月 11 日
李福氏	滕州市官桥镇西公桥	30	女	1938 年 5 月 11 日
赵延志	滕州市西岗镇北赵庄	47	男	1938 年 5 月 11 日
李张氏	滕州市西岗镇西北田岗	61	女	1938 年 5 月 11 日
高茂青	滕州市鲍沟镇鲍沟东村	10	女	1938 年 5 月 12 日
张 香	滕州市鲍沟镇东皇甫村	37	男	1938 年 5 月 12 日
闵宪德	滕州市鲍沟镇闵楼村	21	男	1938 年 5 月 12 日
孙风相	滕州市鲍沟镇西石庙	59	男	1938 年 5 月 12 日
孙风真	滕州市鲍沟镇西石庙	40	男	1938 年 5 月 12 日
王修阳	滕州市鲍沟镇西石庙	40	男	1938 年 5 月 12 日
赵立江	滕州市鲍沟镇赵庄	20	男	1938 年 5 月 12 日
徐兴梅	滕州市级索镇道沟村	—	男	1938 年 5 月 12 日
徐义清	滕州市级索镇道沟村	72	男	1938 年 5 月 12 日
孙茂海之祖父	滕州市龙泉街道岗子街	37	男	1938 年 5 月 12 日
巩张氏	滕州市南沙河镇后仓	57	女	1938 年 5 月 12 日
马登山	滕州市南沙河镇后仓	53	男	1938 年 5 月 12 日
马文氏	滕州市南沙河镇后仓	52	女	1938 年 5 月 12 日
李正一	滕州市西岗镇西北田岗	43	男	1938 年 5 月 12 日
李志岭	滕州市张汪镇孔集	20	男	1938 年 5 月 12 日
林长鹏	滕州市张汪镇孔集	18	男	1938 年 5 月 12 日
林建亭	滕州市张汪镇孔集	41	男	1938 年 5 月 12 日
范玉芙	滕州市官桥镇前公桥	62	女	1938 年 5 月 13 日
吴卫明	滕州市官桥镇前公桥	29	男	1938 年 5 月 13 日
吴卫涛	滕州市官桥镇前公桥	34	男	1938 年 5 月 13 日
朱任氏	滕州市官桥镇前公桥	67	女	1938 年 5 月 13 日
张贤德	滕州市官桥镇前莱村	14	男	1938 年 5 月 13 日
张现花	滕州市官桥镇前莱村	11	女	1938 年 5 月 13 日
张秦氏	滕州市善南街道王开三	59	女	1938 年 5 月 13 日
李自留	滕州市西岗镇西北田岗	20	男	1938 年 5 月 13 日

姓 名	籍 贯	年 龄	性 别	死难时间
王方友之父	滕州市龙泉街道岗子街	36	男	1938 年 5 月 14 日
王方友之母	滕州市龙泉街道岗子街	36	女	1938 年 5 月 14 日
赵井海之母	滕州市龙泉街道岗子街	55	女	1938 年 5 月 14 日
小 红	滕州市南沙河镇下徐	3 个月	女	1938 年 5 月 14 日
李方义	滕州市西岗镇西北田岗	67	男	1938 年 5 月 14 日
顾天思	滕州市张汪镇洛庄	40	男	1938 年 5 月 14 日
顾天相	滕州市张汪镇洛庄	38	男	1938 年 5 月 14 日
黄保金	滕州市张汪镇洛庄	44	男	1938 年 5 月 14 日
李王氏	滕州市张汪镇洛庄	30	女	1938 年 5 月 14 日
李朱氏	滕州市张汪镇洛庄	52	女	1938 年 5 月 14 日
顾成金	滕州市张汪镇洛庄	50	男	1938 年 5 月 14 日
汤 二	滕州市张汪镇洛庄	48	男	1938 年 5 月 14 日
汤 三	滕州市张汪镇洛庄	46	男	1938 年 5 月 14 日
刘家海	滕州市荆河街道	68	男	1938 年 5 月 15 日
王玉兰	滕州市荆河街道	20	女	1938 年 5 月 15 日
李杨氏	滕州市西岗镇西北田岗	50	女	1938 年 5 月 15 日
殷茂书	滕州市官桥镇坝上村	54	男	1938 年 5 月 16 日
李继全	滕州市官桥镇东康留	40	男	1938 年 5 月 16 日
刘广河	滕州市荆河街道	44	男	1938 年 5 月 16 日
李方余	滕州市西岗镇西北田岗	16	男	1938 年 5 月 16 日
王广林之祖父	滕州市龙泉街道岗子街	55	男	1938 年 5 月 17 日
王广雪之祖父	滕州市龙泉街道岗子街	56	男	1938 年 5 月 17 日
李大妮	滕州市西岗镇西北田岗	8	女	1938 年 5 月 17 日
钟星兰	滕州市鲍沟镇鲍沟东村	13	女	1938 年 5 月 18 日
张金河	滕州市鲍沟镇东皇甫村	26	男	1938 年 5 月 18 日
赵中伦	滕州市鲍沟镇赵庄	21	男	1938 年 5 月 18 日
吕守科	滕州市大坞镇桥南	18	男	1938 年 5 月 18 日
周忠武	滕州市官桥镇坝上村	43	男	1938 年 5 月 18 日
何汉东	滕州市官桥镇东康留	52	男	1938 年 5 月 18 日
吴运成	滕州市官桥镇吴庄村	34	男	1938 年 5 月 18 日
李长顺	滕州市官桥镇西公桥	32	男	1938 年 5 月 18 日
张王氏	滕州市官桥镇西公桥	30	女	1938 年 5 月 18 日
姜长珠之祖父	滕州市龙泉街道岗子街	56	男	1938 年 5 月 18 日
李正玉	滕州市西岗镇西北田岗	71	男	1938 年 5 月 18 日

姓 名	籍 贯	年 龄	性 别	死难时间
吕修斌	滕州市鲍沟镇东皇甫村	39	男	1938 年 5 月 19 日
马红花	滕州市滨湖镇南陈	38	女	1938 年 5 月 19 日
吕守唐	滕州市大坞镇桥南	14	男	1938 年 5 月 19 日
任开斗	滕州市官桥镇东王公	26	男	1938 年 5 月 19 日
王延东	滕州市级索镇后牛集村	28	男	1938 年 5 月 19 日
唐传彬之祖父	滕州市龙泉街道唐村	51	男	1938 年 5 月 19 日
李正会	滕州市西岗镇西北田岗	55	男	1938 年 5 月 19 日
王尚贵	滕州市鲍沟镇西石庙	48	男	1938 年 5 月 20 日
王尚启	滕州市鲍沟镇西石庙	63	男	1938 年 5 月 20 日
王尚善	滕州市鲍沟镇西石庙	65	男	1938 年 5 月 20 日
赵家明之祖父	滕州市龙泉街道岗子街	53	男	1938 年 5 月 20 日
赵景海之祖父	滕州市龙泉街道岗子街	58	男	1938 年 5 月 20 日
王渠元	滕州市西岗镇东河岔	29	男	1938 年 5 月 20 日
满 贵	滕州市西岗镇西北田岗	11	男	1938 年 5 月 20 日
李成双	滕州市鲍沟镇	20	男	1938 年 5 月 21 日
高清山	滕州市鲍沟镇鲍沟二村	30	男	1938 年 5 月 21 日
闵广福	滕州市鲍沟镇鲍沟二村	30	男	1938 年 5 月 21 日
闵广柯	滕州市鲍沟镇鲍沟二村	29	男	1938 年 5 月 21 日
卜陈氏	滕州市鲍沟镇卜庙	24	女	1938 年 5 月 21 日
蒋刘氏	滕州市鲍沟镇大李楼	37	女	1938 年 5 月 21 日
钟贵武	滕州市鲍沟镇鲍沟东村	69	男	1938 年 5 月 21 日
黄 标	滕州市鲍沟镇东皇甫村	42	男	1938 年 5 月 21 日
黄其栋	滕州市鲍沟镇东皇甫村	46	男	1938 年 5 月 21 日
黄仕伟	滕州市鲍沟镇东皇甫村	28	男	1938 年 5 月 21 日
吕 斌	滕州市鲍沟镇东皇甫村	39	男	1938 年 5 月 21 日
吕 亭	滕州市鲍沟镇东皇甫村	38	男	1938 年 5 月 21 日
徐日钦	滕州市鲍沟镇东皇甫村	40	男	1938 年 5 月 21 日
徐日运	滕州市鲍沟镇东皇甫村	39	男	1938 年 5 月 21 日
徐日正	滕州市鲍沟镇东皇甫村	29	男	1938 年 5 月 21 日
张福庆	滕州市鲍沟镇官庄	20	男	1938 年 5 月 21 日
张孝福	滕州市鲍沟镇官庄	21	男	1938 年 5 月 21 日
张文海	滕州市鲍沟镇侯楼	28	男	1938 年 5 月 21 日
李广喜	滕州市鲍沟镇前汉宫村	45	男	1938 年 5 月 21 日
李秀花	滕州市鲍沟镇前汉宫村	42	女	1938 年 5 月 21 日

姓 名	籍 贯	年 龄	性 别	死难时间
孟庆爱	滕州市鲍沟镇前汉宫村	42	男	1938 年 5 月 21 日
张振泉	滕州市鲍沟镇张埠村	26	男	1938 年 5 月 21 日
孙开振之父	滕州市官桥镇太平庄	72	男	1938 年 5 月 21 日
王方斗之祖父	滕州市龙泉街道岗子街	57	男	1938 年 5 月 21 日
李方文	滕州市西岗镇西北田岗	15	男	1938 年 5 月 21 日
孔繁祥	滕州市张汪镇杨界庄	20	男	1938 年 5 月 21 日
张成芹	滕州市鲍沟镇	5	男	1938 年 5 月 22 日
付安同	滕州市鲍沟镇	47	男	1938 年 5 月 22 日
孟宪法	滕州市鲍沟镇	27	男	1938 年 5 月 22 日
李建军	滕州市鲍沟镇	21	男	1938 年 5 月 22 日
赵瑞宇	滕州市鲍沟镇鲍沟中村	61	男	1938 年 5 月 22 日
赵玉路	滕州市鲍沟镇鲍沟中村	69	男	1938 年 5 月 22 日
张兴龙	滕州市鲍沟镇鲍沟北村	29	男	1938 年 5 月 22 日
刘荣华	滕州市鲍沟镇成屯	41	男	1938 年 5 月 22 日
吕敬法	滕州市鲍沟镇吕坡	62	男	1938 年 5 月 22 日
宋丙会	滕州市鲍沟镇宋庄	21	男	1938 年 5 月 22 日
许明升	滕州市大坞镇桥南	26	男	1938 年 5 月 22 日
孙延平之祖父	滕州市官桥镇太平庄	69	男	1938 年 5 月 22 日
张宪兵	滕州市南沙河镇房村	24	男	1938 年 5 月 22 日
李自清	滕州市西岗镇西北田岗	14	男	1938 年 5 月 22 日
吕明堂	滕州市大坞镇桥南	24	男	1938 年 5 月 23 日
朱恒德之父	滕州市官桥镇太平庄	69	男	1938 年 5 月 23 日
陈长学	滕州市官桥镇中韩村	42	男	1938 年 5 月 23 日
陈敬花	滕州市官桥镇中韩村	25	女	1938 年 5 月 23 日
顾长顺	滕州市官桥镇中韩村	39	男	1938 年 5 月 23 日
田德江	滕州市级索镇彭庄村	67	男	1938 年 5 月 23 日
李自位	滕州市西岗镇西北田岗	60	男	1938 年 5 月 23 日
王玉阳	滕州市大坞镇桥南	19	男	1938 年 5 月 23 日
屈恒全	滕州市龙阳镇焦庄村	55	男	1938 年 5 月 24 日
屈振丙	滕州市龙阳镇焦庄村	45	男	1938 年 5 月 24 日
满玉冬	滕州市西岗镇南王庄村	44	男	1938 年 5 月 24 日
汪明国	滕州市西岗镇南王庄村	12	男	1938 年 5 月 24 日
赵本玉	滕州市西岗镇南王庄村	32	男	1938 年 5 月 24 日
朱思龙	滕州市西岗镇南王庄村	21	男	1938 年 5 月 24 日

姓　名	籍　贯	年　龄	性　别	死难时间
李丁氏	滕州市西岗镇西北田岗	47	女	1938 年 5 月 24 日
陈正彩	滕州市张汪镇	28	男	1938 年 5 月 24 日
王恒尧	滕州市大坞镇桥南	18	男	1938 年 5 月 24 日
李付氏	滕州市西岗镇西北田岗	50	女	1938 年 5 月 25 日
刘茂成	滕州市大坞镇桥南	18	男	1938 年 5 月 25 日
王泽香	滕州市官桥镇西王庄	27	男	1938 年 5 月 26 日
陈教玲	滕州市鲍沟镇坝后	39	男	1938 年 5 月 27 日
裴得亚	滕州市鲍沟镇裴楼	60	男	1938 年 5 月 27 日
田存善	滕州市大坞镇桥南	21	男	1938 年 5 月 27 日
刘茂昌	滕州市大坞镇桥南	20	男	1938 年 5 月 27 日
刘茂寅	滕州市大坞镇桥南	27	男	1938 年 5 月 28 日
张运营	滕州市官桥镇大康留	45	男	1938 年 5 月 29 日
张夫亮	滕州市官桥镇轩庄村	65	男	1938 年 5 月 29 日
李庆珩	滕州市大坞镇西郝楼	45	男	1938 年 6 月 1 日
刘道新	滕州市大坞镇西郝楼	32	男	1938 年 6 月 1 日
许德光	滕州市大坞镇西郝楼	25	男	1938 年 6 月 1 日
许德玲	滕州市大坞镇西郝楼	37	男	1938 年 6 月 1 日
许德照	滕州市大坞镇西郝楼	35	男	1938 年 6 月 1 日
王玉观之父	滕州市东郭镇黑石岭	50	男	1938 年 6 月 1 日
徐庆意之父	滕州市东郭镇黑石岭	40	男	1938 年 6 月 1 日
徐东生之大伯	滕州市东郭镇黑石岭	27	男	1938 年 6 月 1 日
徐贵堂之大伯	滕州市东郭镇黑石岭	42	男	1938 年 6 月 1 日
徐贵香之父	滕州市东郭镇黑石岭	44	男	1938 年 6 月 1 日
徐庆恩之父	滕州市东郭镇黑石岭	38	男	1938 年 6 月 1 日
徐庆生之父	滕州市东郭镇黑石岭	34	男	1938 年 6 月 1 日
徐瑞和之叔	滕州市东郭镇黑石岭	27	男	1938 年 6 月 1 日
徐瑞吉	滕州市东郭镇黑石岭	30	男	1938 年 6 月 1 日
徐瑞云之父	滕州市东郭镇黑石岭	29	男	1938 年 6 月 1 日
徐细美之父	滕州市东郭镇黑石岭	36	男	1938 年 6 月 1 日
王广付	滕州市洪绪镇东赵沟	51	男	1938 年 6 月 1 日
徐庆功	滕州市洪绪镇杜康村	30	男	1938 年 6 月 1 日
丁玉国	滕州市洪绪镇甘庄村	42	男	1938 年 6 月 1 日
马士芹之女	滕州市洪绪镇堌堆村	4	女	1938 年 6 月 1 日
徐庆成之子	滕州市洪绪镇后洪绪	9	男	1938 年 6 月 1 日

姓 名	籍 贯	年 龄	性 别	死难时间
徐廷水	滕州市洪绪镇后洪绪	29	男	1938 年 6 月 1 日
徐西玉之子	滕州市洪绪镇后洪绪	9	男	1938 年 6 月 1 日
王瑞前	滕州市洪绪镇沙官村	26	男	1938 年 6 月 1 日
赵 海	滕州市洪绪镇沙官村	36	男	1938 年 6 月 1 日
许士华	滕州市洪绪镇玉楼村	56	男	1938 年 6 月 1 日
姚计兰之女	滕州市洪绪镇玉楼村	5	女	1938 年 6 月 1 日
高学信	滕州市界河镇北沙河村	—	男	1938 年 6 月 1 日
马延新	滕州市界河镇单马厂村	14	男	1938 年 6 月 1 日
张连真	滕州市界河镇单马厂村	13	男	1938 年 6 月 1 日
赵本传	滕州市界河镇东张庄村	43	男	1938 年 6 月 1 日
李传武	滕州市界河镇倪庄村	20	男	1938 年 6 月 1 日
满兴财	滕州市界河镇倪庄村	12	男	1938 年 6 月 1 日
倪夫贤	滕州市界河镇倪庄村	9	男	1938 年 6 月 1 日
高兆进	滕州市界河镇孙楼村	18	男	1938 年 6 月 1 日
唐敏义	滕州市界河镇孙楼村	71	男	1938 年 6 月 1 日
郭家芳	滕州市荆河街道郭彭庄	60	男	1938 年 6 月 1 日
郭家文	滕州市荆河街道郭彭庄	20	男	1938 年 6 月 1 日
郭家壮	滕州市荆河街道郭彭庄	20	男	1938 年 6 月 1 日
郭玉中	滕州市荆河街道郭彭庄	50	男	1938 年 6 月 1 日
刘奉海	滕州市木石镇沂河	17	男	1938 年 6 月 1 日
刘奉连	滕州市木石镇沂河	21	男	1938 年 6 月 1 日
刘奉修	滕州市木石镇沂河	23	男	1938 年 6 月 1 日
高王氏	滕州市南沙河镇房村	53	女	1938 年 6 月 1 日
牛德俊之祖父	滕州市张汪镇尤楼	54	男	1938 年 6 月 1 日
单大志	滕州市大坞镇单庄	48	男	1938 年 6 月 1 日
单广具	滕州市大坞镇单庄	46	男	1938 年 6 月 1 日
刘信喜	滕州市柴胡店镇沙庄村	65	男	1938 年 6 月 2 日
李寺亮之祖母	滕州市官桥镇官桥村	64	女	1938 年 6 月 3 日
孙长印之祖父	滕州市官桥镇官桥村	63	男	1938 年 6 月 3 日
耿孙氏	滕州市荆河街道南关街	60	女	1938 年 6 月 3 日
张 华	滕州市荆河街道南关街	18	女	1938 年 6 月 3 日
刘奉贤	滕州市木石镇沂河	30	男	1938 年 6 月 3 日
刘奉友	滕州市木石镇沂河	18	男	1938 年 6 月 3 日
孔德合之母	滕州市级索镇东龙岗村	35	女	1938 年 6 月 5 日

姓　名	籍　贯	年龄	性别	死难时间
耿玉川	滕州市荆河街道南关街	50	男	1938 年 6 月 5 日
李玉峰	滕州市荆河街道南关街	8	男	1938 年 6 月 5 日
刘　鹏	滕州市木石镇山口村	31	男	1938 年 6 月 5 日
时郝氏	滕州市官桥镇时店村	38	女	1938 年 6 月 6 日
时数清	滕州市官桥镇时店村	30	男	1938 年 6 月 6 日
耿孝强	滕州市荆河街道南关街	21	男	1938 年 6 月 6 日
贾　玉	滕州市荆河街道南关街	15	男	1938 年 6 月 6 日
沙　三	滕州市荆河街道润泽街	29	男	1938 年 6 月 6 日
沙　四	滕州市荆河街道润泽街	28	男	1938 年 6 月 6 日
于　强	滕州市荆河街道润泽街	22	男	1938 年 6 月 6 日
于会山之父	滕州市龙泉街道岗子街	33	男	1938 年 6 月 6 日
席关胜	滕州市南沙河镇冯东村	51	男	1938 年 6 月 6 日
席四连	滕州市南沙河镇冯东村	46	男	1938 年 6 月 6 日
孙　臣	滕州市鲍沟镇	41	男	1938 年 6 月 7 日
徐吕运	滕州市鲍沟镇东皇甫村	39	男	1938 年 6 月 7 日
贾旺才	滕州市鲍沟镇裴楼	40	男	1938 年 6 月 7 日
钱来卧	滕州市鲍沟镇裴楼	56	男	1938 年 6 月 7 日
韩绍运	滕州市鲍沟镇于仓	36	男	1938 年 6 月 7 日
王　和	滕州市荆河街道润泽街	25	男	1938 年 6 月 7 日
王　会	滕州市荆河街道润泽街	21	男	1938 年 6 月 7 日
张　英	滕州市荆河街道润泽街	40	女	1938 年 6 月 7 日
赵　强	滕州市荆河街道润泽街	20	男	1938 年 6 月 7 日
张金龙	滕州市鲍沟镇东皇甫村	34	男	1938 年 6 月 8 日
周成亮	滕州市鲍沟镇东皇甫村	31	男	1938 年 6 月 8 日
赵曰展	滕州市滨湖镇田桥	20	男	1938 年 6 月 8 日
二　狗	滕州市荆河街道润泽街	3	男	1938 年 6 月 8 日
王庆和	滕州市荆河街道润泽街	50	男	1938 年 6 月 8 日
张保泽	滕州市善南街道王开一	41	男	1938 年 6 月 8 日
赵宝瑞	滕州市鲍沟镇坝前	35	男	1938 年 6 月 9 日
闵昭武	滕州市鲍沟镇鲍沟二村	36	男	1938 年 6 月 9 日
高茂兰	滕州市鲍沟镇鲍沟东村	6	女	1938 年 6 月 9 日
钟文静	滕州市鲍沟镇鲍沟东村	7	女	1938 年 6 月 9 日
钟星锁	滕州市鲍沟镇鲍沟东村	22	男	1938 年 6 月 9 日
黄其明	滕州市鲍沟镇东皇甫村	37	男	1938 年 6 月 9 日

姓 名	籍 贯	年 龄	性 别	死难时间
黄士园	滕州市鲍沟镇东皇甫村	21	男	1938 年 6 月 9 日
黄其昭	滕州市鲍沟镇东皇甫村	37	男	1938 年 6 月 9 日
黄士同	滕州市鲍沟镇东皇甫村	21	男	1938 年 6 月 9 日
张 龙	滕州市鲍沟镇东皇甫村	34	男	1938 年 6 月 9 日
周 栋	滕州市鲍沟镇东皇甫村	29	男	1938 年 6 月 9 日
周 亮	滕州市鲍沟镇东皇甫村	31	男	1938 年 6 月 9 日
周 威	滕州市鲍沟镇东皇甫村	27	男	1938 年 6 月 9 日
李广涛	滕州市鲍沟镇前汉宫村	39	男	1938 年 6 月 9 日
李徐氏	滕州市鲍沟镇前汉宫村	43	女	1938 年 6 月 9 日
宋玉运	滕州市鲍沟镇邢庄	20	男	1938 年 6 月 9 日
张昌运	滕州市鲍沟镇邢庄	19	男	1938 年 6 月 9 日
田中会	滕州市滨湖镇田桥	19	男	1938 年 6 月 9 日
孔凡臣	滕州市级索镇孔楼村	20	男	1938 年 6 月 9 日
李玉山	滕州市级索镇孔楼村	70	男	1938 年 6 月 9 日
姜长征之父	滕州市龙泉街道岗子街	36	男	1938 年 6 月 9 日
王金科之祖父	滕州市龙泉街道岗子街	56	男	1938 年 6 月 10 日
李本宽	滕州市西岗镇邓集	36	男	1938 年 6 月 10 日
张培茂之祖父	滕州市龙泉街道岗子街	48	男	1938 年 6 月 11 日
秦恒青	滕州市南沙河镇南池	46	女	1938 年 6 月 11 日
秦王氏	滕州市南沙河镇南池	24	女	1938 年 6 月 11 日
秦应田	滕州市南沙河镇南池	20	男	1938 年 6 月 11 日
满李氏	滕州市西岗镇西河岔	65	女	1938 年 6 月 11 日
满清松	滕州市西岗镇西河岔	41	男	1938 年 6 月 11 日
蒋小军	滕州市鲍沟镇大李楼	14	男	1938 年 6 月 12 日
蒋小梅	滕州市鲍沟镇大李楼	15	女	1938 年 6 月 12 日
李元明	滕州市鲍沟镇东荆林村	42	男	1938 年 6 月 12 日
徐兴友	滕州市级索镇道沟村	—	男	1938 年 6 月 12 日
刘 利	滕州市荆河街道润泽街	2	男	1938 年 6 月 12 日
彭马氏	滕州市西岗镇柴里东村	71	女	1938 年 6 月 12 日
王永虎	滕州市官桥镇	20	男	1938 年 6 月 13 日
杨 磊	滕州市官桥镇	19	男	1938 年 6 月 13 日
赵振远	滕州市西岗镇北赵庄	62	男	1938 年 6 月 13 日
黄其标	滕州市鲍沟镇东皇甫村	42	男	1938 年 6 月 14 日
黄其折	滕州市鲍沟镇东皇甫村	46	男	1938 年 6 月 14 日

姓　名	籍　贯	年　龄	性　别	死难时间
黄士伟	滕州市鲍沟镇东皇甫村	28	男	1938 年 6 月 14 日
杨　华	滕州市南沙河镇房村	32	男	1938 年 6 月 14 日
陈桂英	滕州市南沙河镇后辛章	32	女	1938 年 6 月 14 日
张凤威	滕州市善南街道王开一	47	男	1938 年 6 月 14 日
牛玉喜	滕州市张汪镇尤楼	61	男	1938 年 6 月 14 日
宫玉喜	滕州市官桥镇后善庄	18	男	1938 年 6 月 15 日
郭印川	滕州市官桥镇后善庄	76	男	1938 年 6 月 15 日
郭印洋	滕州市官桥镇后善庄	70	男	1938 年 6 月 15 日
郭印玉	滕州市官桥镇后善庄	28	男	1938 年 6 月 15 日
马金成	滕州市官桥镇	43	男	1938 年 6 月 15 日
刘登明	滕州市龙阳镇	25	男	1938 年 6 月 15 日
刘三全	滕州市龙阳镇	21	男	1938 年 6 月 15 日
刘振启	滕州市龙阳镇	35	男	1938 年 6 月 15 日
刘学成	滕州市南沙河镇	53	男	1938 年 6 月 15 日
王延山	滕州市南沙河镇	42	男	1938 年 6 月 15 日
王兆利	滕州市南沙河镇	38	男	1938 年 6 月 15 日
冯祥宁	滕州市南沙河镇南王铺	47	男	1938 年 6 月 15 日
王　五	滕州市南沙河镇南王铺	34	男	1938 年 6 月 15 日
彭修芝	滕州市官桥镇北辛村	64	男	1938 年 6 月 16 日
夏以芝	滕州市官桥镇北辛村	66	男	1938 年 6 月 16 日
张茂彬	滕州市官桥镇大康留	44	男	1938 年 6 月 16 日
王方环之祖父	滕州市龙泉街道岗子街	42	男	1938 年 6 月 16 日
于德江之祖父	滕州市龙泉街道岗子街	56	男	1938 年 6 月 16 日
张信文之祖父	滕州市龙泉街道岗子街	58	男	1938 年 6 月 16 日
李王氏	滕州市鲍沟镇	42	女	1938 年 6 月 17 日
陈教伟	滕州市鲍沟镇坝后	37	男	1938 年 6 月 17 日
赵宝宁	滕州市鲍沟镇坝后	48	男	1938 年 6 月 17 日
马洪轩	滕州市鲍沟镇大杨楼村	39	男	1938 年 6 月 17 日
李国金	滕州市鲍沟镇薛岩前村	38	男	1938 年 6 月 17 日
王玉金	滕州市鲍沟镇于仓	37	男	1938 年 6 月 17 日
时郑氏	滕州市官桥镇时店村	41	女	1938 年 6 月 17 日
耿玉强	滕州市荆河街道润泽街	51	男	1938 年 6 月 17 日
张培震之父	滕州市龙泉街道岗子街	39	男	1938 年 6 月 17 日
王宝礼	滕州市南沙河镇后小庄	24	男	1938 年 6 月 17 日

姓 名	籍 贯	年 龄	性 别	死难时间
董宪兵	滕州市南沙河镇南池	59	男	1938 年 6 月 17 日
张金贵	滕州市鲍沟镇东皇甫村	40	男	1938 年 6 月 18 日
黄丙良	滕州市官桥镇北辛村	52	男	1938 年 6 月 18 日
任士宽	滕州市官桥镇大康留	44	男	1938 年 6 月 18 日
苏之廷	滕州市官桥镇苏叶村	25	男	1938 年 6 月 18 日
周纪成	滕州市官桥镇苏叶村	23	男	1938 年 6 月 18 日
二 娃	滕州市龙阳镇西朱仇村	6	男	1938 年 6 月 19 日
徐成名	滕州市西岗镇高庙南村	30	男	1938 年 6 月 19 日
钟文斌	滕州市鲍沟镇鲍沟东村	4	男	1938 年 6 月 20 日
赵小月	滕州市鲍沟镇侯楼	18	女	1938 年 6 月 20 日
龙兴需	滕州市级索镇港沟崖村	33	男	1938 年 6 月 20 日
王慎玉	滕州市级索镇港沟崖村	25	男	1938 年 6 月 20 日
秦尚皆	滕州市级索镇后王晁村	30	男	1938 年 6 月 20 日
王方永之祖父	滕州市龙泉街道岗子街	48	男	1938 年 6 月 20 日
王广昌之祖父	滕州市龙泉街道岗子街	49	男	1938 年 6 月 20 日
张纪坤之祖父	滕州市龙泉街道岗子街	48	男	1938 年 6 月 20 日
张培顺之父	滕州市龙泉街道岗子街	27	男	1938 年 6 月 20 日
杨王氏	滕州市鲍沟镇坝前	34	女	1938 年 6 月 21 日
赵宝全	滕州市鲍沟镇坝前	35	男	1938 年 6 月 21 日
王方清之父	滕州市龙泉街道岗子街	28	男	1938 年 6 月 21 日
王明成之父	滕州市龙泉街道岗子街	33	男	1938 年 6 月 21 日
满其修	滕州市西岗镇柴里西村	39	男	1938 年 6 月 22 日
满尚仁	滕州市西岗镇柴里西村	43	男	1938 年 6 月 22 日
张宏奎	滕州市西岗镇柴里西村	36	男	1938 年 6 月 22 日
孙宝玉	滕州市官桥镇魏楼村	24	男	1938 年 6 月 23 日
张长银	滕州市官桥镇魏楼村	52	男	1938 年 6 月 23 日
倪道印	滕州市官桥镇倪楼村	36	男	1938 年 6 月 24 日
耿玉美	滕州市荆河街道润泽街	20	女	1938 年 6 月 24 日
龙兴海	滕州市级索镇港沟崖村	27	男	1938 年 6 月 25 日
王德岩	滕州市级索镇千佛阁村	18	男	1938 年 6 月 26 日
孟 成	滕州市荆河街道润泽街	3	男	1938 年 6 月 26 日
孙广汗之女	滕州市龙阳镇	6	女	1938 年 6 月 28 日
孙开伦之祖父	滕州市官桥镇官桥村	36	男	1938 年 6 月 29 日
刘宾贤	滕州市柴胡店镇沙庄村	69	男	1938 年 7 月 1 日

姓 名	籍 贯	年 龄	性 别	死难时间
任正山	滕州市大坞镇任前	26	男	1938 年 7 月 1 日
柴德萍	滕州市东郭镇后坞沟	45	男	1938 年 7 月 1 日
康刘氏	滕州市东沙河镇康村	27	女	1938 年 7 月 1 日
康秀明	滕州市东沙河镇康村	30	男	1938 年 7 月 1 日
东广见	滕州市洪绪镇白龙湾	36	男	1938 年 7 月 1 日
韩生奇	滕州市洪绪镇白龙湾	24	男	1938 年 7 月 1 日
魏广业之子	滕州市洪绪镇白龙湾	5	男	1938 年 7 月 1 日
张玉花之女	滕州市洪绪镇白龙湾	6	女	1938 年 7 月 1 日
刘贵国	滕州市洪绪镇大巩庄	46	男	1938 年 7 月 1 日
王广友	滕州市洪绪镇东赵沟	53	男	1938 年 7 月 1 日
徐元平	滕州市洪绪镇杜康村	20	男	1938 年 7 月 1 日
徐子迎	滕州市洪绪镇堌堆村	43	男	1938 年 7 月 1 日
刘洪岭	滕州市洪绪镇光明村	32	男	1938 年 7 月 1 日
徐怀礼之子	滕州市洪绪镇后洪绪	3	男	1938 年 7 月 1 日
闫吉祥	滕州市洪绪镇后洪绪	19	男	1938 年 7 月 1 日
魏东之子	滕州市洪绪镇金庄	2	男	1938 年 7 月 1 日
冯统水	滕州市洪绪镇龙庄村	24	男	1938 年 7 月 1 日
冯统雨之子	滕州市洪绪镇龙庄村	4	男	1938 年 7 月 1 日
马士宝	滕州市洪绪镇龙庄村	36	男	1938 年 7 月 1 日
徐瑞柱	滕州市洪绪镇任于庄	45	男	1938 年 7 月 1 日
李为同	滕州市洪绪镇团结村	49	男	1938 年 7 月 1 日
赵绪宝	滕州市洪绪镇西赵沟	65	男	1938 年 7 月 1 日
徐庆田	滕州市洪绪镇徐王庄	35	男	1938 年 7 月 1 日
许夫君之子	滕州市洪绪镇轴村	6	男	1938 年 7 月 1 日
邓庆善	滕州市界河镇东孟村	71	男	1938 年 7 月 1 日
赵敦来	滕州市界河镇后枣村	40	男	1938 年 7 月 1 日
韩学贤	滕州市界河镇皇娘沟村	27	男	1938 年 7 月 1 日
李传泰	滕州市界河镇倪庄村	27	男	1938 年 7 月 1 日
倪若凤	滕州市界河镇倪庄村	10	女	1938 年 7 月 1 日
杨岱	滕州市界河镇土楼村	17	男	1938 年 7 月 1 日
杨子宽	滕州市界河镇土楼村	37	男	1938 年 7 月 1 日
郭家军	滕州市荆河街道郭彭庄	52	男	1938 年 7 月 1 日
鲁开运	滕州市荆河街道郭彭庄	50	男	1938 年 7 月 1 日
张宝颜	滕州市荆河街道郭彭庄	40	男	1938 年 7 月 1 日

姓 名	籍 贯	年 龄	性 别	死难时间
张德全	滕州市荆河街道郭彭庄	40	男	1938 年 7 月 1 日
张守志	滕州市羊庄镇后毛堌	26	男	1938 年 7 月 1 日
何西元	滕州市张汪镇俞河涯	41	男	1938 年 7 月 1 日
牛玉喜之妻	滕州市张汪镇尤楼	59	女	1938 年 7 月 2 日
赵允奎	滕州市级索镇后王晁村	65	男	1938 年 7 月 3 日
孙玉喜	滕州市级索镇后王晁村	86	男	1938 年 7 月 3 日
赵公益	滕州市级索镇后王晁村	81	男	1938 年 7 月 3 日
赵公户	滕州市级索镇后王晁村	56	男	1938 年 7 月 3 日
杜韦伟	滕州市西岗镇段庄	30	男	1938 年 7 月 3 日
黄 ×	滕州市级索镇泉上村	31	男	1938 年 7 月 4 日
张凤水	滕州市荆河街道东寺院村	14	男	1938 年 7 月 5 日
张家旺	滕州市荆河街道东寺院村	18	男	1938 年 7 月 5 日
满高洋	滕州市西岗镇西河岔	58	男	1938 年 7 月 5 日
马士银	滕州市滨湖镇东马	27	男	1938 年 7 月 6 日
常开明	滕州市荆河街道东寺院村	36	男	1938 年 7 月 6 日
何一萍	河南省孟县	25	男	1938 年 7 月 6 日
常 三	滕州市荆河街道东寺院村	32	男	1938 年 7 月 6 日
朱高氏	滕州市龙泉街道荆善安居	35	女	1938 年 7 月 6 日
葛井志	滕州市鲍沟镇西石庙	50	男	1938 年 7 月 7 日
李孝安	滕州市鲍沟镇西石庙	55	男	1938 年 7 月 7 日
李勤奋	滕州市南沙河镇古石一村	19	男	1938 年 7 月 7 日
李宋氏	滕州市南沙河镇古石一村	24	女	1938 年 7 月 7 日
王高氏	滕州市南沙河镇古石一村	26	女	1938 年 7 月 7 日
张金可	滕州市鲍沟镇东皇甫村	26	男	1938 年 7 月 8 日
张洪海	滕州市鲍沟镇磨庄	43	男	1938 年 7 月 8 日
杨恒教	滕州市鲍沟镇杨村	42	男	1938 年 7 月 8 日
刘振海	滕州市鲍沟镇裴楼	36	男	1938 年 7 月 9 日
高庭右	滕州市龙泉街道荆善安居	42	男	1938 年 7 月 9 日
崔俊岭	滕州市南沙河镇崔庄	62	男	1938 年 7 月 9 日
崔俊山	滕州市南沙河镇崔庄	—	男	1938 年 7 月 9 日
大 胜	滕州市南沙河镇南池	2	男	1938 年 7 月 9 日
颜延荣	滕州市鲍沟镇磨庄	41	男	1938 年 7 月 10 日
史为喜	滕州市滨湖镇北双井	23	男	1938 年 7 月 10 日
史用宝	滕州市滨湖镇北双井	40	男	1938 年 7 月 10 日

姓 名	籍 贯	年 龄	性 别	死难时间
李纪敬	滕州市滨湖镇陈宏楼	5	男	1938 年 7 月 10 日
杨 奔	滕州市滨湖镇陈宏楼	8	男	1938 年 7 月 10 日
杨 涛	滕州市滨湖镇陈宏楼	7	男	1938 年 7 月 10 日
李士可	滕州市滨湖镇代庄	39	男	1938 年 7 月 10 日
刘真海	滕州市滨湖镇东盖	18	男	1938 年 7 月 10 日
刘真荣	滕州市滨湖镇东盖	24	女	1938 年 7 月 10 日
王慎盐	滕州市滨湖镇东盖	31	男	1938 年 7 月 10 日
马昭兰	滕州市滨湖镇东古	36	女	1938 年 7 月 10 日
孙昌礼	滕州市滨湖镇东古	30	男	1938 年 7 月 10 日
孙昌文	滕州市滨湖镇东古	34	男	1938 年 7 月 10 日
胡召英	滕州市滨湖镇东焦	15	女	1938 年 7 月 10 日
贾相花	滕州市滨湖镇东焦	20	女	1938 年 7 月 10 日
马王氏	滕州市滨湖镇东焦	27	女	1938 年 7 月 10 日
马效成	滕州市滨湖镇东焦	42	男	1938 年 7 月 10 日
武林贵	滕州市滨湖镇东焦	29	男	1938 年 7 月 10 日
赵富贵	滕州市滨湖镇东焦	3	男	1938 年 7 月 10 日
高小莲	滕州市滨湖镇后古	26	女	1938 年 7 月 10 日
韩兴青	滕州市滨湖镇后古	17	男	1938 年 7 月 10 日
刘大宝	滕州市滨湖镇后古	16	男	1938 年 7 月 10 日
施西柱	滕州市滨湖镇后古	18	男	1938 年 7 月 10 日
史大香	滕州市滨湖镇后古	30	女	1938 年 7 月 10 日
孙延久	滕州市滨湖镇奎子东	23	男	1938 年 7 月 10 日
孙彦留	滕州市滨湖镇奎子东	58	男	1938 年 7 月 10 日
王玉英	滕州市滨湖镇奎子东	60	女	1938 年 7 月 10 日
孙外义	滕州市滨湖镇奎子西	32	男	1938 年 7 月 10 日
孙延武	滕州市滨湖镇奎子西	52	男	1938 年 7 月 10 日
孙卓西	滕州市滨湖镇奎子西	82	男	1938 年 7 月 10 日
赵联菊	滕州市滨湖镇奎子西	21	女	1938 年 7 月 10 日
刘洪莲	滕州市滨湖镇前郁郎	24	女	1938 年 7 月 10 日
刘小伟	滕州市滨湖镇前郁郎	21	男	1938 年 7 月 10 日
刘延地	滕州市滨湖镇前郁郎	28	男	1938 年 7 月 10 日
刘真清	滕州市滨湖镇前郁郎	26	男	1938 年 7 月 10 日
马钦足	滕州市滨湖镇前郁郎	23	女	1938 年 7 月 10 日
马延涛	滕州市滨湖镇四合村	40	男	1938 年 7 月 10 日

姓 名	籍 贯	年 龄	性 别	死难时间
王启富	滕州市滨湖镇王楼	37	男	1938 年 7 月 10 日
王玉国	滕州市滨湖镇王楼	24	男	1938 年 7 月 10 日
王志芳	滕州市滨湖镇王楼	27	男	1938 年 7 月 10 日
谢绍美	滕州市滨湖镇王楼	17	男	1938 年 7 月 10 日
侯井江	滕州市滨湖镇王堂	33	男	1938 年 7 月 10 日
李振江	滕州市滨湖镇王堂	36	男	1938 年 7 月 10 日
刘秀山	滕州市滨湖镇王堂	23	男	1938 年 7 月 10 日
王兆民	滕州市滨湖镇王堂	2	男	1938 年 7 月 10 日
杨知洞	滕州市滨湖镇王堂	62	男	1938 年 7 月 10 日
王书浩	滕州市滨湖镇西辛安	47	男	1938 年 7 月 10 日
王延同	滕州市滨湖镇西辛安	28	男	1938 年 7 月 10 日
王玉东	滕州市滨湖镇西辛安	40	男	1938 年 7 月 10 日
王玉芳	滕州市滨湖镇西辛安	40	男	1938 年 7 月 10 日
赵延明	滕州市滨湖镇西辛安	43	男	1938 年 7 月 10 日
马运富	滕州市滨湖镇谢庄	28	男	1938 年 7 月 10 日
谢崇建	滕州市滨湖镇谢庄	37	男	1938 年 7 月 10 日
谢绍云	滕州市滨湖镇谢庄	32	男	1938 年 7 月 10 日
盖延刚	滕州市滨湖镇阳温中村	29	男	1938 年 7 月 10 日
孙兴臣	滕州市滨湖镇阳温中村	20	男	1938 年 7 月 10 日
孙彦祥	滕州市滨湖镇阳温中村	23	男	1938 年 7 月 10 日
黄士祥	滕州市西岗镇高庙南村	27	男	1938 年 7 月 10 日
小 峰	滕州市荆河街道南关街	2	男	1938 年 7 月 11 日
杨 洋	滕州市南沙河镇崔庄	26	男	1938 年 7 月 11 日
马汉元	滕州市西岗镇邓集	36	男	1938 年 7 月 11 日
史玉河	滕州市西岗镇邓集	38	男	1938 年 7 月 11 日
白振山	滕州市西岗镇南王庄村	62	男	1938 年 7 月 11 日
李本义	滕州市西岗镇南王庄村	34	男	1938 年 7 月 11 日
宋国良	滕州市西岗镇南王庄村	22	男	1938 年 7 月 11 日
张福成	滕州市西岗镇南王庄村	32	男	1938 年 7 月 11 日
陈宝兰	滕州市官桥镇前善庄	50	女	1938 年 7 月 12 日
秦传召	滕州市官桥镇前善庄	64	男	1938 年 7 月 12 日
渠开等	滕州市官桥镇前善庄	47	男	1938 年 7 月 12 日
韩典宇	滕州市级索镇后韩村	23	男	1938 年 7 月 12 日
何颜斌	滕州市荆河街道东寺院村	32	男	1938 年 7 月 12 日

姓 名	籍 贯	年 龄	性 别	死难时间
王 美	滕州市荆河街道南关街	6	女	1938 年 7 月 12 日
王广文	滕州市官桥镇北辛村	55	男	1938 年 7 月 13 日
时耿本	滕州市官桥镇时店村	48	男	1938 年 7 月 13 日
徐士启	滕州市级索镇泉上村	27	男	1938 年 7 月 13 日
王怀忠	滕州市龙阳镇南岭村	21	男	1938 年 7 月 14 日
姜立英	滕州市鲍沟镇西荆林村	25	男	1938 年 7 月 15 日
陈大孩之二弟	滕州市龙泉街道冯村	15	男	1938 年 7 月 15 日
陈大孩之三弟	滕州市龙泉街道冯村	12	男	1938 年 7 月 15 日
陈大孩之母	滕州市龙泉街道冯村	41	女	1938 年 7 月 15 日
冯宜成	滕州市龙泉街道冯村	42	男	1938 年 7 月 15 日
王大毛	滕州市龙泉街道冯村	17	男	1938 年 7 月 15 日
张培胜之祖父	滕州市龙泉街道岗子街	40	男	1938 年 7 月 15 日
张培志之祖父	滕州市龙泉街道岗子街	38	男	1938 年 7 月 15 日
孙桂兰	滕州市龙泉街道荆善安居	20	女	1938 年 7 月 15 日
张祥德	滕州市龙泉街道荆善安居	21	男	1938 年 7 月 15 日
张真启	滕州市龙泉街道荆善安居	30	男	1938 年 7 月 15 日
朱庆英	滕州市龙泉街道荆善安居	24	女	1938 年 7 月 15 日
李丙安	滕州市龙阳镇小河子村	38	男	1938 年 7 月 16 日
张立卓	滕州市鲍沟镇张埠村	21	男	1938 年 7 月 17 日
姜铭统	滕州市鲍沟镇西荆林村	36	男	1938 年 7 月 18 日
蒋玉其	滕州市官桥镇前公桥	59	女	1938 年 7 月 18 日
张广顺	滕州市官桥镇西王庄	25	男	1938 年 7 月 18 日
乔元台	滕州市级索镇后牛集村	31	男	1938 年 7 月 18 日
张成海	滕州市龙泉街道荆善安居	28	男	1938 年 7 月 18 日
史继法	滕州市善南街道十里铺一	20	男	1938 年 7 月 18 日
刘振西	滕州市鲍沟镇裴楼	34	男	1938 年 7 月 19 日
陈恒亮	滕州市级索镇董庄村	50	男	1938 年 7 月 19 日
龙振斌	滕州市级索镇港沟崖村	40	男	1938 年 7 月 20 日
高希敏	滕州市龙泉街道荆善安居	26	男	1938 年 7 月 20 日
徐现坤	滕州市龙阳镇大寨村	25	男	1938 年 7 月 20 日
吕修友	滕州市鲍沟镇	24	男	1938 年 7 月 21 日
王为佳	滕州市鲍沟镇坝后	50	男	1938 年 7 月 21 日
吕作信	滕州市鲍沟镇吕坡	21	男	1938 年 7 月 21 日
张夫友	滕州市鲍沟镇吕坡	23	男	1938 年 7 月 21 日

姓　名	籍　贯	年　龄	性　别	死难时间
刘茂东	滕州市南沙河镇房村	8个月	男	1938年7月21日
王尤三	滕州市西岗镇东河岔	26	男	1938年7月21日
张广举之女	滕州市龙阳镇张沙村	3	女	1938年7月23日
韦卫一	滕州市张汪镇渊子崖村	8	男	1938年7月23日
王兴仁	滕州市龙阳镇小河子村	40	男	1938年7月25日
刘显英	滕州市荆河街道东寺院村	6	女	1938年7月26日
倪成礼	滕州市荆河街道东寺院村	30	男	1938年7月26日
孙长泗之祖父	滕州市官桥镇官桥村	66	男	1938年7月29日
孙井杰之祖父	滕州市官桥镇官桥村	62	男	1938年7月29日
孙开国之祖父	滕州市官桥镇官桥村	69	男	1938年7月29日
孙开石之祖父	滕州市官桥镇官桥村	69	男	1938年7月29日
李　×	—	38	男	1938年7月31日
蒋　×	—	35	男	1938年7月31日
夏明菊之子	滕州市洪绪镇安庄村	4	男	1938年8月1日
韩允吉	滕州市洪绪镇白龙湾	40	男	1938年8月1日
魏祥义	滕州市洪绪镇白龙湾	41	男	1938年8月1日
陈斌国	滕州市洪绪镇陈楼村	32	男	1938年8月1日
陈文山	滕州市洪绪镇陈楼村	30	男	1938年8月1日
闫业朋	滕州市洪绪镇陈楼村	39	男	1938年8月1日
张显平之子	滕州市洪绪镇赤店村	3	男	1938年8月1日
徐　峰	滕州市洪绪镇杜场村	40	男	1938年8月1日
甘庆才	滕州市洪绪镇甘庄村	24	男	1938年8月1日
张洪勤之子	滕州市洪绪镇光明村	4	男	1938年8月1日
徐伯存之子	滕州市洪绪镇郝洼村	5	男	1938年8月1日
俞元方	滕州市洪绪镇郝洼村	23	男	1938年8月1日
黄友兰之女	滕州市洪绪镇金庄	2	女	1938年8月1日
张建国之子	滕州市洪绪镇金庄	6	男	1938年8月1日
冯绪光	滕州市洪绪镇孔屯村	30	男	1938年8月1日
徐　辉	滕州市洪绪镇前洪绪	33	男	1938年8月1日
赵　帅	滕州市洪绪镇唐庄村	6	男	1938年8月1日
郝文栋	滕州市洪绪镇西赵沟	49	男	1938年8月1日
赵统具	滕州市洪绪镇幸福坝	53	男	1938年8月1日
邢德江	滕州市洪绪镇玉楼村	30	男	1938年8月1日
许士学之女	滕州市洪绪镇玉楼村	5	女	1938年8月1日

姓 名	籍 贯	年 龄	性 别	死难时间
程德明	滕州市级索镇前王晃村	35	男	1938 年 8 月 1 日
胡诗山	滕州市级索镇前王晃村	29	男	1938 年 8 月 1 日
胡书田	滕州市级索镇前王晃村	33	男	1938 年 8 月 1 日
董顺河	滕州市界河镇宋坡村	18	男	1938 年 8 月 1 日
孙丙造	滕州市界河镇土楼村	38	男	1938 年 8 月 1 日
郑家福	滕州市荆河街道	24	男	1938 年 8 月 1 日
彭大牛	滕州市南沙河镇彭王楼	51	男	1938 年 8 月 1 日
孔凡荣	滕州市西岗镇北孔庄村	18	男	1938 年 8 月 3 日
单兴胡	滕州市西岗镇高庙南村	30	男	1938 年 8 月 3 日
单兴江	滕州市西岗镇高庙南村	28	男	1938 年 8 月 3 日
单兴玉	滕州市西岗镇高庙南村	38	男	1938 年 8 月 3 日
王其深	滕州市西岗镇高庙南村	27	男	1938 年 8 月 3 日
王其志	滕州市西岗镇高庙南村	29	男	1938 年 8 月 3 日
徐元肖	滕州市西岗镇高庙南村	37	男	1938 年 8 月 3 日
张贻兰	滕州市善南街道王开三	38	男	1938 年 8 月 4 日
张在田	滕州市善南街道王开三	72	男	1938 年 8 月 4 日
吴克立	滕州市柴胡店镇	39	男	1938 年 8 月 5 日
陈现斌	滕州市柴胡店镇钟辛村	29	男	1938 年 8 月 5 日
张丰训	滕州市善南街道王开三	85	男	1938 年 8 月 5 日
徐兆喜	滕州市鲍沟镇徐村	41	男	1938 年 8 月 7 日
王延香	滕州市滨湖镇北焦	31	女	1938 年 8 月 7 日
马希海	滕州市滨湖镇东马	28	男	1938 年 8 月 7 日
马加宝	滕州市滨湖镇郭楼	40	男	1938 年 8 月 7 日
马运谋	滕州市滨湖镇李村	29	男	1938 年 8 月 7 日
秦李氏	滕州市滨湖镇上王	66	女	1938 年 8 月 7 日
屈凡成	滕州市滨湖镇向阳	28	男	1938 年 8 月 7 日
张思睿	滕州市善南街道王开三	88	男	1938 年 8 月 7 日
杜钦柱	滕州市级索镇坝子崖村	56	男	1938 年 8 月 9 日
李开民	滕州市级索镇坝子崖村	54	男	1938 年 8 月 9 日
李继丁	滕州市级索镇后牛集村	36	男	1938 年 8 月 9 日
李书启	滕州市级索镇后牛集村	54	男	1938 年 8 月 9 日
孔张氏	滕州市级索镇姚庄村	15	女	1938 年 8 月 9 日
桑 明	滕州市级索镇姚庄村	—	男	1938 年 8 月 9 日
杜光胜	滕州市西岗镇杜庙村	26	男	1938 年 8 月 9 日

姓 名	籍 贯	年 龄	性 别	死难时间
李申武	滕州市西岗镇杜庙村	25	男	1938 年 8 月 9 日
秦永光	滕州市西岗镇杜庙村	65	男	1938 年 8 月 9 日
徐吕钦	滕州市鲍沟镇东皇甫村	40	男	1938 年 8 月 10 日
徐品兰	滕州市鲍沟镇东皇甫村	29	男	1938 年 8 月 10 日
郭柱之三弟	滕州市柴胡店镇	19	男	1938 年 8 月 10 日
张德安	滕州市柴胡店镇	41	男	1938 年 8 月 10 日
张洪臣之祖父	滕州市柴胡店镇	29	男	1938 年 8 月 10 日
张洪螺之父	滕州市柴胡店镇	37	男	1938 年 8 月 10 日
张士安之七叔	滕州市柴胡店镇	20	男	1938 年 8 月 10 日
张士付	滕州市柴胡店镇	37	男	1938 年 8 月 10 日
张士洪之伯父	滕州市柴胡店镇	36	男	1938 年 8 月 10 日
张士洪之父	滕州市柴胡店镇	34	男	1938 年 8 月 10 日
张士洪之三弟	滕州市柴胡店镇	—	男	1938 年 8 月 10 日
张士美之祖父	滕州市柴胡店镇	40	男	1938 年 8 月 10 日
张士喜之父	滕州市柴胡店镇	33	男	1938 年 8 月 10 日
张小龙之祖父	滕州市柴胡店镇	29	男	1938 年 8 月 10 日
张印龙之三叔	滕州市柴胡店镇	17	男	1938 年 8 月 10 日
张印启之父	滕州市柴胡店镇	29	男	1938 年 8 月 10 日
常 生	滕州市荆河街道东寺院村	45	男	1939 年 3 月
刘子洋之长子	滕州市龙泉街道	19	男	1938 年 8 月 10 日
陈芳明	滕州市龙泉街道	20	男	1938 年 8 月 10 日
巩广申	滕州市龙泉街道	50	男	1938 年 8 月 10 日
王宝山	滕州市龙泉街道	21	男	1938 年 8 月 10 日
王家具	滕州市龙泉街道	24	男	1938 年 8 月 10 日
陈王氏	滕州市龙泉街道	58	女	1938 年 8 月 10 日
二 孩	滕州市龙泉街道	8	男	1938 年 8 月 10 日
刘江胜	滕州市龙泉街道	48	男	1938 年 8 月 10 日
刘王氏	滕州市龙泉街道	46	女	1938 年 8 月 10 日
九哈馍	滕州市龙泉街道	24	男	1938 年 8 月 10 日
九哈馍之妻	滕州市龙泉街道	22	女	1938 年 8 月 10 日
曹玉妹	滕州市龙泉街道北大街	24	男	1938 年 8 月 10 日
郭人安	滕州市龙泉街道北大街	20	男	1938 年 8 月 10 日
李 明	滕州市龙泉街道北大街	26	男	1938 年 8 月 10 日
刘兴让	滕州市龙泉街道北大街	30	男	1938 年 8 月 10 日

姓 名	籍 贯	年 龄	性 别	死难时间
王 氏	滕州市龙泉街道北大街	20	女	1938 年 8 月 10 日
王 喜	滕州市龙泉街道北大街	27	男	1938 年 8 月 10 日
刘玉山	滕州市龙泉街道	42	男	1938 年 8 月 10 日
王秀壁之祖父	滕州市龙泉街道	60	男	1938 年 8 月 10 日
高广轩	滕州市龙泉街道荆善安居	39	男	1938 年 8 月 10 日
王式君之父	滕州市龙泉街道奎文街	60	男	1938 年 8 月 10 日
索福田	滕州市龙泉街道	40	男	1938 年 8 月 10 日
索庆刚	滕州市龙泉街道	19	男	1938 年 8 月 10 日
三秃子	滕州市龙泉街道	30	男	1938 年 8 月 10 日
孙二库	滕州市龙泉街道	30	男	1938 年 8 月 10 日
周二丫	滕州市龙泉街道	20	男	1938 年 8 月 10 日
侯志任	滕州市龙泉街道塔寺居	20	男	1938 年 8 月 10 日
李 坤	滕州市龙泉街道五里屯	45	男	1938 年 8 月 10 日
刘玉芬	滕州市龙泉街道五里屯	18	女	1938 年 8 月 10 日
刘 柱	滕州市龙泉街道五里屯	5	男	1938 年 8 月 10 日
肖 坤	滕州市龙泉街道五里屯	7	男	1938 年 8 月 10 日
肖 龙	滕州市龙泉街道五里屯	6	男	1938 年 8 月 10 日
邵 二	滕州市级索镇刁庄村	32	男	1938 年 8 月 12 日
郭明坤	滕州市龙泉街道	30	男	1938 年 8 月 12 日
张杜氏	滕州市木石镇俭庄	29	女	1938 年 8 月 12 日
张刘氏	滕州市木石镇俭庄	18	女	1938 年 8 月 12 日
张王氏	滕州市木石镇俭庄	24	女	1938 年 8 月 12 日
张魏氏	滕州市木石镇俭庄	31	女	1938 年 8 月 12 日
张兴法	滕州市木石镇俭庄	25	男	1938 年 8 月 12 日
张兴振	滕州市木石镇俭庄	22	男	1938 年 8 月 12 日
褚庆来	滕州市西岗镇西南岗	20	男	1938 年 8 月 12 日
钟文清	滕州市鲍沟镇鲍沟东村	53	男	1938 年 8 月 14 日
钟星军	滕州市鲍沟镇鲍沟东村	7	男	1938 年 8 月 14 日
钟星奎	滕州市鲍沟镇鲍沟东村	38	男	1938 年 8 月 14 日
李连清	滕州市鲍沟镇东皇甫村	41	男	1938 年 8 月 14 日
李连仪	滕州市鲍沟镇东皇甫村	36	男	1938 年 8 月 14 日
张全贵	滕州市鲍沟镇东皇甫村	40	男	1938 年 8 月 14 日
侯钦良	滕州市鲍沟镇官庄	20	男	1938 年 8 月 14 日
郭成喜	滕州市鲍沟镇马庄	28	男	1938 年 8 月 14 日

姓 名	籍 贯	年 龄	性 别	死难时间
闵昭民	滕州市鲍沟镇邢庄	20	男	1938 年 8 月 14 日
赵金明	滕州市鲍沟镇赵庄	20	男	1938 年 8 月 14 日
赵仁来之父	滕州市东沙河镇磨坑	21	男	1938 年 8 月 15 日
赵忠祥之父	滕州市东沙河镇磨坑	31	男	1938 年 8 月 15 日
郭太坤	滕州市龙泉街道	30	男	1938 年 8 月 15 日
马朱氏	滕州市南沙河镇彭王楼	36	女	1938 年 8 月 15 日
彭大孩	滕州市南沙河镇彭王楼	9	男	1938 年 8 月 15 日
张继瑞	滕州市东郭镇包庄	36	男	1938 年 8 月 16 日
张金文	滕州市东郭镇包庄	34	男	1938 年 8 月 16 日
张锦龄	滕州市东郭镇包庄	46	男	1938 年 8 月 16 日
张李氏	滕州市东郭镇包庄	31	女	1938 年 8 月 16 日
张新龄	滕州市东郭镇包庄	52	男	1938 年 8 月 16 日
杨 文	滕州市南沙河镇房村	8 个月	男	1938 年 8 月 17 日
杨 平	滕州市善南街道王开一	6	男	1938 年 8 月 17 日
李刘氏	滕州市官桥镇时店村	42	女	1938 年 8 月 18 日
赵 娥	滕州市官桥镇时店村	21	女	1938 年 8 月 18 日
王李氏	滕州市南沙河镇古石三村	28	女	1942 年
王增光	滕州市南沙河镇古石三村	16	男	1942 年
李书水	滕州市级索镇后牛集村	39	男	1938 年 8 月 19 日
黄四田	滕州市级索镇孔楼村	47	男	1938 年 8 月 19 日
孔庆功	滕州市级索镇孔楼村	51	男	1938 年 8 月 19 日
李玉家	滕州市级索镇孔楼村	68	男	1938 年 8 月 19 日
王二毛	滕州市南沙河镇彭王楼	25	男	1938 年 8 月 19 日
孟广顺	滕州市柴胡店镇四李庄村	45	男	1938 年 8 月 20 日
张刘氏	滕州市东郭镇包庄	34	女	1938 年 8 月 20 日
龙厚清	滕州市级索镇港沟崖村	26	男	1938 年 8 月 20 日
常三之妻	滕州市荆河街道东寺院村	31	女	1938 年 8 月 23 日
常生之妻	滕州市荆河街道东寺院村	29	女	1938 年 8 月 23 日
渠玉柏	滕州市张汪镇皇殿岗村	24	男	1938 年 8 月 25 日
王恒情	滕州市龙阳镇南岭村	23	男	1938 年 8 月 26 日
王家丈	滕州市龙阳镇南岭村	19	男	1938 年 8 月 26 日
王四毛	滕州市南沙河镇彭王楼	19	男	1938 年 8 月 26 日
王学文	滕州市南沙河镇彭王楼	36	男	1938 年 8 月 26 日
王恒菊	滕州市龙阳镇南岭村	19	男	1938 年 8 月 27 日

姓 名	籍 贯	年 龄	性 别	死难时间
张景福之外祖父	滕州市张汪镇孟仓村	53	男	1938 年 8 月 27 日
刘思谋	滕州市大坞镇两水泉南村	37	男	1938 年 9 月 1 日
邵英兰	滕州市大坞镇两水泉南村	34	女	1938 年 9 月 1 日
宋西泉	滕州市东郭镇罗庄	61	男	1938 年 9 月 1 日
田大庆	滕州市东郭镇前明	34	男	1938 年 9 月 1 日
田小伟	滕州市东郭镇前明	19	男	1938 年 9 月 1 日
田允银	滕州市东郭镇前明	39	男	1938 年 9 月 1 日
吴学善	滕州市东郭镇香台村	61	男	1938 年 9 月 1 日
吴 斌	滕州市洪绪镇陈楼村	24	男	1938 年 9 月 1 日
丁玉亮	滕州市洪绪镇杜场村	29	男	1938 年 9 月 1 日
丁宝君之子	滕州市洪绪镇堌堆村	6	男	1938 年 9 月 1 日
宋士存之女	滕州市洪绪镇后洪绪	7	女	1938 年 9 月 1 日
焦芳苓之女	滕州市洪绪镇金庄	5	女	1938 年 9 月 1 日
任洪法之子	滕州市洪绪镇金庄	5	男	1938 年 9 月 1 日
任显连之子	滕州市洪绪镇金庄	7	男	1938 年 9 月 1 日
任显田	滕州市洪绪镇金庄	28	男	1938 年 9 月 1 日
徐瑞伍	滕州市洪绪镇	25	男	1938 年 9 月 1 日
李为东	滕州市洪绪镇团结村	24	男	1938 年 9 月 1 日
邢洪彦	滕州市洪绪镇西赵沟	60	女	1938 年 9 月 1 日
邓庆丰	滕州市界河镇东孟村	43	男	1938 年 9 月 1 日
韩学志	滕州市界河镇皇娘沟村	37	男	1938 年 9 月 1 日
赵德明	滕州市界河镇唐楼村	21	男	1938 年 9 月 1 日
王赵氏	滕州市南沙河镇房村	54	女	1938 年 9 月 1 日
刘清贤	滕州市柴胡店镇沙庄村	33	男	1938 年 9 月 2 日
刘士英	滕州市官桥镇前莱村	26	女	1938 年 9 月 2 日
张长恩	滕州市官桥镇前莱村	18	男	1938 年 9 月 2 日
张金安	滕州市官桥镇前莱村	24	男	1938 年 9 月 2 日
柳 树	滕州市荆河街道东寺院村	32	男	1938 年 9 月 2 日
鲁大兵	滕州市荆河街道东寺院村	37	男	1938 年 9 月 2 日
鲁二狗	滕州市荆河街道东寺院村	39	男	1938 年 9 月 2 日
田振雨	滕州市善南街道七里堡	57	男	1938 年 9 月 2 日
侯福全	滕州市张汪镇孟仓村	32	男	1938 年 9 月 4 日
王成时	滕州市南沙河镇房村	—	男	1938 年 9 月 6 日
王薛氏	滕州市南沙河镇房村	53	女	1938 年 9 月 6 日

姓 名	籍 贯	年 龄	性 别	死难时间
张小云	滕州市荆河街道东寺院村	20	女	1938 年 9 月 7 日
王慎荣	滕州市滨湖镇东盖	29	男	1938 年 9 月 10 日
常三之子	滕州市荆河街道东寺院村	6	男	1938 年 9 月 10 日
程严明之祖父	滕州市龙泉街道春秋阁	60	男	1938 年 9 月 10 日
张立尚	滕州市鲍沟镇张埠村	24	男	1938 年 9 月 11 日
王宗唤	滕州市南沙河镇房村	48	男	1938 年 9 月 11 日
张立余	滕州市鲍沟镇张埠村	19	男	1938 年 9 月 12 日
王海军	滕州市滨湖镇吕堂	32	男	1938 年 9 月 12 日
孔令彩	滕州市级索镇南孔村	—	男	1938 年 9 月 12 日
徐兆勉	滕州市级索镇南孔村	—	男	1938 年 9 月 12 日
邓宝山	滕州市官桥镇东郑庄	39	男	1938 年 9 月 13 日
邓培申	滕州市官桥镇东郑庄	52	男	1938 年 9 月 13 日
邓培田	滕州市官桥镇东郑庄	41	男	1938 年 9 月 13 日
邓兴汉	滕州市官桥镇东郑庄	45	男	1938 年 9 月 13 日
刘 灵	滕州市荆河街道东寺院村	9	男	1938 年 9 月 13 日
孙 蒋	滕州市龙阳镇董沙村	31	男	1938 年 9 月 13 日
孙蒋之子	滕州市龙阳镇董沙村	10	男	1938 年 9 月 13 日
崔高氏	滕州市南沙河镇崔庄	48	女	1938 年 9 月 13 日
刘王氏	滕州市南沙河镇崔庄	62	女	1938 年 9 月 13 日
杨 峰	滕州市南沙河镇崔庄	24	男	1938 年 9 月 13 日
王宝里	滕州市龙阳镇南岭村	19	男	1938 年 9 月 15 日
张金香	滕州市鲍沟镇东皇甫村	37	男	1938 年 9 月 17 日
文 英	滕州市南沙河镇	—	女	1938 年 9 月 18 日
秦张氏	滕州市南沙河镇房村	56	女	1938 年 9 月 18 日
姬玉银	滕州市柴胡店镇大庙村	53	男	1938 年 9 月 20 日
王玉社之姐	滕州市龙泉街道	46	女	1938 年 9 月 20 日
张二瞎子	滕州市龙泉街道泰山庙	40	男	1938 年 9 月 20 日
黄丰胜	滕州市官桥镇后善庄	69	男	1938 年 9 月 21 日
秦茂才	滕州市官桥镇后善庄	60	男	1938 年 9 月 21 日
秦德全	滕州市官桥镇后善庄	56	男	1938 年 9 月 21 日
王宗青	滕州市南沙河镇房村	16	男	1938 年 9 月 21 日
张怀礼之女	滕州市龙阳镇侯庄村	10 个月	女	1938 年 9 月 22 日
张今水之侄	滕州市龙阳镇侯庄村	3	男	1938 年 9 月 22 日
孔凡仲	滕州市级索镇大官庄村	21	男	1938 年 9 月 23 日

姓 名	籍 贯	年 龄	性 别	死难时间
孔庆让	滕州市级索镇大官庄村	30	男	1938 年 9 月 23 日
李祥村	滕州市级索镇大官庄村	32	男	1938 年 9 月 23 日
马世存	滕州市级索镇彭庄村	89	男	1938 年 9 月 23 日
张金亮之子	滕州市龙阳镇侯庄村	3	男	1938 年 9 月 23 日
黄增斗	滕州市官桥镇东洪林	28	男	1938 年 9 月 25 日
李永水	滕州市官桥镇东洪林	30	男	1938 年 9 月 25 日
刘兆恩	滕州市官桥镇东洪林	36	男	1938 年 9 月 25 日
杨家宽	滕州市官桥镇东洪林	63	男	1938 年 9 月 25 日
大 全	滕州市南沙河镇房村	9	男	1938 年 9 月 25 日
谢文献	滕州市滨湖镇稻屯	44	男	1938 年 9 月 26 日
马延春	滕州市滨湖镇郭楼	51	男	1938 年 9 月 26 日
李诗度	滕州市滨湖镇李村	25	男	1938 年 9 月 26 日
张广益	滕州市张汪镇孟仓村	62	男	1938 年 9 月 26 日
王大妞	滕州市荆河街道东寺院村	36	女	1938 年 9 月 27 日
韩兴典	滕州市西岗镇邓集	—	男	1938 年 9 月 27 日
李自典	滕州市西岗镇邓集	—	男	1938 年 9 月 27 日
夏元茂	滕州市张汪镇	30	男	1938 年 9 月 27 日
满更年	滕州市西岗镇柴里西村	47	男	1938 年 9 月 30 日
韩正伟	滕州市滨湖镇西黄村	22	男	1938 年 10 月 1 日
徐长江	滕州市滨湖镇西黄村	50	男	1938 年 10 月 1 日
许镇江	滕州市滨湖镇西黄村	48	男	1938 年 10 月 1 日
龙振恕	滕州市大坞镇后峄庄村	21	男	1938 年 10 月 1 日
田金华	滕州市东郭镇前明	35	男	1938 年 10 月 1 日
田允让	滕州市东郭镇前明	25	男	1938 年 10 月 1 日
张亚英之女	滕州市洪绪镇堌堆村	6	女	1938 年 10 月 1 日
李成刚之子	滕州市洪绪镇团结村	6	男	1938 年 10 月 1 日
李为良	滕州市洪绪镇团结村	40	男	1938 年 10 月 1 日
吕传英	滕州市鲍沟镇东石	26	男	1938 年 10 月 2 日
吕志田	滕州市鲍沟镇东石	30	男	1938 年 10 月 2 日
王其勉	滕州市级索镇董庄村	44	男	1938 年 10 月 2 日
黄启法	滕州市级索镇郝屯村	—	男	1938 年 10 月 2 日
杨位山	滕州市级索镇后牛集村	49	男	1938 年 10 月 2 日
关井林	滕州市龙阳镇	20	男	1938 年 10 月 2 日
关井善	滕州市龙阳镇	14	男	1938 年 10 月 2 日

姓名	籍贯	年龄	性别	死难时间
关子静	滕州市龙阳镇	69	男	1938 年 10 月 2 日
王 敏	滕州市龙阳镇	76	女	1938 年 10 月 2 日
张微田	滕州市善南街道王开三	63	男	1938 年 10 月 2 日
赵忠美	滕州市西岗镇半楼	49	女	1938 年 10 月 2 日
卓广信	滕州市西岗镇半楼	40	男	1938 年 10 月 2 日
韩典亮	滕州市级索镇后韩村	19	男	1938 年 10 月 3 日
牛元启	滕州市级索镇后牛集村	21	男	1938 年 10 月 3 日
李 伟	滕州市级索镇千佛阁村	23	男	1938 年 10 月 3 日
王德彩	滕州市级索镇千佛阁村	15	男	1938 年 10 月 3 日
王德生	滕州市级索镇千佛阁村	30	男	1938 年 10 月 3 日
王其宽	滕州市级索镇千佛阁村	20	男	1938 年 10 月 3 日
王其同	滕州市级索镇千佛阁村	30	男	1938 年 10 月 3 日
王有元	滕州市级索镇千佛阁村	21	男	1938 年 10 月 3 日
梁雪梅	滕州市级索镇前牛集村	31	女	1938 年 10 月 3 日
王现义	滕州市级索镇西田庄村	65	男	1938 年 10 月 3 日
赵建新	滕州市级索镇西赵庄村	26	男	1938 年 10 月 3 日
徐德仓	滕州市级索镇翟庄村	23	男	1938 年 10 月 3 日
刘 菊	滕州市荆河街道贾庄	35	女	1938 年 10 月 3 日
秦存瑞	滕州市滨湖镇北焦	22	女	1938 年 10 月 4 日
马加记	滕州市滨湖镇郭楼	58	男	1938 年 10 月 4 日
王锡淦	滕州市滨湖镇李村	28	男	1938 年 10 月 4 日
顾崇斌	滕州市善南街道刘庄	21	男	1938 年 10 月 4 日
刘召海	滕州市善南街道刘庄	18	男	1938 年 10 月 4 日
刘书秀	滕州市滨湖镇北焦	23	女	1938 年 10 月 5 日
胡勤文	滕州市滨湖镇胡路口	29	男	1938 年 10 月 5 日
马昭成	滕州市滨湖镇严村	31	男	1938 年 10 月 5 日
杨知路	滕州市级索镇北杨楼村	22	男	1938 年 10 月 5 日
牛振礼	滕州市级索镇后牛集村	50	男	1938 年 10 月 5 日
刘阿虎	滕州市荆河街道贾庄	35	男	1938 年 10 月 5 日
田文俊	滕州市善南街道七里堡	53	男	1938 年 10 月 5 日
张丰常	滕州市善南街道王开三	71	男	1938 年 10 月 5 日
杨知玉	滕州市级索镇北杨楼村	50	男	1938 年 10 月 6 日
王有河	滕州市级索镇后泉村	—	男	1938 年 10 月 6 日
赵维介	滕州市级索镇赵坡村	70	男	1938 年 10 月 6 日

姓 名	籍 贯	年 龄	性 别	死难时间
秦凤娥	滕州市荆河街道贾庄	36	女	1938 年 10 月 6 日
唐传明之祖父	滕州市龙泉街道唐村	54	男	1938 年 10 月 6 日
唐传明之祖母	滕州市龙泉街道唐村	55	女	1938 年 10 月 6 日
黄士启	滕州市西岗镇高庙南村	29	男	1938 年 10 月 6 日
王德英	滕州市级索镇级索村	—	女	1938 年 10 月 7 日
程法印之女	滕州市龙阳镇龙阳村	5	女	1938 年 10 月 7 日
徐忠平	滕州市木石镇西荒	44	男	1938 年 10 月 8 日
张明全	滕州市木石镇西荒	45	男	1938 年 10 月 8 日
张明喜	滕州市木石镇西荒	52	男	1938 年 10 月 8 日
张专信	滕州市木石镇西荒	25	男	1938 年 10 月 8 日
李广冒	滕州市鲍沟镇后汉宫村	28	男	1938 年 10 月 9 日
吕修河	滕州市鲍沟镇后汉宫村	36	男	1938 年 10 月 9 日
吕修正	滕州市鲍沟镇后汉宫村	49	男	1938 年 10 月 9 日
闵成西	滕州市鲍沟镇后汉宫村	42	男	1938 年 10 月 9 日
马昭启	滕州市滨湖镇严村	13	男	1938 年 10 月 9 日
盖王氏	滕州市级索镇董庄村	58	女	1938 年 10 月 9 日
孔祥湖	滕州市级索镇后牛集村	38	男	1938 年 10 月 9 日
李玉三	滕州市级索镇孔楼村	64	男	1938 年 10 月 9 日
王宗昌	滕州市级索镇龙庄村	46	男	1938 年 10 月 9 日
郭德文	滕州市级索镇龙庄村	56	男	1938 年 10 月 9 日
李志金	滕州市级索镇龙庄村	64	男	1938 年 10 月 9 日
龙应怀	滕州市级索镇龙庄村	62	男	1938 年 10 月 9 日
龙振喜	滕州市级索镇龙庄村	70	男	1938 年 10 月 9 日
王要成	滕州市级索镇龙庄村	60	男	1938 年 10 月 9 日
韩士培	滕州市级索镇泉上村	28	男	1938 年 10 月 9 日
黄士友	滕州市级索镇泉上村	21	男	1938 年 10 月 9 日
赵王氏	滕州市级索镇西赵庄村	40	女	1938 年 10 月 9 日
闫宗礼之侄	滕州市龙阳镇闫庄村	3	男	1938 年 10 月 10 日
孙 见	滕州市鲍沟镇西石庙	19	女	1938 年 10 月 11 日
孙 瑞	滕州市鲍沟镇西石庙	22	女	1938 年 10 月 11 日
王庆成	滕州市柴胡店镇后黄村	56	男	1938 年 10 月 11 日
王士朴	滕州市柴胡店镇后黄村	32	男	1938 年 10 月 11 日
吴恒德	滕州市柴胡店镇后黄村	28	男	1938 年 10 月 11 日
徐井海	滕州市柴胡店镇后黄村	29	男	1938 年 10 月 11 日

姓 名	籍 贯	年 龄	性 别	死难时间
张伟伟	滕州市荆河街道安乐居	41	男	1938 年 10 月 11 日
朱高氏	滕州市南沙河镇朱庄	27	女	1938 年 10 月 11 日
刘新河	滕州市张汪镇渊子崖村	16	男	1938 年 10 月 11 日
徐大龙	滕州市滨湖镇	19	男	1938 年 10 月 12 日
马宜满	滕州市滨湖镇东屯后	42	男	1938 年 10 月 12 日
李诗山	滕州市滨湖镇李村	26	男	1938 年 10 月 12 日
秦小年	滕州市滨湖镇上王	7	男	1938 年 10 月 12 日
田中营	滕州市滨湖镇田桥	27	男	1938 年 10 月 12 日
马延伸	滕州市滨湖镇严村	33	男	1938 年 10 月 12 日
关兴花	滕州市龙阳镇	16	女	1938 年 10 月 12 日
高文文	滕州市南沙河镇	11	女	1938 年 10 月 12 日
李玉琦	滕州市善南街道十里铺一	23	男	1938 年 10 月 12 日
李玉琦之妻	滕州市善南街道十里铺一	21	女	1938 年 10 月 12 日
武桂香	滕州市滨湖镇徐楼	42	女	1938 年 10 月 13 日
王微河	滕州市西岗镇东河岔	35	男	1938 年 10 月 13 日
王小岗	滕州市滨湖镇	20	男	1938 年 10 月 14 日
吴启祥	滕州市滨湖镇东屯后	12	男	1938 年 10 月 14 日
胡元东	滕州市滨湖镇胡路口	20	男	1938 年 10 月 14 日
李书案	滕州市滨湖镇李村	27	男	1938 年 10 月 14 日
马培娥	滕州市滨湖镇上王	41	女	1938 年 10 月 14 日
马延玉	滕州市滨湖镇严村	28	男	1938 年 10 月 14 日
韩文河	滕州市级索镇姚庄村	32	男	1938 年 5 月
韩忠柱	滕州市级索镇姚庄村	—	男	1938 年 10 月 14 日
赵恒实	滕州市滨湖镇田桥	21	男	1938 年 10 月 15 日
田士合	滕州市滨湖镇徐楼	25	男	1938 年 10 月 15 日
马士辰	滕州市滨湖镇严村	25	男	1938 年 10 月 15 日
庞传良	滕州市滨湖镇田桥	25	男	1938 年 10 月 16 日
田崇银	滕州市滨湖镇田桥	19	男	1938 年 10 月 16 日
王明伍	滕州市官桥镇西郑庄	42	男	1938 年 10 月 16 日
王聂师	滕州市官桥镇西郑庄	18	女	1938 年 10 月 16 日
王新贝	滕州市官桥镇西郑庄	20	男	1938 年 10 月 16 日
王费氏	滕州市级索镇级索村	—	女	1938 年 10 月 17 日
王小妮	滕州市龙阳镇小河子村	3	女	1938 年 10 月 17 日
刘书敬	滕州市滨湖镇	27	男	1938 年 10 月 18 日

姓　名	籍　贯	年　龄	性　别	死难时间
马钦连	滕州市滨湖镇北焦	27	男	1938 年 10 月 18 日
李凤娥	滕州市滨湖镇胡路口	27	男	1938 年 10 月 18 日
李诗朴	滕州市滨湖镇李村	28	男	1938 年 10 月 18 日
张恒英	滕州市滨湖镇上王	68	女	1938 年 10 月 18 日
马昭荣	滕州市滨湖镇严村	29	男	1938 年 10 月 18 日
任振伍	滕州市官桥镇北辛村	51	男	1938 年 10 月 18 日
秦李氏	滕州市南沙河镇	59	女	1938 年 10 月 19 日
袁朱氏	滕州市南沙河镇	46	女	1938 年 10 月 19 日
刘　明	滕州市荆河街道贾庄	37	男	1938 年 10 月 20 日
司增牛	滕州市龙阳镇	16	男	1938 年 10 月 20 日
张泽珍	滕州市善南街道十里铺一	16	男	1938 年 10 月 20 日
孙井君	滕州市官桥镇史庄村	30	男	1938 年 10 月 21 日
丁来胜	滕州市龙阳镇谷堆石村	—	男	1938 年 10 月 21 日
谭玉环之女	滕州市龙阳镇谷堆石村	9 个月	女	1938 年 10 月 21 日
赵道生	滕州市柴胡店镇四李庄村	35	男	1938 年 10 月 22 日
王二塄	滕州市官桥镇后官庄	39	男	1938 年 10 月 22 日
张开友	滕州市官桥镇后官庄	40	男	1938 年 10 月 22 日
张金岩之母	滕州市龙阳镇杨庄村	55	女	1938 年 10 月 23 日
张可立	滕州市张汪镇孟仓村	22	男	1938 年 10 月 23 日
赵中安	滕州市级索镇赵坡村	65	男	1938 年 10 月 24 日
关兴泗	滕州市龙阳镇	18	男	1938 年 10 月 24 日
关子善	滕州市龙阳镇	15	男	1938 年 10 月 24 日
丁来彬	滕州市龙阳镇谷堆石村	—	男	1938 年 10 月 24 日
丁来辛之女	滕州市龙阳镇谷堆石村	2	女	1938 年 10 月 24 日
孙宗来	滕州市官桥镇大康留	42	男	1938 年 10 月 25 日
孙宗社	滕州市官桥镇大康留	55	男	1938 年 10 月 25 日
关井芝	滕州市龙阳镇	76	男	1938 年 10 月 25 日
丁来彬之女	滕州市龙阳镇谷堆石村	2	女	1938 年 10 月 25 日
黄辛荣	滕州市龙阳镇谷堆石村	—	男	1938 年 10 月 25 日
谭玉池	滕州市龙阳镇谷堆石村	—	男	1938 年 10 月 25 日
谭玉堂	滕州市龙阳镇谷堆石村	—	男	1938 年 10 月 25 日
周　超	滕州市龙阳镇龙阳村	40	男	1938 年 10 月 25 日
刘希坤	滕州市滨湖镇北焦	19	男	1938 年 10 月 26 日
杜温洗	滕州市级索镇前王晁村	30	男	1938 年 10 月 26 日

姓　名	籍　贯	年龄	性别	死难时间
关井河	滕州市龙阳镇	19	男	1938 年 10 月 26 日
张金岩之妻	滕州市龙阳镇杨庄村	27	女	1938 年 10 月 26 日
张立栋	滕州市鲍沟镇张埠村	23	男	1938 年 10 月 27 日
李自喜	滕州市官桥镇良里村	63	男	1938 年 10 月 27 日
孔庆班	滕州市级索镇级索村	—	男	1938 年 10 月 27 日
关　花	滕州市龙阳镇	18	女	1938 年 10 月 27 日
关子红	滕州市龙阳镇	20	男	1938 年 10 月 27 日
杨位晨	滕州市级索镇北杨楼村	18	男	1938 年 10 月 28 日
关子红之女	滕州市龙阳镇	2	女	1938 年 10 月 28 日
谭玉法之女	滕州市龙阳镇谷堆石村	—	女	1938 年 10 月 28 日
李光田	滕州市鲍沟镇	37	男	1938 年 10 月 29 日
李方伍	滕州市鲍沟镇	40	男	1938 年 10 月 29 日
赵瑞江	滕州市鲍沟镇鲍沟中村	61	男	1938 年 10 月 29 日
赵瑞升	滕州市鲍沟镇鲍沟中村	43	男	1938 年 10 月 29 日
徐刘氏	滕州市鲍沟镇成屯	43	女	1938 年 10 月 29 日
朱其祥	滕州市鲍沟镇成屯	39	男	1938 年 10 月 29 日
王传宾	滕州市鲍沟镇东石	35	男	1938 年 10 月 29 日
王立海	滕州市鲍沟镇东石	30	男	1938 年 10 月 29 日
孔凡青	滕州市级索镇孔楼村	28	男	1938 年 10 月 29 日
杨知己	滕州市级索镇北杨楼村	20	男	1938 年 10 月 30 日
田知环	滕州市级索镇西田庄村	78	男	1938 年 10 月 30 日
赵董氏	滕州市级索镇赵坡村	—	女	1938 年 10 月 31 日
赵唐氏	滕州市级索镇赵坡村	45	女	1938 年 10 月 31 日
张玉英之女	滕州市龙阳镇	3	女	1938 年 10 月 31 日
宋金山	滕州市东郭镇罗庄	—	男	1938 年 11 月 1 日
宋茂州	滕州市东郭镇罗庄	60	男	1938 年 11 月 1 日
宋同安	滕州市东郭镇罗庄	58	男	1938 年 11 月 1 日
宋印芝	滕州市东郭镇罗庄	—	男	1938 年 11 月 1 日
张慎宝	滕州市东郭镇前村	59	男	1938 年 11 月 1 日
吴宝营	滕州市东郭镇香台村	32	男	1938 年 11 月 1 日
沈文静之子	滕州市洪绪镇白龙湾	4	男	1938 年 11 月 1 日
金永来	滕州市洪绪镇金庄	28	男	1938 年 11 月 1 日
魏永振之子	滕州市洪绪镇金庄	4	男	1938 年 11 月 1 日
魏元峰	滕州市洪绪镇金庄	38	男	1938 年 11 月 1 日

姓　名	籍　贯	年　龄	性　别	死难时间
冯统连之子	滕州市洪绪镇孔屯村	5	男	1938 年 11 月 1 日
徐庆香	滕州市洪绪镇沙官村	25	男	1938 年 11 月 1 日
邢洪旗	滕州市洪绪镇西赵沟	39	男	1938 年 11 月 1 日
冯绪东	滕州市洪绪镇幸福坝	57	男	1938 年 11 月 1 日
王洪霞之女	滕州市洪绪镇颜楼村	4	女	1938 年 11 月 1 日
徐瑞文	滕州市洪绪镇颜楼村	28	男	1938 年 11 月 1 日
徐瑞国之子	滕州市洪绪镇杨园村	2	男	1938 年 11 月 1 日
许士伟之子	滕州市洪绪镇杨园村	—	男	1938 年 11 月 1 日
葛　强	滕州市洪绪镇玉楼村	22	男	1938 年 11 月 1 日
许士喜之子	滕州市洪绪镇玉楼村	4	男	1938 年 11 月 1 日
许夫洪之子	滕州市洪绪镇轴村	6	男	1938 年 11 月 1 日
刘从山	滕州市级索镇后泉村	56	男	1938 年 11 月 1 日
张玉银	滕州市荆河街道郭彭庄	28	男	1938 年 11 月 1 日
张王氏	滕州市南沙河镇房村	25	女	1938 年 11 月 1 日
王李氏	滕州市南沙河镇水泉乡	20	女	1938 年 11 月 1 日
张高氏	滕州市善南街道王开三	77	女	1938 年 11 月 1 日
时友纪	滕州市官桥镇时店村	26	男	1938 年 11 月 2 日
黄张氏	滕州市级索镇西赵庄村	36	女	1938 年 11 月 2 日
孔凡国	滕州市级索镇西赵庄村	82	男	1938 年 11 月 2 日
孔凡位	滕州市级索镇西赵庄村	29	男	1938 年 11 月 2 日
赵　×	滕州市级索镇西赵庄村	42	男	1938 年 11 月 2 日
赵逢义	滕州市级索镇西赵庄村	50	男	1938 年 11 月 2 日
丁华德	滕州市善南街道丁庄	2	男	1938 年 11 月 2 日
龚子荣	滕州市善南街道刘屯	34	男	1938 年 11 月 2 日
李金銮	滕州市善南街道刘屯	31	男	1938 年 11 月 2 日
顾崇增	滕州市善南街道刘庄	37	男	1938 年 11 月 2 日
吴德元	滕州市善南街道七里堡	60	男	1938 年 11 月 2 日
张朝义	滕州市善南街道张北庄	38	—	1938 年 11 月 2 日
王维生	滕州市西岗镇大王庄	40	男	1938 年 11 月 2 日
段允志	滕州市级索镇北赵村	55	男	1938 年 11 月 3 日
邵上存	滕州市级索镇北赵村	61	男	1938 年 11 月 3 日
赵维坤	滕州市级索镇北赵村	60	男	1938 年 11 月 3 日
翟月台	滕州市级索镇后王晁村	—	男	1938 年 11 月 3 日
李洪喜	滕州市张汪镇杨仓村	51	男	1938 年 11 月 3 日

姓 名	籍 贯	年 龄	性 别	死难时间
张立宽	滕州市鲍沟镇张埠村	22	男	1938 年 11 月 5 日
刘计贤之二祖父	滕州市龙泉街道刁庄	29	男	1938 年 11 月 5 日
陈 英	滕州市善南街道贾庄	33	女	1938 年 11 月 5 日
贾玉德	滕州市善南街道贾庄	29	男	1938 年 11 月 5 日
顾崇玉	滕州市善南街道刘庄	24	男	1938 年 11 月 5 日
李家荣	滕州市级索镇后韩村	17	男	1938 年 11 月 6 日
王德振	滕州市级索镇翟庄村	84	男	1938 年 11 月 6 日
王其太	滕州市级索镇翟庄村	22	男	1938 年 11 月 6 日
王其友	滕州市级索镇翟庄村	22	男	1938 年 11 月 6 日
徐进山	滕州市级索镇翟庄村	15	男	1938 年 11 月 6 日
翟清池	滕州市级索镇翟庄村	58	男	1938 年 11 月 6 日
徐美美	滕州市南沙河镇下徐	37	女	1938 年 11 月 6 日
陈敬车	滕州市善南街道丁庄	3	男	1938 年 11 月 6 日
刘进玉	滕州市善南街道丁庄	2	男	1938 年 11 月 6 日
秦恒存	滕州市善南街道贾庄	34	男	1938 年 11 月 6 日
张家才	滕州市善南街道五里坂	45	男	1938 年 11 月 6 日
张文轩	滕州市善南街道五里坂	39	男	1938 年 11 月 6 日
张文早	滕州市善南街道五里坂	38	男	1938 年 11 月 6 日
张武昆	滕州市善南街道五里坂	47	男	1938 年 11 月 6 日
张小丽	滕州市善南街道五里坂	19	女	1938 年 11 月 6 日
赵士军	滕州市善南街道五里坂	26	男	1938 年 11 月 6 日
赵士武	滕州市善南街道五里坂	24	男	1938 年 11 月 6 日
张立海	滕州市柴胡店镇南辛	45	男	1938 年 11 月 7 日
张倪氏	滕州市柴胡店镇南辛	64	女	1938 年 11 月 7 日
种发文	滕州市柴胡店镇南辛	13	男	1938 年 11 月 7 日
李主斌之二伯	滕州市龙泉街道刁庄	43	男	1938 年 11 月 7 日
张立龙	滕州市鲍沟镇张埠村	27	男	1938 年 11 月 8 日
时郭氏	滕州市官桥镇时店村	26	女	1938 年 11 月 8 日
贾宝莲	滕州市善南街道贾庄	60	女	1938 年 11 月 8 日
秦恒举	滕州市善南街道贾庄	53	男	1938 年 11 月 8 日
秦恒善	滕州市善南街道贾庄	70	男	1938 年 11 月 8 日
张兆德	滕州市善南街道贾庄	51	男	1938 年 11 月 8 日
王兆胜	滕州市级索镇后牛集村	45	男	1938 年 11 月 9 日
闫赵氏	滕州市龙阳镇闫庄村	38	女	1938 年 11 月 10 日

姓　名	籍　贯	年　龄	性　别	死难时间
王先新	滕州市西岗镇高庙南村	32	男	1938 年 11 月 10 日
潘祥英之三叔	滕州市龙泉街道刁庄	39	男	1938 年 11 月 11 日
朱长明	滕州市鲍沟镇	38	男	1938 年 11 月 12 日
宋玉法	滕州市鲍沟镇	42	男	1938 年 11 月 12 日
杨大军	滕州市鲍沟镇吕坡	23	男	1938 年 11 月 12 日
朱宝前	滕州市鲍沟镇吕坡	21	男	1938 年 11 月 12 日
王承档	滕州市鲍沟镇中石庙	30	男	1938 年 11 月 12 日
王承同	滕州市鲍沟镇中石庙	24	男	1938 年 11 月 12 日
吴庆河	滕州市官桥镇前公桥	64	男	1938 年 11 月 12 日
吴庆厚	滕州市官桥镇前公桥	61	男	1938 年 11 月 12 日
吴玉礼	滕州市官桥镇前公桥	58	男	1938 年 11 月 12 日
张　大	滕州市荆河街道贾庄	45	男	1938 年 11 月 12 日
李张氏	滕州市龙阳镇张堂村	—	女	1938 年 11 月 12 日
李金林	滕州市南沙河镇于泉	52	男	1938 年 11 月 12 日
杨富和	滕州市官桥镇东洪林	41	男	1938 年 11 月 13 日
刘继哲	滕州市级索镇姚庄村	—	女	1938 年 11 月 14 日
米令柱	滕州市龙阳镇冯营村	48	男	1938 年 11 月 14 日
张王氏	滕州市龙阳镇侯庄村	29	女	1938 年 11 月 14 日
侯以兰	滕州市龙阳镇望龙村	16	女	1938 年 11 月 14 日
刘柴氏之大嫂	滕州市龙泉街道刁庄	47	女	1938 年 11 月 15 日
王德和	滕州市级索镇级索村	—	男	1938 年 11 月 17 日
党　望	滕州市南沙河镇房村	27	男	1938 年 11 月 17 日
马　大	滕州市鲍沟镇姜店村	34	男	1938 年 11 月 18 日
闵昭汉	滕州市鲍沟镇鲍沟二村	31	男	1938 年 11 月 21 日
李召运	滕州市鲍沟镇姜店村	29	男	1938 年 11 月 21 日
李方秀	滕州市鲍沟镇前汉宫村	35	女	1938 年 11 月 21 日
姜开运	滕州市鲍沟镇孙岗	63	男	1938 年 11 月 21 日
张茂建	滕州市南沙河镇房村	15	男	1938 年 11 月 21 日
王茂平	滕州市张汪镇段楼村	14	男	1938 年 11 月 22 日
任曹氏	滕州市官桥镇东王公	24	女	1938 年 11 月 23 日
贺成斌之祖父	滕州市官桥镇官桥村	66	男	1938 年 11 月 23 日
孙长荣之父	滕州市官桥镇官桥村	59	男	1938 年 11 月 23 日
孙开年之祖母	滕州市官桥镇官桥村	66	女	1938 年 11 月 23 日
温继林	滕州市张汪镇渊子崖村	11	男	1938 年 11 月 23 日

姓　名	籍　贯	年　龄	性　别	死难时间
董家水	滕州市龙阳镇望龙村	23	男	1938 年 11 月 25 日
单凤楠	滕州市龙阳镇张堂村	58	男	1938 年 11 月 25 日
何赵氏	滕州市龙阳镇张堂村	56	女	1938 年 11 月 25 日
张王氏	滕州市龙阳镇张堂村	47	女	1938 年 11 月 25 日
王广珠	滕州市官桥镇轩庄村	51	男	1938 年 11 月 26 日
张夫昆	滕州市官桥镇后官庄	47	男	1938 年 11 月 30 日
张存美	滕州市龙阳镇冯营村	38	女	1938 年 11 月 30 日
张素爱	滕州市鲍沟镇吕坡	17	男	1938 年 12 月 1 日
张素珍	滕州市鲍沟镇吕坡	8	男	1938 年 12 月 1 日
吕士秋	滕州市鲍沟镇吕坡	48	男	1938 年 12 月 1 日
赵玉竹	滕州市鲍沟镇鲍沟中村	60	男	1938 年 12 月 1 日
倪守斌	滕州市鲍沟镇鲍沟北村	35	男	1938 年 12 月 1 日
倪守仁	滕州市鲍沟镇鲍沟北村	29	男	1938 年 12 月 1 日
李德长	滕州市鲍沟镇吕坡	52	男	1938 年 12 月 1 日
李光善	滕州市鲍沟镇吕坡	36	男	1938 年 12 月 1 日
贺中柱	滕州市鲍沟镇宋庄	25	男	1938 年 12 月 1 日
吕传良	滕州市鲍沟镇吕坡	42	男	1938 年 12 月 1 日
韩斗光	滕州市东沙河镇韩楼村	36	男	1938 年 12 月 1 日
韩金宝	滕州市东沙河镇韩楼村	17	男	1938 年 12 月 1 日
韩刘氏	滕州市东沙河镇韩楼村	37	女	1938 年 12 月 1 日
夏明华	滕州市洪绪镇安庄村	28	女	1938 年 12 月 1 日
吴宾正	滕州市洪绪镇北侯庄	49	男	1938 年 12 月 1 日
刘贵伦之子	滕州市洪绪镇陈楼村	3	男	1938 年 12 月 1 日
李玉顺	滕州市洪绪镇大巩庄	37	男	1938 年 12 月 1 日
徐庆存	滕州市洪绪镇埇堆村	22	男	1938 年 12 月 1 日
张开全	滕州市洪绪镇光明村	23	男	1938 年 12 月 1 日
苗勇付	滕州市洪绪镇苗桥村	26	男	1938 年 12 月 1 日
徐庆东	滕州市洪绪镇任于庄	48	男	1938 年 12 月 1 日
杨士君	滕州市洪绪镇杨园村	28	男	1938 年 12 月 1 日
张玉中	滕州市荆河街道郭彭庄	55	男	1938 年 12 月 1 日
孔凡河	滕州市南沙河镇下徐	41	男	1938 年 12 月 1 日
孔凡锁	滕州市南沙河镇下徐	41	男	1938 年 12 月 1 日
徐文化	滕州市南沙河镇下徐	45	男	1938 年 12 月 1 日
李四色	滕州市善南街道丁庄	20	男	1938 年 12 月 1 日

姓 名	籍 贯	年 龄	性 别	死难时间
黄孝富	滕州市张汪镇杨仓村	47	男	1938 年 12 月 1 日
王绪军	滕州市西岗镇大王庄居	38	男	1938 年 12 月 2 日
闵邢氏	滕州市西岗镇西岗三村	19	女	1938 年 12 月 2 日
杨知远	滕州市级索镇北杨楼村	20	男	1938 年 12 月 3 日
赵延庆	滕州市级索镇北赵村	50	男	1938 年 12 月 3 日
李元吉之妻	滕州市级索镇东龙岗村	21	女	1938 年 12 月 3 日
王其凤	滕州市级索镇董庄村	48	男	1938 年 12 月 3 日
乔先忠	滕州市级索镇前牛集村	20	男	1938 年 12 月 3 日
刘召伟	滕州市善南街道刘庄	24	男	1938 年 12 月 3 日
张朝山	滕州市滨湖镇	38	男	1938 年 12 月 5 日
贾友忠	滕州市滨湖镇稻屯村	15	男	1938 年 12 月 5 日
吴二满	滕州市滨湖镇东屯后村	30	男	1938 年 12 月 5 日
李诗运	滕州市滨湖镇李村	32	男	1938 年 12 月 5 日
李书路	滕州市滨湖镇李村	20	男	1938 年 12 月 5 日
马小华	滕州市滨湖镇孟楼村	5	女	1938 年 12 月 5 日
邵庆美	滕州市滨湖镇上王村	73	女	1938 年 12 月 5 日
邵庆荣	滕州市滨湖镇西屯村	53	女	1938 年 12 月 5 日
巩光云	滕州市滨湖镇阳温东村	32	男	1938 年 12 月 5 日
徐广中	滕州市滨湖镇阳温东村	19	男	1938 年 12 月 5 日
徐信发	滕州市滨湖镇阳温东村	23	男	1938 年 12 月 5 日
张崇来	滕州市滨湖镇阳温东村	20	男	1938 年 12 月 5 日
巩王朝	滕州市级索镇西田庄村	45	男	1938 年 12 月 5 日
马宜国	滕州市滨湖镇东屯后村	20	男	1938 年 12 月 6 日
赵信村	滕州市滨湖镇田桥	28	男	1938 年 12 月 6 日
王继诗之父	滕州市级索镇东龙岗村	40	男	1938 年 12 月 6 日
王建全之妻	滕州市级索镇东龙岗村	30	女	1938 年 12 月 6 日
王延代之妻	滕州市级索镇东龙岗村	34	女	1938 年 12 月 6 日
杜宗来	滕州市级索镇前王晁村	36	男	1938 年 12 月 6 日
张大之妻	滕州市荆河街道贾庄	44	女	1938 年 12 月 6 日
吴承军	滕州市滨湖镇东屯后村	18	男	1938 年 12 月 7 日
崔小春	滕州市南沙河镇崔庄	14	男	1938 年 12 月 7 日
徐保群	滕州市级索镇翟庄村	34	男	1938 年 12 月 9 日
庞传合	滕州市滨湖镇田桥	28	男	1938 年 12 月 10 日
赵恒科	滕州市滨湖镇田桥	37	男	1938 年 12 月 10 日

姓 名	籍 贯	年 龄	性 别	死难时间
王修亮	滕州市南沙河镇房村	23	男	1938 年 12 月 10 日
冯克法	滕州市南沙河镇古石一村	27	男	1938 年 12 月 10 日
王高氏	滕州市南沙河镇古石一村	26	女	1938 年 12 月 10 日
王文水	滕州市南沙河镇古石一村	26	男	1938 年 12 月 10 日
郑景尤	滕州市鲍沟镇马庄	29	男	1938 年 12 月 11 日
马宝玉	滕州市鲍沟镇马庄	19	男	1938 年 12 月 12 日
李程氏之三叔	滕州市龙泉街道刁庄	52	男	1938 年 12 月 12 日
李党氏之伯父	滕州市龙泉街道刁庄	34	男	1938 年 12 月 12 日
李金贵之四伯	滕州市龙泉街道刁庄	48	男	1938 年 12 月 12 日
李金阶之二伯	滕州市龙泉街道刁庄	58	男	1938 年 12 月 12 日
二 妮	滕州市龙阳镇大寨村	4	女	1938 年 12 月 12 日
张张氏	滕州市善南街道王开三	64	女	1938 年 12 月 12 日
生 辉	滕州市滨湖镇民生	40	男	1938 年 12 月 13 日
生克清	滕州市滨湖镇民生	19	男	1938 年 12 月 13 日
刘延国	滕州市滨湖镇前郁郎	35	男	1938 年 12 月 13 日
刘延龙	滕州市滨湖镇前郁郎	21	男	1938 年 12 月 13 日
孔凡秀	滕州市滨湖镇生庄	25	女	1938 年 12 月 13 日
刘小花	滕州市滨湖镇西双井	14	女	1938 年 12 月 13 日
刘运祥	滕州市滨湖镇西双井	38	男	1938 年 12 月 13 日
秦仰泗	滕州市滨湖镇西双井	40	男	1938 年 12 月 13 日
张兆奎	滕州市滨湖镇西双井	20	男	1938 年 12 月 13 日
马培荣	滕州市滨湖镇徐楼	23	女	1938 年 12 月 13 日
李张氏之大叔	滕州市龙泉街道刁庄	53	男	1938 年 12 月 13 日
李赵氏之二兄	滕州市龙泉街道刁庄	49	男	1938 年 12 月 13 日
赵日应	滕州市滨湖镇徐楼	31	男	1938 年 12 月 14 日
董继湖	滕州市滨湖镇人民庄	62	男	1938 年 12 月 15 日
董王氏	滕州市滨湖镇人民庄	71	女	1938 年 12 月 15 日
董叶歌	滕州市滨湖镇人民庄	33	男	1938 年 12 月 15 日
赵郭氏	滕州市滨湖镇人民庄	68	女	1938 年 12 月 15 日
赵有才	滕州市滨湖镇人民庄	28	男	1938 年 12 月 15 日
庞传化	滕州市滨湖镇田桥	26	男	1938 年 12 月 15 日
田崇品	滕州市滨湖镇田桥	20	男	1938 年 12 月 15 日
张丛良	滕州市龙阳镇冯营村	53	男	1938 年 12 月 15 日
闫守现	滕州市龙阳镇闫庄村	27	男	1938 年 12 月 15 日

姓　名	籍　贯	年龄	性别	死难时间
高广东	滕州市南沙河镇高庄	52	男	1938 年 12 月 15 日
任士军	滕州市官桥镇东康留	46	男	1938 年 12 月 16 日
庞传放	滕州市滨湖镇田桥	19	男	1938 年 12 月 17 日
蔡敬海	滕州市官桥镇东康留	50	男	1938 年 12 月 17 日
邢四秉	滕州市鲍沟镇	—	男	1938 年 12 月 18 日
李　刚	滕州市滨湖镇代庄	30	男	1938 年 12 月 18 日
秦井武	滕州市滨湖镇代庄	33	男	1938 年 12 月 18 日
马汉雨	滕州市滨湖镇东屯后村	58	男	1938 年 12 月 18 日
刘书先	滕州市滨湖镇生庄	35	男	1938 年 12 月 18 日
刘喜富	滕州市滨湖镇生庄	27	男	1938 年 12 月 18 日
生碧全	滕州市滨湖镇生庄	34	男	1938 年 12 月 18 日
生明明	滕州市滨湖镇生庄	7	男	1938 年 12 月 18 日
田中亮	滕州市滨湖镇田桥	31	男	1938 年 12 月 18 日
孙井广	滕州市官桥镇东康留	60	男	1938 年 12 月 18 日
朱绍科	滕州市南沙河镇朱庄	36	男	1938 年 12 月 19 日
刁运岭	滕州市龙阳镇刁沙村	58	男	1938 年 12 月 20 日
李德平	滕州市鲍沟镇	43	男	1938 年 12 月 24 日
赵瑞举	滕州市鲍沟镇鲍沟中村	51	男	1938 年 12 月 24 日
赵瑞兰	滕州市鲍沟镇鲍沟中村	48	男	1938 年 12 月 24 日
吕李氏	滕州市鲍沟镇东石	56	女	1938 年 12 月 24 日
王张氏	滕州市鲍沟镇东石	60	女	1938 年 12 月 24 日
小　海	滕州市鲍沟镇东石	5	男	1938 年 12 月 24 日
李光庆	滕州市鲍沟镇吕坡	6	男	1938 年 12 月 24 日
郑景虎	滕州市鲍沟镇马庄	24	男	1938 年 12 月 24 日
郑景龙	滕州市鲍沟镇马庄	41	男	1938 年 12 月 24 日
郑张氏	滕州市鲍沟镇马庄	37	女	1938 年 12 月 24 日
宋丙让	滕州市鲍沟镇宋庄	40	男	1938 年 12 月 24 日
杨文振	滕州市鲍沟镇宋庄	37	男	1938 年 12 月 24 日
张丛金	滕州市龙阳镇冯营村	50	男	1938 年 12 月 24 日
周运奎	滕州市龙阳镇冯营村	32	男	1938 年 12 月 25 日
赵长生	滕州市柴胡店镇永福村	39	男	1938 年 12 月 26 日
张丛斗	滕州市龙阳镇冯营村	58	男	1938 年 12 月 26 日
李　纪	滕州市南沙河镇房村	27	男	1938 年 12 月 27 日
魏宝刚	滕州市龙阳镇魏寺村	62	男	1938 年 12 月 29 日

姓 名	籍 贯	年 龄	性 别	死难时间
魏明仁	滕州市龙阳镇魏寺村	7	男	1938 年 12 月 29 日
魏仁义	滕州市龙阳镇魏寺村	9	男	1938 年 12 月 29 日
魏徐氏	滕州市龙阳镇魏寺村	60	女	1938 年 12 月 29 日
周徐氏	滕州市龙阳镇闫庄村	42	女	1938 年 12 月 29 日
黄士美	滕州市张汪镇杨仓村	52	男	1938 年 12 月 29 日
大 孩	滕州市龙阳镇闫庄村	3	男	1938 年 12 月 30 日
憨山东	滕州市张汪镇孟仓村	34	男	1938 年 12 月 30 日
牛延栋	滕州市级索镇后牛集村	22	男	1938 年
杨位山	滕州市级索镇前牛集村	27	男	1938 年
徐兴振	滕州市级索镇道沟村	—	男	1938 年
杨守河	滕州市级索镇后杨岗村	78	男	1938 年
徐李氏	滕州市南沙河镇下徐	38	女	1938 年
徐朱氏	滕州市南沙河镇下徐	36	女	1938 年
大 英	滕州市南沙河镇后仓	21	女	1938 年
黄道仁	滕州市滨湖镇黄桥	41	男	1938 年
牛元法	滕州市级索镇后牛集村	31	女	1938 年
王尚夫	滕州市鲍沟镇西石庙	58	男	1938 年
王尚海	滕州市鲍沟镇西石庙	47	男	1938 年
刘二华	滕州市龙阳镇曾楼村	15	男	1938 年
王王氏	滕州市南沙河镇古石村	30	女	1938 年
张 军	滕州市荆河街道安乐居	39	男	1938 年
刘 强	滕州市南沙河镇房村	21	男	1938 年
宋同丰	滕州市东郭镇罗庄	51	男	1938 年
张忠伟	滕州市东郭镇前村	46	男	1938 年
孙福连	滕州市荆河街道金平	23	男	1938 年
史继祥	滕州市善南街道十里铺一	21	男	1938 年
张士洪	滕州市级索镇后杨岗村	—	男	1938 年
杜身修之父	滕州市龙泉街道西大庙	26	男	1938 年
杜守金之祖父	滕州市龙泉街道西大庙	48	男	1938 年
郭史氏之婆婆	滕州市龙泉街道西大庙	44	女	1938 年
李振恒之堂妹	滕州市级索镇东龙岗村	9	女	1938 年
王振林	滕州市级索镇东龙岗村	22	男	1938 年
龙敦才	滕州市级索镇东龙岗村	35	男	1938 年
郑来春	滕州市级索镇后牛集村	45	男	1938 年

姓　名	籍　贯	年　龄	性　别	死难时间
杜钦森	滕州市级索镇前王晁村	52	男	1938 年
张二喜	滕州市荆河街道贾庄	24	男	1938 年
代刘氏之婆婆	滕州市龙泉街道西大庙	42	女	1938 年
秦哑巴	滕州市南沙河镇后房	26	男	1938 年
王二狗	滕州市南沙河镇上营	5	男	1938 年
李来林	滕州市东沙河镇马河口村	36	男	1938 年
刘　敏	滕州市荆河街道贾庄	26	女	1938 年
杨知远	滕州市级索镇后牛集村	50	男	1938 年
刘敏之子	滕州市荆河街道贾庄	3	男	1938 年
耿怀玉	滕州市南沙河镇北古石村	53	男	1938 年
华红圈	滕州市南沙河镇冯庄	23	男	1938 年
朱洛申	滕州市南沙河镇冯庄	21	男	1938 年
高广官	滕州市南沙河镇高庄	38	男	1938 年
高广政	滕州市南沙河镇高庄	48	男	1938 年
马训山	滕州市南沙河镇南街	38	男	1938 年
秦恒祥	滕州市南沙河镇南街	72	男	1938 年
秦元全	滕州市南沙河镇南街	68	男	1938 年
王长玲	滕州市南沙河镇南王铺	28	女	1938 年
高永远	滕州市南沙河镇前辛章	72	男	1938 年
徐金山	滕州市南沙河镇上徐	32	男	1938 年
颜述明	滕州市南沙河镇上徐	30	男	1938 年
丁梁氏	滕州市南沙河镇魏村	47	女	1938 年
董关易	滕州市南沙河镇魏村	42	男	1938 年
魏王氏	滕州市南沙河镇魏村	58	女	1938 年
魏宪清	滕州市南沙河镇魏村	49	男	1938 年
朱玉放	滕州市南沙河镇朱庄	32	男	1938 年
付廷美	滕州市东沙河镇千庄	35	女	1938 年
华宏安	滕州市东沙河镇千庄	28	男	1938 年
华刘氏	滕州市东沙河镇千庄	41	女	1938 年
李刘氏	滕州市东沙河镇千庄	36	女	1938 年
李王氏	滕州市东沙河镇千庄	—	女	1938 年
李玉敏	滕州市东沙河镇千庄	30	女	1938 年
李张氏	滕州市东沙河镇千庄	27	女	1938 年
刘陈氏	滕州市东沙河镇千庄	34	女	1938 年

姓 名	籍 贯	年 龄	性 别	死难时间
刘崇善	滕州市东沙河镇千庄	29	男	1938 年
刘怀成	滕州市东沙河镇千庄	36	男	1938 年
刘开善	滕州市东沙河镇千庄	28	男	1938 年
刘李氏	滕州市东沙河镇千庄	34	女	1938 年
刘王氏	滕州市东沙河镇千庄	30	女	1938 年
刘姚氏	滕州市东沙河镇千庄	33	女	1938 年
刘玉善	滕州市东沙河镇千庄	21	男	1938 年
刘真善	滕州市东沙河镇千庄	36	男	1938 年
庞贵华	滕州市东沙河镇千庄	42	女	1938 年
孙忠臣	滕州市东沙河镇千庄	35	男	1938 年
王刘氏	滕州市东沙河镇千庄	36	女	1938 年
王忠银	滕州市东沙河镇千庄	27	男	1938 年
张李氏	滕州市东沙河镇千庄	24	女	1938 年
周玉美	滕州市东沙河镇千庄	34	女	1938 年
张开峰	滕州市荆河街道贾庄	41	男	1938 年
陈淑玉	滕州市南沙河镇后辛章	38	男	1938 年
刘小春	滕州市南沙河镇后辛章	32	男	1938 年
王二妮	滕州市南沙河镇后辛章	2	女	1938 年
王席娟	滕州市南沙河镇后辛章	36	女	1938 年
刘全运	滕州市南沙河镇南王铺	34	男	1938 年
高庆标	滕州市南沙河镇前辛章	36	男	1938 年
小 花	滕州市南沙河镇西古石村	9 个月	女	1938 年
朱二牛	滕州市南沙河镇朱庄	31	男	1938 年
吕庆玉	滕州市西岗镇高庙南村	20	男	1938 年
万李氏	滕州市东沙河镇万年庄	36	女	1938 年
於 五	滕州市东沙河镇万年庄	30	男	1938 年
张代群	滕州市东沙河镇万年庄	35	男	1938 年
张 佳	滕州市东沙河镇万年庄	36	男	1938 年
刘玉珠	滕州市荆河街道贾庄	41	女	1938 年
安玉元之祖母	滕州市龙泉街道西大庙	48	女	1938 年
张开峰之子	滕州市荆河街道贾庄	8	男	1938 年
刘郑氏	滕州市南沙河镇南王铺	39	女	1938 年
李延贝	滕州市鲍沟镇河崖	30	男	1938 年
李井海	滕州市东沙河镇西小宫村	40	男	1938 年

姓　名	籍　贯	年龄	性别	死难时间
李井海之二哥	滕州市东沙河镇西小宫村	—	男	1938 年
李井田	滕州市东沙河镇西小宫村	25	男	1938 年
李来喜	滕州市东沙河镇西小宫村	20	男	1938 年
李开华	滕州市荆河街道贾庄	31	男	1938 年
朱　其	滕州市南沙河镇	29	女	1938 年
朱耿闯	滕州市南沙河镇	50	男	1938 年
刘继武	滕州市南沙河镇上徐	36	男	1938 年
徐天右	滕州市南沙河镇上徐	73	男	1938 年
杨汝亮	滕州市南沙河镇上徐	30	男	1938 年
赵凤云	滕州市荆河街道贾庄	30	女	1938 年
郭史氏之公公	滕州市龙泉街道西大庙	46	男	1938 年
王奉祥	滕州市南沙河镇	43	男	1938 年
王开利	滕州市荆河街道贾庄	41	男	1938 年
冯伯岑之父	滕州市龙泉街道西大庙	38	男	1938 年
冯伯岑之母	滕州市龙泉街道西大庙	37	女	1938 年
朱洪祈	滕州市南沙河镇朱庄	27	男	1938 年
王开利之女	滕州市荆河街道贾庄	7	女	1938 年
张学义	滕州市张汪镇丁楼	—	男	1938 年
刘大宝	滕州市荆河街道贾庄	45	男	1938 年
刘大宝之子	滕州市荆河街道贾庄	9	男	1938 年
孔祥和	滕州市级索镇坝子崖村	—	男	1938 年
王其法	滕州市级索镇坝子崖村	65	男	1938 年
李玉英之婆婆	滕州市龙泉街道西大庙	42	女	1938 年
彭传石之父	滕州市龙泉街道前大庙	27	男	1938 年
吴广平之父	滕州市龙泉街道西大庙	26	男	1938 年
吴广平之祖父	滕州市龙泉街道西大庙	45	男	1938 年
彭玉堂之长子	滕州市龙泉街道前大庙	21	男	1938 年
彭云喜之二伯	滕州市龙泉街道前大庙	20	男	1938 年
吕以瑞	滕州市鲍沟镇吕坡	47	男	1938 年
王继武	滕州市东郭镇大堂门	32	男	1938 年 2 月
张振雷	滕州市东郭镇石羊山	39	男	1938 年
张振林	滕州市东郭镇石羊山	27	男	1938 年
张振石	滕州市东郭镇石羊山	82	男	1938 年
闫吉全之女	滕州市洪绪镇光明村	5	女	1938 年

姓 名	籍 贯	年 龄	性 别	死难时间
狄延俊	滕州市界河镇东安楼村	32	男	1938 年
虎 子	滕州市南沙河镇彭王楼	9 个月	男	1938 年
王玉良	滕州市鲍沟镇刘东	36	男	1938 年
胡景山之父	滕州市龙泉街道贺庄	27	男	1938 年
胡敬阳之母	滕州市龙泉街道贺庄	30	女	1938 年
孔祥连之父	滕州市龙泉街道贺庄	37	男	1938 年
张 文	滕州市荆河街道	23	女	1938 年
程洪斗	滕州市龙泉街道杏坦居	17	男	1938 年
程茂玲	滕州市龙泉街道杏坦居	16	女	1938 年
李玉华	滕州市南沙河镇古石一村	16	男	1938 年
李专明	滕州市南沙河镇古石一村	21	男	1938 年
王长传	滕州市南沙河镇西古石村	52	男	1938 年
徐守文	滕州市南沙河镇西古石村	42	男	1938 年
徐守忠	滕州市南沙河镇西古石村	28	男	1938 年
郭克海	滕州市柴胡店镇前大官村	22	男	1938 年
狄贵芳	滕州市南沙河镇古石四村	26	男	1938 年
朱孟氏	滕州市南沙河镇古石四村	35	女	1938 年
王 强	滕州市荆河街道	27	男	1938 年
李 玉	滕州市荆河街道公园居	19	女	1938 年
小 兵	滕州市荆河街道公园居	5	男	1938 年
宣 泰	滕州市荆河街道公园居	25	男	1938 年
张文祥	滕州市荆河街道公园居	2	男	1938 年
高金斗	滕州市龙泉街道杏坦居	18	男	1938 年
刘金富	滕州市南沙河镇崔庄	36	男	1938 年
刘 银	滕州市南沙河镇崔庄	28	男	1938 年
王丰海	滕州市南沙河镇崔庄	70	男	1938 年
王见海	滕州市南沙河镇崔庄	28	男	1938 年
王延台之四弟	滕州市级索镇东龙岗村	4	男	1938 年
谭景海	滕州市级索镇西田庄村	65	男	1938 年
裴刘氏	滕州市鲍沟镇裴楼	41	女	1938 年
王金元之兄	滕州市柴胡店镇龙山头村	25	男	1938 年
崔玉红	滕州市鲍沟镇裴楼	11	男	1938 年
裴马兵	滕州市鲍沟镇裴楼	41	男	1938 年
杨成业	滕州市鲍沟镇	43	男	1938 年

姓 名	籍 贯	年 龄	性 别	死难时间
铁 旦	滕州市鲍沟镇东石	5	男	1938 年
杨成香	滕州市鲍沟镇	58	男	1938 年
杨继湖	滕州市鲍沟镇	57	男	1938 年
杨正良	滕州市鲍沟镇	74	男	1938 年
郭汝雪	滕州市东沙河镇郭吉山	29	男	1938 年
郭张氏	滕州市东沙河镇郭吉山	27	女	1938 年
李怀宝	滕州市东沙河镇郭吉山	30	男	1938 年
华李氏	滕州市东沙河镇华吉山	36	女	1938 年
刘天宽	滕州市南沙河镇南王铺	38	男	1938 年
彭刘氏	滕州市南沙河镇彭王楼	40	女	1938 年
彭开密	滕州市南沙河镇孙岗	39	男	1938 年
张程刚	滕州市柴胡店镇	23	男	1938 年
时树元	滕州市官桥镇时店村	40	男	1938 年
高达环	滕州市南沙河镇陡铺	11	男	1938 年
高金永	滕州市南沙河镇陡铺	37	男	1938 年
高晏氏	滕州市南沙河镇陡铺	33	女	1938 年
陈发财	滕州市南沙河镇南池	28	男	1938 年
张二牛	滕州市善南街道刘屯	31	男	1938 年
马贾氏	滕州市滨湖镇孙阁	22	女	1938 年
马胖妮	滕州市滨湖镇孙阁	40	女	1938 年
张善美	—	—	—	1938 年
高文兆	—	—	—	1938 年
许文坦	—	—	—	1938 年
杨继元	—	—	—	1938 年
王美玉	—	—	—	1938 年
张桂存	滕州市姜屯镇	26	男	1938 年
商井灿	滕州市姜屯镇商村	46	男	1938 年
苏长华	滕州市姜屯镇苏桥村	76	男	1938 年
苏长征	滕州市姜屯镇苏桥村	57	男	1938 年
苏仇氏	滕州市姜屯镇苏桥村	67	女	1938 年
苏黄氏	滕州市姜屯镇苏桥村	49	女	1938 年
苏继承	滕州市姜屯镇苏桥村	65	男	1938 年
苏继喜	滕州市姜屯镇苏桥村	56	男	1938 年
苏继业	滕州市姜屯镇苏桥村	75	男	1938 年

姓 名	籍 贯	年 龄	性 别	死难时间
苏孔氏	滕州市姜屯镇苏桥村	57	女	1938 年
苏李氏	滕州市姜屯镇苏桥村	59	女	1938 年
苏刘氏	滕州市姜屯镇苏桥村	75	女	1938 年
苏任氏	滕州市姜屯镇苏桥村	57	女	1938 年
苏孙氏	滕州市姜屯镇苏桥村	56	女	1938 年
苏徐氏	滕州市姜屯镇苏桥村	50	女	1938 年
苏延金	滕州市姜屯镇苏桥村	76	男	1938 年
苏杨氏	滕州市姜屯镇苏桥村	59	女	1938 年
苏赵氏	滕州市姜屯镇苏桥村	65	女	1938 年
孙建荣	滕州市姜屯镇孙村	40	男	1938 年
颜二蛋	滕州市姜屯镇颜楼	17	男	1938 年
颜 飞	滕州市姜屯镇颜楼	27	男	1938 年
颜狗胜	滕州市姜屯镇颜楼	15	男	1938 年
颜 国	滕州市姜屯镇颜楼	25	男	1938 年
颜 建	滕州市姜屯镇颜楼	59	男	1938 年
颜 龙	滕州市姜屯镇颜楼	19	男	1938 年
颜 青	滕州市姜屯镇颜楼	42	男	1938 年
颜三虎	滕州市姜屯镇颜楼	19	男	1938 年
颜王氏	滕州市姜屯镇颜楼	37	女	1938 年
颜西青	滕州市姜屯镇颜楼	32	男	1938 年
颜锡国	滕州市姜屯镇颜楼	18	男	1938 年
颜锡扑	滕州市姜屯镇颜楼	25	男	1938 年
颜张氏	滕州市姜屯镇颜楼	46	女	1938 年
朱广荣	滕州市羊庄镇南于	38	男	1938 年
朱广英	滕州市羊庄镇南于	39	男	1938 年
朱德功	滕州市羊庄镇南于	40	男	1938 年
张庆海	滕州市羊庄镇南于	23	男	1938 年
陈广德	滕州市羊庄镇余粮店	24	男	1938 年
王有余	滕州市级索镇	—	男	1938 年
邢继才	滕州市鲍沟镇邢寨	—	男	1939 年 1 月 1 日
刘 艳	滕州市北辛街道北关	40	女	1939 年 1 月 1 日
贾庆军	滕州市北辛街道冯河	27	男	1939 年 1 月 1 日
张德兰	滕州市北辛街道冯河	72	女	1939 年 1 月 1 日
赵井坤	滕州市北辛街道冯河	35	男	1939 年 1 月 1 日

姓 名	籍 贯	年龄	性别	死难时间
乔成仿	滕州市洪绪镇白龙湾	26	男	1939 年 1 月 1 日
徐瑞刚	滕州市洪绪镇杜场村	19	男	1939 年 1 月 1 日
邢洪旗	滕州市洪绪镇杜康村	24	男	1939 年 1 月 1 日
张开水	滕州市洪绪镇堌堆村	46	男	1939 年 1 月 1 日
徐怀云	滕州市洪绪镇后洪绪	56	男	1939 年 1 月 1 日
任显斌	滕州市洪绪镇金庄	32	男	1939 年 1 月 1 日
任显法	滕州市洪绪镇金庄	42	男	1939 年 1 月 1 日
侯现玲之子	滕州市洪绪镇孔屯村	1	男	1939 年 1 月 1 日
侯贺洪	滕州市洪绪镇玉楼村	53	男	1939 年 1 月 1 日
许洪伦之子	滕州市洪绪镇玉楼村	4	男	1939 年 1 月 1 日
郭士良之父	滕州市龙泉街道	60	男	1939 年 1 月 1 日
李兴动	滕州市柴胡店镇沙庄村	71	男	1939 年 1 月 2 日
史玉化	滕州市官桥镇史庄村	38	男	1939 年 1 月 2 日
狄怀科	滕州市南沙河镇北古石村	31	男	1939 年 1 月 3 日
张传青之女	滕州市龙阳镇彭河村	2	女	1939 年 1 月 4 日
田 宝	滕州市鲍沟镇薛岩前	21	男	1939 年 1 月 5 日
马宝礼	滕州市南沙河镇彭王楼	24	男	1939 年 1 月 5 日
彭富贵	滕州市南沙河镇彭王楼	21	男	1939 年 1 月 5 日
王正水	滕州市南沙河镇彭王楼	24	男	1939 年 1 月 5 日
王景章	滕州市善南街道七里堡	55	男	1939 年 1 月 5 日
张党氏	滕州市善南街道王开二	50	女	1939 年 1 月 5 日
张丰武	滕州市善南街道王开二	44	男	1939 年 1 月 5 日
张丰馨	滕州市善南街道王开二	49	男	1939 年 1 月 5 日
张魁田	滕州市善南街道王开二	55	男	1939 年 1 月 5 日
马李氏	滕州市南沙河镇彭王楼	46	女	1939 年 1 月 7 日
张振田	滕州市柴胡店镇柴胡店村	27	男	1939 年 1 月 8 日
杨位怀	滕州市级索镇北杨楼村	18	男	1939 年 1 月 8 日
王振杨	滕州市龙阳镇尚河圈村	28	男	1939 年 1 月 9 日
王开永	滕州市南沙河镇房村	6	男	1939 年 1 月 9 日
王修武	滕州市南沙河镇房村	54	男	1939 年 1 月 9 日
蔡 芹	滕州市南沙河镇南池	56	女	1939 年 1 月 9 日
秦刘氏	滕州市南沙河镇南池	58	女	1939 年 1 月 9 日
赵玉朴	滕州市鲍沟镇鲍沟中村	50	男	1939 年 1 月 10 日
赵玉新	滕州市鲍沟镇鲍沟中村	50	男	1939 年 1 月 10 日

姓 名	籍 贯	年 龄	性 别	死难时间
王学龙	滕州市鲍沟镇华庄	33	男	1939 年 1 月 10 日
王振玉	滕州市鲍沟镇华庄	35	男	1939 年 1 月 10 日
杨士明	滕州市鲍沟镇华庄	30	男	1939 年 1 月 10 日
孟庆秀	滕州市鲍沟镇前汉宫村	32	女	1939 年 1 月 10 日
梁瑞元	滕州市鲍沟镇宋庄	40	男	1939 年 1 月 10 日
杨知义	滕州市级索镇北杨楼村	20	男	1939 年 1 月 10 日
王振杨之女	滕州市龙阳镇尚河圈村	2	女	1939 年 1 月 10 日
张大振之母	滕州市龙泉街道	68	女	1939 年 1 月 11 日
韩长明	滕州市鲍沟镇西宁村	20	男	1939 年 1 月 13 日
谢任氏	滕州市官桥镇坝上村	52	女	1939 年 1 月 13 日
任振元	滕州市官桥镇轩庄村	69	男	1939 年 1 月 13 日
陈启胜之小女	滕州市龙阳镇翟庄村	1	女	1939 年 1 月 14 日
赵狗胜	滕州市滨湖镇人民庄	10	男	1939 年 1 月 15 日
刘忠香之女	滕州市龙阳镇丛条村	3	女	1939 年 1 月 15 日
王二强	滕州市龙阳镇曾楼村	15	男	1939 年 1 月 15 日
孔尚文之父	滕州市龙泉街道	70	男	1939 年 1 月 16 日
铁 蛋	滕州市龙阳镇曾楼村	3	男	1939 年 1 月 16 日
吕夫相	滕州市鲍沟镇吕坡	39	男	1939 年 1 月 17 日
吕夫花	滕州市鲍沟镇吕坡	27	女	1939 年 1 月 17 日
路清存	滕州市鲍沟镇南朱庄	21	男	1939 年 1 月 17 日
赵金山	滕州市鲍沟镇前皇甫村	32	男	1939 年 1 月 17 日
陈殿玉	滕州市鲍沟镇薛岩中村	48	男	1939 年 1 月 17 日
王仁德	滕州市鲍沟镇薛岩中村	57	男	1939 年 1 月 17 日
孙洪俊	滕州市官桥镇大康留	49	男	1939 年 1 月 17 日
吕兰玉之次子	滕州市龙泉街道	4	男	1939 年 1 月 17 日
董三孩	滕州市龙阳镇望龙村	16	男	1939 年 1 月 17 日
魏严先	滕州市南沙河镇东魏村	28	男	1939 年 1 月 17 日
朱宗阁	滕州市南沙河镇朱庄	51	女	1939 年 1 月 17 日
周美胜之女	滕州市龙阳镇龙阳村	3	女	1939 年 1 月 18 日
朱绍云	滕州市南沙河镇朱庄	41	女	1939 年 1 月 18 日
张宝安	滕州市龙阳镇顾庙村	6	男	1939 年 1 月 19 日
魏严后	滕州市南沙河镇东魏村	26	男	1939 年 1 月 19 日
黄家启	滕州市南沙河镇朱庄	32	男	1939 年 1 月 19 日
刘天仁	滕州市南沙河镇朱庄	31	男	1939 年 1 月 19 日

姓 名	籍 贯	年 龄	性 别	死难时间
张丰信	滕州市善南街道王开一	64	男	1939 年 1 月 19 日
吕兰玉之长子	滕州市龙泉街道	6	男	1939 年 1 月 20 日
董二孩	滕州市龙阳镇望龙村	19	男	1939 年 1 月 22 日
路表楼	滕州市鲍沟镇南朱庄	20	男	1939 年 1 月 23 日
朱庆喜	滕州市鲍沟镇南朱庄	45	男	1939 年 1 月 23 日
朱绍圈	滕州市鲍沟镇南朱庄	17	男	1939 年 1 月 23 日
赵宝立	滕州市鲍沟镇前皇甫村	35	男	1939 年 1 月 23 日
赵宝业	滕州市鲍沟镇前皇甫村	32	男	1939 年 1 月 23 日
赵金义	滕州市鲍沟镇前皇甫村	43	男	1939 年 1 月 23 日
王崇超	滕州市级索镇时庄村	80	女	1939 年 1 月 23 日
张玉更	滕州市龙阳镇南张庄村	26	女	1939 年 1 月 23 日
董张氏	滕州市龙阳镇望龙村	35	女	1939 年 1 月 23 日
祝见强	滕州市西岗镇北赵庄	40	男	1939 年 1 月 25 日
刘王氏	滕州市南沙河镇房村	47	女	1939 年 1 月 28 日
刘福礼	滕州市北辛街道北关	47	男	1939 年 2 月 1 日
曹明海	滕州市北辛街道东七	73	男	1939 年 2 月 1 日
秦洪山	滕州市北辛街道东七	67	男	1939 年 2 月 1 日
秦振凯	滕州市北辛街道东七	51	男	1939 年 2 月 1 日
张高辉	滕州市北辛街道东七	34	男	1939 年 2 月 1 日
张郑氏	滕州市北辛街道东七	35	女	1939 年 2 月 1 日
周子军	滕州市北辛街道东七	47	男	1939 年 2 月 1 日
侯贺英	滕州市北辛街道冯河	59	女	1939 年 2 月 1 日
李庆荣	滕州市北辛街道冯河	18	男	1939 年 2 月 1 日
李庆先	滕州市北辛街道冯河	34	男	1939 年 2 月 1 日
赵合生	滕州市北辛街道冯河	47	男	1939 年 2 月 1 日
周祥坤	滕州市北辛街道冯河	71	男	1939 年 2 月 1 日
侯马氏	滕州市北辛街道后荆沟居	27	女	1939 年 2 月 1 日
曾继春	滕州市北辛街道后铺	37	男	1939 年 2 月 1 日
侯志远	滕州市北辛街道于楼村	25	男	1939 年 2 月 1 日
于绍杰	滕州市北辛街道于楼村	17	男	1939 年 2 月 1 日
于杨氏	滕州市北辛街道于楼村	27	女	1939 年 2 月 1 日
于张氏	滕州市北辛街道于楼村	25	女	1939 年 2 月 1 日
邵连河	滕州市大坞镇韩东	65	男	1939 年 2 月 1 日
邵 氏	滕州市大坞镇雷山	21	女	1939 年 2 月 1 日

姓 名	籍 贯	年 龄	性 别	死难时间
邵培宣	滕州市大坞镇雷山	25	男	1939 年 2 月 1 日
朱保长	滕州市大坞镇雷山	19	男	1939 年 2 月 1 日
朱保银	滕州市大坞镇雷山	20	男	1939 年 2 月 1 日
朱保有	滕州市大坞镇雷山	18	男	1939 年 2 月 1 日
季佃唐	滕州市大坞镇任前	34	男	1939 年 2 月 1 日
赵逢志	滕州市大坞镇任前	36	男	1939 年 2 月 1 日
黄金来	滕州市东郭镇黄园	62	男	1939 年 2 月 1 日
黄士安	滕州市东郭镇黄园	8	男	1939 年 2 月 1 日
黄士元	滕州市东郭镇黄园	40	男	1939 年 2 月 1 日
张 ×	滕州市东郭镇黄园	37	男	1939 年 2 月 1 日
孔令余	滕州市级索镇龙庄村	—	男	1939 年 2 月 1 日
孔祥银	滕州市级索镇龙庄村	—	男	1939 年 2 月 1 日
李王氏	滕州市龙阳镇冯营村	70	女	1939 年 2 月 1 日
赵张氏	滕州市龙阳镇冯营村	52	女	1939 年 2 月 1 日
黄友红	滕州市东郭镇黄园	16	男	1939 年 2 月 1 日
黄友花	滕州市东郭镇黄园	14	女	1939 年 2 月 1 日
赵玉田	滕州市东郭镇黄园	70	男	1939 年 2 月 1 日
张传庆	滕州市东郭镇石羊山	83	男	1939 年 2 月 1 日
张传祥	滕州市东郭镇石羊山	28	男	1939 年 2 月 1 日
张学贝	滕州市东郭镇石羊山	39	男	1939 年 2 月 1 日
丁广大	滕州市东郭镇西明	40	男	1939 年 2 月 1 日
丁美华	滕州市东郭镇西明	41	男	1939 年 2 月 1 日
徐庆国	滕州市洪绪镇沙官村	28	男	1939 年 2 月 1 日
邓庆芳	滕州市界河镇东孟村	37	男	1939 年 2 月 1 日
刘井功	滕州市界河镇后枣村	25	男	1939 年 2 月 1 日
刘朋杰	滕州市界河镇后枣村	41	男	1939 年 2 月 1 日
耿玉山	滕州市界河镇郑寨村	—	男	1939 年 2 月 1 日
王守延	滕州市界河镇郑寨村	—	男	1939 年 2 月 1 日
郑家庆	滕州市界河镇郑寨村	—	男	1939 年 2 月 1 日
郑家玉	滕州市界河镇郑寨村	—	男	1939 年 2 月 1 日
邵泽合	滕州市荆河街道	34	男	1939 年 2 月 1 日
邵泽玉	滕州市荆河街道	41	男	1939 年 2 月 1 日
高志宏	滕州市荆河街道大同	30	男	1939 年 2 月 1 日
张保富	滕州市荆河街道大同	60	男	1939 年 2 月 1 日

姓 名	籍 贯	年 龄	性 别	死难时间
王洪远	滕州市荆河街道东南园	30	男	1939 年 2 月 1 日
王洪运	滕州市荆河街道东南园	40	男	1939 年 2 月 1 日
魏俞氏	滕州市荆河街道魏庄	50	女	1939 年 2 月 1 日
小稳子	滕州市荆河街道魏庄	12	男	1939 年 2 月 1 日
赵忠昌	滕州市荆河街道魏庄	52	男	1939 年 2 月 1 日
张铅田	滕州市善南街道王开三	70	男	1939 年 2 月 2 日
张以乾	滕州市善南街道王开一	57	男	1939 年 2 月 2 日
王 孝	滕州市鲍沟镇西石庙	51	女	1939 年 2 月 3 日
王保魁	滕州市鲍沟镇西石庙	68	男	1939 年 2 月 3 日
张继珍	滕州市鲍沟镇薛岩后村	38	男	1939 年 2 月 3 日
孔祥林	滕州市级索镇龙庄村	20	男	1939 年 2 月 3 日
周运生	滕州市龙阳镇冯营村	35	男	1939 年 2 月 3 日
姜广成	滕州市鲍沟镇东荆林村	27	男	1939 年 2 月 4 日
王井厚	滕州市柴胡店镇南辛	25	男	1939 年 2 月 4 日
王李氏	滕州市柴胡店镇南辛	59	女	1939 年 2 月 4 日
张传方	滕州市柴胡店镇南辛	37	男	1939 年 2 月 4 日
张传厚	滕州市柴胡店镇南辛	30	男	1939 年 2 月 4 日
吕庆恩	滕州市西岗镇高庙南村	24	男	1939 年 2 月 4 日
付佰龙	滕州市善南街道刘屯	24	男	1939 年 2 月 5 日
马二强	滕州市善南街道刘屯	19	男	1939 年 2 月 5 日
王崇雨	滕州市级索镇时庄村	56	男	1939 年 2 月 6 日
邱子美	滕州市龙阳镇冯营村	42	女	1939 年 2 月 6 日
满会义	滕州市鲍沟镇薛岩后村	68	男	1939 年 2 月 7 日
马刘氏	滕州市善南街道刘屯	44	女	1939 年 2 月 8 日
马三妮	滕州市善南街道刘屯	21	女	1939 年 2 月 8 日
马三强	滕州市善南街道刘屯	17	男	1939 年 2 月 8 日
赵 四	滕州市善南街道刘屯	26	男	1939 年 2 月 8 日
刘运光	滕州市滨湖镇	30	男	1939 年 2 月 9 日
张士升	滕州市滨湖镇	27	男	1939 年 2 月 9 日
何玉山之女	滕州市龙阳镇何岭村	6	女	1939 年 2 月 9 日
徐二柱	滕州市南沙河镇下徐	15	男	1939 年 2 月 9 日
徐广正	滕州市南沙河镇下徐	42	男	1939 年 2 月 9 日
徐孙氏	滕州市南沙河镇下徐	29	女	1939 年 2 月 9 日
徐周氏	滕州市南沙河镇下徐	42	女	1939 年 2 月 9 日

姓 名	籍 贯	年 龄	性 别	死难时间
许李氏	滕州市南沙河镇下徐	32	女	1939 年 2 月 9 日
张景水	滕州市善南街道刘屯	55	男	1939 年 2 月 9 日
姚 三	滕州市大坞镇韩东	8	男	1939 年 2 月 9 日
王家雨	滕州市南沙河镇房村	49	男	1939 年 2 月 10 日
马延荣	滕州市滨湖镇坊上	39	男	1939 年 2 月 11 日
王玉标	滕州市善南街道十里铺一	24	男	1939 年 2 月 11 日
黄 文	滕州市鲍沟镇东皇甫村	41	男	1939 年 2 月 12 日
黄宜迁	滕州市鲍沟镇东皇甫村	30	男	1939 年 2 月 12 日
黄宜让	滕州市鲍沟镇东皇甫村	27	男	1939 年 2 月 12 日
徐月伟	滕州市鲍沟镇东皇甫村	32	男	1939 年 2 月 12 日
徐月状	滕州市鲍沟镇东皇甫村	41	男	1939 年 2 月 12 日
黄玉堂	滕州市级索镇级索村	—	男	1939 年 2 月 12 日
李培章	滕州市级索镇级索村	—	男	1939 年 2 月 12 日
谢凤合	滕州市级索镇级索村	—	男	1939 年 2 月 12 日
周焕章	滕州市级索镇级索村	—	男	1939 年 2 月 12 日
周永栋	滕州市级索镇级索村	—	男	1939 年 2 月 12 日
巩玉合	滕州市级索镇西田庄村	78	男	1939 年 2 月 12 日
张宏泽	滕州市善南街道王开一	51	男	1939 年 2 月 12 日
张运泽	滕州市善南街道王开一	52	男	1939 年 2 月 12 日
吕以常	滕州市鲍沟镇吕坡	37	男	1939 年 2 月 13 日
姚宝茂	滕州市鲍沟镇西宁村	19	男	1939 年 2 月 13 日
翟马氏	滕州市龙阳镇翟庄村	52	女	1939 年 2 月 13 日
满 昌	滕州市南沙河镇房村	61	男	1939 年 2 月 13 日
张丰亮	滕州市善南街道王开二	37	男	1939 年 2 月 13 日
张丰礼	滕州市善南街道王开一	48	男	1939 年 2 月 13 日
张以存	滕州市善南街道王开一	18	男	1939 年 2 月 13 日
张义泽	滕州市善南街道王开一	18	男	1939 年 2 月 13 日
高善吉	滕州市鲍沟镇东宁村	25	男	1939 年 2 月 14 日
吴广才	滕州市鲍沟镇东宁村	27	男	1939 年 2 月 14 日
王慎民	滕州市级索镇级索村	34	男	1939 年 2 月 14 日
董文厚	滕州市级索镇龙庄村	76	女	1939 年 2 月 14 日
魏王氏	滕州市南沙河镇东魏村	25	女	1939 年 2 月 14 日
刘 铁	滕州市荆河街道东寺院村	37	男	1939 年 2 月 15 日
周运芹	滕州市龙阳镇冯营村	41	女	1939 年 2 月 15 日

姓 名	籍 贯	年 龄	性 别	死难时间
朱绍强	滕州市南沙河镇朱庄	28	男	1939 年 2 月 15 日
赵大妮	滕州市级索镇赵坡村	56	女	1939 年 2 月 16 日
刘 钢	滕州市荆河街道东寺院村	15	男	1939 年 2 月 16 日
毕×××	滕州市龙泉街道春秋阁	40	男	1939 年 2 月 16 日
刘半哑	滕州市龙泉街道春秋阁	40	男	1939 年 2 月 16 日
刘子杰之妻	滕州市龙泉街道春秋阁	60	女	1939 年 2 月 16 日
李凤德	滕州市木石镇西店	51	男	1939 年 2 月 16 日
孙贵成	滕州市木石镇西店	38	男	1939 年 2 月 16 日
张茂岭	滕州市木石镇西店	49	男	1939 年 2 月 16 日
侯贺青	滕州市善南街道王开二	41	男	1939 年 2 月 16 日
侯马氏	滕州市善南街道王开二	46	女	1939 年 2 月 16 日
侯钦武	滕州市善南街道王开二	32	男	1939 年 2 月 16 日
张满氏	滕州市善南街道王开二	41	女	1939 年 2 月 16 日
张均泽	滕州市善南街道王开一	52	男	1939 年 2 月 16 日
张贻斗	滕州市善南街道王开一	42	男	1939 年 2 月 16 日
张福元	滕州市鲍沟镇东荆林村	40	男	1939 年 2 月 17 日
杨继冉	滕州市鲍沟镇琉璃庙	18	男	1939 年 2 月 17 日
毕联朴	滕州市龙泉街道春秋阁	18	男	1939 年 2 月 17 日
刘子杰	滕州市龙泉街道春秋阁	65	男	1939 年 2 月 17 日
张丰景	滕州市善南街道王开一	49	男	1939 年 2 月 17 日
杨成雨	滕州市鲍沟镇琉璃庙	23	男	1939 年 2 月 18 日
刘 鑫	滕州市荆河街道东寺院村	19	男	1939 年 2 月 18 日
丁兆喜之妻	滕州市龙阳镇柳沟村	38	女	1939 年 2 月 18 日
吴继山	滕州市善南街道王开二	52	男	1939 年 2 月 18 日
吴王氏	滕州市善南街道王开二	49	女	1939 年 2 月 18 日
郭宪水	滕州市鲍沟镇马庄	32	男	1939 年 2 月 19 日
王 妞	滕州市鲍沟镇马庄	23	女	1939 年 2 月 19 日
张楚氏	滕州市善南街道王开二	33	女	1939 年 2 月 20 日
张丰喜	滕州市善南街道王开二	21	男	1939 年 2 月 20 日
张建伟	滕州市善南街道王开二	32	男	1939 年 2 月 20 日
张丰城	滕州市善南街道王开二	46	男	1939 年 2 月 21 日
张丰浩	滕州市善南街道王开二	53	男	1939 年 2 月 21 日
张吴氏	滕州市善南街道王开二	41	女	1939 年 2 月 21 日
张学路	滕州市鲍沟镇侯楼	18	男	1939 年 2 月 22 日

姓 名	籍 贯	年 龄	性 别	死难时间
张学轩	滕州市鲍沟镇侯楼	20	男	1939 年 2 月 22 日
张夫伦	滕州市官桥镇后官庄	49	男	1939 年 2 月 23 日
黄徐氏	滕州市官桥镇轩庄村	51	女	1939 年 2 月 23 日
任开柱	滕州市官桥镇轩庄村	50	男	1939 年 2 月 23 日
孙兰武	滕州市善南街道王开二	9	男	1939 年 2 月 23 日
张程氏	滕州市善南街道王开二	27	女	1939 年 2 月 23 日
张瑞田	滕州市善南街道王开二	29	男	1939 年 2 月 23 日
张柱田	滕州市善南街道王开二	6	男	1939 年 2 月 23 日
张丰开	滕州市善南街道王开二	39	男	1939 年 2 月 24 日
张丰盛	滕州市善南街道王开二	31	男	1939 年 2 月 24 日
张丰田	滕州市善南街道王开二	41	男	1939 年 2 月 24 日
张丰训	滕州市善南街道王开二	32	男	1939 年 2 月 24 日
张启玉	滕州市善南街道王开一	—	男	1939 年 2 月 24 日
巩培让	滕州市级索镇西田庄村	28	男	1939 年 2 月 25 日
张丰杰	滕州市善南街道王开一	6	男	1939 年 2 月 25 日
张丰霞	滕州市善南街道王开二	35	男	1939 年 2 月 26 日
张王氏	滕州市善南街道王开二	43	女	1939 年 2 月 26 日
张贻坦	滕州市善南街道王开二	38	男	1939 年 2 月 26 日
姜玉香	滕州市鲍沟镇东荆林村	36	男	1939 年 2 月 27 日
孙王氏	滕州市鲍沟镇宋庄	38	女	1939 年 2 月 27 日
张广三	滕州市鲍沟镇于仓	35	男	1939 年 2 月 27 日
闫德俭	滕州市鲍沟镇闫庙	24	男	1939 年 2 月 28 日
刘成义	滕州市北辛街道北刘	22	男	1939 年 3 月 1 日
秦献明	滕州市北辛街道北秦	43	男	1939 年 3 月 1 日
秦肇正	滕州市北辛街道北秦	40	男	1939 年 3 月 1 日
曹文海	滕州市北辛街道后荆沟居	28	男	1939 年 3 月 1 日
孟召兵	滕州市北辛街道后荆沟居	26	男	1939 年 3 月 1 日
褚 军	滕州市北辛街道后屯	62	男	1939 年 3 月 1 日
褚 凯	滕州市北辛街道后屯	71	男	1939 年 3 月 1 日
王 六	滕州市北辛街道后屯	54	男	1939 年 3 月 1 日
张 发	滕州市北辛街道后屯	47	男	1939 年 3 月 1 日
张 光	滕州市北辛街道后屯	37	男	1939 年 3 月 1 日
张小山	滕州市北辛街道教场	6	男	1939 年 3 月 1 日
李茂井	滕州市北辛街道侉庄	46	男	1939 年 3 月 1 日

姓　名	籍　贯	年　龄	性　别	死难时间
李茂伦	滕州市北辛街道伊庄	—	男	1939 年 3 月 1 日
李茂增	滕州市北辛街道伊庄	46	男	1939 年 3 月 1 日
刘德成	滕州市北辛街道伊庄	—	男	1939 年 3 月 1 日
刘德法	滕州市北辛街道伊庄	—	男	1939 年 3 月 1 日
赵明志	滕州市北辛街道伊庄	46	男	1939 年 3 月 1 日
冯　强	滕州市北辛街道前辛	68	男	1939 年 3 月 1 日
冯祥运	滕州市北辛街道前辛	43	男	1939 年 3 月 1 日
刘书青	滕州市北辛街道前辛	43	男	1939 年 3 月 1 日
朱广彬	滕州市北辛街道沈庄	47	男	1939 年 3 月 1 日
生克恭	滕州市北辛街道小岗村	12	男	1939 年 3 月 1 日
周韩氏	滕州市北辛街道小岗村	45	女	1939 年 3 月 1 日
周玉北	滕州市北辛街道小岗村	19	男	1939 年 3 月 1 日
周玉宽	滕州市北辛街道小岗村	17	男	1939 年 3 月 1 日
刘宝群	滕州市北辛街道新生	47	男	1939 年 3 月 1 日
秦守成	滕州市北辛街道新生	8	男	1939 年 3 月 1 日
王二妮	滕州市北辛街道新生	7	女	1939 年 3 月 1 日
朱运衡	滕州市北辛街道新生	60	男	1939 年 3 月 1 日
卓爱民	滕州市北辛街道新生	49	男	1939 年 3 月 1 日
侯壮壮	滕州市北辛街道杏花村	28	男	1939 年 3 月 1 日
王东英	滕州市北辛街道杏花村	40	男	1939 年 3 月 1 日
吴玉贵	滕州市北辛街道于岗	32	男	1939 年 3 月 1 日
侯志义	滕州市北辛街道俞寨	25	男	1939 年 3 月 1 日
俞跃岭	滕州市北辛街道俞寨	26	男	1939 年 3 月 1 日
朱广县	滕州市北辛街道周楼	41	男	1939 年 3 月 1 日
丁书朴	滕州市东郭镇后李岭	42	男	1939 年 3 月 1 日
黄光明	滕州市东郭镇黄坡	42	男	1939 年 3 月 1 日
林志英	滕州市东郭镇林岭	38	女	1939 年 3 月 1 日
李明山	滕州市东郭镇马庄	10	男	1939 年 3 月 1 日
张士民	滕州市东郭镇前村	11	男	1939 年 3 月 1 日
张西金	滕州市东郭镇前村	45	男	1939 年 3 月 1 日
王庆南	滕州市东郭镇秦林	38	男	1939 年 3 月 1 日
徐广成	滕州市东郭镇秦林	35	男	1939 年 3 月 1 日
徐广友	滕州市东郭镇秦林	40	男	1939 年 3 月 1 日
刘夫桂	滕州市东郭镇山前	29	男	1939 年 3 月 1 日

姓 名	籍 贯	年 龄	性 别	死难时间
刘文凯	滕州市东郭镇山前	36	男	1939年3月1日
邱明奎	滕州市东郭镇山前	44	男	1939年3月1日
张桂安	滕州市东郭镇山前	47	男	1939年3月1日
张玉堂	滕州市东郭镇山前	38	男	1939年3月1日
李玉益	滕州市东沙河镇东小宫村	19	男	1939年3月1日
殷刘氏	滕州市东沙河镇千庄	31	女	1939年3月1日
殷廷民	滕州市东沙河镇千庄	34	男	1939年3月1日
陈广忠	滕州市洪绪镇安庄村	26	男	1939年3月1日
韩成理	滕州市洪绪镇白龙湾	40	男	1939年3月1日
沙伯成	滕州市洪绪镇沙官村	23	男	1939年3月1日
徐伯禄之子	滕州市洪绪镇颜楼村	3	男	1939年3月1日
王来民	滕州市界河镇后枣村	20	男	1939年3月1日
赵本旺	滕州市界河镇花庄村	40	男	1939年3月1日
王恒一	滕州市界河镇孙马厂村	37	男	1939年3月1日
王玉秋	滕州市界河镇土楼村	46	男	1939年3月1日
史克供	滕州市界河镇于元村	30	男	1939年3月1日
孔瑞金	滕州市荆河街道平行路居	32	男	1939年3月1日
马士运	滕州市荆河街道平行路居	25	男	1939年3月1日
钱广佳	滕州市荆河街道东南园	40	男	1939年3月1日
周文军	滕州市荆河街道东南园	29	男	1939年3月1日
崔玉田	滕州市荆河街道西南园	34	男	1939年3月1日
朱思海	滕州市西岗镇半阁村	28	男	1939年3月1日
孙延军	滕州市滨湖镇东周	25	男	1939年3月2日
孙延同	滕州市滨湖镇东周	29	男	1939年3月2日
周传仁	滕州市滨湖镇东周	22	男	1939年3月2日
王红伧	滕州市滨湖镇吕堂	44	男	1939年3月2日
王文宝	滕州市滨湖镇吕堂	20	男	1939年3月2日
朱明之女	滕州市荆河街道东寺院村	13	女	1939年3月2日
米二孩	滕州市龙阳镇冯营村	10	男	1939年3月2日
王述连	滕州市鲍沟镇宋庄	51	男	1939年3月3日
苗德华之女	滕州市龙阳镇苗堂村	4	女	1939年3月3日
高杨氏	滕州市南沙河镇房村	26	女	1939年3月4日
秦恒运	滕州市南沙河镇房村	32	男	1939年3月4日
杜王氏	滕州市级索镇前王晁村	31	女	1939年3月6日

姓 名	籍 贯	年 龄	性 别	死难时间
杜宗印	滕州市级索镇前王晁村	32	男	1939 年 3 月 6 日
胡王氏	滕州市级索镇前王晁村	23	女	1939 年 3 月 6 日
郑成斌	滕州市级索镇前王晁村	21	男	1939 年 3 月 6 日
付振刚	滕州市级索镇西田庄村	65	男	1939 年 3 月 6 日
吴广泰	滕州市善南街道七里堡	58	男	1939 年 3 月 6 日
郝德超	滕州市鲍沟镇郝寨村	21	男	1939 年 3 月 7 日
张如意	滕州市鲍沟镇郝寨村	18	男	1939 年 3 月 7 日
时 宝	滕州市鲍沟镇孙岗	32	男	1939 年 3 月 7 日
时 才	滕州市鲍沟镇孙岗	34	男	1939 年 3 月 7 日
周茂吉	滕州市龙泉街道	40	男	1939 年 3 月 7 日
刘会运	滕州市张汪镇	—	男	1939 年 3 月 7 日
刘西勇	滕州市木石镇沂河	17	男	1939 年 3 月 7 日
刘训迁	滕州市木石镇沂河	30	男	1939 年 3 月 8 日
刘书顺	滕州市滨湖镇	25	男	1939 年 3 月 9 日
孟庆年	滕州市滨湖镇	28	男	1939 年 3 月 9 日
张永志	滕州市滨湖镇	19	男	1939 年 3 月 9 日
张玉平	滕州市滨湖镇	31	男	1939 年 3 月 9 日
贾 玲	滕州市荆河街道东寺院村	8	女	1939 年 3 月 9 日
贾旺之女	滕州市荆河街道东寺院村	6	女	1939 年 3 月 9 日
王明明	滕州市荆河街道东寺院村	8	男	1939 年 3 月 9 日
王显志	滕州市西岗镇西岗三村	23	男	1939 年 3 月 9 日
王兰军	滕州市荆河街道东寺院村	32	女	1939 年 3 月 10 日
王尚黄	滕州市鲍沟镇西石庙	60	男	1939 年 3 月 11 日
宋延云之祖父	滕州市龙泉街道赵楼	59	男	1939 年 3 月 11 日
小 让	滕州市南沙河镇上徐	5 个月	女	1939 年 3 月 11 日
杨 民	滕州市南沙河镇上徐	70	男	1939 年 3 月 11 日
张三孩	滕州市善南街道刘屯	27	男	1939 年 3 月 11 日
单学良	滕州市西岗镇高庙南村	31	男	1939 年 3 月 11 日
张远铎	滕州市西岗镇后寨居	58	男	1939 年 3 月 11 日
孔祥石	滕州市级索镇级索村	35	男	1939 年 3 月 12 日
赵王氏	滕州市级索镇赵坡村	65	女	1939 年 3 月 12 日
杨天亮	滕州市南沙河镇上徐	35	男	1939 年 3 月 12 日
张二妮	滕州市善南街道刘屯	36	女	1939 年 3 月 12 日
张梅妮	滕州市善南街道刘屯	19	女	1939 年 3 月 12 日

姓　名	籍　贯	年 龄	性 别	死难时间
张丰林	滕州市善南街道王开一	53	男	1939 年 3 月 12 日
颜辅久	滕州市南沙河镇上徐	42	男	1939 年 3 月 13 日
满　军	滕州市南沙河镇房村	48	男	1939 年 3 月 14 日
耿近兰	滕州市东沙河镇耿楼村	36	男	1939 年 3 月 15 日
殷茂森	滕州市官桥镇坝上村	48	男	1939 年 3 月 15 日
周茂义	滕州市官桥镇坝上村	48	男	1939 年 3 月 15 日
任振池	滕州市官桥镇大康留	45	男	1939 年 3 月 15 日
刘明信	滕州市官桥镇后官庄	30	男	1939 年 3 月 15 日
董计红	滕州市龙阳镇望龙村	20	男	1939 年 3 月 15 日
杨士水	滕州市龙阳镇望龙村	24	男	1939 年 3 月 15 日
张孔氏	滕州市善南街道刘屯	52	女	1939 年 3 月 15 日
王文常	滕州市龙泉街道	40	男	1939 年 3 月 16 日
杨士水之子	滕州市龙阳镇望龙村	2	男	1939 年 3 月 16 日
孙文喜	滕州市木石镇西店	27	男	1939 年 3 月 16 日
高　富	滕州市南沙河镇	47	男	1939 年 3 月 16 日
李茂富	滕州市南沙河镇	28	男	1939 年 3 月 16 日
徐忠广	滕州市南沙河镇	46	男	1939 年 3 月 16 日
陈继文	滕州市柴胡店镇高桥村	36	男	1939 年 3 月 17 日
刘茂得	滕州市柴胡店镇高桥村	30	男	1939 年 3 月 17 日
张宜山	滕州市柴胡店镇高桥村	36	男	1939 年 3 月 17 日
殷茂任	滕州市官桥镇坝上村	46	男	1939 年 3 月 17 日
殷茂善	滕州市官桥镇坝上村	55	男	1939 年 3 月 17 日
陈李氏	滕州市官桥镇前善庄	50	女	1939 年 3 月 17 日
王高氏	滕州市南沙河镇房村	45	女	1939 年 3 月 17 日
渠开芹	滕州市官桥镇渠村	19	男	1939 年 3 月 19 日
吴秀兰	滕州市官桥镇渠村	22	女	1939 年 3 月 19 日
王志会	滕州市级索镇前王晁村	65	男	1939 年 3 月 19 日
朱刘氏	滕州市鲍沟镇北朱庄	38	女	1939 年 3 月 21 日
闫德荣	滕州市鲍沟镇闫庙	47	男	1939 年 3 月 21 日
张茂宣	滕州市南沙河镇房村	37	男	1939 年 3 月 21 日
王得法	滕州市龙阳镇冯营村	26	男	1939 年 3 月 22 日
杜传声	滕州市龙阳镇龙阳村	31	男	1939 年 3 月 22 日
杜玉水	滕州市龙阳镇龙阳村	11	男	1939 年 3 月 22 日
满玉斌	滕州市西岗镇柴里西村	37	男	1939 年 3 月 23 日

姓 名	籍 贯	年 龄	性 别	死难时间
董庆凯	滕州市龙阳镇董沙村	12	男	1939 年 3 月 25 日
周传喜	滕州市龙阳镇李庄村	12	男	1939 年 3 月 25 日
王兆二	滕州市龙阳镇尚河圈村	19	男	1939 年 3 月 25 日
董加玉	滕州市龙阳镇望龙村	20	男	1939 年 3 月 25 日
徐来均	滕州市龙阳镇龙阳村	30	男	1939 年 3 月 26 日
周印邵	滕州市龙阳镇龙阳村	39	男	1939 年 3 月 26 日
杨玉园	滕州市龙阳镇望龙村	21	男	1939 年 3 月 26 日
华荣钢	滕州市张汪镇	36	男	1939 年 3 月 26 日
黄 二	滕州市张汪镇	46	男	1939 年 3 月 26 日
刘米氏	滕州市张汪镇	38	女	1939 年 3 月 26 日
徐文善	滕州市张汪镇	39	女	1939 年 3 月 26 日
张振海	滕州市张汪镇	50	男	1939 年 3 月 26 日
张永庆之女	滕州市龙阳镇侯庄村	2	女	1939 年 3 月 27 日
吕以云	滕州市鲍沟镇吕坡	32	男	1939 年 3 月 30 日
杨力民	滕州市北辛街道北关	72	男	1939 年 4 月 1 日
侯贺更	滕州市北辛街道于楼村	20	男	1939 年 4 月 1 日
工保远	滕州市北辛街道于楼村	23	男	1939 年 4 月 1 日
于韩氏	滕州市北辛街道于楼村	22	女	1939 年 4 月 1 日
于绍友	滕州市北辛街道于楼村	22	男	1939 年 4 月 1 日
郑书生	滕州市大坞镇东洋汶	23	男	1939 年 4 月 1 日
付召英	滕州市大坞镇前峰庄中村	41	女	1939 年 4 月 1 日
张子存	滕州市东郭镇黄坡	42	男	1939 年 4 月 1 日
颜景平	滕州市东郭镇马庄	42	男	1939 年 4 月 1 日
范 三	滕州市东郭镇秦林	40	男	1939 年 4 月 1 日
四赖旺	滕州市东郭镇秦林	32	男	1939 年 4 月 1 日
李大坤	滕州市东郭镇王庄	45	男	1939 年 4 月 1 日
刘贵付	滕州市洪绪镇陈楼村	40	男	1939 年 4 月 1 日
朱运伟	滕州市洪绪镇大巩庄	39	男	1939 年 4 月 1 日
满瑞田	滕州市洪绪镇后洪绪	39	男	1939 年 4 月 1 日
马士俊	滕州市洪绪镇孔屯村	24	男	1939 年 4 月 1 日
任庆友	滕州市洪绪镇任于庄	28	男	1939 年 4 月 1 日
李为平	滕州市洪绪镇团结村	19	男	1939 年 4 月 1 日
徐庆增	滕州市洪绪镇幸福坝	50	男	1939 年 4 月 1 日
侯治山	滕州市洪绪镇玉楼村	23	男	1939 年 4 月 1 日

姓　名	籍　贯	年　龄	性　别	死难时间
刘夫玲之子	滕州市洪绪镇玉楼村	4	男	1939 年 4 月 1 日
王士明之子	滕州市洪绪镇玉楼村	4	男	1939 年 4 月 1 日
许广科	滕州市洪绪镇玉楼村	28	男	1939 年 4 月 1 日
高长臣	滕州市界河镇青云庄村	23	男	1939 年 4 月 1 日
高恒军	滕州市界河镇青云庄村	—	男	1939 年 4 月 1 日
孔宪龙	滕州市界河镇西柳泉村	37	男	1939 年 4 月 1 日
孙艳国	滕州市荆河街道东南园	35	男	1939 年 4 月 1 日
刘希弘	滕州市荆河街道蕃阳	72	男	1939 年 4 月 1 日
刘宗园	滕州市荆河街道蕃阳	54	女	1939 年 4 月 1 日
杨知青	滕州市荆河街道蕃阳	71	男	1939 年 4 月 1 日
赵王氏	滕州市荆河街道蕃阳	56	女	1939 年 4 月 1 日
魏大孩	滕州市龙阳镇魏寺村	7	男	1939 年 4 月 1 日
魏李氏	滕州市龙阳镇魏寺村	26	女	1939 年 4 月 1 日
魏士奇	滕州市龙阳镇魏寺村	20	男	1939 年 4 月 1 日
刘传奎之母	滕州市张汪镇皇殿岗	64	女	1939 年 4 月 1 日
郑书安	滕州市大坞镇东洋汶	24	男	1939 年 4 月 1 日
马士德	滕州市大坞镇前峄庄中村	55	男	1939 年 4 月 1 日
田质文	滕州市大坞镇东洋汶	24	男	1939 年 4 月 1 日
赵中雨	滕州市大坞镇东洋汶	17	男	1939 年 4 月 1 日
魏李氏之子	滕州市龙阳镇魏寺村	3	男	1939 年 4 月 2 日
吴宝森	滕州市善南街道七里堡	48	男	1939 年 4 月 2 日
甘信全	滕州市大坞镇东洋汶	23	男	1939 年 4 月 2 日
田中武	滕州市大坞镇东洋汶	21	男	1939 年 4 月 2 日
王宪永	滕州市南沙河镇古石三村	36	男	1939 年 4 月 4 日
吴应喜	滕州市善南街道七里堡	41	男	1939 年 4 月 4 日
甘志祥	滕州市大坞镇东洋汶	24	男	1939 年 4 月 4 日
田中洋	滕州市大坞镇东洋汶	23	男	1939 年 4 月 5 日
王强之子	滕州市荆河街道安乐居	3	男	1939 年 4 月 6 日
闵昭祖	滕州市鲍沟镇鲍沟二村	35	男	1939 年 4 月 7 日
郝广顺	滕州市鲍沟镇郝庄	27	男	1939 年 4 月 7 日
姜开地	滕州市鲍沟镇西荆林村	30	男	1939 年 4 月 7 日
姜立功	滕州市鲍沟镇西荆林村	25	男	1939 年 4 月 7 日
葛广宗	滕州市鲍沟镇甄洼	20	男	1939 年 4 月 7 日
田中庆	滕州市大坞镇东洋汶	21	男	1939 年 4 月 7 日

姓 名	籍 贯	年 龄	性 别	死难时间
黄宣迁	滕州市鲍沟镇东皇甫村	30	男	1939 年 4 月 8 日
田中民	滕州市大坞镇东洋汶	23	男	1939 年 4 月 8 日
张军之子	滕州市荆河街道安乐居	3	男	1939 年 4 月 8 日
孟昭国	滕州市南沙河镇	26	男	1939 年 4 月 8 日
袁广建	滕州市南沙河镇	38	男	1939 年 4 月 8 日
任生桂	滕州市张汪镇魏河圈	28	男	1939 年 4 月 8 日
徐德宝	滕州市张汪镇魏河圈	32	男	1939 年 4 月 8 日
杨 利	滕州市鲍沟镇杨村	18	男	1939 年 4 月 9 日
田中之	滕州市大坞镇东洋汶	27	男	1939 年 4 月 9 日
高广西	滕州市南沙河镇高庄	47	男	1939 年 4 月 9 日
高惠芳	滕州市南沙河镇高庄	38	女	1939 年 4 月 9 日
高惠芬	滕州市南沙河镇高庄	29	女	1939 年 4 月 9 日
高王氏	滕州市南沙河镇高庄	36	女	1939 年 4 月 9 日
田质武	滕州市大坞镇东洋汶	27	男	1939 年 4 月 9 日
刘二麻子	滕州市龙阳镇北王村	52	男	1939 年 4 月 10 日
王宣德	滕州市龙阳镇北王村	54	男	1939 年 4 月 10 日
王师玉	滕州市龙阳镇南岭村	25	男	1939 年 4 月 10 日
张泽动	滕州市善南街道十里铺一	21	男	1939 年 4 月 10 日
李自业	滕州市西岗镇西岗二村	59	男	1939 年 4 月 10 日
李德兰	滕州市张汪镇下魏楼	68	男	1939 年 4 月 10 日
秦庆善	滕州市张汪镇下魏楼	40	男	1939 年 4 月 10 日
秦庆堂	滕州市张汪镇下魏楼	38	男	1939 年 4 月 10 日
宗继河	滕州市张汪镇下魏楼	34	男	1939 年 4 月 10 日
张立清	滕州市官桥镇东磨庄	41	男	1939 年 4 月 11 日
张时氏	滕州市官桥镇东磨庄	17	女	1939 年 4 月 11 日
丁 甫	滕州市龙阳镇董沙村	27	男	1939 年 4 月 11 日
丁志田	滕州市龙阳镇董沙村	39	男	1939 年 4 月 11 日
董庆奇	滕州市龙阳镇董沙村	23	男	1939 年 4 月 11 日
马田氏	滕州市南沙河镇后仓	47	女	1939 年 4 月 11 日
王李氏	滕州市南沙河镇后仓	46	女	1939 年 4 月 11 日
孙贵伍·	滕州市鲍沟镇孙岗	21	男	1939 年 4 月 12 日
张三孩	滕州市鲍沟镇张埠村	15	男	1939 年 4 月 12 日
张振磊	滕州市鲍沟镇张埠村	24	男	1939 年 4 月 12 日
张振祥	滕州市鲍沟镇张埠村	18	男	1939 年 4 月 12 日

姓　名	籍　贯	年龄	性别	死难时间
王志美	滕州市级索镇东孔村	—	男	1939 年 4 月 12 日
王上文	滕州市级索镇时庄村	45	男	1939 年 4 月 12 日
王小兵	滕州市荆河街道东寺院村	5	男	1939 年 4 月 12 日
丁志田之女	滕州市龙阳镇董沙村	3	女	1939 年 4 月 12 日
马延明	滕州市大坞镇东洋汶	20	男	1939 年 4 月 13 日
严孔氏	滕州市龙泉街道	40	女	1939 年 4 月 13 日
赵中立	滕州市大坞镇东洋汶	22	男	1939 年 4 月 13 日
满　香	滕州市西岗镇东满庄	21	女	1939 年 4 月 14 日
满春花	滕州市西岗镇东满庄	22	女	1939 年 4 月 14 日
赵延友	滕州市大坞镇东洋汶	23	男	1939 年 4 月 14 日
王保甜	滕州市官桥镇北辛村	69	男	1939 年 4 月 15 日
赵文文	滕州市荆河街道东寺院村	8	女	1939 年 4 月 15 日
赵中祥	滕州市大坞镇东洋汶	25	男	1939 年 4 月 15 日
严　公	滕州市龙泉街道	40	男	1939 年 4 月 16 日
高军论	滕州市南沙河镇北王铺	49	男	1939 年 4 月 16 日
陈恒文	滕州市西岗镇西河岔	39	男	1939 年 4 月 16 日
张玉安	滕州市鲍沟镇东荆林村	36	男	1939 年 4 月 17 日
张洪昌	滕州市鲍沟镇磨庄	38	男	1939 年 4 月 17 日
赵延祥	滕州市大坞镇东洋汶	23	男	1939 年 4 月 16 日
陈方明	滕州市龙泉街道	40	男	1939 年 4 月 17 日
周葵宝	滕州市龙泉街道春秋阁	40	男	1939 年 4 月 17 日
周葵宝之亲家	滕州市龙泉街道春秋阁	40	男	1939 年 4 月 17 日
董庆民	滕州市龙阳镇董沙村	27	男	1939 年 4 月 17 日
赵中典	滕州市大坞镇东洋汶	25	男	1939 年 4 月 17 日
李慎军	滕州市南沙河镇古石一村	24	男	1939 年 4 月 18 日
李慎民	滕州市南沙河镇古石一村	36	男	1939 年 4 月 18 日
李慎田	滕州市南沙河镇古石一村	23	男	1939 年 4 月 18 日
李王氏	滕州市南沙河镇古石一村	30	女	1939 年 4 月 18 日
陈国运	滕州市大坞镇东洋汶	25	男	1939 年 4 月 1 日
朱王氏	滕州市官桥镇	45	女	1939 年 4 月 19 日
魏士峰	滕州市龙阳镇魏寺村	27	男	1939 年 4 月 19 日
郭金兰	滕州市南沙河镇南王铺	36	女	1939 年 4 月 19 日
赵延春	滕州市大坞镇东洋汶	23	男	1939 年 4 月 19 日
刘广荣	滕州市龙泉街道曹庄	70	男	1939 年 4 月 20 日

姓 名	籍 贯	年 龄	性 别	死难时间
孙永响	滕州市南沙河镇房村	34	男	1939 年 4 月 20 日
孙李氏	滕州市南沙河镇房村	36	女	1939 年 4 月 20 日
高庆龙	滕州市南沙河镇后仓	54	男	1939 年 4 月 20 日
高王氏	滕州市南沙河镇后仓	52	女	1939 年 4 月 20 日
岳东雨	滕州市南沙河镇后仓	56	男	1939 年 4 月 20 日
岳维成	滕州市南沙河镇后仓	15	男	1939 年 4 月 20 日
岳朱氏	滕州市南沙河镇后仓	54	女	1939 年 4 月 20 日
郝玉礼	滕州市鲍沟镇郝寨村	35	男	1939 年 4 月 21 日
杨际争	滕州市鲍沟镇	34	男	1939 年 4 月 21 日
张立五	滕州市鲍沟镇张埠村	18	男	1939 年 4 月 21 日
李书运	滕州市大坞镇东洋汶	21	男	1939 年 4 月 21 日
杜 氏	滕州市龙泉街道	20	女	1939 年 4 月 21 日
孙来明	滕州市龙阳镇	30	男	1939 年 4 月 21 日
杨二孩	滕州市龙阳镇望龙村	16	男	1939 年 4 月 21 日
赵七炬	滕州市大坞镇东洋汶	24	男	1939 年 4 月 21 日
魏士可	滕州市龙阳镇魏寺村	23	男	1939 年 4 月 22 日
孙丰青	滕州市善南街道王开二	43	男	1939 年 4 月 22 日
丁继全	滕州市鲍沟镇磨庄	39	男	1939 年 4 月 23 日
孟召彬	滕州市柴胡店镇四李庄村	25	男	1939 年 4 月 23 日
赵恒刚	滕州市大坞镇东洋汶	23	男	1939 年 4 月 23 日
赵恒强	滕州市大坞镇东洋汶	22	男	1939 年 4 月 23 日
付友京	滕州市大坞镇东洋汶	23	男	1939 年 4 月 23 日
李 晓	滕州市荆河街道东寺院村	7	男	1939 年 4 月 25 日
冯广东	滕州市龙泉街道	27	男	1939 年 4 月 25 日
冯学林	滕州市龙泉街道	41	男	1939 年 4 月 25 日
王××	滕州市龙泉街道	41	男	1939 年 4 月 25 日
杨作同	滕州市大坞镇东洋汶	23	男	1939 年 4 月 25 日
顾德永	滕州市官桥镇中韩村	47	男	1939 年 4 月 26 日
顾芙光	滕州市官桥镇中韩村	31	男	1939 年 4 月 26 日
顾贵明	滕州市官桥镇中韩村	34	男	1939 年 4 月 26 日
顾敬明	滕州市官桥镇中韩村	15	男	1939 年 4 月 26 日
顾明德	滕州市官桥镇中韩村	31	男	1939 年 4 月 26 日
尹跃贵	滕州市大坞镇东洋汶	22	男	1939 年 4 月 26 日
孙 雷	滕州市南沙河镇房村	7	男	1939 年 4 月 27 日

姓 名	籍 贯	年 龄	性 别	死难时间
尹跃章	滕州市大坞镇东洋汶	21	男	1939 年 4 月 27 日
王洪文	滕州市大坞镇东洋汶	28	男	1939 年 4 月 29 日
王洪市	滕州市大坞镇东洋汶	29	男	1939 年 4 月 29 日
李天彩	滕州市鲍沟镇磨庄	40	女	1939 年 5 月 1 日
王赵氏	滕州市北辛街道教场	59	女	1939 年 5 月 1 日
许来花	滕州市北辛街道教场	38	女	1939 年 5 月 1 日
赵中梓	滕州市大坞镇东洋汶	29	男	1939 年 5 月 1 日
刘书功	滕州市大坞镇耿庙村	38	男	1939 年 5 月 1 日
姜传允	滕州市大坞镇姜庄村	67	男	1939 年 5 月 1 日
马德俊	滕州市大坞镇前峄庄中村	65	男	1939 年 5 月 1 日
丁凤同	滕州市东郭镇后李岭	23	男	1939 年 5 月 1 日
李传田	滕州市东郭镇后李岭	23	男	1939 年 5 月 1 日
李传祥	滕州市东郭镇后李岭	22	男	1939 年 5 月 1 日
宋亚堂	滕州市东郭镇罗庄	50	男	1939 年 5 月 1 日
张纪动	滕州市东郭镇山前	31	男	1939 年 5 月 1 日
张金和	滕州市东郭镇山前	39	男	1939 年 5 月 1 日
范大江	滕州市东郭镇下户主	16	男	1939 年 5 月 1 日
范福常	滕州市东郭镇下户主	42	男	1939 年 5 月 1 日
刘仁行	滕州市东郭镇香台村	50	男	1939 年 5 月 1 日
吴大申	滕州市东郭镇香台村	12	男	1939 年 5 月 1 日
杨瑞同	滕州市洪绪镇杜场村	28	男	1939 年 5 月 1 日
赵怀平	滕州市洪绪镇杜康村	22	男	1939 年 5 月 1 日
任显平	滕州市洪绪镇金庄	53	男	1939 年 5 月 1 日
任显胜	滕州市洪绪镇金庄	23	男	1939 年 5 月 1 日
沙佰朋	滕州市洪绪镇沙官村	22	男	1939 年 5 月 1 日
尚铁蛋	滕州市界河镇唐楼村	9	男	1939 年 5 月 1 日
孔庆璇	滕州市界河镇西柳泉村	38	男	1939 年 5 月 1 日
高全志	滕州市荆河街道程庄	41	男	1939 年 5 月 1 日
赵广文	滕州市荆河街道程庄	40	男	1939 年 5 月 1 日
刘爱国	滕州市荆河街道东南园	40	男	1939 年 5 月 1 日
徐 斌	滕州市荆河街道东南园	36	男	1939 年 5 月 1 日
鲁井彪	滕州市荆河街道	49	男	1939 年 5 月 1 日
单兴安	滕州市西岗镇高庙南村	25	男	1939 年 5 月 1 日
赵恒吉	滕州市大坞镇东洋汶	28	男	1939 年 5 月 1 日

姓　名	籍　贯	年　龄	性　别	死难时间
姜传在	滕州市大坞镇姜庄村	42	男	1939 年 5 月 1 日
马士伦	滕州市大坞镇前峄庄中村	66	男	1939 年 5 月 1 日
姜传成	滕州市大坞镇姜庄村	31	男	1939 年 5 月 1 日
王　英	滕州市大坞镇前峄庄中村	37	女	1939 年 5 月 1 日
吴宝山	滕州市东郭镇香台村	50	男	1939 年 5 月 1 日
王德海	滕州市荆河街道北门里	52	男	1939 年 5 月 2 日
王德伟	滕州市荆河街道北门里	42	男	1939 年 5 月 2 日
朱广真	滕州市南沙河镇	34	男	1939 年 5 月 2 日
王志修	滕州市大坞镇姜庄村	27	男	1939 年 5 月 3 日
吕田氏	滕州市鲍沟镇吕坡	40	女	1939 年 5 月 5 日
吕杨氏	滕州市鲍沟镇吕坡	35	女	1939 年 5 月 5 日
刘儒华	滕州市大坞镇姜庄村	5	女	1939 年 5 月 5 日
吕传员	滕州市鲍沟镇吕坡	21	男	1939 年 5 月 6 日
刘儒前	滕州市大坞镇姜庄村	32	男	1939 年 5 月 6 日
米给亮	滕州市南沙河镇冯庄	56	男	1939 年 5 月 6 日
张贻非	滕州市善南街道王开一	87	男	1939 年 5 月 6 日
宋德英之妻	滕州市西岗镇南荒村	60	女	1939 年 5 月 6 日
孙尚喜	滕州市西岗镇孙庄村	59	男	1939 年 5 月 6 日
胡　母	滕州市西岗镇卓楼	35	女	1939 年 5 月 6 日
卓培棠	滕州市西岗镇卓楼	36	男	1939 年 5 月 6 日
张桂文	滕州市鲍沟镇	23	男	1939 年 5 月 7 日
刘　兰	滕州市鲍沟镇大李楼	33	女	1939 年 5 月 7 日
刘玉荣	滕州市鲍沟镇裴楼	74	女	1939 年 5 月 7 日
裴孙氏	滕州市鲍沟镇裴楼	38	女	1939 年 5 月 7 日
裴王氏	滕州市鲍沟镇裴楼	62	女	1939 年 5 月 7 日
刘儒山	滕州市大坞镇姜庄村	43	男	1939 年 5 月 7 日
王凤景	滕州市荆河街道北门里	35	男	1939 年 5 月 7 日
侯志刚之祖母	滕州市龙泉街道赵楼	66	女	1939 年 5 月 7 日
姜德其	滕州市鲍沟镇西荆林村	26	男	1939 年 5 月 8 日
魏春雷	滕州市南沙河镇魏村	39	男	1939 年 5 月 8 日
魏二娃	滕州市南沙河镇魏村	2 个月	男	1939 年 5 月 8 日
田开武	滕州市善南街道七里堡	83	男	1939 年 5 月 8 日
胡一星	滕州市滨湖镇	20	男	1939 年 5 月 9 日
刘立军	滕州市滨湖镇	21	男	1939 年 5 月 9 日

姓 名	籍 贯	年 龄	性 别	死难时间
屈凡厚	滕州市滨湖镇	40	男	1939 年 5 月 9 日
田大龙	滕州市滨湖镇田桥	28	男	1939 年 5 月 9 日
何传金	滕州市龙阳镇何岭村	47	男	1939 年 5 月 9 日
王伟之女	滕州市荆河街道安乐居	3	女	1939 年 5 月 10 日
刘庆斌	滕州市善南街道刘庄	33	男	1939 年 5 月 10 日
刘庆富	滕州市善南街道刘庄	59	男	1939 年 5 月 10 日
王启山	滕州市善南街道王开一	41	男	1939 年 5 月 10 日
王高氏	滕州市南沙河镇南池	59	女	1939 年 5 月 11 日
李昌亮	滕州市西岗镇高庙东村	30	男	1939 年 5 月 11 日
吕庆昌	滕州市西岗镇高庙东村	20	男	1939 年 5 月 11 日
刘振习	滕州市鲍沟镇	50	男	1939 年 5 月 12 日
张 良	滕州市滨湖镇孙阁	35	男	1939 年 5 月 12 日
张 永	滕州市滨湖镇孙阁	31	男	1939 年 5 月 12 日
张杰之子	滕州市荆河街道安乐居	4	男	1939 年 5 月 12 日
姜振海之父	滕州市龙泉街道姜家胡同	32	男	1939 年 5 月 12 日
王光令	滕州市西岗镇高庙南村	32	男	1939 年 5 月 12 日
王二孩	滕州市龙阳镇南岭村	2	男	1939 年 5 月 14 日
陈丙恭	滕州市张汪镇陈堂村	48	男	1939 年 5 月 14 日
赵年富	滕州市鲍沟镇徐村	42	男	1939 年 5 月 15 日
时树栋	滕州市官桥镇时店村	9	男	1939 年 5 月 15 日
温殷氏	滕州市官桥镇时店村	26	女	1939 年 5 月 15 日
张芹之子	滕州市荆河街道润泽街	7	男	1939 年 5 月 15 日
孙木匠	滕州市善南街道十里铺一	32	男	1939 年 5 月 15 日
张芹之女	滕州市荆河街道润泽街	5	女	1939 年 5 月 16 日
朱庆安	滕州市官桥镇前公桥	62	男	1939 年 5 月 17 日
朱士升	滕州市官桥镇前公桥	75	男	1939 年 5 月 17 日
时元东	滕州市官桥镇时店村	42	男	1939 年 5 月 17 日
刁德时	滕州市荆河街道奎文	7	男	1939 年 5 月 17 日
刁德永	滕州市荆河街道奎文	26	男	1939 年 5 月 17 日
刁 刚	滕州市荆河街道奎文	8	男	1939 年 5 月 17 日
刁五孩	滕州市荆河街道奎文	9	男	1939 年 5 月 17 日
刁柱子	滕州市荆河街道奎文	6	男	1939 年 5 月 17 日
宗景道之妻	滕州市龙泉街道冯村	40	女	1939 年 5 月 17 日
张丰伦	滕州市善南街道王开一	60	男	1939 年 5 月 17 日

姓 名	籍 贯	年 龄	性 别	死难时间
吕庆宇	滕州市鲍沟镇吕坡	25	男	1939 年 5 月 18 日
刘金榜	滕州市鲍沟镇薛岩中村	22	男	1939 年 5 月 18 日
刘小花	滕州市龙阳镇望龙村	15	女	1939 年 5 月 18 日
吕鹏仲	滕州市鲍沟镇吕坡	26	男	1939 年 5 月 19 日
钟文地	滕州市柴胡店镇	29	男	1939 年 5 月 19 日
钟文生	滕州市柴胡店镇	37	男	1939 年 5 月 19 日
钟星焕	滕州市柴胡店镇	40	男	1939 年 5 月 19 日
钟星民	滕州市柴胡店镇	41	男	1939 年 5 月 19 日
李刘氏	滕州市西岗镇高庙南村	30	女	1939 年 5 月 20 日
徐学全	滕州市西岗镇高庙南村	31	男	1939 年 5 月 20 日
徐安乐	滕州市西岗镇高庙南村	34	男	1939 年 5 月 20 日
张吉发	滕州市西岗镇高庙南村	32	男	1939 年 5 月 20 日
杜 威	滕州市鲍沟镇中皇甫村	41	男	1939 年 5 月 21 日
刘庆彦	滕州市鲍沟镇中皇甫村	82	男	1939 年 5 月 21 日
殷茂明	滕州市官桥镇坝上村	48	男	1939 年 5 月 21 日
殷延明	滕州市官桥镇坝上村	48	男	1939 年 5 月 21 日
李德峰	滕州市官桥镇时店村	8	男	1939 年 5 月 21 日
时职花	滕州市官桥镇时店村	11	女	1939 年 5 月 21 日
薛 建	滕州市荆河街道北门里	36	男	1939 年 5 月 21 日
周葵龙	滕州市龙泉街道岗子街	30	男	1939 年 5 月 21 日
单 友	滕州市西岗镇东王庄村	19	男	1939 年 5 月 22 日
钟兴时	滕州市鲍沟镇鲍沟东村	60	男	1939 年 5 月 24 日
高广汉	滕州市鲍沟镇侯楼	21	男	1939 年 5 月 24 日
徐成扑之子	滕州市龙阳镇大寨村	3	男	1939 年 5 月 24 日
顾德利	滕州市官桥镇中韩村	29	男	1939 年 5 月 25 日
王大柱	滕州市龙阳镇	17	男	1939 年 5 月 25 日
王二柱	滕州市龙阳镇	15	男	1939 年 5 月 25 日
张成义	滕州市鲍沟镇吕坡	22	男	1939 年 5 月 26 日
满维胡	滕州市级索镇羊二庄村	23	男	1939 年 5 月 26 日
倪道华	滕州市官桥镇后官庄	54	女	1939 年 5 月 27 日
殷茂云	滕州市官桥镇王园村	56	男	1939 年 5 月 27 日
吕宜立	滕州市鲍沟镇吕坡	22	男	1939 年 5 月 28 日
吕作栋	滕州市鲍沟镇吕坡	20	男	1939 年 5 月 28 日
殷延文	滕州市西岗镇高庙东村	17	男	1939 年 5 月 31 日

姓 名	籍 贯	年 龄	性 别	死难时间
殷召举	滕州市西岗镇高庙东村	17	男	1939 年 5 月 31 日
郭祥胜	—	—	—	1939 年 6 月 1 日
韩广成	滕州市	—	男	1939 年 6 月 1 日
朱渡新	滕州市	—	男	1939 年 6 月 1 日
吕庆运	滕州市鲍沟镇磨庄	—	男	1939 年 6 月 1 日
王姜氏	滕州市北辛街道后铺	45	女	1939 年 6 月 1 日
王守河	滕州市北辛街道后铺	72	男	1939 年 6 月 1 日
张成河	滕州市北辛街道后铺	43	男	1939 年 6 月 1 日
马景标	滕州市北辛街道马王西村	28	男	1939 年 6 月 1 日
马景亮	滕州市北辛街道马王西村	27	男	1939 年 6 月 1 日
马徐氏	滕州市北辛街道马王西村	26	女	1939 年 6 月 1 日
李洪瑞	滕州市北辛街道小岗村	19	男	1939 年 6 月 1 日
李侯氏	滕州市北辛街道小岗村	32	女	1939 年 6 月 1 日
李张氏	滕州市北辛街道小岗村	42	女	1939 年 6 月 1 日
生李氏	滕州市北辛街道小岗村	29	女	1939 年 6 月 1 日
王韩氏	滕州市北辛街道于楼村	25	女	1939 年 6 月 1 日
于瑞欣	滕州市北辛街道于楼村	24	男	1939 年 6 月 1 日
赵恒生	滕州市北辛街道赵王河西区	65	男	1939 年 6 月 1 日
邓庆霞	滕州市滨湖镇后纸	27	男	1939 年 6 月 1 日
李后天	滕州市滨湖镇后纸	31	男	1939 年 6 月 1 日
李文凤	滕州市滨湖镇后纸	53	女	1939 年 6 月 1 日
王 真	滕州市鲍沟镇西石庙	38	男	1939 年 6 月 1 日
刘后斌	滕州市滨湖镇后纸	29	男	1939 年 6 月 1 日
刘昭旺	滕州市滨湖镇后纸	35	男	1939 年 6 月 1 日
刘召善	滕州市滨湖镇后纸	35	男	1939 年 6 月 1 日
马永平	滕州市滨湖镇后纸	42	男	1939 年 6 月 1 日
任正玉	滕州市大坞镇任前	25	男	1939 年 6 月 1 日
王志芹	滕州市大坞镇任前	34	女	1939 年 6 月 1 日
崔井贤	滕州市东郭镇相岭	75	男	1939 年 6 月 1 日
相允忠	滕州市东郭镇相岭	74	男	1939 年 6 月 1 日
周长兴	滕州市东郭镇相岭	76	男	1939 年 6 月 1 日
刘长勇之子	滕州市洪绪镇安庄村	4	男	1939 年 6 月 1 日
刘允柏	滕州市洪绪镇白龙湾	28	男	1939 年 6 月 1 日
徐庆臣	滕州市洪绪镇杜场村	24	男	1939 年 6 月 1 日

姓　名	籍　贯	年　龄	性　别	死难时间
刘全欣	滕州市洪绪镇甘庄村	28	男	1939 年 6 月 1 日
张洪华之子	滕州市洪绪镇光明村	4	男	1939 年 6 月 1 日
张金来之子	滕州市洪绪镇光明村	3	男	1939 年 6 月 1 日
马士东	滕州市洪绪镇苗桥村	23	男	1939 年 6 月 1 日
郝玉山	滕州市洪绪镇西赵沟	40	男	1939 年 6 月 1 日
颜庆洪	滕州市洪绪镇颜楼村	56	男	1939 年 6 月 1 日
徐瑞海	滕州市洪绪镇杨园村	26	男	1939 年 6 月 1 日
杨瑞军之子	滕州市洪绪镇杨园村	6	男	1939 年 6 月 1 日
赵天意	滕州市南沙河镇房村	51	男	1939 年 6 月 1 日
马明须	滕州市滨湖镇	44	男	1939 年 6 月 3 日
邵长伟	滕州市滨湖镇	22	男	1939 年 6 月 3 日
王兆信	滕州市滨湖镇	30	男	1939 年 6 月 3 日
冯大妮	滕州市龙阳镇冯营村	13	女	1939 年 6 月 3 日
冯文明	滕州市龙阳镇冯营村	37	男	1939 年 6 月 3 日
米广银	滕州市南沙河镇下徐	20	男	1939 年 6 月 4 日
张石氏	滕州市善南街道王开三	81	女	1939 年 6 月 4 日
张茂法	滕州市木石镇山口村	28	男	1939 年 6 月 5 日
张　强	滕州市木石镇山口村	24	男	1939 年 6 月 5 日
高庆举	滕州市南沙河镇前辛章	27	男	1939 年 6 月 5 日
满保国	滕州市西岗镇西岗三村	17	男	1939 年 6 月 5 日
刘　氏	滕州市官桥镇苏坦村	30	女	1939 年 6 月 6 日
米小司	滕州市龙阳镇冯营村	8	男	1939 年 6 月 6 日
张玉华	滕州市龙阳镇冯营村	18	男	1939 年 6 月 6 日
聂金斗	滕州市龙泉街道	27	男	1939 年 6 月 7 日
何玉标	滕州市龙阳镇何岭村	46	男	1939 年 6 月 7 日
董化安	滕州市南沙河镇房村	24	男	1939 年 6 月 7 日
杨××	滕州市张汪镇南闫楼	32	男	1939 年 6 月 7 日
庞小常	滕州市滨湖镇田桥	30	男	1939 年 6 月 8 日
党延礼	滕州市龙泉街道	27	男	1939 年 6 月 9 日
席米氏	滕州市南沙河镇冯庄	29	女	1939 年 6 月 9 日
朱姗姗	滕州市南沙河镇冯庄	14	女	1939 年 6 月 9 日
王宝国	滕州市南沙河镇房村	26	男	1939 年 6 月 9 日
朱王氏	滕州市南沙河镇冯东村	24	女	1939 年 6 月 9 日
孙丰发	滕州市善南街道王开二	27	男	1939 年 6 月 9 日

姓 名	籍 贯	年 龄	性 别	死难时间
孙丰华	滕州市善南街道王开二	19	男	1939 年 6 月 9 日
张贻存	滕州市善南街道王开二	44	男	1939 年 6 月 9 日
冯谢氏	滕州市龙泉街道岗子街	16	女	1939 年 6 月 10 日
张祥贵	滕州市龙阳镇顾庙村	14	男	1939 年 6 月 11 日
蒋王氏	滕州市鲍沟镇大李楼	16	女	1939 年 6 月 12 日
马贾氏	滕州市滨湖镇孙阁	34	女	1939 年 6 月 12 日
盛永志	滕州市滨湖镇孙阁	33	男	1939 年 6 月 12 日
狄宝玉	滕州市南沙河镇古石三村	21	男	1939 年 6 月 12 日
高增官	滕州市南沙河镇上营	53	男	1939 年 6 月 12 日
张丰山	滕州市善南街道王开二	39	男	1939 年 6 月 12 日
王德海	滕州市西岗镇北赵庄	60	男	1939 年 6 月 13 日
李昌林	滕州市西岗镇高庙南村	30	男	1939 年 6 月 13 日
冯二妮	滕州市龙阳镇冯营村	12	女	1939 年 6 月 14 日
张五孩	滕州市龙阳镇冯营村	17	男	1939 年 6 月 14 日
张文志	滕州市西岗镇东河岔	42	男	1939 年 6 月 14 日
孟田氏	滕州市南沙河镇南街	37	女	1939 年 6 月 15 日
袁崔氏	滕州市南沙河镇南街	40	女	1939 年 6 月 15 日
卓杜氏	滕州市南沙河镇南街	19	女	1939 年 6 月 15 日
步 华	滕州市善南街道贾庄	39	男	1939 年 6 月 15 日
秦杜氏	滕州市善南街道贾庄	46	女	1939 年 6 月 15 日
秦 见	滕州市善南街道贾庄	66	男	1939 年 6 月 15 日
秦李氏	滕州市善南街道贾庄	43	女	1939 年 6 月 15 日
刘庆武	滕州市官桥镇苏坦村	40	男	1939 年 6 月 16 日
陈庆军	滕州市南沙河镇房村	28	男	1939 年 6 月 16 日
程 名	滕州市南沙河镇房村	27	男	1939 年 6 月 16 日
丁修本	滕州市鲍沟镇磨庄	88	男	1939 年 6 月 17 日
孙开柱之祖母	滕州市官桥镇官桥村	39	女	1939 年 6 月 17 日
樊玉玲	滕州市官桥镇前莱村	39	女	1939 年 6 月 17 日
王庆花	滕州市官桥镇前莱村	24	女	1939 年 6 月 17 日
刘安好	滕州市官桥镇苏坦村	40	男	1939 年 6 月 17 日
李甲顺	滕州市龙阳镇前司村	13	男	1939 年 6 月 17 日
司小平	滕州市龙阳镇前司村	13	男	1939 年 6 月 17 日
张小毛	滕州市南沙河镇房村	29	男	1939 年 6 月 17 日
陈敬才	滕州市善南街道丁庄	8	男	1939 年 6 月 17 日

姓 名	籍 贯	年 龄	性 别	死难时间
李有表	滕州市鲍沟镇吕坡	45	男	1939 年 6 月 18 日
王成雨	滕州市鲍沟镇吕坡	22	男	1939 年 6 月 18 日
王成玉	滕州市鲍沟镇中石庙	30	男	1939 年 6 月 18 日
朱兴山	滕州市鲍沟镇北朱庄	40	男	1939 年 6 月 19 日
刘淇爱	滕州市龙泉街道	30	男	1939 年 6 月 19 日
张六孩	滕州市龙阳镇冯营村	15	男	1939 年 6 月 19 日
张成芳之女	滕州市龙阳镇张沙村	6	女	1939 年 6 月 19 日
齐 娜	滕州市南沙河镇房村	31	女	1939 年 6 月 19 日
张翠花	滕州市南沙河镇房村	23	女	1939 年 6 月 19 日
冯马氏	滕州市南沙河镇古石一村	29	女	1939 年 6 月 19 日
刘 波	滕州市荆河街道北门里	32	男	1939 年 6 月 20 日
胡德龙之母	滕州市龙泉街道	30	女	1939 年 6 月 20 日
杜连凤	滕州市西岗镇东满庄	26	女	1939 年 6 月 20 日
马凤玲	滕州市西岗镇东满庄	23	女	1939 年 6 月 20 日
杨尚水	滕州市官桥镇东公桥村	39	男	1939 年 6 月 21 日
王允金	滕州市西岗镇东王庄村	34	男	1939 年 6 月 21 日
王三平	滕州市龙阳镇冯营村	26	男	1939 年 6 月 22 日
王四平	滕州市龙阳镇冯营村	23	男	1939 年 6 月 22 日
蒋振东	滕州市鲍沟镇大李楼	35	男	1939 年 6 月 23 日
张孟氏	滕州市官桥镇西王公	53	女	1939 年 6 月 23 日
张王氏	滕州市官桥镇西王公	50	女	1939 年 6 月 23 日
李同启	滕州市荆河街道北门里	43	男	1939 年 6 月 23 日
张玉文	滕州市龙阳镇冯营村	21	男	1939 年 6 月 23 日
王绥文	滕州市西岗镇东河岔	28	男	1939 年 6 月 23 日
满聂氏	滕州市西岗镇东满庄	30	女	1939 年 6 月 23 日
刘上友	滕州市张汪镇孔集	20	男	1939 年 6 月 23 日
王兆坤	滕州市张汪镇孔集	21	男	1939 年 6 月 23 日
王兆印	滕州市张汪镇孔集	18	男	1939 年 6 月 23 日
苏尚友	滕州市官桥镇魏楼村	62	男	1939 年 6 月 26 日
刁得安	滕州市善南街道王开一	40	男	1939 年 6 月 26 日
冯益标	滕州市龙阳镇冯营村	41	男	1939 年 6 月 27 日
小六子	滕州市南沙河镇上徐	68	男	1939 年 6 月 27 日
颜钱氏	滕州市南沙河镇上徐	28	女	1939 年 6 月 27 日
冯连山	滕州市龙阳镇冯营村	45	男	1939 年 6 月 29 日

姓 名	籍 贯	年 龄	性 别	死难时间
侯志伟	滕州市西岗镇西河岔	28	男	1939 年 6 月 29 日
吕传柱	滕州市鲍沟镇吕坡	28	男	1939 年 6 月 30 日
赵瑞达	滕州市鲍沟镇鲍沟中村	44	男	1939 年 6 月 30 日
王洪贵	滕州市鲍沟镇成屯	32	男	1939 年 6 月 30 日
吕传甲	滕州市鲍沟镇吕坡	17	男	1939 年 6 月 30 日
满孔氏	滕州市西岗镇东满庄	25	女	1939 年 6 月 30 日
张宜为	滕州市北辛街道北刘	18	男	1939 年 7 月 1 日
赵大生	滕州市北辛街道冯河	21	男	1939 年 7 月 1 日
赵继伟	滕州市北辛街道冯河	24	男	1939 年 7 月 1 日
赵小军	滕州市北辛街道冯河	31	男	1939 年 7 月 1 日
王广山	滕州市北辛街道后荆沟居	28	男	1939 年 7 月 1 日
张文山	滕州市北辛街道后荆沟居	29	男	1939 年 7 月 1 日
陆西山	滕州市东郭镇大党山	36	男	1939 年 7 月 1 日
邱具财	滕州市东郭镇大党山	20	男	1939 年 7 月 1 日
徐士朝	滕州市东郭镇大党山	38	男	1939 年 7 月 1 日
孙士俊	滕州市东郭镇东明	38	男	1939 年 7 月 1 日
刘宝湖	滕州市东郭镇东坞沟	10	男	1939 年 7 月 1 日
刘金山	滕州市东郭镇东坞沟	15	男	1939 年 7 月 1 日
杨宗湖	滕州市东郭镇东坞沟	12	男	1939 年 7 月 1 日
满印标	滕州市东郭镇后坞沟	37	男	1939 年 7 月 1 日
丁 广	滕州市东郭镇马河	39	男	1939 年 7 月 1 日
丁 建	滕州市东郭镇马河	60	男	1939 年 7 月 1 日
丁秀庭	滕州市东郭镇马河	37	男	1939 年 7 月 1 日
丁 永	滕州市东郭镇马河	38	男	1939 年 7 月 1 日
田允汉	滕州市东郭镇前明	43	男	1939 年 7 月 1 日
张传兰	滕州市东郭镇石羊山	36	男	1939 年 7 月 1 日
李中银	滕州市东郭镇王庄	36	女	1939 年 7 月 1 日
黄俊彦	滕州市东郭镇西明	58	男	1939 年 7 月 1 日
范大广	滕州市东郭镇下户主	75	男	1939 年 7 月 1 日
范灯具	滕州市东郭镇下户主	23	男	1939 年 7 月 1 日
范有财	滕州市东郭镇下户主	21	男	1939 年 7 月 1 日
魏祥银	滕州市洪绪镇安庄村	23	男	1939 年 7 月 1 日
韩成振	滕州市洪绪镇白龙湾	36	男	1939 年 7 月 1 日
吴斌明之子	滕州市洪绪镇陈楼村	3	男	1939 年 7 月 1 日

姓 名	籍 贯	年 龄	性 别	死难时间
吴斌瑞之子	滕州市洪绪镇陈楼村	3	男	1939 年 7 月 1 日
吴斌富	滕州市洪绪镇大巩庄	30	男	1939 年 7 月 1 日
王延桂	滕州市洪绪镇东赵沟	49	女	1939 年 7 月 1 日
徐庆元	滕州市洪绪镇杜场村	33	男	1939 年 7 月 1 日
丁玉春	滕州市洪绪镇杜康村	40	男	1939 年 7 月 1 日
葛学东	滕州市洪绪镇杜康村	25	男	1939 年 7 月 1 日
张洪成	滕州市洪绪镇光明村	24	男	1939 年 7 月 1 日
张玉迎	滕州市洪绪镇光明村	45	男	1939 年 7 月 1 日
孟庆法	滕州市洪绪镇后洪绪	51	男	1939 年 7 月 1 日
徐佰举	滕州市洪绪镇沙官村	56	男	1939 年 7 月 1 日
冯绪伟之子	滕州市洪绪镇西赵沟	6	男	1939 年 7 月 1 日
牛绪新之子	滕州市洪绪镇西赵沟	5	男	1939 年 7 月 1 日
杨东学之子	滕州市洪绪镇杨园村	5	男	1939 年 7 月 1 日
党同志	滕州市荆河街道通衢街	46	女	1939 年 7 月 1 日
吴宗美	滕州市善南街道王开一	61	男	1939 年 7 月 1 日
祝继武	滕州市西岗镇西祝陈村	38	男	1939 年 7 月 1 日
刘 聪	滕州市滨湖镇	10	男	1939 年 7 月 2 日
王玉华	滕州市滨湖镇吕堂	32	男	1939 年 7 月 2 日
王在坡	滕州市滨湖镇吕堂	28	男	1939 年 7 月 2 日
管景铨	滕州市柴胡店镇卜掌村	31	男	1939 年 7 月 2 日
管留妮	滕州市柴胡店镇卜掌村	7	男	1939 年 7 月 2 日
赵延雨	滕州市西岗镇北赵庄	43	男	1939 年 7 月 2 日
郝乐振	滕州市鲍沟镇南潭村	52	男	1939 年 7 月 3 日
杨 昭	滕州市鲍沟镇马庄	32	男	1939 年 7 月 4 日
杨士中	滕州市滨湖镇田桥	23	男	1939 年 7 月 4 日
秦培山	滕州市柴胡店镇振兴庄	48	男	1939 年 7 月 4 日
杨传信	滕州市柴胡店镇振兴庄	67	男	1939 年 7 月 4 日
刘建平	滕州市荆河街道幸福园	41	男	1939 年 7 月 5 日
张士洪	滕州市荆河街道幸福园	35	男	1939 年 7 月 5 日
满 五	滕州市西岗镇东满庄	27	男	1939 年 7 月 5 日
满王氏	滕州市西岗镇东满庄	41	女	1939 年 7 月 5 日
王上亮	滕州市级索镇时庄村	59	男	1939 年 7 月 6 日
鲍玉山	滕州市南沙河镇后辛章	68	男	1939 年 7 月 6 日
刘张氏	滕州市南沙河镇后辛章	25	女	1939 年 7 月 6 日

姓　名	籍　贯	年龄	性别	死难时间
王钱氏	滕州市南沙河镇后辛章	63	女	1939 年 7 月 6 日
赵振强	滕州市西岗镇北赵庄	58	男	1939 年 7 月 6 日
邓李氏	滕州市官桥镇西公桥	36	女	1939 年 7 月 7 日
张树根	滕州市官桥镇西公桥	31	男	1939 年 7 月 7 日
孙宝松	滕州市龙泉街道	60	男	1939 年 7 月 7 日
张玉副	滕州市滨湖镇	26	男	1939 年 7 月 8 日
吴家合	滕州市滨湖镇东屯前	19	男	1939 年 7 月 8 日
张丰光	滕州市善南街道小王开	7	男	1939 年 7 月 8 日
张丰乐	滕州市善南街道小王开	4	男	1939 年 7 月 8 日
张丰征	滕州市善南街道小王开	54	男	1939 年 7 月 8 日
张井泽	滕州市善南街道小王开	5	男	1939 年 7 月 8 日
黄军艳	滕州市西岗镇东祝陈村	30	男	1939 年 7 月 8 日
李光敏	滕州市西岗镇高庙东村	17	男	1939 年 7 月 8 日
宗纪更	滕州市鲍沟镇南潭村	21	男	1939 年 7 月 9 日
郝金亭	滕州市鲍沟镇南潭村	47	男	1939 年 7 月 9 日
司光照	滕州市龙阳镇耿庄村	—	男	1939 年 7 月 9 日
马立彪	滕州市鲍沟镇马庄	40	男	1939 年 7 月 10 日
丁作义	滕州市鲍沟镇磨庄	18	男	1939 年 7 月 10 日
吕广云	滕州市荆河街道北门里	29	女	1939 年 7 月 10 日
孟　波	滕州市荆河街道北门里	12	男	1939 年 7 月 10 日
王李氏	滕州市南沙河镇北街	33	女	1939 年 7 月 10 日
徐孙氏	滕州市南沙河镇北街	48	女	1939 年 7 月 10 日
王立元	滕州市官桥镇	45	男	1939 年 7 月 11 日
季李氏之女	滕州市龙阳镇冯营村	2	女	1939 年 7 月 11 日
丁作水	滕州市鲍沟镇磨庄	86	男	1939 年 7 月 12 日
刘　军	滕州市鲍沟镇裴楼	45	男	1939 年 7 月 12 日
马　朋	滕州市滨湖镇孙阁	32	男	1939 年 7 月 12 日
马永刚	滕州市滨湖镇孙阁	30	男	1939 年 7 月 12 日
单兴坤	滕州市西岗镇高庙南村	32	男	1939 年 7 月 12 日
徐宜明	滕州市西岗镇西岗一村	20	男	1939 年 7 月 12 日
朱　氏	滕州市南沙河镇朱庄	25	女	1939 年 7 月 14 日
张立泽	滕州市善南街道王开二	36	男	1939 年 7 月 14 日
黄宣让	滕州市鲍沟镇东皇甫村	27	男	1939 年 7 月 15 日
邓王氏	滕州市官桥镇西公桥	29	女	1939 年 7 月 17 日

姓　名	籍　贯	年龄	性别	死难时间
李根生	滕州市官桥镇西公桥	37	男	1939 年 7 月 17 日
李倪氏	滕州市官桥镇西公桥	30	女	1939 年 7 月 17 日
李张氏	滕州市官桥镇西公桥	28	女	1939 年 7 月 17 日
裴孙义	滕州市鲍沟镇磨庄	38	男	1939 年 7 月 18 日
裴玉河	滕州市鲍沟镇磨庄	62	男	1939 年 7 月 18 日
钱　斗	滕州市鲍沟镇裴楼	62	男	1939 年 7 月 18 日
满余桂	滕州市西岗镇柴里西村	43	男	1939 年 7 月 18 日
孙庆友之妻	滕州市龙泉街道	30	女	1939 年 7 月 19 日
徐孝勇	滕州市荆河街道幸福园	75	男	1939 年 7 月 20 日
孙庆发	滕州市龙泉街道	30	男	1939 年 7 月 20 日
郝乐银	滕州市鲍沟镇南潭村	31	男	1939 年 7 月 21 日
徐金玉	滕州市鲍沟镇徐村	32	男	1939 年 7 月 21 日
周爱菊	滕州市官桥镇前莱村	21	女	1939 年 7 月 21 日
周士珠	滕州市官桥镇前莱村	25	女	1939 年 7 月 21 日
张　震	滕州市南沙河镇房村	32	男	1939 年 7 月 21 日
刘传生	滕州市龙阳镇耿庄村	42	男	1939 年 7 月 24 日
刘金章	滕州市龙阳镇耿庄村	92	男	1939 年 7 月 24 日
宋学付	滕州市龙阳镇耿庄村	35	男	1939 年 7 月 24 日
满　好	滕州市西岗镇东满庄	28	男	1939 年 7 月 24 日
吴满粮	滕州市滨湖镇东屯前	49	男	1939 年 7 月 26 日
张以均	滕州市善南街道王开一	63	男	1939 年 7 月 26 日
赵振洪	滕州市西岗镇北赵庄	66	男	1939 年 7 月 27 日
姜学纯	滕州市鲍沟镇东荆林村	30	男	1939 年 7 月 28 日
杨卫花	滕州市官桥镇大韩村	62	女	1939 年 7 月 28 日
王夫连	滕州市官桥镇大康留	44	男	1939 年 7 月 29 日
渠若维	滕州市官桥镇渠村	32	男	1939 年 7 月 29 日
渠志信	滕州市官桥镇渠村	43	男	1939 年 7 月 29 日
张志凯	滕州市官桥镇渠村	27	男	1939 年 7 月 29 日
殷茂俊	滕州市官桥镇王园村	49	男	1939 年 7 月 29 日
王慎启	滕州市级索镇级索村	34	男	1939 年 7 月 30 日
丛长科之女	滕州市龙阳镇耿庄村	5	女	1939 年 7 月 30 日
宋子龙之女	滕州市龙阳镇耿庄村	2	女	1939 年 7 月 30 日
王二牛	滕州市北辛街道北楼	33	男	1939 年 8 月 1 日
王　亮	滕州市北辛街道北楼	22	男	1939 年 8 月 1 日

姓名	籍贯	年龄	性别	死难时间
赵童光	滕州市北辛街道北楼	26	男	1939年8月1日
邱 想	滕州市北辛街道东北坛	21	男	1939年8月1日
张 程	滕州市北辛街道东北坛	28	男	1939年8月1日
张 朋	滕州市北辛街道东北坛	19	男	1939年8月1日
张学志	滕州市北辛街道侯王村	19	男	1939年8月1日
殷延香之父	滕州市滨湖镇后纸	36	男	1939年8月1日
吴兴启	滕州市东郭镇唐林	22	男	1939年8月1日
苑计广	滕州市东郭镇唐林	28	男	1939年8月1日
王成山之子	滕州市洪绪镇白龙湾	6	男	1939年8月1日
张显才	滕州市洪绪镇北侯庄	26	男	1939年8月1日
陈文华	滕州市洪绪镇陈楼村	24	男	1939年8月1日
魏引龙	滕州市洪绪镇东赵沟	56	男	1939年8月1日
徐庆国	滕州市洪绪镇甘庄村	29	男	1939年8月1日
马召详	滕州市洪绪镇堌堆村	24	男	1939年8月1日
马顺利	滕州市洪绪镇郝洼村	24	男	1939年8月1日
沙显生	滕州市洪绪镇沙官村	39	男	1939年8月1日
李成金	滕州市洪绪镇团结村	30	男	1939年8月1日
徐东洪	滕州市洪绪镇团结村	24	男	1939年8月1日
徐东亮	滕州市洪绪镇团结村	20	男	1939年8月1日
董俊扬	滕州市洪绪镇西赵沟	40	男	1939年8月1日
赵序坡	滕州市洪绪镇西赵沟	35	男	1939年8月1日
徐东友	滕州市洪绪镇徐王庄	28	男	1939年8月1日
王士效	滕州市洪绪镇玉楼村	19	男	1939年8月1日
邢家友	滕州市界河镇郑寨村	65	男	1939年8月1日
郑家旺	滕州市界河镇郑寨村	75	男	1939年8月1日
郑家正	滕州市界河镇郑寨村	78	男	1939年8月1日
郑辛洪	滕州市界河镇郑寨村	55	男	1939年8月1日
曹大森	滕州市荆河街道曹庄	9	男	1939年8月1日
孙士才	滕州市荆河街道东南园	37	男	1939年8月1日
李金亭	滕州市东郭镇南徐	25	男	1939年8月1日
张恒军	滕州市东郭镇南徐	21	男	1939年8月1日
陈家申	滕州市东郭镇前明	31	男	1939年8月1日
陈金全	滕州市东郭镇前明	38	男	1939年8月1日
田井岱	滕州市东郭镇前明	37	男	1939年8月1日

姓　名	籍　贯	年　龄	性　别	死难时间
江　丽	滕州市南沙河镇房村	32	女	1939 年 8 月 2 日
秀　兰	滕州市南沙河镇房村	16	女	1939 年 8 月 4 日
郑书利	滕州市南沙河镇房村	26	女	1939 年 8 月 4 日
吴小申	滕州市善南街道七里堡	28	男	1939 年 8 月 4 日
王满兰	滕州市西岗镇东满庄	25	女	1939 年 8 月 4 日
王起凤	滕州市西岗镇高庙南村	33	男	1939 年 8 月 4 日
姜祁氏	滕州市荆河街道幸福园	60	女	1939 年 8 月 6 日
张茂唐	滕州市鲍沟镇南潭村	50	男	1939 年 8 月 7 日
赵继东	滕州市滨湖镇	25	男	1939 年 8 月 7 日
李德泉	滕州市滨湖镇望庄	22	男	1939 年 8 月 7 日
杨茂伦	滕州市滨湖镇望庄	19	男	1939 年 8 月 7 日
张善国	滕州市滨湖镇望庄	18	男	1939 年 8 月 7 日
魏振瑞	滕州市官桥镇西王庄	21	男	1939 年 8 月 7 日
马延海	滕州市滨湖镇严村	19	男	1939 年 8 月 8 日
马延好	滕州市滨湖镇严村	21	男	1939 年 8 月 8 日
刘玉山	滕州市鲍沟镇	20	男	1939 年 8 月 9 日
马钦祥	滕州市滨湖镇北焦	26	男	1939 年 8 月 9 日
马宜贞	滕州市滨湖镇北焦	38	男	1939 年 8 月 9 日
谢富贵	滕州市滨湖镇稻屯	19	男	1939 年 8 月 9 日
谢运明	滕州市滨湖镇稻屯	12	男	1939 年 8 月 9 日
吴汉三	滕州市滨湖镇东屯前	32	男	1939 年 8 月 9 日
马加池	滕州市滨湖镇郭楼	29	男	1939 年 8 月 9 日
马加工	滕州市滨湖镇郭楼	42	男	1939 年 8 月 9 日
马士心	滕州市滨湖镇郭楼	33	男	1939 年 8 月 9 日
马运本	滕州市滨湖镇郭楼	28	男	1939 年 8 月 9 日
丁　永	滕州市滨湖镇胡路口	19	男	1939 年 8 月 9 日
胡建明	滕州市滨湖镇胡路口	28	男	1939 年 8 月 9 日
马贞安	滕州市滨湖镇	50	男	1939 年 8 月 9 日
颜世安	滕州市滨湖镇	48	男	1939 年 8 月 9 日
殷茂福	滕州市西岗镇高庙东村	30	男	1939 年 8 月 9 日
殷延美	滕州市西岗镇高庙东村	25	男	1939 年 8 月 9 日
殷延秀	滕州市西岗镇高庙东村	20	男	1939 年 8 月 9 日
李自令	滕州市西岗镇郭庄村	20	男	1939 年 8 月 9 日
赵忠弟	滕州市西岗镇郭庄村	22	男	1939 年 8 月 9 日

姓 名	籍 贯	年 龄	性 别	死难时间
闫守才	滕州市龙阳镇	21	男	1939 年 8 月 10 日
孙尚付	滕州市西岗镇孙庄村	27	男	1939 年 8 月 10 日
刘业旺	滕州市柴胡店镇官路口村	40	男	1939 年 8 月 11 日
高田氏	滕州市南沙河镇北街	63	女	1939 年 8 月 11 日
李连吉	滕州市善南街道刘庄	43	男	1939 年 8 月 11 日
段成坤	滕州市滨湖镇	28	男	1939 年 8 月 12 日
冯振花	滕州市滨湖镇	26	女	1939 年 8 月 12 日
王玉浩	滕州市滨湖镇	40	男	1939 年 8 月 12 日
王恒泉	滕州市滨湖镇南陈	26	男	1939 年 8 月 12 日
邱丙旭	滕州市滨湖镇邱村	25	男	1939 年 8 月 12 日
邱丙运	滕州市滨湖镇邱村	22	男	1939 年 8 月 12 日
邱善志	滕州市滨湖镇邱村	19	男	1939 年 8 月 12 日
邱玉申	滕州市滨湖镇邱村	26	男	1939 年 8 月 12 日
马延江	滕州市滨湖镇四合村	17	男	1939 年 8 月 12 日
马昭向	滕州市滨湖镇四合村	16	男	1939 年 8 月 12 日
董继天	滕州市滨湖镇西董	21	男	1939 年 8 月 12 日
董继征	滕州市滨湖镇西董	20	男	1939 年 8 月 12 日
王介东	滕州市滨湖镇西辛安	42	男	1939 年 8 月 12 日
王开祥	滕州市滨湖镇西辛安	30	男	1939 年 8 月 12 日
赵逢春	滕州市滨湖镇西辛安	40	男	1939 年 8 月 12 日
周礼言	滕州市滨湖镇西辛安	35	男	1939 年 8 月 12 日
吕广振	滕州市荆河街道幸福园	50	男	1939 年 8 月 12 日
李运生	滕州市西岗镇高庙东村	18	男	1939 年 8 月 12 日
单景爱	滕州市西岗镇南王庄村	44	男	1939 年 8 月 12 日
胡振娥	滕州市西岗镇南王庄村	34	女	1939 年 8 月 12 日
张广生	滕州市西岗镇南王庄村	30	男	1939 年 8 月 12 日
朱容贵	滕州市南沙河镇	21	男	1939 年 8 月 14 日
马昭青	滕州市滨湖镇严村	31	男	1939 年 8 月 15 日
石王氏	滕州市官桥镇后莱村	31	女	1939 年 8 月 15 日
杜 益	滕州市官桥镇良里村	57	男	1939 年 8 月 15 日
刘兆喜	滕州市荆河街道幸福园	51	男	1939 年 8 月 16 日
侯贺田	滕州市龙泉街道前洪	48	男	1939 年 8 月 17 日
鸣 子	滕州市南沙河镇房村	48	男	1939 年 8 月 17 日
冯全科	滕州市滨湖镇胡路口	27	男	1939 年 8 月 18 日

姓 名	籍 贯	年 龄	性 别	死难时间
马佑田	滕州市滨湖镇胡路口	31	男	1939 年 8 月 18 日
鲁在义	滕州市鲍沟镇裴楼	28	男	1939 年 8 月 19 日
陈德令	滕州市鲍沟镇薛岩后村	23	男	1939 年 8 月 19 日
陈德全	滕州市鲍沟镇薛岩后村	19	男	1939 年 8 月 19 日
刘明修	滕州市鲍沟镇薛岩后村	21	男	1939 年 8 月 19 日
马花香	滕州市鲍沟镇薛岩后村	31	女	1939 年 8 月 19 日
赵洪水	滕州市鲍沟镇薛岩后村	18	男	1939 年 8 月 19 日
侯贺同	滕州市龙泉街道前洪	52	男	1939 年 8 月 19 日
王利新	滕州市南沙河镇房村	27	男	1939 年 8 月 19 日
满白月	滕州市西岗镇温堂村	40	男	1939 年 8 月 19 日
刘王氏	滕州市张汪镇	66	女	1939 年 8 月 19 日
夏登银	滕州市张汪镇夏楼村	35	男	1939 年 8 月 20 日
夏登重	滕州市张汪镇夏楼村	17	男	1939 年 8 月 20 日
夏张氏	滕州市张汪镇夏楼村	30	女	1939 年 8 月 20 日
单大娘	滕州市鲍沟镇鲍沟二村	34	女	1939 年 8 月 21 日
蒋卫平	滕州市鲍沟镇大李楼	16	男	1939 年 8 月 21 日
徐曰壮	滕州市鲍沟镇东皇甫村	41	男	1939 年 8 月 21 日
杨崇信	滕州市鲍沟镇姜店村	26	男	1939 年 8 月 21 日
孟德福	滕州市鲍沟镇前汉宫村	37	男	1939 年 8 月 21 日
彭廷永	滕州市鲍沟镇孙岗	9	男	1939 年 8 月 21 日
孔凡相	滕州市级索镇东孔村	—	男	1939 年 8 月 21 日
陈保芝	滕州市张汪镇白楼	37	女	1939 年 8 月 21 日
陈正海	滕州市张汪镇白楼	35	男	1939 年 8 月 21 日
陈正霞	滕州市张汪镇白楼	35	女	1939 年 8 月 21 日
李继厚	滕州市张汪镇白楼	14	男	1939 年 8 月 21 日
李继贤	滕州市张汪镇白楼	39	男	1939 年 8 月 21 日
李家清	滕州市张汪镇白楼	48	男	1939 年 8 月 21 日
王永清	滕州市张汪镇白楼	38	男	1939 年 8 月 21 日
王志友	滕州市张汪镇白楼	29	男	1939 年 8 月 21 日
张朝众	滕州市张汪镇白楼	43	男	1939 年 8 月 21 日
王保志	滕州市鲍沟镇西石庙	51	男	1939 年 8 月 24 日
涂西坤	滕州市西岗镇温堂村	36	男	1939 年 8 月 26 日
曹玉昌	滕州市西岗镇西曹庄	25	男	1939 年 8 月 26 日
王兆铎	滕州市龙阳镇尚河圈村	20	男	1939 年 8 月 27 日

姓　名	籍　贯	年　龄	性　别	死难时间
王兆铎之子	滕州市龙阳镇尚河圈村	4	男	1939 年 8 月 28 日
龚兴海	滕州市官桥镇魏楼村	39	男	1939 年 8 月 30 日
孙张氏	滕州市官桥镇魏楼村	48	女	1939 年 8 月 30 日
张少溪	滕州市善南街道王开村	36	男	1939 年 9 月 1 日
李根基	滕州市北辛街道北楼	69	男	1939 年 9 月 1 日
马全祥	滕州市北辛街道北楼	60	男	1939 年 9 月 1 日
孙建刚	滕州市北辛街道北楼	38	男	1939 年 9 月 1 日
周明珠	滕州市北辛街道北楼	27	女	1939 年 9 月 1 日
王程氏	滕州市北辛街道教场	67	女	1939 年 9 月 1 日
魏凤奎	滕州市北辛街道教场	45	男	1939 年 9 月 1 日
黄福年	滕州市东郭镇西明	48	男	1939 年 9 月 1 日
黄士友	滕州市东郭镇西明	54	男	1939 年 9 月 1 日
张运柱之子	滕州市洪绪镇北侯庄	5	男	1939 年 9 月 1 日
吴斌林	滕州市洪绪镇陈楼村	36	男	1939 年 9 月 1 日
吴　波	滕州市洪绪镇陈楼村	65	男	1939 年 9 月 1 日
张开元	滕州市洪绪镇堌堆村	30	男	1939 年 9 月 1 日
王西坤之女	滕州市洪绪镇后洪绪	3	女	1939 年 9 月 1 日
侯永水之子	滕州市洪绪镇孔屯村	5	男	1939 年 9 月 1 日
马召玲	滕州市洪绪镇孔屯村	30	男	1939 年 9 月 1 日
王庆金之子	滕州市洪绪镇前洪绪	3	男	1939 年 9 月 1 日
王成军	滕州市洪绪镇团结村	29	男	1939 年 9 月 1 日
冯贵新	滕州市洪绪镇幸福坝	23	男	1939 年 9 月 1 日
孔昭明	滕州市界河镇西柳泉村	—	男	1939 年 9 月 1 日
曹大菊	滕州市荆河街道曹庄	7	女	1939 年 9 月 1 日
张柴氏	滕州市荆河街道东南园	30	女	1939 年 9 月 1 日
张思金	滕州市荆河街道东南园	37	男	1939 年 9 月 1 日
张魁连	滕州市善南街道王开三	70	男	1939 年 9 月 1 日
李方信	滕州市西岗镇西岗二村	61	男	1939 年 9 月 1 日
李马英	滕州市柴胡店镇沙庄村	60	男	1939 年 9 月 2 日
郭绪襄	滕州市西岗镇西岗一村	63	男	1939 年 9 月 2 日
梁子娥	滕州市荆河街道幸福园	31	女	1939 年 9 月 3 日
孔凡昌	滕州市西岗镇西南岗	26	男	1939 年 9 月 5 日
王昌白	滕州市西岗镇西南岗	24	男	1939 年 9 月 5 日
魏希全	滕州市西岗镇西南岗	22	男	1939 年 9 月 5 日

姓 名	籍 贯	年 龄	性 别	死难时间
张丰存	滕州市善南街道王开三	57	男	1939 年 9 月 6 日
张璞田	滕州市善南街道王开三	59	男	1939 年 9 月 6 日
刁陈安	滕州市善南街道王开一	65	男	1939 年 9 月 6 日
康秀妮	滕州市善南街道张场	27	男	1939 年 9 月 6 日
吕奎启	滕州市善南街道张场	8	男	1939 年 9 月 6 日
刘力干	滕州市滨湖镇田桥	18	男	1939 年 9 月 8 日
陈三孩	滕州市龙阳镇	14	男	1939 年 9 月 8 日
王为汪	滕州市鲍沟镇坝后	37	男	1939 年 9 月 9 日
邢玉廷	滕州市鲍沟镇邢寨	—	男	1939 年 9 月 9 日
李代远	滕州市滨湖镇李村	32	男	1939 年 9 月 9 日
李诗来	滕州市滨湖镇李村	33	男	1939 年 9 月 9 日
李诗位	滕州市滨湖镇李村	36	男	1939 年 9 月 9 日
狄王氏	滕州市南沙河镇古石二村	41	女	1939 年 9 月 9 日
李二孩	滕州市南沙河镇古石二村	15	男	1939 年 9 月 9 日
李张氏	滕州市南沙河镇古石二村	26	女	1939 年 9 月 9 日
张龙田	滕州市善南街道王开三	66	男	1939 年 9 月 9 日
邵家运	滕州市柴胡店镇邵庄	39	男	1939 年 9 月 10 日
王光福	滕州市西岗镇高庙南村	30	男	1939 年 9 月 10 日
鲁在申	滕州市鲍沟镇裴楼	28	男	1939 年 9 月 12 日
陈明奎	滕州市滨湖镇三山	39	男	1939 年 9 月 12 日
贾增氏	滕州市滨湖镇三山	30	女	1939 年 9 月 12 日
李德明	滕州市柴胡店镇四李庄村	27	男	1939 年 9 月 12 日
王张氏	滕州市柴胡店镇四李庄村	50	女	1939 年 9 月 12 日
黄传志	滕州市级索镇东孔村	—	男	1939 年 9 月 12 日
孔庆尧	滕州市级索镇东孔村	—	男	1939 年 9 月 12 日
狄怀举	滕州市南沙河镇北古石村	37	男	1939 年 9 月 12 日
张丰墙	滕州市善南街道王开一	51	女	1939 年 9 月 12 日
王玉德	滕州市西岗镇柴里西村	35	男	1939 年 9 月 12 日
孔祥义	滕州市西岗镇高庙南村	31	男	1939 年 9 月 12 日
时友清	滕州市官桥镇时店村	21	男	1939 年 9 月 15 日
王 玲	滕州市官桥镇时店村	24	女	1939 年 9 月 15 日
郭士清	滕州市善南街道十里铺一	20	男	1939 年 9 月 15 日
吕云英	滕州市鲍沟镇坝后	16	女	1939 年 9 月 17 日
郭刘氏	滕州市南沙河镇房村	39	女	1939 年 9 月 17 日

姓 名	籍 贯	年 龄	性 别	死难时间
姜立环	滕州市鲍沟镇西荆林村	24	男	1939 年 9 月 18 日
张立源	滕州市鲍沟镇张埠村	28	男	1939 年 9 月 18 日
张刘氏	滕州市鲍沟镇侯楼	38	女	1939 年 9 月 19 日
孙明明	滕州市荆河街道幸福园	5	男	1939 年 9 月 20 日
张留柱	滕州市龙阳镇侯庄村	12	男	1939 年 9 月 20 日
陈保长	滕州市西岗镇西河岔	36	男	1939 年 9 月 20 日
刘思平	滕州市张汪镇孔集	19	男	1939 年 9 月 21 日
陈玉金	滕州市官桥镇前善庄	50	男	1939 年 9 月 22 日
秦德远	滕州市官桥镇前善庄	44	男	1939 年 9 月 22 日
王保友	滕州市官桥镇前善庄	60	男	1939 年 9 月 22 日
刘学军	滕州市龙阳镇望龙村	15	男	1939 年 9 月 22 日
陆维相	滕州市级索镇西田庄村	82	男	1939 年 9 月 23 日
张金宝之女	滕州市龙阳镇侯庄村	2	女	1939 年 9 月 23 日
陈广伟	滕州市龙阳镇小寨村	49	男	1939 年 9 月 25 日
孟李氏	滕州市龙阳镇小寨村	52	女	1939 年 9 月 25 日
赵刘氏	滕州市龙阳镇小寨村	52	女	1939 年 9 月 25 日
赵杨氏	滕州市龙阳镇小寨村	46	女	1939 年 9 月 25 日
高香梅	滕州市南沙河镇北街	13	女	1939 年 9 月 27 日
李秀丽	滕州市南沙河镇北街	8 个月	女	1939 年 9 月 27 日
刘玉强	滕州市龙阳镇望龙村	30	男	1939 年 9 月 28 日
党西勇	滕州市荆河街道幸福园	40	男	1939 年 9 月 29 日
刘玉珍	滕州市荆河街道幸福园	47	女	1939 年 9 月 29 日
吴 明	滕州市荆河街道幸福园	20	男	1939 年 9 月 29 日
董荣藻	滕州市荆河街道马号居	42	男	1939 年 9 月 30 日
董 三	滕州市荆河街道马号居	18	男	1939 年 9 月 30 日
郭玉强	滕州市荆河街道马号居	31	男	1939 年 9 月 30 日
杨恒利	滕州市鲍沟镇北朱庄	18	男	1939 年 10 月 1 日
李甲玉	滕州市鲍沟镇杨村	20	男	1939 年 10 月 1 日
孔祥发	滕州市大坞镇休城村	15	男	1939 年 10 月 1 日
冯绪宝之子	滕州市洪绪镇幸福坝	7	男	1939 年 10 月 1 日
吴德云	滕州市善南街道七里堡	63	男	1939 年 10 月 2 日
国庆来	滕州市西岗镇高庙南村	27	男	1939 年 10 月 2 日
韩典举	滕州市级索镇后韩村	21	男	1939 年 10 月 3 日
王志祥	滕州市级索镇前王晁村	25	男	1939 年 10 月 3 日

姓　名	籍　贯	年　龄	性　别	死难时间
翟正功	滕州市级索镇前王晁村	39	男	1939 年 10 月 3 日
张鸿林	滕州市善南街道王开三	66	男	1939 年 10 月 3 日
王绥良	滕州市西岗镇东河岔	24	男	1939 年 10 月 4 日
秦永太	滕州市善南街道十里铺二	64	男	1939 年 10 月 5 日
张丰成	滕州市善南街道十里铺二	56	—	1939 年 10 月 5 日
张贻喜	滕州市善南街道十里铺二	28	男	1939 年 10 月 5 日
李良才	滕州市西岗镇杜庙村	21	男	1939 年 10 月 5 日
李申友	滕州市西岗镇杜庙村	52	男	1939 年 10 月 5 日
宋光良	滕州市西岗镇杜庙村	66	男	1939 年 10 月 5 日
孙后兰	滕州市西岗镇杜庙村	54	男	1939 年 10 月 5 日
孙厚源	滕州市西岗镇杜庙村	54	男	1939 年 10 月 5 日
张永青	滕州市张汪镇孟仓村	27	男	1939 年 10 月 5 日
王崇明	滕州市级索镇时庄村	86	男	1939 年 10 月 6 日
王崇艳	滕州市级索镇时庄村	27	女	1939 年 10 月 6 日
王崇宇	滕州市级索镇时庄村	29	男	1939 年 10 月 6 日
王有为	滕州市级索镇时庄村	31	男	1939 年 10 月 6 日
韩忠广	滕州市级索镇姚庄村	—	男	1939 年 10 月 6 日
周子用	滕州市级索镇姚庄村	—	男	1939 年 10 月 6 日
米小光	滕州市龙阳镇米庄村	3	男	1939 年 10 月 6 日
刘兰英	滕州市鲍沟镇大李楼	33	女	1939 年 10 月 7 日
蒋　东	滕州市鲍沟镇磨庄	35	男	1939 年 10 月 7 日
张丰义	滕州市善南街道王开三	62	男	1939 年 10 月 7 日
贾　旺	滕州市鲍沟镇裴楼	40	男	1939 年 10 月 8 日
张丰柱	滕州市善南街道王开三	71	男	1939 年 10 月 8 日
朱小慧	滕州市鲍沟镇北朱庄	10	女	1939 年 10 月 9 日
鲍侯氏	滕州市鲍沟镇刘东	32	女	1939 年 10 月 9 日
吕传海	滕州市鲍沟镇刘东	27	男	1939 年 10 月 9 日
聂明丰	滕州市鲍沟镇刘东	25	男	1939 年 10 月 9 日
王洪宝	滕州市鲍沟镇刘东	30	男	1939 年 10 月 9 日
张金贵	滕州市鲍沟镇于仓	41	男	1939 年 10 月 9 日
杨位雪	滕州市级索镇北杨楼村	20	男	1939 年 10 月 9 日
龙兴德	滕州市级索镇级索村	43	男	1939 年 10 月 9 日
龙振宗	滕州市级索镇龙庄村	49	男	1939 年 10 月 9 日
王其法	滕州市西岗镇高庙南村	31	男	1939 年 10 月 9 日

姓 名	籍 贯	年 龄	性 别	死难时间
赵玉居	滕州市鲍沟镇裴楼	48	男	1939 年 10 月 10 日
蒋卫中	滕州市鲍沟镇大李楼	24	男	1939 年 10 月 11 日
肖庆昌	滕州市鲍沟镇刘西	50	男	1939 年 10 月 11 日
吕兰玉之妻	滕州市龙泉街道	23	女	1939 年 10 月 11 日
李广合	滕州市善南街道刘屯	20	男	1939 年 10 月 11 日
李荣福	滕州市善南街道刘屯	40	男	1939 年 10 月 11 日
杨乃玉	滕州市善南街道刘屯	19	男	1939 年 10 月 11 日
杨振保	滕州市善南街道刘屯	37	男	1939 年 10 月 11 日
王其昌	滕州市西岗镇高庙南村	33	男	1939 年 10 月 11 日
田宏图	滕州市滨湖镇田桥	32	男	1939 年 10 月 12 日
赵信平	滕州市滨湖镇田桥	32	男	1939 年 10 月 12 日
刘文仪	滕州市滨湖镇阳关	38	男	1939 年 10 月 12 日
王兴峰	滕州市滨湖镇阳关	45	男	1939 年 10 月 12 日
张宝田	滕州市善南街道王开二	43	男	1939 年 10 月 12 日
张贻标	滕州市善南街道王开二	42	男	1939 年 10 月 12 日
杨耀光	滕州市西岗镇北赵庄	29	男	1939 年 10 月 12 日
闫建伦	滕州市鲍沟镇闫庙	29	男	1939 年 10 月 13 日
韩文元	滕州市级索镇姚庄村	22	男	1939 年 10 月 13 日
刘弈祥	滕州市级索镇姚庄村	37	男	1939 年 10 月 13 日
林狗圣	滕州市龙阳镇林村	2	男	1939 年 10 月 14 日
林王氏	滕州市龙阳镇林村	22	女	1939 年 10 月 14 日
林魏氏	滕州市龙阳镇林村	56	女	1939 年 10 月 14 日
林志山	滕州市龙阳镇林村	57	男	1939 年 10 月 14 日
司张氏	滕州市龙阳镇米庄村	35	女	1939 年 10 月 14 日
田士中	滕州市滨湖镇田桥	30	男	1939 年 10 月 15 日
赵崇民	滕州市滨湖镇田桥	24	男	1939 年 10 月 15 日
庞传适	滕州市滨湖镇徐楼	28	男	1939 年 10 月 15 日
刘宝雨	滕州市南沙河镇崔庄	76	男	1939 年 10 月 15 日
刘芝香	滕州市南沙河镇崔庄	13	女	1939 年 10 月 15 日
赵信平	滕州市滨湖镇田桥	28	男	1939 年 10 月 16 日
王有地	滕州市级索镇时庄村	—	男	1939 年 10 月 16 日
王书东	滕州市滨湖镇	28	男	1939 年 10 月 18 日
田中元	滕州市滨湖镇田桥	20	男	1939 年 10 月 18 日
刘真芳	滕州市滨湖镇严村	20	女	1939 年 10 月 18 日

姓　名	籍　贯	年龄	性别	死难时间
王维溁	滕州市柴胡店镇黄山村	22	男	1939 年 10 月 18 日
王兴在	滕州市龙阳镇小河子村	51	男	1939 年 10 月 18 日
狄胜金	滕州市南沙河镇古石二村	10	男	1939 年 10 月 19 日
崔西山	滕州市龙阳镇曾楼村	28	男	1939 年 10 月 20 日
张泽运	滕州市善南街道十里铺一	18	男	1939 年 10 月 20 日
陈效英	滕州市鲍沟镇磨庄	43	女	1939 年 10 月 21 日
王兴宾	滕州市鲍沟镇裴楼	47	男	1939 年 10 月 21 日
李方秀	滕州市西岗镇邓集	—	男	1939 年 10 月 22 日
聂俊成	滕州市鲍沟镇磨庄	19	男	1939 年 10 月 23 日
马红连	滕州市官桥镇东郑庄	16	女	1939 年 10 月 23 日
马红云	滕州市官桥镇东郑庄	17	女	1939 年 10 月 23 日
王有早	滕州市级索镇时庄村	—	女	1939 年 10 月 23 日
张丰为	滕州市善南街道王开一	40	男	1939 年 10 月 23 日
张以环	滕州市善南街道王开一	58	男	1939 年 10 月 23 日
张以久	滕州市善南街道王开一	59	男	1939 年 10 月 23 日
任振宽	滕州市官桥镇轩庄村	68	男	1939 年 10 月 25 日
奉　二	滕州市荆河街道东寺院村	5	男	1939 年 10 月 26 日
王学友	滕州市北辛街道北楼	27	男	1939 年 11 月 1 日
张金柱	滕州市北辛街道北楼	7	男	1939 年 11 月 1 日
李现武	滕州市北辛街道东北坛	23	男	1939 年 11 月 1 日
李　洋	滕州市北辛街道东北坛	21	男	1939 年 11 月 1 日
魏文德	滕州市北辛街道后荆沟居	40	男	1939 年 11 月 1 日
李广友	滕州市北辛街道后屯	47	男	1939 年 11 月 1 日
王顺民	滕州市北辛街道后屯	39	男	1939 年 11 月 1 日
张先太	滕州市北辛街道后屯	52	男	1939 年 11 月 1 日
朱德民	滕州市北辛街道后屯	21	男	1939 年 11 月 1 日
生克义	滕州市北辛街道小岗村	19	男	1939 年 11 月 1 日
周传才	滕州市北辛街道小岗村	18	男	1939 年 11 月 1 日
周房新	滕州市北辛街道小岗村	26	男	1939 年 11 月 1 日
田开银	滕州市东郭镇前明	60	男	1939 年 11 月 1 日
田允兴	滕州市东郭镇前明	41	男	1939 年 11 月 1 日
刘子峰	滕州市洪绪镇白龙湾	26	男	1939 年 11 月 1 日
吴长生之子	滕州市洪绪镇北侯庄	3	男	1939 年 11 月 1 日
丁善文之子	滕州市洪绪镇杜场村	4	男	1939 年 11 月 1 日

姓　名	籍　贯	年　龄	性　别	死难时间
徐伯豹之子	滕州市洪绪镇郝洼村	4	男	1939 年 11 月 1 日
任中传	滕州市洪绪镇金庄	24	男	1939 年 11 月 1 日
龙光泰	滕州市洪绪镇龙庄村	55	男	1939 年 11 月 1 日
任庆伟	滕州市洪绪镇任于庄	24	男	1939 年 11 月 1 日
李为法	滕州市洪绪镇唐庄村	35	男	1939 年 11 月 1 日
李成富	滕州市鲍沟镇坝后	48	男	1939 年 11 月 2 日
王为红	滕州市鲍沟镇坝后	36	男	1939 年 11 月 2 日
王振西	滕州市鲍沟镇西皇甫村	50	男	1939 年 11 月 2 日
朱广军	滕州市南沙河镇	36	男	1939 年 11 月 2 日
朱双喜	滕州市南沙河镇	5	男	1939 年 11 月 2 日
王光义	滕州市西岗镇高庙东村	16	男	1939 年 11 月 2 日
殷书昌	滕州市西岗镇高庙东村	22	男	1939 年 11 月 2 日
殷同昌	滕州市西岗镇高庙东村	20	男	1939 年 11 月 2 日
曹单氏	滕州市西岗镇西岗二村	28	女	1939 年 11 月 2 日
满景山	滕州市西岗镇西岗二村	26	男	1939 年 11 月 2 日
王德纪	滕州市级索镇董庄村	60	男	1939 年 11 月 3 日
张耕田	滕州市善南街道王开三	72	男	1939 年 11 月 4 日
孟宪文	滕州市官桥镇史庄村	22	男	1939 年 11 月 5 日
孟张氏	滕州市官桥镇史庄村	30	女	1939 年 11 月 5 日
刘庆宇	滕州市善南街道刘庄	53	男	1939 年 11 月 5 日
闫庆珍	滕州市鲍沟镇闫庙	23	男	1939 年 11 月 7 日
王光礼	滕州市西岗镇高庙西村	38	男	1939 年 11 月 7 日
杨张氏	滕州市西岗镇北曹庄	27	女	1939 年 11 月 8 日
王其芳	滕州市西岗镇高庙南村	27	男	1939 年 11 月 8 日
王修河	滕州市南沙河镇后小庄	23	男	1939 年 11 月 9 日
张贻珠	滕州市善南街道王开三	71	男	1939 年 11 月 9 日
王修宾	滕州市南沙河镇后小庄	21	男	1939 年 11 月 10 日
曹郝氏	滕州市西岗镇西岗二村	45	女	1939 年 11 月 10 日
吕兰玉	滕州市龙泉街道	25	男	1939 年 11 月 11 日
王宝利	滕州市南沙河镇后小庄	23	男	1939 年 11 月 11 日
李庆海	滕州市鲍沟镇河崖	48	男	1939 年 11 月 12 日
张朱氏	滕州市善南街道王开三	69	女	1939 年 11 月 12 日
陈正瑞	滕州市西岗镇西岗二村	67	男	1939 年 11 月 12 日
王显久	滕州市西岗镇西岗一村	27	男	1939 年 11 月 12 日

姓 名	籍 贯	年 龄	性 别	死难时间
郝广山	滕州市鲍沟镇郝庄	17	男	1939 年 11 月 13 日
侯王氏	滕州市鲍沟镇侯楼	46	女	1939 年 11 月 13 日
任传周	滕州市西岗镇西岗一村	17	男	1939 年 11 月 13 日
侯李氏	滕州市鲍沟镇侯楼	46	女	1939 年 11 月 15 日
王二妹	滕州市南沙河镇西古石村	14	女	1939 年 11 月 15 日
张高氏	滕州市南沙河镇西古石村	29	女	1939 年 11 月 15 日
李成林	滕州市善南街道刘屯	23	男	1939 年 11 月 16 日
徐曰伟	滕州市鲍沟镇东皇甫村	32	男	1939 年 11 月 17 日
王建明	滕州市官桥镇西郑庄	29	男	1939 年 11 月 18 日
王明昂	滕州市官桥镇西郑庄	25	男	1939 年 11 月 18 日
王新奴	滕州市官桥镇西郑庄	19	女	1939 年 11 月 18 日
王新田	滕州市官桥镇西郑庄	33	男	1939 年 11 月 18 日
吴杨氏	滕州市官桥镇前公桥	39	女	1939 年 11 月 19 日
朱冯氏	滕州市官桥镇前公桥	56	女	1939 年 11 月 19 日
闵广年	滕州市鲍沟镇鲍沟二村	33	男	1939 年 11 月 21 日
闵宪水	滕州市鲍沟镇鲍沟二村	31	男	1939 年 11 月 21 日
闵昭海	滕州市鲍沟镇鲍沟二村	39	男	1939 年 11 月 21 日
闵昭君	滕州市鲍沟镇鲍沟二村	38	男	1939 年 11 月 21 日
丛贺氏	滕州市鲍沟镇成屯	35	女	1939 年 11 月 21 日
吕宜文	滕州市鲍沟镇成屯	40	男	1939 年 11 月 21 日
朱元华	滕州市鲍沟镇成屯	35	男	1939 年 11 月 21 日
马长太	滕州市鲍沟镇姜店村	41	男	1939 年 11 月 21 日
孙贵泉	滕州市鲍沟镇孙岗	27	男	1939 年 11 月 21 日
黄其同	滕州市鲍沟镇吴庄村	29	男	1939 年 11 月 21 日
王朝金	滕州市鲍沟镇吴庄村	34	男	1939 年 11 月 21 日
赵思年	滕州市鲍沟镇吴庄村	27	男	1939 年 11 月 21 日
邢佑刚	滕州市鲍沟镇小刘庄	16	男	1939 年 11 月 21 日
张振义	滕州市鲍沟镇张埠村	17	男	1939 年 11 月 21 日
范玉花	滕州市官桥镇前莱村	29	女	1939 年 11 月 22 日
范玉田	滕州市官桥镇前莱村	21	男	1939 年 11 月 22 日
曹尤昌	滕州市西岗镇西曹庄	30	男	1939 年 11 月 22 日
曹章军	滕州市西岗镇西曹庄	19	男	1939 年 11 月 22 日
张成奎	滕州市西岗镇西曹庄	31	男	1939 年 11 月 22 日
侯李氏	滕州市鲍沟镇侯楼	46	女	1939 年 11 月 23 日

姓 名	籍 贯	年 龄	性 别	死难时间
侯王氏	滕州市鲍沟镇侯楼	46	女	1939 年 11 月 23 日
侯致军	滕州市鲍沟镇侯楼	47	男	1939 年 11 月 23 日
张刘氏	滕州市鲍沟镇侯楼	38	女	1939 年 11 月 23 日
王问坡	滕州市官桥镇西郑庄	41	男	1939 年 11 月 23 日
王崇文	滕州市级索镇时庄村	—	男	1939 年 11 月 23 日
王宗固	滕州市级索镇时庄村	—	男	1939 年 11 月 23 日
马宝玉	滕州市南沙河镇房村	15	男	1939 年 11 月 23 日
马登奎	滕州市南沙河镇房村	48	男	1939 年 11 月 23 日
王学立	滕州市南沙河镇房村	46	男	1939 年 11 月 23 日
王彦顺	滕州市南沙河镇房村	18	男	1939 年 11 月 23 日
田崇彬	滕州市滨湖镇田桥	19	男	1939 年 11 月 24 日
王崇上	滕州市级索镇时庄村	—	男	1939 年 11 月 24 日
丁修真	滕州市鲍沟镇磨庄	—	男	1939 年 11 月 27 日
张 欣	滕州市鲍沟镇西石庙	32	男	1939 年 12 月 1 日
张文斗	滕州市北辛街道冯河	32	男	1939 年 12 月 1 日
李茂觉	滕州市北辛街道侉庄	46	男	1939 年 12 月 1 日
刘德功	滕州市北辛街道侉庄	46	男	1939 年 12 月 1 日
朱培利	滕州市北辛街道沈庄	27	男	1939 年 12 月 1 日
朱培万	滕州市北辛街道沈庄	39	男	1939 年 12 月 1 日
邓明亮	滕州市北辛街道孙庄	59	男	1939 年 12 月 1 日
柳金标	滕州市北辛街道孙庄	60	男	1939 年 12 月 1 日
周继厚	滕州市北辛街道西七	40	男	1939 年 12 月 1 日
周继文	滕州市北辛街道西七	37	男	1939 年 12 月 1 日
周继武	滕州市北辛街道西七	21	男	1939 年 12 月 1 日
李洪栋	滕州市北辛街道小岗村	19	男	1939 年 12 月 1 日
李洪林	滕州市北辛街道小岗村	26	男	1939 年 12 月 1 日
李洪申	滕州市北辛街道小岗村	41	男	1939 年 12 月 1 日
李振江	滕州市北辛街道小岗村	20	男	1939 年 12 月 1 日
王成吉	滕州市北辛街道兴隆庄	22	男	1939 年 12 月 1 日
刘其昌	滕州市柴胡店镇官路口村	41	男	1939 年 12 月 1 日
张洪香	滕州市洪绪镇光明村	22	男	1939 年 12 月 1 日
龙光平	滕州市洪绪镇龙庄村	40	男	1939 年 12 月 1 日
龙明芳之子	滕州市洪绪镇龙庄村	2	男	1939 年 12 月 1 日
郭小三	滕州市荆河街道郭彭庄	6	男	1939 年 12 月 1 日

姓 名	籍 贯	年 龄	性 别	死难时间
王四全	滕州市荆河街道郭彭庄	26	男	1939 年 12 月 1 日
魏志荣	滕州市荆河街道魏庄	51	男	1939 年 12 月 1 日
陈广民	滕州市龙阳镇小寨村	32	男	1939 年 12 月 1 日
张丰寅	滕州市善南街道王开三	73	男	1939 年 12 月 1 日
张巩氏	滕州市善南街道王开三	75	女	1939 年 12 月 1 日
张永男	滕州市善南街道王开三	69	男	1939 年 12 月 2 日
李建海	滕州市西岗镇孙庄村	52	男	1939 年 12 月 2 日
任传中	滕州市西岗镇西岗一村	13	男	1939 年 12 月 2 日
庞传地	滕州市滨湖镇田桥	20	男	1939 年 12 月 5 日
庞传照	滕州市滨湖镇田桥	32	男	1939 年 12 月 5 日
张围田	滕州市善南街道王开三	67	男	1939 年 12 月 5 日
龙敦同	滕州市级索镇级索村	50	男	1939 年 12 月 6 日
宋计孔	滕州市木石镇亚庄	38	男	1939 年 12 月 6 日
宋计善	滕州市木石镇亚庄	41	男	1939 年 12 月 6 日
张安贵	滕州市木石镇亚庄	50	男	1939 年 12 月 6 日
张安田	滕州市善南街道王开三	68	男	1939 年 12 月 6 日
张明立	滕州市张江镇孟仓村	25	男	1939 年 12 月 6 日
高　山	滕州市鲍沟镇姜店村	51	男	1939 年 12 月 7 日
刘玉荣	滕州市鲍沟镇磨庄	74	男	1939 年 12 月 7 日
张袁氏	滕州市善南街道王开三	75	女	1939 年 12 月 7 日
葛玉环	滕州市鲍沟镇	40	男	1939 年 12 月 8 日
褚庆峰	滕州市鲍沟镇褚村	32	男	1939 年 12 月 8 日
褚思明	滕州市鲍沟镇褚村	34	男	1939 年 12 月 8 日
褚思义	滕州市鲍沟镇褚村	29	男	1939 年 12 月 8 日
褚衍峰	滕州市鲍沟镇褚村	32	男	1939 年 12 月 8 日
褚衍山	滕州市鲍沟镇褚村	28	男	1939 年 12 月 8 日
谭凤山	滕州市鲍沟镇褚村	27	男	1939 年 12 月 8 日
王清德	滕州市鲍沟镇褚村	24	男	1939 年 12 月 8 日
杨传山	滕州市柴胡店镇振兴庄	52	男	1939 年 12 月 9 日
杨茂金	滕州市柴胡店镇振兴庄	64	男	1939 年 12 月 9 日
陈励堂	滕州市西岗镇西岗二村	72	男	1939 年 12 月 10 日
冯王氏	滕州市南沙河镇古石三村	38	女	1939 年 12 月 11 日
狄延金	滕州市善南街道十里铺一	21	男	1939 年 12 月 11 日
周延福	滕州市善南街道十里铺一	18	男	1939 年 12 月 11 日

姓 名	籍 贯	年 龄	性 别	死难时间
王光典	滕州市西岗镇高庙南村	26	男	1939 年 12 月 11 日
马胖妮	滕州市滨湖镇宋村	17	女	1939 年 12 月 12 日
杨成国	滕州市官桥镇大韩村	54	男	1939 年 12 月 12 日
周士花	滕州市官桥镇大韩村	65	男	1939 年 12 月 12 日
吕广才	滕州市龙泉街道	40	男	1939 年 12 月 12 日
曹二妹	滕州市龙泉街道黄山桥居	20	女	1939 年 12 月 12 日
郭××	滕州市龙泉街道黄山桥居	40	男	1939 年 12 月 12 日
王郭之妻	滕州市龙泉街道黄山桥居	20	女	1939 年 12 月 12 日
王振甲之子	滕州市龙泉街道黄山桥居	20	男	1939 年 12 月 12 日
张姜氏	滕州市善南街道王开三	77	女	1939 年 12 月 12 日
李 明	滕州市龙泉街道黄山桥居	40	男	1939 年 12 月 13 日
张亮田	滕州市善南街道王开三	71	男	1939 年 12 月 13 日
庞传力	滕州市滨湖镇田桥	35	男	1939 年 12 月 14 日
高金榜	滕州市龙泉街道春秋阁	40	男	1939 年 12 月 14 日
刘兴让	滕州市龙泉街道春秋阁	40	女	1939 年 12 月 14 日
张聋子之母	滕州市龙泉街道春秋阁	40	女	1939 年 12 月 14 日
张气氛之祖母	滕州市龙泉街道春秋阁	40	女	1939 年 12 月 14 日
张四虎	滕州市龙泉街道春秋阁	40	男	1939 年 12 月 14 日
刘齐氏	滕州市龙泉街道黄山桥居	40	女	1939 年 12 月 14 日
李红红	滕州市滨湖镇南陈	51	女	1939 年 12 月 15 日
田中体	滕州市滨湖镇田桥	25	男	1939 年 12 月 15 日
赵恒环	滕州市滨湖镇田桥	26	男	1939 年 12 月 15 日
卢 山	滕州市荆河街道东寺院村	32	男	1939 年 12 月 15 日
卢 永	滕州市荆河街道东寺院村	30	男	1939 年 12 月 15 日
吴家栋	滕州市滨湖镇东屯前	20	男	1939 年 12 月 18 日
吴振强	滕州市滨湖镇东屯前	48	男	1939 年 12 月 18 日
王恒英	滕州市滨湖镇严村	25	女	1939 年 12 月 18 日
刘士凯	滕州市滨湖镇	33	男	1939 年 12 月 19 日
马 林	滕州市滨湖镇	18	男	1939 年 12 月 19 日
王兆文	滕州市滨湖镇	55	男	1939 年 12 月 19 日
颜 冬	滕州市滨湖镇	13	男	1939 年 12 月 19 日
吴家国	滕州市滨湖镇东屯前	30	男	1939 年 12 月 21 日
张显凤	滕州市荆河街道东寺院村	15	女	1939 年 12 月 23 日
张气氛之祖父	滕州市龙泉街道春秋阁	40	男	1939 年 12 月 23 日

姓　名	籍　贯	年龄	性别	死难时间
张义斌	滕州市龙泉街道春秋阁	40	男	1939 年 12 月 23 日
吴满屯	滕州市滨湖镇东屯前	65	男	1939 年 12 月 24 日
卢　田	滕州市荆河街道东寺院村	7	男	1939 年 12 月 25 日
王明理	滕州市荆河街道东寺院村	37	男	1939 年 12 月 25 日
吴满生	滕州市滨湖镇东屯前	58	男	1939 年 12 月 26 日
吴启香	滕州市滨湖镇东屯前	25	男	1939 年 12 月 26 日
吕修齐	滕州市鲍沟镇	25	男	1939 年 12 月 28 日
吕传科	滕州市鲍沟镇吕坡	23	男	1939 年 12 月 28 日
吴家防	滕州市滨湖镇东屯前	28	男	1939 年 12 月 29 日
吴家元	滕州市滨湖镇东屯前	33	男	1939 年 12 月 29 日
任福义	滕州市西岗镇高庙南村	32	男	1939 年 12 月 30 日
刘印轩	—	34	男	1939 年
邱玉沛	—	36	男	1939 年
王连立	—	—	—	1939 年
刘二才	—	—	—	1939 年
崔兴贤	—	—	—	1939 年
刘继云	—	—	—	1939 年
李厚洋	—	—	—	1939 年
魏广元	—	—	—	1939 年
程保申	—	—	—	1939 年
王明顺	—	—	—	1939 年
鲁在儒	滕州市滨湖镇李村	42	男	1939 年
山云章	滕州市羊庄镇大赵庄	38	男	1939 年
梁继路	滕州市羊庄镇东石湾	35	男	1939 年
韩登丰	滕州市羊庄镇东王庄	33	男	1939 年
朱传哲	滕州市羊庄镇范西	39	男	1939 年
张守强	滕州市羊庄镇后毛堌	14	男	1939 年
连　银	滕州市羊庄镇民庄	19	男	1939 年
赵瑞祥	滕州市羊庄镇民庄	22	男	1939 年
赵瑞祥之子	滕州市羊庄镇民庄	—	男	1939 年
王玉深	滕州市羊庄镇南台	37	男	1939 年
张培志	滕州市羊庄镇南塘	34	男	1939 年
张培志之女	滕州市羊庄镇南塘	10	女	1939 年
华敬南	滕州市羊庄镇西江	26	男	1939 年

姓 名	籍 贯	年龄	性别	死难时间
华明山	滕州市羊庄镇西江	25	男	1939 年
孔召贤	滕州市羊庄镇西江	25	男	1939 年
童玉栓	滕州市羊庄镇西江	22	男	1939 年
崔 五	滕州市羊庄镇羊南	40	男	1939 年
颜成贵	滕州市羊庄镇羊山	30	男	1939 年
李发成	滕州市羊庄镇羊山	23	男	1939 年
颜许氏	滕州市羊庄镇羊山	25	女	1939 年
巩夫彦	滕州市羊庄镇中黄沟	60	男	1939 年
刘子义	滕州市羊庄镇中黄沟	38	男	1939 年
周四东	滕州市羊庄镇中黄沟	31	男	1939 年
刘崇章	滕州市羊庄镇中黄沟	40	男	1939 年
刘崇章之女	滕州市羊庄镇中黄沟	12	女	1939 年
宗运礼	滕州市张汪镇辛集	—	男	1939 年
张兆元	滕州市北辛街道北关	38	男	1940 年 1 月 1 日
孟广善	滕州市北辛街道后荆沟居	28	男	1940 年 1 月 1 日
张永胜	滕州市北辛街道后荆沟居	23	男	1940 年 1 月 1 日
魏金亮	滕州市北辛街道教场	26	男	1940 年 1 月 1 日
刘信珍	滕州市柴胡店镇沙庄村	59	男	1940 年 1 月 1 日
曹二菊	滕州市荆河街道曹庄	5	女	1940 年 1 月 1 日
曹福永	滕州市荆河街道曹庄	10	男	1940 年 1 月 1 日
曹继安	滕州市荆河街道曹庄	49	男	1940 年 1 月 1 日
曹小辛	滕州市荆河街道曹庄	7	女	1940 年 1 月 1 日
刘振山	滕州市荆河街道馍馍庄	32	男	1940 年 1 月 1 日
崔玉成	滕州市荆河街道西潭	76	男	1940 年 1 月 1 日
何永春	滕州市荆河街道西潭	32	男	1940 年 1 月 1 日
张丰尚	滕州市善南街道王开三	37	男	1940 年 1 月 1 日
闫建行	滕州市鲍沟镇闫庙	31	男	1940 年 1 月 2 日
赵宪海	滕州市级索镇彭庄村	—	男	1940 年 1 月 2 日
聂运来	滕州市南沙河镇	30	男	1940 年 1 月 2 日
朱荣昌	滕州市南沙河镇	19	男	1940 年 1 月 2 日
高金山	滕州市南沙河镇	36	男	1940 年 1 月 2 日
高吕氏	滕州市南沙河镇侯庄	34	女	1940 年 1 月 2 日
李连春	滕州市善南街道刘庄	35	男	1940 年 1 月 2 日
刘召兵	滕州市善南街道刘庄	36	男	1940 年 1 月 2 日

姓 名	籍 贯	年 龄	性 别	死难时间
刘召凯	滕州市善南街道刘庄	37	男	1940 年 1 月 2 日
刘召启	滕州市善南街道刘庄	30	男	1940 年 1 月 2 日
何传启	滕州市龙阳镇何岭村	50	男	1940 年 1 月 3 日
徐崔氏	滕州市南沙河镇下徐	34	女	1940 年 1 月 4 日
张保田	滕州市善南街道王开三	68	男	1940 年 1 月 4 日
赵景洪	滕州市级索镇彭庄村	75	男	1940 年 1 月 5 日
赵景桧	滕州市级索镇彭庄村	—	男	1940 年 1 月 5 日
赵景友	滕州市级索镇彭庄村	—	男	1940 年 1 月 5 日
王 伟	滕州市荆河街道马号居	17	男	1940 年 1 月 5 日
刘 海	滕州市木石镇山口村	30	男	1940 年 1 月 5 日
李连朴	滕州市善南街道刘庄	51	男	1940 年 1 月 5 日
张美田	滕州市善南街道王开三	69	男	1940 年 1 月 5 日
闵昭堂	滕州市西岗镇西岗三村	20	男	1940 年 1 月 5 日
刘马贤	滕州市柴胡店镇沙庄村	45	男	1940 年 1 月 7 日
赵大仕	滕州市级索镇赵坡村	69	男	1940 年 1 月 7 日
赵方龙	滕州市级索镇赵坡村	68	男	1940 年 1 月 7 日
赵举钦	滕州市级索镇赵坡村	—	男	1940 年 1 月 7 日
赵真坤	滕州市级索镇赵坡村	—	男	1940 年 1 月 7 日
张贻树	滕州市善南街道王开三	67	男	1940 年 1 月 7 日
渠张氏	滕州市官桥镇坝上村	62	女	1940 年 1 月 9 日
渠志侦	滕州市官桥镇坝上村	31	男	1940 年 1 月 9 日
张大郎	滕州市官桥镇坝上村	43	男	1940 年 1 月 9 日
任士营	滕州市官桥镇大康留	52	男	1940 年 1 月 9 日
刘 淼	滕州市南沙河镇房村	49	男	1940 年 1 月 10 日
刘高氏	滕州市南沙河镇南池	50	女	1940 年 1 月 10 日
朱 氏	滕州市南沙河镇南池	52	女	1940 年 1 月 10 日
朱后永	滕州市南沙河镇南池	52	男	1940 年 1 月 10 日
陈马氏	滕州市西岗镇西岗二村	68	女	1940 年 1 月 10 日
闫庆典	滕州市鲍沟镇闫庙	37	男	1940 年 1 月 11 日
代美峰之父	滕州市龙泉街道后洪村	34	男	1940 年 1 月 11 日
李树林之父	滕州市龙泉街道后洪村	30	男	1940 年 1 月 11 日
侯振武	滕州市龙泉街道前洪	53	男	1940 年 1 月 11 日
薛振锋	滕州市龙泉街道前洪	38	男	1940 年 1 月 11 日
丁华贵	滕州市善南街道丁庄	5	男	1940 年 1 月 11 日

姓　名	籍　贯	年　龄	性　别	死难时间
马　五	滕州市善南街道丁庄	3	男	1940 年 1 月 11 日
顾崇庆	滕州市善南街道刘庄	24	男	1940 年 1 月 11 日
顾冯辉	滕州市善南街道刘庄	39	男	1940 年 1 月 11 日
顾冯义	滕州市善南街道刘庄	32	男	1940 年 1 月 11 日
李连堂	滕州市善南街道刘庄	33	男	1940 年 1 月 11 日
黄来强	滕州市鲍沟镇坝后	40	男	1940 年 1 月 12 日
吕中军	滕州市鲍沟镇坝后	30	男	1940 年 1 月 12 日
张周氏	滕州市官桥镇东磨庄	27	女	1940 年 1 月 12 日
李仇氏之叔父	滕州市龙泉街道后洪村	32	男	1940 年 1 月 12 日
刘玉才	滕州市龙阳镇耿庄村	25	男	1940 年 1 月 13 日
王大永	滕州市龙阳镇曾楼村	18	男	1940 年 1 月 13 日
王兆华	滕州市龙阳镇曾楼村	29	男	1940 年 1 月 13 日
何玉里	滕州市龙阳镇何岭村	48	男	1940 年 1 月 15 日
刘庆闯	滕州市善南街道刘庄	24	男	1940 年 1 月 15 日
刘庆刚	滕州市善南街道刘庄	33	男	1940 年 1 月 15 日
张夫胜	滕州市官桥镇北韩村	29	男	1940 年 1 月 16 日
王思功之母	滕州市官桥镇太平庄	75	女	1940 年 1 月 16 日
王思孝之父	滕州市官桥镇太平庄	61	男	1940 年 1 月 16 日
安　磊	滕州市官桥镇	46	男	1940 年 1 月 16 日
李家贤	滕州市官桥镇	50	男	1940 年 1 月 16 日
高崇信	滕州市善南街道高庄	42	男	1940 年 1 月 16 日
高王氏	滕州市善南街道高庄	39	女	1940 年 1 月 16 日
王文贵	滕州市善南街道高庄	51	男	1940 年 1 月 16 日
闵宪尧	滕州市鲍沟镇鲍沟二村	28	男	1940 年 1 月 17 日
孙贵文	滕州市鲍沟镇孙岗	21	男	1940 年 1 月 17 日
李中胜	滕州市鲍沟镇小刘庄	20	男	1940 年 1 月 17 日
闫庆玲	滕州市鲍沟镇闫庙	27	男	1940 年 1 月 17 日
杜太祥	滕州市西岗镇高庙东村	18	男	1940 年 1 月 18 日
殷延宗	滕州市西岗镇高庙东村	18	男	1940 年 1 月 18 日
刘现银	滕州市龙阳镇	—	男	1940 年 1 月 20 日
神维国	滕州市龙阳镇	—	男	1940 年 1 月 20 日
陈敬堂	滕州市善南街道丁庄	28	男	1940 年 1 月 20 日
王小蓝	滕州市南沙河镇房村	21	女	1940 年 1 月 22 日
吕宜俭	滕州市鲍沟镇吕坡	16	男	1940 年 1 月 23 日

姓 名	籍 贯	年 龄	性 别	死难时间
吕宜泰	滕州市鲍沟镇吕坡	18	男	1940 年 1 月 23 日
崔国平	滕州市龙阳镇曾楼村	18	男	1940 年 1 月 30 日
李 力	滕州市南沙河镇房村	24	男	1940 年 1 月 30 日
龙兴爱	—	—	—	1940 年 2 月 1 日
李忠俊	滕州市北辛街道	52	男	1940 年 2 月 1 日
刘明银	滕州市北辛街道	20	男	1940 年 2 月 1 日
李德成	滕州市北辛街道北关	39	男	1940 年 2 月 1 日
李赵氏	滕州市北辛街道北关	60	女	1940 年 2 月 1 日
栾承舟	滕州市北辛街道北关	46	男	1940 年 2 月 1 日
张建成	滕州市北辛街道北楼	40	男	1940 年 2 月 1 日
侯赵氏	滕州市北辛街道后荆沟居	24	女	1940 年 2 月 1 日
张永海	滕州市北辛街道后荆沟居	24	男	1940 年 2 月 1 日
生玉启	滕州市北辛街道小岗村	36	男	1940 年 2 月 1 日
周传付	滕州市北辛街道小岗村	17	男	1940 年 2 月 1 日
周维德	滕州市北辛街道周楼	32	男	1940 年 2 月 1 日
周致才	滕州市北辛街道周楼	30	男	1940 年 2 月 1 日
张常花	滕州市大坞镇任前	56	女	1940 年 2 月 1 日
陆光平	滕州市东郭镇大党山	38	男	1940 年 2 月 1 日
丁书良	滕州市东郭镇后李岭	40	男	1940 年 2 月 1 日
李玉具	滕州市东郭镇后李岭	46	男	1940 年 2 月 1 日
林中亮	滕州市东郭镇林岭	25	男	1940 年 2 月 1 日
王金标	滕州市东郭镇山前	50	男	1940 年 2 月 1 日
朱秀辛	滕州市东郭镇山前	37	男	1940 年 2 月 1 日
刘广梅	滕州市东郭镇唐林	29	男	1940 年 2 月 1 日
李太安	滕州市东郭镇王庄	44	男	1940 年 2 月 1 日
王天新	滕州市东郭镇王庄	39	男	1940 年 2 月 1 日
宋加信	滕州市东郭镇小任庄	35	男	1940 年 2 月 1 日
韩允峰	滕州市洪绪镇白龙湾	38	男	1940 年 2 月 1 日
张显廷	滕州市洪绪镇陈楼村	24	男	1940 年 2 月 1 日
王道军	滕州市洪绪镇赤店村	39	男	1940 年 2 月 1 日
金明春	滕州市洪绪镇金庄	24	男	1940 年 2 月 1 日
金明华	滕州市洪绪镇金庄	46	男	1940 年 2 月 1 日
金元平	滕州市洪绪镇金庄	29	男	1940 年 2 月 1 日
金元振	滕州市洪绪镇金庄	30	男	1940 年 2 月 1 日

姓 名	籍 贯	年 龄	性 别	死难时间
侯永启	滕州市洪绪镇孔屯村	20	男	1940 年 2 月 1 日
高王氏	滕州市荆河街道大同	40	女	1940 年 2 月 1 日
刘美环	滕州市荆河街道金平	50	女	1940 年 2 月 1 日
刘本力	滕州市荆河街道馍馍庄	52	男	1940 年 2 月 1 日
刘振乾	滕州市荆河街道馍馍庄	57	男	1940 年 2 月 1 日
刘子厚	滕州市荆河街道馍馍庄	44	男	1940 年 2 月 1 日
赵曰海	滕州市荆河街道通衢街	25	男	1940 年 2 月 1 日
顾崇国	滕州市善南街道刘庄	29	男	1940 年 2 月 1 日
刁纪安	滕州市善南街道王开一	47	男	1940 年 2 月 1 日
邢继银	滕州市鲍沟镇邢寨	40	男	1940 年 2 月 2 日
邢继云之弟	滕州市鲍沟镇邢寨	20	男	1940 年 2 月 2 日
周广森	滕州市荆河街道马号居	27	男	1940 年 2 月 3 日
陈邓氏	滕州市善南街道十里铺二	—	女	1940 年 2 月 3 日
陈广哲	滕州市善南街道十里铺二	63	男	1940 年 2 月 3 日
单张氏	滕州市善南街道十里铺二	61	女	1940 年 2 月 3 日
李峰印	滕州市善南街道十里铺二	9	男	1940 年 2 月 3 日
马召义	滕州市鲍沟镇马庄	23	男	1940 年 2 月 5 日
朱百哲	滕州市柴胡店镇前大官村	48	男	1940 年 2 月 5 日
朱俊连	滕州市柴胡店镇前大官村	51	男	1940 年 2 月 5 日
周王氏	滕州市荆河街道马号居	25	女	1940 年 2 月 5 日
陈大柱	滕州市善南街道刘屯	19	男	1940 年 2 月 5 日
陈二柱	滕州市善南街道刘屯	16	男	1940 年 2 月 5 日
陈允强	滕州市善南街道刘屯	41	男	1940 年 2 月 5 日
张王氏	滕州市善南街道刘屯	40	女	1940 年 2 月 5 日
王士霞	滕州市柴胡店镇邵庄	49	女	1940 年 2 月 6 日
朱广庆之祖母	滕州市官桥镇太平庄	69	女	1940 年 2 月 6 日
张 三	滕州市荆河街道马号居	18	男	1940 年 2 月 6 日
吴耀发	滕州市龙泉街道东大庙	24	男	1940 年 2 月 6 日
张贵田	滕州市善南街道十里铺一	21	男	1940 年 2 月 6 日
张柱田	滕州市善南街道十里铺一	26	男	1940 年 2 月 6 日
张爱玲	滕州市柴胡店镇邵庄	48	女	1940 年 2 月 7 日
张士芳	滕州市柴胡店镇	44	男	1940 年 2 月 8 日
高秀华	滕州市柴胡店镇邵庄	55	女	1940 年 2 月 8 日
邵家宝	滕州市柴胡店镇邵庄	48	男	1940 年 2 月 8 日

姓 名	籍 贯	年 龄	性 别	死难时间
刘子安	滕州市鲍沟镇刘西	22	男	1940 年 2 月 9 日
刘子林	滕州市鲍沟镇刘西	17	男	1940 年 2 月 9 日
肖洪池	滕州市鲍沟镇刘西	30	男	1940 年 2 月 9 日
肖洪荣	滕州市鲍沟镇刘西	18	男	1940 年 2 月 9 日
刘延俊	滕州市柴胡店镇沙庄村	70	男	1940 年 2 月 9 日
吴恒花	滕州市柴胡店镇邵庄	54	女	1940 年 2 月 9 日
杜明仁	滕州市官桥镇北辛村	52	男	1940 年 2 月 9 日
时培华	滕州市官桥镇时店村	26	男	1940 年 2 月 9 日
时培菊	滕州市官桥镇时店村	53	女	1940 年 2 月 9 日
党远立	滕州市南沙河镇河汇村	21	男	1940 年 2 月 9 日
徐开红	滕州市南沙河镇河汇村	24	男	1940 年 2 月 9 日
褚衍武	滕州市鲍沟镇褚村	30	男	1940 年 2 月 10 日
刘慧中	滕州市鲍沟镇大刘庄	34	男	1940 年 2 月 10 日
郝玉清	滕州市鲍沟镇关村	78	男	1940 年 2 月 10 日
李广义	滕州市鲍沟镇关村	69	男	1940 年 2 月 10 日
肖洪振	滕州市鲍沟镇刘西	20	男	1940 年 2 月 10 日
王宜元	滕州市鲍沟镇西皇甫村	43	男	1940 年 2 月 10 日
李二胖	滕州市龙阳镇龙阳村	25	女	1940 年 2 月 10 日
褚思俊	滕州市鲍沟镇褚村	31	男	1940 年 2 月 11 日
徐 二	滕州市柴胡店镇	55	男	1940 年 2 月 11 日
李刘氏	滕州市南沙河镇房村	25	女	1940 年 2 月 11 日
李王氏	滕州市西岗镇西岗二村	74	女	1940 年 2 月 11 日
褚庆礼	滕州市鲍沟镇褚村	21	男	1940 年 2 月 12 日
钟星辉	滕州市鲍沟镇鲍沟东村	37	男	1940 年 2 月 12 日
张冯氏	滕州市鲍沟镇侯楼	37	女	1940 年 2 月 12 日
崔凤会	滕州市南沙河镇陡铺	46	男	1940 年 2 月 12 日
张丰成	滕州市善南街道王开一	38	男	1940 年 2 月 12 日
张丰和	滕州市善南街道王开一	29	男	1940 年 2 月 12 日
王献坚	滕州市西岗镇东河岔	30	男	1940 年 2 月 12 日
王 源	滕州市鲍沟镇	43	男	1940 年 2 月 13 日
刘大妮	滕州市西岗镇柴里中村	6	女	1940 年 2 月 13 日
潘振皆	滕州市鲍沟镇大刘庄	32	男	1940 年 2 月 15 日
潘振生	滕州市鲍沟镇大刘庄	29	男	1940 年 2 月 15 日
杨忠顺	滕州市鲍沟镇大刘庄	28	男	1940 年 2 月 15 日

姓 名	籍 贯	年 龄	性 别	死难时间
张士俊	滕州市鲍沟镇张村	28	男	1940 年 2 月 15 日
张丰明	滕州市善南街道王开二	30	男	1940 年 2 月 15 日
孙张氏	滕州市官桥镇西康留	62	女	1940 年 2 月 16 日
吴成国	滕州市龙泉街道东大庙	27	男	1940 年 2 月 16 日
代关峰之伯父	滕州市龙泉街道后洪村	36	男	1940 年 2 月 16 日
周兆启之伯父	滕州市龙泉街道后洪村	29	男	1940 年 2 月 16 日
张大砖	滕州市鲍沟镇张村	19	男	1940 年 2 月 17 日
高陈氏	滕州市南沙河镇前辛章	36	女	1940 年 2 月 17 日
高罗氏	滕州市南沙河镇前辛章	28	女	1940 年 2 月 17 日
姜开余	滕州市鲍沟镇东荆林村	44	男	1940 年 2 月 18 日
闫德令	滕州市鲍沟镇闫庙	23 ·	男	1940 年 2 月 18 日
姜孙氏	滕州市鲍沟镇东荆林村	27	女	1940 年 2 月 19 日
马宜海	滕州市滨湖镇	26	男	1940 年 2 月 19 日
杜钦茂	滕州市级索镇前王晁村	28	男	1940 年 2 月 19 日
杜宗西	滕州市级索镇前王晁村	35	男	1940 年 2 月 19 日
胡诗成	滕州市级索镇前王晁村	—	男	1940 年 2 月 19 日
闫故水	滕州市级索镇前王晁村	35	男	1940 年 2 月 19 日
翟月东	滕州市级索镇前王晁村	40	男	1940 年 2 月 19 日
李铁西	滕州市西岗镇高庙北村	33	男	1940 年 2 月 19 日
田如喜	滕州市西岗镇高庙北村	34	男	1940 年 2 月 19 日
王宝龙	滕州市西岗镇高庙北村	26	男	1940 年 2 月 19 日
代关峰之母	滕州市龙泉街道后洪村	32	女	1940 年 2 月 20 日
朱学义	滕州市鲍沟镇南朱庄	46	男	1940 年 2 月 21 日
赵宝珠	滕州市鲍沟镇前皇甫村	67	男	1940 年 2 月 21 日
孙贵全	滕州市鲍沟镇孙岗	27	男	1940 年 2 月 21 日
张忠义	滕州市鲍沟镇薛岩后村	67	男	1940 年 2 月 21 日
耿广英之母	滕州市龙泉街道后洪村	26	女	1940 年 2 月 21 日
吴国强	滕州市滨湖镇东屯前	15	男	1940 年 2 月 22 日
裴行远	滕州市官桥镇史庄村	38	男	1940 年 2 月 26 日
渠王氏	滕州市官桥镇史庄村	40	女	1940 年 2 月 26 日
刘祥林之祖母	滕州市北辛街道北关	41	女	1940 年 3 月 1 日
冯集山	滕州市北辛街道冯河	25	男	1940 年 3 月 1 日
吕大英	滕州市北辛街道冯河	24	女	1940 年 3 月 1 日
赵继常	滕州市北辛街道冯河	42	男	1940 年 3 月 1 日

姓　名	籍　贯	年　龄	性　别	死难时间
周殿清	滕州市北辛街道冯河	27	男	1940 年 3 月 1 日
李振银	滕州市北辛街道侯王村	20	男	1940 年 3 月 1 日
刘同金	滕州市北辛街道侯王村	16	男	1940 年 3 月 1 日
胡德山	滕州市北辛街道后荆沟居	40	男	1940 年 3 月 1 日
胡庆江	滕州市北辛街道后荆沟居	41	男	1940 年 3 月 1 日
谭　虎	滕州市北辛街道教场	20	男	1940 年 3 月 1 日
魏王氏	滕州市北辛街道教场	59	女	1940 年 3 月 1 日
周士山	滕州市北辛街道周楼	37	男	1940 年 3 月 1 日
周友胜	滕州市北辛街道周楼	38	男	1940 年 3 月 1 日
孙女士	滕州市大坞镇任前	32	女	1940 年 3 月 1 日
柴学俭	滕州市东郭镇魀城店	52	男	1940 年 3 月 1 日
徐效曾	滕州市东郭镇魀城店	45	男	1940 年 3 月 1 日
王裕良	滕州市东郭镇南徐	26	男	1940 年 3 月 1 日
张学彬	滕州市东郭镇石羊山	—	男	1940 年 3 月 1 日
范玉花	滕州市东郭镇下户主	23	女	1940 年 3 月 1 日
党同甫之祖父	滕州市东郭镇党桥	47	男	1940 年 3 月 1 日
周广吉之父	滕州市东沙河镇	40	男	1940 年 3 月 1 日
周广启之父	滕州市东沙河镇	43	男	1940 年 3 月 1 日
周现朴之父	滕州市东沙河镇	42	男	1940 年 3 月 1 日
樊荣清	滕州市洪绪镇安庄村	40	男	1940 年 3 月 1 日
王洪节	滕州市洪绪镇堌堆村	25	男	1940 年 3 月 1 日
任庆东	滕州市洪绪镇任于庄	49	男	1940 年 3 月 1 日
沙佃同	滕州市洪绪镇沙官村	20	男	1940 年 3 月 1 日
张显北	滕州市洪绪镇沙官村	28	男	1940 年 3 月 1 日
赵汉国	滕州市界河镇唐楼村	26	男	1940 年 3 月 1 日
王长军	滕州市荆河街道大同	29	男	1940 年 3 月 1 日
李保群	滕州市荆河街道馍馍庄	18	男	1940 年 3 月 1 日
李奉启	滕州市荆河街道馍馍庄	54	男	1940 年 3 月 1 日
肖金堂	滕州市荆河街道馍馍庄	21	男	1940 年 3 月 1 日
张奉岭	滕州市荆河街道馍馍庄	19	男	1940 年 3 月 1 日
侯贺全	滕州市荆河街道	79	男	1940 年 3 月 1 日
王为忠	滕州市荆河街道	36	男	1940 年 3 月 1 日
徐兴照	滕州市西岗镇大屯村	24	男	1940 年 3 月 1 日
张文中	滕州市西岗镇大屯村	19	男	1940 年 3 月 1 日

姓 名	籍 贯	年龄	性别	死难时间
张王氏	滕州市善南街道小王开	55	女	1940 年 3 月 2 日
干成生	滕州市荆河街道平等居	52	男	1940 年 3 月 3 日
何大芝	滕州市荆河街道平等居	70	女	1940 年 3 月 3 日
徐道臣	滕州市荆河街道平等居	42	男	1940 年 3 月 3 日
张丰栋	滕州市善南街道王开一	56	男	1940 年 3 月 3 日
杨正国	滕州市西岗镇北赵庄	57	男	1940 年 3 月 4 日
陈大妮	滕州市善南街道小屯	24	女	1940 年 3 月 5 日
王长锁	滕州市善南街道小屯	28	男	1940 年 3 月 5 日
王代第	滕州市善南街道小屯	20	女	1940 年 3 月 5 日
王明久	滕州市善南街道小屯	25	男	1940 年 3 月 5 日
曹奎孝	滕州市西岗镇北曹庄	39	男	1940 年 3 月 5 日
彭宝湖	滕州市荆河街道平等居	69	男	1940 年 3 月 6 日
代兴科之伯父	滕州市龙泉街道后洪村	29	男	1940 年 3 月 6 日
孟小新	滕州市南沙河镇	13	男	1940 年 3 月 6 日
苏立路	滕州市南沙河镇	76	男	1940 年 3 月 6 日
孟田氏	滕州市南沙河镇魏村	38	女	1940 年 3 月 6 日
徐 佳	滕州市南沙河镇下徐	27	女	1940 年 3 月 6 日
张朝凤	滕州市善南街道张北庄	40	男	1940 年 3 月 6 日
王干平之母	滕州市西岗镇南曹村	39	女	1940 年 3 月 6 日
孙尚运	滕州市西岗镇孙庄村	26	男	1940 年 3 月 6 日
代兴科之父	滕州市龙泉街道后洪村	27	男	1940 年 3 月 7 日
王光起	滕州市西岗镇北曹庄	33	男	1940 年 3 月 7 日
朱见起	滕州市西岗镇北曹庄	26	男	1940 年 3 月 7 日
王洪军	滕州市滨湖镇中辛安	58	男	1940 年 3 月 8 日
王开民	滕州市滨湖镇中辛安	35	男	1940 年 3 月 8 日
王李氏	滕州市滨湖镇中辛安	32	女	1940 年 3 月 8 日
张丰雨	滕州市善南街道王开二	52	男	1940 年 3 月 8 日
陈洪年	滕州市善南街道小屯	29	男	1940 年 3 月 8 日
王明光	滕州市善南街道小屯	23	男	1940 年 3 月 8 日
张长磊	滕州市善南街道小屯	39	男	1940 年 3 月 8 日
张景水	滕州市善南街道小屯	37	男	1940 年 3 月 8 日
杨成保	滕州市鲍沟镇琉璃庙	21	男	1940 年 3 月 9 日
杨成梗	滕州市鲍沟镇琉璃庙	18	男	1940 年 3 月 9 日
张李氏	滕州市鲍沟镇南朱庄	60	女	1940 年 3 月 9 日

姓 名	籍 贯	年 龄	性 别	死难时间
刘学福	滕州市鲍沟镇前皇甫村	52	男	1940 年 3 月 9 日
张王氏	滕州市鲍沟镇张村	27	女	1940 年 3 月 9 日
郝凯福	滕州市鲍沟镇郝寨村	24	男	1940 年 3 月 10 日
郝凯虎	滕州市鲍沟镇郝寨村	18	男	1940 年 3 月 10 日
郝明斗	滕州市鲍沟镇郝寨村	31	男	1940 年 3 月 10 日
郝明金	滕州市鲍沟镇郝寨村	37	男	1940 年 3 月 10 日
李成明	滕州市鲍沟镇孙岗	36	男	1940 年 3 月 10 日
时付银	滕州市鲍沟镇孙岗	41	男	1940 年 3 月 10 日
孙井林	滕州市鲍沟镇孙岗	40	男	1940 年 3 月 10 日
史克前	滕州市东沙河镇史村	42	男	1940 年 3 月 10 日
王明海	滕州市东沙河镇史村	43	男	1940 年 3 月 10 日
徐传友	滕州市东沙河镇史村	40	男	1940 年 3 月 10 日
侯志刚之祖父	滕州市龙泉街道赵楼	69	男	1940 年 3 月 10 日
康曾申之祖父	滕州市龙泉街道赵楼	76	男	1940 年 3 月 10 日
李 花	滕州市南沙河镇房村	22	女	1940 年 3 月 10 日
陈洪奋	滕州市善南街道小屯	20	男	1940 年 3 月 11 日
陈洪高	滕州市善南街道小屯	26	男	1940 年 3 月 11 日
陈洪兴	滕州市善南街道小屯	23	男	1940 年 3 月 11 日
赵中道	滕州市西岗镇北赵庄	25	男	1940 年 3 月 11 日
李方会	滕州市西岗镇西岗二村	69	男	1940 年 3 月 11 日
陈开友	滕州市官桥镇良里村	42	男	1940 年 3 月 13 日
陈李氏	滕州市官桥镇良里村	40	女	1940 年 3 月 13 日
李钱氏	滕州市南沙河镇房村	24	女	1940 年 3 月 14 日
刘 新	滕州市南沙河镇上徐	62	女	1940 年 3 月 14 日
张丰宝	滕州市善南街道王开一	59	男	1940 年 3 月 14 日
于洪洋之子	滕州市龙泉街道后洪村	20	男	1940 年 3 月 15 日
时培丰	滕州市官桥镇时村	25	男	1940 年 3 月 16 日
时培印	滕州市官桥镇时村	22	男	1940 年 3 月 16 日
刘祥汉	滕州市南沙河镇杨行村	28	男	1940 年 3 月 16 日
陈士荣	滕州市善南街道丁庄	23	男	1940 年 3 月 16 日
于洪洋	滕州市龙泉街道后洪村	36	男	1940 年 3 月 17 日
于洪洋之妻	滕州市龙泉街道后洪村	36	女	1940 年 3 月 17 日
张田均	滕州市善南街道王开二	47	男	1940 年 3 月 17 日
侯以干	滕州市鲍沟镇侯楼	37	男	1940 年 3 月 18 日

姓 名	籍 贯	年 龄	性 别	死难时间
渠志武	滕州市官桥镇坝上村	46	男	1940 年 3 月 18 日
张二郎	滕州市官桥镇坝上村	42	男	1940 年 3 月 18 日
任单氏	滕州市官桥镇东王公	21	女	1940 年 3 月 18 日
张吕氏	滕州市鲍沟镇张村	31	女	1940 年 3 月 19 日
张文氏	滕州市鲍沟镇张村	26	女	1940 年 3 月 19 日
米广良	滕州市南沙河镇冯庄	41	男	1940 年 3 月 19 日
米广友	滕州市南沙河镇冯庄	21	男	1940 年 3 月 19 日
李洪涛	滕州市善南街道十里铺一	23	男	1940 年 3 月 19 日
李延庆	滕州市鲍沟镇	18	男	1940 年 3 月 21 日
赵瑞金	滕州市鲍沟镇鲍沟中村	48	男	1940 年 3 月 21 日
王洪富	滕州市鲍沟镇成屯	31	男	1940 年 3 月 21 日
李方凯	滕州市鲍沟镇吕坡	29	男	1940 年 3 月 21 日
张振新	滕州市鲍沟镇张埠村	26	男	1940 年 3 月 21 日
汪厚学	滕州市荆河街道马号居	62	男	1940 年 3 月 22 日
汪李氏	滕州市荆河街道马号居	59	女	1940 年 3 月 22 日
王凤林	滕州市荆河街道马号居	29	男	1940 年 3 月 22 日
王 昆	滕州市荆河街道马号居	52	男	1940 年 3 月 22 日
秦恒井	滕州市官桥镇后掌大	36	男	1940 年 3 月 23 日
陈 宝	滕州市荆河街道马号居	26	男	1940 年 3 月 24 日
陈周氏	滕州市荆河街道马号居	22	女	1940 年 3 月 24 日
姜立飞	滕州市鲍沟镇东荆林村	25	男	1940 年 3 月 25 日
姜席氏	滕州市鲍沟镇东荆林村	35	女	1940 年 3 月 25 日
姜张氏	滕州市鲍沟镇东荆林村	29	女	1940 年 3 月 25 日
张继先	滕州市荆河街道平等居	71	男	1940 年 3 月 26 日
焦大凤	滕州市荆河街道平等居	50	女	1940 年 3 月 28 日
吴庆铸	滕州市荆河街道平等居	61	男	1940 年 3 月 30 日
孙处城	—	—	—	1940 年 4 月 1 日
朱文霞	滕州市北辛街道冯河	41	女	1940 年 4 月 1 日
李庆风	滕州市北辛街道赵场	58	男	1940 年 4 月 1 日
李同号之父	滕州市东郭镇谷山	47	男	1940 年 4 月 1 日
李学孟	滕州市东郭镇王庄	36	男	1940 年 4 月 1 日
王广伟	滕州市东郭镇小任庄	30	男	1940 年 4 月 1 日
王青云	滕州市东沙河镇后埚堆	35	男	1940 年 4 月 1 日
张金兰	滕州市南沙河镇北街	42	女	1940 年 4 月 2 日

姓　名	籍　贯	年　龄	性　别	死难时间
胡诗明	滕州市级索镇前王晁村	40	男	1940 年 4 月 3 日
张丰佑	滕州市善南街道王开一	47	男	1940 年 4 月 3 日
徐修行	滕州市西岗镇权子园村	60	男	1940 年 4 月 3 日
徐元工	滕州市西岗镇权子园村	43	男	1940 年 4 月 3 日
郭宝木	滕州市柴胡店镇前大官村	47	男	1940 年 4 月 5 日
郭宝响	滕州市柴胡店镇前大官村	51	男	1940 年 4 月 5 日
李玉和之伯父	滕州市龙泉街道郗城村	28	男	1940 年 4 月 5 日
田丙贞	滕州市级索镇东田村	—	男	1940 年 4 月 6 日
刘志贤	滕州市木石镇沂河	33	男	1940 年 4 月 6 日
温德山	滕州市西岗镇柴里西村	39	男	1940 年 4 月 6 日
张开余	滕州市鲍沟镇裴楼	11	男	1940 年 4 月 7 日
贺广清	滕州市鲍沟镇宋庄	40	男	1940 年 4 月 7 日
孙作芹之父	滕州市龙泉街道郗城村	31	男	1940 年 4 月 7 日
韩家祥	滕州市西岗镇柴里西村	27	男	1940 年 4 月 7 日
赵崇建	滕州市西岗镇西岗一村	57	男	1940 年 4 月 7 日
李振忠	滕州市级索镇刁庄村	75	男	1940 年 4 月 9 日
崔　娜	滕州市南沙河镇崔庄	19	女	1940 年 4 月 9 日
崔小翠	滕州市南沙河镇崔庄	26	女	1940 年 4 月 9 日
崔亚平	滕州市南沙河镇崔庄	34	男	1940 年 4 月 9 日
刘郝氏	滕州市南沙河镇崔庄	26	女	1940 年 4 月 9 日
杨宝峰	滕州市南沙河镇崔庄	63	男	1940 年 4 月 9 日
米给文	滕州市南沙河镇冯庄	19	男	1940 年 4 月 9 日
代兴奎之二叔	滕州市龙泉街道郗城村	30	男	1940 年 4 月 10 日
吕献洞	滕州市官桥镇前善庄	54	男	1940 年 4 月 11 日
张夫海	滕州市官桥镇前善庄	24	男	1940 年 4 月 11 日
张秦氏	滕州市官桥镇前善庄	37	女	1940 年 4 月 11 日
梁冏氏之伯父	滕州市龙泉街道郗城村	29	男	1940 年 4 月 11 日
赵瑞明	滕州市鲍沟镇鲍沟中村	40	男	1940 年 4 月 12 日
王计胜	滕州市鲍沟镇鲍沟北村	47	男	1940 年 4 月 12 日
杜启明	滕州市鲍沟镇大杨楼村	35	男	1940 年 4 月 12 日
李茂亭	滕州市鲍沟镇大杨楼村	32	男	1940 年 4 月 12 日
吕修武	滕州市鲍沟镇后汉宫村	36	男	1940 年 4 月 12 日
陈玉新	滕州市鲍沟镇磨庄	28	男	1940 年 4 月 12 日
宋金都	滕州市鲍沟镇宋庄	40	男	1940 年 4 月 12 日

姓 名	籍 贯	年 龄	性 别	死难时间
宋思玉	滕州市鲍沟镇宋庄	32	男	1940 年 4 月 12 日
刘际云	滕州市级索镇姚庄村	62	—	1940 年 4 月 12 日
周明堂	滕州市级索镇姚庄村	—	男	1940 年 4 月 12 日
周玉环	滕州市级索镇姚庄村	33	男	1940 年 4 月 12 日
李家义	滕州市善南街道十里铺一	19	男	1940 年 4 月 12 日
杨夫菊	滕州市鲍沟镇	20	女	1940 年 4 月 13 日
朱长水	滕州市鲍沟镇	34	男	1940 年 4 月 13 日
徐付氏	滕州市鲍沟镇徐村	38	女	1940 年 4 月 13 日
王承江	滕州市鲍沟镇中石庙	54	男	1940 年 4 月 13 日
徐文化	滕州市龙泉街道岗子街	9	男	1940 年 4 月 13 日
满玉文	滕州市西岗镇柴里西村	39	男	1940 年 4 月 13 日
李在堂	滕州市鲍沟镇薛岩前村	18	男	1940 年 4 月 14 日
张金兰之女	滕州市南沙河镇	9 个月	女	1940 年 4 月 16 日
杨正新	滕州市鲍沟镇琉璃庙	27	男	1940 年 4 月 17 日
张玉均	滕州市官桥镇北辛村	62	男	1940 年 4 月 18 日
马红菊	滕州市官桥镇东郑庄	17	女	1940 年 4 月 18 日
黄德青	滕州市官桥镇时店村	37	男	1940 年 4 月 18 日
赵德新	滕州市官桥镇时店村	38	男	1940 年 4 月 18 日
梁昭齐	滕州市南沙河镇	37	男	1940 年 4 月 19 日
王士洋	滕州市南沙河镇	39	男	1940 年 4 月 19 日
徐关保	滕州市南沙河镇	28	男	1940 年 4 月 19 日
梁闫氏之叔父	滕州市龙泉街道郏城村	26	男	1940 年 4 月 20 日
郝玉福	滕州市鲍沟镇郝庄	26	男	1940 年 4 月 21 日
薛大群	滕州市鲍沟镇琉璃庙	20	男	1940 年 4 月 21 日
闫现琛	滕州市鲍沟镇闫楼村	39	男	1940 年 4 月 21 日
高振元	滕州市柴胡店镇	27	男	1940 年 4 月 22 日
韩乐平	滕州市柴胡店镇	41	男	1940 年 4 月 22 日
郗桂芝	滕州市龙阳镇曾楼村	24	女	1940 年 4 月 22 日
邵长荣	滕州市大坞镇两东村	45	女	1940 年 4 月 22 日
陈西英	滕州市大坞镇两东村	52	女	1940 年 4 月 23 日
吕玉堂	滕州市官桥镇吕楼村	52	男	1940 年 4 月 24 日
崔 永	滕州市龙阳镇曾楼村	39	男	1940 年 4 月 28 日
秦德太	滕州市官桥镇前善庄	33	男	1940 年 4 月 29 日
秦士莲	滕州市官桥镇前善庄	60	男	1940 年 4 月 29 日

姓 名	籍 贯	年 龄	性 别	死难时间
王成山	滕州市官桥镇前善庄	49	男	1940 年 4 月 29 日
崔高氏	滕州市龙阳镇曾楼村	40	女	1940 年 4 月 29 日
王 伟	滕州市龙阳镇曾楼村	27	男	1940 年 4 月 29 日
郝存超	滕州市北辛街道东北坛	19	男	1940 年 5 月 1 日
孟会海	滕州市北辛街道东北坛	30	男	1940 年 5 月 1 日
杨小勇	滕州市北辛街道东北坛	31	男	1940 年 5 月 1 日
赵士强	滕州市北辛街道东北坛	19	男	1940 年 5 月 1 日
侯马氏	滕州市北辛街道后荆沟居	39	女	1940 年 5 月 1 日
孙步常	滕州市北辛街道小岗村	23	男	1940 年 5 月 1 日
王志良	滕州市北辛街道小岗村	19	男	1940 年 5 月 1 日
周桂新	滕州市北辛街道小岗村	17	男	1940 年 5 月 1 日
周茂义	滕州市北辛街道小岗村	26	男	1940 年 5 月 1 日
侯宝太	滕州市北辛街道兴隆庄	19	男	1940 年 5 月 1 日
侯风各	滕州市北辛街道兴隆庄	18	男	1940 年 5 月 1 日
刘宝善	滕州市北辛街道兴隆庄	42	男	1940 年 5 月 1 日
王玉兰	滕州市北辛街道赵王河西区	44	女	1940 年 5 月 1 日
王开慎	滕州市大坞镇两西村	46	男	1940 年 5 月 1 日
王衍伟	滕州市大坞镇王寨	67	男	1940 年 5 月 1 日
王兆荣	滕州市东郭镇郭林沟	15	男	1940 年 5 月 1 日
黄大强	滕州市东郭镇黄坡	38	男	1940 年 5 月 1 日
黄明春	滕州市东郭镇黄坡	50	男	1940 年 5 月 1 日
张旺浦	滕州市东郭镇岭头	16	男	1940 年 5 月 1 日
李志田	滕州市东郭镇秦林	42	男	1940 年 5 月 1 日
李殿相	滕州市东沙河镇东小宫村	27	男	1940 年 5 月 1 日
魏振同	滕州市洪绪镇安庄村	25	男	1940 年 5 月 1 日
丁玉伟	滕州市洪绪镇甘庄村	50	男	1940 年 5 月 1 日
张洪旗	滕州市洪绪镇堌堆村	41	男	1940 年 5 月 1 日
徐庆贤	滕州市洪绪镇后洪绪	22	男	1940 年 5 月 1 日
徐东军之子	滕州市洪绪镇团结村	1	男	1940 年 5 月 1 日
王延宇	滕州市洪绪镇玉楼村	40	男	1940 年 5 月 1 日
孙德海	滕州市荆河街道大同	50	男	1940 年 5 月 1 日
吕继龙之妻	滕州市荆河街道荆庄	36	女	1940 年 5 月 1 日
李哑巴	滕州市荆河街道馍馍庄	47	男	1940 年 5 月 1 日
张金水	滕州市荆河街道馍馍庄	26	男	1940 年 5 月 1 日

姓 名	籍 贯	年 龄	性 别	死难时间
孔岳三	滕州市荆河街道平等居	57	男	1940 年 5 月 1 日
吕学芹	滕州市西岗镇后寨居	32	男	1940 年 5 月 1 日
王书省	滕州市大坞镇王寨	51	男	1940 年 5 月 1 日
王书坚	滕州市大坞镇王寨	42	男	1940 年 5 月 1 日
闵王氏	滕州市鲍沟镇鲍沟二村	30	女	1940 年 5 月 2 日
郝金山	滕州市鲍沟镇郝庄	29	男	1940 年 5 月 2 日
李刘氏	滕州市鲍沟镇前汉宫村	46	女	1940 年 5 月 2 日
王保银	滕州市鲍沟镇西石庙	45	男	1940 年 5 月 2 日
康文生	滕州市荆河街道平等居	47	男	1940 年 5 月 2 日
刘训吕	滕州市木石镇沂河	30	男	1940 年 5 月 2 日
米大妮	滕州市南沙河镇冯庄	15	女	1940 年 5 月 3 日
姚存亮	滕州市西岗镇南王庄村	43	男	1940 年 5 月 3 日
李玉莲	滕州市大坞镇王寨	37	女	1940 年 5 月 3 日
闵继文	滕州市鲍沟镇鲍沟北村	42	男	1940 年 5 月 5 日
王计忠	滕州市鲍沟镇鲍沟北村	37	男	1940 年 5 月 5 日
宋桂英	滕州市鲍沟镇成屯	39	女	1940 年 5 月 5 日
徐兆金	滕州市鲍沟镇成屯	42	男	1940 年 5 月 5 日
闵召花	滕州市鲍沟镇大杨楼村	23	女	1940 年 5 月 5 日
闵召菊	滕州市鲍沟镇大杨楼村	21	女	1940 年 5 月 5 日
张爱荣	滕州市大坞镇王寨	22	女	1940 年 5 月 5 日
张成田	滕州市善南街道王开二	49	男	1940 年 5 月 5 日
闵户法	滕州市鲍沟镇闵楼村	27	男	1940 年 5 月 6 日
孔凡全	滕州市级索镇西赵庄村	18	男	1940 年 5 月 6 日
刘庆祥	滕州市善南街道刘庄	30	男	1940 年 5 月 6 日
刘庆云	滕州市善南街道刘庄	27	男	1940 年 5 月 6 日
张贻分	滕州市善南街道王开一	90	男	1940 年 5 月 6 日
马自远	滕州市善南街道张场	9	男	1940 年 5 月 6 日
赵尚印	滕州市西岗镇西岗一村	59	男	1940 年 5 月 6 日
钟广宽	滕州市善南街道高庄	62	男	1940 年 5 月 8 日
单青云	滕州市善南街道十里铺二	58	男	1940 年 5 月 8 日
张华氏	滕州市善南街道王开三	70	女	1940 年 5 月 8 日
王维益	滕州市西岗镇郎庄村	34	男	1940 年 5 月 8 日
刘福田	滕州市西岗镇南荒村	30	男	1940 年 5 月 8 日
刘付氏	滕州市荆河街道东倪	49	女	1940 年 5 月 9 日

姓 名	籍 贯	年 龄	性 别	死难时间
鞠六瑞	滕州市善南街道王开三	59	男	1940 年 5 月 9 日
王苗氏	滕州市南沙河镇房村	39	女	1940 年 5 月 11 日
王杨氏	滕州市南沙河镇房村	51	女	1940 年 5 月 11 日
吕作兰	滕州市鲍沟镇吕坡	11	女	1940 年 5 月 12 日
姜王氏	滕州市鲍沟镇东荆林村	37	女	1940 年 5 月 12 日
杨崇义	滕州市鲍沟镇姜店村	27	男	1940 年 5 月 12 日
吕柳氏	滕州市鲍沟镇吕坡	25	女	1940 年 5 月 12 日
王维青	滕州市鲍沟镇中石庙	20	男	1940 年 5 月 12 日
陈敬友	滕州市善南街道丁庄	18	男	1940 年 5 月 12 日
丁华武	滕州市善南街道丁庄	9	男	1940 年 5 月 12 日
王李氏	滕州市善南街道丁庄	24	女	1940 年 5 月 12 日
李安法	滕州市善南街道王开一	49	男	1940 年 5 月 12 日
曹登月	滕州市西岗镇北曹庄	21	男	1940 年 5 月 12 日
曹奎生	滕州市西岗镇北曹庄	51	男	1940 年 5 月 12 日
满其山	滕州市西岗镇柴里西村	31	男	1940 年 5 月 12 日
代兴臣之母	滕州市龙泉街道邾城村	35	女	1940 年 5 月 16 日
李树村之母	滕州市龙泉街道邾城村	28	女	1940 年 5 月 16 日
于继海	滕州市龙泉街道邾城村	51	男	1940 年 5 月 16 日
王广荣	滕州市龙阳镇刘家庄	42	男	1940 年 5 月 16 日
陈广义	滕州市龙阳镇南张庄村	40	男	1940 年 5 月 16 日
贾松营	滕州市龙阳镇南张庄村	38	男	1940 年 5 月 16 日
孟 伟	滕州市南沙河镇房村	25	男	1940 年 5 月 16 日
张以山	滕州市善南街道王开一	36	男	1940 年 5 月 16 日
马金强	滕州市鲍沟镇马庄	37	男	1940 年 5 月 19 日
吕传中	滕州市鲍沟镇吕坡	25	男	1940 年 5 月 21 日
王维礼	滕州市鲍沟镇中石庙	24	男	1940 年 5 月 21 日
王维信	滕州市鲍沟镇中石庙	22	男	1940 年 5 月 21 日
马道理	滕州市滨湖镇望庄	19	男	1940 年 5 月 21 日
孟宪科	滕州市滨湖镇望庄	20	男	1940 年 5 月 21 日
生国民	滕州市滨湖镇望庄	16	男	1940 年 5 月 21 日
张开明	滕州市滨湖镇望庄	18	男	1940 年 5 月 21 日
陈明辉	滕州市鲍沟镇磨庄	41	男	1940 年 5 月 23 日
徐成扑	滕州市龙阳镇大寨村	37	男	1940 年 5 月 23 日
田继生	滕州市龙阳镇小河子村	36	男	1940 年 5 月 23 日

姓 名	籍 贯	年 龄	性 别	死难时间
李丙田	滕州市龙阳镇小河子村	35	男	1940 年 5 月 24 日
张绪才	滕州市张汪镇	23	男	1940 年 5 月 24 日
常学语	滕州市荆河街道韩桥	26	男	1940 年 5 月 25 日
赵恒信	滕州市西岗镇北赵庄	37	男	1940 年 5 月 25 日
马王氏	滕州市善南街道丁庄	26	女	1940 年 5 月 26 日
姜立氏	滕州市鲍沟镇东荆林村	40	女	1940 年 5 月 27 日
付张氏	滕州市荆河街道东倪	50	女	1940 年 5 月 30 日
冯保田	滕州市北辛街道冯河	28	男	1940 年 6 月 1 日
李丙新	滕州市北辛街道冯河	68	男	1940 年 6 月 1 日
赵金习	滕州市北辛街道冯河	60	男	1940 年 6 月 1 日
刘广法	滕州市北辛街道教场	26	男	1940 年 6 月 1 日
刘其文	滕州市北辛街道教场	29	男	1940 年 6 月 1 日
时培军	滕州市北辛街道教场	61	男	1940 年 6 月 1 日
张法明	滕州市北辛街道教场	52	男	1940 年 6 月 1 日
生玉义	滕州市北辛街道小岗村	17	男	1940 年 6 月 1 日
周赵氏	滕州市北辛街道小岗村	54	女	1940 年 6 月 1 日
马黄河	滕州市东郭镇南徐	29	男	1940 年 6 月 1 日
田允武	滕州市东郭镇前明	15	男	1940 年 6 月 1 日
张宪伦	滕州市东郭镇前坞沟	15	男	1940 年 6 月 1 日
李学岩	滕州市东郭镇王庄	16	女	1940 年 6 月 1 日
王忠明	滕州市东郭镇小任庄	45	男	1940 年 6 月 1 日
张 涛	滕州市洪绪镇白龙湾	33	男	1940 年 6 月 1 日
刑洪国	滕州市洪绪镇杜康村	23	男	1940 年 6 月 1 日
张开阔	滕州市洪绪镇光明村	30	男	1940 年 6 月 1 日
张显峰	滕州市洪绪镇沙官村	46	男	1940 年 6 月 1 日
张令昌	滕州市洪绪镇幸福坝	35	男	1940 年 6 月 1 日
赵培谦	滕州市界河镇唐楼村	32	男	1940 年 6 月 1 日
张贻秀	滕州市善南街道王开一	58	男	1940 年 6 月 1 日
吕华强	滕州市滨湖镇吕堂	38	男	1940 年 6 月 2 日
吕祥峰	滕州市滨湖镇吕堂	28	男	1940 年 6 月 2 日
孟祥云	滕州市滨湖镇吕堂	37	男	1940 年 6 月 2 日
王红庆	滕州市滨湖镇吕堂	59	男	1940 年 6 月 2 日
王玉彬	滕州市滨湖镇吕堂	23	男	1940 年 6 月 2 日
王玉珠	滕州市滨湖镇吕堂	60	男	1940 年 6 月 2 日

姓 名	籍 贯	年龄	性 别	死难时间
魏思常	滕州市南沙河镇魏村	52	男	1940 年 6 月 3 日
王玉芝	滕州市滨湖镇北焦	25	女	1940 年 6 月 4 日
周 氏	滕州市木石镇化石沟	69	女	1940 年 6 月 4 日
孙福祥	滕州市善南街道高庄	53	男	1940 年 6 月 4 日
张文元	滕州市东沙河镇大养德村	31	男	1940 年 6 月 5 日
倪张氏	滕州市荆河街道东倪	46	女	1940 年 6 月 5 日
吴广福	滕州市善南街道王开二	31	男	1940 年 6 月 5 日
吴继两	滕州市善南街道王开二	34	男	1940 年 6 月 5 日
赵明信	滕州市西岗镇野庄村	18	男	1940 年 6 月 5 日
张文凤	滕州市东沙河镇大养德村	29	男	1940 年 6 月 6 日
张文贵	滕州市东沙河镇大养德村	38	男	1940 年 6 月 6 日
张文玉	滕州市东沙河镇大养德村	27	男	1940 年 6 月 6 日
龚兴太	滕州市官桥镇魏楼村	55	男	1940 年 6 月 6 日
魏振山	滕州市官桥镇魏楼村	35	男	1940 年 6 月 6 日
孟建涛	滕州市滨湖镇吕堂	29	男	1940 年 6 月 8 日
王洪涛	滕州市滨湖镇吕堂	18	男	1940 年 6 月 8 日
王兆华	滕州市滨湖镇吕堂	32	男	1940 年 6 月 8 日
王振凯	滕州市滨湖镇吕堂	48	男	1940 年 6 月 8 日
张家兴	滕州市荆河街道东倪	30	男	1940 年 6 月 8 日
王维臣	滕州市善南街道十里铺二	37	男	1940 年 6 月 8 日
李传志	滕州市南沙河镇房村	48	男	1940 年 6 月 11 日
李高氏	滕州市南沙河镇房村	46	女	1940 年 6 月 11 日
李远兴	滕州市南沙河镇房村	12	男	1940 年 6 月 11 日
孔宪聪	滕州市级索镇姚庄村	58	男	1940 年 6 月 12 日
徐广静	滕州市南沙河镇	68	女	1940 年 6 月 12 日
闵庆连	滕州市鲍沟镇闵楼村	28	男	1940 年 6 月 13 日
张传木	滕州市龙阳镇顾庙村	49	男	1940 年 6 月 13 日
高 浩	滕州市南沙河镇北街	46	男	1940 年 6 月 13 日
田振江	滕州市南沙河镇北街	76	男	1940 年 6 月 13 日
徐金详	滕州市南沙河镇北街	62	男	1940 年 6 月 13 日
张常益	滕州市南沙河镇北街	61	男	1940 年 6 月 13 日
曹光海	滕州市南沙河镇房村	28	男	1940 年 6 月 14 日
马宜明	滕州市滨湖镇北焦	28	男	1940 年 6 月 15 日
谢张氏	滕州市滨湖镇稻屯	56	女	1940 年 6 月 15 日

姓 名	籍 贯	年 龄	性 别	死难时间
马加保	滕州市滨湖镇郭楼	20	男	1940 年 6 月 15 日
马加成	滕州市滨湖镇李仓	18	男	1940 年 6 月 15 日
李回远	滕州市滨湖镇李村	25	男	1940 年 6 月 15 日
李井运	滕州市滨湖镇李村	31	男	1940 年 6 月 15 日
马小妮	滕州市滨湖镇孟楼	8	女	1940 年 6 月 15 日
席福兰	滕州市滨湖镇孟楼	21	女	1940 年 6 月 15 日
崔长帅	滕州市滨湖镇西屯	32	男	1940 年 6 月 15 日
崔大喜	滕州市滨湖镇西屯	68	男	1940 年 6 月 15 日
朱芝全	滕州市南沙河镇东魏村	7	男	1940 年 6 月 16 日
李申玉	滕州市鲍沟镇杨村	20	男	1940 年 6 月 17 日
魏相中	滕州市官桥镇西王庄	61	男	1940 年 6 月 17 日
张恩元	滕州市官桥镇西王庄	27	男	1940 年 6 月 17 日
王玉兰	滕州市官桥镇西郑庄	22	女	1940 年 6 月 17 日
王泽玉	滕州市官桥镇西郑庄	30	男	1940 年 6 月 17 日
钟二银	滕州市鲍沟镇闫庙	12	男	1940 年 6 月 18 日
杨传瑞	滕州市官桥镇东洪林	32	男	1940 年 6 月 18 日
朱芝银	滕州市南沙河镇东魏村	19	女	1940 年 6 月 19 日
曹光河	滕州市南沙河镇房村	28	男	1940 年 6 月 19 日
赵广明	滕州市南沙河镇房村	25	男	1940 年 6 月 23 日
倪付氏	滕州市荆河街道东倪	48	女	1940 年 6 月 27 日
马三全	滕州市滨湖镇北焦	16	男	1940 年 6 月 29 日
马供甲	滕州市滨湖镇北焦	26	男	1940 年 6 月 30 日
贾韩氏	滕州市滨湖镇稻屯	43	女	1940 年 6 月 30 日
贾友文	滕州市滨湖镇稻屯	44	男	1940 年 6 月 30 日
谢文杰	滕州市滨湖镇稻屯	49	男	1940 年 6 月 30 日
李连远	滕州市滨湖镇李村	28	男	1940 年 6 月 30 日
崔亮亮	滕州市滨湖镇西屯	10	男	1940 年 6 月 30 日
刘××	滕州市	—	男	1940 年 7 月 1 日
马文花	滕州市鲍沟镇裴楼	26	女	1940 年 7 月 1 日
李庆典	滕州市北辛街道冯河	38	男	1940 年 7 月 1 日
陈方柱	滕州市北辛街道教场	41	男	1940 年 7 月 1 日
刘其河	滕州市北辛街道教场	36	男	1940 年 7 月 1 日
张大勇	滕州市北辛街道教场	32	男	1940 年 7 月 1 日
王开宝	滕州市滨湖镇后辛安	21	男	1940 年 7 月 1 日

姓 名	籍 贯	年 龄	性 别	死难时间
王开举	滕州市滨湖镇后辛安	38	男	1940 年 7 月 1 日
王开明	滕州市滨湖镇后辛安	42	男	1940 年 7 月 1 日
王延玉	滕州市滨湖镇后辛安	39	男	1940 年 7 月 1 日
孙现友	滕州市东郭镇东明	36	男	1940 年 7 月 1 日
孙彦厚	滕州市东郭镇东明	45	男	1940 年 7 月 1 日
孙永尧	滕州市东郭镇东明	35	男	1940 年 7 月 1 日
孙裕华	滕州市东郭镇东明	42	男	1940 年 7 月 1 日
张刘氏	滕州市东郭镇岭头	36	女	1940 年 7 月 1 日
宋兴付	滕州市东郭镇罗庄	45	男	1940 年 7 月 1 日
宋兴菊	滕州市东郭镇罗庄	45	男	1940 年 7 月 1 日
宋永尧	滕州市东郭镇罗庄	45	男	1940 年 7 月 1 日
宋宗夫	滕州市东郭镇罗庄	36	男	1940 年 7 月 1 日
田大中	滕州市东郭镇前明	28	男	1940 年 7 月 1 日
田汉夫	滕州市东郭镇前明	29	男	1940 年 7 月 1 日
鞠文义	滕州市洪绪镇大巩庄	29	男	1940 年 7 月 1 日
樊贵同	滕州市洪绪镇东赵沟	30	男	1940 年 7 月 1 日
陈子法	滕州市洪绪镇杜场村	22	男	1940 年 7 月 1 日
张开运	滕州市洪绪镇光明村	51	男	1940 年 7 月 1 日
徐明亮	滕州市洪绪镇团结村	28	男	1940 年 7 月 1 日
邢德喜	滕州市洪绪镇西赵沟	40	男	1940 年 7 月 1 日
高 超	滕州市洪绪镇玉楼村	29	男	1940 年 7 月 1 日
苏明玉	滕州市洪绪镇轴村	49	男	1940 年 7 月 1 日
唐小山	滕州市界河镇东西曹村	17	男	1940 年 7 月 1 日
赵德心	滕州市界河镇小万院村	23	男	1940 年 7 月 1 日
赵公心	滕州市界河镇小万院村	19	女	1940 年 7 月 1 日
巩德胜	滕州市木石镇沂河村	—	男	1940 年 7 月 1 日
刘 雨	滕州市荆河街道东倪	21	男	1940 年 7 月 3 日
于 河	滕州市荆河街道东倪	29	男	1940 年 7 月 3 日
于 江	滕州市荆河街道东倪	28	男	1940 年 7 月 3 日
袁建军	滕州市荆河街道袁庄	27	男	1940 年 7 月 3 日
袁建新	滕州市荆河街道袁庄	26	男	1940 年 7 月 3 日
张萧氏	滕州市善南街道王开三	69	女	1940 年 7 月 4 日
张广柱	滕州市木石镇山口村	30	男	1940 年 7 月 5 日
张五征	滕州市善南街道王开二	40	男	1940 年 7 月 5 日

姓 名	籍 贯	年 龄	性 别	死难时间
袁长江	滕州市荆河街道袁庄	40	男	1940 年 7 月 6 日
孙尚苓	滕州市西岗镇孙庄村	71	男	1940 年 7 月 6 日
刘三妮	滕州市柴胡店镇沙庄村	29	女	1940 年 7 月 7 日
袁建滇	滕州市荆河街道袁庄	37	男	1940 年 7 月 7 日
袁举怀	滕州市荆河街道袁庄	31	男	1940 年 7 月 7 日
周洪洞	滕州市荆河街道袁庄	40	男	1940 年 7 月 7 日
刘孙氏	滕州市鲍沟镇	34	女	1940 年 7 月 8 日
袁午晨	滕州市荆河街道袁庄	27	男	1940 年 7 月 8 日
秦恒天	滕州市南沙河镇	36	男	1940 年 7 月 8 日
张魁举	滕州市善南街道王开三	70	男	1940 年 7 月 8 日
梁瑞宝	滕州市鲍沟镇宋庄	40	男	1940 年 7 月 9 日
王玉奇	滕州市鲍沟镇宋庄	28	男	1940 年 7 月 9 日
徐牛氏	滕州市鲍沟镇徐村	36	女	1940 年 7 月 9 日
刘广坤	滕州市鲍沟镇甄洼	30	男	1940 年 7 月 9 日
朱姜氏	滕州市官桥镇前公桥	47	女	1940 年 7 月 9 日
徐怀发	滕州市鲍沟镇南潭村	34	男	1940 年 7 月 10 日
杨元玲	滕州市鲍沟镇南潭村	47	男	1940 年 7 月 10 日
蒋玉花	滕州市鲍沟镇裴楼	37	女	1940 年 7 月 10 日
高任氏	滕州市南沙河镇	38	女	1940 年 7 月 11 日
田杨氏	滕州市南沙河镇	50	女	1940 年 7 月 11 日
胡广泗	滕州市西岗镇柴里西村	32	男	1940 年 7 月 11 日
满余谟	滕州市西岗镇柴里西村	33	男	1940 年 7 月 11 日
满余政	滕州市西岗镇柴里西村	45	男	1940 年 7 月 11 日
王传宾	滕州市鲍沟镇东石	41	男	1940 年 7 月 12 日
宋金居	滕州市鲍沟镇宋庄	35	男	1940 年 7 月 13 日
孙福东	滕州市官桥镇苏坦村	20	男	1940 年 7 月 13 日
张晓艳	滕州市官桥镇苏坦村	25	女	1940 年 7 月 13 日
刘成百之祖母	滕州市龙泉街道邾城村	52	女	1940 年 7 月 16 日
刘成百之祖父	滕州市龙泉街道邾城村	51	男	1940 年 7 月 16 日
赵长银之子	滕州市龙泉街道邾城村	9	男	1940 年 7 月 16 日
徐三孩	滕州市南沙河镇下徐	5 个月	男	1940 年 7 月 16 日
王清学	滕州市柴胡店镇郭沟村	45	男	1940 年 7 月 17 日
孙小祥	滕州市鲍沟镇郝寨村	17	男	1940 年 7 月 18 日
谭凤军	滕州市鲍沟镇河崖	20	男	1940 年 7 月 18 日

姓 名	籍 贯	年 龄	性 别	死难时间
钟怀武	滕州市柴胡店镇钟辛村	28	男	1940 年 7 月 18 日
钟奎武	滕州市柴胡店镇钟辛村	24	男	1940 年 7 月 18 日
钟元武	滕州市柴胡店镇钟辛村	29	男	1940 年 7 月 18 日
钟钊武	滕州市柴胡店镇钟辛村	25	男	1940 年 7 月 18 日
张茂岭	滕州市鲍沟镇南潭村	47	男	1940 年 7 月 19 日
李诗阳	滕州市滨湖镇李村	20	男	1940 年 7 月 19 日
段修礼	滕州市滨湖镇孟楼	20	男	1940 年 7 月 19 日
段海龙	滕州市滨湖镇西屯	8	男	1940 年 7 月 19 日
程德海	滕州市龙阳镇	41	男	1940 年 7 月 20 日
程德印	滕州市龙阳镇	27	男	1940 年 7 月 20 日
李丙河	滕州市鲍沟镇河崖	28	男	1940 年 7 月 21 日
张丰元	滕州市善南街道王开一	36	男	1940 年 7 月 21 日
渠闵芳	滕州市鲍沟镇	42	女	1940 年 7 月 23 日
渠永义	滕州市鲍沟镇	14	男	1940 年 7 月 23 日
渠环娥	滕州市鲍沟镇	17	女	1940 年 7 月 24 日
赵长银之女	滕州市龙泉街道邾城村	10	女	1940 年 7 月 26 日
张 四	滕州市荆河街道东倪	12	男	1940 年 7 月 28 日
王金皆	—	—	—	1940 年 8 月 1 日
马士春	滕州市北辛街道马王西村	24	男	1940 年 8 月 1 日
马运豪	滕州市北辛街道马王西村	26	男	1940 年 8 月 1 日
孙利常	滕州市北辛街道小岗村	5	男	1940 年 8 月 1 日
于志长	滕州市北辛街道于楼村	18	男	1940 年 8 月 1 日
王冬生	滕州市滨湖镇后辛安	22	男	1940 年 8 月 1 日
王开具	滕州市滨湖镇后辛安	32	男	1940 年 8 月 1 日
王开伦	滕州市滨湖镇后辛安	50	男	1940 年 8 月 1 日
尹玉生	滕州市滨湖镇后辛安	33	男	1940 年 8 月 1 日
赵井堂	滕州市东郭镇前坞沟	34	男	1940 年 8 月 1 日
张金良	滕州市东郭镇山前	42	男	1940 年 8 月 1 日
徐存伦	滕州市东郭镇苏楼	31	男	1940 年 8 月 1 日
巩得平	滕州市东郭镇王庄	38	女	1940 年 8 月 1 日
范夫同	滕州市东郭镇下户主	31	男	1940 年 8 月 1 日
王广申	滕州市洪绪镇白龙湾	28	男	1940 年 8 月 1 日
张显月	滕州市洪绪镇赤店村	43	男	1940 年 8 月 1 日
张开太	滕州市洪绪镇光明村	56	男	1940 年 8 月 1 日

姓 名	籍 贯	年 龄	性 别	死难时间
侯永国	滕州市洪绪镇孔屯村	28	男	1940 年 8 月 1 日
徐瑞江	滕州市洪绪镇杨园村	28	男	1940 年 8 月 1 日
王延水	滕州市洪绪镇玉楼村	65	男	1940 年 8 月 1 日
谷崇荣	滕州市界河镇土楼村	38	男	1940 年 8 月 1 日
袁大河	滕州市荆河街道袁庄	29	男	1940 年 8 月 1 日
任士钊之母	滕州市官桥镇大康留	44	女	1940 年 8 月 2 日
李建元	滕州市西岗镇孙庄村	69	男	1940 年 8 月 2 日
鲁显海	滕州市荆河街道东十里岗	40	男	1940 年 8 月 3 日
刘奉营	滕州市木石镇沂河	16	男	1940 年 8 月 4 日
鞠广忠	滕州市善南街道王开三	61	男	1940 年 8 月 4 日
徐继俊	滕州市善南街道刘庄	28	男	1940 年 8 月 5 日
徐继奎	滕州市善南街道刘庄	37	男	1940 年 8 月 5 日
狄开金之祖父	滕州市张汪镇尤楼	70	男	1940 年 8 月 5 日
李成龙之祖父	滕州市张汪镇尤楼	60	男	1940 年 8 月 5 日
李成龙之祖母	滕州市张汪镇尤楼	58	女	1940 年 8 月 5 日
牛广利之祖父	滕州市张汪镇尤楼	58	男	1940 年 8 月 5 日
倪大海	滕州市荆河街道西倪	35	男	1940 年 8 月 6 日
刘奉俊	滕州市木石镇沂河	15	男	1940 年 8 月 6 日
李昌浦	滕州市西岗镇大杨庄村	46	男	1940 年 8 月 6 日
李春俭	滕州市西岗镇大杨庄村	29	男	1940 年 8 月 6 日
李家斌	滕州市西岗镇大杨庄村	23	男	1940 年 8 月 6 日
李家川	滕州市西岗镇大杨庄村	40	男	1940 年 8 月 6 日
李家巩	滕州市西岗镇大杨庄村	45	男	1940 年 8 月 6 日
李家汉	滕州市西岗镇大杨庄村	49	男	1940 年 8 月 6 日
李家宏	滕州市西岗镇大杨庄村	42	男	1940 年 8 月 6 日
李家君	滕州市西岗镇大杨庄村	50	男	1940 年 8 月 6 日
李家泉	滕州市西岗镇大杨庄村	38	男	1940 年 8 月 6 日
李家信	滕州市西岗镇大杨庄村	40	男	1940 年 8 月 6 日
李家沂	滕州市西岗镇大杨庄村	35	男	1940 年 8 月 6 日
李家佑	滕州市西岗镇大杨庄村	30	男	1940 年 8 月 6 日
李家珍	滕州市西岗镇大杨庄村	47	男	1940 年 8 月 6 日
李家忠	滕州市西岗镇大杨庄村	30	男	1940 年 8 月 6 日
李家属	滕州市西岗镇大杨庄村	45	男	1940 年 8 月 6 日
李来春	滕州市西岗镇大杨庄村	39	男	1940 年 8 月 6 日

姓 名	籍 贯	年 龄	性 别	死难时间
李明春	滕州市西岗镇大杨庄村	30	男	1940 年 8 月 6 日
李泗远	滕州市西岗镇大杨庄村	42	男	1940 年 8 月 6 日
李同科	滕州市西岗镇大杨庄村	46	男	1940 年 8 月 6 日
李心得	滕州市西岗镇大杨庄村	30	男	1940 年 8 月 6 日
李余民	滕州市西岗镇大杨庄村	40	女	1940 年 8 月 6 日
李振栋	滕州市西岗镇大杨庄村	30	男	1940 年 8 月 6 日
李振环	滕州市西岗镇大杨庄村	26	男	1940 年 8 月 6 日
李振瑶	滕州市西岗镇大杨庄村	27	男	1940 年 8 月 6 日
李忠信	滕州市西岗镇大杨庄村	42	男	1940 年 8 月 6 日
刘晋得	滕州市西岗镇大杨庄村	33	男	1940 年 8 月 6 日
满维其	滕州市西岗镇大杨庄村	44	男	1940 年 8 月 6 日
齐友银	滕州市西岗镇大杨庄村	43	男	1940 年 8 月 6 日
齐友忠	滕州市西岗镇大杨庄村	35	男	1940 年 8 月 6 日
田福其	滕州市西岗镇大杨庄村	35	男	1940 年 8 月 6 日
王昌元	滕州市西岗镇大杨庄村	27	男	1940 年 8 月 6 日
王福宪	滕州市西岗镇大杨庄村	45	男	1940 年 8 月 6 日
吴光宽	滕州市西岗镇大杨庄村	39	男	1940 年 8 月 6 日
杨知得	滕州市西岗镇大杨庄村	48	男	1940 年 8 月 6 日
殷氏银	滕州市西岗镇大杨庄村	28	男	1940 年 8 月 6 日
王宝田	滕州市滨湖镇中辛安	33	男	1940 年 8 月 8 日
王正伦	滕州市滨湖镇中辛安	60	男	1940 年 8 月 8 日
王文国	滕州市南沙河镇	23	男	1940 年 8 月 8 日
张洪发	滕州市鲍沟镇裴楼	52	男	1940 年 8 月 9 日
满其德	滕州市西岗镇西岗三村	16	男	1940 年 8 月 9 日
郭庆金	滕州市荆河街道东十里岗	28	男	1940 年 8 月 10 日
郭玉华	滕州市荆河街道东十里岗	30	男	1940 年 8 月 10 日
王学弟	滕州市鲍沟镇中石庙	22	男	1940 年 8 月 11 日
吴广德	滕州市鲍沟镇中石庙	22	男	1940 年 8 月 11 日
黄士云	滕州市鲍沟镇东皇甫村	30	男	1940 年 8 月 12 日
徐昌玉	滕州市鲍沟镇东皇甫村	23	男	1940 年 8 月 12 日
高增吉	滕州市鲍沟镇东宁村	22	男	1940 年 8 月 12 日
丁广菊	滕州市鲍沟镇磨庄	29	男	1940 年 8 月 12 日
郭玉杭	滕州市荆河街道东十里岗	28	男	1940 年 8 月 12 日
吴时氏	滕州市官桥镇吴庄村	32	女	1940 年 8 月 13 日

姓　名	籍　贯	年 龄	性 别	死难时间
邓　强	滕州市官桥镇西公桥	47	男	1940 年 8 月 13 日
杜钦浩	滕州市级索镇小官庄村	29	男	1940 年 8 月 13 日
杜宗爱	滕州市级索镇小官庄村	60	男	1940 年 8 月 13 日
杜宗全	滕州市级索镇小官庄村	32	男	1940 年 8 月 13 日
孔令响	滕州市级索镇小官庄村	29	男	1940 年 8 月 13 日
高东明	滕州市南沙河镇高庄	12	男	1940 年 8 月 13 日
高刘氏	滕州市南沙河镇高庄	27	女	1940 年 8 月 13 日
赵长银之父	滕州市龙泉街道郏城村	56	男	1940 年 8 月 15 日
赵长银之母	滕州市龙泉街道郏城村	53	女	1940 年 8 月 15 日
赵长银之妻	滕州市龙泉街道郏城村	31	女	1940 年 8 月 15 日
姜立俭	滕州市鲍沟镇西荆林村	27	男	1940 年 8 月 16 日
赵长银	滕州市龙泉街道郏城村	32	男	1940 年 8 月 16 日
朱四妹	滕州市南沙河镇冯东村	17	女	1940 年 8 月 16 日
刘桂运	滕州市南沙河镇	58	男	1940 年 8 月 16 日
侯学民	滕州市鲍沟镇侯楼	40	女	1940 年 8 月 17 日
李三文	滕州市鲍沟镇河崖	18	男	1940 年 8 月 17 日
梁振山	滕州市龙泉街道梁场村	33	男	1940 年 8 月 17 日
张明权	滕州市龙泉街道梁场村	37	男	1940 年 8 月 17 日
张明堂	滕州市龙泉街道梁场村	42	男	1940 年 8 月 17 日
刘习富	滕州市官桥镇苏坦村	27	男	1940 年 8 月 18 日
刘现四	滕州市官桥镇苏坦村	35	男	1940 年 8 月 18 日
李长彬	滕州市龙阳镇	23	男	1940 年 8 月 18 日
朱茂元	滕州市龙阳镇	21	男	1940 年 8 月 18 日
王立长	滕州市官桥镇轩庄村	54	男	1940 年 8 月 19 日
张井兰	滕州市官桥镇轩庄村	68	男	1940 年 8 月 19 日
王永喜	滕州市龙泉街道梁场村	77	男	1940 年 8 月 19 日
王兰兰	滕州市龙泉街道梁场村	6	女	1940 年 8 月 20 日
吕夫存	滕州市鲍沟镇吕坡	28	男	1940 年 8 月 21 日
朱兴义	滕州市鲍沟镇北朱庄	23	男	1940 年 8 月 21 日
王德安	滕州市鲍沟镇薛岩中村	55	男	1940 年 8 月 21 日
闫庆田	滕州市鲍沟镇闫庙	31	男	1940 年 8 月 21 日
朱小顺	滕州市南沙河镇东魏村	43	男	1940 年 8 月 21 日
王渠沉	滕州市西岗镇东河岔	26	男	1940 年 8 月 21 日
闵成伍	滕州市鲍沟镇闵楼村	26	男	1940 年 8 月 23 日

姓 名	籍 贯	年 龄	性 别	死难时间
闫凡栋	滕州市鲍沟镇闫楼村	29	男	1940 年 8 月 23 日
鲁三孩	滕州市荆河街道东十里岗	10	男	1940 年 8 月 25 日
郭玉虎	滕州市荆河街道东十里岗	36	男	1940 年 8 月 26 日
顾士平	滕州市官桥镇中韩村	51	男	1940 年 8 月 30 日
顾士山	滕州市官桥镇中韩村	29	男	1940 年 8 月 30 日
顾士永	滕州市官桥镇中韩村	47	男	1940 年 8 月 30 日
王克箴	滕州市	—	男	1940 年 9 月 1 日
徐金兰	滕州市滨湖镇西黄村	30	男	1940 年 9 月 1 日
陈发俊	滕州市柴胡店镇南辛	21	男	1940 年 9 月 1 日
张成才	滕州市柴胡店镇南辛	18	男	1940 年 9 月 1 日
张成园	滕州市柴胡店镇南辛	21	男	1940 年 9 月 1 日
种发田	滕州市柴胡店镇南辛	30	男	1940 年 9 月 1 日
刘柱贤	滕州市柴胡店镇沙庄村	49	男	1940 年 9 月 1 日
任长页	滕州市东郭镇前任厂	53	男	1940 年 9 月 1 日
闫现林之妻	滕州市官桥镇东郑庄	—	女	1940 年 9 月 1 日
张北明	滕州市官桥镇东郑庄	—	男	1940 年 9 月 1 日
张立平	滕州市官桥镇东郑庄	—	男	1940 年 9 月 1 日
刘来义	滕州市洪绪镇白龙湾	24	男	1940 年 9 月 1 日
徐庆水	滕州市洪绪镇杜场村	36	男	1940 年 9 月 1 日
徐庆涛	滕州市洪绪镇后洪绪	53	男	1940 年 9 月 1 日
魏光言	滕州市洪绪镇金庄	30	男	1940 年 9 月 1 日
魏元吉	滕州市洪绪镇金庄	53	男	1940 年 9 月 1 日
徐庆存	滕州市洪绪镇杨园村	29	男	1940 年 9 月 1 日
张宝田	滕州市荆河街道荆庄	32	男	1940 年 9 月 1 日
郭召才	滕州市荆河街道通衢街	26	男	1940 年 9 月 1 日
鲁宝英	滕州市荆河街道	60	女	1940 年 9 月 1 日
张海之	滕州市荆河街道	29	男	1940 年 9 月 1 日
王东山	滕州市南沙河镇	24	男	1940 年 9 月 1 日
黄其文	滕州市柴胡店镇后闫村	22	男	1940 年 9 月 3 日
李建泉	滕州市西岗镇孙庄村	41	男	1940 年 9 月 5 日
吕修营	滕州市鲍沟镇吕坡	26	男	1940 年 9 月 7 日
杨 彪	滕州市鲍沟镇马庄	43	男	1940 年 9 月 7 日
李佩振	滕州市柴胡店镇	30	男	1940 年 9 月 7 日
刘得全	滕州市木石镇沂河	20	男	1940 年 9 月 8 日

姓 名	籍 贯	年 龄	性 别	死难时间
石张氏	滕州市官桥镇后莱村	28	女	1940年9月9日
宗红艳	滕州市鲍沟镇南潭村	19	男	1940年9月10日
裴 才	滕州市鲍沟镇裴楼	32	男	1940年9月10日
张开发	滕州市鲍沟镇裴楼	17	男	1940年9月10日
张汪氏	滕州市木石镇张秦庄	30	女	1940年9月10日
张宜平	滕州市木石镇张秦庄	36	男	1940年9月10日
王杜氏	滕州市木石镇张秦庄	24	女	1940年9月10日
王光经	滕州市木石镇张秦庄	26	男	1940年9月10日
秦马氏	滕州市木石镇张秦庄	31	女	1940年9月10日
张杨氏	滕州市木石镇张秦庄	39	女	1940年9月10日
孙兴其	滕州市西岗镇西岗二村	29	男	1940年9月10日
单学忠之母	滕州市西岗镇高庙西村	77	女	1940年9月11日
朱闵氏	滕州市鲍沟镇南朱庄	47	女	1940年9月12日
朱 涛	滕州市鲍沟镇南朱庄	18	男	1940年9月12日
刘金蛋	滕州市鲍沟镇圈里村	17	男	1940年9月12日
刘开平	滕州市鲍沟镇圈里村	18	男	1940年9月12日
王传宜	滕州市鲍沟镇圈里村	21	女	1940年9月12日
赵恒湖	滕州市西岗镇柴里中村	23	男	1940年9月12日
张振全之祖父	滕州市官桥镇官桥村	63	男	1940年9月13日
郝乐燕	滕州市鲍沟镇南潭村	38	男	1940年9月15日
王维玉	滕州市龙泉街道梁场村	10	男	1940年9月15日
王维柱	滕州市龙泉街道梁场村	8	男	1940年9月15日
吕士用	滕州市鲍沟镇	38	男	1940年9月17日
吕士利	滕州市鲍沟镇	28	男	1940年9月17日
马利轩	滕州市鲍沟镇大杨楼村	50	男	1940年9月17日
杨垂业	滕州市鲍沟镇大杨楼村	37	男	1940年9月17日
蒋玉花	滕州市鲍沟镇磨庄	37	男	1940年9月17日
赵齐风	滕州市鲍沟镇前皇甫村	52	男	1940年9月17日
孙井贵	滕州市鲍沟镇孙岗	43	男	1940年9月17日
刘金良	滕州市鲍沟镇薛岩前村	18	男	1940年9月17日
王宪标	滕州市鲍沟镇薛岩前村	25	男	1940年9月17日
满余更	滕州市西岗镇柴里西村	45	男	1940年9月17日
赵李氏	滕州市鲍沟镇坝前	30	女	1940年9月18日
李庆柏	滕州市鲍沟镇河崖	33	男	1940年9月18日

姓 名	籍 贯	年 龄	性 别	死难时间
李庆秋	滕州市鲍沟镇河崖	28	男	1940 年 9 月 18 日
杨金平	滕州市鲍沟镇杨村	40	男	1940 年 9 月 18 日
杨李氏	滕州市鲍沟镇杨村	27	女	1940 年 9 月 18 日
李贵方	滕州市官桥镇北韩村	18	男	1940 年 9 月 18 日
李立胜	滕州市官桥镇北韩村	26	男	1940 年 9 月 18 日
刘长胜	滕州市官桥镇北韩村	40	男	1940 年 9 月 18 日
李长庆	滕州市龙阳镇	20	男	1940 年 9 月 18 日
孙长喜	滕州市龙阳镇	30	男	1940 年 9 月 18 日
朱茂生	滕州市龙阳镇	24	男	1940 年 9 月 18 日
杨知意	滕州市鲍沟镇坝前	31	男	1940 年 9 月 19 日
杨长安	滕州市官桥镇大韩村	55	男	1940 年 9 月 19 日
张德胜	滕州市官桥镇苏叶村	—	男	1940 年 9 月 19 日
张茂玉	滕州市官桥镇苏叶村	—	男	1940 年 9 月 19 日
裴金厚	滕州市官桥镇吴庄村	51	男	1940 年 9 月 19 日
贾大胜	滕州市柴胡店镇沙岗村	49	男	1940 年 9 月 20 日
李东海	滕州市柴胡店镇沙岗村	70	男	1940 年 9 月 20 日
李绍明	滕州市柴胡店镇沙岗村	47	男	1940 年 9 月 20 日
刘大伍	滕州市柴胡店镇沙岗村	37	男	1940 年 9 月 20 日
刘夫平	滕州市柴胡店镇沙岗村	39	男	1940 年 9 月 20 日
马增美	滕州市柴胡店镇沙岗村	6	男	1940 年 9 月 20 日
王传胜	滕州市柴胡店镇沙岗村	39	男	1940 年 9 月 20 日
朱继武	滕州市柴胡店镇沙岗村	46	男	1940 年 9 月 20 日
黄士兵	滕州市鲍沟镇东皇甫村	30	男	1940 年 9 月 21 日
徐吕玉	滕州市鲍沟镇东皇甫村	23	男	1940 年 9 月 21 日
张开叙	滕州市鲍沟镇裴楼	11	男	1940 年 9 月 21 日
姜立河	滕州市鲍沟镇西荆林村	26	男	1940 年 9 月 21 日
孙宝玉之祖母	滕州市官桥镇官桥村	58	女	1940 年 9 月 21 日
王绪山之祖父	滕州市官桥镇官桥村	61	男	1940 年 9 月 21 日
倪 文	滕州市荆河街道西倪	19	男	1940 年 9 月 25 日
刘学法	滕州市龙阳镇望龙村	30	男	1940 年 9 月 26 日
渠 永	滕州市鲍沟镇大李楼	14	男	1940 年 9 月 27 日
姜绍俭	滕州市鲍沟镇西荆林村	38	男	1940 年 9 月 27 日
张崇将	滕州市鲍沟镇于仓	36	男	1940 年 9 月 27 日
陈登亮	滕州市鲍沟镇于仓	20	男	1940 年 9 月 27 日

姓 名	籍 贯	年 龄	性 别	死难时间
李给无	滕州市滨湖镇李村	27	男	1940 年 9 月 29 日
崔长富	滕州市滨湖镇西屯	23	男	1940 年 9 月 29 日
崔二花	滕州市滨湖镇西屯	13	女	1940 年 9 月 29 日
马家梅	滕州市滨湖镇西屯	44	女	1940 年 9 月 29 日
谢木荣	滕州市滨湖镇西屯	21	女	1940 年 9 月 29 日
任开孟	滕州市官桥镇东王公	18	男	1940 年 9 月 29 日
任孔氏	滕州市官桥镇东王公	21	女	1940 年 9 月 29 日
任刘氏	滕州市官桥镇东王公	21	女	1940 年 9 月 29 日
马洪轩	滕州市鲍沟镇	—	男	1940 年 9 月 30 日
杨正喜	滕州市鲍沟镇	37	男	1940 年 10 月 1 日
闫庆深	滕州市鲍沟镇闫庙	53	男	1940 年 10 月 3 日
龙振川	滕州市大坞镇后峰庄村	56	男	1940 年 10 月 3 日
马延龙	滕州市级索镇后王晁村	—	男	1940 年 10 月 3 日
王周氏	滕州市南沙河镇后小庄	38	女	1940 年 10 月 3 日
张恒志	滕州市柴胡店镇钟辛村	24	男	1940 年 10 月 4 日
钟杰武	滕州市柴胡店镇钟辛村	23	男	1940 年 10 月 4 日
钟乾武	滕州市柴胡店镇钟辛村	20	男	1940 年 10 月 4 日
钟文来	滕州市柴胡店镇钟辛村	21	男	1940 年 10 月 4 日
龙宜原	滕州市大坞镇后峰庄村	39	男	1940 年 10 月 4 日
杨知家	滕州市级索镇北杨楼村	25	男	1940 年 10 月 4 日
张德华	滕州市龙阳镇冯营村	53	男	1940 年 10 月 4 日
张宝章	滕州市西岗镇北曹庄	21	男	1940 年 10 月 4 日
姜 银	滕州市鲍沟镇河崖	28	男	1940 年 10 月 5 日
李成朵	滕州市鲍沟镇河崖	28	男	1940 年 10 月 5 日
吕赵氏	滕州市鲍沟镇吕坡	22	女	1940 年 10 月 5 日
吕作泗	滕州市鲍沟镇吕坡	36	男	1940 年 10 月 5 日
孙宝花	滕州市龙阳镇米庄村	20	女	1940 年 10 月 5 日
王光纯	滕州市西岗镇高庙南村	31	男	1940 年 10 月 5 日
王光亭	滕州市西岗镇高庙南村	27	男	1940 年 10 月 5 日
王光佑	滕州市西岗镇高庙南村	30	男	1940 年 10 月 5 日
满清红	滕州市西岗镇西河岔	28	男	1940 年 10 月 5 日
张泽旺	滕州市级索镇淤庄村	37	男	1940 年 10 月 6 日
张昆明	滕州市龙阳镇冯营村	56	男	1940 年 10 月 6 日
张开友	滕州市鲍沟镇裴楼	17	男	1940 年 10 月 6 日

姓　名	籍　贯	年　龄	性　别	死难时间
龙王氏	滕州市大坞镇后峄庄村	47	女	1940 年 10 月 6 日
张用田	滕州市善南街道王开三	70	男	1940 年 10 月 8 日
朱连元	滕州市鲍沟镇北朱庄	36	男	1940 年 10 月 9 日
郝乐厚	滕州市鲍沟镇南潭村	21	男	1940 年 10 月 9 日
龙吕氏	滕州市大坞镇后峄庄村	42	女	1940 年 10 月 9 日
王德喜	滕州市龙阳镇	40	男	1940 年 10 月 9 日
张敬民	滕州市西岗镇高庙西村	32	男	1940 年 10 月 9 日
李　军	滕州市荆河街道马号居	28	男	1940 年 10 月 10 日
巩狗狗	滕州市南沙河镇北街	13	男	1940 年 10 月 10 日
王荷花	滕州市南沙河镇北街	23	女	1940 年 10 月 10 日
姚云武	滕州市南沙河镇北街	—	男	1940 年 10 月 10 日
龙兴良	滕州市大坞镇后峄庄村	2	男	1940 年 10 月 10 日
邵尚鹏	滕州市荆河街道马号居	32	男	1940 年 10 月 11 日
董庆和	滕州市龙阳镇	23	男	1940 年 10 月 11 日
张公民	滕州市龙阳镇冯营村	60	男	1940 年 10 月 11 日
王学俊	滕州市龙阳镇耿庄村	80	男	1940 年 10 月 11 日
渠喜才	滕州市鲍沟镇大李楼	43	男	1940 年 10 月 12 日
李成和	滕州市鲍沟镇姜店村	40	男	1940 年 10 月 12 日
杨正春	滕州市鲍沟镇	29	男	1940 年 10 月 12 日
颜廷荣	滕州市鲍沟镇裴楼	41	女	1940 年 10 月 12 日
李书河	滕州市滨湖镇代庄	50	男	1940 年 10 月 12 日
马彩春	滕州市滨湖镇代庄	53	男	1940 年 10 月 12 日
马士德	滕州市滨湖镇东焦	60	男	1940 年 10 月 12 日
生王氏	滕州市滨湖镇民生	41	女	1940 年 10 月 12 日
刘龙水	滕州市滨湖镇前郁郎	32	男	1940 年 10 月 12 日
刘小华	滕州市滨湖镇前郁郎	31	男	1940 年 10 月 12 日
王宜兰	滕州市滨湖镇前郁郎	37	女	1940 年 10 月 12 日
张　华	滕州市滨湖镇前郁郎	27	男	1940 年 10 月 12 日
王开珍	滕州市滨湖镇生庄	17	女	1940 年 10 月 12 日
张胡氏	滕州市滨湖镇王堂	26	女	1940 年 10 月 12 日
刘玉英	滕州市滨湖镇西双井	13	女	1940 年 10 月 12 日
张玉清	滕州市滨湖镇西双井	18	女	1940 年 10 月 12 日
张兆银	滕州市滨湖镇西双井	45	男	1940 年 10 月 12 日
巩志尧	滕州市滨湖镇阳温东村	25	男	1940 年 10 月 12 日

姓 名	籍 贯	年 龄	性 别	死难时间
徐广地	滕州市滨湖镇阳温东村	26	男	1940 年 10 月 12 日
高印广	滕州市鲍沟镇东宁村	30	男	1940 年 10 月 13 日
郝明运	滕州市鲍沟镇西宁村	19	男	1940 年 10 月 13 日
华玉现	滕州市鲍沟镇西宁村	20	男	1940 年 10 月 13 日
颜丙献	滕州市鲍沟镇西宁村	18	男	1940 年 10 月 13 日
刘玉兰	滕州市鲍沟镇薛岩前村	20	女	1940 年 10 月 13 日
赵恒程	滕州市滨湖镇徐楼	35	男	1940 年 10 月 13 日
杨德州	滕州市官桥镇大韩村	60	男	1940 年 10 月 13 日
刘 氏	滕州市龙阳镇后司村	46	女	1940 年 10 月 13 日
司赵氏	滕州市龙阳镇后司村	37	女	1940 年 10 月 13 日
赵文斗	滕州市龙阳镇后司村	41	男	1940 年 10 月 13 日
马延贵	滕州市滨湖镇东马	29	男	1940 年 10 月 13 日
张发安	滕州市龙阳镇冯营村	50	男	1940 年 10 月 15 日
邵王氏	滕州市荆河街道马号居	27	女	1940 年 10 月 16 日
冯克明	滕州市南沙河镇	46	男	1940 年 10 月 17 日
冯克胜	滕州市南沙河镇	37	男	1940 年 10 月 17 日
庞传东	滕州市滨湖镇田桥	20	男	1940 年 10 月 18 日
王李氏	滕州市滨湖镇中辛安	32	女	1940 年 10 月 18 日
王马氏	滕州市滨湖镇中辛安	62	女	1940 年 10 月 18 日
范广萍	滕州市官桥镇前莱村	13	女	1940 年 10 月 19 日
倪道兰	滕州市官桥镇前莱村	65	女	1940 年 10 月 19 日
蒋王中	滕州市鲍沟镇大李楼	24	男	1940 年 10 月 21 日
渠怀喜	滕州市鲍沟镇大李楼	43	男	1940 年 10 月 21 日
渠 环	滕州市鲍沟镇大李楼	17	男	1940 年 10 月 21 日
渠闵氏	滕州市鲍沟镇大李楼	42	女	1940 年 10 月 21 日
杨进池	滕州市鲍沟镇宋庄	40	男	1940 年 10 月 21 日
蒋李氏	滕州市鲍沟镇于仓	41	女	1940 年 10 月 21 日
朱蒋氏	滕州市官桥镇前公桥	61	女	1940 年 10 月 23 日
朱杨氏	滕州市官桥镇前公桥	59	女	1940 年 10 月 23 日
张振后	滕州市龙阳镇顾庙村	40	男	1940 年 10 月 23 日
张浮方	滕州市龙阳镇	20	男	1940 年 10 月 24 日
张祥贵	滕州市龙阳镇顾庙村	24	男	1940 年 10 月 24 日
张尚品	滕州市张汪镇小李楼	19	男	1940 年 10 月 24 日
张洪书	滕州市鲍沟镇裴楼	52	男	1940 年 10 月 27 日

姓　名	籍　贯	年　龄	性　别	死难时间
渠玉清	滕州市张汪镇姜店村	39	男	1940 年 10 月 29 日
许文学	—	—	—	1940 年 11 月 1 日
林中英	滕州市东郭镇林岭	45	女	1940 年 11 月 1 日
张友申	滕州市东郭镇岭头	16	男	1940 年 11 月 1 日
丁德胜	滕州市东郭镇马河	41	男	1940 年 11 月 1 日
丁洪涛	滕州市东郭镇马河	45	男	1940 年 11 月 1 日
丁现洪	滕州市东郭镇马河	38	男	1940 年 11 月 1 日
丁玉付	滕州市东郭镇马河	47	男	1940 年 11 月 1 日
李广财	滕州市东郭镇马庄	46	男	1940 年 11 月 1 日
闫山分	滕州市东郭镇马庄	25	男	1940 年 11 月 1 日
赵有财	滕州市东郭镇马庄	21	男	1940 年 11 月 1 日
张德成	滕州市东郭镇前村	29	男	1940 年 11 月 1 日
许广瑞	滕州市东郭镇辛庄	16	男	1940 年 11 月 1 日
张敬坤	滕州市洪绪镇白龙湾	45	男	1940 年 11 月 1 日
张显法	滕州市洪绪镇陈楼村	28	男	1940 年 11 月 1 日
秦召朴	滕州市洪绪镇杜康村	39	男	1940 年 11 月 1 日
张洪义	滕州市洪绪镇堌堆村	28	男	1940 年 11 月 1 日
高洪全	滕州市洪绪镇玉楼村	57	男	1940 年 11 月 1 日
高茂晗	滕州市鲍沟镇鲍沟二村	31	男	1940 年 11 月 2 日
郝金乡	滕州市鲍沟镇郝庄	18	男	1940 年 11 月 2 日
葛仲玉	滕州市鲍沟镇甄洼	19	男	1940 年 11 月 2 日
孙井元	滕州市官桥镇东康留	63	男	1940 年 11 月 2 日
吴　明	滕州市荆河街道马号居	38	男	1940 年 11 月 2 日
张姚氏	滕州市善南街道王开三	72	女	1940 年 11 月 2 日
韩风明	滕州市西岗镇北曹庄	15	男	1940 年 11 月 3 日
马连登	滕州市西岗镇北曹庄	20	男	1940 年 11 月 3 日
花秀山	滕州市西岗镇花庄村	61	男	1940 年 11 月 3 日
孔祥东	滕州市西岗镇花庄村	20	男	1940 年 11 月 3 日
孔祥生	滕州市西岗镇花庄村	58	男	1940 年 11 月 3 日
徐秀章	滕州市龙阳镇大寨村	44	男	1940 年 11 月 4 日
孟昭焕	滕州市龙阳镇小寨村	46	男	1940 年 11 月 4 日
满昌来	滕州市级索镇羊二庄村	30	男	1940 年 11 月 5 日
二　牛	滕州市荆河街道马号居	6	男	1940 年 11 月 5 日
赵宝万	滕州市鲍沟镇坝前	30	男	1940 年 11 月 7 日

姓　名	籍　贯	年　龄	性　别	死难时间
孟李氏	滕州市官桥镇志门村	35	女	1940 年 11 月 7 日
孟庆兰	滕州市官桥镇志门村	37	男	1940 年 11 月 7 日
宋王氏	滕州市官桥镇志门村	38	女	1940 年 11 月 7 日
闫德运	滕州市鲍沟镇闫庙	51	男	1940 年 11 月 8 日
赵敬堂	滕州市鲍沟镇侯楼	30	男	1940 年 11 月 9 日
王克朝	滕州市鲍沟镇华庄	24	男	1940 年 11 月 9 日
赵广平	滕州市鲍沟镇前皇甫村	51	男	1940 年 11 月 9 日
赵单氏	滕州市西岗镇西岗一村	63	女	1940 年 11 月 9 日
赵尚余	滕州市西岗镇西岗一村	67	男	1940 年 11 月 9 日
马昭美	滕州市滨湖镇东马	40	男	1940 年 11 月 12 日
李建明	滕州市西岗镇孙庄村	70	男	1940 年 11 月 12 日
高述菊	滕州市鲍沟镇侯楼	21	男	1940 年 11 月 13 日
徐忠义	滕州市鲍沟镇徐村	42	男	1940 年 11 月 13 日
徐开泉	滕州市龙阳镇	39	男	1940 年 11 月 14 日
时耿金	滕州市官桥镇时店村	26	男	1940 年 11 月 16 日
时金洋	滕州市官桥镇时店村	42	男	1940 年 11 月 16 日
郝玉本	滕州市鲍沟镇郝庄	29	男	1940 年 11 月 20 日
吕以成	滕州市鲍沟镇吕坡	19	男	1940 年 11 月 21 日
王长城	滕州市鲍沟镇坝前	32	男	1940 年 11 月 21 日
王长英	滕州市鲍沟镇坝前	27	女	1940 年 11 月 21 日
赵宝桂	滕州市鲍沟镇坝前	36	男	1940 年 11 月 21 日
闵广东	滕州市鲍沟镇鲍沟二村	36	男	1940 年 11 月 21 日
潘振标	滕州市鲍沟镇大刘庄	36	男	1940 年 11 月 21 日
郝玉田	滕州市鲍沟镇郝庄	17	男	1940 年 11 月 21 日
赵敬堂	滕州市鲍沟镇侯楼	30	男	1940 年 11 月 21 日
张敬才	滕州市鲍沟镇吕坡	21	男	1940 年 11 月 21 日
张敬付	滕州市鲍沟镇吕坡	20	男	1940 年 11 月 21 日
张敬有	滕州市鲍沟镇吕坡	23	男	1940 年 11 月 21 日
高德金	滕州市鲍沟镇南朱庄	17	男	1940 年 11 月 21 日
朱　伟	滕州市鲍沟镇南朱庄	31	男	1940 年 11 月 21 日
刘中付	滕州市鲍沟镇前皇甫村	33	男	1940 年 11 月 21 日
陈刘氏	滕州市鲍沟镇圈里村	18	女	1940 年 11 月 21 日
孔刘氏	滕州市鲍沟镇圈里村	23	女	1940 年 11 月 21 日
赵钱氏	滕州市鲍沟镇圈里村	29	女	1940 年 11 月 21 日

姓 名	籍 贯	年 龄	性 别	死难时间
赵王氏	滕州市鲍沟镇圈里村	31	女	1940 年 11 月 21 日
时付耿	滕州市鲍沟镇孙岗	40	男	1940 年 11 月 21 日
孙田氏	滕州市鲍沟镇孙岗	38	女	1940 年 11 月 21 日
王孙氏	滕州市鲍沟镇孙岗	43	女	1940 年 11 月 21 日
张洪宜	滕州市鲍沟镇张埠村	21	男	1940 年 11 月 21 日
甄明轩	滕州市鲍沟镇甄洼	32	男	1940 年 11 月 21 日
任振明	滕州市官桥镇北辛村	68	男	1940 年 11 月 21 日
张茂付	滕州市官桥镇大康留	42	男	1940 年 11 月 21 日
满清进	滕州市西岗镇西河岔	29	男	1940 年 11 月 22 日
邵绪礼	滕州市滨湖镇	22	男	1940 年 11 月 23 日
邵泽亮	滕州市滨湖镇	23	男	1940 年 11 月 23 日
苏联荣	滕州市官桥镇前莱村	51	女	1940 年 11 月 23 日
张贵林	滕州市官桥镇前莱村	29	男	1940 年 11 月 23 日
张韩氏	滕州市官桥镇前莱村	49	女	1940 年 11 月 23 日
王新邑	滕州市官桥镇西郑庄	29	男	1940 年 11 月 23 日
王泽荣	滕州市官桥镇西郑庄	33	男	1940 年 11 月 23 日
赵中亚	滕州市南沙河镇房村	12	男	1940 年 11 月 23 日
张忠信	滕州市张汪镇太和村	18	男	1940 年 11 月 23 日
阮玉喜	滕州市张汪镇前寨子	31	男	1940 年 11 月 24 日
魏广志	滕州市张汪镇太和村	27	男	1940 年 11 月 26 日
钟金福	滕州市张汪镇太和村	20	男	1940 年 11 月 26 日
赵宝顺	滕州市鲍沟镇前皇甫村	26	男	1940 年 11 月 28 日
赵玉章	滕州市鲍沟镇前皇甫村	32	男	1940 年 11 月 28 日
马永香	—	—	—	1940 年 12 月 1 日
许培英	—	—	—	1940 年 12 月 1 日
高玉厚	滕州市洪绪镇堌堆村	42	男	1940 年 12 月 1 日
王 益	滕州市洪绪镇光明村	48	男	1940 年 12 月 1 日
侯瑞学	滕州市洪绪镇后洪绪	24	男	1940 年 12 月 1 日
金明宗	滕州市洪绪镇金庄	26	男	1940 年 12 月 1 日
金元季	滕州市洪绪镇金庄	24	男	1940 年 12 月 1 日
徐 辉	滕州市洪绪镇沙官村	19	男	1940 年 12 月 1 日
邢佑增	滕州市洪绪镇西赵沟	26	男	1940 年 12 月 1 日
张 斌	滕州市荆河街道马号居	49	男	1940 年 12 月 1 日
魏宜山	滕州市龙阳镇魏寺村	26	男	1940 年 12 月 1 日

姓 名	籍 贯	年 龄	性 别	死难时间
张立典	滕州市鲍沟镇张埠村	27	男	1940 年 12 月 3 日
张立善	滕州市鲍沟镇张埠村	20	男	1940 年 12 月 3 日
王慎宾	滕州市滨湖镇南陈	30	男	1940 年 12 月 3 日
赵晁氏	滕州市级索镇西赵庄村	31	女	1940 年 12 月 3 日
赵逢柏	滕州市级索镇西赵庄村	20	男	1940 年 12 月 3 日
王凤贵	滕州市荆河街道马号居	38	男	1940 年 12 月 3 日
胡秀芬	滕州市滨湖镇稻屯	47	女	1940 年 12 月 4 日
马运明	滕州市滨湖镇郭楼	28	男	1940 年 12 月 4 日
马加志	滕州市滨湖镇李仓	20	男	1940 年 12 月 4 日
李诗干	滕州市滨湖镇李村	28	男	1940 年 12 月 4 日
马永贵	滕州市滨湖镇孟楼	20	男	1940 年 12 月 4 日
牛玉军	滕州市滨湖镇西屯	54	男	1940 年 12 月 4 日
张蒋氏	滕州市善南街道王开三	77	女	1940 年 12 月 4 日
赵连伟	滕州市滨湖镇黄桥	30	男	1940 年 12 月 5 日
秦芬芬	滕州市滨湖镇西迭湖	11	女	1940 年 12 月 5 日
张文生	滕州市龙阳镇上司村	30	男	1940 年 12 月 5 日
张苏氏	滕州市善南街道王开三	71	女	1940 年 12 月 6 日
张杨氏	滕州市善南街道王开三	72	女	1940 年 12 月 7 日
王文奎	滕州市滨湖镇中辛安	33	男	1940 年 12 月 8 日
赵张氏	滕州市西岗镇西岗一村	71	女	1940 年 12 月 10 日
徐开荣	滕州市龙阳镇大寨村	45	男	1940 年 12 月 11 日
周运海	滕州市龙阳镇上司村	37	男	1940 年 12 月 11 日
顾永福	滕州市官桥镇中韩村	29	女	1940 年 12 月 12 日
顾钟氏	滕州市官桥镇中韩村	22	女	1940 年 12 月 12 日
郭爱花	滕州市官桥镇中韩村	21	女	1940 年 12 月 12 日
李宝库	滕州市官桥镇中韩村	42	男	1940 年 12 月 12 日
张思清	滕州市南沙河镇河汇村	25	男	1940 年 12 月 12 日
张宪儒	滕州市鲍沟镇薛岩后村	36	男	1940 年 12 月 13 日
赵 国	滕州市级索镇西赵庄村	31	男	1940 年 12 月 13 日
米令良	滕州市龙阳镇冯营村	55	男	1940 年 12 月 13 日
张玉英	滕州市木石镇独前村	25	男	1940 年 12 月 13 日
路郝氏	滕州市鲍沟镇南朱庄	50	女	1940 年 12 月 14 日
赵宝刚	滕州市鲍沟镇前皇甫村	28	男	1940 年 12 月 14 日
赵王氏	滕州市鲍沟镇前皇甫村	38	女	1940 年 12 月 14 日

姓 名	籍 贯	年 龄	性 别	死难时间
孙井富	滕州市鲍沟镇孙岗	31	男	1940 年 12 月 14 日
张志南	滕州市滨湖镇	25	男	1940 年 12 月 15 日
马希堂	滕州市滨湖镇东马	35	男	1940 年 12 月 15 日
马延顺	滕州市滨湖镇东马	26	男	1940 年 12 月 15 日
刘 英	滕州市滨湖镇胡路口	20	女	1940 年 12 月 15 日
田中来	滕州市滨湖镇田桥	38	男	1940 年 12 月 15 日
刘成民	滕州市滨湖镇西迭湖	28	男	1940 年 12 月 15 日
庞传点	滕州市滨湖镇徐楼	32	男	1940 年 12 月 15 日
赵恒开	滕州市滨湖镇徐楼	40	男	1940 年 12 月 15 日
马延业	滕州市滨湖镇严村	24	男	1940 年 12 月 15 日
范永振	滕州市官桥镇前莱村	30	男	1940 年 12 月 16 日
刘振四	滕州市龙阳镇	35	男	1940 年 12 月 17 日
魏陈氏	滕州市龙阳镇魏寺村	27	女	1940 年 12 月 17 日
娄连菊	滕州市张汪镇李桥村	27	男	1940 年 12 月 17 日
卢玉山	滕州市张汪镇李桥村	20	男	1940 年 12 月 17 日
赵恒明	滕州市滨湖镇田桥	30	男	1940 年 12 月 18 日
邓永慧	滕州市滨湖镇西迭湖	65	女	1940 年 12 月 18 日
魏 君	滕州市龙阳镇魏寺村	23	男	1940 年 12 月 22 日
王吉福	滕州市张汪镇太和村	50	男	1940 年 12 月 23 日
魏广伍	滕州市张汪镇太和村	19	男	1940 年 12 月 23 日
钟括伍	滕州市张汪镇太和村	40	男	1940 年 12 月 23 日
钟括伍之次子	滕州市张汪镇太和村	11	男	1940 年 12 月 23 日
钟士架	滕州市张汪镇太和村	21	男	1940 年 12 月 23 日
马昭刚	滕州市滨湖镇渔营	45	男	1940 年 12 月 28 日
马昭良	滕州市滨湖镇渔营	46	男	1940 年 12 月 28 日
马昭毅	滕州市滨湖镇渔营	49	男	1940 年 12 月 28 日
宋大孩	滕州市张汪镇北宋村	21	男	1940 年 12 月 29 日
徐兆坤	滕州市龙阳镇	14	男	1940 年 12 月 30 日
徐兆乾	滕州市龙阳镇	16	男	1940 年 12 月 30 日
董邵水	滕州市级索镇赵坡村	68	男	1940 年 12 月 31 日
秦有法	滕州市级索镇赵坡村	69	男	1940 年 12 月 31 日
张继农	—	31	男	1940 年
张宪玉	—	28	男	1940 年
朱广荣	—	—	—	1940 年

姓 名	籍 贯	年 龄	性 别	死难时间
张福义	—	—	男	1940 年
岱景义	—	—	男	1940 年
李朝运	—	—	男	1940 年
刘政祥	—	—	男	1940 年
赵士富	—	—	男	1940 年
任振怀	—	—	男	1940 年
巩开忠	—	—	男	1940 年
郭恒昌	—	—	男	1940 年
王成路	—	—	男	1940 年
秦佑继	—	—	男	1940 年
郭培伦	—	—	男	1940 年
李钊贤	—	—	男	1940 年
徐月海	—	55	男	1940 年
朱荣昌	滕州市南沙河镇前仓沟村	—	男	1940 年
李敏忠	—	—	男	1940 年
刘堂远	—	—	男	1940 年
曹兴中	—	23	男	1940 年
王占魁	—	24	男	1940 年
杨清湖	—	26	男	1940 年
李丙台	滕州市	—	男	1940 年
刘贵芳	滕州市	—	男	1940 年
董广灿	滕州市	—	—	1940 年
韩和尚	滕州市鲍沟镇圈里村	—	男	1940 年
李诗举	滕州市大坞镇	36	男	1940 年
高振海	滕州市东郭镇夏庄	—	男	1940 年
巩德胜	滕州市官桥镇	—	男	1940 年
刘凤雪	滕州市官桥镇	—	男	1940 年
李相元	滕州市官桥镇	—	男	1940 年
杨位行	滕州市姜屯镇大杨庄	27	男	1940 年
杨知水	滕州市姜屯镇大杨庄	32	男	1940 年
李 韬	滕州市姜屯镇李楼	—	男	1940 年
刘景斗	滕州市姜屯镇小洪疃	32	男	1940 年
俞来金	滕州市姜屯镇俞庄	17	男	1940 年
李青喜	滕州市界河镇北界河村	11	男	1940 年

姓　名	籍　贯	年　龄	性　别	死难时间
李商氏	滕州市界河镇北界河村	53	女	1940 年
唐肥富	滕州市界河镇东西曹村	47	男	1940 年
邱　田	滕州市界河镇范庄村	29	女	1940 年
王书厚	滕州市界河镇范庄村	20	男	1940 年
王书虎	滕州市界河镇范庄村	17	男	1940 年
陈　氏	滕州市界河镇葛庄村	26	女	1940 年
葛令青	滕州市界河镇葛庄村	18	男	1940 年
师××	滕州市龙阳镇	—	男	1940 年
邵泽合	滕州市西岗镇	—	男	1940 年
邵泽合之子	滕州市西岗镇	—	男	1940 年
张部云	滕州市羊庄镇代岗	23	男	1940 年
雷作云	滕州市羊庄镇东石湾	46	男	1940 年
雷广胜	滕州市羊庄镇东石湾	23	男	1940 年
梁继瑞	滕州市羊庄镇东石湾	37	男	1940 年
梁继君	滕州市羊庄镇东石湾	41	男	1940 年
雷广德	滕州市羊庄镇东石湾	35	男	1940 年
雷广义	滕州市羊庄镇东石湾	34	男	1940 年
雷广田	滕州市羊庄镇东石湾	21	男	1940 年
沈青良	滕州市羊庄镇东石湾	34	男	1940 年
王新田	滕州市羊庄镇东王庄	41	男	1940 年
王新田之女	滕州市羊庄镇东王庄	15	女	1940 年
王新田之妻	滕州市羊庄镇东王庄	38	女	1940 年
王新田之子	滕州市羊庄镇东王庄	12	男	1940 年
陈殿忠	滕州市羊庄镇高村	44	男	1940 年
陈殿闲之妻	滕州市羊庄镇高村	45	女	1940 年
耿丙元	滕州市羊庄镇寒山	43	男	1940 年
洪运章	滕州市羊庄镇洪村	25	男	1940 年
洪学岩	滕州市羊庄镇洪村	29	男	1940 年
洪毛相	滕州市羊庄镇洪村	29	男	1940 年
洪毛相之女	滕州市羊庄镇洪村	4	女	1940 年
洪毛相之子	滕州市羊庄镇洪村	6	男	1940 年
洪信章之父	滕州市羊庄镇洪村	27	男	1940 年
洪才章	滕州市羊庄镇洪村	24	男	1940 年
宋广忠	滕州市羊庄镇黄屯	26	男	1940 年

姓　名	籍　贯	年　龄	性　别	死难时间
宋广忠之女	滕州市羊庄镇黄屯	2	女	1940 年
宋广忠之妻	滕州市羊庄镇黄屯	24	女	1940 年
邢启松之父	滕州市羊庄镇陶山东	43	男	1940 年
邢李氏	滕州市羊庄镇陶山东	27	女	1940 年
孟昭太	滕州市羊庄镇陶山西	12	男	1940 年
宋王氏	滕州市羊庄镇陶山西	30	女	1940 年
魏广元	滕州市羊庄镇西辛庄	50	男	1940 年
张玉卓	滕州市羊庄镇张坡	28	男	1940 年
满金生	滕州市羊庄镇张坡	45	男	1940 年
吴成元	滕州市羊庄镇张坡	35	男	1940 年
张玉山	滕州市羊庄镇张坡	30	男	1940 年
高　二	滕州市羊庄镇庄里	30	男	1940 年
李富根	滕州市羊庄镇庄里	26	男	1940 年
刘奉明	滕州市羊庄镇庄里	25	男	1940 年
刘奉明之女	滕州市羊庄镇庄里	2	女	1940 年
孙门青	滕州市羊庄镇庄里	27	男	1940 年
张富营	滕州市羊庄镇庄里	28	男	1940 年
张首银	滕州市羊庄镇庄里	23	男	1940 年
张孝亮	滕州市羊庄镇庄里	52	男	1940 年
赵连成	滕州市羊庄镇庄里	28	男	1940 年
艾相才	滕州市张汪镇邓寨	—	男	1940 年
刘福强	滕州市北辛街道北关	50	男	1941 年 1 月 1 日
魏怀海	滕州市北辛街道后荆沟居	30	男	1941 年 1 月 1 日
魏怀英	滕州市北辛街道后荆沟居	16	女	1941 年 1 月 1 日
张友堂	滕州市东郭镇岭头	35	男	1941 年 1 月 1 日
武丰喜	滕州市东郭镇王庄	13	男	1941 年 1 月 1 日
刘立贤	滕州市柴胡店镇沙庄村	66	男	1941 年 1 月 2 日
刘久发	滕州市善南街道小屯	21	男	1941 年 1 月 2 日
刘久洪	滕州市善南街道小屯	20	女	1941 年 1 月 2 日
刘久利	滕州市善南街道小屯	26	男	1941 年 1 月 2 日
刘久胜	滕州市善南街道小屯	30	男	1941 年 1 月 2 日
孟庆科	滕州市滨湖镇山头	46	男	1941 年 1 月 3 日
王小绍	滕州市级索镇宗庄村	—	男	1941 年 1 月 3 日
倪成个	滕州市荆河街道西倪	41	男	1941 年 1 月 3 日

姓 名	籍 贯	年 龄	性 别	死难时间
徐培业	滕州市西岗镇柴里中村	30	男	1941 年 1 月 3 日
赵恒江	滕州市西岗镇柴里中村	18	男	1941 年 1 月 3 日
王兆春	滕州市龙阳镇	24	男	1941 年 1 月 6 日
单孙氏	滕州市善南街道十里铺二	65	女	1941 年 1 月 6 日
单王氏	滕州市善南街道十里铺二	60	女	1941 年 1 月 6 日
刘广海	滕州市鲍沟镇刘东	40	男	1941 年 1 月 7 日
赵牛氏	滕州市级索镇赵坡村	41	女	1941 年 1 月 7 日
赵李氏	滕州市善南街道小王开	50	女	1941 年 1 月 7 日
吕天常	滕州市鲍沟镇吕坡	22	男	1941 年 1 月 8 日
吕王氏	滕州市鲍沟镇吕坡	25	女	1941 年 1 月 8 日
王新大	滕州市官桥镇西郑庄	31	男	1941 年 1 月 9 日
王新陵	滕州市官桥镇西郑庄	35	男	1941 年 1 月 9 日
赵恒河	滕州市级索镇赵坡村	29	男	1941 年 1 月 9 日
孙尚臣	滕州市西岗镇孙庄村	66	男	1941 年 1 月 10 日
吕宜宾	滕州市西岗镇西岗二村	76	男	1941 年 1 月 11 日
高印兰	滕州市鲍沟镇东宁村	32	男	1941 年 1 月 12 日
高印青	滕州市鲍沟镇东宁村	24	男	1941 年 1 月 12 日
高印芝	滕州市鲍沟镇东宁村	25	男	1941 年 1 月 12 日
吕广清	滕州市鲍沟镇后汉宫村	30	女	1941 年 1 月 12 日
吕修杰	滕州市鲍沟镇后汉宫村	30	男	1941 年 1 月 12 日
吕宜广	滕州市鲍沟镇后汉宫村	35	男	1941 年 1 月 12 日
吕元富	滕州市鲍沟镇后汉宫村	28	男	1941 年 1 月 12 日
孙广才	滕州市鲍沟镇西宁村	22	男	1941 年 1 月 12 日
张宝友	滕州市鲍沟镇西宁村	21	男	1941 年 1 月 12 日
张奎本	滕州市鲍沟镇西宁村	20	男	1941 年 1 月 12 日
曹怀玉	滕州市西岗镇北曹庄	21	男	1941 年 1 月 12 日
张贻仁	滕州市善南街道王开二	21	男	1941 年 1 月 13 日
任士启	滕州市官桥镇史庄村	20	男	1941 年 1 月 16 日
周美胜	滕州市龙阳镇龙阳村	30	男	1941 年 1 月 17 日
郭福元	滕州市善南街道高庄	66	男	1941 年 1 月 18 日
钟福财	滕州市善南街道高庄	51	男	1941 年 1 月 18 日
钟福泰	滕州市善南街道高庄	49	男	1941 年 1 月 18 日
渠玉娣	滕州市官桥镇渠村	11	女	1941 年 1 月 19 日
渠志茂	滕州市官桥镇渠村	33	男	1941 年 1 月 19 日

姓 名	籍 贯	年 龄	性 别	死难时间
王明光	滕州市官桥镇西郑庄	27	男	1941 年 1 月 19 日
张振年	滕州市龙阳镇顾庙村	43	男	1941 年 1 月 19 日
薛瑞国	滕州市龙阳镇龙阳村	26	男	1941 年 1 月 19 日
周美邵	滕州市龙阳镇龙阳村	29	男	1941 年 1 月 19 日
张楼田	滕州市善南街道王开二	51	男	1941 年 1 月 19 日
李自安	滕州市鲍沟镇后汉宫村	43	男	1941 年 1 月 21 日
刁久岭	滕州市龙阳镇刁沙村	68	男	1941 年 1 月 22 日
单学忠之妻	滕州市西岗镇高庙西村	55	女	1941 年 1 月 26 日
赵敬民	滕州市鲍沟镇侯楼	29	男	1941 年 1 月 27 日
孙式华	滕州市北辛街道	27	女	1941 年 2 月 1 日
冯宝山	滕州市北辛街道冯河	21	男	1941 年 2 月 1 日
魏 韩	滕州市北辛街道后荆沟居	27	男	1941 年 2 月 1 日
殷兆生	滕州市北辛街道后荆沟居	17	男	1941 年 2 月 1 日
鲁一虎	滕州市北辛街道教场	25	男	1941 年 2 月 1 日
赵忠祥	滕州市北辛街道赵场	61	男	1941 年 2 月 1 日
林中银	滕州市东郭镇林岭	42	男	1941 年 2 月 1 日
陈广君	滕州市洪绪镇白龙湾	53	男	1941 年 2 月 1 日
乾伯营	滕州市洪绪镇杜场村	51	男	1941 年 2 月 1 日
孔来生	滕州市洪绪镇孔屯村	29	男	1941 年 2 月 1 日
徐 伟	滕州市洪绪镇沙官村	25	男	1941 年 2 月 1 日
赵绪东	滕州市洪绪镇西赵沟	32	男	1941 年 2 月 1 日
王少留	滕州市洪绪镇徐王庄	24	男	1941 年 2 月 1 日
连茂永	滕州市洪绪镇玉楼村	42	男	1941 年 2 月 1 日
荆玉田	滕州市荆河街道荆庄	30	男	1941 年 2 月 1 日
王中江	滕州市柴胡店镇官路口村	60	男	1941 年 2 月 2 日
梁学秦	滕州市龙泉街道梁场村	40	男	1941 年 2 月 2 日
邵光武	滕州市滨湖镇后郁郎	18	男	1941 年 2 月 3 日
尚姜氏	滕州市滨湖镇黄桥	20	女	1941 年 2 月 3 日
段正兰	滕州市滨湖镇山头	17	男	1941 年 2 月 3 日
刘河江	滕州市滨湖镇山头	6	男	1941 年 2 月 3 日
马昭军	滕州市滨湖镇山头	18	男	1941 年 2 月 3 日
王玉宝	滕州市滨湖镇山头	26	男	1941 年 2 月 3 日
庞传江	滕州市滨湖镇田桥	30	男	1941 年 2 月 3 日
鲁显贵	滕州市荆河街道鲁东	37	男	1941 年 2 月 3 日

姓　名	籍　贯	年　龄	性　别	死难时间
胡广付	滕州市龙阳镇龙阳村	38	男	1941 年 2 月 3 日
刘庆国	滕州市善南街道刘庄	25	男	1941 年 2 月 3 日
杨令奇	滕州市鲍沟镇杨村	18	男	1941 年 2 月 5 日
赵曰读	滕州市滨湖镇田桥	20	男	1941 年 2 月 5 日
钟福山	滕州市善南街道高庄	54	男	1941 年 2 月 6 日
秦延荣	滕州市龙泉街道	23	男	1941 年 2 月 7 日
郭成才	滕州市鲍沟镇马庄	27	男	1941 年 2 月 8 日
田崇迪	滕州市滨湖镇徐楼	25	男	1941 年 2 月 8 日
赵玉汉	滕州市鲍沟镇鲍沟中村	64	男	1941 年 2 月 9 日
赵玉恒	滕州市鲍沟镇鲍沟中村	66	男	1941 年 2 月 9 日
赵玉壶	滕州市鲍沟镇鲍沟中村	62	男	1941 年 2 月 9 日
郑宜畅	滕州市鲍沟镇成屯	30	男	1941 年 2 月 9 日
刘子焕	滕州市鲍沟镇刘西	21	女	1941 年 2 月 9 日
肖洪伦	滕州市鲍沟镇刘西	19	男	1941 年 2 月 9 日
肖洪庆	滕州市鲍沟镇刘西	20	男	1941 年 2 月 9 日
宋金武	滕州市鲍沟镇宋庄	35	男	1941 年 2 月 9 日
宋玉佩	滕州市鲍沟镇宋庄	30	男	1941 年 2 月 9 日
王昌和	滕州市西岗镇高庙东村	19	男	1941 年 2 月 10 日
肖洪利	滕州市鲍沟镇刘西	19	男	1941 年 2 月 11 日
王芙蓉	滕州市南沙河镇房村	40	女	1941 年 2 月 11 日
张贻后	滕州市善南街道王开二	25	男	1941 年 2 月 11 日
高　开	滕州市鲍沟镇姜店村	30	男	1941 年 2 月 12 日
朱英生	滕州市官桥镇西王公	40	男	1941 年 2 月 12 日
王张氏	滕州市龙泉街道梁场村	30	女	1941 年 2 月 12 日
刁宗祥	滕州市善南街道王开一	19	男	1941 年 2 月 12 日
张以荣	滕州市善南街道王开一	39	男	1941 年 2 月 12 日
王陈氏	滕州市善南街道丁庄	28	女	1941 年 2 月 13 日
党西銮	滕州市善南街道十里铺一	28	男	1941 年 2 月 13 日
党西太	滕州市善南街道十里铺一	25	男	1941 年 2 月 13 日
张志田	滕州市善南街道十里铺一	23	男	1941 年 2 月 13 日
赵维江	滕州市级索镇赵坡村	70	男	1941 年 2 月 14 日
李玉宾	滕州市鲍沟镇河崖	40	男	1941 年 2 月 15 日
黄兆平	滕州市滨湖镇金马山	28	男	1941 年 2 月 15 日
吴庆明	滕州市官桥镇前公桥	31	男	1941 年 2 月 15 日

姓 名	籍 贯	年 龄	性 别	死难时间
吴赵氏	滕州市官桥镇前公桥	56	女	1941 年 2 月 15 日
鲁王氏	滕州市荆河街道鲁东	60	女	1941 年 2 月 15 日
王李氏	滕州市龙泉街道梁场村	52	女	1941 年 2 月 15 日
王兆轩	滕州市龙泉街道梁场村	34	男	1941 年 2 月 15 日
高继仁	滕州市南沙河镇房村	22	男	1941 年 2 月 15 日
王彦利	滕州市南沙河镇房村	36	男	1941 年 2 月 15 日
王振德	滕州市龙泉街道梁场村	56	男	1941 年 2 月 16 日
满青义	滕州市西岗镇西河岔	31	男	1941 年 2 月 16 日
高张氏	滕州市鲍沟镇鲍沟东村	24	女	1941 年 2 月 17 日
张王氏	滕州市鲍沟镇侯楼	50	女	1941 年 2 月 17 日
彭存台	滕州市张汪镇杨界庄	41	男	1941 年 2 月 17 日
李大孩	滕州市官桥镇志门村	13	男	1941 年 2 月 19 日
刘长珠	滕州市官桥镇志门村	19	男	1941 年 2 月 19 日
孟凡秀	滕州市官桥镇志门村	26	男	1941 年 2 月 19 日
薄开帝	滕州市鲍沟镇南潭村	39	男	1941 年 2 月 20 日
吴天明	滕州市官桥镇前公桥	21	男	1941 年 2 月 20 日
朱汪氏	滕州市官桥镇前公桥	37	女	1941 年 2 月 20 日
朱张氏	滕州市官桥镇前公桥	58	女	1941 年 2 月 20 日
张思清之子	滕州市南沙河镇河汇村	2 个月	男	1941 年 2 月 21 日
张王氏	滕州市南沙河镇河汇村	48	女	1941 年 2 月 21 日
朱广法	滕州市南沙河镇河汇村	56	男	1941 年 2 月 21 日
侯章氏	滕州市南沙河镇南池	52	女	1941 年 2 月 21 日
马王氏	滕州市南沙河镇南池	48	女	1941 年 2 月 21 日
狄张氏	滕州市官桥镇	65	女	1941 年 2 月 23 日
胡安顺	滕州市官桥镇苏坦村	27	男	1941 年 2 月 23 日
刘世凯	滕州市官桥镇苏坦村	29	男	1941 年 2 月 23 日
刘习勤	滕州市官桥镇苏坦村	41	男	1941 年 2 月 23 日
李鲁氏	滕州市荆河街道鲁东	31	女	1941 年 2 月 25 日
孙宗廷之妻	滕州市官桥镇大康留	42	女	1941 年 2 月 27 日
姜玉章	滕州市鲍沟镇东荆林村	33	男	1941 年 2 月 28 日
崔 玉	滕州市张汪镇	21	男	1941 年 2 月 28 日
樊广运	滕州市张汪镇	21	男	1941 年 2 月 28 日
张尚年	滕州市张汪镇小李楼	20	男	1941 年 2 月 28 日
顾茂生	滕州市北辛街道北黄	27	男	1941 年 3 月 1 日

姓 名	籍 贯	年 龄	性 别	死难时间
李长明	滕州市北辛街道曹王	20	男	1941 年 3 月 1 日
王文山	滕州市北辛街道东七	17	男	1941 年 3 月 1 日
王子武	滕州市北辛街道东七	67	男	1941 年 3 月 1 日
吕兰青	滕州市北辛街道冯河	35	女	1941 年 3 月 1 日
刘同德	滕州市北辛街道侯王村	19	男	1941 年 3 月 1 日
李井启	滕州市北辛街道马王东村	53	男	1941 年 3 月 1 日
马小花	滕州市北辛街道马王西村	14	女	1941 年 3 月 1 日
周德龙	滕州市北辛街道小岗村	23	男	1941 年 3 月 1 日
陆大伟	滕州市东郭镇大党山	36	男	1941 年 3 月 1 日
丁广龙	滕州市东郭镇后李岭	43	男	1941 年 3 月 1 日
李广海	滕州市东郭镇后李岭	29	男	1941 年 3 月 1 日
田井海	滕州市东郭镇前明	33	男	1941 年 3 月 1 日
张庆来	滕州市东郭镇前坞沟	37	男	1941 年 3 月 1 日
朱金学	滕州市东郭镇山前	49	男	1941 年 3 月 1 日
张传伸	滕州市东郭镇石羊山	25	男	1941 年 3 月 1 日
丛玉中	滕州市东郭镇唐林	35	男	1941 年 3 月 1 日
丁宝龙	滕州市东郭镇唐林	40	男	1941 年 3 月 1 日
刘延超	滕州市东郭镇唐林	37	男	1941 年 3 月 1 日
王冰军	滕州市东郭镇王庄	41	男	1941 年 3 月 1 日
张申宝	滕州市官桥镇西王庄	22	男	1941 年 3 月 1 日
徐庆华	滕州市洪绪镇白龙湾	29	男	1941 年 3 月 1 日
梦现花	滕州市洪绪镇陈楼村	40	男	1941 年 3 月 1 日
徐成芹	滕州市洪绪镇陈楼村	43	男	1941 年 3 月 1 日
李玉新	滕州市洪绪镇赤店村	51	男	1941 年 3 月 1 日
张 涛	滕州市洪绪镇大巩庄	46	男	1941 年 3 月 1 日
赵崇秀	滕州市洪绪镇杜康村	39	男	1941 年 3 月 1 日
徐子君	滕州市洪绪镇甘庄村	41	男	1941 年 3 月 1 日
赵绪荣	滕州市洪绪镇堌堆村	24	女	1941 年 3 月 1 日
徐元富	滕州市洪绪镇光明村	28	男	1941 年 3 月 1 日
刘文超	滕州市洪绪镇唐庄村	48	男	1941 年 3 月 1 日
赵 军	滕州市洪绪镇西赵沟	49	男	1941 年 3 月 1 日
徐庆才	滕州市洪绪镇幸福坝	41	男	1941 年 3 月 1 日
徐伯平	滕州市洪绪镇颜楼村	40	男	1941 年 3 月 1 日
王慎营	滕州市洪绪镇玉楼村	24	男	1941 年 3 月 1 日

姓 名	籍 贯	年龄	性 别	死难时间
翟廷喜	滕州市洪绪镇玉楼村	28	男	1941 年 3 月 1 日
辛瑞磊	滕州市界河镇前枣村	58	男	1941 年 3 月 1 日
李大具	滕州市界河镇小万院村	5	男	1941 年 3 月 1 日
赵从申	滕州市界河镇小万院村	37	男	1941 年 3 月 1 日
赵起名	滕州市西岗镇北曹庄	50	男	1941 年 3 月 1 日
任连山	滕州市西岗镇西岗一村	25	男	1941 年 3 月 2 日
赵崇友	滕州市西岗镇西岗一村	61	女	1941 年 3 月 2 日
张学文	滕州市鲍沟镇裴楼	32	男	1941 年 3 月 4 日
罗继田	滕州市官桥镇前掌大	40	男	1941 年 3 月 4 日
魏延雪	滕州市官桥镇前掌大	49	男	1941 年 3 月 4 日
魏振铎	滕州市官桥镇前掌大	62	男	1941 年 3 月 4 日
满昭金	滕州市西岗镇温堂村	32	男	1941 年 3 月 4 日
张学涛	滕州市鲍沟镇裴楼	34	男	1941 年 3 月 5 日
郭 伟	滕州市木石镇山口村	21	男	1941 年 3 月 5 日
韩成瑞	滕州市鲍沟镇于仓	37	男	1941 年 3 月 6 日
李庆电	滕州市鲍沟镇河崖	43	男	1941 年 3 月 7 日
裴文才	滕州市鲍沟镇裴楼	27	男	1941 年 3 月 7 日
鲁景辉	滕州市荆河街道鲁东	32	男	1941 年 3 月 7 日
鲁显营	滕州市荆河街道鲁东	31	男	1941 年 3 月 7 日
刘义田	滕州市龙泉街道前洪	24	男	1941 年 3 月 7 日
陈茂建	滕州市西岗镇柴里西村	46	男	1941 年 3 月 7 日
刘福堂	滕州市西岗镇柴里西村	43	男	1941 年 3 月 7 日
满成义	滕州市西岗镇柴里西村	56	男	1941 年 3 月 7 日
满自胜	滕州市西岗镇柴里西村	42	男	1941 年 3 月 7 日
邵家军	滕州市柴胡店镇邵庄	53	男	1941 年 3 月 10 日
邵士良	滕州市柴胡店镇邵庄	48	男	1941 年 3 月 10 日
吴志芙	滕州市官桥镇前公桥	57	女	1941 年 3 月 10 日
张宜怀	滕州市官桥镇前公桥	70	男	1941 年 3 月 10 日
朱陈氏	滕州市官桥镇前公桥	69	女	1941 年 3 月 10 日
杨思海	滕州市柴胡店镇高桥村	37	男	1941 年 3 月 11 日
邵士才	滕州市柴胡店镇邵庄	50	男	1941 年 3 月 11 日
赵跟科	滕州市南沙河镇前房	20	男	1941 年 3 月 11 日
李才方	滕州市西岗镇高庙东村	17	男	1941 年 3 月 11 日
赵李氏	滕州市南沙河镇房村	22	女	1941 年 3 月 12 日

姓　名	籍　贯	年　龄	性　别	死难时间
王学迢	滕州市南沙河镇南王铺	36	男	1941 年 3 月 12 日
李长平	滕州市官桥镇西公桥	45	男	1941 年 3 月 13 日
张贵生	滕州市官桥镇西公桥	39	男	1941 年 3 月 13 日
张丰谦	滕州市善南街道王开二	43	男	1941 年 3 月 13 日
曹怀礼	滕州市西岗镇北曹庄	25	男	1941 年 3 月 13 日
卜瑞富	滕州市鲍沟镇卜庙	20	男	1941 年 3 月 15 日
张丰其	滕州市善南街道王开一	50	男	1941 年 3 月 15 日
孙宗启	滕州市官桥大康留	49	男	1941 年 3 月 16 日
党西伍	滕州市善南街道十里铺一	22	男	1941 年 3 月 16 日
张绍喜	滕州市善南街道王开二	60	男	1941 年 3 月 16 日
张振节	滕州市鲍沟镇张埠村	21	男	1941 年 3 月 17 日
王明安	滕州市南沙河镇北王铺	51	男	1941 年 3 月 17 日
朱英生	滕州市官桥镇后官庄	40	男	1941 年 3 月 18 日
王明全	滕州市南沙河镇北王铺	42	男	1941 年 3 月 18 日
大　年	滕州市南沙河镇上徐	10	男	1941 年 3 月 18 日
张保泽	滕州市善南街道十里铺一	21	男	1941 年 3 月 18 日
张长才	滕州市善南街道十里铺一	23	男	1941 年 3 月 18 日
张长荣	滕州市善南街道十里铺一	24	男	1941 年 3 月 18 日
彭薛氏	滕州市南沙河镇东魏村	38	女	1941 年 3 月 19 日
彭玉放	滕州市南沙河镇东魏村	52	男	1941 年 3 月 19 日
关寄冬	滕州市南沙河镇房村	24	男	1941 年 3 月 20 日
朱元民	滕州市鲍沟镇北朱庄	19	男	1941 年 3 月 21 日
王桂林	滕州市张汪镇	20	男	1941 年 3 月 22 日
吴文中	滕州市官桥镇吴庄村	41	男	1941 年 3 月 23 日
狄胜明	滕州市南沙河镇古石二村	31	男	1941 年 3 月 25 日
董伯章之妻	滕州市龙阳镇	22	女	1941 年 3 月 26 日
黄寿伦	滕州市龙阳镇龙阳村	30	男	1941 年 3 月 26 日
李永太	滕州市龙阳镇龙阳村	32	男	1941 年 3 月 26 日
朱井福	滕州市南沙河镇上营	39	男	1941 年 3 月 26 日
范明来	滕州市官桥镇前莱村	15	女	1941 年 3 月 27 日
孙开芝	滕州市官桥镇前莱村	42	女	1941 年 3 月 27 日
时树喜	滕州市官桥镇时店村	32	男	1941 年 3 月 27 日
赵　岩	滕州市官桥镇时店村	26	男	1941 年 3 月 27 日
梁振宇	滕州市龙泉街道梁场村	49	男	1941 年 3 月 30 日

姓 名	籍 贯	年 龄	性 别	死难时间
黄文英	滕州市北辛街道冯河	32	女	1941 年 4 月 1 日
史凤玉	滕州市东郭镇屯里	45	男	1941 年 4 月 1 日
樊贵河	滕州市洪绪镇安庄村	30	男	1941 年 4 月 1 日
徐子贵	滕州市洪绪镇杜场村	48	男	1941 年 4 月 1 日
王宝来	滕州市洪绪镇后洪绪	30	男	1941 年 4 月 1 日
金洪岩	滕州市洪绪镇金庄	35	男	1941 年 4 月 1 日
丛子友	滕州市洪绪镇沙官村	45	男	1941 年 4 月 1 日
徐东峰	滕州市洪绪镇杨园村	39	男	1941 年 4 月 1 日
张凤领	滕州市洪绪镇玉楼村	30	男	1941 年 4 月 1 日
任兴洪	滕州市荆河街道安乐居	41	男	1941 年 4 月 1 日
张崇喜	滕州市荆河街道安乐居	32	男	1941 年 4 月 1 日
胡芝迎	滕州市南沙河镇	32	女	1941 年 4 月 1 日
宋陈氏	滕州市西岗镇西岗二村	73	女	1941 年 4 月 1 日
杨祚建	滕州市鲍沟镇杨村	21	男	1941 年 4 月 2 日
高学彬	滕州市南沙河镇	33	男	1941 年 4 月 2 日
姜绍郎	滕州市鲍沟镇西荆林村	30	男	1941 年 4 月 5 日
张立法	滕州市鲍沟镇张埠村	23	男	1941 年 4 月 5 日
张立举	滕州市鲍沟镇张埠村	22	男	1941 年 4 月 5 日
杨知山	滕州市级索镇北杨楼村	45	男	1941 年 4 月 5 日
杨知永	滕州市级索镇北杨楼村	20	男	1941 年 4 月 5 日
杨四章	滕州市级索镇北杨楼村	18	男	1941 年 4 月 5 日
鲁显梅	滕州市荆河街道鲁东	29	男	1941 年 4 月 5 日
郭 鹏	滕州市木石镇山口村	32	男	1941 年 4 月 5 日
王开山	滕州市西岗镇南曹村	38	男	1941 年 4 月 5 日
刘广坤	滕州市善南街道刘屯	36	男	1941 年 4 月 6 日
刘学芹	滕州市善南街道刘屯	19	男	1941 年 4 月 6 日
刘学远	滕州市善南街道刘屯	17	男	1941 年 4 月 6 日
赵崇德	滕州市西岗镇西岗一村	46	男	1941 年 4 月 6 日
闵庆福	滕州市鲍沟镇闵楼村	21	男	1941 年 4 月 8 日
闵王氏	滕州市鲍沟镇闵楼村	30	女	1941 年 4 月 8 日
闵张氏	滕州市鲍沟镇闵楼村	32	女	1941 年 4 月 8 日
丁义修	滕州市鲍沟镇磨庄	39	男	1941 年 4 月 8 日
杨吉红	滕州市善南街道刘屯	36	男	1941 年 4 月 8 日
杨修利	滕州市善南街道刘屯	17	男	1941 年 4 月 8 日

姓　名	籍　贯	年　龄	性　别	死难时间
杨修义	滕州市善南街道刘屯	18	男	1941 年 4 月 8 日
杨思业	滕州市西岗镇北赵庄	22	男	1941 年 4 月 8 日
张文明	滕州市南沙河镇南池	31	男	1941 年 4 月 9 日
张石柱	滕州市南沙河镇冯村	22	男	1941 年 4 月 10 日
党杨氏	滕州市南沙河镇南池	46	女	1941 年 4 月 10 日
陈景怀	滕州市官桥镇前公桥	77	男	1941 年 4 月 11 日
关文景	滕州市官桥镇前公桥	59	男	1941 年 4 月 11 日
朱建达	滕州市官桥镇前公桥	83	男	1941 年 4 月 11 日
张井怀	滕州市鲍沟镇东荆林村	24	男	1941 年 4 月 12 日
彭　涛	滕州市西岗镇柴里东村	18	男	1941 年 4 月 12 日
王满氏	滕州市西岗镇高庙北村	47	女	1941 年 4 月 12 日
宗成岳	滕州市级索镇宗庄村	—	男	1941 年 4 月 13 日
宗德晶	滕州市级索镇宗庄村	—	男	1941 年 4 月 13 日
宗小陆	滕州市级索镇宗庄村	—	男	1941 年 4 月 13 日
吴高氏	滕州市南沙河镇东魏村	49	女	1941 年 4 月 13 日
张振标	滕州市鲍沟镇张埠村	17	男	1941 年 4 月 15 日
董苑氏	滕州市龙阳镇董沙村	38	女	1941 年 4 月 15 日
杨周氏	滕州市官桥镇东公桥村	33	女	1941 年 4 月 16 日
时耿河	滕州市官桥镇时店村	29	男	1941 年 4 月 16 日
杜根存	滕州市级索镇小官庄村	36	男	1941 年 4 月 16 日
苏二娃	滕州市级索镇小官庄村	30	男	1941 年 4 月 16 日
谭友续	滕州市鲍沟镇河崖	30	男	1941 年 4 月 17 日
满文喜	滕州市鲍沟镇薛岩后村	17	男	1941 年 4 月 17 日
张丰久	滕州市善南街道王开二	37	男	1941 年 4 月 17 日
张丰平	滕州市善南街道王开二	39	男	1941 年 4 月 17 日
范大宝	滕州市鲍沟镇郝寨村	19	男	1941 年 4 月 21 日
郝相乞	滕州市鲍沟镇郝寨村	20	男	1941 年 4 月 21 日
郝玉道	滕州市鲍沟镇郝寨村	40	男	1941 年 4 月 21 日
姜立建	滕州市鲍沟镇西荆林村	26	男	1941 年 4 月 21 日
朱绍良	滕州市	—	—	1941 年 4 月 22 日
鲁景东	滕州市荆河街道鲁东	36	男	1941 年 4 月 26 日
孙百合	滕州市南沙河镇房村	23	女	1941 年 4 月 27 日
张广大	—	—	—	1941 年 5 月 1 日
刘海新	滕州市北辛街道东北坛	30	男	1941 年 5 月 1 日

姓 名	籍 贯	年 龄	性 别	死难时间
邱学亮	滕州市北辛街道东北坛	18	男	1941 年 5 月 1 日
孙 军	滕州市北辛街道东北坛	40	男	1941 年 5 月 1 日
张文浩	滕州市北辛街道东北坛	35	男	1941 年 5 月 1 日
王美英	滕州市北辛街道赵王河西区	74	女	1941 年 5 月 1 日
狄井成	滕州市大坞镇狄庄村	23	男	1941 年 5 月 1 日
狄井泰	滕州市大坞镇狄庄村	25	男	1941 年 5 月 1 日
狄井阳	滕州市大坞镇狄庄村	20	男	1941 年 5 月 1 日
张洪云	滕州市大坞镇狄庄村	21	男	1941 年 5 月 1 日
周茂德	滕州市大坞镇马楼村	30	男	1941 年 5 月 1 日
钱永浩	滕州市东沙河镇大养德村	26	男	1941 年 5 月 1 日
张英泽	滕州市东沙河镇大养德村	25	男	1941 年 5 月 1 日
凡贵宝	滕州市洪绪镇东赵沟	30	男	1941 年 5 月 1 日
林开娥	滕州市洪绪镇堌堆村	30	女	1941 年 5 月 1 日
俞伯峰	滕州市洪绪镇光明村	30	男	1941 年 5 月 1 日
李宝明	滕州市洪绪镇后洪绪	20	男	1941 年 5 月 1 日
金洪斗	滕州市洪绪镇金庄	65	男	1941 年 5 月 1 日
金洪伦	滕州市洪绪镇金庄	22	男	1941 年 5 月 1 日
金洪文	滕州市洪绪镇金庄	42	男	1941 年 5 月 1 日
王佃东	滕州市洪绪镇前洪绪	49	男	1941 年 5 月 1 日
任庆良	滕州市洪绪镇任于庄	45	男	1941 年 5 月 1 日
王庆太	滕州市洪绪镇沙官村	40	男	1941 年 5 月 1 日
许士海	滕州市洪绪镇玉楼村	33	男	1941 年 5 月 1 日
孔瑞银	滕州市荆河街道	39	男	1941 年 5 月 1 日
张广武	滕州市荆河街道安乐居	35	男	1941 年 5 月 1 日
吴广顺	滕州市龙泉街道东大庙	21	男	1941 年 5 月 1 日
姚金斗	滕州市西岗镇半阁村	30	男	1941 年 5 月 1 日
程现龙	滕州市西岗镇大屯村	23	男	1941 年 5 月 1 日
刘玉荣	滕州市西岗镇大屯村	20	女	1941 年 5 月 1 日
吕传绪	滕州市鲍沟镇吕坡	21	男	1941 年 5 月 1 日
吕镜河	滕州市鲍沟镇吕坡	26	男	1941 年 5 月 1 日
狄景济	滕州市大坞镇狄庄村	52	男	1941 年 5 月 1 日
宫黄氏	滕州市南沙河镇彭庄	42	女	1941 年 5 月 2 日
彭修文	滕州市南沙河镇彭庄	56	男	1941 年 5 月 2 日
卜广盈	滕州市鲍沟镇卜庙	20	男	1941 年 5 月 3 日

姓 名	籍 贯	年 龄	性 别	死难时间
褚庆敏	滕州市鲍沟镇褚村	21	男	1941 年 5 月 3 日
狄井年	滕州市大坞镇狄庄村	34	男	1941 年 5 月 3 日
赵明桥	滕州市西岗镇杈子园村	18	男	1941 年 5 月 3 日
赵明玉	滕州市西岗镇杈子园村	17	男	1941 年 5 月 3 日
赵文林	滕州市西岗镇杈子园村	21	男	1941 年 5 月 3 日
狄景海	滕州市大坞镇狄庄村	29	男	1941 年 5 月 4 日
郭士才	滕州市木石镇山口村	62	男	1941 年 5 月 4 日
张继登	滕州市西岗镇南荒村	30	男	1941 年 5 月 4 日
田中卫	滕州市滨湖镇田桥	29	男	1941 年 5 月 6 日
刘忠良	滕州市龙泉街道	32	男	1941 年 5 月 6 日
刘忠心	滕州市龙泉街道	38	男	1941 年 5 月 6 日
刘程氏	滕州市龙泉街道前洪	38	女	1941 年 5 月 6 日
刘侯氏	滕州市龙泉街道前洪	40	女	1941 年 5 月 6 日
刘李氏	滕州市龙泉街道前洪	34	女	1941 年 5 月 6 日
刘张氏	滕州市龙泉街道前洪	32	女	1941 年 5 月 6 日
刘赵氏	滕州市龙泉街道前洪	57	女	1941 年 5 月 6 日
丁侯氏	滕州市善南街道丁庄	24	女	1941 年 5 月 6 日
李市一	滕州市善南街道贾庄	35	男	1941 年 5 月 6 日
李连奎	滕州市善南街道刘庄	29	男	1941 年 5 月 6 日
马士才	滕州市西岗镇郭庄村	19	男	1941 年 5 月 6 日
田儒山	滕州市西岗镇郭庄村	18	男	1941 年 5 月 6 日
田儒玉	滕州市西岗镇郭庄村	17	男	1941 年 5 月 6 日
赵登元之子	滕州市西岗镇郭庄村	21	男	1941 年 5 月 6 日
赵中礼	滕州市西岗镇郭庄村	20	男	1941 年 5 月 6 日
花秀彦	滕州市西岗镇花庄村	60	男	1941 年 5 月 6 日
尚作云	滕州市滨湖镇黄桥	26	男	1941 年 5 月 8 日
李孝麦	滕州市级索镇刁庄村	28	男	1941 年 5 月 8 日
赵李氏	滕州市西岗镇高庙北村	21	女	1941 年 5 月 9 日
闵小冈	滕州市鲍沟镇鲍沟二村	29	男	1941 年 5 月 10 日
丛玉强	滕州市鲍沟镇后鞋城村	18	男	1941 年 5 月 10 日
郝乐山	滕州市鲍沟镇南潭村	47	男	1941 年 5 月 10 日
赵振兴	滕州市西岗镇北赵庄	47	男	1941 年 5 月 10 日
钟士春	滕州市柴胡店镇	34	男	1941 年 5 月 12 日
钟士坤	滕州市柴胡店镇	29	男	1941 年 5 月 12 日

姓 名	籍 贯	年 龄	性 别	死难时间
钟文信	滕州市柴胡店镇	41	男	1941 年 5 月 12 日
钟文运	滕州市柴胡店镇钟辛村	35	男	1941 年 5 月 12 日
宋小风	滕州市张汪镇	24	男	1941 年 5 月 12 日
王恒静	滕州市龙阳镇	47	男	1941 年 5 月 13 日
王家昆	滕州市龙阳镇南岭村	21	男	1941 年 5 月 13 日
王家壮	滕州市龙阳镇南岭村	20	男	1941 年 5 月 13 日
张蕊田	滕州市善南街道王开二	58	男	1941 年 5 月 13 日
陈 四	滕州市张汪镇杨界庄	20	男	1941 年 5 月 13 日
孙井喜	滕州市柴胡店镇四李庄村	23	男	1941 年 5 月 14 日
刘祥一	滕州市官桥镇苏坦村	38	男	1941 年 5 月 15 日
李广海	滕州市善南街道十里铺一	21	男	1941 年 5 月 16 日
杨家开	滕州市官桥镇东洪林	24	男	1941 年 5 月 17 日
刘宝路	滕州市官桥镇苏坦村	32	男	1941 年 5 月 17 日
杨张氏	滕州市官桥镇东洪林	63	女	1941 年 5 月 18 日
张李氏	滕州市龙阳镇张山口村	62	女	1941 年 5 月 18 日
张绍存	滕州市龙阳镇张山口村	40	男	1941 年 5 月 18 日
张绍功	滕州市龙阳镇张山口村	45	男	1941 年 5 月 18 日
张绍菊	滕州市龙阳镇张山口村	43	男	1941 年 5 月 18 日
张绍伟	滕州市龙阳镇张山口村	48	男	1941 年 5 月 18 日
张绍锡	滕州市龙阳镇张山口村	52	男	1941 年 5 月 18 日
张贻成	滕州市善南街道王开二	39	男	1941 年 5 月 18 日
刘现河	滕州市官桥镇苏坦村	34	男	1941 年 5 月 21 日
顾茂银	滕州市西岗镇东王庄村	20	男	1941 年 5 月 21 日
孙金科	滕州市张汪镇南闫楼	19	男	1941 年 5 月 21 日
黄士菊	滕州市柴胡店镇沙岗村	26	女	1941 年 5 月 22 日
朱广臣	滕州市柴胡店镇沙岗村	47	男	1941 年 5 月 22 日
史玉银	滕州市龙阳镇	24	男	1941 年 5 月 23 日
徐成海	滕州市龙阳镇大寨村	41	男	1941 年 5 月 27 日
周福全	滕州市官桥镇王园村	56	男	1941 年 5 月 29 日
王立满	滕州市官桥镇轩庄村	68	男	1941 年 5 月 29 日
王希干	—	—	—	1941 年 6 月 1 日
徐卫兰	滕州市北辛街道冯河	42	女	1941 年 6 月 1 日
孟召友	滕州市北辛街道后荆沟居	52	男	1941 年 6 月 1 日
周马氏	滕州市北辛街道小岗村	45	女	1941 年 6 月 1 日

姓 名	籍 贯	年 龄	性 别	死难时间
赵恒进	滕州市大坞镇刘北	36	男	1941年6月1日
范玉雷	滕州市东郭镇下户主	25	男	1941年6月1日
凡贵钱	滕州市洪绪镇东赵沟	38	男	1941年6月1日
孙庆甫	滕州市洪绪镇杜场村	42	男	1941年6月1日
葛继明	滕州市洪绪镇杜康村	24	男	1941年6月1日
丁玉洋	滕州市洪绪镇甘庄村	42	男	1941年6月1日
俞廷涛	滕州市洪绪镇光明村	28	男	1941年6月1日
工伯全	滕州市洪绪镇郝洼村	25	男	1941年6月1日
牛绍成	滕州市洪绪镇孔屯村	32	男	1941年6月1日
龙广军	滕州市洪绪镇龙庄村	39	男	1941年6月1日
张庆朋	滕州市洪绪镇	53	男	1941年6月1日
丛子付	滕州市洪绪镇任于庄	38	男	1941年6月1日
张显跃	滕州市洪绪镇幸福坝	32	男	1941年6月1日
张守安	滕州市西岗镇大屯村	20	男	1941年6月1日
张守才	滕州市西岗镇大屯村	21	男	1941年6月1日
张兆合	滕州市西岗镇大屯村	19	男	1941年6月1日
李后洋	滕州市羊庄镇后赵庄	21	男	1941年6月1日
王友才	滕州市羊庄镇后赵庄	28	男	1941年6月1日
李后忠	滕州市羊庄镇后赵庄	25	男	1941年6月1日
王允山	滕州市西岗镇西岗二村	27	男	1941年6月2日
王宝剑	滕州市龙阳镇冯营村	29	男	1941年6月3日
崔金花	滕州市南沙河镇崔庄	53	女	1941年6月3日
张怀义	滕州市善南街道张北庄	41	男	1941年6月5日
裴学涛	滕州市鲍沟镇裴楼	34	男	1941年6月7日
裴学文	滕州市鲍沟镇裴楼	27	男	1941年6月7日
鲁开朋	滕州市荆河街道鲁西	32	男	1941年6月7日
鲁显运	滕州市荆河街道鲁西	23	男	1941年6月7日
鲁振国	滕州市荆河街道鲁西	19	男	1941年6月7日
刘王氏	滕州市龙泉街道前洪	60	女	1941年6月7日
崔上会	滕州市南沙河镇崔庄	76	男	1941年6月8日
刘怀玉	滕州市南沙河镇崔庄	28	男	1941年6月8日
刘怀玉之女	滕州市南沙河镇崔庄	4个月	女	1941年6月8日
马玉环	滕州市南沙河镇彭庄	16	女	1941年6月9日
马朱氏	滕州市南沙河镇彭庄	85	女	1941年6月9日

姓 名	籍 贯	年 龄	性 别	死难时间
朱文新之母	滕州市柴胡店镇前大官村	54	女	1941 年 6 月 10 日
张芙兰	滕州市官桥镇前公桥	54	女	1941 年 6 月 10 日
高广彪	滕州市西岗镇南王庄村	65	男	1941 年 6 月 11 日
秦玉德	滕州市西岗镇南王庄村	54	男	1941 年 6 月 11 日
王德吉	滕州市西岗镇南王庄村	55	男	1941 年 6 月 11 日
徐化龙	滕州市西岗镇南王庄村	33	男	1941 年 6 月 11 日
满高知	滕州市西岗镇西河岔	40	男	1941 年 6 月 11 日
朱绍银	滕州市南沙河镇朱庄	29	男	1941 年 6 月 12 日
殷茂耕	滕州市西岗镇高庙东村	40	男	1941 年 6 月 12 日
殷延后	滕州市西岗镇高庙东村	30	男	1941 年 6 月 12 日
殷延庆	滕州市西岗镇高庙东村	35	男	1941 年 6 月 12 日
留士元	滕州市西岗镇后寨居	61	男	1941 年 6 月 12 日
孙井滋	滕州市张汪镇南闫楼	17	男	1941 年 6 月 12 日
满青连	滕州市西岗镇柴里西村	43	男	1941 年 6 月 14 日
王夫诚	滕州市张汪镇	20	男	1941 年 6 月 15 日
刘奎德	滕州市鲍沟镇南潭村	42	男	1941 年 6 月 17 日
时秀兰	滕州市官桥镇吴庄村	32	女	1941 年 6 月 17 日
董庆山	滕州市龙阳镇	24	男	1941 年 6 月 17 日
司玉银	滕州市龙阳镇	24	男	1941 年 6 月 17 日
满高振	滕州市西岗镇西河岔	29	男	1941 年 6 月 17 日
裴菊山	滕州市鲍沟镇磨庄	39	男	1941 年 6 月 18 日
徐来才	滕州市龙阳镇龙阳村	28	男	1941 年 6 月 19 日
付成志	滕州市官桥镇西郑庄	34	男	1941 年 6 月 20 日
王裴氏	滕州市官桥镇西郑庄	26	女	1941 年 6 月 20 日
王新禅	滕州市官桥镇西郑庄	31	男	1941 年 6 月 20 日
咸正明	滕州市官桥镇西郑庄	21	男	1941 年 6 月 20 日
李徐氏	滕州市龙阳镇西朱仇村	32	女	1941 年 6 月 21 日
曹秉林	滕州市西岗镇西曹庄	20	男	1941 年 6 月 21 日
李兴安	滕州市张汪镇	17	男	1941 年 6 月 21 日
李化树	滕州市张汪镇五所楼	48	男	1941 年 6 月 21 日
李怀德	滕州市张汪镇五所楼	21	男	1941 年 6 月 21 日
李民忠	滕州市张汪镇五所楼	23	男	1941 年 6 月 21 日
李兴龙	滕州市张汪镇五所楼	19	男	1941 年 6 月 21 日
李兴田	滕州市张汪镇五所楼	28	男	1941 年 6 月 21 日

姓　名	籍　贯	年　龄	性　别	死难时间
李兴托	滕州市张汪镇五所楼	20	男	1941 年 6 月 21 日
李兴绪	滕州市张汪镇五所楼	18	男	1941 年 6 月 21 日
李兴玉	滕州市张汪镇五所楼	21	男	1941 年 6 月 21 日
四铁匠	滕州市张汪镇五所楼	17	男	1941 年 6 月 21 日
任会成	滕州市龙阳镇李沙村	21	男	1941 年 6 月 22 日
张德江	滕州市龙阳镇李沙村	31	男	1941 年 6 月 22 日
李文光	滕州市龙阳镇西朱仇村	50	男	1941 年 6 月 22 日
李兴绪之妻	滕州市张汪镇五所楼	19	女	1941 年 6 月 22 日
李兴绪之子	滕州市张汪镇五所楼	1	男	1941 年 6 月 22 日
卜端河	滕州市张汪镇	37	男	1941 年 6 月 22 日
鲁张氏	滕州市荆河街道鲁西	27	女	1941 年 6 月 23 日
屈振信	滕州市龙阳镇张山口村	26	男	1941 年 6 月 23 日
屈恒具	滕州市龙阳镇张山口村	28	男	1941 年 6 月 23 日
赵徐氏	滕州市龙阳镇西朱仇村	37	女	1941 年 6 月 24 日
屈恒具之子	滕州市龙阳镇张山口村	8	男	1941 年 6 月 24 日
孙庆云	滕州市龙阳镇西朱仇村	40	男	1941 年 6 月 25 日
赵现鞠	滕州市龙阳镇西朱仇村	51	男	1941 年 6 月 25 日
张丰环	滕州市善南街道王开二	41	男	1941 年 6 月 25 日
李元庆	滕州市张汪镇	32	男	1941 年 6 月 27 日
任会忠	滕州市龙阳镇李沙村	30	男	1941 年 6 月 29 日
赵现中	滕州市龙阳镇西朱仇村	39	男	1941 年 6 月 29 日
王石元	—	—	男	1941 年 7 月 1 日
刘凤营	滕州市	—	男	1941 年 7 月 1 日
裴葛氏	滕州市鲍沟镇裴楼	39	女	1941 年 7 月 1 日
邓永义	滕州市大坞镇邓庄	28	男	1941 年 7 月 1 日
小和尚	滕州市大坞镇邓庄	7	男	1941 年 7 月 1 日
颜承翠	滕州市东沙河镇前梁村	27	女	1941 年 7 月 1 日
颜承习	滕州市东沙河镇前梁村	21	男	1941 年 7 月 1 日
郝老头	滕州市荆河街道安乐居	56	男	1941 年 7 月 1 日
王　二	滕州市荆河街道安乐居	29	男	1941 年 7 月 1 日
王二娘	滕州市荆河街道安乐居	51	女	1941 年 7 月 1 日
张文焕	滕州市荆河街道安乐居	27	男	1941 年 7 月 1 日
郑有河	滕州市荆河街道通衢街	21	男	1941 年 7 月 1 日
孔凡源	滕州市西岗镇大屯村	19	男	1941 年 7 月 1 日

姓 名	籍 贯	年 龄	性 别	死难时间
刘吴氏	滕州市柴胡店镇沙庄村	41	女	1941 年 7 月 2 日
温李氏	滕州市官桥镇时店村	19	女	1941 年 7 月 3 日
孔庆革	滕州市级索镇孔楼村	38	男	1941 年 7 月 3 日
孔庆水	滕州市级索镇孔楼村	41	男	1941 年 7 月 3 日
张雪田	滕州市善南街道王开二	39	男	1941 年 7 月 3 日
张姚氏	滕州市善南街道王开二	47	女	1941 年 7 月 3 日
刘昭喜	—	—	—	1941 年 7 月 4 日
马延喜	滕州市滨湖镇东马	26	男	1941 年 7 月 4 日
满曹氏	滕州市西岗镇西河岔	42	女	1941 年 7 月 4 日
刘大妞	滕州市龙泉街道前洪	9	女	1941 年 7 月 6 日
刘二妮	滕州市龙泉街道前洪	7	女	1941 年 7 月 6 日
刘兰兰	滕州市龙泉街道前洪	10	女	1941 年 7 月 6 日
狄宝海	滕州市善南街道十里铺一	24	男	1941 年 7 月 6 日
孙尚艺	滕州市西岗镇孙庄村	60	男	1941 年 7 月 6 日
刘忠仪	滕州市龙泉街道前洪	12	男	1941 年 7 月 7 日
刘清河	滕州市善南街道王开三	60	男	1941 年 7 月 7 日
裴姜氏	滕州市鲍沟镇裴楼	47	女	1941 年 7 月 8 日
赵恒来	滕州市滨湖镇黄桥	28	男	1941 年 7 月 8 日
鲁显成	滕州市荆河街道鲁西	38	男	1941 年 7 月 8 日
刘景桂	滕州市荆河街道孙楼	25	男	1941 年 7 月 8 日
刘景林	滕州市荆河街道孙楼	26	男	1941 年 7 月 8 日
刘景森	滕州市荆河街道孙楼	27	男	1941 年 7 月 8 日
米二孩	滕州市南沙河镇	11	男	1941 年 7 月 8 日
米给刚	滕州市南沙河镇	36	男	1941 年 7 月 8 日
闵庆元	滕州市鲍沟镇闵楼村	48	男	1941 年 7 月 9 日
闵庆泽	滕州市鲍沟镇闵楼村	32	男	1941 年 7 月 9 日
周王氏	滕州市官桥镇前莱村	48	女	1941 年 7 月 9 日
孙尚仁	滕州市西岗镇孙庄村	60	男	1941 年 7 月 9 日
赵　成	滕州市西岗镇西岗一村	68	男	1941 年 7 月 9 日
吕传登	滕州市鲍沟镇	20	男	1941 年 7 月 10 日
吕存厚	滕州市鲍沟镇	31	男	1941 年 7 月 10 日
姜立本	滕州市鲍沟镇西荆林村	20	男	1941 年 7 月 10 日
石凤龙	滕州市鲍沟镇薛岩中村	13	男	1941 年 7 月 10 日
龚张氏	滕州市官桥镇魏楼村	68	女	1941 年 7 月 10 日

姓 名	籍 贯	年 龄	性 别	死难时间
孙得海	滕州市官桥镇魏楼村	25	男	1941 年 7 月 10 日
孙杨氏	滕州市官桥镇魏楼村	63	女	1941 年 7 月 10 日
魏刘氏	滕州市官桥镇魏楼村	61	女	1941 年 7 月 10 日
满景喜	滕州市西岗镇柴里西村	34	男	1941 年 7 月 11 日
吕景顺	滕州市鲍沟镇	29	男	1941 年 7 月 12 日
王计方	滕州市鲍沟镇鲍沟北村	52	男	1941 年 7 月 12 日
丛裴氏	滕州市鲍沟镇成屯	38	女	1941 年 7 月 12 日
杨应章	滕州市鲍沟镇人杨楼村	40	男	1941 年 7 月 12 日
杨应兆	滕州市鲍沟镇大杨楼村	50	男	1941 年 7 月 12 日
孔凡动	滕州市级索镇淤庄村	—	男	1941 年 7 月 12 日
龙敦平	滕州市级索镇淤庄村	—	男	1941 年 7 月 12 日
张小猪	滕州市张汪镇	26	男	1941 年 7 月 12 日
刘常胜	滕州市柴胡店镇沙庄村	30	男	1941 年 7 月 13 日
张计利	滕州市龙阳镇	36	男	1941 年 7 月 13 日
王振付	滕州市龙阳镇张沙村	36	男	1941 年 7 月 13 日
王荣兴	—	—	—	1941 年 7 月 14 日
刘夫文	滕州市级索镇淤庄村	—	女	1941 年 7 月 14 日
张桂元	滕州市官桥镇东磨庄	19	男	1941 年 7 月 15 日
马长宾	滕州市鲍沟镇	19	男	1941 年 7 月 16 日
郭印川	滕州市鲍沟镇鲍沟北村	28	男	1941 年 7 月 16 日
丛吕氏	滕州市鲍沟镇成屯	35	女	1941 年 7 月 16 日
黄宝田	滕州市级索镇级索村	—	男	1941 年 7 月 16 日
王有河	滕州市级索镇级索村	46	男	1941 年 7 月 16 日
任开动	滕州市官桥镇东王公	21	男	1941 年 7 月 17 日
任开庭	滕州市官桥镇东王公	24	男	1941 年 7 月 17 日
朱广振之父	滕州市官桥镇太平庄	65	男	1941 年 7 月 17 日
郝金印	滕州市鲍沟镇郝寨村	20	男	1941 年 7 月 18 日
张立严	滕州市鲍沟镇张埠村	34	男	1941 年 7 月 18 日
任开龙	滕州市官桥镇东王公	23	男	1941 年 7 月 18 日
高峻任	滕州市南沙河镇上营	47	男	1941 年 7 月 19 日
马连珠	滕州市张汪镇杨界庄	30	男	1941 年 7 月 20 日
李延柱	滕州市鲍沟镇河崖	31	男	1941 年 7 月 21 日
张兴壮	滕州市龙阳镇	18	男	1941 年 7 月 21 日
张二锁	滕州市龙阳镇冯营村	25	男	1941 年 7 月 21 日

姓 名	籍 贯	年 龄	性 别	死难时间
李长旺	滕州市南沙河镇上营	42	男	1941 年 7 月 21 日
张广举	滕州市龙阳镇张沙村	36	男	1941 年 7 月 22 日
李孔氏	滕州市南沙河镇上营	55	女	1941 年 7 月 22 日
吕修元	滕州市鲍沟镇	36	男	1941 年 7 月 25 日
高印昌	滕州市鲍沟镇东宁村	30	男	1941 年 7 月 25 日
高印成	滕州市鲍沟镇东宁村	32	男	1941 年 7 月 25 日
张大学	滕州市龙阳镇冯营村	27	男	1941 年 7 月 26 日
吕以忠	滕州市鲍沟镇	37	男	1941 年 8 月 1 日
杨应科	滕州市鲍沟镇大杨楼村	38	男	1941 年 8 月 1 日
杜凤山	滕州市北辛街道北黄	23	男	1941 年 8 月 1 日
张玉喜	滕州市北辛街道北黄	25	男	1941 年 8 月 1 日
张福义	滕州市柴胡店镇簸箕掌村	—	男	1941 年 8 月 1 日
郭 英	滕州市柴胡店镇柴胡店村	—	男	1941 年 8 月 1 日
刘王氏	滕州市大坞镇刘南	23	女	1941 年 8 月 1 日
王成军	滕州市东郭镇王庄	29	男	1941 年 8 月 1 日
吴斌凯	滕州市洪绪镇北侯庄	28	男	1941 年 8 月 1 日
刘现全	滕州市洪绪镇赤店村	25	男	1941 年 8 月 1 日
吴长民	滕州市洪绪镇大巩庄	57	男	1941 年 8 月 1 日
丁 岭	滕州市洪绪镇杜场村	40	男	1941 年 8 月 1 日
赵伯成	滕州市洪绪镇杜场村	25	男	1941 年 8 月 1 日
董金虎	滕州市洪绪镇杜康村	40	男	1941 年 8 月 1 日
邢士良	滕州市洪绪镇杜康村	53	男	1941 年 8 月 1 日
张玉武	滕州市洪绪镇堌堆村	20	男	1941 年 8 月 1 日
李宝水	滕州市洪绪镇后洪绪	22	男	1941 年 8 月 1 日
苗为章	滕州市洪绪镇苗桥村	56	男	1941 年 8 月 1 日
张显彬	滕州市洪绪镇任于庄	43	男	1941 年 8 月 1 日
赵怀玉	滕州市洪绪镇西赵沟	57	男	1941 年 8 月 1 日
许士法	滕州市洪绪镇杨园村	41	男	1941 年 8 月 1 日
许夫伟	滕州市洪绪镇轴村	53	男	1941 年 8 月 1 日
李学德	滕州市界河镇前枣村	53	男	1941 年 8 月 1 日
张夫申	滕州市羊庄镇后赵庄	23	男	1941 年 8 月 1 日
刘向坦	滕州市大坞镇刘北	45	男	1941 年 8 月 1 日
张同新	滕州市大坞镇刘南	47	男	1941 年 8 月 1 日
刘真和	滕州市大坞镇刘北	32	男	1941 年 8 月 1 日

姓　名	籍　贯	年　龄	性　别	死难时间
王玉华	滕州市大坞镇刘南	50	女	1941 年 8 月 1 日
刘守希	滕州市大坞镇刘北	27	男	1941 年 8 月 1 日
刘守明	滕州市大坞镇刘南	16	男	1941 年 8 月 1 日
刘守河	滕州市大坞镇刘北	39	男	1941 年 8 月 1 日
刘希品	滕州市大坞镇刘北	43	男	1941 年 8 月 6 日
刘守周	滕州市大坞镇刘南	36	男	1941 年 8 月 6 日
王延玉	滕州市荆河街道后十里岗	21	男	1941 年 8 月 6 日
翟玉英	滕州市西岗镇花庄村	36	女	1941 年 8 月 6 日
杨兴伟	滕州市鲍沟镇	20	男	1941 年 8 月 7 日
吕殿君	滕州市鲍沟镇鲍沟北村	35	男	1941 年 8 月 7 日
贺怀福	滕州市鲍沟镇成屯	37	男	1941 年 8 月 7 日
吕复运	滕州市鲍沟镇后汉宫村	50	男	1941 年 8 月 7 日
吕修堂	滕州市鲍沟镇后汉宫村	41	男	1941 年 8 月 7 日
刘真正	滕州市大坞镇刘北	45	男	1941 年 8 月 7 日
刘王氏	滕州市大坞镇刘北	37	女	1941 年 8 月 8 日
马希军	滕州市滨湖镇东马	43	男	1941 年 8 月 9 日
马昭具	滕州市滨湖镇东马	35	男	1941 年 8 月 9 日
杨位红	滕州市大坞镇刘北	34	女	1941 年 8 月 9 日
李玉秀	滕州市鲍沟镇裴楼	32	女	1941 年 8 月 10 日
宋电志	滕州市鲍沟镇宋庄	50	男	1941 年 8 月 10 日
冯思文	滕州市大坞镇刘北	39	女	1941 年 8 月 10 日
李福来	滕州市官桥镇中韩村	37	男	1941 年 8 月 10 日
李敬尼	滕州市官桥镇中韩村	39	男	1941 年 8 月 10 日
马宜春	滕州市大坞镇刘北	35	女	1941 年 8 月 10 日
刘昌荣	滕州市鲍沟镇于仓	31	男	1941 年 8 月 12 日
刘希丰	滕州市大坞镇刘北	28	男	1941 年 8 月 12 日
徐争斌	滕州市级索镇淤庄村	—	男	1941 年 8 月 12 日
刘景旺	滕州市荆河街道孙楼	32	男	1941 年 8 月 12 日
刘真军	滕州市大坞镇刘北	37	男	1941 年 8 月 12 日
刘振虎	滕州市荆河街道孙楼	35	男	1941 年 8 月 13 日
刘振龙	滕州市荆河街道孙楼	38	男	1941 年 8 月 13 日
李玉登	滕州市善南街道十里铺一	22	男	1941 年 8 月 13 日
张连柱	—	—	—	1941 年 8 月 14 日
刘忠言	滕州市龙泉街道前洪	14	男	1941 年 8 月 14 日

姓　名	籍　贯	年龄	性别	死难时间
王长信	滕州市南沙河镇时苗铺	24	男	1941 年 8 月 14 日
张信忠	滕州市南沙河镇时苗铺	26	男	1941 年 8 月 14 日
闵凡连	滕州市官桥镇东郑庄	15	女	1941 年 8 月 15 日
刘忠娣	滕州市龙泉街道前洪	16	女	1941 年 8 月 15 日
李金豆	滕州市荆河街道后十里岗	22	男	1941 年 8 月 16 日
张二虎	滕州市荆河街道后十里岗	34	男	1941 年 8 月 16 日
徐德才	滕州市鲍沟镇徐村	30	男	1941 年 8 月 17 日
满余昌	滕州市西岗镇柴里西村	40	男	1941 年 8 月 18 日
赵景卫	滕州市西岗镇柴里中村	40	男	1941 年 8 月 18 日
赵子玉	滕州市西岗镇柴里中村	21	男	1941 年 8 月 18 日
马延武	滕州市滨湖镇东马	34	男	1941 年 8 月 19 日
王凤见	滕州市官桥镇北辛村	60	男	1941 年 8 月 19 日
宋明玉之祖父	滕州市官桥镇官桥村	36	男	1941 年 8 月 19 日
元文祥之祖母	滕州市官桥镇官桥村	63	女	1941 年 8 月 19 日
李作文	滕州市官桥镇轩庄村	68	男	1941 年 8 月 19 日
裴姜才	滕州市鲍沟镇磨庄	47	男	1941 年 8 月 21 日
满开永	滕州市滨湖镇苏坡	36	男	1941 年 8 月 22 日
齐传峰	滕州市滨湖镇苏坡	48	男	1941 年 8 月 22 日
吕传准	滕州市鲍沟镇	25	男	1941 年 8 月 23 日
黄来山	滕州市鲍沟镇坝后	43	男	1941 年 8 月 23 日
贺志胜	滕州市鲍沟镇薛岩中村	30	男	1941 年 8 月 23 日
张志柱	滕州市荆河街道后十里岗	26	男	1941 年 8 月 23 日
马加有	滕州市滨湖镇郭楼	27	男	1941 年 8 月 25 日
王慎喜	滕州市滨湖镇李仓	19	男	1941 年 8 月 25 日
李含远	滕州市滨湖镇李村	27	男	1941 年 8 月 25 日
李书平	滕州市滨湖镇李村	25	男	1941 年 8 月 25 日
侯庆吉	滕州市滨湖镇孟楼	20	男	1941 年 8 月 25 日
屈凡宽	滕州市滨湖镇孟楼	15	男	1941 年 8 月 25 日
段成喜	滕州市滨湖镇西屯	19	男	1941 年 8 月 25 日
刘希菊	滕州市滨湖镇西屯	27	女	1941 年 8 月 25 日
李小石	滕州市荆河街道后十里岗	15	男	1941 年 8 月 26 日
路广海	滕州市鲍沟镇南朱庄	40	男	1941 年 8 月 27 日
朱绍斗	滕州市鲍沟镇南朱庄	54	男	1941 年 8 月 27 日
朱王氏	滕州市鲍沟镇南朱庄	60	女	1941 年 8 月 27 日

姓 名	籍 贯	年 龄	性 别	死难时间
陈德元	滕州市鲍沟镇圈里村	11	男	1941 年 8 月 27 日
陈刘氏	滕州市鲍沟镇圈里村	21	女	1941 年 8 月 27 日
张王氏	滕州市鲍沟镇圈里村	19	女	1941 年 8 月 27 日
孙德昌	滕州市西岗镇柴里西村	43	男	1941 年 8 月 28 日
程文彬	滕州市官桥镇西洪林	45	男	1941 年 8 月 29 日
程文选	滕州市官桥镇西洪林	28	男	1941 年 8 月 29 日
倪自荣	滕州市官桥镇西洪林	28	男	1941 年 8 月 29 日
倪自义	滕州市官桥镇西洪林	23	男	1941 年 8 月 29 日
柴春虎	滕州市东郭镇彪城店	22	男	1941 年 9 月 1 日
谢文连	滕州市柴胡店镇卜掌村	23	男	1941 年 9 月 2 日
朱绍波	滕州市荆河街道朱李	28	男	1941 年 9 月 2 日
朱述会	滕州市荆河街道朱李	31	男	1941 年 9 月 2 日
朱先令	滕州市荆河街道朱李	28	男	1941 年 9 月 3 日
甘 原	滕州市龙阳镇	21	男	1941 年 9 月 8 日
蒋凤先	滕州市龙阳镇	42	男	1941 年 9 月 8 日
蒋凤先之女	滕州市龙阳镇	3	女	1941 年 9 月 9 日
王为元	滕州市鲍沟镇坝后	38	男	1941 年 9 月 10 日
柳祥和	滕州市荆河街道柳楼	25	男	1941 年 9 月 11 日
柳祥武	滕州市荆河街道柳楼	23	男	1941 年 9 月 11 日
朱广爱	滕州市荆河街道柳楼	19	男	1941 年 9 月 11 日
魏继全	滕州市龙阳镇	27	男	1941 年 9 月 11 日
周传道	滕州市龙阳镇李庄村	39	男	1941 年 9 月 11 日
李志强	滕州市龙阳镇前司村	36	男	1941 年 9 月 11 日
司丙军	滕州市龙阳镇前司村	38	男	1941 年 9 月 11 日
司永荣	滕州市龙阳镇前司村	38	男	1941 年 9 月 11 日
满 氏	滕州市鲍沟镇薛岩后村	17	女	1941 年 9 月 12 日
卓 成	滕州市级索镇淤庄村	91	男	1941 年 9 月 12 日
刘朝美	滕州市荆河街道柳楼	21	女	1941 年 9 月 12 日
柳保奎	滕州市荆河街道柳楼	29	男	1941 年 9 月 12 日
柳庆贞	滕州市荆河街道柳楼	21	男	1941 年 9 月 12 日
朱绍水	滕州市荆河街道朱李	25	男	1941 年 9 月 12 日
王成喜	滕州市鲍沟镇	34	男	1941 年 9 月 13 日
马德轩	滕州市鲍沟镇大杨楼村	46	男	1941 年 9 月 13 日
渠志财	滕州市官桥镇渠村	31	男	1941 年 9 月 15 日

姓 名	籍 贯	年 龄	性 别	死难时间
渠志明	滕州市官桥镇渠村	30	男	1941 年 9 月 15 日
王问天	滕州市官桥镇西郑庄	42	男	1941 年 9 月 15 日
王泽艳	滕州市官桥镇西郑庄	39	男	1941 年 9 月 15 日
朱石头	滕州市荆河街道朱李	37	男	1941 年 9 月 15 日
狄严长	滕州市南沙河镇古石二村	32	女	1941 年 9 月 15 日
李王氏	滕州市南沙河镇古石二村	29	女	1941 年 9 月 15 日
褚永千	滕州市鲍沟镇磨庄	25	男	1941 年 9 月 16 日
孔凡恕	滕州市级索镇级索村	—	男	1941 年 9 月 16 日
刘忠常	滕州市龙泉街道前洪	18	男	1941 年 9 月 16 日
刘义顺	滕州市龙泉街道前洪	28	男	1941 年 9 月 17 日
翟清元	滕州市龙阳镇翟庄村	40	男	1941 年 9 月 17 日
高广石	滕州市张汪镇陈楼村	17	男	1941 年 9 月 17 日
朱王氏	滕州市鲍沟镇北朱庄	10	女	1941 年 9 月 18 日
李金山	滕州市张汪镇	17	男	1941 年 9 月 18 日
刘义山	滕州市龙泉街道前洪	30	男	1941 年 9 月 20 日
张怀礼	滕州市龙阳镇侯庄村	21	男	1941 年 9 月 21 日
张今水	滕州市龙阳镇侯庄村	22	男	1941 年 9 月 21 日
张李氏	滕州市龙阳镇侯庄村	25	女	1941 年 9 月 21 日
黄钱章	滕州市龙阳镇黄岭村	38	男	1941 年 9 月 21 日
齐振兰	滕州市滨湖镇苏坡	29	女	1941 年 9 月 22 日
秦绪明	滕州市滨湖镇苏坡	34	男	1941 年 9 月 22 日
班开成	滕州市张汪镇苏河涯	38	男	1941 年 9 月 24 日
张义武	滕州市张汪镇苏河涯	32	男	1941 年 9 月 24 日
张中仁	滕州市张汪镇苏河涯	32	男	1941 年 9 月 24 日
李丙元	滕州市张汪镇	27	男	1941 年 9 月 25 日
李二牛	滕州市张汪镇	18	男	1941 年 9 月 25 日
王 氏	滕州市鲍沟镇薛岩后村	60	女	1941 年 9 月 27 日
李文友	滕州市龙阳镇西朱仇村	41	男	1941 年 9 月 27 日
程李氏	滕州市龙阳镇龙阳村	71	女	1941 年 9 月 29 日
李传忍	滕州市大坞镇休城村	27	男	1941 年 10 月 1 日
孔凡山	滕州市西岗镇大屯村	13	男	1941 年 10 月 1 日
王陈氏	滕州市鲍沟镇东石	43	女	1941 年 10 月 2 日
王兆伦	滕州市龙泉街道梁场村	26	男	1941 年 10 月 2 日
孔庆冰	滕州市级索镇孔楼村	40	男	1941 年 10 月 3 日

姓　名	籍　贯	年龄	性别	死难时间
孔庆明	滕州市级索镇孔楼村	35	男	1941 年 10 月 3 日
冯玉清	滕州市龙阳镇	31	男	1941 年 10 月 5 日
刘怀东	滕州市龙阳镇	29	男	1941 年 10 月 5 日
王程清	滕州市龙阳镇尚河圈村	30	男	1941 年 10 月 5 日
孔庆民	滕州市级索镇淤庄村	89	男	1941 年 10 月 6 日
姜立顺	滕州市鲍沟镇西荆林村	28	男	1941 年 10 月 7 日
孙延斗	滕州市滨湖镇北焦	27	男	1941 年 10 月 8 日
马加绪	滕州市滨湖镇郭楼	32	男	1941 年 10 月 8 日
崔恒泰	滕州市滨湖镇西屯	66	男	1941 年 10 月 8 日
王其成	滕州市西岗镇北曹庄	38	男	1941 年 10 月 8 日
杨成万	滕州市鲍沟镇	21	男	1941 年 10 月 9 日
张玉东	滕州市龙阳镇	30	男	1941 年 10 月 9 日
林大孩	滕州市龙阳镇林村	18	男	1941 年 10 月 9 日
孙文灿	滕州市龙阳镇上司村	35	男	1941 年 10 月 9 日
闫宗礼	滕州市龙阳镇闫庄村	41	男	1941 年 10 月 9 日
闫宗平	滕州市龙阳镇闫庄村	21	男	1941 年 10 月 9 日
朱孝武	滕州市鲍沟镇徐村	39	男	1941 年 10 月 11 日
张丰恭	滕州市善南街道王开二	36	男	1941 年 10 月 11 日
邱明菊	滕州市鲍沟镇	29	女	1941 年 10 月 12 日
姜王氏	滕州市鲍沟镇东荆林村	31	女	1941 年 10 月 12 日
杨作健	滕州市鲍沟镇杨村	21	男	1941 年 10 月 12 日
马希明	滕州市滨湖镇东马	42	男	1941 年 10 月 12 日
赵曰本	滕州市滨湖镇田桥	28	男	1941 年 10 月 12 日
赵连方	滕州市滨湖镇徐楼	28	男	1941 年 10 月 12 日
张徐氏	滕州市善南街道王开三	78	女	1941 年 10 月 12 日
孔庆解	滕州市级索镇孔楼村	39	男	1941 年 10 月 13 日
马存喜	滕州市龙阳镇	30	男	1941 年 10 月 13 日
黄西阴	滕州市鲍沟镇薛岩前村	26	男	1941 年 10 月 14 日
张开田	滕州市鲍沟镇薛岩前村	22	男	1941 年 10 月 14 日
刘书高	滕州市滨湖镇	26	男	1941 年 10 月 15 日
马其国	滕州市滨湖镇北焦	45	男	1941 年 10 月 15 日
马宜生	滕州市滨湖镇东屯后	19	男	1941 年 10 月 15 日
胡召林	滕州市滨湖镇胡路口	28	男	1941 年 10 月 15 日
张玉记	滕州市滨湖镇李村	30	男	1941 年 10 月 15 日

姓 名	籍 贯	年 龄	性 别	死难时间
邵明智	滕州市滨湖镇西迭湖	73	男	1941 年 10 月 15 日
石贵一	滕州市龙阳镇	34	男	1941 年 10 月 16 日
王兴顺	滕州市龙阳镇	46	男	1941 年 10 月 16 日
钟文炳	滕州市鲍沟镇鲍沟东村	69	男	1941 年 10 月 17 日
高马氏	滕州市鲍沟镇侯楼	41	女	1941 年 10 月 17 日
庞传义	滕州市滨湖镇田桥	25	男	1941 年 10 月 17 日
王赵氏	滕州市龙泉街道梁场村	23	女	1941 年 10 月 17 日
侯致国	滕州市鲍沟镇侯楼	26	男	1941 年 10 月 18 日
付玉荣	滕州市荆河街道西倪	36	男	1941 年 10 月 18 日
张维山	滕州市龙阳镇侯庄村	29	男	1941 年 10 月 18 日
倪武氏	滕州市荆河街道西倪	27	女	1941 年 10 月 19 日
李井全	滕州市张汪镇李桥村	35	男	1941 年 10 月 19 日
付洪生	滕州市荆河街道西倪	29	男	1941 年 10 月 20 日
付玉美	滕州市荆河街道西倪	35	男	1941 年 10 月 20 日
刘文义	滕州市荆河街道西倪	22	男	1941 年 10 月 20 日
刘显英	滕州市荆河街道西倪	24	男	1941 年 10 月 20 日
倪华兰	滕州市荆河街道西倪	29	女	1941 年 10 月 20 日
刘怀昌	滕州市荆河街道西十里岗	31	男	1941 年 10 月 20 日
刘运昌	滕州市荆河街道西十里岗	32	男	1941 年 10 月 20 日
秦应顺	滕州市南沙河镇	24	男	1941 年 10 月 20 日
闵宪德	滕州市鲍沟镇鲍沟二村	35	男	1941 年 10 月 21 日
郝贵征	滕州市鲍沟镇郝庄	24	男	1941 年 10 月 21 日
裴志轩	滕州市鲍沟镇后鞋城村	21	男	1941 年 10 月 21 日
闵户芝	滕州市鲍沟镇闵楼村	19	男	1941 年 10 月 21 日
郝乐奉	滕州市鲍沟镇南潭村	39	男	1941 年 10 月 21 日
杨奎	滕州市滨湖镇陈宏楼	28	男	1941 年 10 月 22 日
杨魁	滕州市滨湖镇陈宏楼	24	男	1941 年 10 月 22 日
杨提	滕州市滨湖镇陈宏楼	31	男	1941 年 10 月 22 日
李晓	滕州市滨湖镇代庄	10	男	1941 年 10 月 22 日
李张氏	滕州市滨湖镇代庄	48	女	1941 年 10 月 22 日
丁广生	滕州市滨湖镇东盖	23	男	1941 年 10 月 22 日
王慎金	滕州市滨湖镇东盖	28	男	1941 年 10 月 22 日
孙庆国	滕州市滨湖镇	31	男	1941 年 10 月 22 日
孙祥金	滕州市滨湖镇	54	男	1941 年 10 月 22 日

姓 名	籍 贯	年 龄	性 别	死难时间
王金国	滕州市滨湖镇	25	男	1941 年 10 月 22 日
王玉荣	滕州市滨湖镇	28	女	1941 年 10 月 22 日
小石头	滕州市滨湖镇	10	男	1941 年 10 月 22 日
张 氏	滕州市滨湖镇	50	女	1941 年 10 月 22 日
王慎俭	滕州市滨湖镇东焦	20	男	1941 年 10 月 22 日
王书宪	滕州市滨湖镇东焦	18	男	1941 年 10 月 22 日
马庆国	滕州市滨湖镇胡楼	35	男	1941 年 10 月 22 日
张玉文	滕州市滨湖镇胡楼	20	男	1941 年 10 月 22 日
董广翠	滕州市滨湖镇金马山	21	女	1941 年 10 月 22 日
秦加喜	滕州市滨湖镇金马山	23	女	1941 年 10 月 22 日
杨位喜	滕州市滨湖镇金马山	26	男	1941 年 10 月 22 日
刘希兰	滕州市滨湖镇奎子东	82	女	1941 年 10 月 22 日
孙厚义	滕州市滨湖镇奎子东	46	男	1941 年 10 月 22 日
刘书亮	滕州市滨湖镇刘庄	35	男	1941 年 10 月 22 日
刘书远	滕州市滨湖镇刘庄	32	男	1941 年 10 月 22 日
朱洪祥	滕州市滨湖镇民生	61	男	1941 年 10 月 22 日
朱华东	滕州市滨湖镇民生	59	男	1941 年 10 月 22 日
朱绍臣	滕州市滨湖镇民生	39	男	1941 年 10 月 22 日
胡勤红	滕州市滨湖镇前郁郎	24	女	1941 年 10 月 22 日
满 亮	滕州市滨湖镇前郁郎	31	男	1941 年 10 月 22 日
刘士哲	滕州市滨湖镇苏坡	20	男	1941 年 10 月 22 日
张奎元	滕州市滨湖镇苏坡	21	男	1941 年 10 月 22 日
朱经珍	滕州市滨湖镇苏坡	32	女	1941 年 10 月 22 日
马昭芳	滕州市滨湖镇王楼	25	女	1941 年 10 月 22 日
谢晋元	滕州市滨湖镇王楼	19	男	1941 年 10 月 22 日
董有香	滕州市滨湖镇王堂	22	女	1941 年 10 月 22 日
马召宝	滕州市滨湖镇王堂	26	男	1941 年 10 月 22 日
董云升	滕州市滨湖镇西董	23	男	1941 年 10 月 22 日
王恒森	滕州市滨湖镇下王	43	男	1941 年 10 月 22 日
王裕富	滕州市滨湖镇下王	36	男	1941 年 10 月 22 日
马洪梅	滕州市滨湖镇谢庄	47	女	1941 年 10 月 22 日
邱文花	滕州市滨湖镇谢庄	50	女	1941 年 10 月 22 日
杜显利	滕州市滨湖镇徐楼	49	男	1941 年 10 月 22 日
李诗佩	滕州市滨湖镇徐楼	41	男	1941 年 10 月 22 日

姓 名	籍 贯	年 龄	性 别	死难时间
徐广学	滕州市滨湖镇徐楼	20	男	1941 年 10 月 22 日
张传立	滕州市龙阳镇顾庙村	42	男	1941 年 10 月 22 日
张士伍	滕州市鲍沟镇	45	男	1941 年 10 月 23 日
孔庆凡	滕州市级索镇孔楼村	35	男	1941 年 10 月 23 日
秦兰芳	滕州市滨湖镇稻屯	54	男	1941 年 10 月 25 日
刘家海	滕州市荆河街道西十里岗	27	男	1941 年 10 月 25 日
侯致远	滕州市鲍沟镇侯楼	40	男	1941 年 10 月 27 日
路 军	滕州市鲍沟镇南朱庄	27	男	1941 年 10 月 27 日
陈水渠	滕州市鲍沟镇圈里村	18	男	1941 年 10 月 27 日
陈天柱	滕州市鲍沟镇圈里村	16	男	1941 年 10 月 27 日
彭廷松	滕州市鲍沟镇孙岗	29	男	1941 年 10 月 27 日
姜绍苓	滕州市鲍沟镇西荆林村	20	男	1941 年 10 月 27 日
陈秀芙	滕州市官桥镇前莱村	48	女	1941 年 10 月 29 日
范永航	滕州市官桥镇前莱村	29	男	1941 年 10 月 29 日
李永祥	—	—	—	1941 年 11 月 1 日
倪道益	滕州市官桥镇倪楼村	39	男	1941 年 11 月 1 日
凡荣月	滕州市洪绪镇安庄村	28	男	1941 年 11 月 1 日
侯贺华	滕州市洪绪镇陈楼村	23	男	1941 年 11 月 1 日
鞠学文	滕州市洪绪镇大巩庄	49	男	1941 年 11 月 1 日
葛计林	滕州市洪绪镇杜康村	20	男	1941 年 11 月 1 日
丁玉银	滕州市洪绪镇甘庄村	49	男	1941 年 11 月 1 日
张洪申	滕州市洪绪镇堌堆村	28	男	1941 年 11 月 1 日
李宝全	滕州市洪绪镇后洪绪	45	男	1941 年 11 月 1 日
朱元才	滕州市鲍沟镇北朱庄	16	男	1941 年 11 月 2 日
孙井锁	滕州市官桥镇东康留	42	男	1941 年 11 月 2 日
孔庆正	滕州市级索镇孔楼村	41	男	1941 年 11 月 3 日
赵振朋	滕州市西岗镇北赵庄	48	男	1941 年 11 月 5 日
王渠洋	滕州市西岗镇东河岔	28	男	1941 年 11 月 5 日
陈华丰	滕州市级索镇后王晃村	—	男	1941 年 11 月 6 日
张颜氏	滕州市善南街道王开三	62	女	1941 年 11 月 8 日
周王氏	滕州市龙阳镇	24	女	1941 年 11 月 9 日
付全贵	滕州市西岗镇后寨居	37	男	1941 年 11 月 10 日
姜立巨	滕州市鲍沟镇西荆林村	30	男	1941 年 11 月 12 日
赵尚芝	滕州市西岗镇西岗一村	59	男	1941 年 11 月 12 日

姓 名	籍 贯	年 龄	性 别	死难时间
闵张氏	滕州市鲍沟镇鲍沟二村	34	女	1941 年 11 月 19 日
郝茂林	滕州市鲍沟镇郝庄	23	男	1941 年 11 月 19 日
李广远	滕州市鲍沟镇前汉宫村	39	男	1941 年 11 月 19 日
石正身	滕州市官桥镇后莱村	42	男	1941 年 11 月 20 日
侯钦光	滕州市鲍沟镇	23	男	1941 年 11 月 21 日
邢昌机	滕州市鲍沟镇邢寨	30	男	1941 年 11 月 21 日
邢继云之三弟	滕州市鲍沟镇邢寨	19	男	1941 年 11 月 21 日
邢继云之四弟	滕州市鲍沟镇邢寨	18	男	1941 年 11 月 21 日
李心菊	滕州市滨湖镇苏坡	24	女	1941 年 11 月 22 日
苏有为	滕州市滨湖镇苏坡	28	男	1941 年 11 月 22 日
葛全坡	滕州市张汪镇葛村	32	男	1941 年 11 月 23 日
郝向臣	滕州市张汪镇葛村	31	男	1941 年 11 月 23 日
黄启江	滕州市张汪镇葛村	29	男	1941 年 11 月 23 日
黄文英	滕州市张汪镇葛村	47	女	1941 年 11 月 23 日
李向典	滕州市张汪镇	40	男	1941 年 11 月 26 日
刘广珠	—	—	—	1941 年 12 月 1 日
李叔铭	滕州市张汪镇五所楼	42	男	1941 年 12 月 1 日
鲁张氏	滕州市荆河街道鲁东	37	女	1941 年 12 月 3 日
高一虎	滕州市张汪镇陈楼村	19	男	1941 年 12 月 3 日
庞传设	滕州市滨湖镇田桥	36	男	1941 年 12 月 5 日
刘中言	滕州市鲍沟镇前皇甫村	26	男	1941 年 12 月 7 日
孙张氏	滕州市鲍沟镇孙岗	69	女	1941 年 12 月 7 日
裴志兰	滕州市张汪镇大苏庄	66	女	1941 年 12 月 9 日
王金妮	滕州市张汪镇邱仓	23	男	1941 年 12 月 11 日
侯徐氏	滕州市鲍沟镇侯楼	50	女	1941 年 12 月 12 日
吴家业	滕州市滨湖镇三山	37	男	1941 年 12 月 12 日
黄二宝	滕州市滨湖镇黄桥	14	男	1941 年 12 月 14 日
庞传兵	滕州市滨湖镇田桥	28	男	1941 年 12 月 15 日
石正印	滕州市官桥镇后莱村	37	男	1941 年 12 月 15 日
隋凤祥	滕州市官桥镇后莱村	44	男	1941 年 12 月 15 日
张小羊	滕州市张汪镇	30	男	1941 年 12 月 19 日
司增长	滕州市龙阳镇前司村	39	男	1941 年 12 月 20 日
马培江	滕州市滨湖镇山头	18	男	1941 年 12 月 22 日
王慎珠	滕州市滨湖镇下王	34	男	1941 年 12 月 22 日

姓 名	籍 贯	年 龄	性 别	死难时间
王宜涛	滕州市滨湖镇下王	16	男	1941年12月22日
唐 家	滕州市木石镇东荒村	51	男	1941年12月25日
宫学林	滕州市南沙河镇彭王楼	69	男	1941年12月25日
宫学文	滕州市南沙河镇彭王楼	72	男	1941年12月25日
王秀云	滕州市张汪镇大苏庄	20	女	1941年12月29日
马连生	滕州市西岗镇柴里西村	40	男	1941年12月30日
马宜田	—	—	男	1941年
张子德	—	—	男	1941年
王泽修	—	—	男	1941年
张现玉	—	—	男	1941年
徐发柱	—	—	男	1941年
郗志友	—	—	男	1941年
王修仪	—	—	男	1941年
张振甲	—	—	男	1941年
杨文全	—	—	男	1941年
马加志	—	—	男	1941年
郭继友	—	—	男	1941年
刘守环	滕州市大坞镇苗庄村	33	男	1941年12月
刘向文	—	—	男	1941年
洪振海	滕州市羊庄镇大北塘村	32	男	1941年12月
董宜升	滕州市	—	男	1941年
吴树志	滕州市	—	男	1941年
张广富	滕州市	—	男	1941年
张广嵩	滕州市	—	男	1941年
张国沛	滕州市	—	男	1941年
张开森	滕州市	—	男	1941年
苏三刀	滕州市张汪镇大苏庄	20	男	1941年
苏 松	滕州市张汪镇大苏庄	49	男	1941年
李 韬	滕州市荆河街道北门里	30	男	1941年
杜以胜	滕州市洪绪镇杜庄	—	男	1941年
杜锦学	滕州市姜屯镇沙西村	43	男	1941年
杜小玲	滕州市姜屯镇沙西村	16	女	1941年
杜运芳	滕州市姜屯镇沙西村	15	女	1941年
颜道普	滕州市姜屯镇颜楼	38	男	1941年

姓 名	籍 贯	年 龄	性 别	死难时间
李清秀	滕州市界河镇北界河村	26	男	1941 年
李学明	滕州市界河镇北界河村	47	男	1941 年
李学志	滕州市界河镇北界河村	—	男	1941 年
李玉贵	滕州市界河镇北界河村	11	男	1941 年
万守坤	滕州市界河镇北界河村	20	男	1941 年
武正全	滕州市界河镇北界河村	16	男	1941 年
杨德平	滕州市界河镇北界河村	17	男	1941 年
杨德顺	滕州市界河镇北界河村	—	男	1941 年
张厚业	滕州市界河镇北界河村	23	男	1941 年
许广代	滕州市界河镇崔官庄村	19	男	1941 年
许广砚	滕州市界河镇崔官庄村	17	男	1941 年
许吉元	滕州市界河镇崔官庄村	52	男	1941 年
许英元	滕州市界河镇崔官庄村	23	男	1941 年
许迎元	滕州市界河镇崔官庄村	47	男	1941 年
李井标	滕州市界河镇东万院村	20	男	1941 年
李井海	滕州市界河镇东万院村	15	男	1941 年
李井均	滕州市界河镇东万院村	12	男	1941 年
李井名	滕州市界河镇东万院村	18	男	1941 年
李井玉	滕州市界河镇东万院村	17	男	1941 年
范陈氏	滕州市界河镇范庄村	56	女	1941 年
范 妮	滕州市界河镇范庄村	23	女	1941 年
王衍修	滕州市界河镇范庄村	57	男	1941 年
张道瑞	滕州市界河镇范庄村	27	男	1941 年
高文臣	滕州市界河镇葛庄村	60	男	1941 年
高文祥	滕州市界河镇葛庄村	50	男	1941 年
高文彦	滕州市界河镇葛庄村	—	男	1941 年
韩宝汇	滕州市界河镇皇娘沟村	29	男	1941 年
韩宝山	滕州市界河镇皇娘沟村	28	男	1941 年
刘学春	滕州市界河镇皇娘沟村	—	女	1941 年
刘学礼	滕州市界河镇皇娘沟村	—	男	1941 年
刘学祥	滕州市界河镇皇娘沟村	—	男	1941 年
程李氏	滕州市界河镇南界河村	34	女	1941 年
王金斗	滕州市界河镇南界河村	22	男	1941 年
张凤领	滕州市界河镇土楼村	—	男	1941 年

姓 名	籍 贯	年 龄	性 别	死难时间
吴庆喜	滕州市荆河街道西门里	—	男	1941 年
常 军	滕州市龙泉街道东大庙	20	男	1941 年
常延伟	滕州市龙泉街道东大庙	24	男	1941 年
邵长磊	滕州市龙泉街道东大庙	24	男	1941 年
吴 军	滕州市龙泉街道东大庙	24	男	1941 年
于延氏	滕州市龙泉街道东大庙	27	女	1941 年
郑长伟	滕州市龙泉街道东大庙	29	男	1941 年
郑张氏	滕州市龙泉街道东大庙	33	女	1941 年
李成银	滕州市西岗镇高庙村	—	男	1941 年
徐二柱	滕州市西岗镇高庙村	—	男	1941 年
肖士贵	滕州市羊庄镇后赵庄	25	男	1941 年
张夫义	滕州市羊庄镇后赵庄	22	男	1941 年
李子印	滕州市羊庄镇后赵庄	28	男	1941 年
赵宪增	滕州市羊庄镇后赵庄	26	男	1941 年
冯大付	滕州市羊庄镇后赵庄	26	男	1941 年
李子需	滕州市羊庄镇后赵庄	26	男	1941 年
蒋王氏	滕州市羊庄镇蒋杭	31	女	1941 年
蒋信才	滕州市羊庄镇蒋杭	33	男	1941 年
孟毛三	滕州市羊庄镇西石湾	18	男	1941 年
王大留	滕州市羊庄镇西石湾	18	男	1941 年
王 力	滕州市羊庄镇西石湾	19	男	1941 年
张 华	滕州市羊庄镇西石湾	17	男	1941 年
王化志	—	—	男	1942 年 1 月 1 日
李贵明	滕州市鲍沟镇北朱庄	17	男	1942 年 1 月 1 日
高成焕	滕州市北辛街道北关	39	男	1942 年 1 月 1 日
赵现民	滕州市北辛街道冯河	32	男	1942 年 1 月 1 日
刘三娜	滕州市北辛街道教场	17	女	1942 年 1 月 1 日
马张氏	滕州市北辛街道马王西村	28	女	1942 年 1 月 1 日
生玉庆	滕州市北辛街道小岗村	24	男	1942 年 1 月 1 日
生玉忠	滕州市北辛街道小岗村	33	男	1942 年 1 月 1 日
周德兴	滕州市北辛街道小岗村	19	男	1942 年 1 月 1 日
孙开义	滕州市大坞镇小市庄村	20	男	1942 年 1 月 1 日
田宋氏	滕州市东郭镇前明	58	女	1942 年 1 月 1 日
刘德胜	滕州市东沙河镇王母店	21	男	1942 年 1 月 1 日

姓 名	籍 贯	年 龄	性 别	死难时间
赵恒军	滕州市洪绪镇白龙湾	56	女	1942 年 1 月 1 日
孙洪标	滕州市洪绪镇堌堆村	28	男	1942 年 1 月 1 日
苗庆武	滕州市洪绪镇	29	男	1942 年 1 月 1 日
李成涛	滕州市洪绪镇沙官村	53	男	1942 年 1 月 1 日
李诗英	滕州市洪绪镇徐王庄	51	女	1942 年 1 月 1 日
许士强	滕州市洪绪镇玉楼村	43	男	1942 年 1 月 1 日
米大强	滕州市南沙河镇	13	男	1942 年 1 月 2 日
钟福友	滕州市善南街道高庄	53	男	1942 年 1 月 2 日
张忠和	滕州市善南街道小屯	29	男	1942 年 1 月 3 日
张忠吉	滕州市善南街道小屯	27	男	1942 年 1 月 3 日
张忠利	滕州市善南街道小屯	24	女	1942 年 1 月 3 日
张忠祥	滕州市善南街道小屯	10	男	1942 年 1 月 3 日
王兆英	滕州市滨湖镇南陈	54	女	1942 年 1 月 3 日
朱绍峰	滕州市荆河街道朱李	20	男	1942 年 1 月 3 日
张传青	滕州市龙阳镇彭河村	25	男	1942 年 1 月 3 日
柴大泉	滕州市东郭镇刓城店	56	男	1942 年 1 月 3 日
柴同和	滕州市东郭镇刓城店	41	男	1942 年 1 月 4 日
柴县州	滕州市东郭镇刓城店	40	男	1942 年 1 月 5 日
李怀山	滕州市荆河街道朱李	19	男	1942 年 1 月 6 日
柴平安	滕州市东郭镇刓城店	25	男	1942 年 1 月 6 日
杨留根	滕州市善南街道小屯	27	男	1942 年 1 月 6 日
杨留生	滕州市善南街道小屯	24	男	1942 年 1 月 6 日
张杨氏	滕州市善南街道小屯	39	女	1942 年 1 月 6 日
闫德工	滕州市鲍沟镇闫庙	31	男	1942 年 1 月 7 日
张侯氏	滕州市柴胡店镇前黄村	36	女	1942 年 1 月 8 日
张世杰	滕州市柴胡店镇前黄村	13	男	1942 年 1 月 8 日
张王氏	滕州市柴胡店镇前黄村	19	女	1942 年 1 月 8 日
张兆法之三祖父	滕州市柴胡店镇前黄村	28	男	1942 年 1 月 8 日
柴金银	滕州市东郭镇刓城店	39	男	1942 年 1 月 8 日
朱 臣	滕州市柴胡店镇前黄村	17	男	1942 年 1 月 8 日
李自怀	滕州市鲍沟镇后汉宫村	46	男	1942 年 1 月 9 日
吕志伟	滕州市鲍沟镇后汉宫村	36	男	1942 年 1 月 9 日
邢继云之五弟	滕州市鲍沟镇邢寨	16	男	1942 年 1 月 9 日
李开成	滕州市柴胡店镇高桥村	32	男	1942 年 1 月 9 日

姓　名	籍　贯	年　龄	性　别	死难时间
孔庆成	滕州市级索镇淤庄村	—	男	1942 年 1 月 9 日
王玉喜	滕州市南沙河镇	19	男	1942 年 1 月 9 日
柴大奎	滕州市东郭镇尜城店	37	男	1942 年 1 月 9 日
林井全	滕州市龙阳镇	21	男	1942 年 1 月 10 日
刘义然	滕州市龙泉街道前洪	36	男	1942 年 1 月 11 日
张丰斌	滕州市善南街道王开一	46	男	1942 年 1 月 13 日
郝子超	滕州市鲍沟镇郝寨村	28	男	1942 年 1 月 15 日
王　硕	滕州市滨湖镇阳关	16	男	1942 年 1 月 15 日
渠玉杯	滕州市官桥镇渠村	37	男	1942 年 1 月 16 日
渠志宝	滕州市官桥镇渠村	35	男	1942 年 1 月 16 日
郝清贵	滕州市鲍沟镇	34	男	1942 年 1 月 18 日
陈　爱	滕州市木石镇北张庄	53	女	1942 年 1 月 18 日
李开响	滕州市柴胡店镇高桥村	20	男	1942 年 1 月 19 日
陈敬修	滕州市善南街道丁庄	23	男	1942 年 1 月 19 日
孔凡平	滕州市级索镇大官庄村	—	男	1942 年 1 月 23 日
崔瑞刚之妻	滕州市张汪镇五所楼	22	女	1942 年 1 月 25 日
陆厚兄	滕州市张汪镇五所楼	21	男	1942 年 1 月 25 日
李玉金	滕州市鲍沟镇后汉宫村	48	男	1942 年 1 月 27 日
吕复龙	滕州市鲍沟镇后汉宫村	48	男	1942 年 1 月 27 日
马登武	滕州市南沙河镇北古石村	43	男	1942 年 1 月 29 日
马黄氏	滕州市南沙河镇北古石村	42	女	1942 年 1 月 29 日
小　坡	滕州市南沙河镇北古石村	12	男	1942 年 1 月 29 日
孙厚山	滕州市龙阳镇龙山村	22	男	1942 年 1 月 30 日
孙李氏	滕州市龙阳镇龙山村	20	女	1942 年 1 月 30 日
倪道德	—	—	男	1942 年 2 月 1 日
彭金秋	—	—	男	1942 年 2 月 1 日
魏李氏	滕州市北辛街道后铺	52	女	1942 年 2 月 1 日
张宪亮	滕州市洪绪镇后洪绪	20	男	1942 年 2 月 1 日
李大付	滕州市东郭镇尜城店	42	男	1942 年 2 月 1 日
孙传贵	滕州市界河镇大官村	27	男	1942 年 2 月 1 日
刘义玉	滕州市龙泉街道前洪	38	男	1942 年 2 月 1 日
秦道明	滕州市南沙河镇彭王楼	—	男	1942 年 2 月 1 日
吴庆昌	—	—	男	1942 年 2 月 1 日
柴平生	滕州市东郭镇尜城店	41	男	1942 年 2 月 1 日

姓 名	籍 贯	年 龄	性 别	死难时间
韦大尧	滕州市东郭镇觑城店	44	男	1942 年 2 月 2 日
刘昭宽	滕州市柴胡店镇刘村	40	男	1942 年 2 月 2 日
孔凡明	滕州市级索镇南官村	41	男	1942 年 2 月 3 日
李大海	滕州市东郭镇觑城店	45	男	1942 年 2 月 3 日
孔凡亮	滕州市南沙河镇	20	男	1942 年 2 月 3 日
柴彦海	滕州市东郭镇觑城店	36	男	1942 年 2 月 4 日
郭 兴	滕州市木石镇山口村	41	男	1942 年 2 月 5 日
柴大旺	滕州市东郭镇觑城店	35	男	1942 年 2 月 5 日
单黄氏	滕州市善南街道十里铺二	60	女	1942 年 2 月 5 日
马华丽	滕州市滨湖镇南陈	27	女	1942 年 2 月 6 日
柴安芳	滕州市东郭镇觑城店	37	男	1942 年 2 月 6 日
高夫玉	滕州市张汪镇	37	男	1942 年 2 月 6 日
闵宪玉	滕州市鲍沟镇鲍沟二村	34	男	1942 年 2 月 7 日
郝乐右	滕州市鲍沟镇南潭村	32	男	1942 年 2 月 7 日
张效清	滕州市鲍沟镇前鞋城村	20	男	1942 年 2 月 7 日
柴有昌	滕州市西岗镇南王庄村	26	男	1942 年 2 月 7 日
陈广军	滕州市西岗镇南王庄村	55	男	1942 年 2 月 7 日
高厚财	滕州市西岗镇南王庄村	21	男	1942 年 2 月 7 日
李金银	滕州市东郭镇觑城店	29	男	1942 年 2 月 7 日
倪秀全	滕州市西岗镇南王庄村	51	男	1942 年 2 月 7 日
王有财	滕州市西岗镇南王庄村	60	男	1942 年 2 月 7 日
邢昌后	滕州市西岗镇南王庄村	45	男	1942 年 2 月 7 日
张小花	滕州市龙泉街道前洪	12	女	1942 年 2 月 8 日
周传德	滕州市龙阳镇	25	男	1942 年 2 月 10 日
周传举	滕州市龙阳镇	44	男	1942 年 2 月 10 日
周传山	滕州市龙阳镇	76	男	1942 年 2 月 10 日
周传芝	滕州市龙阳镇	60	男	1942 年 2 月 10 日
周继孔	滕州市龙阳镇	55	男	1942 年 2 月 10 日
周振龙	滕州市龙阳镇	55	男	1942 年 2 月 10 日
严 容	滕州市滨湖镇南陈	49	女	1942 年 2 月 11 日
刘义忠	滕州市龙泉街道前洪	40	男	1942 年 2 月 11 日
巩继立	滕州市南沙河镇	25	男	1942 年 2 月 11 日
马宝俊	滕州市南沙河镇	28	男	1942 年 2 月 11 日
王彦宝	滕州市南沙河镇	26	男	1942 年 2 月 11 日

姓 名	籍 贯	年 龄	性 别	死难时间
巩任氏	滕州市南沙河镇后仓	26	女	1942 年 2 月 11 日
马赵氏	滕州市南沙河镇后仓	28	女	1942 年 2 月 11 日
王杨氏	滕州市南沙河镇后仓	24	女	1942 年 2 月 11 日
丁修存	滕州市鲍沟镇磨庄	42	男	1942 年 2 月 12 日
姜立增	滕州市鲍沟镇西荆林村	30	男	1942 年 2 月 13 日
刘凤龙	滕州市龙泉街道前洪	56	男	1942 年 2 月 13 日
钟秀刚	滕州市柴胡店镇沙岗村	42	男	1942 年 2 月 15 日
时赵氏	滕州市官桥镇时店村	36	女	1942 年 2 月 16 日
刘凤云	滕州市龙泉街道前洪	62	女	1942 年 2 月 18 日
张开芝	滕州市官桥镇前莱村	38	女	1942 年 2 月 19 日
张红安	滕州市善南街道小王开	40	男	1942 年 2 月 19 日
黄宜章	滕州市龙阳镇彭河村	18	男	1942 年 2 月 20 日
卜颜氏	滕州市鲍沟镇卜庙	23	女	1942 年 2 月 21 日
李成德	滕州市鲍沟镇南潭村	51	男	1942 年 2 月 27 日
陈凤瑞	滕州市北辛街道	47	男	1942 年 3 月 1 日
陈凤先	滕州市北辛街道	47	男	1942 年 3 月 1 日
唐宝全	滕州市北辛街道	60	男	1942 年 3 月 1 日
王王氏	滕州市北辛街道	65	女	1942 年 3 月 1 日
张立全	滕州市北辛街道	50	男	1942 年 3 月 1 日
李井凤	滕州市北辛街道马王东村	49	女	1942 年 3 月 1 日
蒋广田	滕州市东郭镇大堂门	38	男	1942 年 3 月 1 日
李才林	滕州市东郭镇大堂门	50	男	1942 年 3 月 1 日
李子然	滕州市东郭镇大堂门	45	男	1942 年 3 月 1 日
李玉君	滕州市东郭镇后李岭	41	男	1942 年 3 月 1 日
刘金标	滕州市东郭镇后坡	78	男	1942 年 3 月 1 日
刘井全	滕州市东郭镇后坡	69	男	1942 年 3 月 1 日
黄有贵	滕州市东郭镇黄坡	47	男	1942 年 3 月 1 日
闫太平	滕州市东郭镇马庄	38	男	1942 年 3 月 1 日
颜景太	滕州市东郭镇马庄	45	男	1942 年 3 月 1 日
徐守信	滕州市东郭镇前明	12	男	1942 年 3 月 1 日
徐守义	滕州市东郭镇前明	16	男	1942 年 3 月 1 日
吴水平	滕州市东郭镇唐林	28	男	1942 年 3 月 1 日
王成合	滕州市东郭镇王庄	45	男	1942 年 3 月 1 日
王全深	滕州市东郭镇王庄	36	男	1942 年 3 月 1 日

姓 名	籍 贯	年 龄	性 别	死难时间
范光辉	滕州市东郭镇下户主	36	男	1942 年 3 月 1 日
范开吉	滕州市东郭镇下户主	25	男	1942 年 3 月 1 日
范义仁	滕州市东郭镇下户主	43	男	1942 年 3 月 1 日
范有成	滕州市东郭镇下户主	42	男	1942 年 3 月 1 日
王趁东	滕州市东郭镇赵坡村	42	男	1942 年 3 月 1 日
王大同	滕州市东郭镇赵坡村	45	男	1942 年 3 月 1 日
肖同运	滕州市东郭镇赵坡村	24	男	1942 年 3 月 1 日
张东歌	滕州市东郭镇赵坡村	41	男	1942 年 3 月 1 日
陈 涛	滕州市洪绪镇白龙湾	29	男	1942 年 3 月 1 日
张桂香	滕州市洪绪镇陈楼村	65	女	1942 年 3 月 1 日
秦士保	滕州市洪绪镇杜康村	51	男	1942 年 3 月 1 日
徐廷新	滕州市洪绪镇甘庄村	40	女	1942 年 3 月 1 日
张宪于	滕州市洪绪镇后洪绪	41	男	1942 年 3 月 1 日
冯庆果	滕州市洪绪镇前洪绪	28	男	1942 年 3 月 1 日
范 具	滕州市界河镇单马厂村	20	男	1942 年 3 月 1 日
马延益	滕州市界河镇单马厂村	13	男	1942 年 3 月 1 日
周庆生	滕州市界河镇前枣村	—	男	1942 年 3 月 1 日
徐松银	滕州市荆河街道杜堎	30	男	1942 年 3 月 1 日
孔老头	滕州市荆河街道安乐居	62	男	1942 年 3 月 2 日
苗德华	滕州市龙阳镇苗堂村	30	男	1942 年 3 月 2 日
吴宝云	滕州市善南街道七里堡	56	男	1942 年 3 月 2 日
龙墩大	滕州市级索镇港沟崖村	32	男	1942 年 3 月 4 日
杨恒沛	滕州市鲍沟镇杨村	32	男	1942 年 3 月 5 日
孙得玉	滕州市官桥镇魏楼村	62	男	1942 年 3 月 5 日
黄士长	滕州市官桥镇	42	男	1942 年 3 月 6 日
杨富坤	滕州市官桥镇	50	男	1942 年 3 月 6 日
张狗狗	滕州市龙泉街道前洪	18	男	1942 年 3 月 6 日
杨刘氏	滕州市龙阳镇望龙村	33	女	1942 年 3 月 6 日
田振云	滕州市善南街道七里堡	61	男	1942 年 3 月 6 日
刘振西	滕州市鲍沟镇	34	男	1942 年 3 月 7 日
仁秀云	滕州市鲍沟镇裴楼	29	女	1942 年 3 月 7 日
刘 荣	滕州市善南街道张场	27	男	1942 年 3 月 7 日
吕丰建	滕州市善南街道张场	26	男	1942 年 3 月 7 日
马小小	滕州市善南街道张场	25	男	1942 年 3 月 7 日

姓 名	籍 贯	年 龄	性 别	死难时间
马自长	滕州市善南街道张场	28	男	1942 年 3 月 7 日
吕夫旺	滕州市鲍沟镇	21	男	1942 年 3 月 8 日
吕苏生	滕州市鲍沟镇吕坡	33	男	1942 年 3 月 8 日
吕朱氏	滕州市鲍沟镇吕坡	22	女	1942 年 3 月 8 日
孙兆华	滕州市滨湖镇坊上	41	男	1942 年 3 月 8 日
王兆秋	滕州市滨湖镇中辛安	32	男	1942 年 3 月 8 日
李 村	滕州市善南街道贾庄	30	男	1942 年 3 月 8 日
张丰启	滕州市善南街道王开一	55	男	1942 年 3 月 9 日
孙尚礼	滕州市西岗镇孙庄村	53	男	1942 年 3 月 9 日
郝保新	滕州市张汪镇两河岔	54	男	1942 年 3 月 9 日
姜绍汉	滕州市鲍沟镇西荆林村	30	男	1942 年 3 月 10 日
李小银	滕州市南沙河镇	23	男	1942 年 3 月 10 日
张石头	滕州市龙泉街道前洪	16	男	1942 年 3 月 11 日
杨住民	滕州市南沙河镇古石三村	28	男	1942 年 3 月 11 日
张宝贵	滕州市官桥镇东磨庄	20	男	1942 年 3 月 12 日
耿继堂	滕州市龙阳镇	23	男	1942 年 3 月 12 日
徐朝贵	滕州市龙阳镇	23	男	1942 年 3 月 12 日
孙兰田	滕州市善南街道十里铺一	20	男	1942 年 3 月 13 日
关文善	滕州市官桥镇前公桥	56	男	1942 年 3 月 14 日
苗德富	滕州市龙阳镇苗堂村	25	男	1942 年 3 月 14 日
李现生	滕州市官桥镇东康留	42	男	1942 年 3 月 15 日
王明章	滕州市官桥镇西王庄	68	男	1942 年 3 月 15 日
张金适	滕州市官桥镇西王庄	17	男	1942 年 3 月 15 日
苗运虎	滕州市龙阳镇苗堂村	52	男	1942 年 3 月 15 日
宗纪文	滕州市张汪镇	50	男	1942 年 3 月 15 日
宗纪武	滕州市张汪镇	49	男	1942 年 3 月 15 日
杜钦志	滕州市级索镇前王晁村	30	男	1942 年 3 月 16 日
陈连顺	滕州市木石镇西店	77	男	1942 年 3 月 16 日
张成杰	滕州市木石镇西店	76	男	1942 年 3 月 16 日
李永水	滕州市官桥镇	47	男	1942 年 3 月 17 日
杨传玉	滕州市官桥镇	49	男	1942 年 3 月 17 日
杨家干	滕州市官桥镇	52	男	1942 年 3 月 17 日
王龙应	滕州市南沙河镇南池	49	男	1942 年 3 月 17 日
孙红英	滕州市善南街道王开二	20	女	1942 年 3 月 17 日

姓　名	籍　贯	年　龄	性　别	死难时间
孙吕氏	滕州市善南街道王开二	41	女	1942 年 3 月 17 日
张成法	滕州市善南街道张北庄	42	女	1942 年 3 月 18 日
闵召付	滕州市鲍沟镇于仓	24	男	1942 年 3 月 19 日
李金来	滕州市南沙河镇于泉	27	男	1942 年 3 月 19 日
徐李氏	滕州市荆河街道杜墁	26	女	1942 年 3 月 20 日
刘大华	滕州市龙阳镇曾楼村	17	男	1942 年 3 月 20 日
张立水	滕州市鲍沟镇张埠村	27	男	1942 年 3 月 21 日
李金容	滕州市南沙河镇于泉	23	男	1942 年 3 月 21 日
王士林	滕州市龙阳镇李庄村	26	男	1942 年 3 月 22 日
刘张氏	滕州市龙阳镇翟庄村	70	女	1942 年 3 月 22 日
王西华	滕州市龙阳镇翟庄村	78	男	1942 年 3 月 22 日
殷留昌	滕州市西岗镇高庙东村	27	男	1942 年 3 月 24 日
关文玉	滕州市官桥镇前官庄	71	男	1942 年 3 月 25 日
周传山	滕州市龙阳镇李庄村	20	男	1942 年 3 月 25 日
陈凤文	滕州市龙阳镇翟庄村	37	男	1942 年 3 月 25 日
王金志	滕州市龙阳镇翟庄村	30	男	1942 年 3 月 25 日
张永庆	滕州市龙阳镇	31	男	1942 年 3 月 26 日
张计善	滕州市龙阳镇	24	男	1942 年 3 月 26 日
周传玉	滕州市龙阳镇李庄村	78	男	1942 年 3 月 26 日
石上国	滕州市官桥镇后莱村	42	男	1942 年 3 月 27 日
李吕氏	滕州市鲍沟镇杨村	20	女	1942 年 3 月 28 日
张以衍	滕州市善南街道王开一	62	男	1942 年 3 月 28 日
张玉藻	滕州市东郭镇户主村	32	男	1942 年 4 月 1 日
林志峰	滕州市东郭镇林岭	48	男	1942 年 4 月 1 日
林志石	滕州市东郭镇林岭	36	男	1942 年 4 月 1 日
林中山	滕州市东郭镇林岭	46	男	1942 年 4 月 1 日
王成现	滕州市东郭镇香台村	60	男	1942 年 4 月 1 日
张显斗	滕州市洪绪镇大巩庄	43	男	1942 年 4 月 1 日
孙洪元	滕州市洪绪镇堌堆村	48	男	1942 年 4 月 1 日
侯守宝	滕州市洪绪镇龙庄村	32	男	1942 年 4 月 1 日
徐瑞华	滕州市洪绪镇任于庄	32	男	1942 年 4 月 1 日
李为同	滕州市洪绪镇沙官村	26	男	1942 年 4 月 1 日
唐伯虎	滕州市洪绪镇团结村	30	男	1942 年 4 月 1 日
张华生	滕州市洪绪镇幸福坝	25	男	1942 年 4 月 1 日

姓 名	籍 贯	年 龄	性 别	死难时间
颜清苹	滕州市洪绪镇颜楼村	24	女	1942 年 4 月 1 日
胡开没	滕州市洪绪镇杨园村	46	男	1942 年 4 月 1 日
许士军	滕州市洪绪镇玉楼村	22	男	1942 年 4 月 1 日
张方振	滕州市荆河街道	38	男	1942 年 4 月 1 日
徐德坤	滕州市荆河街道杜墁	19	男	1942 年 4 月 1 日
刘学兰	滕州市羊庄镇小赵前	51	男	1942 年 4 月 1 日
刘学兰之妻	滕州市羊庄镇小赵前	50	女	1942 年 4 月 1 日
刘学兰之孙	滕州市羊庄镇小赵前	6	男	1942 年 4 月 1 日
孙宜果	滕州市滨湖镇坊上	21	男	1942 年 4 月 4 日
张茂堂	滕州市鲍沟镇南潭村	55	男	1942 年 4 月 5 日
李兰英	滕州市官桥镇中韩村	42	女	1942 年 4 月 5 日
李孟氏	滕州市官桥镇中韩村	41	女	1942 年 4 月 5 日
李士杰	滕州市官桥镇中韩村	31	男	1942 年 4 月 5 日
朱广领	滕州市南沙河镇	29	男	1942 年 4 月 5 日
朱宋氏	滕州市南沙河镇	42	女	1942 年 4 月 5 日
李广坡	滕州市西岗镇后寨居	26	男	1942 年 4 月 6 日
吕以富	滕州市鲍沟镇	22	男	1942 年 4 月 7 日
吕以贵	滕州市鲍沟镇	19	男	1942 年 4 月 7 日
卜广友	滕州市鲍沟镇卜庙	18	男	1942 年 4 月 7 日
卜万学	滕州市鲍沟镇卜庙	16	男	1942 年 4 月 7 日
李瑞金	滕州市鲍沟镇宋庄	50	男	1942 年 4 月 7 日
杜广安	滕州市鲍沟镇薛岩中村	42	男	1942 年 4 月 7 日
杜广胜	滕州市鲍沟镇薛岩中村	27	男	1942 年 4 月 7 日
王 三	滕州市级索镇港沟崖村	23	男	1942 年 4 月 9 日
赵李氏	滕州市西岗镇西岗一村	57	女	1942 年 4 月 9 日
王刘氏	滕州市南沙河镇西古石村	32	女	1942 年 4 月 10 日
徐守才	滕州市南沙河镇西古石村	23	男	1942 年 4 月 10 日
张李氏	滕州市龙泉街道前洪	26	女	1942 年 4 月 11 日
张赵氏	滕州市龙泉街道前洪	24	女	1942 年 4 月 11 日
赵瑞雪	滕州市鲍沟镇鲍沟中村	58	男	1942 年 4 月 12 日
赵玉山	滕州市鲍沟镇鲍沟中村	63	男	1942 年 4 月 12 日
邵金庆	滕州市鲍沟镇成屯	21	男	1942 年 4 月 12 日
鲍怀玉	滕州市鲍沟镇华庄	42	男	1942 年 4 月 12 日
华洪刘	滕州市鲍沟镇华庄	26	男	1942 年 4 月 12 日

姓 名	籍 贯	年 龄	性 别	死难时间
华来云	滕州市鲍沟镇华庄	50	男	1942 年 4 月 12 日
华星河	滕州市鲍沟镇华庄	40	男	1942 年 4 月 12 日
王茂秀	滕州市鲍沟镇华庄	40	男	1942 年 4 月 12 日
杨计贤	滕州市鲍沟镇磨庄	25	女	1942 年 4 月 12 日
路广喜	滕州市鲍沟镇南朱庄	34	男	1942 年 4 月 12 日
张李氏	滕州市鲍沟镇南朱庄	50	女	1942 年 4 月 12 日
薄天祥	滕州市鲍沟镇前皇甫村	40	男	1942 年 4 月 12 日
刘甘氏	滕州市鲍沟镇圈里村	41	女	1942 年 4 月 12 日
宋丙席	滕州市鲍沟镇宋庄	25	男	1942 年 4 月 12 日
孙本宽	滕州市善南街道十里铺一	26	男	1942 年 4 月 12 日
唐传名	滕州市善南街道十里铺一	28	—	1942 年 4 月 12 日
殷延廷	滕州市西岗镇高庙东村	20	男	1942 年 4 月 12 日
黄夫宇	滕州市鲍沟镇东荆林村	33	男	1942 年 4 月 13 日
陈丙丽	滕州市鲍沟镇磨庄	29	女	1942 年 4 月 13 日
杨王氏	滕州市鲍沟镇杨村	24	女	1942 年 4 月 13 日
刘红东	滕州市级索镇姚庄村	—	男	1942 年 4 月 14 日
孔义举	滕州市鲍沟镇徐村	40	男	1942 年 4 月 16 日
王叶西	滕州市南沙河镇南池	51	女	1942 年 4 月 17 日
杨颜氏	滕州市鲍沟镇坝前	31	女	1942 年 4 月 18 日
闵凡俭	滕州市鲍沟镇闵楼村	37	男	1942 年 4 月 18 日
杨传礼	滕州市官桥镇前掌大	37	男	1942 年 4 月 18 日
杨茂由	滕州市官桥镇前掌大	43	男	1942 年 4 月 18 日
郭建山	滕州市龙泉街道董村	68	男	1942 年 4 月 18 日
郭长安	滕州市荆河街道杜墁	22	男	1942 年 4 月 19 日
徐德常	滕州市荆河街道杜墁	21	男	1942 年 4 月 19 日
张继文	滕州市荆河街道杜墁	31	男	1942 年 4 月 19 日
张荣德	滕州市荆河街道杜墁	30	男	1942 年 4 月 19 日
孔庆喜	滕州市级索镇淤庄村	90	男	1942 年 4 月 21 日
李玉炎	滕州市善南街道十里铺一	24	男	1942 年 4 月 21 日
时树青	滕州市官桥镇时店村	20	女	1942 年 4 月 25 日
姜米氏	滕州市鲍沟镇东荆林村	28	女	1942 年 4 月 27 日
闵理林	滕州市官桥镇东郑庄	62	男	1942 年 4 月 27 日
闵连花	滕州市官桥镇东郑庄	16	女	1942 年 4 月 27 日
吴刘氏	滕州市官桥镇前公桥	49	女	1942 年 4 月 27 日

姓 名	籍 贯	年 龄	性 别	死难时间
吴宋氏	滕州市官桥镇前公桥	67	女	1942 年 4 月 27 日
徐玉喜	滕州市龙阳镇龙阳村	29	男	1942 年 4 月 28 日
周慎河	滕州市龙阳镇龙阳村	33	男	1942 年 4 月 28 日
胡杜氏	滕州市级索镇前王晁村	31	女	1942 年 4 月 29 日
张继山	滕州市龙泉街道前洪	28	男	1942 年 4 月 30 日
吕现贵	滕州市鲍沟镇	21	男	1942 年 5 月 1 日
吕现银	滕州市鲍沟镇	18	男	1942 年 5 月 1 日
刘小平	滕州市大坞镇土山	29	男	1942 年 5 月 1 日
袁洪彬	滕州市大坞镇土山	28	男	1942 年 5 月 1 日
林中唐	滕州市东郭镇林岭	34	男	1942 年 5 月 1 日
张玉珍	滕州市东郭镇岭头	30	男	1942 年 5 月 1 日
张刘氏	滕州市东郭镇南徐	25	女	1942 年 5 月 1 日
王玉东	滕州市东郭镇王庄	45	女	1942 年 5 月 1 日
王玉深	滕州市东郭镇王庄	40	女	1942 年 5 月 1 日
魏德洪	滕州市东郭镇魏沟	38	男	1942 年 5 月 1 日
魏德具	滕州市东郭镇魏沟	61	男	1942 年 5 月 1 日
魏德志	滕州市东郭镇魏沟	65	男	1942 年 5 月 1 日
魏任氏	滕州市东郭镇魏沟	63	女	1942 年 5 月 1 日
范福明	滕州市东郭镇下户主	43	男	1942 年 5 月 1 日
陈芳郭	滕州市东郭镇陈岗村	20	男	1942 年 5 月 1 日
陈芳明	滕州市东郭镇陈岗村	32	男	1942 年 5 月 1 日
陈小科	滕州市东郭镇陈岗村	24	男	1942 年 5 月 1 日
陈正军	滕州市东郭镇陈岗村	48	男	1942 年 5 月 1 日
陈玉成	滕州市洪绪镇玉楼村	25	男	1942 年 5 月 1 日
程李氏	滕州市界河镇南界河村	—	女	1942 年 5 月 1 日
程玉春	滕州市界河镇南界河村	—	男	1942 年 5 月 1 日
程玉亮	滕州市界河镇南界河村	28	男	1942 年 5 月 1 日
程朱氏	滕州市界河镇南界河村	—	女	1942 年 5 月 1 日
李侯氏	滕州市界河镇南界河村	—	女	1942 年 5 月 1 日
李怀信	滕州市界河镇南界河村	28	男	1942 年 5 月 1 日
李宗道	滕州市界河镇南界河村	20	男	1942 年 5 月 1 日
刘同海	滕州市界河镇南界河村	35	男	1942 年 5 月 1 日
刘统山	滕州市界河镇南界河村	19	男	1942 年 5 月 1 日
秦佑兰	滕州市界河镇南界河村	22	女	1942 年 5 月 1 日

姓 名	籍 贯	年 龄	性 别	死难时间
孙令新	滕州市界河镇南界河村	20	男	1942 年 5 月 1 日
孙闫氏	滕州市界河镇南界河村	36	女	1942 年 5 月 1 日
孙玉柱	滕州市界河镇南界河村	34	男	1942 年 5 月 1 日
王昌号	滕州市界河镇南界河村	35	男	1942 年 5 月 1 日
王昌圤	滕州市界河镇南界河村	30	男	1942 年 5 月 1 日
王昌云	滕州市界河镇南界河村	26	男	1942 年 5 月 1 日
王怀祥	滕州市界河镇南界河村	14	男	1942 年 5 月 1 日
王现富	滕州市界河镇南界河村	28	男	1942 年 5 月 1 日
张友兰	滕州市界河镇南界河村	27	女	1942 年 5 月 1 日
孙建顺	滕州市界河镇孙楼村	52	男	1942 年 5 月 1 日
赵从根	滕州市界河镇小万院村	46	男	1942 年 5 月 1 日
赵公友	滕州市界河镇小万院村	—	男	1942 年 5 月 1 日
邵景才	滕州市大坞镇大邵庄	28	男	1942 年 5 月 1 日
王玉章	滕州市大坞镇大邵庄	28	男	1942 年 5 月 1 日
邵景元	滕州市大坞镇大邵庄	35	男	1942 年 5 月 1 日
崔广义	—	—	—	1942 年 5 月 2 日
邵行志	滕州市大坞镇大邵庄	34	男	1942 年 5 月 2 日
刘孙氏	滕州市善南街道小王开	51	女	1942 年 5 月 2 日
刘兴元	滕州市善南街道小王开	47	男	1942 年 5 月 2 日
张李氏	滕州市善南街道小王开	52	女	1942 年 5 月 2 日
张小四	滕州市善南街道小王开	48	男	1942 年 5 月 2 日
张广清之叔	滕州市西岗镇南荒村	30	男	1942 年 5 月 2 日
倪长坤	滕州市荆河街道杜堰	26	男	1942 年 5 月 3 日
田连环	滕州市南沙河镇	28	男	1942 年 5 月 3 日
王孟氏	滕州市南沙河镇	36	女	1942 年 5 月 3 日
张小力	滕州市南沙河镇	11	男	1942 年 5 月 3 日
苏顾氏	滕州市南沙河镇	63	女	1942 年 5 月 5 日
吴李氏	滕州市善南街道七里堡	59	女	1942 年 5 月 5 日
张继中	滕州市善南街道七里堡	63	男	1942 年 5 月 5 日
马 冉	滕州市滨湖镇坊上	57	男	1942 年 5 月 6 日
马昭洪	滕州市滨湖镇坊上	52	男	1942 年 5 月 6 日
孙其军	滕州市滨湖镇坊上	46	男	1942 年 5 月 6 日
邵家振	滕州市大坞镇大邵庄	37	男	1942 年 5 月 6 日
张崇新	滕州市荆河街道杜堰	17	男	1942 年 5 月 6 日

姓 名	籍 贯	年 龄	性 别	死难时间
朱 同	滕州市柴胡店镇杨桥村	39	男	1942 年 5 月 6 日
杨正环	滕州市南沙河镇南池	25	女	1942 年 5 月 6 日
苏 利	滕州市南沙河镇	9	女	1942 年 5 月 6 日
曹怀亮	滕州市西岗镇西岗三村	25	男	1942 年 5 月 6 日
闵昭义	滕州市西岗镇西岗三村	23	男	1942 年 5 月 6 日
李德宝	滕州市鲍沟镇薛岩前村	20	男	1942 年 5 月 7 日
邵家兰	滕州市大坞镇大邵庄	38	男	1942 年 5 月 7 日
倪长吉	滕州市荆河街道杜墁	29	男	1942 年 5 月 7 日
胡勤文	滕州市大坞镇大邵庄	40	男	1942 年 5 月 8 日
倪长春	滕州市荆河街道杜墁	32	男	1942 年 5 月 8 日
倪王氏	滕州市荆河街道杜墁	39	女	1942 年 5 月 8 日
李继章	滕州市善南街道王开一	38	男	1942 年 5 月 8 日
马宝庆	滕州市南沙河镇彭王楼	56	男	1942 年 5 月 9 日
吕景贵	滕州市鲍沟镇	41	男	1942 年 5 月 10 日
杜王氏	滕州市鲍沟镇大杨楼村	29	女	1942 年 5 月 10 日
张计魁	滕州市龙阳镇彭河村	50	男	1942 年 5 月 11 日
韩宗来	滕州市西岗镇北曹庄	19	男	1942 年 5 月 11 日
张贻义	滕州市善南街道王开一	49	男	1942 年 5 月 12 日
王崔氏	滕州市南沙河镇	41	女	1942 年 5 月 13 日
钟赵氏	滕州市鲍沟镇鲍沟东村	27	女	1942 年 5 月 14 日
赵开前	滕州市鲍沟镇侯楼	38	男	1942 年 5 月 14 日
董会亮	滕州市柴胡店镇	70	男	1942 年 5 月 14 日
董果才	滕州市柴胡店镇董村	47	男	1942 年 5 月 14 日
董果良	滕州市柴胡店镇董村	18	男	1942 年 5 月 14 日
董果敏	滕州市柴胡店镇董村	48	男	1942 年 5 月 14 日
董果平	滕州市柴胡店镇董村	30	男	1942 年 5 月 14 日
董果增	滕州市柴胡店镇董村	49	男	1942 年 5 月 14 日
董会福	滕州市柴胡店镇董村	46	男	1942 年 5 月 14 日
董会富	滕州市柴胡店镇董村	33	男	1942 年 5 月 14 日
董会刚	滕州市柴胡店镇董村	64	男	1942 年 5 月 14 日
董会贵	滕州市柴胡店镇董村	62	男	1942 年 5 月 14 日
董景成	滕州市柴胡店镇董村	48	男	1942 年 5 月 14 日
董景运	滕州市柴胡店镇董村	51	男	1942 年 5 月 14 日
孟黄氏	滕州市龙阳镇彭河村	65	女	1942 年 5 月 14 日

姓 名	籍 贯	年 龄	性 别	死难时间
张朱氏	滕州市善南街道王开一	69	女	1942 年 5 月 15 日
杨昌江	滕州市官桥镇大韩村	46	男	1942 年 5 月 16 日
杨昌新	滕州市官桥镇大韩村	38	男	1942 年 5 月 16 日
杨昌银	滕州市官桥镇大韩村	36	男	1942 年 5 月 16 日
沈英芙	滕州市官桥镇前公桥	56	女	1942 年 5 月 16 日
吴韩氏	滕州市官桥镇前公桥	49	女	1942 年 5 月 16 日
朱庆仁	滕州市官桥镇前公桥	21	男	1942 年 5 月 16 日
杜延亭	滕州市南沙河镇	38	男	1942 年 5 月 16 日
聂连环	滕州市南沙河镇	52	男	1942 年 5 月 16 日
孙英明	滕州市善南街道王开二	23	男	1942 年 5 月 16 日
季海山	滕州市龙阳镇冯营村	61	男	1942 年 5 月 17 日
岳士章	滕州市南沙河镇	36	男	1942 年 5 月 17 日
张贻行	滕州市善南街道王开一	58	男	1942 年 5 月 17 日
张继河	滕州市龙泉街道前洪	30	男	1942 年 5 月 18 日
张姚氏	滕州市龙泉街道前洪	46	女	1942 年 5 月 18 日
张贻水	滕州市善南街道王开一	68	男	1942 年 5 月 18 日
满高利	滕州市西岗镇西河岔	32	男	1942 年 5 月 18 日
杨茂祥	滕州市官桥镇前掌大	53	男	1942 年 5 月 19 日
魏翟氏	滕州市龙阳镇魏寺村	29	女	1942 年 5 月 20 日
郝玉刚	滕州市鲍沟镇关村	36	男	1942 年 5 月 21 日
杨升平	滕州市鲍沟镇杨村	37	男	1942 年 5 月 21 日
冯秀文	滕州市官桥镇	—	男	1942 年 5 月 21 日
黄兴林	滕州市官桥镇	—	男	1942 年 5 月 21 日
邓长生	滕州市官桥镇西公桥	50	男	1942 年 5 月 21 日
邓贵礼	滕州市官桥镇西公桥	39	男	1942 年 5 月 21 日
李长建	滕州市官桥镇西公桥	35	男	1942 年 5 月 21 日
张贵林	滕州市官桥镇西公桥	37	男	1942 年 5 月 21 日
张忠武	滕州市龙泉街道前洪	48	男	1942 年 5 月 21 日
王文真	滕州市龙阳镇彭河村	60	女	1942 年 5 月 22 日
巩宝善	滕州市龙阳镇彭河村	62	男	1942 年 5 月 23 日
王郝氏	滕州市南沙河镇北王铺	39	女	1942 年 5 月 23 日
季孟氏	滕州市龙阳镇冯营村	29	女	1942 年 5 月 25 日
周质昌	滕州市北辛街道冯河	36	男	1942 年 6 月 1 日
王慎民	滕州市东郭镇南徐	27	男	1942 年 6 月 1 日

姓 名	籍 贯	年 龄	性 别	死难时间
相敬峰	滕州市东郭镇前高庄	26	男	1942 年 6 月 1 日
王传兰	滕州市东郭镇前高庄	34	男	1942 年 6 月 1 日
王传利	滕州市东郭镇前高庄	25	男	1942 年 6 月 1 日
王传平	滕州市东郭镇前高庄	26	男	1942 年 6 月 1 日
王传喜	滕州市东郭镇前高庄	36	男	1942 年 6 月 1 日
王德爱	滕州市东郭镇前高庄	46	男	1942 年 6 月 1 日
王德富	滕州市东郭镇前高庄	45	男	1942 年 6 月 1 日
王二平	滕州市东郭镇前高庄	20	男	1942 年 6 月 1 日
王小山	滕州市东郭镇前高庄	19	男	1942 年 6 月 1 日
相敬斌	滕州市东郭镇前高庄	28	男	1942 年 6 月 1 日
相敬坤	滕州市东郭镇前高庄	33	男	1942 年 6 月 1 日
相敬山	滕州市东郭镇前高庄	32	男	1942 年 6 月 1 日
陈家斗	滕州市东郭镇前明	54	男	1942 年 6 月 1 日
田好良	滕州市东郭镇前明	35	男	1942 年 6 月 1 日
丁克富	滕州市东郭镇吴哨	31	男	1942 年 6 月 1 日
丁克利	滕州市东郭镇吴哨	27	男	1942 年 6 月 1 日
丁克连	滕州市东郭镇吴哨	32	男	1942 年 6 月 1 日
丁克同	滕州市东郭镇吴哨	30	男	1942 年 6 月 1 日
丁守备	滕州市东郭镇吴哨	30	男	1942 年 6 月 1 日
丁守泉	滕州市东郭镇吴哨	29	男	1942 年 6 月 1 日
丁守严	滕州市东郭镇吴哨	25	男	1942 年 6 月 1 日
丁永门	滕州市东郭镇吴哨	40	男	1942 年 6 月 1 日
丁永平	滕州市东郭镇吴哨	26	男	1942 年 6 月 1 日
丁永齐	滕州市东郭镇吴哨	26	男	1942 年 6 月 1 日
刘贵义	滕州市洪绪镇陈楼村	38	男	1942 年 6 月 1 日
徐廷耀	滕州市洪绪镇杜场村	49	男	1942 年 6 月 1 日
金洪水	滕州市洪绪镇金庄	30	男	1942 年 6 月 1 日
刘玉田	滕州市洪绪镇苗桥村	22	男	1942 年 6 月 1 日
孟庆志	滕州市洪绪镇任于庄	39	男	1942 年 6 月 1 日
范光魁	滕州市洪绪镇杨园村	50	男	1942 年 6 月 1 日
孙建喜	滕州市界河镇孙楼村	51	男	1942 年 6 月 1 日
唐传标之母	滕州市龙泉街道唐村	26	女	1942 年 6 月 1 日
邵家朋	滕州市柴胡店镇邵庄	55	男	1942 年 6 月 3 日
邵家友	滕州市柴胡店镇邵庄	55	男	1942 年 6 月 3 日

姓　名	籍　贯	年　龄	性　别	死难时间
孔令哲	滕州市级索镇淤庄村	—	男	1942 年 6 月 3 日
孔迎民	滕州市级索镇淤庄村	68	男	1942 年 6 月 3 日
吴二孩	滕州市滨湖镇东屯后	12	男	1942 年 6 月 4 日
吴马氏	滕州市滨湖镇东屯后	34	女	1942 年 6 月 4 日
小三子	滕州市滨湖镇东屯后	14	男	1942 年 6 月 4 日
马红运	滕州市滨湖镇西马	28	男	1942 年 6 月 4 日
邵家付	滕州市柴胡店镇邵庄	53	男	1942 年 6 月 4 日
殷茂科	滕州市官桥镇坝上村	51	男	1942 年 6 月 4 日
李春玲	滕州市官桥镇前官庄	75	女	1942 年 6 月 4 日
李春山	滕州市官桥镇前官庄	67	男	1942 年 6 月 4 日
张正明	滕州市官桥镇前官庄	64	男	1942 年 6 月 4 日
马恒运	滕州市滨湖镇西马	32	男	1942 年 6 月 5 日
马昭军	滕州市滨湖镇西马	26	男	1942 年 6 月 5 日
马昭明	滕州市滨湖镇西马	35	男	1942 年 6 月 5 日
马昭示	滕州市滨湖镇西马	33	男	1942 年 6 月 5 日
刘　心	滕州市木石镇山口村	41	男	1942 年 6 月 5 日
孙凤龙	滕州市张汪镇	22	男	1942 年 6 月 5 日
张恒昌	滕州市善南街道七里堡	58	男	1942 年 6 月 6 日
王宋氏	滕州市柴胡店镇后黄村	60	女	1942 年 6 月 7 日
吴倪氏	滕州市柴胡店镇后黄村	39	女	1942 年 6 月 7 日
杨成胜	滕州市柴胡店镇后黄村	37	男	1942 年 6 月 7 日
王绥成	滕州市西岗镇东河岔	37	男	1942 年 6 月 7 日
邱现兰	滕州市滨湖镇坊上	37	女	1942 年 6 月 9 日
杨丙厚	滕州市张汪镇	37	男	1942 年 6 月 9 日
陈兆华	滕州市龙阳镇翟庄村	48	男	1942 年 6 月 10 日
王玉氏	滕州市龙阳镇翟庄村	41	女	1942 年 6 月 10 日
陈宝华	滕州市龙阳镇翟庄村	68	男	1942 年 6 月 11 日
王崇献	滕州市级索镇时庄村	87	男	1942 年 6 月 12 日
孙尚增	滕州市西岗镇孙庄村	64	男	1942 年 6 月 12 日
李延宾	滕州市鲍沟镇河崖	31	男	1942 年 6 月 13 日
张光浩	滕州市级索镇淤庄村	—	男	1942 年 6 月 13 日
孙延香	滕州市滨湖镇人民庄	16	女	1942 年 6 月 15 日
张忠文	滕州市龙泉街道前洪	56	男	1942 年 6 月 15 日
杨秀田	滕州市张汪镇杨楼	28	男	1942 年 6 月 16 日

姓 名	籍 贯	年 龄	性 别	死难时间
杨 虎	滕州市鲍沟镇杨村	20	男	1942 年 6 月 17 日
杨际志	滕州市鲍沟镇	29	男	1942 年 6 月 18 日
狄闫氏	滕州市南沙河镇北古石村	35	女	1942 年 6 月 19 日
李 伟	滕州市鲍沟镇后汉宫村	51	男	1942 年 6 月 21 日
李中永	滕州市鲍沟镇后汉宫村	32	男	1942 年 6 月 21 日
闵元固	滕州市鲍沟镇后汉宫村	41	男	1942 年 6 月 21 日
张朱氏	滕州市官桥镇吴庄村	41	女	1942 年 6 月 21 日
侯贺希	滕州市龙泉街道前洪	30	男	1942 年 6 月 21 日
翟王氏	滕州市龙阳镇翟庄村	79	女	1942 年 6 月 22 日
杨秀和	滕州市张汪镇杨楼	18	男	1942 年 6 月 24 日
倪自祥	滕州市荆河街道杜堰	56	男	1942 年 6 月 25 日
杨秀风	滕州市张汪镇杨楼	22	男	1942 年 6 月 25 日
杨学力	滕州市张汪镇杨楼	19	男	1942 年 6 月 25 日
杨学士	滕州市张汪镇杨楼	26	男	1942 年 6 月 25 日
王成仁	滕州市官桥镇西郑庄	36	男	1942 年 6 月 27 日
马士荣	滕州市滨湖镇坊上	41	女	1942 年 6 月 28 日
满高息	滕州市西岗镇西河岔	39	男	1942 年 6 月 28 日
赵华忠	滕州市大坞镇休城村	30	男	1942 年 7 月 1 日
黄孝义	滕州市东郭镇黄坡	32	男	1942 年 7 月 1 日
黄学申	滕州市东郭镇黄坡	40	男	1942 年 7 月 1 日
徐守智	滕州市东郭镇前明	36	男	1942 年 7 月 1 日
徐振典	滕州市东郭镇前明	40	男	1942 年 7 月 1 日
王玉斗	滕州市东郭镇王庄	46	女	1942 年 7 月 1 日
刘子云	滕州市洪绪镇东赵沟	29	男	1942 年 7 月 1 日
牛伯顺	滕州市洪绪镇杜场村	24	男	1942 年 7 月 1 日
任 民	滕州市洪绪镇金庄	49	男	1942 年 7 月 1 日
王洪杨	滕州市洪绪镇金庄	35	男	1942 年 7 月 1 日
崔贵田	滕州市洪绪镇孔屯村	42	男	1942 年 7 月 1 日
刘文平	滕州市洪绪镇唐庄村	39	男	1942 年 7 月 1 日
朱生五	滕州市级索镇大官庄	—	男	1942 年 7 月 1 日
赵景成	滕州市界河镇大官村	29	男	1942 年 7 月 1 日
王曹亮	滕州市荆河街道安乐居	31	男	1942 年 7 月 1 日
徐兴国	滕州市荆河街道安乐居	57	男	1942 年 7 月 1 日
孔祥进	滕州市西岗镇大屯村	26	男	1942 年 7 月 1 日

姓 名	籍 贯	年 龄	性 别	死难时间
满昌启	滕州市西岗镇大屯村	21	男	1942 年 7 月 1 日
张守来	滕州市西岗镇大屯村	18	男	1942 年 7 月 1 日
田孙氏	滕州市善南街道七里堡	60	女	1942 年 7 月 2 日
俞海民	滕州市荆河街道俞庄	26	男	1942 年 7 月 3 日
朱景丽	滕州市南沙河镇	42	女	1942 年 7 月 3 日
赵井德	滕州市官桥镇时店村	35	男	1942 年 7 月 4 日
朱纪告	滕州市官桥镇时店村	36	男	1942 年 7 月 4 日
王立启	滕州市官桥镇轩庄村	69	男	1942 年 7 月 4 日
赵王氏	滕州市西岗镇高庙北村	31	女	1942 年 7 月 4 日
赵王氏	滕州市西岗镇高庙北村	47	女	1942 年 7 月 4 日
杨红红	滕州市鲍沟镇杨村	20	女	1942 年 7 月 5 日
陈励兰	滕州市西岗镇西岗二村	70	男	1942 年 7 月 5 日
刘相斌	滕州市官桥镇苏坦村	41	男	1942 年 7 月 6 日
陈 水	滕州市荆河街道俞庄	18	男	1942 年 7 月 7 日
张保三	滕州市荆河街道俞庄	21	男	1942 年 7 月 7 日
赵延武	滕州市荆河街道俞庄	23	男	1942 年 7 月 7 日
刘朱氏	滕州市南沙河镇南池	48	女	1942 年 7 月 7 日
孟先连	滕州市南沙河镇魏村	53	男	1942 年 7 月 8 日
赵开喜	滕州市南沙河镇魏村	48	男	1942 年 7 月 8 日
王韩氏	滕州市西岗镇高庙北村	36	女	1942 年 7 月 8 日
王杨氏	滕州市西岗镇高庙北村	35	女	1942 年 7 月 8 日
郝明途	滕州市鲍沟镇郝寨村	21	男	1942 年 7 月 9 日
丁张氏	滕州市鲍沟镇磨庄	23	女	1942 年 7 月 9 日
仁 三	滕州市鲍沟镇裴楼	42	男	1942 年 7 月 9 日
仁 文	滕州市鲍沟镇裴楼	39	男	1942 年 7 月 9 日
王兴文	滕州市鲍沟镇裴楼	51	男	1942 年 7 月 9 日
邵玉标	滕州市龙阳镇史村	16	男	1942 年 7 月 9 日
杨王氏	滕州市鲍沟镇北朱庄	24	女	1942 年 7 月 10 日
杨小虎	滕州市鲍沟镇杨村	20	男	1942 年 7 月 10 日
张凤泉	滕州市南沙河镇北古石村	36	男	1942 年 7 月 11 日
张丰昂	滕州市善南街道王开二	39	男	1942 年 7 月 11 日
张桂田	滕州市善南街道王开二	31	男	1942 年 7 月 11 日
单学忠	滕州市西岗镇高庙西村	14	男	1942 年 7 月 11 日
朱长春	滕州市鲍沟镇薛岩后村	69	男	1942 年 7 月 12 日

姓　名	籍　贯	年　龄	性　别	死难时间
闫德胜	滕州市鲍沟镇闫庙	24	男	1942 年 7 月 12 日
闫德文	滕州市鲍沟镇闫庙	48	男	1942 年 7 月 12 日
龙兴怀	滕州市级索镇港沟崖村	45	男	1942 年 7 月 12 日
李建喜	滕州市西岗镇孙庄村	24	男	1942 年 7 月 12 日
葛徐氏	滕州市鲍沟镇徐村	41	女	1942 年 7 月 13 日
吕景香	滕州市鲍沟镇	43	男	1942 年 7 月 14 日
马明轩	滕州市鲍沟镇大杨楼村	40	男	1942 年 7 月 14 日
陈尚长	滕州市荆河街道杜墁	56	男	1942 年 7 月 15 日
李王氏	滕州市鲍沟镇杨村	27	女	1942 年 7 月 16 日
闵任氏	滕州市官桥镇东郑庄	29	女	1942 年 7 月 16 日
闵现章	滕州市官桥镇东郑庄	32	男	1942 年 7 月 16 日
徐小花	滕州市荆河街道杜墁	51	女	1942 年 7 月 16 日
赵崇章之伯父	滕州市龙泉街道前洪	30	男	1942 年 7 月 17 日
钟星汉	滕州市鲍沟镇鲍沟东村	24	男	1942 年 7 月 18 日
王马氏	滕州市鲍沟镇东石	48	女	1942 年 7 月 18 日
李庆斗	滕州市鲍沟镇河崖	32	男	1942 年 7 月 18 日
彭廷水	滕州市鲍沟镇孙岗	8	男	1942 年 7 月 18 日
李同仁	滕州市鲍沟镇薛岩后村	26	男	1942 年 7 月 18 日
吕大山	滕州市善南街道王开二	7	男	1942 年 7 月 18 日
闵宪昌	滕州市鲍沟镇鲍沟二村	33	男	1942 年 7 月 19 日
闵陈氏	滕州市鲍沟镇闵楼村	36	女	1942 年 7 月 19 日
郝乐勤	滕州市鲍沟镇南潭村	41	男	1942 年 7 月 19 日
孙延贵	滕州市鲍沟镇前鞋城村	19	男	1942 年 7 月 19 日
杨恒信	滕州市鲍沟镇杨村	27	男	1942 年 7 月 19 日
孙长友	滕州市柴胡店镇柴胡店村	31	男	1942 年 7 月 20 日
孙岱海	滕州市柴胡店镇柴胡店村	18	男	1942 年 7 月 20 日
李庆善	滕州市鲍沟镇河崖	20	男	1942 年 7 月 21 日
李延鲁	滕州市鲍沟镇河崖	30	男	1942 年 7 月 21 日
张茂德	滕州市鲍沟镇南潭村	31	男	1942 年 7 月 21 日
姜绍云	滕州市鲍沟镇西荆林村	29	男	1942 年 7 月 21 日
倪余吉	滕州市官桥镇中洪林	35	男	1942 年 7 月 21 日
王光发	滕州市西岗镇高庙北村	60	男	1942 年 7 月 22 日
刘夫有	滕州市级索镇淤庄村	—	男	1942 年 7 月 24 日
倪美秀	滕州市荆河街道杜墁	12	女	1942 年 7 月 25 日

姓　名	籍　贯	年　龄	性　别	死难时间
杨玉民	滕州市龙阳镇望龙村	32	男	1942 年 7 月 25 日
刘星山	滕州市荆河街道俞庄	31	男	1942 年 7 月 26 日
丁德训	滕州市鲍沟镇磨庄	28	女	1942 年 8 月 1 日
曹文全	滕州市北辛街道	37	男	1942 年 8 月 1 日
黄文富	滕州市北辛街道	48	男	1942 年 8 月 1 日
秦克恒	滕州市北辛街道北秦	42	男	1942 年 8 月 1 日
秦克勤	滕州市北辛街道北秦	35	男	1942 年 8 月 1 日
秦克用	滕州市北辛街道北秦	26	男	1942 年 8 月 1 日
秦肇太	滕州市北辛街道北秦	38	男	1942 年 8 月 1 日
秦宗贵	滕州市北辛街道北秦	36	男	1942 年 8 月 1 日
邵行贵	滕州市大坞镇大邵庄	32	男	1942 年 8 月 1 日
冯明干	滕州市东郭镇冯沟村	25	男	1942 年 8 月 1 日
冯明书	滕州市东郭镇冯沟村	45	男	1942 年 8 月 1 日
冯明水	滕州市东郭镇冯沟村	41	男	1942 年 8 月 1 日
冯明友	滕州市东郭镇冯沟村	46	男	1942 年 8 月 1 日
夏国利	滕州市洪绪镇白龙湾	57	男	1942 年 8 月 1 日
秦庆江	滕州市洪绪镇杜康村	28	男	1942 年 8 月 1 日
马廷银	滕州市洪绪镇甘庄村	38	男	1942 年 8 月 1 日
徐子中	滕州市洪绪镇郝洼村	23	男	1942 年 8 月 1 日
王洪友之子	滕州市洪绪镇金庄	6	男	1942 年 8 月 1 日
侯永学	滕州市洪绪镇龙庄村	46	男	1942 年 8 月 1 日
王建军	滕州市洪绪镇团结村	25	男	1942 年 8 月 1 日
徐东水	滕州市洪绪镇团结村	36	男	1942 年 8 月 1 日
张绪国	滕州市洪绪镇西赵沟	24	男	1942 年 8 月 1 日
张显武	滕州市洪绪镇幸福坝	30	男	1942 年 8 月 1 日
朱才哲	滕州市级索镇大官庄	—	男	1942 年 8 月 1 日
张刘氏	滕州市善南街道七里堡	59	女	1942 年 8 月 1 日
马　超	滕州市滨湖镇南徐楼	10	男	1942 年 8 月 5 日
马士贵	滕州市滨湖镇南徐楼	38	男	1942 年 8 月 5 日
马　秀	滕州市滨湖镇南徐楼	35	男	1942 年 8 月 5 日
谢朱氏	滕州市滨湖镇西迭湖	23	女	1942 年 8 月 5 日
钟雷武	滕州市柴胡店镇	29	男	1942 年 8 月 5 日
邓开丰	滕州市西岗镇东南岗村	22	男	1942 年 8 月 5 日
邓开林	滕州市西岗镇东南岗村	31	男	1942 年 8 月 5 日

姓　名	籍　贯	年　龄	性　别	死难时间
邓开杨	滕州市西岗镇东南岗村	25	男	1942 年 8 月 5 日
邓子英	滕州市西岗镇东南岗村	22	女	1942 年 8 月 5 日
高　华	滕州市西岗镇东南岗村	27	男	1942 年 8 月 5 日
高　玉	滕州市西岗镇东南岗村	25	男	1942 年 8 月 5 日
高北军	滕州市西岗镇东南岗村	24	男	1942 年 8 月 5 日
黄　飞	滕州市西岗镇东南岗村	21	男	1942 年 8 月 5 日
蒋　凤	滕州市西岗镇东南岗村	20	女	1942 年 8 月 5 日
蒋　苓	滕州市西岗镇东南岗村	30	女	1942 年 8 月 5 日
蒋　英	滕州市西岗镇东南岗村	27	女	1942 年 8 月 5 日
李　兰	滕州市西岗镇东南岗村	27	女	1942 年 8 月 5 日
李　孟	滕州市西岗镇东南岗村	27	男	1942 年 8 月 5 日
李　秀	滕州市西岗镇东南岗村	23	女	1942 年 8 月 5 日
李　旭	滕州市西岗镇东南岗村	21	男	1942 年 8 月 5 日
李　致	滕州市西岗镇东南岗村	19	男	1942 年 8 月 5 日
李方冻	滕州市西岗镇东南岗村	18	男	1942 年 8 月 5 日
李方化	滕州市西岗镇东南岗村	19	男	1942 年 8 月 5 日
李方芹	滕州市西岗镇东南岗村	35	男	1942 年 8 月 5 日
李正言	滕州市西岗镇东南岗村	33	男	1942 年 8 月 5 日
李自林	滕州市西岗镇东南岗村	18	男	1942 年 8 月 5 日
刘　国	滕州市西岗镇东南岗村	68	男	1942 年 8 月 5 日
刘　芹	滕州市西岗镇东南岗村	18	女	1942 年 8 月 5 日
刘　彦	滕州市西岗镇东南岗村	32	男	1942 年 8 月 5 日
刘爱民	滕州市西岗镇东南岗村	29	男	1942 年 8 月 5 日
刘传告	滕州市西岗镇东南岗村	35	男	1942 年 8 月 5 日
刘传冉	滕州市西岗镇东南岗村	25	男	1942 年 8 月 5 日
刘传银	滕州市西岗镇东南岗村	30	男	1942 年 8 月 5 日
宋　华	滕州市西岗镇东南岗村	26	男	1942 年 8 月 5 日
王　大	滕州市西岗镇东南岗村	47	男	1942 年 8 月 5 日
王　芹	滕州市西岗镇东南岗村	21	女	1942 年 8 月 5 日
王吉林	滕州市西岗镇东南岗村	20	男	1942 年 8 月 5 日
杨　斌	滕州市西岗镇东南岗村	17	男	1942 年 8 月 5 日
杨　山	滕州市西岗镇东南岗村	25	男	1942 年 8 月 5 日
杨　英	滕州市西岗镇东南岗村	20	女	1942 年 8 月 5 日
杨正义	滕州市西岗镇东南岗村	25	男	1942 年 8 月 5 日

姓 名	籍 贯	年 龄	性 别	死难时间
张 明	滕州市西岗镇东南岗村	19	男	1942 年 8 月 5 日
罗杨氏	滕州市官桥镇东公桥村	30	女	1942 年 8 月 6 日
孟凡明	滕州市官桥镇前官庄	54	男	1942 年 8 月 6 日
杨茂申	滕州市官桥镇前官庄	67	男	1942 年 8 月 6 日
吴东月	滕州市官桥镇吴庄村	28	男	1942 年 8 月 6 日
吴 斗	滕州市官桥镇吴庄村	27	男	1942 年 8 月 6 日
张松迪	滕州市南沙河镇房村	34	男	1942 年 8 月 7 日
赵中法	滕州市滨湖镇田桥	30	男	1942 年 8 月 9 日
姜 山	滕州市滨湖镇严村	56	男	1942 年 8 月 9 日
刘茂鸣	滕州市滨湖镇严村	26	男	1942 年 8 月 9 日
小 三	滕州市滨湖镇严村	15	男	1942 年 8 月 9 日
张和平	滕州市荆河街道	40	男	1942 年 8 月 9 日
张继刚	滕州市荆河街道	35	男	1942 年 8 月 9 日
张 强	滕州市荆河街道	30	男	1942 年 8 月 9 日
刘 响	滕州市荆河街道张刘庄	12	男	1942 年 8 月 9 日
宋高卫	滕州市南沙河镇陡铺	63	男	1942 年 8 月 9 日
刘振海	滕州市鲍沟镇	36	男	1942 年 8 月 10 日
姜李氏	滕州市鲍沟镇东荆林村	30	女	1942 年 8 月 10 日
刘纪俭	滕州市柴胡店镇刘村	48	男	1942 年 8 月 10 日
张大强	滕州市荆河街道张刘庄	16	男	1942 年 8 月 10 日
张杨氏	滕州市南沙河镇房村	32	女	1942 年 8 月 10 日
党同元之母	滕州市龙泉街道西大庙	39	女	1942 年 8 月 11 日
姜立坦	滕州市鲍沟镇西荆林村	27	男	1942 年 8 月 12 日
张宪彩	滕州市鲍沟镇薛岩后村	35	男	1942 年 8 月 12 日
孔义武	滕州市鲍沟镇徐村	40	男	1942 年 8 月 13 日
徐培运	滕州市西岗镇柴里中村	28	男	1942 年 8 月 14 日
刘大海	滕州市荆河街道张刘庄	20	男	1942 年 8 月 15 日
安玉元之父	滕州市龙泉街道西大庙	38	男	1942 年 8 月 16 日
杨恒敬	滕州市鲍沟镇杨村	42	男	1942 年 8 月 17 日
张二孩	滕州市柴胡店镇高桥村	15	男	1942 年 8 月 17 日
张李氏	滕州市柴胡店镇高桥村	48	女	1942 年 8 月 17 日
张绪山	滕州市柴胡店镇高桥村	20	男	1942 年 8 月 17 日
张绪堂	滕州市柴胡店镇高桥村	50	男	1942 年 8 月 17 日
刘二海	滕州市荆河街道张刘庄	35	男	1942 年 8 月 17 日

姓 名	籍 贯	年 龄	性 别	死难时间
赵王氏	滕州市鲍沟镇	34	女	1942 年 8 月 18 日
赵玉钰	滕州市鲍沟镇	32	男	1942 年 8 月 18 日
樊振源	滕州市鲍沟镇鲍沟东村	68	男	1942 年 8 月 18 日
刘长才	滕州市荆河街道张刘庄	50	男	1942 年 8 月 18 日
满昭林	滕州市西岗镇温堂村	40	男	1942 年 8 月 18 日
孙开江之父	滕州市官桥镇官桥村	36	男	1942 年 8 月 19 日
赵宝粮	滕州市鲍沟镇坝后	41	男	1942 年 8 月 21 日
何李氏	滕州市鲍沟镇于仓	40	女	1942 年 8 月 21 日
姜立梯	滕州市鲍沟镇东荆林村	42	男	1942 年 8 月 23 日
王积德	滕州市官桥镇西郑庄	34	男	1942 年 8 月 25 日
王继明	滕州市官桥镇西郑庄	28	男	1942 年 8 月 25 日
马小香	滕州市鲍沟镇马庄	38	男	1942 年 8 月 27 日
马召强	滕州市鲍沟镇马庄	40	男	1942 年 8 月 27 日
刘 三	滕州市荆河街道张刘庄	6	男	1942 年 8 月 27 日
张 灿	滕州市荆河街道张刘庄	18	男	1942 年 8 月 27 日
姜玉喜	滕州市鲍沟镇东荆林村	31	男	1942 年 8 月 28 日
黄达龙	滕州市南沙河镇房村	23	男	1942 年 8 月 29 日
郗九序	滕州市龙阳镇	36	男	1942 年 8 月 30 日
柴春友	滕州市东郭镇卤城店	20	男	1942 年 9 月 1 日
柴玉琴	滕州市东郭镇卤城店	36	男	1942 年 9 月 1 日
柴 栓	滕州市东郭镇卤城店	33	男	1942 年 9 月 1 日
葛兴元	滕州市东郭镇卤城店	32	男	1942 年 9 月 1 日
张玉国	滕州市洪绪镇白龙湾	41	男	1942 年 9 月 1 日
李德英	滕州市洪绪镇陈楼村	40	男	1942 年 9 月 1 日
王广新	滕州市洪绪镇东赵沟	33	男	1942 年 9 月 1 日
侯永金	滕州市洪绪镇孔屯村	35	男	1942 年 9 月 1 日
龙光奔	滕州市洪绪镇龙庄村	28	男	1942 年 9 月 1 日
张李氏	滕州市荆河街道	32	女	1942 年 9 月 1 日
崔 氏	滕州市西岗镇大屯村	20	女	1942 年 9 月 1 日
马华东	滕州市滨湖镇坊上	49	男	1942 年 9 月 2 日
马兆汉	滕州市滨湖镇坊上	38	男	1942 年 9 月 2 日
张刘氏	滕州市龙阳镇龙山村	17	女	1942 年 9 月 4 日
李成祥	滕州市西岗镇高庙西村	58	男	1942 年 9 月 4 日
彭 柱	滕州市张汪镇北贾村	34	男	1942 年 9 月 4 日

姓　名	籍　贯	年　龄	性　别	死难时间
彭柱之妻	滕州市张汪镇北贾村	32	女	1942 年 9 月 4 日
宋思云	滕州市张汪镇北贾村	18	女	1942 年 9 月 4 日
倪道义	滕州市官桥镇倪楼村	36	男	1942 年 9 月 5 日
倪宏元	滕州市官桥镇倪楼村	8	男	1942 年 9 月 5 日
李士亮	滕州市官桥镇轩庄村	65	男	1942 年 9 月 5 日
杨自才	滕州市西岗镇魏庄村	50	男	1942 年 9 月 6 日
张申田	滕州市善南街道王开二	38	男	1942 年 9 月 7 日
杜守金之父	滕州市龙泉街道西大庙	26	男	1942 年 9 月 10 日
孙开田	滕州市官桥镇西王庄	18	男	1942 年 9 月 11 日
林井河	滕州市龙阳镇	40	男	1942 年 9 月 11 日
侯钦明	滕州市鲍沟镇侯楼	21	男	1942 年 9 月 12 日
侯致明	滕州市鲍沟镇侯楼	50	男	1942 年 9 月 12 日
赵敬高	滕州市鲍沟镇侯楼	32	男	1942 年 9 月 12 日
安增才	滕州市官桥镇	63	男	1942 年 9 月 13 日
赵宝队	滕州市鲍沟镇坝前	37	男	1942 年 9 月 15 日
倪士成	滕州市官桥镇东洪林	48	男	1942 年 9 月 15 日
杨茂胜	滕州市官桥镇前官庄	75	男	1942 年 9 月 15 日
刘褚氏	滕州市官桥镇苏坦村	37	女	1942 年 9 月 15 日
刘海柒	滕州市官桥镇苏坦村	21	男	1942 年 9 月 15 日
邓幸福	滕州市官桥镇西公桥	20	男	1942 年 9 月 15 日
张福立	滕州市官桥镇西公桥	39	男	1942 年 9 月 15 日
张建财	滕州市官桥镇西公桥	32	男	1942 年 9 月 15 日
李连个	滕州市南沙河镇	13	男	1942 年 9 月 16 日
闵昭怀	滕州市南沙河镇	82	男	1942 年 9 月 16 日
王克患	滕州市南沙河镇	86	男	1942 年 9 月 16 日
邱泉清	滕州市鲍沟镇裴楼	31	男	1942 年 9 月 17 日
闫庆吉	滕州市鲍沟镇闫庙	51	男	1942 年 9 月 18 日
李奉元	滕州市张汪镇	26	男	1942 年 9 月 18 日
邵玉芳	滕州市龙阳镇史村	35	男	1942 年 9 月 20 日
蔡　青	滕州市南沙河镇北古石村	22	男	1942 年 9 月 20 日
刘正文	滕州市南沙河镇北古石村	24	男	1942 年 9 月 20 日
孙广太	滕州市西岗镇西曹庄	30	男	1942 年 9 月 20 日
高印街	滕州市鲍沟镇东宁村	29	男	1942 年 9 月 21 日
高印元	滕州市鲍沟镇东宁村	30	男	1942 年 9 月 21 日

姓 名	籍 贯	年 龄	性 别	死难时间
赵 氏	滕州市官桥镇	64	女	1942 年 9 月 21 日
赵怀立	滕州市西岗镇高庙西村	25	男	1942 年 9 月 23 日
闵召才	滕州市张汪镇北贾村	32	男	1942 年 9 月 23 日
田李氏	滕州市官桥镇前莱村	44	女	1942 年 9 月 26 日
邱泉明	滕州市鲍沟镇	28	男	1942 年 9 月 27 日
陈王氏	滕州市鲍沟镇磨庄	29	女	1942 年 9 月 27 日
何玉经	滕州市龙阳镇何岭村	46	男	1942 年 9 月 27 日
张王氏	滕州市荆河街道	31	女	1942 年 9 月 30 日
孙春芳	滕州市东郭镇东明	48	男	1942 年 10 月 1 日
孙凤海	滕州市东郭镇东明	30	男	1942 年 10 月 1 日
孙庆启	滕州市东郭镇东明	41	男	1942 年 10 月 1 日
满呈亮	滕州市东郭镇后坞沟	29	男	1942 年 10 月 1 日
满春桂	滕州市东郭镇后坞沟	42	男	1942 年 10 月 1 日
满春明	滕州市东郭镇后坞沟	42	男	1942 年 10 月 1 日
满兴菊	滕州市东郭镇后坞沟	50	男	1942 年 10 月 1 日
柴春萍	滕州市东郭镇虺城店	36	男	1942 年 10 月 1 日
宋春生	滕州市东郭镇罗庄	46	男	1942 年 10 月 1 日
宋同启	滕州市东郭镇罗庄	59	男	1942 年 10 月 1 日
宋印标	滕州市东郭镇罗庄	38	男	1942 年 10 月 1 日
丁慎海	滕州市东郭镇马河	50	男	1942 年 10 月 1 日
丁同涛	滕州市东郭镇马河	38	男	1942 年 10 月 1 日
丁兴华	滕州市东郭镇马河	45	男	1942 年 10 月 1 日
丁召虎	滕州市东郭镇马河	38	男	1942 年 10 月 1 日
张士峰	滕州市东郭镇前村	52	男	1942 年 10 月 1 日
张士水	滕州市东郭镇前村	47	男	1942 年 10 月 1 日
张延会	滕州市东郭镇前村	27	男	1942 年 10 月 1 日
黄 林	滕州市南沙河镇房村	23	男	1942 年 10 月 1 日
张秉田	滕州市善南街道王开三	75	男	1942 年 10 月 1 日
王其玉	滕州市西岗镇北曹庄	47	男	1942 年 10 月 1 日
刘王氏	滕州市大坞镇桥北	34	女	1942 年 10 月 1 日
王景礼	滕州市善南街道七里堡	63	男	1942 年 10 月 2 日
韩凤桥	滕州市西岗镇北曹庄	54	男	1942 年 10 月 2 日
王光霞	滕州市西岗镇北曹庄	15	女	1942 年 10 月 2 日
王连生	滕州市西岗镇北曹庄	51	男	1942 年 10 月 2 日

姓 名	籍 贯	年 龄	性 别	死难时间
张宝成	滕州市西岗镇北曹庄	56	男	1942 年 10 月 2 日
龙兴池	滕州市级索镇港沟崖村	31	男	1942 年 10 月 4 日
闫德和	滕州市鲍沟镇闫庙	38	男	1942 年 10 月 5 日
张祺田	滕州市善南街道王开三	55	男	1942 年 10 月 5 日
龙宜东	滕州市级索镇港沟崖村	36	男	1942 年 10 月 7 日
龙宜奎	滕州市级索镇港沟崖村	36	男	1942 年 10 月 7 日
龙宜训	滕州市级索镇港沟崖村	37	男	1942 年 10 月 7 日
龙振爽	滕州市级索镇港沟崖村	35	男	1942 年 10 月 7 日
王崇记	滕州市级索镇时庄村	88	男	1942 年 10 月 7 日
崔君河	滕州市南沙河镇崔庄	58	男	1942 年 10 月 7 日
王成娥	滕州市南沙河镇崔庄	36	女	1942 年 10 月 7 日
王传云	滕州市南沙河镇	46	女	1942 年 10 月 8 日
高钱氏	滕州市南沙河镇南池	52	女	1942 年 10 月 8 日
巩高氏	滕州市南沙河镇南池	49	女	1942 年 10 月 8 日
刘孙氏	滕州市南沙河镇南池	54	女	1942 年 10 月 8 日
李成伟	滕州市鲍沟镇	42	男	1942 年 10 月 9 日
杨郝氏	滕州市鲍沟镇大杨楼村	32	女	1942 年 10 月 9 日
吕景元	滕州市鲍沟镇吕坡	47	男	1942 年 10 月 9 日
王会宇	滕州市鲍沟镇孙岗	27	男	1942 年 10 月 9 日
刘孝元	滕州市级索镇港沟崖村	31	男	1942 年 10 月 9 日
龙兴杰	滕州市级索镇港沟崖村	30	男	1942 年 10 月 9 日
庞 东	滕州市级索镇港沟崖村	36	男	1942 年 10 月 9 日
田德清	滕州市级索镇港沟崖村	38	男	1942 年 10 月 9 日
王 ×	滕州市级索镇港沟崖村	40	男	1942 年 10 月 9 日
刘李氏	滕州市鲍沟镇东石	56	女	1942 年 10 月 11 日
邱泉涛	滕州市鲍沟镇	31	男	1942 年 10 月 12 日
朱连泰	滕州市鲍沟镇北朱庄	29	男	1942 年 10 月 12 日
吕传东	滕州市鲍沟镇刘东	39	男	1942 年 10 月 12 日
颜士枝	滕州市鲍沟镇刘东	30	男	1942 年 10 月 12 日
赵文斌	滕州市鲍沟镇宋庄	50	男	1942 年 10 月 12 日
田中思	滕州市滨湖镇徐楼	26	男	1942 年 10 月 12 日
赵恒运	滕州市滨湖镇田桥	28	男	1942 年 10 月 13 日
杨正枫	滕州市南沙河镇房村	28	男	1942 年 10 月 13 日
姜绍海	滕州市鲍沟镇西荆林村	46	男	1942 年 10 月 15 日

姓 名	籍 贯	年 龄	性 别	死难时间
赵恒大	滕州市滨湖镇田桥	21	男	1942 年 10 月 15 日
赵连义	滕州市滨湖镇田桥	28	男	1942 年 10 月 15 日
温 凯	滕州市官桥镇时店村	35	男	1942 年 10 月 15 日
田志设	滕州市滨湖镇田桥	30	男	1942 年 10 月 16 日
胡书成	滕州市级索镇前王晁村	45	男	1942 年 10 月 16 日
马钦法	滕州市滨湖镇北焦	32	男	1942 年 10 月 17 日
马延山	滕州市滨湖镇郭楼	27	男	1942 年 10 月 17 日
马合理	滕州市滨湖镇西屯	75	男	1942 年 10 月 17 日
王贞元	滕州市滨湖镇吕堂	63	男	1942 年 10 月 20 日
司增龙	滕州市龙阳镇	19	男	1942 年 10 月 20 日
吴电山	滕州市龙阳镇	21	男	1942 年 10 月 20 日
杨大壮	滕州市龙阳镇上司村	27	男	1942 年 10 月 20 日
侯致明	滕州市鲍沟镇	50	男	1942 年 10 月 21 日
杨传顺	滕州市鲍沟镇坝前	28	男	1942 年 10 月 21 日
杨启阁	滕州市鲍沟镇坝前	40	男	1942 年 10 月 21 日
闵郝氏	滕州市鲍沟镇闵楼村	29	女	1942 年 10 月 21 日
杨 红	滕州市鲍沟镇杨村	20	男	1942 年 10 月 21 日
李东来	滕州市级索镇孔楼村	39	男	1942 年 10 月 21 日
马洪炎	滕州市滨湖镇北焦	54	男	1942 年 10 月 22 日
胡书兰	滕州市滨湖镇稻屯	50	女	1942 年 10 月 22 日
马运地	滕州市滨湖镇郭楼	25	男	1942 年 10 月 22 日
马宜行	滕州市滨湖镇李仓	17	男	1942 年 10 月 22 日
李书生	滕州市滨湖镇李村	29	男	1942 年 10 月 22 日
侯目科	滕州市滨湖镇孟楼	22	男	1942 年 10 月 22 日
崔汝友	滕州市滨湖镇西屯	28	男	1942 年 10 月 22 日
杜钦来	滕州市级索镇前王晁村	31	男	1942 年 10 月 23 日
李纪年	滕州市南沙河镇房村	25	男	1942 年 10 月 23 日
王阿宝	滕州市南沙河镇南池	59	女	1942 年 10 月 27 日
刘 强	滕州市滨湖镇西古	31	男	1942 年 10 月 28 日
马 力	滕州市滨湖镇西古	35	男	1942 年 10 月 28 日
邵士海	滕州市滨湖镇西古	34	男	1942 年 10 月 28 日
秦正红	滕州市南沙河镇南池	25	女	1942 年 10 月 29 日
梁 敏	滕州市南沙河镇房村	43	女	1942 年 10 月 31 日
生克信	滕州市北辛街道小岗村	21	男	1942 年 11 月 1 日

姓 名	籍 贯	年 龄	性 别	死难时间
杨美平	滕州市东郭镇岨城店	35	男	1942 年 11 月 1 日
王广君	滕州市洪绪镇安庄村	45	男	1942 年 11 月 1 日
王利顺	滕州市洪绪镇北侯庄	53	男	1942 年 11 月 1 日
李连涛	滕州市洪绪镇大巩庄	23	男	1942 年 11 月 1 日
徐廷河	滕州市洪绪镇光明村	49	男	1942 年 11 月 1 日
徐廷义	滕州市洪绪镇光明村	28	男	1942 年 11 月 1 日
牛绪志	滕州市洪绪镇西赵沟	36	男	1942 年 11 月 1 日
王贯吉	滕州市洪绪镇西赵沟	24	男	1942 年 11 月 1 日
李继海	滕州市荆河街道杜堰	28	男	1942 年 11 月 2 日
赵登亮	滕州市西岗镇郭庄村	48	男	1942 年 11 月 2 日
闵李氏	滕州市鲍沟镇鲍沟二村	40	女	1942 年 11 月 3 日
郝金梨	滕州市鲍沟镇郝庄	23	男	1942 年 11 月 3 日
李满氏	滕州市鲍沟镇前汉宫村	42	女	1942 年 11 月 3 日
王宝林	滕州市善南街道丁庄	22	男	1942 年 11 月 3 日
苗广齐	滕州市龙阳镇苗堂村	37	男	1942 年 11 月 6 日
米姜氏	滕州市南沙河镇	32	女	1942 年 11 月 6 日
米吴氏	滕州市南沙河镇	27	女	1942 年 11 月 6 日
王尤雪	滕州市西岗镇东河岔	23	男	1942 年 11 月 9 日
赵中玉	滕州市滨湖镇田桥	26	男	1942 年 11 月 10 日
裴闵氏	滕州市鲍沟镇裴楼	38	女	1942 年 11 月 12 日
陈兆文	滕州市滨湖镇黄桥	25	男	1942 年 11 月 12 日
任传山	滕州市西岗镇西岗一村	49	男	1942 年 11 月 12 日
赵尚志	滕州市西岗镇西岗一村	51	男	1942 年 11 月 12 日
张广刘	滕州市鲍沟镇侯楼	46	女	1942 年 11 月 13 日
侯钦明	滕州市鲍沟镇	21	男	1942 年 11 月 14 日
高子敏	滕州市龙阳镇南张庄村	35	男	1942 年 11 月 14 日
米保声	滕州市南沙河镇	41	男	1942 年 11 月 19 日
米 朋	滕州市南沙河镇	27	男	1942 年 11 月 19 日
高广轩	滕州市鲍沟镇	50	男	1942 年 11 月 23 日
高刘氏	滕州市鲍沟镇	48	女	1942 年 11 月 23 日
张文兰	滕州市鲍沟镇鲍沟东村	20	女	1942 年 11 月 23 日
钟赵氏	滕州市鲍沟镇鲍沟东村	23	女	1942 年 11 月 23 日
单孝祥	滕州市西岗镇高庙东村	35	男	1942 年 11 月 23 日
王保久	滕州市西岗镇北赵庄	27	男	1942 年 11 月 25 日

姓　名	籍　贯	年　龄	性　别	死难时间
赵敬高	滕州市鲍沟镇侯楼	32	男	1942 年 11 月 27 日
马贵仰	滕州市滨湖镇北双井	35	男	1942 年 11 月 28 日
史兰基	滕州市滨湖镇北双井	13	女	1942 年 11 月 28 日
史用河	滕州市滨湖镇北双井	28	男	1942 年 11 月 28 日
史忠利	滕州市滨湖镇北双井	16	男	1942 年 11 月 28 日
马召武	滕州市滨湖镇东盖	20	男	1942 年 11 月 28 日
王裕喜	滕州市滨湖镇东盖	19	男	1942 年 11 月 28 日
孙开珍	滕州市滨湖镇东古	20	男	1942 年 11 月 28 日
孙开柱	滕州市滨湖镇东古	18	男	1942 年 11 月 28 日
杨位华	滕州市滨湖镇东古	35	男	1942 年 11 月 28 日
杨位英	滕州市滨湖镇东古	39	男	1942 年 11 月 28 日
马节柱	滕州市滨湖镇东焦	29	男	1942 年 11 月 28 日
马汉民	滕州市滨湖镇胡楼	63	男	1942 年 11 月 28 日
马培国	滕州市滨湖镇胡楼	72	男	1942 年 11 月 28 日
董广友	滕州市滨湖镇金马山	16	男	1942 年 11 月 28 日
马加备	滕州市滨湖镇金马山	23	男	1942 年 11 月 28 日
张玉美	滕州市滨湖镇金马山	24	女	1942 年 11 月 28 日
仲常克	滕州市滨湖镇金马山	25	男	1942 年 11 月 28 日
刘克娥	滕州市滨湖镇奎子东	78	女	1942 年 11 月 28 日
邵凤春	滕州市滨湖镇奎子西	28	女	1942 年 11 月 28 日
孙宝宝	滕州市滨湖镇奎子西	2	男	1942 年 11 月 28 日
孙处彬	滕州市滨湖镇奎子西	42	男	1942 年 11 月 28 日
马召国	滕州市滨湖镇刘庄	27	男	1942 年 11 月 28 日
王玉彬	滕州市滨湖镇刘庄	23	男	1942 年 11 月 28 日
刘法祥	滕州市滨湖镇前郁郎	27	男	1942 年 11 月 28 日
李书红	滕州市滨湖镇秦村	25	女	1942 年 11 月 28 日
秦家和	滕州市滨湖镇秦村	37	男	1942 年 11 月 28 日
闫红花	滕州市滨湖镇秦村	31	女	1942 年 11 月 28 日
董加民	滕州市滨湖镇山头	22	男	1942 年 11 月 28 日
张良守	滕州市滨湖镇山头	27	男	1942 年 11 月 28 日
苏文化	滕州市滨湖镇苏坡	26	男	1942 年 11 月 28 日
孟凡昭	滕州市滨湖镇王楼	26	男	1942 年 11 月 28 日
谢绍元	滕州市滨湖镇王楼	31	男	1942 年 11 月 28 日
季兰荣	滕州市滨湖镇王堂	33	女	1942 年 11 月 28 日

续表

姓名	籍贯	年龄	性别	死难时间
孙金宇	滕州市滨湖镇王堂	49	男	1942年11月28日
孙永贵	滕州市滨湖镇王堂	54	男	1942年11月28日
王开祥	滕州市滨湖镇王堂	43	男	1942年11月28日
李兰花	滕州市滨湖镇谢庄	26	女	1942年11月28日
孟庆祥	滕州市滨湖镇谢庄	58	男	1942年11月28日
孟祥柱	滕州市滨湖镇谢庄	23	男	1942年11月28日
生克芝	滕州市滨湖镇谢庄	19	女	1942年11月28日
张尚武	滕州市张汪镇	29	男	1942年11月28日
张长友	滕州市南沙河镇	40	男	1942年11月29日
渠玉好	滕州市张汪镇北渠庄	50	男	1942年11月29日
李贵银	滕州市张汪镇	44	男	1942年11月29日
刘学玉	滕州市张汪镇	41	男	1942年11月29日
刘运成	滕州市张汪镇	41	男	1942年11月29日
王家辉	滕州市南沙河镇南池	41	男	1942年11月30日
吴庆昌	滕州市北辛街道后铺	42	男	1942年12月1日
柴春堂	滕州市东郭镇虺城店	34	男	1942年12月1日
张大具	滕州市东郭镇石羊山	26	男	1942年12月1日
张大正	滕州市东郭镇石羊山	24	男	1942年12月1日
张学善	滕州市东郭镇石羊山	45	男	1942年12月1日
苗运龙	滕州市龙阳镇苗堂村	30	男	1942年12月4日
杨文举	滕州市鲍沟镇杨村	42	男	1942年12月5日
单德云	滕州市善南街道十里铺二	72	男	1942年12月5日
王马松	滕州市级索镇后牛集村	47	男	1942年12月6日
谢绍民	滕州市级索镇后牛集村	51	男	1942年12月6日
谢绍田	滕州市级索镇后牛集村	52	男	1942年12月6日
李光海	滕州市西岗镇高庙西村	60	男	1942年12月6日
张广利	滕州市鲍沟镇侯楼	46	男	1942年12月7日
裴闵元	滕州市鲍沟镇磨庄	38	男	1942年12月9日
李王氏	滕州市西岗镇西岗一村	55	女	1942年12月11日
邓学坤	滕州市鲍沟镇西宁村	20	男	1942年12月14日
张奎辉	滕州市鲍沟镇西宁村	20	男	1942年12月14日
张奎山	滕州市鲍沟镇西宁村	18	男	1942年12月14日
张奎运	滕州市鲍沟镇西宁村	21	男	1942年12月14日
王兴申	滕州市张汪镇东邵桥	19	男	1942年12月14日

姓 名	籍 贯	年 龄	性 别	死难时间
高印喜	滕州市鲍沟镇东宁村	29	男	1942 年 12 月 15 日
高印鱼	滕州市鲍沟镇东宁村	31	男	1942 年 12 月 15 日
尚同胜	滕州市滨湖镇黄桥	14	男	1942 年 12 月 15 日
田崇学	滕州市滨湖镇田桥	35	男	1942 年 12 月 15 日
田崇平	滕州市滨湖镇田桥	28	男	1942 年 12 月 18 日
裴仁才	滕州市鲍沟镇裴楼	39	男	1942 年 12 月 23 日
孔庆坡	滕州市级索镇孔楼村	45	男	1942 年 12 月 23 日
张刘氏	滕州市张汪镇小李楼	40	女	1942 年 12 月 24 日
仁秀兰	滕州市鲍沟镇磨庄	29	男	1942 年 12 月 27 日
黄四伟	滕州市级索镇孔楼村	49	男	1942 年 12 月 29 日
黄四海	滕州市级索镇孔楼村	58	男	1942 年 12 月 30 日
褚思配	—	—	男	1942 年
李朝山	—	—	男	1942 年
许培泉	—	—	男	1942 年
孙广义	—	—	男	1942 年
王××	—	—	男	1942 年
颜道春	—	—	男	1942 年
时耿才	—	—	男	1942 年
狄宝荣	—	—	男	1942 年
陈国堂	—	—	男	1942 年
叶玉廷	—	—	男	1942 年
孙风龙	—	—	男	1942 年
李怀平	—	—	男	1942 年
马冠甲	—	—	男	1942 年
王慎荣	—	—	男	1942 年
郝德超	—	—	男	1942 年
任振来	—	—	男	1942 年
马金琢	—	—	男	1942 年
郭凤义	—	—	男	1942 年
史玉平	—	—	男	1942 年
杜明海	—	—	男	1942 年
陈明坤	—	—	男	1942 年
胡夫德	—	—	男	1942 年
王兴云	—	—	男	1942 年

姓 名	籍 贯	年 龄	性 别	死难时间
李学银	—	—	男	1942 年
马正春	—	—	男	1942 年
王振才	—	—	男	1942 年
刘朝元	滕州市	—	男	1942 年
生玉昆	滕州市	—	男	1942 年
闫成田	滕州市	—	男	1942 年
何士材	滕州市	—	男	1942 年
全兴天	滕州市	—	男	1942 年
史鹤亭	滕州市	—	男	1942 年
尤 ×	滕州市	—	男	1942 年
张继恩	滕州市	—	男	1942 年
李同明	滕州市	—	男	1942 年
褚思旺	滕州市	—	男	1942 年
邵德凤	滕州市大坞镇池头集	—	男	1942 年
张西作	滕州市东郭镇	34	男	1942 年
颜知田	滕州市洪绪镇金庄	31	男	1942 年
党现金	滕州市姜屯镇党村	26	男	1942 年
党学水	滕州市姜屯镇党村	25	男	1942 年
孔祥军	滕州市姜屯镇党村	25	男	1942 年
刘运华	滕州市姜屯镇后沙村	60	男	1942 年
刘真标	滕州市姜屯镇后沙村	47	男	1942 年
李付氏	滕州市姜屯镇邢庄	46	女	1942 年
李孔氏	滕州市姜屯镇邢庄	34	女	1942 年
李刘氏	滕州市姜屯镇邢庄	51	女	1942 年
李生氏	滕州市姜屯镇邢庄	27	女	1942 年
李小波	滕州市姜屯镇邢庄	59	男	1942 年
李小强	滕州市姜屯镇邢庄	50	男	1942 年
李学斌	滕州市姜屯镇邢庄	54	男	1942 年
李学强	滕州市姜屯镇邢庄	46	男	1942 年
李张氏	滕州市姜屯镇邢庄	37	女	1942 年
刘广强	滕州市姜屯镇邢庄	53	男	1942 年
刘广祥	滕州市姜屯镇邢庄	53	男	1942 年
刘书民	滕州市姜屯镇邢庄	48	男	1942 年
刘书永	滕州市姜屯镇邢庄	40	男	1942 年

姓 名	籍 贯	年 龄	性 别	死难时间
刘张氏	滕州市姜屯镇邢庄	38	女	1942年
刘传斌	滕州市界河镇北界河村	33	男	1942年
刘传信	滕州市界河镇北界河村	15	男	1942年
刘传业	滕州市界河镇北界河村	26	男	1942年
马正明	滕州市界河镇北界河村	35	男	1942年
马正瑞	滕州市界河镇北界河村	21	男	1942年
宋福荣	滕州市界河镇北界河村	17	男	1942年
许广汉	滕州市界河镇崔官庄村	17	男	1942年
许广仁	滕州市界河镇崔官庄村	32	男	1942年
许连生	滕州市界河镇崔官庄村	18	男	1942年
许以柱	滕州市界河镇崔官庄村	30	男	1942年
李井江	滕州市界河镇东万院村	10	男	1942年
李井埕	滕州市界河镇东万院村	12	男	1942年
李井彦	滕州市界河镇东万院村	18	男	1942年
王书厚	滕州市界河镇范庄村	33	男	1942年
王衍涛	滕州市界河镇范庄村	46	男	1942年
杨传孝	滕州市界河镇葛庄村	35	男	1942年
胡士才	滕州市界河镇皇娘沟村	32	男	1942年
胡士兰	滕州市界河镇皇娘沟村	19	女	1942年
胡士喜	滕州市界河镇皇娘沟村	23	男	1942年
赵成兰	滕州市界河镇皇娘沟村	20	女	1942年
赵成义	滕州市界河镇皇娘沟村	15	男	1942年
盛六小	滕州市界河镇西万院村	—	男	1942年
赵月新	滕州市界河镇西万院村	16	女	1942年
赵振海	滕州市界河镇西万院村	21	男	1942年
赵振山	滕州市界河镇西万院村	33	男	1942年
徐立岗	滕州市界河镇中西曹村	37	男	1942年
吴庆祥	滕州市荆河街道西门里	—	男	1942年
安于氏	滕州市龙泉街道东大庙	45	女	1942年
党金利	滕州市龙泉街道东大庙	27	男	1942年
党金政	滕州市龙泉街道东大庙	30	男	1942年
党吴氏	滕州市龙泉街道东大庙	30	女	1942年
邵金伟	滕州市龙泉街道东大庙	28	男	1942年
吴开永	滕州市龙泉街道东大庙	24	男	1942年

姓 名	籍 贯	年 龄	性 别	死难时间
吴于氏	滕州市龙泉街道东大庙	29	女	1942 年
吴跃国	滕州市龙泉街道东大庙	44	男	1942 年
张秀丽	滕州市龙泉街道东大庙	27	女	1942 年
唐子生之母	滕州市龙泉街道唐村	29	女	1942 年
杜延胜	滕州市西岗镇	—	男	1942 年
朱子金	滕州市西岗镇	—	男	1942 年
朱子金之子	滕州市西岗镇	—	男	1942 年
李子奎	滕州市羊庄镇后赵庄	26	男	1942 年
孙广义	滕州市羊庄镇宋屯	27	男	1942 年
孙广才	滕州市羊庄镇宋屯	33	男	1942 年
孙广志	滕州市羊庄镇宋屯	23	男	1942 年
李井运	滕州市羊庄镇宋屯	22	男	1942 年
王成太	滕州市羊庄镇宋屯	24	男	1942 年
李广贤	滕州市羊庄镇宋屯	21	男	1942 年
陈兴民	滕州市羊庄镇小赵后	34	男	1942 年
陈兴义	滕州市羊庄镇小赵后	32	男	1942 年
刘兴沛	滕州市羊庄镇小赵后	20	男	1942 年
刘兴孝	滕州市羊庄镇小赵后	21	男	1942 年
孙义兰	滕州市羊庄镇小赵后	29	女	1942 年
王成义	滕州市羊庄镇小赵后	19	男	1942 年
王友发	滕州市羊庄镇小赵后	26	男	1942 年
刘相文	滕州市羊庄镇小赵后	41	男	1942 年
单茂苓	滕州市羊庄镇小赵前	40	男	1942 年
梁承民	滕州市羊庄镇小赵前	30	男	1942 年
梁承民之女	滕州市羊庄镇小赵前	8	女	1942 年
梁承民之妻	滕州市羊庄镇小赵前	32	女	1942 年
梁承民之子	滕州市羊庄镇小赵前	10	男	1942 年
张井喜	滕州市羊庄镇小赵前	25	男	1942 年
张广迎	滕州市羊庄镇小赵前	42	男	1942 年
张广迎之父	滕州市羊庄镇小赵前	67	男	1942 年
张广迎之母	滕州市羊庄镇小赵前	66	女	1942 年
张广迎之女	滕州市羊庄镇小赵前	11	女	1942 年
张广迎之妻	滕州市羊庄镇小赵前	40	女	1942 年
张广迎之子	滕州市羊庄镇小赵前	13	男	1942 年

姓 名	籍 贯	年 龄	性 别	死难时间
闫兴文	滕州市羊庄镇小赵前	32	男	1942 年
陈安邦	滕州市羊庄镇小赵前	69	男	1942 年
陈安邦之女	滕州市羊庄镇小赵前	37	女	1942 年
陈安邦之妻	滕州市羊庄镇小赵前	67	女	1942 年
陈安邦之孙	滕州市羊庄镇小赵前	9	男	1942 年
陈安邦之孙	滕州市羊庄镇小赵前	12	男	1942 年
陈安邦之孙女	滕州市羊庄镇小赵前	6	女	1942 年
陈安邦之子	滕州市羊庄镇小赵前	39	男	1942 年
杨玉岭	滕州市羊庄镇小赵前	69	男	1942 年
杨玉岭之妻	滕州市羊庄镇小赵前	67	女	1942 年
杨玉岭之孙	滕州市羊庄镇小赵前	9	男	1942 年
杨玉岭之孙	滕州市羊庄镇小赵前	11	男	1942 年
张奉勤	滕州市羊庄镇新安岭	24	男	1942 年
单金章	滕州市羊庄镇赵庄南	23	男	1942 年
单宗巨	滕州市羊庄镇赵庄南	25	男	1942 年
徐二娃	滕州市羊庄镇赵庄南	27	男	1942 年
单崇具	滕州市羊庄镇赵庄南	42	男	1942 年
单崇路	滕州市羊庄镇赵庄南	25	男	1942 年
单印章	滕州市羊庄镇赵庄南	21	男	1942 年
单宗伦	滕州市羊庄镇赵庄南	25	男	1942 年
张怀礼	滕州市羊庄镇赵庄南	22	男	1942 年
单凤章	滕州市羊庄镇赵庄南	26	男	1942 年
杨玉喜	滕州市羊庄镇赵庄南	28	男	1942 年
李玉祥	滕州市	—	男	1942 年
孙广志	—	—	男	1943 年 1 月 1 日
李科森	滕州市鲍沟镇杨村	18	男	1943 年 1 月 1 日
郭李氏	滕州市北辛街道教场	38	女	1943 年 1 月 1 日
王二憨	滕州市北辛街道教场	12	男	1943 年 1 月 1 日
吴斌峰	滕州市洪绪镇北侯庄	45	男	1943 年 1 月 1 日
徐元波	滕州市洪绪镇杜场村	53	男	1943 年 1 月 1 日
牛玉元	滕州市洪绪镇埧堆村	28	男	1943 年 1 月 1 日
孙洪伦	滕州市洪绪镇埧堆村	30	男	1943 年 1 月 1 日
徐子合	滕州市洪绪镇光明村	39	男	1943 年 1 月 1 日
侯永伦	滕州市洪绪镇龙庄村	40	男	1943 年 1 月 1 日

姓 名	籍 贯	年龄	性别	死难时间
王夫贵	滕州市洪绪镇玉楼村	40	男	1943 年 1 月 1 日
徐东华	滕州市洪绪镇玉楼村	32	男	1943 年 1 月 1 日
步 标	滕州市善南街道贾庄	46	男	1943 年 1 月 2 日
张服田	滕州市善南街道王开二	49	男	1943 年 1 月 2 日
张朝军	滕州市善南街道张北庄	43	男	1943 年 1 月 2 日
王贵智	滕州市南沙河镇南池	35	男	1943 年 1 月 3 日
任广梅	滕州市南沙河镇北古石村	26	女	1943 年 1 月 6 日
张丰朗	滕州市善南街道王开三	67	男	1943 年 1 月 6 日
孙兰法	滕州市善南街道小王开	61	男	1943 年 1 月 6 日
孙张氏	滕州市善南街道小王开	55	女	1943 年 1 月 6 日
孙赵花	滕州市善南街道小王开	48	女	1943 年 1 月 6 日
彭光亮	滕州市南沙河镇房村	24	男	1943 年 1 月 8 日
邓格问	滕州市南沙河镇房村	26	男	1943 年 1 月 9 日
闵召月	滕州市鲍沟镇闵楼村	39	男	1943 年 1 月 10 日
巩继光之母	滕州市龙泉街道巩村	76	女	1943 年 1 月 11 日
巩继光之父	滕州市龙泉街道巩村	70	男	1943 年 1 月 12 日
张丰朝	滕州市善南街道小王开	57	男	1943 年 1 月 12 日
张红霞	滕州市善南街道小王开	60	女	1943 年 1 月 12 日
张贻全	滕州市善南街道小王开	51	男	1943 年 1 月 12 日
高印丰	滕州市鲍沟镇东宁村	24	男	1943 年 1 月 13 日
高印荣	滕州市鲍沟镇东宁村	35	男	1943 年 1 月 13 日
高印中	滕州市鲍沟镇东宁村	33	男	1943 年 1 月 13 日
魏振江	滕州市官桥镇前掌大	35	男	1943 年 1 月 16 日
邓财富	滕州市官桥镇西公桥	23	男	1943 年 1 月 16 日
邓华贵	滕州市官桥镇西公桥	26	男	1943 年 1 月 16 日
李长建	滕州市官桥镇西公桥	30	男	1943 年 1 月 16 日
张 安	滕州市善南街道小王开	49	男	1943 年 1 月 16 日
张丰立	滕州市善南街道小王开	51	男	1943 年 1 月 16 日
张 其	滕州市善南街道小王开	57	男	1943 年 1 月 16 日
巩继才之父	滕州市龙泉街道巩村	60	男	1943 年 1 月 17 日
巩维如	滕州市龙泉街道巩村	60	男	1943 年 1 月 17 日
巩存文之祖母	滕州市龙泉街道巩村	69	女	1943 年 1 月 19 日
张立胜	滕州市荆河街道	46	男	1943 年 1 月 20 日
朱兴利	滕州市鲍沟镇北朱庄	15	男	1943 年 1 月 21 日

姓 名	籍 贯	年 龄	性 别	死难时间
林二孩	滕州市龙阳镇林村	12	男	1943 年 1 月 22 日
林平山	滕州市龙阳镇林村	47	男	1943 年 1 月 22 日
赵中选	滕州市西岗镇北赵庄	19	男	1943 年 1 月 23 日
吴振义	—	—	男	1943 年 2 月 1 日
刘元生	滕州市北辛街道冯河	40	男	1943 年 2 月 1 日
刘丰氏	滕州市北辛街道教场	42	女	1943 年 2 月 1 日
邓开生	滕州市大坞镇邓庄	25	男	1943 年 2 月 1 日
邓庆太	滕州市大坞镇邓庄	24	男	1943 年 2 月 1 日
邓允发	滕州市大坞镇邓庄	27	男	1943 年 2 月 1 日
段 氏	滕州市大坞镇邓庄	26	女	1943 年 2 月 1 日
赵 氏	滕州市大坞镇邓庄	25	女	1943 年 2 月 1 日
孙春旺	滕州市东郭镇东明	46	男	1943 年 2 月 1 日
孙金银	滕州市东郭镇东明	36	男	1943 年 2 月 1 日
孙永泉	滕州市东郭镇东明	60	男	1943 年 2 月 1 日
满国友	滕州市东郭镇后坞沟	38	男	1943 年 2 月 1 日
满克月	滕州市东郭镇后坞沟	32	男	1943 年 2 月 1 日
满明玺	滕州市东郭镇后坞沟	36	男	1943 年 2 月 1 日
满永清	滕州市东郭镇后坞沟	45	男	1943 年 2 月 1 日
宋德萍	滕州市东郭镇罗庄	37	男	1943 年 2 月 1 日
丁秀厚	滕州市东郭镇马河	39	男	1943 年 2 月 1 日
丁振刚	滕州市东郭镇马河	42	男	1943 年 2 月 1 日
孙士虎	滕州市东郭镇南徐	28	男	1943 年 2 月 1 日
孙士坤	滕州市东郭镇南徐	56	男	1943 年 2 月 1 日
王恒祥	滕州市东郭镇南徐	24	男	1943 年 2 月 1 日
王宜军	滕州市东郭镇南徐	23	男	1943 年 2 月 1 日
张凤存	滕州市东郭镇前村	36	男	1943 年 2 月 1 日
张宽彬	滕州市东郭镇前村	45	男	1943 年 2 月 1 日
张西科	滕州市东郭镇前村	36	男	1943 年 2 月 1 日
巩山品	滕州市东郭镇石羊山	32	男	1943 年 2 月 1 日
张传单	滕州市东郭镇石羊山	27	男	1943 年 2 月 1 日
张山共	滕州市东郭镇石羊山	35	男	1943 年 2 月 1 日
张振民	滕州市东郭镇石羊山	15	男	1943 年 2 月 1 日
丁克旺	滕州市东郭镇吴哨	33	男	1943 年 2 月 1 日
邢雪全	滕州市洪绪镇白龙湾	28	男	1943 年 2 月 1 日

姓 名	籍 贯	年 龄	性 别	死难时间
孙赵氏	滕州市界河镇大官村	45	女	1943 年 2 月 1 日
赵德义	滕州市界河镇花庄村	45	男	1943 年 2 月 1 日
纪李氏	滕州市界河镇前枣村	—	女	1943 年 2 月 1 日
纪罗氏	滕州市界河镇前枣村	—	女	1943 年 2 月 1 日
辛山员	滕州市界河镇前枣村	31	男	1943 年 2 月 1 日
赵孔氏	滕州市界河镇小万院村	—	女	1943 年 2 月 1 日
孙宝现	滕州市西岗镇大屯村	19	男	1943 年 2 月 1 日
官允贵	滕州巿张汪镇五所楼	—	男	1943 年 2 月 1 日
官允喜	滕州市张汪镇五所楼	—	男	1943 年 2 月 1 日
杨甲立	滕州市南沙河镇杨杭	30	男	1943 年 2 月 2 日
张立武	滕州市南沙河镇杨杭	30	男	1943 年 2 月 2 日
孙广居	滕州市张汪镇陈楼村	37	男	1943 年 2 月 2 日
闵玉员	滕州市鲍沟镇闵楼村	23	女	1943 年 2 月 3 日
高印海	滕州市鲍沟镇东宁村	33	男	1943 年 2 月 5 日
邓贞哲	滕州市鲍沟镇西宁村	20	男	1943 年 2 月 5 日
张奎汉	滕州市鲍沟镇西宁村	19	男	1943 年 2 月 5 日
刘 中	滕州市木石镇山口村	43	男	1943 年 2 月 5 日
张怀军	滕州市善南街道张北庄	43	男	1943 年 2 月 5 日
张怀品	滕州市善南街道张北庄	43	男	1943 年 2 月 5 日
曹怀明	滕州市西岗镇西岗三村	24	男	1943 年 2 月 5 日
董庆富	滕州市荆河街道刘楼	39	男	1943 年 2 月 6 日
刘仰栋	滕州市荆河街道刘楼	34	男	1943 年 2 月 6 日
闵广寿	滕州市鲍沟镇闵楼村	41	女	1943 年 2 月 7 日
邓宝伟	滕州市官桥镇车站村	38	男	1943 年 2 月 9 日
崔西操	滕州市龙阳镇	31	男	1943 年 2 月 9 日
杨马氏	滕州市鲍沟镇坝前	38	女	1943 年 2 月 10 日
杨令堂	滕州市鲍沟镇	19	男	1943 年 2 月 11 日
刁典章	滕州市龙阳镇刁沙村	61	男	1943 年 2 月 11 日
张丰泰	滕州市善南街道王开二	36	男	1943 年 2 月 11 日
司王氏	滕州市龙阳镇上司村	70	女	1943 年 2 月 11 日
孙王氏	滕州市龙阳镇上司村	75	女	1943 年 2 月 11 日
刘甲干	滕州市南沙河镇古石四村	25	男	1943 年 2 月 11 日
朱刘氏	滕州市南沙河镇古石四村	27	女	1943 年 2 月 11 日
朱 同	滕州市南沙河镇古石四村	26	男	1943 年 2 月 11 日

姓 名	籍 贯	年 龄	性 别	死难时间
田家俊	滕州市张汪镇	29	男	1943 年 2 月 11 日
邢佑刚	滕州市鲍沟镇	27	男	1943 年 2 月 13 日
邢佑合	滕州市鲍沟镇	31	男	1943 年 2 月 13 日
李维风	滕州市鲍沟镇裴楼	41	男	1943 年 2 月 13 日
时耿冉	滕州市官桥镇时村	21	男	1943 年 2 月 13 日
时树君	滕州市官桥镇时村	26	男	1943 年 2 月 13 日
刘绪华	滕州市荆河街道刘楼	60	男	1943 年 2 月 13 日
杨秀刚	滕州市张汪镇杨楼	30	男	1943 年 2 月 14 日
杨秀敏	滕州市张汪镇杨楼	21	男	1943 年 2 月 14 日
杨学恒	滕州市张汪镇杨楼	28	男	1943 年 2 月 14 日
杨 志	滕州市张汪镇杨楼	22	男	1943 年 2 月 14 日
周阿庆	滕州市官桥镇前莱村	21	男	1943 年 2 月 16 日
周王氏	滕州市官桥镇前莱村	61	女	1943 年 2 月 16 日
徐兆金	滕州市鲍沟镇徐村	44	男	1943 年 2 月 17 日
狄贵民	滕州市南沙河镇古石三村	28	男	1943 年 2 月 17 日
朱给虎	滕州市南沙河镇古石三村	25	男	1943 年 2 月 17 日
朱给远	滕州市南沙河镇古石三村	30	男	1943 年 2 月 17 日
高述军	滕州市鲍沟镇侯楼	47	男	1943 年 2 月 18 日
侯钦玉	滕州市鲍沟镇侯楼	23	男	1943 年 2 月 18 日
宋邦启	滕州市官桥镇西王庄	68	男	1943 年 2 月 19 日
刁成贻	滕州市善南街道王开一	49	男	1943 年 2 月 21 日
许宪陆	滕州市张汪镇后许楼	55	男	1943 年 2 月 24 日
裴庆槐	滕州市张汪镇后寨子	18	男	1943 年 2 月 25 日
张宪纯	滕州市张汪镇后寨子	35	男	1943 年 2 月 25 日
张宪源	滕州市张汪镇后寨子	30	男	1943 年 2 月 25 日
吕传胜	滕州市善南街道王开二	31	男	1943 年 2 月 26 日
吕传厚	滕州市鲍沟镇	24	男	1943 年 2 月 27 日
石贺氏	滕州市鲍沟镇薛岩中村	37	女	1943 年 2 月 27 日
王永胜	滕州市北辛街道教场	26	男	1943 年 3 月 1 日
李井安	滕州市北辛街道马王东村	50	男	1943 年 3 月 1 日
徐佰营	滕州市洪绪镇白龙湾	25	男	1943 年 3 月 1 日
高运华	滕州市洪绪镇赤店村	46	男	1943 年 3 月 1 日
葛 跃	滕州市洪绪镇沙官村	49	男	1943 年 3 月 1 日
刘佰发	滕州市洪绪镇团结村	38	男	1943 年 3 月 1 日

姓 名	籍 贯	年龄	性别	死难时间
徐东海	滕州市洪绪镇徐王庄	53	男	1943 年 3 月 1 日
王金虎	滕州市洪绪镇玉楼村	25	男	1943 年 3 月 1 日
孙景珠	滕州市界河镇大官村	40	男	1943 年 3 月 1 日
王昌礼	滕州市界河镇南界河村	28	男	1943 年 3 月 1 日
王 氏	滕州市界河镇前枣村	46	女	1943 年 3 月 1 日
田宋氏	滕州市善南街道七里堡	60	女	1943 年 3 月 1 日
满任氏	滕州市西岗镇西岗二村	33	女	1943 年 3 月 1 日
田传荣	滕州市羊庄镇自庄	23	男	1943 年 3 月 1 日
田后新	滕州市羊庄镇自庄	33	男	1943 年 3 月 1 日
张丰诸	滕州市善南街道王开三	59	男	1943 年 3 月 2 日
闵广湖	滕州市鲍沟镇闵楼村	30	男	1943 年 3 月 8 日
刘运海	滕州市南沙河镇冯东村	46	男	1943 年 3 月 8 日
席张氏	滕州市南沙河镇冯东村	47	女	1943 年 3 月 8 日
朱自仁	滕州市南沙河镇冯东村	36	男	1943 年 3 月 8 日
胡用才	滕州市南沙河镇房村	55	男	1943 年 3 月 9 日
潘王氏	滕州市善南街道七里堡	59	女	1943 年 3 月 11 日
龚常氏	滕州市官桥镇魏楼村	52	女	1943 年 3 月 12 日
王许氏	滕州市南沙河镇房村	27	女	1943 年 3 月 14 日
孙开科之父	滕州市官桥镇太平庄	49	男	1943 年 3 月 15 日
张成山	滕州市官桥镇西王公	31	男	1943 年 3 月 18 日
朱英坤	滕州市官桥镇西王公	50	男	1943 年 3 月 18 日
杨聋子	滕州市官桥镇前官庄	72	男	1943 年 3 月 19 日
时树范	滕州市官桥镇时店村	36	男	1943 年 3 月 19 日
王郭氏	滕州市南沙河镇南干铺	29	女	1943 年 3 月 19 日
张成科	滕州市官桥镇西王公	43	男	1943 年 3 月 22 日
王福志	滕州市柴胡店镇高桥村	31	男	1943 年 3 月 27 日
王西俊	滕州市柴胡店镇高桥村	50	男	1943 年 3 月 27 日
张大壮	滕州市张汪镇陈楼村	17	男	1943 年 3 月 28 日
魏士标	滕州市北辛街道后荆沟居	23	男	1943 年 4 月 1 日
魏士山	滕州市北辛街道后荆沟居	23	男	1943 年 4 月 1 日
刘广湖	滕州市北辛街道教场	57	男	1943 年 4 月 1 日
许来安	滕州市北辛街道教场	53	男	1943 年 4 月 1 日
生克均	滕州市北辛街道小岗村	22	男	1943 年 4 月 1 日
李延田	滕州市东郭镇大党山	25	男	1943 年 4 月 1 日

姓 名	籍 贯	年 龄	性 别	死难时间
马士山	滕州市东郭镇大党山	41	男	1943 年 4 月 1 日
李保田	滕州市东郭镇大堂门	25	男	1943 年 4 月 1 日
李大虎	滕州市东郭镇大堂门	46	男	1943 年 4 月 1 日
李广科	滕州市东郭镇大堂门	45	男	1943 年 4 月 1 日
丁广勤	滕州市东郭镇后李岭	35	男	1943 年 4 月 1 日
李玉虎	滕州市东郭镇后李岭	45	男	1943 年 4 月 1 日
黄广军	滕州市东郭镇黄坡	39	男	1943 年 4 月 1 日
徐庆有	滕州市东郭镇黄坡	25	男	1943 年 4 月 1 日
张士柱	滕州市东郭镇黄坡	46	男	1943 年 4 月 1 日
徐广然	滕州市东郭镇秦林	43	男	1943 年 4 月 1 日
徐海涛	滕州市东郭镇秦林	46	男	1943 年 4 月 1 日
李友全	滕州市东郭镇山前	45	男	1943 年 4 月 1 日
邱大海	滕州市东郭镇山前	44	男	1943 年 4 月 1 日
张桂芹	滕州市东郭镇山前	41	男	1943 年 4 月 1 日
刘宝财	滕州市东郭镇唐林	36	男	1943 年 4 月 1 日
吴广栾	滕州市东郭镇唐林	42	男	1943 年 4 月 1 日
王大传	滕州市东郭镇王庄	30	男	1943 年 4 月 1 日
李宝庆	滕州市东郭镇赵坡村	27	男	1943 年 4 月 1 日
刘学兰	滕州市东郭镇赵坡村	42	男	1943 年 4 月 1 日
王海涛	滕州市东郭镇赵坡村	41	男	1943 年 4 月 1 日
谢进全	滕州市东郭镇赵坡村	47	男	1943 年 4 月 1 日
李玉全	滕州市洪绪镇陈楼村	51	男	1943 年 4 月 1 日
徐子现	滕州市洪绪镇杜康村	43	男	1943 年 4 月 1 日
张洪明	滕州市洪绪镇埇堆村	40	男	1943 年 4 月 1 日
赵 永	滕州市洪绪镇后洪绪	33	男	1943 年 4 月 1 日
王成良	滕州市洪绪镇唐庄村	29	男	1943 年 4 月 1 日
孙景芝	滕州市界河镇大官村	26	男	1943 年 4 月 1 日
张金池	滕州市西岗镇大屯村	21	男	1943 年 4 月 1 日
倪叶氏	滕州市张汪镇	65	女	1943 年 4 月 1 日
王开东	滕州市滨湖镇西辛安	25	男	1943 年 4 月 2 日
郭其仁	滕州市滨湖镇阳温中村	19	男	1943 年 4 月 2 日
肖文庭	滕州市滨湖镇阳温中村	23	男	1943 年 4 月 2 日
肖小波	滕州市滨湖镇阳温中村	18	男	1943 年 4 月 2 日
秦应建	滕州市南沙河镇房村	24	男	1943 年 4 月 2 日

姓　名	籍　贯	年　龄	性　别	死难时间
姜立成	滕州市鲍沟镇西荆林村	23	男	1943 年 4 月 3 日
渠开科	滕州市官桥镇渠村	27	男	1943 年 4 月 4 日
渠志晶	滕州市官桥镇渠村	30	男	1943 年 4 月 4 日
渠志晓	滕州市官桥镇渠村	32	男	1943 年 4 月 4 日
小　存	滕州市龙泉街道巩村	34	男	1943 年 4 月 4 日
丁作公	滕州市鲍沟镇磨庄	34	男	1943 年 4 月 7 日
杨王氏	滕州市柴胡店镇黄山村	64	女	1943 年 4 月 7 日
徐赵氏	滕州市鲍沟镇徐村	43	女	1943 年 4 月 8 日
朱长存	滕州市鲍沟镇薛岩后村	21	男	1943 年 4 月 8 日
韩开明	滕州市滨湖镇东双井	21	男	1943 年 4 月 8 日
韩善喜	滕州市滨湖镇东双井	25	男	1943 年 4 月 8 日
韩守业	滕州市滨湖镇东双井	64	男	1943 年 4 月 8 日
刘宝福	滕州市滨湖镇东双井	27	男	1943 年 4 月 8 日
姜德厚	滕州市鲍沟镇西荆林村	25	男	1943 年 4 月 9 日
姜立德	滕州市鲍沟镇西荆林村	24	男	1943 年 4 月 9 日
巩长江	滕州市龙泉街道巩村	64	男	1943 年 4 月 11 日
闵广武	滕州市鲍沟镇闵楼村	31	男	1943 年 4 月 12 日
龚文斗	滕州市张汪镇东邵桥	23	男	1943 年 4 月 12 日
刘二妮	滕州市鲍沟镇中皇甫村	24	男	1943 年 4 月 13 日
张兴善	滕州市鲍沟镇裴楼	41	男	1943 年 4 月 14 日
吕传相	滕州市鲍沟镇吕坡	23	男	1943 年 4 月 15 日
刘王氏	滕州市鲍沟镇薛岩中村	40	女	1943 年 4 月 15 日
巩元田	滕州市龙泉街道巩村	61	男	1943 年 4 月 15 日
巩元标	滕州市龙泉街道巩村	50	男	1943 年 4 月 16 日
张奉平	滕州市鲍沟镇坝后	38	男	1943 年 4 月 17 日
刘维山	滕州市龙泉街道董村	67	男	1943 年 4 月 17 日
凤　山	滕州市龙泉街道巩村	38	男	1943 年 4 月 17 日
刘其常	滕州市龙泉街道董村	59	男	1943 年 4 月 18 日
杨恒田	滕州市龙泉街道董村	67	男	1943 年 4 月 18 日
刘开芝	滕州市官桥镇前莱村	40	女	1943 年 4 月 19 日
田玉峰	滕州市官桥镇前莱村	19	男	1943 年 4 月 19 日
高广立	滕州市南沙河镇房村	42	男	1943 年 4 月 19 日
侯以水	滕州市南沙河镇房村	41	男	1943 年 4 月 19 日
张世春	滕州市柴胡店镇前黄村	54	男	1943 年 4 月 20 日

姓 名	籍 贯	年 龄	性 别	死难时间
张世春之次子	滕州市柴胡店镇前黄村	20	男	1943 年 4 月 20 日
黄文永	滕州市官桥镇时店村	35	男	1943 年 4 月 21 日
侯钦玉	滕州市鲍沟镇侯楼	23	男	1943 年 4 月 25 日
王 军	滕州市北辛街道东七	60	男	1943 年 5 月 1 日
张玉营	滕州市北辛街道东七	46	男	1943 年 5 月 1 日
周子明	滕州市北辛街道东七	23	男	1943 年 5 月 1 日
周子义	滕州市北辛街道东七	54	男	1943 年 5 月 1 日
侯宗江	滕州市北辛街道后荆沟居	44	男	1943 年 5 月 1 日
侯宗水	滕州市北辛街道后荆沟居	40	男	1943 年 5 月 1 日
魏文兵	滕州市北辛街道后荆沟居	40	男	1943 年 5 月 1 日
刘合顺	滕州市大坞镇东立里	20	男	1943 年 5 月 1 日
刘元洪	滕州市大坞镇东立里	40	男	1943 年 5 月 1 日
林和武	滕州市东郭镇林岭	36	男	1943 年 5 月 1 日
林尚武	滕州市东郭镇林岭	48	男	1943 年 5 月 1 日
林银彬	滕州市东郭镇林岭	45	男	1943 年 5 月 1 日
林银武	滕州市东郭镇林岭	42	男	1943 年 5 月 1 日
徐慎礼	滕州市东郭镇前明	51	男	1943 年 5 月 1 日
张席氏	滕州市东郭镇前明	42	女	1943 年 5 月 1 日
张永法	滕州市东郭镇前明	13	男	1943 年 5 月 1 日
范海山	滕州市东郭镇下户主	12	男	1943 年 5 月 1 日
范田名	滕州市东郭镇下户主	16	男	1943 年 5 月 1 日
侯大伟	滕州市东郭镇下户主	15	男	1943 年 5 月 1 日
王利民	滕州市洪绪镇陈楼村	20	男	1943 年 5 月 1 日
任 军	滕州市洪绪镇金庄	26	男	1943 年 5 月 1 日
张 平	滕州市洪绪镇西赵沟	29	女	1943 年 5 月 1 日
赵景晨	滕州市界河镇大官村	31	男	1943 年 5 月 1 日
仲兆垛	滕州市界河镇花庄村	26	男	1943 年 5 月 1 日
孔祥启	滕州市西岗镇大屯村	17	男	1943 年 5 月 1 日
张廉元之孙媳妇	滕州市张汪镇宋庄	—	女	1943 年 5 月 1 日
赵东海	滕州市西岗镇柴里中村	30	男	1943 年 5 月 2 日
王维刚	滕州市鲍沟镇中石庙	21	男	1943 年 5 月 3 日
马玉张	滕州市鲍沟镇马庄	21	男	1943 年 5 月 5 日
刘 三	滕州市荆河街道刘楼	31	男	1943 年 5 月 6 日
程茂慎	滕州市龙泉街道程堂	48	男	1943 年 5 月 6 日

姓 名	籍 贯	年 龄	性 别	死难时间
马具才	滕州市南沙河镇	14	男	1943 年 5 月 6 日
孔王氏	滕州市南沙河镇下徐	30	女	1943 年 5 月 6 日
张中兴	滕州市善南街道王开三	61	男	1943 年 5 月 6 日
田家胜	滕州市张汪镇	28	男	1943 年 5 月 6 日
赵玉亭	滕州市龙泉街道程堂	46	男	1943 年 5 月 7 日
满曰秀	滕州市西岗镇栾庄村	28	男	1943 年 5 月 7 日
王维志	滕州市西岗镇郎庄村	24	男	1943 年 5 月 8 日
路德全	滕州市鲍沟镇南朱庄	50	男	1943 年 5 月 9 日
吕宜水	滕州市鲍沟镇南朱庄	40	男	1943 年 5 月 9 日
朱绍玉	滕州市鲍沟镇南朱庄	20	男	1943 年 5 月 9 日
马刘氏	滕州市鲍沟镇圈里村	19	女	1943 年 5 月 9 日
张王氏	滕州市鲍沟镇圈里村	19	女	1943 年 5 月 9 日
时付宝	滕州市鲍沟镇孙岗	32	男	1943 年 5 月 9 日
赵玉引	滕州市龙泉街道程堂	52	男	1943 年 5 月 9 日
张巩氏	滕州市善南街道王开三	65	女	1943 年 5 月 9 日
徐王氏	滕州市南沙河镇于泉	58	女	1943 年 5 月 10 日
吕现生	滕州市鲍沟镇	26	男	1943 年 5 月 12 日
丁修英	滕州市鲍沟镇磨庄	23	女	1943 年 5 月 12 日
路郝氏	滕州市鲍沟镇南朱庄	30	女	1943 年 5 月 12 日
张广元	滕州市鲍沟镇薛岩前村	20	男	1943 年 5 月 12 日
王玉扬	滕州市南沙河镇	20	男	1943 年 5 月 12 日
张贴丙	滕州市善南街道七里堡	30	男	1943 年 5 月 12 日
王德千	滕州市张汪镇苏河涯	35	男	1943 年 5 月 13 日
李学忠	滕州市荆河街道刘楼	27	男	1943 年 5 月 14 日
刘绪军	滕州市荆河街道刘楼	54	男	1943 年 5 月 14 日
任佳常	滕州市荆河街道刘楼	35	男	1943 年 5 月 14 日
陈书光	滕州市滨湖镇金马山	41	男	1943 年 5 月 16 日
刘家合	滕州市荆河街道刘楼	51	男	1943 年 5 月 16 日
巩长海	滕州市龙泉街道巩村	40	男	1943 年 5 月 17 日
高庆山	滕州市南沙河镇侯庄	32	男	1943 年 5 月 19 日
高赵氏	滕州市南沙河镇南池	56	女	1943 年 5 月 19 日
刘张氏	滕州市南沙河镇南池	54	女	1943 年 5 月 19 日
张天义	滕州市官桥镇东郑庄	17	男	1943 年 5 月 21 日
张兴奎	滕州市官桥镇东郑庄	32	男	1943 年 5 月 21 日

姓 名	籍 贯	年 龄	性 别	死难时间
张友海	滕州市官桥镇东郑庄	21	男	1943 年 5 月 21 日
张友山	滕州市官桥镇东郑庄	17	男	1943 年 5 月 21 日
高袁之	滕州市龙泉街道程堂	48	男	1943 年 5 月 21 日
王徽情	滕州市西岗镇东河岔	42	男	1943 年 5 月 22 日
李计玉	滕州市鲍沟镇裴楼	35	男	1943 年 5 月 24 日
王颜贵	滕州市张汪镇	26	男	1943 年 5 月 24 日
孔凡庆	滕州市南沙河镇下徐	25	男	1943 年 5 月 25 日
姜立氏	滕州市鲍沟镇东荆林村	32	女	1943 年 5 月 28 日
郭长东	滕州市鲍沟镇马庄	24	男	1943 年 5 月 29 日
郭成银	滕州市鲍沟镇马庄	30	男	1943 年 5 月 29 日
马宝芳	滕州市鲍沟镇马庄	33	男	1943 年 5 月 29 日
杨恒立	滕州市鲍沟镇杨村	24	男	1943 年 5 月 30 日
刘传珠	—	—	男	1943 年 6 月 1 日
郗志来	—	—	男	1943 年 6 月 1 日
李健刚	滕州市北辛街道教场	37	男	1943 年 6 月 1 日
宋思德	滕州市北辛街道西北坛	46	男	1943 年 6 月 1 日
徐学礼	滕州市东郭镇东高庄	26	男	1943 年 6 月 1 日
王裕刚	滕州市东郭镇南徐	26	男	1943 年 6 月 1 日
丁守美	滕州市东郭镇吴哨	31	女	1943 年 6 月 1 日
张厚才	滕州市东沙河镇大养德村	49	男	1943 年 6 月 1 日
党西荣	滕州市东沙河镇千庄	24	女	1943 年 6 月 1 日
王安石	滕州市东沙河镇千庄	25	男	1943 年 6 月 1 日
王崇伟	滕州市东沙河镇千庄	27	男	1943 年 6 月 1 日
王怀吉	滕州市界河镇南界河村	26	男	1943 年 6 月 1 日
赵福心	滕州市界河镇小万院村	33	男	1943 年 6 月 1 日
赵华心	滕州市界河镇小万院村	36	男	1943 年 6 月 1 日
孔凡银	滕州市西岗镇大屯村	23	男	1943 年 6 月 1 日
孔凡清	滕州市西岗镇大屯村	21	男	1943 年 6 月 1 日
孙建工	滕州市西岗镇大屯村	23	男	1943 年 6 月 1 日
张守金	滕州市西岗镇大屯村	22	男	1943 年 6 月 1 日
赵见见	滕州市龙泉街道程堂	50	男	1943 年 6 月 2 日
钟贾氏	滕州市柴胡店镇坦山	20	女	1943 年 6 月 3 日
钟王氏	滕州市柴胡店镇坦山	20	女	1943 年 6 月 3 日
钟文礼	滕州市柴胡店镇坦山	29	男	1943 年 6 月 3 日

姓 名	籍 贯	年 龄	性 别	死难时间
田中五	滕州市滨湖镇田桥	32	男	1943 年 6 月 5 日
吴宝臣	滕州市善南街道七里堡	61	男	1943 年 6 月 5 日
薄纪兰	滕州市鲍沟镇南潭村	41	男	1943 年 6 月 7 日
朱刘氏	滕州市南沙河镇	24	女	1943 年 6 月 7 日
朱彭氏	滕州市南沙河镇	36	女	1943 年 6 月 7 日
刘合友	滕州市荆河街道刘楼	47	男	1943 年 6 月 8 日
高东现	滕州市南沙河镇高庄	18	男	1943 年 6 月 9 日
刘兆午	滕州市官桥镇	44	男	1943 年 6 月 10 日
高广文	滕州市南沙河镇高庄	51	男	1943 年 6 月 10 日
赵宝昌	滕州市西岗镇西岗二村	74	男	1943 年 6 月 10 日
王继山	滕州市官桥镇西郑庄	31	男	1943 年 6 月 11 日
王明高	滕州市官桥镇西郑庄	26	男	1943 年 6 月 11 日
裴李氏	滕州市鲍沟镇杨村	38	女	1943 年 6 月 12 日
王 利	滕州市南沙河镇南池	33	男	1943 年 6 月 12 日
闵庆洪	滕州市鲍沟镇闵楼村	47	男	1943 年 6 月 17 日
王长泰	滕州市南沙河镇南王铺	32	男	1943 年 6 月 17 日
韩敬良	滕州市西岗镇北赵庄	18	男	1943 年 6 月 22 日
张敬荣	滕州市官桥镇后善庄	50	女	1943 年 6 月 26 日
刘 杰	—	—	男	1943 年 7 月 1 日
马钦臣	—	—	男	1943 年 7 月 1 日
朱保勤	滕州市大坞镇雷山	20	男	1943 年 7 月 1 日
冯修启	滕州市东郭镇后任厂	16	男	1943 年 7 月 1 日
冯振钱	滕州市东郭镇后任厂	16	男	1943 年 7 月 1 日
魏要山	滕州市东郭镇后任厂	16	男	1943 年 7 月 1 日
黄孝元	滕州市东郭镇黄坡	16	男	1943 年 7 月 1 日
李中仁	滕州市东郭镇王庄	27	男	1943 年 7 月 1 日
王玉前	滕州市东郭镇王庄	39	女	1943 年 7 月 1 日
丁永胜	滕州市东郭镇吴哨	74	男	1943 年 7 月 1 日
许广山	滕州市东郭镇辛庄	63	男	1943 年 7 月 1 日
赵绪林	滕州市洪绪镇白龙湾	32	男	1943 年 7 月 1 日
侯永清	滕州市洪绪镇龙庄村	41	男	1943 年 7 月 1 日
李成德	滕州市洪绪镇沙官村	29	男	1943 年 7 月 1 日
孙建修	滕州市界河镇孙楼村	50	男	1943 年 7 月 1 日
满昌孝	滕州市西岗镇大屯村	22	男	1943 年 7 月 1 日

姓 名	籍 贯	年龄	性别	死难时间
满义吹	滕州市西岗镇大屯村	23	男	1943 年 7 月 1 日
路士花	滕州市官桥镇大韩村	51	男	1943 年 7 月 3 日
吴玉尧	滕州市官桥镇前公桥	36	男	1943 年 7 月 3 日
花秀全	滕州市西岗镇花庄村	49	男	1943 年 7 月 5 日
孔祥银	滕州市西岗镇花庄村	51	男	1943 年 7 月 5 日
吴敬德	滕州市官桥镇前公桥	42	男	1943 年 7 月 6 日
陈贵彦	滕州市善南街道丁庄	28	男	1943 年 7 月 6 日
陈树彦	滕州市善南街道丁庄	22	男	1943 年 7 月 6 日
王后友	滕州市鲍沟镇磨庄	34	男	1943 年 7 月 7 日
高清河	滕州市鲍沟镇鲍沟二村	32	男	1943 年 7 月 8 日
郝金朝	滕州市鲍沟镇南潭村	53	男	1943 年 7 月 8 日
孙厚海	滕州市鲍沟镇前鞋城村	20	男	1943 年 7 月 8 日
李王氏	滕州市鲍沟镇杨村	42	女	1943 年 7 月 8 日
王张氏	滕州市南沙河镇房村	40	女	1943 年 7 月 8 日
高广亮	滕州市南沙河镇南池	12	男	1943 年 7 月 8 日
吕宜山	滕州市西岗镇西岗二村	20	男	1943 年 7 月 8 日
闵广海	滕州市西岗镇西岗三村	19	男	1943 年 7 月 8 日
徐日聪	滕州市鲍沟镇宋庄	61	男	1943 年 7 月 9 日
杨传英	滕州市官桥镇前公桥	17	男	1943 年 7 月 9 日
任雷雨	滕州市南沙河镇崔庄	18	男	1943 年 7 月 9 日
徐继红	滕州市南沙河镇崔庄	36	女	1943 年 7 月 9 日
王长周	滕州市南沙河镇南王铺	51	男	1943 年 7 月 11 日
潘效存	滕州市西岗镇温堂村	41	男	1943 年 7 月 11 日
潘效广	滕州市西岗镇温堂村	40	男	1943 年 7 月 11 日
张奉伟	滕州市鲍沟镇坝后	42	男	1943 年 7 月 12 日
赵宝江	滕州市鲍沟镇坝后	43	男	1943 年 7 月 12 日
王昌四	滕州市西岗镇柴里中村	32	男	1943 年 7 月 12 日
李明信	滕州市鲍沟镇杨村	21	男	1943 年 7 月 15 日
闵凡植	滕州市鲍沟镇闵楼村	39	男	1943 年 7 月 16 日
张丰相	滕州市善南街道王开二	50	男	1943 年 7 月 16 日
张台田	滕州市善南街道王开二	41	男	1943 年 7 月 16 日
张杨氏	滕州市善南街道王开二	51	女	1943 年 7 月 16 日
杨际武	滕州市鲍沟镇	17	男	1943 年 7 月 17 日
程茂贝	滕州市官桥镇西洪林	31	男	1943 年 7 月 17 日

姓 名	籍 贯	年 龄	性 别	死难时间
王召彩	滕州市柴胡店镇郝庄村	46	男	1943 年 7 月 18 日
徐世英	滕州市官桥镇前莱村	34	女	1943 年 7 月 19 日
韦凤兰	滕州市张汪镇夏楼村	27	男	1943 年 7 月 19 日
夏元喜	滕州市张汪镇夏楼村	30	男	1943 年 7 月 19 日
王后友	滕州市鲍沟镇裴楼	34	男	1943 年 7 月 21 日
王成得	滕州市官桥镇前善庄	69	男	1943 年 7 月 23 日
倪运东	滕州市官桥镇东洪林	66	男	1943 年 7 月 27 日
闫德心	滕州市鲍沟镇闫庙	44	男	1943 年 7 月 28 日
董玉振	滕州市洪绪镇白龙湾	42	男	1943 年 8 月 1 日
刘宪存	滕州市洪绪镇陈楼村	24	男	1943 年 8 月 1 日
赵子禀	滕州市洪绪镇杜场村	41	男	1943 年 8 月 1 日
马召启	滕州市洪绪镇光明村	40	男	1943 年 8 月 1 日
王统才	滕州市洪绪镇孔屯村	24	男	1943 年 8 月 1 日
刘玉柱	滕州市洪绪镇苗桥村	49	男	1943 年 8 月 1 日
高振龙	滕州市洪绪镇幸福坝	24	男	1943 年 8 月 1 日
张宝军	滕州市洪绪镇玉楼村	28	男	1943 年 8 月 1 日
徐福东	滕州市荆河街道安乐居	33	男	1943 年 8 月 1 日
徐学义	滕州市荆河街道安乐居	49	男	1943 年 8 月 1 日
张郭氏	滕州市善南街道七里堡	60	女	1943 年 8 月 2 日
巩继东	滕州市南沙河镇前仓	56	男	1943 年 8 月 3 日
巩继林	滕州市南沙河镇前仓	54	男	1943 年 8 月 3 日
马登峰	滕州市南沙河镇前仓	58	男	1943 年 8 月 3 日
裴李氏	滕州市鲍沟镇磨庄	54	女	1943 年 8 月 4 日
裴流军	滕州市鲍沟镇磨庄	46	男	1943 年 8 月 6 日
裴大用	滕州市官桥镇苏叶村	79	男	1943 年 8 月 6 日
沈洪章	滕州市荆河街道三里河	63	男	1943 年 8 月 6 日
沈赵氏	滕州市荆河街道三里河	60	女	1943 年 8 月 6 日
姜立相	滕州市鲍沟镇西荆林村	20	男	1943 年 8 月 7 日
魏健康	滕州市南沙河镇魏村	51	男	1943 年 8 月 9 日
魏雪梅	滕州市南沙河镇魏村	22	女	1943 年 8 月 9 日
王兴武	滕州市鲍沟镇裴楼	47	男	1943 年 8 月 10 日
刘 文	滕州市荆河街道刘楼	10	女	1943 年 8 月 11 日
刘 玉	滕州市荆河街道刘楼	9	女	1943 年 8 月 11 日
陈丙召	滕州市鲍沟镇磨庄	70	男	1943 年 8 月 12 日

姓 名	籍 贯	年 龄	性 别	死难时间
孟庆国	滕州市滨湖镇东盖	26	男	1943 年 8 月 12 日
孙金土	滕州市滨湖镇东盖	21	男	1943 年 8 月 12 日
王慎言	滕州市滨湖镇东盖	25	男	1943 年 8 月 12 日
刘广义	滕州市滨湖镇后古	20	男	1943 年 8 月 12 日
刘真喜	滕州市滨湖镇后古	16	男	1943 年 8 月 12 日
秦存龙	滕州市滨湖镇后古	18	男	1943 年 8 月 12 日
施西龙	滕州市滨湖镇后古	22	男	1943 年 8 月 12 日
马玉东	滕州市滨湖镇胡楼	30	男	1943 年 8 月 12 日
孟宠同	滕州市滨湖镇胡楼	45	男	1943 年 8 月 12 日
张光生	滕州市滨湖镇胡楼	28	男	1943 年 8 月 12 日
李诗秀	滕州市滨湖镇奎子东	40	女	1943 年 8 月 12 日
孙宝同	滕州市滨湖镇奎子东	13	男	1943 年 8 月 12 日
孙处立	滕州市滨湖镇奎子东	38	男	1943 年 8 月 12 日
郑文爱	滕州市滨湖镇奎子东	44	女	1943 年 8 月 12 日
孙延同	滕州市滨湖镇奎子西	47	男	1943 年 8 月 12 日
孙延祥	滕州市滨湖镇奎子西	33	男	1943 年 8 月 12 日
王慎永	滕州市滨湖镇奎子西	42	男	1943 年 8 月 12 日
甘 雨	滕州市滨湖镇民生	26	男	1943 年 8 月 12 日
王华燃	滕州市滨湖镇民生	28	女	1943 年 8 月 12 日
刘长青	滕州市滨湖镇前郁郎	29	女	1943 年 8 月 12 日
刘国庆	滕州市滨湖镇前郁郎	41	男	1943 年 8 月 12 日
刘延中	滕州市滨湖镇前郁郎	35	男	1943 年 8 月 12 日
刘真水	滕州市滨湖镇前郁郎	42	男	1943 年 8 月 12 日
马宗木	滕州市滨湖镇四合村	41	男	1943 年 8 月 12 日
贾延光	滕州市滨湖镇苏坡	26	男	1943 年 8 月 12 日
李克永	滕州市滨湖镇苏坡	32	男	1943 年 8 月 12 日
马士程	滕州市滨湖镇苏坡	34	男	1943 年 8 月 12 日
徐化彬	滕州市滨湖镇徐楼	32	男	1943 年 8 月 12 日
张洪进	滕州市荆河街道三里河	42	男	1943 年 8 月 12 日
张洪运	滕州市鲍沟镇鲍沟北村	26	男	1943 年 8 月 13 日
宋金松	滕州市鲍沟镇宋庄	40	男	1943 年 8 月 13 日
宋金玉	滕州市鲍沟镇宋庄	30	男	1943 年 8 月 13 日
刘金堂	滕州市鲍沟镇薛岩前村	30	男	1943 年 8 月 13 日
李思田	滕州市鲍沟镇杨村	32	男	1943 年 8 月 13 日

姓 名	籍 贯	年 龄	性 别	死难时间
赵连登	滕州市鲍沟镇于仓	41	男	1943 年 8 月 13 日
薛东武	滕州市南沙河镇	59	男	1943 年 8 月 13 日
张玉忠	滕州市龙阳镇龙山村	19	男	1943 年 8 月 14 日
庞敬梅	滕州市滨湖镇东陈	38	女	1943 年 8 月 15 日
王修震	滕州市南沙河镇后辛章	13	男	1943 年 8 月 15 日
李王氏	滕州市鲍沟镇坝后	48	女	1943 年 8 月 16 日
吕星旺	滕州市鲍沟镇	26	男	1943 年 8 月 17 日
刘子江	滕州市鲍沟镇刘西	20	男	1943 年 8 月 17 日
闵继龙	滕州市鲍沟镇闵楼村	27	男	1943 年 8 月 17 日
邢王氏	滕州市鲍沟镇邢寨	26	女	1943 年 8 月 17 日
刘金田	滕州市鲍沟镇薛岩中村	25	男	1943 年 8 月 17 日
张洪岐	滕州市荆河街道三里河	46	男	1943 年 8 月 17 日
李贵月	滕州市鲍沟镇杨村	17	男	1943 年 8 月 18 日
田中玉	滕州市滨湖镇徐楼	19	男	1943 年 8 月 19 日
齐 氏	滕州市官桥镇	60	女	1943 年 8 月 19 日
沈林江	滕州市荆河街道三里河	18	男	1943 年 8 月 19 日
赵 鹏	滕州市南沙河镇前房	23	男	1943 年 8 月 20 日
吕以德	滕州市鲍沟镇	29	男	1943 年 8 月 21 日
郝宝新	滕州市鲍沟镇郝寨村	20	男	1943 年 8 月 21 日
吴允上	滕州市鲍沟镇郝寨村	30	男	1943 年 8 月 21 日
时付山	滕州市鲍沟镇孙岗	41	男	1943 年 8 月 21 日
宋金芳	滕州市鲍沟镇宋庄	20	女	1943 年 8 月 23 日
姜立贵	滕州市鲍沟镇西荆林村	37	男	1943 年 8 月 23 日
刘三妮	滕州市鲍沟镇中皇甫村	24	男	1943 年 8 月 23 日
裴李氏	滕州市鲍沟镇裴楼	54	女	1943 年 8 月 24 日
高计强	滕州市鲍沟镇	26	男	1943 年 8 月 25 日
高茂军	滕州市鲍沟镇鲍沟东村	40	男	1943 年 8 月 25 日
倪守台	滕州市鲍沟镇鲍沟北村	47	男	1943 年 8 月 27 日
周继顺	滕州市鲍沟镇大杨楼村	39	男	1943 年 8 月 27 日
杨 壮	滕州市鲍沟镇南朱庄	21	男	1943 年 8 月 27 日
李王氏	滕州市鲍沟镇孙岗	40	女	1943 年 8 月 27 日
李文火	滕州市荆河街道三里河	60	男	1943 年 8 月 27 日
李张氏	滕州市荆河街道三里河	61	女	1943 年 8 月 27 日
吴洪贵	—	—	男	1943 年 9 月 1 日

姓 名	籍 贯	年 龄	性 别	死难时间
王玉泉	滕州市北辛街道教场	46	男	1943 年 9 月 1 日
闫业水	滕州市东郭镇马庄	32	男	1943 年 9 月 1 日
刘子河	滕州市洪绪镇安庄村	28	男	1943 年 9 月 1 日
刘现兵	滕州市洪绪镇赤店村	46	男	1943 年 9 月 1 日
樊玉明	滕州市洪绪镇大巩庄	38	男	1943 年 9 月 1 日
赵瑞房	滕州市洪绪镇任于庄	29	男	1943 年 9 月 1 日
赵 伟	滕州市洪绪镇沙官村	48	男	1943 年 9 月 1 日
许红军	滕州市洪绪镇颜楼村	43	男	1943 年 9 月 1 日
王连文	滕州市荆河街道三里河	21	男	1943 年 9 月 1 日
李朱义	滕州市鲍沟镇杨村	38	男	1943 年 9 月 4 日
彭德喜	滕州市荆河街道三里河	23	男	1943 年 9 月 5 日
彭德永	滕州市荆河街道三里河	20	男	1943 年 9 月 5 日
王连香	滕州市荆河街道三里河	19	女	1943 年 9 月 5 日
孙玉国	滕州市荆河街道五里屯	21	男	1943 年 9 月 5 日
孙玉华	滕州市荆河街道五里屯	16	男	1943 年 9 月 5 日
张宝泰	滕州市善南街道七里堡	58	男	1943 年 9 月 5 日
赵恒无	滕州市滨湖镇田桥	30	男	1943 年 9 月 6 日
郭开彩	滕州市龙阳镇尚河圈村	25	男	1943 年 9 月 6 日
刘兆军	滕州市鲍沟镇裴楼	45	男	1943 年 9 月 7 日
龙小海	滕州市南沙河镇	13	男	1943 年 9 月 7 日
赵诚心	滕州市南沙河镇	52	男	1943 年 9 月 7 日
赵忠心	滕州市南沙河镇	48	男	1943 年 9 月 7 日
王广忠	滕州市鲍沟镇前皇甫村	47	男	1943 年 9 月 10 日
孙井宽	滕州市鲍沟镇孙岗	71	男	1943 年 9 月 10 日
吕传甲	滕州市鲍沟镇	31	男	1943 年 9 月 11 日
郭金台	滕州市鲍沟镇鲍沟北村	35	男	1943 年 9 月 11 日
高 亮	滕州市鲍沟镇南朱庄	30	男	1943 年 9 月 11 日
李井堂	滕州市鲍沟镇孙岗	38	男	1943 年 9 月 11 日
邵泽峰	滕州市滨湖镇西古	21	男	1943 年 9 月 11 日
王马氏	滕州市南沙河镇	65	女	1943 年 9 月 11 日
薛徐氏	滕州市南沙河镇	73	女	1943 年 9 月 11 日
陈励向	滕州市西岗镇西岗二村	64	男	1943 年 9 月 11 日
李朱氏	滕州市鲍沟镇杨村	38	女	1943 年 9 月 12 日
耿学清	滕州市张汪镇	32	男	1943 年 9 月 15 日

姓 名	籍 贯	年 龄	性 别	死难时间
吕云峰	滕州市鲍沟镇鲍沟北村	42	男	1943 年 9 月 17 日
杜宗义	滕州市鲍沟镇磨庄	25	男	1943 年 9 月 17 日
李玉珍	滕州市南沙河镇	33	女	1943 年 9 月 17 日
田青青	滕州市南沙河镇	34	女	1943 年 9 月 17 日
赵彩莲	滕州市南沙河镇	29	女	1943 年 9 月 17 日
赵玉坤	滕州市龙泉街道程堂	55	男	1943 年 9 月 20 日
吕以梧	滕州市鲍沟镇	44	男	1943 年 9 月 21 日
郭金海	滕州市鲍沟镇鲍沟北村	43	男	1943 年 9 月 21 日
高印文	滕州市鲍沟镇大杨楼村	40	男	1943 年 9 月 21 日
李 祥	滕州市鲍沟镇东荆林村	33	男	1943 年 9 月 21 日
梁福玉	滕州市鲍沟镇宋庄	28	男	1943 年 9 月 21 日
彭廷义	滕州市鲍沟镇孙岗	44	男	1943 年 9 月 21 日
李玉成	滕州市鲍沟镇后汉宫村	56	男	1943 年 9 月 23 日
闵赵氏	滕州市鲍沟镇闵楼村	48	女	1943 年 9 月 23 日
张建秀	滕州市鲍沟镇闵楼村	21	女	1943 年 9 月 23 日
宋荣存	滕州市鲍沟镇宋庄	45	男	1943 年 9 月 23 日
姜广北	滕州市鲍沟镇东荆林村	32	男	1943 年 9 月 24 日
王文芳	滕州市鲍沟镇闵楼村	23	女	1943 年 9 月 24 日
班守田	滕州市张汪镇苏河涯	35	男	1943 年 9 月 24 日
刘 二	滕州市张汪镇苏河涯	42	男	1943 年 9 月 24 日
刘 三	滕州市张汪镇苏河涯	40	男	1943 年 9 月 24 日
杨刘氏	滕州市官桥镇东公桥村	36	女	1943 年 9 月 26 日
杨牛氏	滕州市官桥镇东公桥村	40	女	1943 年 9 月 26 日
杨王氏	滕州市官桥镇东公桥村	31	女	1943 年 9 月 26 日
王连义	滕州市荆河街道三里河	23	男	1943 年 9 月 26 日
刘新艳	滕州市鲍沟镇中皇甫村	37	男	1943 年 9 月 27 日
王冠香	滕州市南沙河镇南池	17	女	1943 年 9 月 27 日
闵凡梓	滕州市鲍沟镇闵楼村	42	男	1943 年 9 月 28 日
李大福	滕州市东郭镇马庄	40	男	1943 年 10 月 1 日
满昌陵	滕州市西岗镇大屯村	22	男	1943 年 10 月 1 日
张奉元	滕州市鲍沟镇坝后	40	男	1943 年 10 月 2 日
张王氏	滕州市荆河街道	40	女	1943 年 10 月 2 日
张刘氏	滕州市荆河街道	46	女	1943 年 10 月 7 日
刘李氏	滕州市荆河街道刘楼	42	女	1943 年 10 月 7 日

姓 名	籍 贯	年 龄	性 别	死难时间
刘仲弄	滕州市荆河街道刘楼	82	男	1943 年 10 月 7 日
朱兴民	滕州市鲍沟镇北朱庄	16	男	1943 年 10 月 8 日
郝中立	滕州市滨湖镇西古	20	男	1943 年 10 月 8 日
马 志	滕州市滨湖镇西古	21	男	1943 年 10 月 8 日
姜立用	滕州市鲍沟镇东荆林村	29	男	1943 年 10 月 9 日
李云雨	滕州市南沙河镇南池	38	女	1943 年 10 月 11 日
王显会	滕州市鲍沟镇薛岩后村	65	男	1943 年 10 月 12 日
李保英	滕州市滨湖镇东古	26	男	1943 年 10 月 12 日
孙昌瑞	滕州市滨湖镇东古	27	男	1943 年 10 月 12 日
庞传信	滕州市滨湖镇徐楼	26	男	1943 年 10 月 12 日
史张氏	滕州市官桥镇史庄村	40	女	1943 年 10 月 12 日
满昭宝	滕州市西岗镇温堂村	35	男	1943 年 10 月 12 日
姜立堂	滕州市鲍沟镇东荆林村	43	男	1943 年 10 月 13 日
张具善	滕州市鲍沟镇磨庄	41	男	1943 年 10 月 13 日
张李氏	滕州市鲍沟镇薛岩后村	40	女	1943 年 10 月 13 日
谢桂花	滕州市鲍沟镇于仓	32	女	1943 年 10 月 13 日
刘新梅	滕州市鲍沟镇中皇甫村	37	男	1943 年 10 月 13 日
张晏氏	滕州市善南街道王开三	63	女	1943 年 10 月 13 日
田崇政	滕州市滨湖镇田桥	32	男	1943 年 10 月 15 日
梁亚民	滕州市滨湖镇西迭湖	47	女	1943 年 10 月 15 日
马红娥	滕州市滨湖镇西迭湖	72	女	1943 年 10 月 15 日
朱二柱	滕州市南沙河镇	12	男	1943 年 10 月 15 日
朱在存	滕州市南沙河镇	23	男	1943 年 10 月 15 日
朱在刚	滕州市南沙河镇	21	男	1943 年 10 月 15 日
李金英	滕州市官桥镇西王庄	61	男	1943 年 10 月 18 日
胡秀劳	滕州市滨湖镇西迭湖	62	女	1943 年 10 月 19 日
李王氏	滕州市南沙河镇杨杭	28	女	1943 年 10 月 19 日
杨成平	滕州市鲍沟镇	34	男	1943 年 10 月 21 日
裴刘氏	滕州市鲍沟镇裴楼	46	女	1943 年 10 月 21 日
秦正利	滕州市南沙河镇	29	男	1943 年 10 月 24 日
赵修水	滕州市鲍沟镇东宁村	33	男	1943 年 10 月 25 日
李严氏	滕州市官桥镇北韩村	37	女	1943 年 10 月 26 日
杜明人	滕州市官桥镇北辛村	65	男	1943 年 10 月 26 日
华洪吉	滕州市鲍沟镇华庄	32	男	1943 年 10 月 27 日

姓 名	籍 贯	年 龄	性 别	死难时间
华洪盘	滕州市鲍沟镇华庄	42	男	1943 年 10 月 27 日
秦福利	滕州市南沙河镇北池	59	男	1943 年 10 月 27 日
李 军	滕州市南沙河镇北池	26	男	1943 年 10 月 30 日
樊友海	滕州市洪绪镇东赵沟	28	男	1943 年 11 月 1 日
徐文元	滕州市洪绪镇杜康村	57	男	1943 年 11 月 1 日
徐伯峰	滕州市洪绪镇甘庄村	30	男	1943 年 11 月 1 日
徐子成	滕州市洪绪镇光明村	20	男	1943 年 11 月 1 日
王洪昌	滕州市洪绪镇郝洼村	38	男	1943 年 11 月 1 日
刘永方	滕州市洪绪镇后洪绪	25	男	1943 年 11 月 1 日
冯绪全	滕州市洪绪镇西赵沟	30	男	1943 年 11 月 1 日
李赵氏	滕州市南沙河镇南池	39	女	1943 年 11 月 1 日
韩秀芝	滕州市南沙河镇	36	女	1943 年 11 月 2 日
韩守忠	滕州市滨湖镇北双井	38	男	1943 年 11 月 8 日
史刘成	滕州市滨湖镇北双井	15	男	1943 年 11 月 8 日
马加礼	滕州市滨湖镇代庄	51	男	1943 年 11 月 8 日
秦王氏	滕州市滨湖镇代庄	48	女	1943 年 11 月 8 日
马加汉	滕州市滨湖镇东焦	71	男	1943 年 11 月 8 日
马刘氏	滕州市滨湖镇东焦	30	女	1943 年 11 月 8 日
胡诗振	滕州市滨湖镇胡楼	25	男	1943 年 11 月 8 日
孟广坦	滕州市滨湖镇胡楼	32	男	1943 年 11 月 8 日
仲维才	滕州市滨湖镇金马山	36	男	1943 年 11 月 8 日
朱燕燕	滕州市滨湖镇金马山	25	女	1943 年 11 月 8 日
甘同荣	滕州市滨湖镇奎子东	18	女	1943 年 11 月 8 日
孙昌生	滕州市滨湖镇奎子东	23	男	1943 年 11 月 8 日
孙卓太	滕州市滨湖镇奎子东	75	男	1943 年 11 月 8 日
张崇芹	滕州市滨湖镇奎子东	63	女	1943 年 11 月 8 日
李书英	滕州市滨湖镇奎子西	20	男	1943 年 11 月 8 日
孙延民	滕州市滨湖镇奎子西	24	男	1943 年 11 月 8 日
杨知英	滕州市滨湖镇奎子西	38	女	1943 年 11 月 8 日
刘思成	滕州市滨湖镇刘庄	18	男	1943 年 11 月 8 日
谢忠运	滕州市滨湖镇刘庄	25	男	1943 年 11 月 8 日
马兰英	滕州市滨湖镇前郁郎	21	女	1943 年 11 月 8 日
王慎洪	滕州市滨湖镇前郁郎	27	男	1943 年 11 月 8 日
段正花	滕州市滨湖镇山头	21	女	1943 年 11 月 8 日

姓　名	籍　贯	年龄	性别	死难时间
马　强	滕州市滨湖镇山头	28	男	1943 年 11 月 8 日
刘国栋	滕州市滨湖镇生庄	17	男	1943 年 11 月 8 日
生昌文	滕州市滨湖镇生庄	12	男	1943 年 11 月 8 日
生纪富	滕州市滨湖镇生庄	15	男	1943 年 11 月 8 日
生纪洋	滕州市滨湖镇生庄	18	男	1943 年 11 月 8 日
刘怀香	滕州市滨湖镇王堂	29	女	1943 年 11 月 8 日
王兆运	滕州市滨湖镇王堂	19	男	1943 年 11 月 8 日
王兆珍	滕州市滨湖镇王堂	26	男	1943 年 11 月 8 日
刘运成	滕州市滨湖镇西双井	22	男	1943 年 11 月 8 日
刘运干	滕州市滨湖镇西双井	30	男	1943 年 11 月 8 日
孟凡才	滕州市滨湖镇谢庄	27	男	1943 年 11 月 8 日
谢本财	滕州市滨湖镇谢庄	15	男	1943 年 11 月 8 日
杜马氏	滕州市滨湖镇徐楼	31	女	1943 年 11 月 8 日
杜显武	滕州市滨湖镇徐楼	37	男	1943 年 11 月 8 日
冯振明	滕州市滨湖镇徐楼	62	男	1943 年 11 月 8 日
王月娥	滕州市滨湖镇徐楼	20	女	1943 年 11 月 8 日
徐广路	滕州市滨湖镇阳温东村	20	男	1943 年 11 月 8 日
徐以坤	滕州市滨湖镇阳温东村	25	男	1943 年 11 月 8 日
张士臣	滕州市滨湖镇阳温东村	27	男	1943 年 11 月 8 日
张士广	滕州市滨湖镇阳温东村	35	男	1943 年 11 月 8 日
崔长虹	滕州市南沙河镇崔庄	72	女	1943 年 11 月 9 日
韩思顺	滕州市滨湖镇北双井	22	男	1943 年 11 月 12 日
史谦基	滕州市滨湖镇北双井	40	男	1943 年 11 月 12 日
史忠兰	滕州市滨湖镇北双井	15	女	1943 年 11 月 12 日
秦家礼	滕州市滨湖镇西迷湖	64	男	1943 年 11 月 14 日
胡要香	滕州市官桥镇苏坦村	32	女	1943 年 11 月 16 日
李　刚	滕州市滨湖镇赫村	26	男	1943 年 11 月 24 日
赵季冬	滕州市滨湖镇赫村	31	男	1943 年 11 月 24 日
葛广花	滕州市南沙河镇	28	女	1943 年 11 月 24 日
徐道水	滕州市南沙河镇下徐	33	男	1943 年 11 月 24 日
邵光明	滕州市滨湖镇赫村	19	男	1943 年 11 月 25 日
邵长亮	滕州市滨湖镇赫村	22	男	1943 年 11 月 26 日
王兰英	滕州市滨湖镇赫村	23	女	1943 年 11 月 27 日
谢徐氏	滕州市滨湖镇赫村	19	女	1943 年 11 月 28 日

姓 名	籍 贯	年 龄	性 别	死难时间
贾友朋	滕州市滨湖镇赫村	25	男	1943 年 11 月 29 日
王孙氏	滕州市官桥镇西王庄	60	女	1943 年 11 月 29 日
魏宪刚	滕州市官桥镇西王庄	65	男	1943 年 11 月 29 日
魏宪章	滕州市官桥镇西王庄	56	男	1943 年 11 月 29 日
朱李氏	滕州市南沙河镇古石三村	60	女	1943 年 11 月 29 日
朱张氏	滕州市南沙河镇古石三村	25	女	1943 年 11 月 29 日
生碧泉	滕州市滨湖镇生庄村	—	男	1943 年 12 月 7 日
秦家同	—	—	男	1943 年 12 月 1 日
张松山	滕州市龙泉街道前大庙	—	男	1943 年 12 月 1 日
王德展	滕州市龙阳镇何岭村	43	男	1943 年 12 月 3 日
马 萍	滕州市南沙河镇彭庄	22	女	1943 年 12 月 3 日
刘堂远	滕州市张汪镇东邵桥	24	男	1943 年 12 月 4 日
王葆跃	滕州市善南街道七里堡	62	男	1943 年 12 月 6 日
李甲伟	滕州市鲍沟镇坝后	56	男	1943 年 12 月 7 日
曹丙瑚	滕州市西岗镇西曹庄	19	男	1943 年 12 月 9 日
赵主平	滕州市鲍沟镇鲍沟中村	62	男	1943 年 12 月 13 日
华永套	滕州市鲍沟镇华庄	46	男	1943 年 12 月 13 日
宋金功	滕州市鲍沟镇宋庄	28	男	1943 年 12 月 13 日
吕作秀	滕州市鲍沟镇	16	女	1943 年 12 月 14 日
张显辉	滕州市鲍沟镇	26	男	1943 年 12 月 14 日
吕思右	滕州市鲍沟镇吕坡	22	男	1943 年 12 月 14 日
庞传计	滕州市滨湖镇田桥	19	男	1943 年 12 月 15 日
倪保山	滕州市官桥镇东洪林	57	男	1943 年 12 月 16 日
倪道地	滕州市官桥镇东洪林	14	男	1943 年 12 月 16 日
倪士勤	滕州市官桥镇东洪林	37	男	1943 年 12 月 16 日
杨传成	滕州市官桥镇东洪林	63	男	1943 年 12 月 16 日
安喜山	滕州市官桥镇苏坦村	38	男	1943 年 12 月 16 日
刘绪强	滕州市荆河街道刘楼	34	男	1943 年 12 月 16 日
田崇三	滕州市滨湖镇田桥	31	男	1943 年 12 月 18 日
张现传	—	—	男	1943 年
孙兆爱	—	—	—	1943 年
李玉庆	—	—	男	1943 年
王金秀	—	—	—	1943 年
陈孔德	—	—	男	1943 年

姓 名	籍 贯	年 龄	性 别	死难时间
刘向文	—	—	男	1943 年
朱广胡	—	—	男	1943 年
刘召福	—	—	男	1943 年
刘金茂	—	—	男	1943 年
梁崇兴	—	—	男	1943 年
倪延吉	—	—	男	1943 年
马运田	—	—	男	1943 年
朱维增	—	—	男	1943 年
孙景新	—	—	男	1943 年
丁金庭	—	—	男	1943 年
吴启山	—	—	男	1943 年
吴启香	—	—	—	1943 年
尚均才	—	—	男	1943 年
李诗度	—	—	男	1943 年
程子盘	滕州市	39	男	1943 年
孙贵兰	滕州善南街道贾庄	28	女	1943 年
李克付	滕州市	—	男	1943 年
陆在增	滕州市	—	男	1943 年
施和运	滕州市	—	男	1943 年
张继海	滕州市	—	男	1943 年
张景贤	滕州市	—	男	1943 年
赵培千	滕州市	—	男	1943 年
宋长胜	滕州市北辛街道文庙居	—	男	1943 年
刘书云	滕州市滨湖镇徐楼	30	女	1943 年
马加银	滕州市姜屯镇马厂村	18	男	1943 年
马学民	滕州市姜屯镇马厂村	19	男	1943 年
李学俭	滕州市界河镇北界河村	—	男	1943 年
李学连	滕州市界河镇北界河村	—	男	1943 年
李学勤	滕州市界河镇北界河村	47	男	1943 年
任承祥	滕州市界河镇北界河村	18	男	1943 年
王连员	滕州市界河镇北界河村	22	男	1943 年
王守召	滕州市界河镇北界河村	66	男	1943 年
王守芝	滕州市界河镇北界河村	—	男	1943 年
武元运	滕州市界河镇北界河村	23	男	1943 年

姓 名	籍 贯	年 龄	性 别	死难时间
武正法	滕州市界河镇北界河村	16	男	1943 年
武正付	滕州市界河镇北界河村	33	男	1943 年
刘宗吉	滕州市界河镇崔官庄村	17	男	1943 年
许大龙	滕州市界河镇崔官庄村	62	男	1943 年
许汉元	滕州市界河镇崔官庄村	52	男	1943 年
赵从余	滕州市界河镇崔官庄村	70	男	1943 年
邱玉岱	滕州市界河镇范庄村	33	男	1943 年
王商氏	滕州市界河镇范庄村	18	女	1943 年
王衍仲	滕州市界河镇范庄村	23	男	1943 年
陈子绪	滕州市界河镇葛庄村	—	男	1943 年
葛合田	滕州市界河镇葛庄村	75	男	1943 年
李 氏	滕州市界河镇葛庄村	27	女	1943 年
王恒启	滕州市界河镇葛庄村	68	男	1943 年
王化太	滕州市界河镇葛庄村	55	男	1943 年
赵文高	滕州市界河镇葛庄村	29	男	1943 年
赵文太	滕州市界河镇葛庄村	61	男	1943 年
陈本立	滕州市界河镇皇娘沟村	14	男	1943 年
宋德水	滕州市界河镇皇娘沟村	21	男	1943 年
王学孔	滕州市界河镇皇娘沟村	18	男	1943 年
赵成文	滕州市界河镇皇娘沟村	25	男	1943 年
赵德本	滕州市界河镇皇娘沟村	19	男	1943 年
陈夫銮	滕州市界河镇西万院村	19	男	1943 年
陈夫天	滕州市界河镇西万院村	33	男	1943 年
陈夫一	滕州市界河镇西万院村	16	男	1943 年
王小娃	滕州市羊庄镇后石湾	20	男	1943 年
邢广龙	滕州市羊庄镇沈井	30	男	1943 年
刘德胜	滕州市羊庄镇羊北	29	男	1943 年
王 良	滕州市羊庄镇羊北	24	男	1943 年
王玉良	滕州市羊庄镇羊东	40	男	1943 年
周庆彬	滕州市羊庄镇羊东	49	男	1943 年
周玉林	滕州市羊庄镇羊东	49	男	1943 年
杨三妮	滕州市羊庄镇羊东	24	女	1943 年
刘 刚	滕州市羊庄镇羊东	29	男	1943 年
刘刚之女	滕州市羊庄镇羊东	5	女	1943 年

姓 名	籍 贯	年 龄	性 别	死难时间
陈庆友	滕州市羊庄镇自庄	29	男	1943 年
刘光民	滕州市羊庄镇自庄	37	男	1943 年
刘芝兰	滕州市羊庄镇自庄	36	女	1943 年
孙 海	滕州市羊庄镇自庄	33	男	1943 年
王后虎	滕州市羊庄镇自庄	34	男	1943 年
张学贵	滕州市羊庄镇自庄	31	男	1943 年
张开金	滕州市张汪镇	58	男	1943 年秋
刘祥成	—	—	男	1944 年 1 月 1 日
杨慧存	—	—	男	1944 年 1 月 1 日
王恒东	—	—	男	1944 年 1 月 1 日
李庆贵	滕州市北辛街道冯河	64	男	1944 年 1 月 1 日
王开成	滕州市滨湖镇后辛安	23	男	1944 年 1 月 1 日
苗玉恒之祖母	滕州市东沙河镇前荆沟	50	女	1944 年 1 月 1 日
殷仓哲	滕州市东沙河镇前荆沟	60	男	1944 年 1 月 1 日
李柏华	滕州市洪绪镇安庄村	39	男	1944 年 1 月 1 日
张洪新	滕州市洪绪镇堌堆村	28	男	1944 年 1 月 1 日
王夫田	滕州市洪绪镇团结村	49	男	1944 年 1 月 1 日
邓小卫	滕州市南沙河镇南池	24	男	1944 年 1 月 1 日
郑家宝	滕州市南沙河镇	38	男	1944 年 1 月 3 日
神以合	滕州市龙阳镇丛条村	—	男	1944 年 1 月 6 日
神以天	滕州市龙阳镇丛条村	—	男	1944 年 1 月 6 日
高培元	滕州市鲍沟镇东宁村	32	男	1944 年 1 月 9 日
王玉才	滕州市鲍沟镇东宁村	35	男	1944 年 1 月 9 日
张立德	滕州市鲍沟镇南朱庄	43	男	1944 年 1 月 9 日
刘 华	滕州市鲍沟镇裴楼	41	男	1944 年 1 月 10 日
神维武	滕州市龙阳镇丛条村	—	男	1944 年 1 月 10 日
赵真吉	滕州市龙泉街道程堂	60	男	1944 年 1 月 11 日
王 明	滕州市鲍沟镇	27	男	1944 年 1 月 14 日
刘忠香	滕州市龙阳镇丛条村	30	男	1944 年 1 月 14 日
刘忠响	滕州市龙阳镇丛条村	—	男	1944 年 1 月 14 日
邱增河	滕州市龙阳镇丛条村	—	男	1944 年 1 月 14 日
李倪氏	滕州市官桥镇北韩村	31	女	1944 年 1 月 16 日
李任氏	滕州市官桥镇北韩村	27	女	1944 年 1 月 16 日
张宝水	滕州市官桥镇东磨庄	21	男	1944 年 1 月 16 日

姓 名	籍 贯	年 龄	性 别	死难时间
张金礼	滕州市官桥镇东磨庄	18	男	1944 年 1 月 16 日
张振东	滕州市官桥镇东磨庄	32	男	1944 年 1 月 18 日
王永元	滕州市龙阳镇尚河圈村	26	男	1944 年 1 月 18 日
马开山	滕州市官桥镇魏楼村	63	男	1944 年 1 月 20 日
李现堂	滕州市张汪镇后寨子	19	男	1944 年 1 月 20 日
张恒法	滕州市张汪镇后寨子	36	男	1944 年 1 月 20 日
张恒玉	滕州市张汪镇后寨子	17	男	1944 年 1 月 20 日
张宪林	滕州市张汪镇后寨子	37	男	1944 年 1 月 20 日
郭印章	滕州市鲍沟镇鲍沟北村	35	男	1944 年 1 月 21 日
杨应和	滕州市鲍沟镇大杨楼村	30	男	1944 年 1 月 21 日
张连金	滕州市鲍沟镇宋庄	27	男	1944 年 1 月 21 日
彭廷怀	滕州市鲍沟镇孙岗	29	男	1944 年 1 月 21 日
张郭氏	滕州市南沙河镇后仓	23	女	1944 年 1 月 21 日
孙 东	滕州市荆河街道五里屯	17	男	1944 年 1 月 23 日
侯致学	滕州市鲍沟镇侯楼	41	男	1944 年 1 月 25 日
刘增盈	滕州市龙阳镇丛条村	—	男	1944 年 1 月 25 日
时王氏	滕州市官桥镇时村	17	女	1944 年 1 月 29 日
王兴喜	—	—	—	1944 年 2 月 1 日
张玉柱	滕州市北辛街道西北坛	45	男	1944 年 2 月 1 日
陈思邵	滕州市东郭镇前明	67	男	1944 年 2 月 1 日
田吉祥	滕州市东郭镇前明	41	男	1944 年 2 月 1 日
赵忠仁	滕州市界河镇南界河村	30	男	1944 年 2 月 1 日
刘大卫	滕州市荆河街道安乐居	31	男	1944 年 2 月 1 日
刘洪云	滕州市荆河街道安乐居	27	女	1944 年 2 月 1 日
刘玉水	滕州市荆河街道安乐居	35	男	1944 年 2 月 1 日
张玉风	滕州市荆河街道安乐居	29	女	1944 年 2 月 1 日
满凤良	滕州市西岗镇西河岔	37	男	1944 年 2 月 1 日
王志国	滕州市级索镇后牛集村	29	男	1944 年 2 月 3 日
王志山	滕州市级索镇后牛集村	35	男	1944 年 2 月 3 日
王志田	滕州市级索镇后牛集村	36	男	1944 年 2 月 3 日
吴广恩	滕州市善南街道七里堡	61	男	1944 年 2 月 4 日
王李氏	滕州市西岗镇高庙北村	62	女	1944 年 2 月 4 日
赵连民	滕州市鲍沟镇	44	男	1944 年 2 月 5 日
闵宪照	滕州市鲍沟镇鲍沟北村	38	男	1944 年 2 月 5 日

姓 名	籍 贯	年 龄	性 别	死难时间
张老德	滕州市鲍沟镇薛岩前村	20	男	1944年2月5日
王青化	滕州市南沙河镇南池	23	男	1944年2月5日
闵广金	滕州市西岗镇西岗二村	22	男	1944年2月5日
何玉山	滕州市龙阳镇何岭村	45	男	1944年2月8日
吕周氏	滕州市西岗镇高庙北村	35	女	1944年2月10日
刘福云	滕州市张汪镇后坝桥	36	男	1944年2月10日
孙贵兰	滕州市张汪镇后坝桥	34	男	1944年2月10日
王韩氏	滕州市西岗镇高庙北村	35	女	1944年2月11日
王孔氏	滕州市西岗镇高庙北村	25	女	1944年2月11日
孔凡原	滕州市西岗镇高庙北村	51	男	1944年2月12日
闵宪喜	滕州市鲍沟镇闵楼村	37	男	1944年2月14日
姬全友	滕州市柴胡店镇姬庄	52	男	1944年2月15日
李化明	滕州市柴胡店镇姬庄	21	男	1944年2月15日
杨王氏	滕州市官桥镇东公桥村	40	女	1944年2月16日
王老四	滕州市官桥镇前官庄	64	男	1944年2月16日
时李氏	滕州市官桥镇时店村	53	女	1944年2月16日
时王氏	滕州市官桥镇时店村	65	女	1944年2月16日
孙王氏	滕州市荆河街道五里屯	34	女	1944年2月16日
张丰锡	滕州市善南街道王开二	23	—	1944年2月16日
朱小社	滕州市鲍沟镇北朱庄	10	女	1944年2月17日
杨金堂	滕州市鲍沟镇杨村	19	男	1944年2月17日
刘继俭	—	—	男	1944年2月19日
刘昭宽	—	—	男	1944年2月19日
孙庆制	滕州市龙阳镇西朱仇村	39	男	1944年2月19日
王韩氏	滕州市西岗镇高庙北村	72	女	1944年2月19日
吕秀亮	滕州市鲍沟镇	29	男	1944年2月27日
田玉亭	滕州市鲍沟镇薛岩前村	24	男	1944年2月27日
杨文怀	滕州市鲍沟镇杨村	30	男	1944年2月28日
付广金	—	—	男	1944年3月1日
秦小辉	滕州市北辛街道东七	21	男	1944年3月1日
张成军	滕州市北辛街道东七	47	男	1944年3月1日
生宝太	滕州市北辛街道小岗村	17	男	1944年3月1日
刘育颖	滕州市北辛街道于岗	27	男	1944年3月1日
于绍海	滕州市北辛街道于岗	24	男	1944年3月1日

姓 名	籍 贯	年 龄	性 别	死难时间
李连奎	滕州市洪绪镇陈楼村	49	男	1944 年 3 月 1 日
刘现军	滕州市洪绪镇赤店村	24	男	1944 年 3 月 1 日
徐元启	滕州市洪绪镇光明村	22	男	1944 年 3 月 1 日
徐庆点	滕州市洪绪镇郝洼村	28	男	1944 年 3 月 1 日
东绪珍	滕州市洪绪镇孔屯村	40	男	1944 年 3 月 1 日
龙永峰	滕州市洪绪镇龙庄村	43	男	1944 年 3 月 1 日
徐庆扬	滕州市洪绪镇团结村	40	男	1944 年 3 月 1 日
许大水	滕州市洪绪镇玉楼村	25	男	1944 年 3 月 1 日
邓永益	滕州市界河镇北界河村	49	男	1944 年 3 月 1 日
宋保金	滕州市界河镇北界河村	33	男	1944 年 3 月 1 日
王治正	滕州市界河镇南界河村	—	男	1944 年 3 月 1 日
赵业富	滕州市界河镇小万院村	32	男	1944 年 3 月 1 日
赵业荣	滕州市界河镇小万院村	34	男	1944 年 3 月 1 日
孔庆林	滕州市西岗镇大屯村	18	男	1944 年 3 月 1 日
张陈氏	滕州市善南街道王开一	28	女	1944 年 3 月 3 日
曹丁氏	滕州市南沙河镇	29	女	1944 年 3 月 4 日
高 见	滕州市南沙河镇	53	男	1944 年 3 月 4 日
王侯氏	滕州市南沙河镇	38	女	1944 年 3 月 4 日
孙 强	滕州市荆河街道五里屯	40	男	1944 年 3 月 5 日
徐吴氏	滕州市南沙河镇河汇村	34	女	1944 年 3 月 5 日
刘宝汉	滕州市南沙河镇河汇村	—	男	1944 年 3 月 5 日
刘王氏	滕州市南沙河镇河汇村	27	女	1944 年 3 月 5 日
徐金泽	滕州市南沙河镇河汇村	31	男	1944 年 3 月 5 日
王葆山	滕州市善南街道七甲堡	57	男	1944 年 3 月 5 日
王友仁	滕州市官桥镇前莱村	29	男	1944 年 3 月 10 日
轩玉生之父	滕州市官桥镇前莱村	50	男	1944 年 3 月 10 日
张贵银	滕州市官桥镇前莱村	47	男	1944 年 3 月 10 日
殷茂贵	滕州市官桥镇坝上村	53	男	1944 年 3 月 11 日
王二坝	滕州市官桥镇中韩村	30	男	1944 年 3 月 12 日
王士梦	滕州市官桥镇中韩村	13	女	1944 年 3 月 12 日
于永花	滕州市官桥镇中韩村	37	女	1944 年 3 月 12 日
谭广静	滕州市龙阳镇谷堆石村	45	男	1944 年 3 月 12 日
谭玉汗	滕州市龙阳镇谷堆石村	35	男	1944 年 3 月 12 日
周 郎	滕州市龙阳镇龙阳村	30	男	1944 年 3 月 12 日

姓 名	籍 贯	年 龄	性 别	死难时间
张龙氏	滕州市善南街道王开三	72	女	1944 年 3 月 13 日
孙代瑞	滕州市官桥镇西康留	28	男	1944 年 3 月 14 日
高刘氏	滕州市南沙河镇后仓	28	女	1944 年 3 月 14 日
王田氏	滕州市南沙河镇南池	25	女	1944 年 3 月 15 日
杨平太	滕州市鲍沟镇	21	男	1944 年 3 月 17 日
王永厚	滕州市龙阳镇尚河圈村	24	男	1944 年 3 月 27 日
王永真	滕州市龙阳镇尚河圈村	23	男	1944 年 3 月 27 日
赵曰和	滕州市西岗镇高庙北村	70	男	1944 年 3 月 27 日
孙成才	—	—	男	1944 年 4 月 1 日
郭广信	—	—	男	1944 年 4 月 1 日
韩思夏	滕州市滨湖镇北双井	30	男	1944 年 4 月 1 日
徐振乾	滕州市滨湖镇北双井	28	男	1944 年 4 月 1 日
李长友	滕州市滨湖镇代庄	49	男	1944 年 4 月 1 日
王慎详	滕州市滨湖镇东盖	20	男	1944 年 4 月 1 日
孟延雨	滕州市滨湖镇胡楼	65	男	1944 年 4 月 1 日
朱明明	滕州市滨湖镇金马山	18	女	1944 年 4 月 1 日
刘希锋	滕州市滨湖镇刘庄	24	男	1944 年 4 月 1 日
马钦兰	滕州市滨湖镇前郁郎	25	女	1944 年 4 月 1 日
蒋开彬	滕州市滨湖镇苏坡	21	男	1944 年 4 月 1 日
刘希财	滕州市滨湖镇王楼	27	男	1944 年 4 月 1 日
刘 法	滕州市滨湖镇西古	30	男	1944 年 4 月 1 日
邵泽海	滕州市滨湖镇西古	29	男	1944 年 4 月 1 日
王延香	滕州市滨湖镇西辛安	40	男	1944 年 4 月 1 日
王玉国	滕州市滨湖镇西辛安	28	男	1944 年 4 月 1 日
王裕丛	滕州市滨湖镇谢庄	47	男	1944 年 4 月 1 日
赵绪伟	滕州市洪绪镇白龙湾	40	男	1944 年 4 月 1 日
张显志	滕州市洪绪镇大巩庄	28	男	1944 年 4 月 1 日
徐配环	滕州市洪绪镇光明村	19	男	1944 年 4 月 1 日
徐瑞思	滕州市洪绪镇光明村	30	男	1944 年 4 月 1 日
刘玉丰	滕州市洪绪镇苗桥村	56	男	1944 年 4 月 1 日
苗庆爱	滕州市洪绪镇	53	女	1944 年 4 月 1 日
董林河	滕州市洪绪镇沙官村	42	男	1944 年 4 月 1 日
徐东虎	滕州市洪绪镇徐王庄	29	男	1944 年 4 月 1 日
许广菊	滕州市洪绪镇玉楼村	33	男	1944 年 4 月 1 日

姓 名	籍 贯	年 龄	性 别	死难时间
王昌怀	滕州市界河镇小万院村	30	男	1944 年 4 月 1 日
王昌礼	滕州市界河镇小万院村	18	男	1944 年 4 月 1 日
王庆丰	滕州市级索镇后牛集村	30	男	1944 年 4 月 3 日
孙 国	滕州市荆河街道五里屯	17	男	1944 年 4 月 6 日
曹王氏	滕州市西岗镇西岗二村	25	女	1944 年 4 月 9 日
朱徐氏	滕州市鲍沟镇北朱庄	50	女	1944 年 4 月 12 日
朱元县	滕州市鲍沟镇北朱庄	30	男	1944 年 4 月 12 日
刘宪华	滕州市鲍沟镇裴楼	41	男	1944 年 4 月 12 日
张赵氏	滕州市鲍沟镇薛岩后村	41	女	1944 年 4 月 12 日
朱绍安	滕州市鲍沟镇薛岩后村	18	男	1944 年 4 月 12 日
倪正吉	滕州市官桥镇中洪林	42	男	1944 年 4 月 12 日
李龙氏	滕州市级索镇龙庄村	60	女	1944 年 4 月 12 日
石宝来	滕州市龙阳镇	22	男	1944 年 4 月 12 日
李电昌	滕州市鲍沟镇宋庄	40	男	1944 年 4 月 13 日
高 波	滕州市南沙河镇北池	26	男	1944 年 4 月 13 日
徐建伟	滕州市南沙河镇北池	28	男	1944 年 4 月 13 日
王 刚	滕州市鲍沟镇	24	男	1944 年 4 月 14 日
张继宝	滕州市南沙河镇后仓	45	男	1944 年 4 月 14 日
朱绍海	滕州市鲍沟镇南朱庄	20	男	1944 年 4 月 16 日
赵 三	滕州市鲍沟镇前皇甫村	30	男	1944 年 4 月 16 日
闵凡骄	滕州市鲍沟镇闵楼村	31	男	1944 年 4 月 17 日
吕修春	滕州市鲍沟镇后汉宫村	29	女	1944 年 4 月 18 日
刘维永	滕州市官桥镇苏坦村	26	男	1944 年 4 月 18 日
刘一康	滕州市官桥镇苏坦村	27	男	1944 年 4 月 18 日
张 祥	滕州市南沙河镇南池	24	男	1944 年 4 月 21 日
时耿东	滕州市官桥镇吴庄村	27	男	1944 年 4 月 22 日
张徐氏	滕州市南沙河镇南池	39	女	1944 年 4 月 30 日
赵庆法	—	—	男	1944 年 5 月 1 日
陈小旦	滕州市	—	男	1944 年 5 月 1 日
生克会	滕州市北辛街道小岗村	28	男	1944 年 5 月 1 日
侯守旺	滕州市东郭镇后任厂	28	男	1944 年 5 月 1 日
林志元	滕州市东郭镇林岭	25	男	1944 年 5 月 1 日
任现军	滕州市东郭镇前任厂	22	男	1944 年 5 月 1 日
范玉可	滕州市东郭镇下户主	31	男	1944 年 5 月 1 日

姓　名	籍　贯	年龄	性别	死难时间
陈正力	滕州市东郭镇陈岗村	42	男	1944 年 5 月 1 日
李连臣	滕州市洪绪镇陈楼村	23	男	1944 年 5 月 1 日
赵子友	滕州市洪绪镇杜场村	24	男	1944 年 5 月 1 日
郝兆伟	滕州市洪绪镇郝洼村	25	男	1944 年 5 月 1 日
侯永龙	滕州市洪绪镇后洪绪	51	男	1944 年 5 月 1 日
龙永海	滕州市洪绪镇龙庄村	30	男	1944 年 5 月 1 日
冯绪哲	滕州市洪绪镇西赵沟	40	男	1944 年 5 月 1 日
连茂唐	滕州市洪绪镇杨园村	23	男	1944 年 5 月 1 日
李广斗	滕州市界河镇南界河村	—	男	1944 年 5 月 1 日
张丙迁	滕州市界河镇南界河村	—	男	1944 年 5 月 1 日
张丙田	滕州市界河镇南界河村	24	男	1944 年 5 月 1 日
赵　成	滕州市界河镇小万院村	18	男	1944 年 5 月 1 日
赵　志	滕州市界河镇小万院村	17	男	1944 年 5 月 1 日
张广夫	滕州市官桥镇前善庄	49	女	1944 年 5 月 4 日
程茂善之母	滕州市龙泉街道程堂	58	女	1944 年 5 月 4 日
徐刘氏	滕州市南沙河镇下徐	28	女	1944 年 5 月 4 日
渠开友	滕州市官桥镇前善庄	57	男	1944 年 5 月 5 日
张李氏	滕州市善南街道七里堡	57	女	1944 年 5 月 5 日
王玉俊	滕州市滨湖镇东陈	41	男	1944 年 5 月 6 日
田刘氏	滕州市善南街道七里堡	55	女	1944 年 5 月 6 日
华洪德	滕州市鲍沟镇鲍沟北村	29	男	1944 年 5 月 7 日
王计后	滕州市鲍沟镇鲍沟北村	37	男	1944 年 5 月 7 日
王计山	滕州市鲍沟镇鲍沟北村	25	男	1944 年 5 月 7 日
赵宝彦	滕州市鲍沟镇鲍沟北村	27	男	1944 年 5 月 7 日
徐兆昌	滕州市鲍沟镇成屯	40	男	1944 年 5 月 7 日
杨应更	滕州市鲍沟镇大杨楼村	43	男	1944 年 5 月 7 日
杨应金	滕州市鲍沟镇大杨楼村	44	男	1944 年 5 月 7 日
杨应中	滕州市鲍沟镇大杨楼村	40	男	1944 年 5 月 7 日
杨足业	滕州市鲍沟镇大杨楼村	41	男	1944 年 5 月 7 日
高茂坤	滕州市鲍沟镇鲍沟东村	20	男	1944 年 5 月 7 日
贺中善	滕州市鲍沟镇宋庄	25	男	1944 年 5 月 7 日
时付领	滕州市鲍沟镇孙岗	33	男	1944 年 5 月 7 日
杨李氏	滕州市鲍沟镇薛岩后村	40	女	1944 年 5 月 7 日
孙家正	滕州市荆河街道五里屯	14	男	1944 年 5 月 7 日

姓 名	籍 贯	年 龄	性 别	死难时间
张士强之妻	滕州市柴胡店镇柴胡店村	31	女	1944 年 5 月 8 日
刘志忠	滕州市西岗镇郎庄村	50	男	1944 年 5 月 8 日
于 牙	滕州市鲍沟镇	28	男	1944 年 5 月 12 日
张宝天	滕州市鲍沟镇	29	男	1944 年 5 月 12 日
王化根	滕州市柴胡店镇夏庄	31	男	1944 年 5 月 12 日
杨小升	滕州市鲍沟镇杨村	14	男	1944 年 5 月 13 日
周韩氏	滕州市官桥镇前莱村	44	女	1944 年 5 月 14 日
郝乐莹	滕州市鲍沟镇南潭村	29	男	1944 年 5 月 16 日
李瑞启	滕州市官桥镇魏楼村	63	男	1944 年 5 月 17 日
李 森	滕州市官桥镇	18	男	1944 年 5 月 17 日
杨 杰	滕州市官桥镇	20	男	1944 年 5 月 17 日
赵真宝	滕州市龙泉街道程堂	42	男	1944 年 5 月 17 日
程茂淮之祖母	滕州市龙泉街道程堂	45	女	1944 年 5 月 18 日
赵真强	滕州市龙泉街道程堂	48	男	1944 年 5 月 18 日
周玉虎之祖父	滕州市龙泉街道程堂	48	男	1944 年 5 月 18 日
刘学年	滕州市龙阳镇望龙村	29	男	1944 年 5 月 18 日
刘祥成	滕州市南沙河镇	23	男	1944 年 5 月 18 日
任振香	滕州市官桥镇北辛村	51	男	1944 年 5 月 19 日
张友奎	滕州市官桥镇东郑庄	23	男	1944 年 5 月 19 日
张友义	滕州市官桥镇东郑庄	26	男	1944 年 5 月 19 日
程茂淮之祖父	滕州市龙泉街道程堂	42	男	1944 年 5 月 19 日
时德祥	滕州市张汪镇	27	男	1944 年 5 月 21 日
李刘氏	滕州市官桥镇时店村	40	女	1944 年 5 月 23 日
时树先	滕州市官桥镇时店村	41	男	1944 年 5 月 23 日
李佩山	滕州市龙阳镇上司村	32	男	1944 年 5 月 24 日
刘 辉	滕州市鲍沟镇	28	男	1944 年 5 月 26 日
刘金山	滕州市鲍沟镇	27	男	1944 年 5 月 26 日
刘 荣	滕州市鲍沟镇	24	男	1944 年 5 月 26 日
刘文义	滕州市鲍沟镇	24	男	1944 年 5 月 26 日
刘 军	滕州市鲍沟镇西皇甫村	25	男	1944 年 5 月 26 日
郭振清	—	—	男	1944 年 6 月 1 日
郭殿富	—	—	男	1944 年 6 月 1 日
王 明	滕州市大坞镇东立里	19	男	1944 年 6 月 1 日
王慎宾	滕州市东郭镇南徐	45	男	1944 年 6 月 1 日

姓 名	籍 贯	年龄	性别	死难时间
丁守芝	滕州市东郭镇吴哨	45	男	1944 年 6 月 1 日
王营超	滕州市洪绪镇白龙湾	29	男	1944 年 6 月 1 日
刘宪虎	滕州市洪绪镇陈楼村	24	男	1944 年 6 月 1 日
高庆忠	滕州市洪绪镇前洪绪	49	男	1944 年 6 月 1 日
董福建	滕州市洪绪镇团结村	56	男	1944 年 6 月 1 日
马贵太	滕州市洪绪镇西赵沟	57	男	1944 年 6 月 1 日
徐东新	滕州市洪绪镇颜楼村	40	男	1944 年 6 月 1 日
王金堂	滕州市洪绪镇玉楼村	39	男	1944 年 6 月 1 日
王士营	滕州市洪绪镇玉楼村	26	男	1944 年 6 月 1 日
王守清	滕州市界河镇北界河村	17	女	1944 年 6 月 1 日
杨邦胜	滕州市界河镇南界河村	36	男	1944 年 6 月 1 日
赵长杰	滕州市界河镇小万院村	17	男	1944 年 6 月 1 日
崔祥伶	滕州市西岗镇大屯村	22	男	1944 年 6 月 1 日
王问振	滕州市官桥镇西郑庄	43	男	1944 年 6 月 3 日
王效俊	滕州市官桥镇西郑庄	37	男	1944 年 6 月 3 日
张华良	滕州市南沙河镇上徐	27	男	1944 年 6 月 3 日
张 氏	滕州市南沙河镇上徐	50	女	1944 年 6 月 3 日
张知湖	滕州市南沙河镇上徐	53	男	1944 年 6 月 3 日
刘景美	滕州市西岗镇柴里东村	39	男	1944 年 6 月 3 日
朱广才	滕州市南沙河镇	20	男	1944 年 6 月 4 日
朱得杰	滕州市南沙河镇	28	男	1944 年 6 月 5 日
刘继全	滕州市柴胡店镇四李庄村	28	男	1944 年 6 月 6 日
孙井瑞	滕州市柴胡店镇四李庄村	29	男	1944 年 6 月 6 日
徐广礼	滕州市南沙河镇下徐	28	男	1944 年 6 月 7 日
季文浩	滕州市鲍沟镇	27	男	1944 年 6 月 8 日
杨 臣	滕州市鲍沟镇	29	男	1944 年 6 月 8 日
张 恒	滕州市鲍沟镇	24	男	1944 年 6 月 8 日
顾承怀	滕州市木石镇羊套	61	男	1944 年 6 月 9 日
李兆银	滕州市木石镇羊套	54	男	1944 年 6 月 9 日
李兆印	滕州市木石镇羊套	47	男	1944 年 6 月 9 日
卢开怀	滕州市木石镇羊套	39	男	1944 年 6 月 9 日
徐大明	滕州市南沙河镇下徐	18	男	1944 年 6 月 9 日
高庆标	滕州市南沙河镇于泉	39	男	1944 年 6 月 9 日
田开渠	滕州市善南街道七里堡	59	男	1944 年 6 月 9 日

姓　名	籍　贯	年龄	性别	死难时间
崔爱华	滕州市南沙河镇崔庄	52	男	1944 年 6 月 11 日
刘宝洁	滕州市南沙河镇崔庄	71	男	1944 年 6 月 11 日
杨宝明	滕州市南沙河镇崔庄	36	男	1944 年 6 月 11 日
马　标	滕州市荆河街道五里屯	16	男	1944 年 6 月 12 日
张正天	滕州市南沙河镇北王铺	52	男	1944 年 6 月 12 日
马反成	滕州市荆河街道五里屯	30	男	1944 年 6 月 14 日
倪登启	滕州市官桥镇中洪林	48	男	1944 年 6 月 16 日
倪登胜	滕州市官桥镇中洪林	41	男	1944 年 6 月 16 日
倪正胜	滕州市官桥镇中洪林	46	男	1944 年 6 月 16 日
倪自胜	滕州市官桥镇中洪林	48	男	1944 年 6 月 16 日
闵广更	滕州市鲍沟镇闵楼村	37	男	1944 年 6 月 18 日
张丁氏	滕州市鲍沟镇南潭村	70	女	1944 年 6 月 18 日
王　一	滕州市南沙河镇下徐	15	男	1944 年 6 月 18 日
张永顺	滕州市官桥镇前官庄	40	男	1944 年 6 月 19 日
徐耿氏	滕州市善南街道王开一	51	女	1944 年 6 月 19 日
徐　均	滕州市善南街道王开一	53	男	1944 年 6 月 19 日
张　平	滕州市善南街道王开一	27	男	1944 年 6 月 19 日
王修文	滕州市南沙河镇	24	男	1944 年 6 月 21 日
徐明凤	滕州市南沙河镇下徐	12	女	1944 年 6 月 23 日
马钦军	滕州市鲍沟镇马庄	34	男	1944 年 6 月 24 日
马兆雷	滕州市鲍沟镇马庄	31	男	1944 年 6 月 24 日
刘长春	滕州市荆河街道五里屯	14	男	1944 年 6 月 25 日
范友斌	—	—	男	1944 年 7 月 1 日
董庆铸	滕州市洪绪镇白龙湾	51	男	1944 年 7 月 1 日
王洪利	滕州市洪绪镇白龙湾	56	男	1944 年 7 月 1 日
王贵团	滕州市洪绪镇陈楼村	24	男	1944 年 7 月 1 日
徐伯甫	滕州市洪绪镇甘庄村	30	男	1944 年 7 月 1 日
高元龙	滕州市洪绪镇后洪绪	36	男	1944 年 7 月 1 日
李为利	滕州市洪绪镇金庄	40	男	1944 年 7 月 1 日
刘成俊	滕州市洪绪镇金庄	46	男	1944 年 7 月 1 日
杨士元	滕州市洪绪镇颜楼村	29	男	1944 年 7 月 1 日
胡开田	滕州市洪绪镇杨园村	43	男	1944 年 7 月 1 日
许士军	滕州市洪绪镇玉楼村	53	男	1944 年 7 月 1 日
杨运右	滕州市西岗镇权子园村	28	男	1944 年 7 月 3 日

姓 名	籍 贯	年 龄	性 别	死难时间
赵德山	滕州市西岗镇权子园村	36	男	1944 年 7 月 3 日
赵文考	滕州市西岗镇权子园村	25	男	1944 年 7 月 3 日
刘时军	滕州市南沙河镇前房	30	男	1944 年 7 月 4 日
杨恒俊	滕州市鲍沟镇杨村	20	男	1944 年 7 月 5 日
王德灵	滕州市级索镇千佛阁村	65	男	1944 年 7 月 6 日
刘 春	滕州市荆河街道五里屯	17	男	1944 年 7 月 8 日
马士标	滕州市荆河街道五里屯	20	男	1944 年 7 月 8 日
吕传科	滕州市鲍沟镇	21	男	1944 年 7 月 9 日
时付宾	滕州市鲍沟镇孙岗	50	男	1944 年 7 月 9 日
徐秀连	滕州市鲍沟镇徐村	37	女	1944 年 7 月 9 日
张小健	滕州市南沙河镇	15	男	1944 年 7 月 9 日
王高氏	滕州市南沙河镇北池	58	女	1944 年 7 月 11 日
曹小兰	滕州市南沙河镇	36	女	1944 年 7 月 11 日
李 华	滕州市南沙河镇	26	男	1944 年 7 月 11 日
王长贵	滕州市南沙河镇	39	男	1944 年 7 月 11 日
赵 猛	滕州市西岗镇北赵庄	19	男	1944 年 7 月 11 日
姜开阔	滕州市鲍沟镇孙岗	20	男	1944 年 7 月 12 日
龙红海	滕州市级索镇港沟崖村	36	男	1944 年 7 月 12 日
龙振兴	滕州市级索镇港沟崖村	19	男	1944 年 7 月 12 日
董秦氏	滕州市滨湖镇人民庄	21	女	1944 年 7 月 15 日
杨小生	滕州市鲍沟镇北朱庄	14	男	1944 年 7 月 16 日
杨郎妮	滕州市鲍沟镇杨村	17	女	1944 年 7 月 16 日
姜立奎	滕州市鲍沟镇西荆林村	30	男	1944 年 7 月 18 日
李英梅	滕州市官桥镇大韩村	19	男	1944 年 7 月 19 日
钟庆兰	滕州市官桥镇前莱村	56	女	1944 年 7 月 19 日
赵本元	滕州市张汪镇	30	男	1944 年 7 月 19 日
张亮春	滕州市张汪镇陈楼村	17	男	1944 年 7 月 19 日
刘玉升	滕州市张汪镇	24	男	1944 年 7 月 19 日
闵召银	滕州市鲍沟镇	23	男	1944 年 7 月 21 日
宋思朴	滕州市鲍沟镇宋庄	45	男	1944 年 7 月 21 日
王赵氏	滕州市西岗镇高庙北村	27	女	1944 年 7 月 23 日
杨成训	滕州市鲍沟镇磨庄	20	男	1944 年 7 月 27 日
任开昌	滕州市官桥镇东王公	19	男	1944 年 7 月 27 日
杨 芳	滕州市南沙河镇	18	女	1944 年 7 月 28 日

姓 名	籍 贯	年 龄	性 别	死难时间
杨 芬	滕州市南沙河镇	22	女	1944 年 7 月 28 日
郝振田	—	—	女	1944 年 8 月 1 日
李顺先	滕州市北辛街道教场	27	男	1944 年 8 月 1 日
马志伟	滕州市北辛街道教场	37	男	1944 年 8 月 1 日
张宝珠	滕州市北辛街道教场	40	男	1944 年 8 月 1 日
张天瑞	滕州市东郭镇	—	男	1944 年 8 月 1 日
陆西学	滕州市东郭镇大党山	21	男	1944 年 8 月 1 日
工西东	滕州市东郭镇大堂门	37	男	1944 年 8 月 1 日
孙现华	滕州市东郭镇东明	45	男	1944 年 8 月 1 日
丁金凯	滕州市东郭镇后李岭	31	男	1944 年 8 月 1 日
满夫伍	滕州市东郭镇后坞沟	45	男	1944 年 8 月 1 日
黄长宝	滕州市东郭镇黄坡	45	男	1944 年 8 月 1 日
黄长河	滕州市东郭镇黄坡	36	男	1944 年 8 月 1 日
李广行	滕州市东郭镇黄坡	60	男	1944 年 8 月 1 日
林志善	滕州市东郭镇林岭	42	男	1944 年 8 月 1 日
林中平	滕州市东郭镇林岭	49	男	1944 年 8 月 1 日
闫大山	滕州市东郭镇马庄	22	男	1944 年 8 月 1 日
张延田	滕州市东郭镇前村	33	男	1944 年 8 月 1 日
张召喜	滕州市东郭镇前村	54	男	1944 年 8 月 1 日
徐长贵	滕州市东郭镇秦林	41	男	1944 年 8 月 1 日
徐大申	滕州市东郭镇秦林	39	男	1944 年 8 月 1 日
公成金	滕州市东郭镇山前	45	男	1944 年 8 月 1 日
张金品	滕州市东郭镇山前	36	男	1944 年 8 月 1 日
朱文山	滕州市东郭镇山前	47	男	1944 年 8 月 1 日
范宝凯	滕州市东郭镇下户主	34	男	1944 年 8 月 1 日
范天雷	滕州市东郭镇下户主	30	男	1944 年 8 月 1 日
张玉梅	滕州市东郭镇下户主	23	女	1944 年 8 月 1 日
肖河川	滕州市东郭镇赵坡村	29	男	1944 年 8 月 1 日
徐庆付	滕州市洪绪镇杜康村	29	男	1944 年 8 月 1 日
闫吉元	滕州市洪绪镇堌堆村	53	男	1944 年 8 月 1 日
张洪贞	滕州市洪绪镇堌堆村	23	男	1944 年 8 月 1 日
魏元环	滕州市洪绪镇后洪绪	28	男	1944 年 8 月 1 日
龙永平	滕州市洪绪镇龙庄村	39	男	1944 年 8 月 1 日
刘金浩	滕州市洪绪镇苗桥村	28	男	1944 年 8 月 1 日

姓 名	籍 贯	年 龄	性 别	死难时间
胡庆银	滕州市洪绪镇任于庄	28	男	1944 年 8 月 1 日
李成芳	滕州市洪绪镇唐庄村	48	男	1944 年 8 月 1 日
邢士涛	滕州市洪绪镇团结村	41	男	1944 年 8 月 1 日
徐伯灵	滕州市洪绪镇徐王庄	24	男	1944 年 8 月 1 日
张夫国	滕州市洪绪镇轴村	29	男	1944 年 8 月 1 日
吕存忠	滕州市姜屯镇闫村	—	男	1944 年 8 月 1 日
张李氏	滕州市善南街道王开一	42	女	1944 年 8 月 1 日
邱天义	滕州市官桥镇东郑庄	23	男	1944 年 8 月 4 日
石贵田	滕州市官桥镇东郑庄	59	男	1944 年 8 月 4 日
朱海卫	滕州市官桥镇前公桥	15	男	1944 年 8 月 4 日
朱顺昌	滕州市官桥镇前公桥	11	男	1944 年 8 月 4 日
张奎海	滕州市官桥镇东郑庄	19	男	1944 年 8 月 6 日
宋祖兰	滕州市官桥镇前公桥	45	女	1944 年 8 月 6 日
吴庆田	滕州市官桥镇前公桥	19	男	1944 年 8 月 6 日
杨郎婉	滕州市鲍沟镇杨村	17	男	1944 年 8 月 7 日
孙 彬	滕州市荆河街道五里屯	19	男	1944 年 8 月 8 日
孙玉刚	滕州市荆河街道五里屯	20	男	1944 年 8 月 8 日
张夫磊	滕州市鲍沟镇裴楼	46	男	1944 年 8 月 9 日
魏宝华	滕州市龙阳镇	19	男	1944 年 8 月 10 日
张亮林	滕州市张汪镇陈楼村	18	男	1944 年 8 月 11 日
刘李氏	滕州市荆河街道五里屯	17	女	1944 年 8 月 12 日
孙井宽	滕州市鲍沟镇孙岗	71	男	1944 年 8 月 14 日
倪守喜	滕州市鲍沟镇南潭村	21	男	1944 年 8 月 15 日
杨革平	滕州市鲍沟镇杨村	28	男	1944 年 8 月 15 日
陈正武	滕州市西岗镇温堂村	21	男	1944 年 8 月 15 日
赵贵芳	滕州市柴胡店镇	58	男	1944 年 8 月 16 日
王彦好	滕州市鲍沟镇北朱庄	40	男	1944 年 8 月 17 日
王满月	滕州市南沙河镇后房村	30	男	1944 年 8 月 17 日
姜立怀	滕州市鲍沟镇西荆林村	27	男	1944 年 8 月 19 日
张绣花	滕州市南沙河镇南池	37	女	1944 年 8 月 20 日
孙张氏	滕州市鲍沟镇孙岗	69	女	1944 年 8 月 21 日
李长伟	滕州市官桥镇车站村	30	男	1944 年 8 月 21 日
魏长海	滕州市官桥镇	63	男	1944 年 8 月 21 日
杨家銮	滕州市官桥镇东洪林	68	男	1944 年 8 月 21 日

姓　名	籍　贯	年　龄	性　别	死难时间
邓董氏	滕州市南沙河镇南池	23	女	1944 年 8 月 21 日
闵广圈	滕州市鲍沟镇闵楼村	42	男	1944 年 8 月 23 日
马李氏	滕州市荆河街道五里屯	18	女	1944 年 8 月 23 日
席张氏	滕州市南沙河镇冯东村	68	女	1944 年 8 月 25 日
朱传易	滕州市南沙河镇冯东村	31	男	1944 年 8 月 25 日
朱狄氏	滕州市南沙河镇冯东村	54	女	1944 年 8 月 25 日
张广钱	滕州市张汪镇陈楼村	19	男	1944 年 8 月 26 日
郭宝金	—	—	—	1944 年 9 月 1 日
姜广宝	滕州市鲍沟镇孙岗	45	男	1944 年 9 月 1 日
刘文祥	滕州市大坞镇牟庄	23	男	1944 年 9 月 1 日
李柏庆	滕州市洪绪镇安庄村	32	男	1944 年 9 月 1 日
魏佰伟	滕州市洪绪镇安庄村	40	男	1944 年 9 月 1 日
鞠文丙	滕州市洪绪镇北侯庄	30	男	1944 年 9 月 1 日
樊贵友	滕州市洪绪镇东赵沟	20	男	1944 年 9 月 1 日
张洪营	滕州市洪绪镇塥堆村	50	男	1944 年 9 月 1 日
张开岭	滕州市洪绪镇塥堆村	46	男	1944 年 9 月 1 日
赵怀涛	滕州市洪绪镇沙官村	25	男	1944 年 9 月 1 日
唐为斌	滕州市洪绪镇唐庄村	40	男	1944 年 9 月 1 日
秦文喜	滕州市界河镇南界河村	52	男	1944 年 9 月 1 日
周文清	滕州市龙泉街道程堂	49	男	1944 年 9 月 2 日
杨小纪	滕州市鲍沟镇杨村	34	男	1944 年 9 月 5 日
孙长顺之祖父	滕州市官桥镇官桥村	66	男	1944 年 9 月 5 日
王召弟	滕州市南沙河镇	34	女	1944 年 9 月 5 日
刘　氏	滕州市荆河街道五里屯	70	女	1944 年 9 月 6 日
郭印堂	滕州市鲍沟镇鲍沟北村	37	男	1944 年 9 月 8 日
马长荣	滕州市鲍沟镇大杨楼村	32	男	1944 年 9 月 8 日
姜学贡	滕州市鲍沟镇东荆林村	27	男	1944 年 9 月 8 日
贺中龙	滕州市鲍沟镇宋庄	30	男	1944 年 9 月 8 日
王清洋	滕州市官桥镇前莱村	46	男	1944 年 9 月 10 日
王慎庆	滕州市官桥镇前莱村	12	男	1944 年 9 月 10 日
张杨氏	滕州市官桥镇前莱村	42	女	1944 年 9 月 10 日
王　氏	滕州市西岗镇柴里中村	30	女	1944 年 9 月 11 日
刘　斌	滕州市荆河街道五里屯	19	男	1944 年 9 月 13 日
任开山	滕州市官桥镇东王公	20	男	1944 年 9 月 15 日

姓 名	籍 贯	年 龄	性 别	死难时间
任开争	滕州市官桥镇东王公	18	男	1944 年 9 月 15 日
石正花	滕州市官桥镇后莱村	31	男	1944 年 9 月 15 日
李志地	滕州市张汪镇陈楼村	18	男	1944 年 9 月 16 日
李学廷	滕州市鲍沟镇刘东	39	男	1944 年 9 月 17 日
王宝贵	滕州市鲍沟镇刘东	41	男	1944 年 9 月 17 日
赵宝玲	滕州市鲍沟镇刘东	39	男	1944 年 9 月 17 日
姚 华	滕州市鲍沟镇裴楼	38	男	1944 年 9 月 17 日
闵庆洪	滕州市鲍沟镇闵楼村	32	男	1944 年 9 月 18 日
赵 海	滕州市鲍沟镇裴楼	34	男	1944 年 9 月 18 日
时树宪	滕州市官桥镇时店村	37	男	1944 年 9 月 19 日
闵凡单	滕州市鲍沟镇闵楼村	28	男	1944 年 9 月 27 日
丁修河	滕州市鲍沟镇磨庄	61	男	1944 年 9 月 27 日
王 东	滕州市鲍沟镇裴楼	26	男	1944 年 9 月 27 日
宋丙军	滕州市鲍沟镇宋庄	50	男	1944 年 9 月 27 日
贺申文	滕州市鲍沟镇宋庄	20	女	1944 年 9 月 28 日
李广林	滕州市张汪镇陈楼村	19	男	1944 年 9 月 28 日
刘王氏	滕州市荆河街道五里屯	45	女	1944 年 9 月 29 日
刁计忠	滕州市龙阳镇刁沙村	57	男	1944 年 10 月 3 日
王起志	滕州市西岗镇北赵庄	51	男	1944 年 10 月 3 日
吴广田	滕州市善南街道七里堡	60	男	1944 年 10 月 5 日
徐兆岭	滕州市鲍沟镇徐村	43	男	1944 年 10 月 7 日
黄开明	滕州市鲍沟镇于仓	41	男	1944 年 10 月 7 日
姜绍喜	滕州市鲍沟镇西荆林村	20	男	1944 年 10 月 9 日
孔庆河	滕州市级索镇孔楼村	54	男	1944 年 10 月 9 日
孔庆宋	滕州市级索镇孔楼村	58	男	1944 年 10 月 9 日
谭王氏	滕州市南沙河镇北池	38	女	1944 年 10 月 10 日
姜广武	滕州市鲍沟镇东荆林村	30	男	1944 年 10 月 11 日
刘友义	滕州市鲍沟镇	45	男	1944 年 10 月 12 日
徐永花	滕州市鲍沟镇南朱庄	50	女	1944 年 10 月 12 日
张夫涛	滕州市鲍沟镇裴楼	30	男	1944 年 10 月 12 日
赵齐元	滕州市鲍沟镇前皇甫村	59	男	1944 年 10 月 12 日
杨小济	滕州市鲍沟镇杨村	34	男	1944 年 10 月 12 日
朱雨朝	滕州市南沙河镇北王铺	19	男	1944 年 10 月 12 日
黄金汉	滕州市西岗镇野庄村	40	男	1944 年 10 月 12 日

姓　名	籍　贯	年龄	性别	死难时间
王问海	滕州市官桥镇西郑庄	38	男	1944 年 10 月 13 日
闫李忠	滕州市龙阳镇刁沙村	60	男	1944 年 10 月 13 日
郭印同	滕州市鲍沟镇鲍沟北村	29	男	1944 年 10 月 15 日
朱　强	滕州市鲍沟镇南朱庄	37	男	1944 年 10 月 15 日
时付才	滕州市鲍沟镇孙岗	34	男	1944 年 10 月 15 日
张广地	滕州市张汪镇陈楼村	17	男	1944 年 10 月 16 日
侯致学	滕州市鲍沟镇	41	男	1944 年 10 月 18 日
姜学春	滕州市鲍沟镇东荆林村	36	男	1944 年 10 月 21 日
闵广昌	滕州市鲍沟镇闵楼村	44	男	1944 年 10 月 21 日
宋丙让	滕州市鲍沟镇宋庄	40	男	1944 年 10 月 21 日
刘　芳	滕州市南沙河镇	16	女	1944 年 10 月 21 日
杨荣连	滕州市张汪镇	20	男	1944 年 10 月 21 日
王　东	滕州市南沙河镇	25	男	1944 年 10 月 22 日
姜德稳	滕州市鲍沟镇西荆林村	22	男	1944 年 10 月 27 日
程胡氏	滕州市级索镇前王晁村	28	女	1944 年 10 月 29 日
鞠文忠	滕州市洪绪镇北侯庄	28	男	1944 年 11 月 1 日
高运国	滕州市洪绪镇赤店村	28	男	1944 年 11 月 1 日
冯统洪	滕州市洪绪镇孔屯村	38	男	1944 年 11 月 1 日
冯统月	滕州市洪绪镇孔屯村	46	男	1944 年 11 月 1 日
邢振余	滕州市洪绪镇沙官村	30	男	1944 年 11 月 1 日
马贵川	滕州市洪绪镇西赵沟	45	男	1944 年 11 月 1 日
张振生	滕州市洪绪镇幸福坝	25	男	1944 年 11 月 1 日
刘文华	滕州市级索镇韩桥村	24	男	1944 年 11 月 3 日
吕现奎	滕州市官桥镇前善庄	44	男	1944 年 11 月 9 日
陈宝山	滕州市官桥镇前善庄	22	男	1944 年 11 月 10 日
任士坦	滕州市官桥镇轩庄村	69	男	1944 年 11 月 10 日
王维秀	滕州市西岗镇花庄村	40	女	1944 年 11 月 12 日
赵德明	滕州市鲍沟镇鲍沟北村	35	男	1944 年 11 月 13 日
杨应松	滕州市鲍沟镇大杨楼村	29	男	1944 年 11 月 13 日
魏正义	滕州市官桥镇魏楼村	62	男	1944 年 11 月 17 日
张二柱	滕州市官桥镇魏楼村	46	男	1944 年 11 月 17 日
高邓氏	滕州市南沙河镇北池	25	女	1944 年 11 月 21 日
王路路	滕州市南沙河镇南池	26	女	1944 年 11 月 23 日
邓连常	滕州市鲍沟镇西宁村	20	男	1944 年 11 月 27 日

姓 名	籍 贯	年 龄	性 别	死难时间
邓连珍	滕州市鲍沟镇西宁村	20	男	1944 年 11 月 27 日
邓贞理	滕州市鲍沟镇西宁村	19	男	1944 年 11 月 27 日
任振学	滕州市官桥镇轩庄村	51	男	1944 年 11 月 29 日
生克勤	滕州市北辛街道小岗村	19	男	1944 年 12 月 1 日
刘文祥之母	滕州市大坞镇桥北	50	女	1944 年 12 月 1 日
刘学田	滕州市龙阳镇望龙村	31	男	1944 年 12 月 1 日
刘绍位	滕州市西岗镇郎庄村	78	男	1944 年 12 月 1 日
王梅山	滕州市鲍沟镇	42	男	1944 年 12 月 2 日
王振天	滕州市鲍沟镇	26	男	1944 年 12 月 2 日
崔石氏	滕州市南沙河镇崔庄	83	女	1944 年 12 月 5 日
杨 燕	滕州市南沙河镇崔庄	31	女	1944 年 12 月 5 日
杨承业	滕州市鲍沟镇南朱庄	50	男	1944 年 12 月 7 日
韩守路	滕州市鲍沟镇前皇甫村	56	男	1944 年 12 月 7 日
时培奋	滕州市官桥镇时店村	46	男	1944 年 12 月 10 日
高振夫	滕州市官桥镇前掌大	41	男	1944 年 12 月 14 日
季文告	滕州市鲍沟镇中皇甫村	27	男	1944 年 12 月 15 日
张云步	滕州市张汪镇陈楼村	20	男	1944 年 12 月 15 日
贾宝花	滕州市南沙河镇崔庄	39	女	1944 年 12 月 16 日
丁芙蓉	滕州市南沙河镇崔庄	46	女	1944 年 12 月 19 日
任守风	滕州市官桥镇北辛村	65	男	1944 年 12 月 23 日
王学理	滕州市鲍沟镇西宁村	20	男	1944 年 12 月 27 日
于继奎	滕州市鲍沟镇西宁村	19	男	1944 年 12 月 27 日
段长豪	滕州市官桥镇大韩村	52	男	1944 年 12 月 29 日
李庆标	滕州市官桥镇大韩村	55	男	1944 年 12 月 29 日
胡成生	—	—	男	1944 年
李现贵	—	—	男	1944 年
杨家保	—	—	男	1944 年
赵恒利	—	—	男	1944 年
赵恒元	—	—	男	1944 年
赵景月	—	—	男	1944 年
刘银贤	—	—	男	1944 年
渠若连	—	—	男	1944 年
郭殿金	—	—	男	1944 年
李道东	—	—	男	1944 年

姓　名	籍　贯	年　龄	性　别	死难时间
刘召全	—	—	男	1944 年
孙桂兰	—	—	—	1944 年
于永环	—	—	—	1944 年
朱广法	—	—	男	1944 年
周茂红	—	—	—	1944 年
王继胜	—	—	男	1944 年
王玉扬	—	—	男	1944 年
梁继清	—	—	男	1944 年
陈合朋	—	—	男	1944 年
吴全玉	—	—	男	1944 年
史庆兰	—	—	—	1944 年
蒋正云	—	—	—	1944 年
刘金禄	—	—	男	1944 年
姬长启	—	—	男	1944 年
王玉祥	—	—	男	1944 年
张兆谦	—	—	男	1944 年
龙振宗	—	—	男	1944 年
韩秀山	—	—	男	1944 年
马维新	—	—	男	1944 年
徐继山	—	—	男	1944 年
马保印	—	—	男	1944 年
张士标	—	—	男	1944 年
张福友	—	—	男	1944 年
张思芳	—	—	—	1944 年
胡景谋	—	—	男	1944 年
杨格平	—	—	男	1944 年
杨传信	—	—	男	1944 年
李庆堂	—	—	男	1944 年
何永春	—	—	男	1944 年
石思荣	—	—	男	1944 年
程茂贝	—	—	男	1944 年
张忠付	—	—	男	1944 年
雷同仁	—	—	男	1944 年
李发成	—	—	男	1944 年

姓　名	籍　贯	年　龄	性　别	死难时间
朱维哲	—	—	男	1944 年
刘尚清	—	—	男	1944 年
刘德胜	—	—	男	1944 年
余景吉	—	—	男	1944 年
韩广科	—	—	男	1944 年
孟宪堂	—	—	男	1944 年
吴全岭	—	—	男	1944 年
任振永	—	—	男	1944 年
李登弟	—	—	男	1944 年
孟庆三	—	—	男	1944 年
郑硕明	—	—	男	1944 年
程文轩	—	—	男	1944 年
李广贤	—	—	男	1944 年
刘庆雨	—	—	男	1944 年
张兴仁	—	—	男	1944 年
李庆华	—	—	男	1944 年
徐广元	—	—	男	1944 年
李炳胜	—	—	男	1944 年
王　五	—	—	男	1944 年
蒋全喜	—	—	男	1944 年
潘敬付	—	—	男	1944 年
杨学贵	—	—	男	1944 年
杜衍军	—	—	男	1944 年
孙景泉	—	—	男	1944 年
郑广金	—	—	男	1944 年
孟昭玉	—	—	男	1944 年
李其志	—	—	男	1944 年
夏原茂	—	—	男	1944 年
任声河	—	—	男	1944 年
彭友常	—	—	男	1944 年
张立士	—	—	男	1944 年
李诗举	滕州市	—	男	1944 年
杜正胜	滕州市	—	男	1944 年
鲁开和	滕州市	22	男	1944 年

姓　名	籍　贯	年　龄	性　别	死难时间
邵德凤	滕州市	—	男	1944 年
吴庆祥	滕州市	—	男	1944 年
吴庆祥之弟	滕州市	—	男	1944 年
张潘三	滕州市	—	男	1944 年
张锡觉	滕州市	—	男	1944 年
徐华同	滕州市官桥镇	28	男	1944 年
方　现	滕州市姜屯镇闫东村	21	男	1944 年
方汉军	滕州市姜屯镇闫东村	26	男	1944 年
方汉伟	滕州市姜屯镇闫东村	46	男	1944 年
方玉廷	滕州市姜屯镇闫东村	19	男	1944 年
张朝华	滕州市姜屯镇闫东村	37	男	1944 年
张朝仁	滕州市姜屯镇闫东村	68	男	1944 年
张李氏	滕州市姜屯镇闫东村	35	女	1944 年
陈　兵	滕州市姜屯镇闫西村	52	男	1944 年
陈大孩	滕州市姜屯镇闫西村	36	男	1944 年
陈培东	滕州市姜屯镇闫西村	19	男	1944 年
陈培军	滕州市姜屯镇闫西村	37	男	1944 年
方陈氏	滕州市姜屯镇闫西村	37	女	1944 年
方后民	滕州市姜屯镇闫西村	43	男	1944 年
方景太	滕州市姜屯镇闫西村	60	男	1944 年
方魏氏	滕州市姜屯镇闫西村	39	女	1944 年
方闫氏	滕州市姜屯镇闫西村	52	女	1944 年
方玉德	滕州市姜屯镇闫西村	68	男	1944 年
方玉红	滕州市姜屯镇闫西村	47	男	1944 年
方玉山	滕州市姜屯镇闫西村	52	男	1944 年
邱高氏	滕州市姜屯镇闫西村	52	女	1944 年
邱金山	滕州市姜屯镇闫西村	21	男	1944 年
邱孔氏	滕州市姜屯镇闫西村	36	女	1944 年
邱来国	滕州市姜屯镇闫西村	56	男	1944 年
邱来银	滕州市姜屯镇闫西村	35	男	1944 年
赵逢固	滕州市姜屯镇赵庄村	56	男	1944 年
赵逢怀	滕州市姜屯镇赵庄村	36	男	1944 年
赵日凤	滕州市姜屯镇赵庄村	52	男	1944 年
王衍吉	滕州市界河镇范庄村	—	男	1944 年

姓 名	籍 贯	年 龄	性 别	死难时间
王广文	滕州市龙阳镇	—	男	1944 年
张爱岭	滕州市龙阳镇	—	男	1944 年
张西角	滕州市羊庄镇	—	男	1944 年
周茂胜	滕州市羊庄镇坝上	43	男	1944 年
任振军	滕州市羊庄镇大康留	29	男	1944 年
蒋全习	滕州市羊庄镇蒋杭	22	男	1944 年
蒋正云	滕州市羊庄镇蒋杭	22	男	1944 年
蒋全喜	滕州市羊庄镇蒋杭	16	男	1944 年
郭广信	滕州市羊庄镇南塘	25	男	1944 年
孙成才	滕州市羊庄镇南塘	38	男	1944 年
徐井龙	滕州市羊庄镇南塘	41	男	1944 年
许景龙	滕州市羊庄镇南塘	26	男	1944 年
郑道田	滕州市羊庄镇南塘	30	男	1944 年
薛宗田	滕州市羊庄镇庞庄	38	男	1944 年
马立训	滕州市羊庄镇西于	25	男	1944 年
王浩文	滕州市羊庄镇徐庄	39	男	1944 年
关允桂	滕州市张汪镇五所楼	—	男	1944 年
关允喜	滕州市张汪镇五所楼	—	男	1944 年
崔朝安	—	—	男	1945 年 1 月 1 日
于德水	—	—	男	1945 年 1 月 1 日
王维香	—	—	—	1945 年 1 月 1 日
刘会远	—	—	男	1945 年 1 月 1 日
秦恒利	—	—	男	1945 年 1 月 1 日
单崇路	—	—	男	1945 年 1 月 1 日
王成太	—	—	男	1945 年 1 月 1 日
王福元	—	—	男	1945 年 1 月 1 日
刘要臣	滕州市大坞镇桥北	32	男	1945 年 1 月 1 日
刘印臣	滕州市大坞镇桥北	30	男	1945 年 1 月 1 日
邱传石	滕州市东郭镇大党山	30	男	1945 年 1 月 1 日
刘召汉	滕州市东郭镇东坞沟	45	男	1945 年 1 月 1 日
林香口	滕州市东郭镇林岭	29	男	1945 年 1 月 1 日
林志玉	滕州市东郭镇林岭	26	男	1945 年 1 月 1 日
丁克湖	滕州市东郭镇吴哨	67	男	1945 年 1 月 1 日
徐孝兴	滕州市东郭镇下户主	19	男	1945 年 1 月 1 日

姓 名	籍 贯	年 龄	性 别	死难时间
许广廷	滕州市东郭镇辛庄	21	男	1945 年 1 月 1 日
胡 华	滕州市鲍沟镇裴楼	38	男	1945 年 1 月 2 日
刘 克	滕州市荆河街道五里屯	24	男	1945 年 1 月 2 日
闵昭泰	滕州市西岗镇西岗二村	20	男	1945 年 1 月 2 日
胡书武	滕州市级索镇前王晁村	33	男	1945 年 1 月 3 日
孙二狗	滕州市荆河街道五里屯	8	男	1945 年 1 月 4 日
吴二用	滕州市善南街道七里堡	30	男	1945 年 1 月 4 日
刘文献	滕州市荆河街道五里屯	8	男	1945 年 1 月 6 日
王朱氏	滕州市南沙河镇南池	51	女	1945 年 1 月 6 日
刘 丁	滕州市荆河街道五里屯	11	女	1945 年 1 月 7 日
程高氏	滕州市龙泉街道程堂	48	女	1945 年 1 月 7 日
邓连谨	滕州市鲍沟镇西宁村	18	男	1945 年 1 月 9 日
李贵起	滕州市鲍沟镇杨村	17	男	1945 年 1 月 9 日
龙兴达	滕州市级索镇港沟崖村	24	男	1945 年 1 月 9 日
张金中	滕州市荆河街道张明	70	男	1945 年 1 月 9 日
王巩氏	滕州市南沙河镇南池	46	女	1945 年 1 月 11 日
路运明	滕州市鲍沟镇南朱庄	20	男	1945 年 1 月 12 日
张永昌	滕州市鲍沟镇南朱庄	30	男	1945 年 1 月 12 日
王洪兰	滕州市鲍沟镇圈里村	18	男	1945 年 1 月 12 日
王志平	滕州市鲍沟镇圈里村	19	男	1945 年 1 月 12 日
彭廷昌	滕州市鲍沟镇孙岗	32	男	1945 年 1 月 12 日
李 玉	滕州市荆河街道五里屯	14	男	1945 年 1 月 12 日
李晁纪	滕州市鲍沟镇杨村	32	男	1945 年 1 月 13 日
李春志	滕州市官桥镇前官庄	69	男	1945 年 1 月 13 日
杨 山	滕州市官桥镇前官庄	64	男	1945 年 1 月 13 日
杨玉喜	滕州市鲍沟镇	37	男	1945 年 1 月 15 日
杨成义	滕州市官桥镇	65	男	1945 年 1 月 16 日
杨传金	滕州市官桥镇前掌大	42	男	1945 年 1 月 16 日
杨家修	滕州市官桥镇东洪林	50	男	1945 年 1 月 19 日
刘玉磊	滕州市鲍沟镇刘东	38	男	1945 年 1 月 21 日
李开玉	—	—	—	1945 年 2 月 1 日
李光湖	滕州市东郭镇大堂门	39	男	1945 年 2 月 1 日
张太顺	滕州市东郭镇黄坡	43	男	1945 年 2 月 1 日
黄海存	滕州市东郭镇黄园	48	男	1945 年 2 月 1 日

姓　名	籍　贯	年　龄	性　别	死难时间
黄田氏	滕州市东郭镇黄园	23	女	1945年2月1日
黄小贞	滕州市东郭镇黄园	63	男	1945年2月1日
黄友和	滕州市东郭镇黄园	42	男	1945年2月1日
徐孝杰	滕州市东郭镇秦林	42	男	1945年2月1日
肖亚光	滕州市东郭镇赵坡村	41	男	1945年2月1日
张同林	滕州市东郭镇赵坡村	36	男	1945年2月1日
李洪业	滕州市东沙河镇东小宫村	24	男	1945年2月1日
李延美	滕州市东沙河镇东小宫村	21	男	1945年2月1日
李延友	滕州市东沙河镇东小宫村	25	男	1945年2月1日
刘玉沛	滕州市洪绪镇金庄	32	男	1945年2月1日
王全志	滕州市界河镇北界河村	—	男	1945年2月1日
徐王氏	滕州市界河镇北界河村	62	女	1945年2月1日
邵德风	滕州市荆河街道	30	男	1945年2月1日
韩兴安	滕州市荆河街道西关	—	男	1945年2月1日
王中明	滕州市龙阳镇下司堂	—	男	1945年2月1日
杨振泉	滕州市龙阳镇下司堂	—	男	1945年2月1日
张显范	滕州市龙阳镇下司堂	—	男	1945年2月1日
席刘氏	滕州市南沙河镇冯东村	58	女	1945年2月1日
杨高氏	滕州市南沙河镇冯东村	28	女	1945年2月1日
米长安	滕州市南沙河镇冯东村	23	男	1945年2月2日
米有喜	滕州市南沙河镇冯东村	38	男	1945年2月2日
米有余	滕州市南沙河镇冯东村	36	男	1945年2月2日
龙　军	滕州市级索镇港沟崖村	18	男	1945年2月3日
龙小二	滕州市级索镇港沟崖村	19	男	1945年2月3日
时元德	滕州市官桥镇时店村	48	男	1945年2月5日
张有钱	滕州市荆河街道张明	78	男	1945年2月5日
王李氏	滕州市西岗镇高庙北村	35	女	1945年2月5日
杨启应	滕州市鲍沟镇大杨楼村	40	男	1945年2月7日
徐传信	滕州市南沙河镇下徐	41	男	1945年2月8日
刘　南	滕州市鲍沟镇裴楼	34	男	1945年2月9日
邓王氏	滕州市官桥镇西公桥	30	女	1945年2月9日
邓朱氏	滕州市官桥镇西公桥	36	女	1945年2月9日
张建国	滕州市官桥镇西公桥	31	男	1945年2月9日
王忠仁	滕州市南沙河镇古石三村	23	男	1945年2月9日

姓　名	籍　贯	年　龄	性　别	死难时间
程洪金	滕州市龙泉街道程堂	60	男	1945 年 2 月 11 日
邱明菊	滕州市鲍沟镇裴楼	29	男	1945 年 2 月 12 日
高任氏	滕州市南沙河镇于泉	60	女	1945 年 2 月 13 日
徐　奎	滕州市南沙河镇于泉	51	男	1945 年 2 月 13 日
段成海	滕州市官桥镇大韩村	29	男	1945 年 2 月 15 日
关允贵	滕州市张汪镇五所楼	24	男	1945 年 2 月 15 日
关允喜	滕州市张汪镇五所楼	22	男	1945 年 2 月 15 日
李王氏	滕州市鲍沟镇杨村	27	女	1945 年 2 月 16 日
徐传明	滕州市南沙河镇下徐	37	男	1945 年 2 月 16 日
王维俭	滕州市鲍沟镇中石庙	17	男	1945 年 2 月 17 日
王孙氏	滕州市官桥镇前莱村	72	女	1945 年 2 月 17 日
王现山	滕州市官桥镇前莱村	12	男	1945 年 2 月 17 日
张培瑞	滕州市官桥镇前莱村	21	男	1945 年 2 月 17 日
张任氏	滕州市官桥镇前莱村	47	女	1945 年 2 月 17 日
孙广才	—	—	—	1945 年 2 月 18 日
秦士永	滕州市官桥镇后善庄	47	男	1945 年 2 月 19 日
吕金乐	滕州市官桥镇吕楼村	31	男	1945 年 2 月 19 日
吕玉龙	滕州市官桥镇	42	男	1945 年 2 月 19 日
张玉保	滕州市龙阳镇	—	男	1945 年 2 月 24 日
李成伟	滕州市鲍沟镇裴楼	47	男	1945 年 2 月 27 日
陈玉成	—	—	男	1945 年 3 月 1 日
邱尚纯	—	—	男	1945 年 3 月 1 日
白玉泉	—	—	男	1945 年 3 月 1 日
刘召和	滕州市东郭镇东坞沟	38	男	1945 年 3 月 1 日
林银水	滕州市东郭镇林岭	46	男	1945 年 3 月 1 日
张学名	滕州市东郭镇石羊山	36	男	1945 年 3 月 1 日
范大和	滕州市东郭镇下户主	23	男	1945 年 3 月 1 日
范玉合	滕州市东郭镇下户主	45	男	1945 年 3 月 1 日
任显军	滕州市洪绪镇金庄	38	男	1945 年 3 月 1 日
徐玉庆	滕州市界河镇北界河村	61	男	1945 年 3 月 1 日
徐玉山	滕州市界河镇北界河村	23	男	1945 年 3 月 1 日
李家坦	滕州市界河镇南界河村	35	男	1945 年 3 月 1 日
李治才	滕州市界河镇南界河村	21	男	1945 年 3 月 1 日
李治英	滕州市界河镇南界河村	32	女	1945 年 3 月 1 日

姓 名	籍 贯	年龄	性别	死难时间
马孔氏	滕州市界河镇南界河村	37	女	1945 年 3 月 1 日
王寿山	滕州市界河镇南界河村	19	男	1945 年 3 月 1 日
张 军	滕州市荆河街道张明	69	男	1945 年 3 月 2 日
杨恒建	滕州市鲍沟镇北朱庄	64	男	1945 年 3 月 5 日
赵中梅	滕州市西岗镇北赵庄	18	女	1945 年 3 月 5 日
席明常	滕州市南沙河镇冯东村	27	男	1945 年 3 月 6 日
付守东	滕州市西岗镇后寨居	43	男	1945 年 3 月 8 日
张庆中	滕州市龙阳镇	32	男	1945 年 3 月 10 日
王学洪	滕州市南沙河镇东朱庄	28	男	1945 年 3 月 10 日
张友信	滕州市官桥镇东郑庄	62	男	1945 年 3 月 11 日
王建利	滕州市官桥镇西郑庄	29	男	1945 年 3 月 11 日
吕秀才	滕州市鲍沟镇吕坡	32	男	1945 年 3 月 12 日
张宝加	滕州市鲍沟镇薛岩前村	22	男	1945 年 3 月 12 日
杨 文	滕州市鲍沟镇杨村	34	男	1945 年 3 月 12 日
王问伦	滕州市官桥镇西郑庄	43	男	1945 年 3 月 12 日
王问兴	滕州市官桥镇西郑庄	37	男	1945 年 3 月 12 日
耿廷瑞	滕州市官桥镇中洪林	29	男	1945 年 3 月 12 日
倪家启	滕州市官桥镇中洪林	41	男	1945 年 3 月 12 日
徐日秀	滕州市鲍沟镇徐村	26	女	1945 年 3 月 15 日
吴成明	滕州市官桥镇吴庄村	29	男	1945 年 3 月 15 日
王白氏	滕州市官桥镇坝上村	50	女	1945 年 3 月 16 日
王张氏	滕州市官桥镇坝上村	45	女	1945 年 3 月 16 日
时刘氏	滕州市官桥镇时店村	42	女	1945 年 3 月 16 日
席 文	滕州市南沙河镇冯东村	15	女	1945 年 3 月 16 日
李金氏	滕州市南沙河镇于泉	39	女	1945 年 3 月 16 日
张秀英	滕州市官桥镇中韩村	47	女	1945 年 3 月 17 日
钟士英	滕州市官桥镇中韩村	40	女	1945 年 3 月 17 日
闫守玉	滕州市龙阳镇	30	男	1945 年 3 月 18 日
朱敬三	滕州市龙阳镇	30	男	1945 年 3 月 18 日
张启明	滕州市官桥镇前官庄	69	男	1945 年 3 月 19 日
徐李氏	滕州市南沙河镇于泉	41	女	1945 年 3 月 19 日
朱茂银	滕州市鲍沟镇薛岩后村	25	男	1945 年 3 月 21 日
张金相	滕州市鲍沟镇张村	60	男	1945 年 3 月 21 日
徐世顺	滕州市南沙河镇于泉	8	男	1945 年 3 月 21 日

姓 名	籍 贯	年 龄	性 别	死难时间
闵绍河	滕州市鲍沟镇闵楼村	50	男	1945 年 3 月 24 日
杨传领	滕州市官桥镇前掌大	29	男	1945 年 3 月 24 日
杨斯明	滕州市官桥镇前掌大	39	男	1945 年 3 月 24 日
杜宗常	—	—	男	1945 年 4 月 1 日
徐景龙	—	—	男	1945 年 4 月 1 日
孙桂芝	滕州市善南街道贾庄	—	男	1945 年 4 月 1 日
孙金海	滕州市东郭镇东明	40	男	1945 年 4 月 1 日
满守德	滕州市东郭镇后坞沟	13	男	1945 年 4 月 1 日
满永来	滕州市东郭镇后坞沟	16	男	1945 年 4 月 1 日
丁慎来	滕州市东郭镇马河	42	男	1945 年 4 月 1 日
张庆平	滕州市东郭镇前村	15	男	1945 年 4 月 1 日
张忠平	滕州市东郭镇前村	10	男	1945 年 4 月 1 日
巩山法	滕州市东郭镇石羊山	34	男	1945 年 4 月 1 日
侯永柱	滕州市洪绪镇金庄	26	男	1945 年 4 月 1 日
李文祥	滕州市洪绪镇金庄	41	男	1945 年 4 月 1 日
刘真成	滕州市大坞镇桥北	23	男	1945 年 4 月 1 日
刘麦臣	滕州市大坞镇桥北	50	男	1945 年 4 月 1 日
刘真太	滕州市大坞镇桥北	28	男	1945 年 4 月 1 日
张卢氏	滕州市木石镇山口村	46	女	1945 年 4 月 2 日
杨福田	滕州市官桥镇东洪林	28	男	1945 年 4 月 3 日
胡吕氏	滕州市南沙河镇前房	29	女	1945 年 4 月 5 日
陈秀兰	滕州市官桥镇东洪林	60	女	1945 年 4 月 6 日
狄宝玉	滕州市南沙河镇古石二村	41	男	1945 年 4 月 6 日
狄胜恒	滕州市南沙河镇古石二村	37	男	1945 年 4 月 6 日
张宋氏	滕州市善南街道七里堡	60	女	1945 年 4 月 9 日
姜立祥	滕州市鲍沟镇东荆林村	38	男	1945 年 4 月 10 日
吴志向	滕州市官桥镇吴庄村	47	男	1945 年 4 月 10 日
闫守现	滕州市龙阳镇	30	男	1945 年 4 月 10 日
张闵氏	滕州市鲍沟镇南朱庄	40	女	1945 年 4 月 12 日
高 柱	滕州市鲍沟镇前皇甫村	37	男	1945 年 4 月 12 日
杨 建	滕州市鲍沟镇杨村	64	男	1945 年 4 月 12 日
倪士详	滕州市官桥镇中洪林	47	男	1945 年 4 月 12 日
徐金毛	滕州市南沙河镇崔庄	26	男	1945 年 4 月 13 日
姜立存	滕州市鲍沟镇西荆林村	21	男	1945 年 4 月 15 日

姓 名	籍 贯	年 龄	性 别	死难时间
倪士水	滕州市官桥镇中洪林	32	男	1945 年 4 月 16 日
徐高氏	滕州市南沙河镇崔庄	47	女	1945 年 4 月 16 日
张 峰	滕州市鲍沟镇东荆林村	31	男	1945 年 4 月 17 日
赵长海	滕州市柴胡店镇郝庄村	37	男	1945 年 4 月 18 日
王世太	滕州市官桥镇坝上村	58	男	1945 年 4 月 18 日
范明标	滕州市官桥镇前莱村	14	男	1945 年 4 月 18 日
张耿氏	滕州市官桥镇前莱村	32	女	1945 年 4 月 18 日
周庆山	滕州市官桥镇前莱村	31	男	1945 年 4 月 18 日
朱 苓	滕州市官桥镇时店村	43	女	1945 年 4 月 18 日
王德标	滕州市鲍沟镇闵楼村	39	男	1945 年 4 月 21 日
李贵启	滕州市鲍沟镇杨村	18	男	1945 年 4 月 23 日
段 峰	滕州市官桥镇大韩村	59	男	1945 年 4 月 26 日
段文磊	滕州市官桥镇大韩村	43	男	1945 年 4 月 26 日
段文玉	滕州市官桥镇大韩村	39	男	1945 年 4 月 26 日
程子究	滕州市	—	男	1945 年 5 月 1 日
范夫山	滕州市东郭镇下户主	19	男	1945 年 5 月 1 日
王景良	滕州市东沙河镇王母店	19	男	1945 年 5 月 1 日
刘其昌	滕州市南沙河镇前房	24	男	1945 年 5 月 1 日
刘张氏	滕州市南沙河镇前房	23	女	1945 年 5 月 1 日
刘振江	滕州市鲍沟镇	38	男	1945 年 5 月 2 日
胡学友	滕州市南沙河镇前房	34	男	1945 年 5 月 2 日
张爱民	滕州市南沙河镇前房	45	男	1945 年 5 月 3 日
吴保林	滕州市善南街道七里堡	61	男	1945 年 5 月 4 日
李张氏	滕州市鲍沟镇	38	女	1945 年 5 月 7 日
李赵氏	滕州市鲍沟镇前皇甫村	20	女	1945 年 5 月 7 日
刘学公	滕州市鲍沟镇前皇甫村	52	男	1945 年 5 月 7 日
王李氏	滕州市鲍沟镇前皇甫村	29	女	1945 年 5 月 7 日
姜广宝	滕州市鲍沟镇孙岗	45	男	1945 年 5 月 7 日
彭廷亮	滕州市鲍沟镇孙岗	24	男	1945 年 5 月 7 日
彭廷水	滕州市鲍沟镇孙岗	43	男	1945 年 5 月 7 日
满殿伦	滕州市鲍沟镇薛岩后村	28	男	1945 年 5 月 7 日
高德法	滕州市鲍沟镇于仓	31	男	1945 年 5 月 7 日
满景义	滕州市西岗镇柴里西村	43	男	1945 年 5 月 7 日
满启吉	滕州市西岗镇柴里西村	19	男	1945 年 5 月 9 日

姓 名	籍 贯	年 龄	性 别	死难时间
关恒安	滕州市柴胡店镇后黄村	69	男	1945 年 5 月 10 日
关恒友	滕州市柴胡店镇后黄村	40	男	1945 年 5 月 10 日
王士学	滕州市柴胡店镇后黄村	70	男	1945 年 5 月 10 日
吴应武	滕州市柴胡店镇后黄村	39	男	1945 年 5 月 10 日
杨传宾	滕州市柴胡店镇后黄村	58	男	1945 年 5 月 10 日
杨传海	滕州市柴胡店镇后黄村	57	男	1945 年 5 月 10 日
杨茂礼	滕州市柴胡店镇后黄村	52	男	1945 年 5 月 10 日
马古单	滕州市鲍沟镇马庄	41	男	1945 年 5 月 12 日
刘 庆	滕州市鲍沟镇	30	男	1945 年 5 月 14 日
刘庆海	滕州市鲍沟镇	30	男	1945 年 5 月 14 日
张爱国	滕州市南沙河镇房村	36	男	1945 年 5 月 14 日
崔 婷	滕州市南沙河镇崔庄	34	女	1945 年 5 月 16 日
杨艳文	滕州市南沙河镇崔庄	18	女	1945 年 5 月 16 日
王吕氏	滕州市鲍沟镇刘东	37	女	1945 年 5 月 18 日
程春华	滕州市龙泉街道程堂	58	男	1945 年 5 月 18 日
赵见标之祖母	滕州市龙泉街道程堂	58	女	1945 年 5 月 19 日
生文博	滕州市南沙河镇房村	19	女	1945 年 5 月 19 日
徐继明	滕州市南沙河镇河汇村	47	男	1945 年 5 月 19 日
徐守辉	滕州市南沙河镇河汇村	31	男	1945 年 5 月 19 日
徐张氏	滕州市南沙河镇河汇村	19	女	1945 年 5 月 20 日
生文燕	滕州市南沙河镇前房	16	女	1945 年 5 月 20 日
宋高远	滕州市鲍沟镇	46	男	1945 年 5 月 21 日
李召兴	滕州市鲍沟镇吕坡	42	男	1945 年 5 月 21 日
朱宗爱	滕州市鲍沟镇吕坡	20	女	1945 年 5 月 21 日
于连顺	滕州市鲍沟镇西宁村	20	男	1945 年 5 月 21 日
王承喜	滕州市鲍沟镇中石庙	24	男	1945 年 5 月 21 日
王维山	滕州市鲍沟镇中石庙	24	男	1945 年 5 月 21 日
裴大友	滕州市官桥镇苏叶村	22	男	1945 年 5 月 21 日
张茂胜	滕州市官桥镇苏叶村	28	男	1945 年 5 月 21 日
王明明	滕州市南沙河镇河汇村	21	女	1945 年 5 月 21 日
王刘氏	滕州市南沙河镇河汇村	39	女	1945 年 5 月 22 日
刘 愤	滕州市官桥镇苏坦村	21	男	1945 年 5 月 29 日
王小花	滕州市官桥镇西郑庄	21	女	1945 年 5 月 30 日
王新茂	滕州市官桥镇西郑庄	30	男	1945 年 5 月 30 日

姓　名	籍　贯	年　龄	性　别	死难时间
王泽巨	滕州市官桥镇西郑庄	29	男	1945 年 5 月 30 日
刘军民	滕州市北辛街道教场	40	男	1945 年 6 月 1 日
王建运	滕州市荆河街道小河村	—	男	1945 年 6 月 2 日
赵见标之祖父	滕州市龙泉街道程堂	52	男	1945 年 6 月 2 日
王允善	滕州市西岗镇郎庄村	20	男	1945 年 6 月 5 日
杨泗盛	滕州市西岗镇小杨庄村	43	男	1945 年 6 月 5 日
邵家征	滕州市柴胡店镇邵庄	55	男	1945 年 6 月 6 日
满新堂	滕州市鲍沟镇	30	男	1945 年 6 月 7 日
孙井湖	滕州市鲍沟镇裴楼	45	男	1945 年 6 月 7 日
邵家伟	滕州市柴胡店镇邵庄	54	男	1945 年 6 月 7 日
王茂西	滕州市南沙河镇北古石村	60	男	1945 年 6 月 7 日
张显光	滕州市鲍沟镇	22	男	1945 年 6 月 8 日
吕以爵	滕州市鲍沟镇	21	男	1945 年 6 月 8 日
吕孔氏	滕州市鲍沟镇吕坡	25	女	1945 年 6 月 8 日
刘传贵	—	—	男	1945 年 6 月 9 日
张士田	滕州市木石镇张秦庄	28	男	1945 年 6 月 10 日
韩风席	滕州市西岗镇北赵庄	55	男	1945 年 6 月 10 日
孙　明	滕州市鲍沟镇裴楼	39	男	1945 年 6 月 12 日
王公宇	滕州市鲍沟镇裴楼	27	男	1945 年 6 月 12 日
张文凤	滕州市南沙河镇后房村	22	女	1945 年 6 月 12 日
李自三	滕州市西岗镇郭庄村	16	男	1945 年 6 月 12 日
鲍玉丰	滕州市鲍沟镇刘东	30	男	1945 年 6 月 13 日
王宝顺	滕州市鲍沟镇刘东	40	男	1945 年 6 月 13 日
李贵知	滕州市鲍沟镇杨村	32	男	1945 年 6 月 13 日
陈兴隆	滕州市南沙河镇后房村	47	男	1945 年 6 月 13 日
周有财	滕州市南沙河镇后房村	46	男	1945 年 6 月 14 日
陈月琴	滕州市南沙河镇南池	13	女	1945 年 6 月 15 日
高金才	滕州市南沙河镇于泉	60	男	1945 年 6 月 17 日
朱王氏	滕州市鲍沟镇北朱庄	34	女	1945 年 6 月 18 日
张三妹	滕州市柴胡店镇南胡楼村	19	女	1945 年 6 月 18 日
郭　刚	滕州市柴胡店镇前大官村	32	男	1945 年 6 月 18 日
胡纪元	滕州市柴胡店镇前大官村	49	男	1945 年 6 月 18 日
胡明奎	滕州市柴胡店镇前大官村	38	男	1945 年 6 月 18 日
朱　岳	滕州市柴胡店镇前大官村	49	男	1945 年 6 月 18 日

姓 名	籍 贯	年 龄	性 别	死难时间
张兆谦	滕州市柴胡店镇小石楼村	30	男	1945 年 6 月 18 日
高庆龙	滕州市南沙河镇于泉	42	男	1945 年 6 月 18 日
李金龙	滕州市南沙河镇于泉	47	男	1945 年 6 月 18 日
张成金	滕州市西岗镇西曹庄	86	男	1945 年 6 月 19 日
小 文	滕州市南沙河镇于泉	37	男	1945 年 6 月 20 日
单 南	滕州市南沙河镇南池	23	男	1945 年 6 月 21 日
冯秀文	滕州市张汪镇	32	男	1945 年 6 月 24 日
黄兴林	滕州市张汪镇	28	男	1945 年 6 月 24 日
陆大鹏	滕州市东郭镇大党山	19	男	1945 年 7 月 1 日
马召超	滕州市东郭镇大党山	46	男	1945 年 7 月 1 日
闫大福	滕州市东郭镇马庄	25	男	1945 年 7 月 1 日
闫太品	滕州市东郭镇马庄	19	男	1945 年 7 月 1 日
公有来	滕州市东郭镇山前	37	男	1945 年 7 月 1 日
张金才	滕州市东郭镇唐林	44	男	1945 年 7 月 1 日
李思文	滕州市东郭镇王庄	43	男	1945 年 7 月 1 日
郭力强	滕州市木石镇山口村	60	男	1945 年 7 月 2 日
刘利洪	滕州市木石镇山口村	37	男	1945 年 7 月 2 日
邱子亮	—	—	男	1945 年 7 月 6 日
王兴兰	滕州市西岗镇花庄村	58	女	1945 年 7 月 6 日
宋志得	滕州市西岗镇小杨庄村	30	男	1945 年 7 月 8 日
张开振	滕州市鲍沟镇闵楼村	49	男	1945 年 7 月 9 日
朱瑞河	滕州市南沙河镇	25	男	1945 年 7 月 9 日
杨文经	滕州市鲍沟镇	34	男	1945 年 7 月 10 日
孙 明	滕州市鲍沟镇孙岗	39	男	1945 年 7 月 11 日
杨位中	滕州市级索镇后牛集村	50	男	1945 年 7 月 12 日
朱 义	滕州市木石镇后木石	39	男	1945 年 7 月 13 日
孔凡孝	滕州市级索镇后牛集村	51	男	1945 年 7 月 16 日
王长甲	滕州市鲍沟镇闵楼村	32	男	1945 年 7 月 17 日
魏玉忠	滕州市鲍沟镇杨村	28	男	1945 年 7 月 18 日
孙成柱	滕州市鲍沟镇	42	男	1945 年 7 月 21 日
倪守海	滕州市鲍沟镇鲍沟北村	28	男	1945 年 7 月 21 日
姜学景	滕州市鲍沟镇东荆林村	29	男	1945 年 7 月 21 日
李德才	滕州市鲍沟镇吕坡	22	男	1945 年 7 月 21 日
王兆香	滕州市鲍沟镇中石庙	25	男	1945 年 7 月 21 日

姓　名	籍　贯	年　龄	性　别	死难时间
刘××	滕州市大坞镇和福村	—	男	1945年7月24日
杨位常	滕州市大坞镇和福村	—	男	1945年7月24日
胡　顺	滕州市大坞镇	—	男	1945年8月1日
张　云	滕州市木石镇山口村	39	女	1945年8月1日
孙厚运	滕州市西岗镇权子园村	20	男	1945年8月3日
姚宝亮	滕州市西岗镇权子园村	38	男	1945年8月3日
赵文贵	滕州市西岗镇权子园村	14	男	1945年8月3日
丁修运	滕州市鲍沟镇磨庄	59	男	1945年8月4日
杨祚喜	滕州市鲍沟镇杨村	22	男	1945年8月5日
李有才	滕州市南沙河镇	73	男	1945年8月5日
李有志	滕州市南沙河镇	66	男	1945年8月5日
倪继权	滕州市鲍沟镇南潭村	28	男	1945年8月7日
刘广海	滕州市鲍沟镇中皇甫村	30	男	1945年8月11日
刘立家	滕州市鲍沟镇中皇甫村	30	男	1945年8月11日
邢计发	滕州市鲍沟镇邢寨	43	男	1945年8月13日
李传胜	—	—	男	1945年
马召田	—	—	男	1945年
王秉恕	—	—	男	1945年
王洪模	—	—	男	1945年
吴启田	—	—	男	1945年
张玉保	—	—	男	1945年
李诗贤	—	—	男	1945年
王恒义	—	—	男	1945年
关文善	—	—	男	1945年
李继德	—	—	男	1945年
刘德义	—	—	男	1945年
刘昭仁	—	—	男	1945年
于振生	—	—	男	1945年
张文政	—	—	男	1945年
崔洪标	—	—	男	1945年
刘耀臣	—	—	男	1945年
段成芳	—	—	—	1945年
马志海	—	—	男	1945年
王传家	—	—	男	1945年

姓　名	籍　贯	年　龄	性　别	死难时间
刘家余	—	—	男	1945 年
吴全运	—	—	男	1945 年
任振营	—	—	男	1945 年
胡福怀	—	—	男	1945 年
满凤良	—	—	男	1945 年
满士云	—	—	男	1945 年
王忠明	—	—	男	1945 年
梁宝印	—	—	男	1945 年
许培兴	—	—	男	1945 年
刘庆真	—	—	男	1945 年
赵崇岭	—	—	男	1945 年
徐慎喜	—	—	男	1945 年
李子印	—	—	男	1945 年
刘成田	—	—	男	1945 年
陈芳田	—	—	男	1945 年
陈昭法	—	—	男	1945 年
单宁章	—	—	男	1945 年
王成海	—	—	男	1945 年
神维童	—	—	男	1945 年
甄化苓	—	—	男	1945 年
刘德胜	—	—	男	1945 年
刘长启	—	—	男	1945 年
梁金光	—	—	男	1945 年
倪印田	—	—	男	1945 年
王学文	—	—	男	1945 年
连德忍	—	—	男	1945 年
闫景尧	—	—	男	1945 年
张玉全	—	—	男	1945 年
杨士才	—	—	男	1945 年
赵逢故	—	—	男	1945 年
娄继海	—	—	男	1945 年
陈永贵	—	—	男	1945 年
邵泽礼	—	—	男	1945 年
李瑞山	—	—	男	1945 年

姓 名	籍 贯	年 龄	性 别	死难时间
刘福云	—	—	男	1945 年
刘声明	—	—	男	1945 年
杨位厚	—	—	男	1945 年
杨位常	—	—	男	1945 年
邵家运	—	—	男	1945 年
李福友	—	—	男	1945 年
张士员	—	—	男	1945 年
张兆堂	—	—	男	1945 年
张兆宽	—	—	男	1945 年
张金付	—	—	男	1945 年
李子春	—	—	男	1945 年
朱维生	—	—	男	1945 年
巩福彦	—	—	男	1945 年
李士景	—	—	男	1945 年
王长山	—	—	男	1945 年
王学洪	—	—	男	1945 年
程子亮	—	—	男	1945 年
程子显	—	—	男	1945 年
刘子义	—	—	男	1945 年
孔凡亮	—	—	男	1945 年
倪道洲	—	—	男	1945 年
王兴德	—	—	男	1945 年
王修明	—	—	男	1945 年
李广福	—	—	男	1945 年
李士民	—	—	男	1945 年
赵明聪	—	—	男	1945 年
许文坤	—	—	男	1945 年
康文堂	—	—	男	1945 年
马允富	—	—	男	1945 年
崔明贞	—	—	男	1945 年
张士兰	—	—	—	1945 年
狄胜玉	—	—	男	1945 年
田家胜	—	—	男	1945 年
刘玉英	—	—	—	1945 年

姓 名	籍 贯	年 龄	性 别	死难时间
关云贵	—	—	男	1945 年
关云喜	—	—	男	1945 年
高振风	—	—	男	1945 年
满景泉	—	—	男	1945 年
殷茂申	—	—	男	1945 年
刘永和	—	—	男	1945 年
杜孝增	—	—	男	1945 年
王兆平	—	—	男	1945 年
渠若然	—	—	男	1945 年
孙远道	—	—	男	1945 年
卢 二	—	—	男	1945 年
李保法	—	—	男	1945 年
许培刚	—	—	男	1945 年
谢崇霭	—	—	男	1945 年
刘传礼	—	—	男	1945 年
刘传寿	—	—	男	1945 年
孙 垒	—	22	女	1945 年
韩 建	—	—	男	1945 年
张清吉	—	—	男	1945 年
孙贵芝	滕州市善南街道贾庄	—	男	1945 年
高延胜	滕州市	—	男	1945 年
秦茂子	滕州市	—	—	1945 年
张锡爵	滕州市	—	男	1945 年
徐现举	滕州市界河镇徐营村	28	男	1945 年
徐现玉	滕州市界河镇徐营村	32	男	1945 年
唐传易之祖母	滕州市龙泉街道唐村	46	女	1945 年
唐子楷	滕州市龙泉街道唐村	40	男	1945 年
唐子美	滕州市龙泉街道唐村	50	男	1945 年
李 平	滕州市羊庄镇大赵庄	32	男	1945 年
胡景谋	滕州市羊庄镇南塘	22	男	1945 年
柴培文	滕州市羊庄镇南塘	37	男	1945 年
柴培贤	滕州市羊庄镇南塘	39	男	1945 年
单崇俊	滕州市羊庄镇南塘	38	男	1945 年
单茂成	滕州市羊庄镇南塘	36	男	1945 年

姓 名	籍 贯	年 龄	性 别	死难时间
郭广信	滕州市羊庄镇南塘	35	男	1945 年
刘孝山	滕州市羊庄镇南塘	26	男	1945 年
刘孝文	滕州市羊庄镇南塘	28	男	1945 年
孙成材	滕州市羊庄镇南塘	23	男	1945 年
张庆吉	滕州市羊庄镇南塘	37	男	1945 年
郑道全	滕州市羊庄镇南塘	20	男	1945 年
郑道玉	滕州市羊庄镇南塘	36	男	1945 年
倪道德	滕州市羊庄镇南塘	22	男	1945 年
王 武	滕州市羊庄镇南塘	37	男	1945 年
孟庆塘	滕州市羊庄镇陶山西	34	男	1945 年
王登爱	滕州市羊庄镇王杭	26	男	1945 年
王×××	滕州市羊庄镇杏峪村	29	男	1945 年
胡有德	滕州市羊庄镇羊庄	24	男	1945 年
黄召名	滕州市羊庄镇羊庄	21	男	1945 年
李兰秀	滕州市羊庄镇羊庄	29	女	1945 年
刘之刚	滕州市羊庄镇羊庄	31	男	1945 年
娄桂花	滕州市羊庄镇羊庄	26	女	1945 年
马 明	滕州市羊庄镇羊庄	34	男	1945 年
马士杰	滕州市羊庄镇羊庄	31	男	1945 年
孙继来	滕州市羊庄镇羊庄	25	男	1945 年
王芝江	滕州市羊庄镇羊庄	20	男	1945 年
魏发财	滕州市羊庄镇羊庄	23	男	1945 年
张富贵	滕州市羊庄镇羊庄	37	男	1945 年
李连芳	滕州市	—	—	—
李同瑶	滕州市	—	男	—
马云生	滕州市	—	男	—
闫知田	滕州市	—	男	—
刘二菊	滕州市北辛街道教场	45	女	—
刘吉山	滕州市北辛街道教场	18	男	—
胡诗茂	滕州市级索镇前王晁村	30	男	—
韩宗乾	滕州市级索镇淤庄村	—	男	—
崔西彦	滕州市龙阳镇	27	男	—
魏慈祥	滕州市南沙河镇	40	男	—
大 妮	滕州市南沙河镇南池	16	女	—

続表

姓　名	籍　贯	年　龄	性　别	死难时间
刘长安	滕州市张汪镇东邵桥	21	男	—
王修雨	滕州市张汪镇东邵桥	20	男	—
胡思来	滕州市张汪镇南胡庄	46	男	—
侯庆怀	滕州市鲍沟镇侯楼	19	男	1938 年 3 月
郝德山	滕州市鲍沟镇闫庙村	28	男	1938 年 3 月
张海全	滕州市羊庄镇小赵前	32	男	1938 年 3 月
刘家礼	滕州市荆河街道西十里岗	29	男	1938 年 3 月
刘月振	滕州市荆河街道全文	6	男	1938 年 3 月
王振峰	滕州市龙泉街道泰山庙	30	男	1938 年 3 月
宋贵杰	滕州市龙阳镇冯庄	18	男	1938 年 3 月
王兆河	滕州市荆河街道西倪	23	男	1938 年 3 月
高成支	滕州市鲍沟镇侯楼	39	男	1938 年 3 月
朱士荣	滕州市羊庄镇土城	37	女	1938 年 3 月
刘建民	滕州市荆河街道北门里	29	男	1938 年 3 月
黄春光	滕州市荆河街道南门里	45	男	1938 年 3 月
王　震	滕州市荆河街道幸福园	36	男	1938 年 3 月
张大平	滕州市张汪镇小张庄	20	男	1938 年 3 月
何王氏	滕州市荆河街道何庄	26	女	1938 年 3 月
张　波	滕州市荆河街道马号居	26	男	1938 年 3 月
柳连群	滕州市荆河街道柳楼	19	男	1938 年 3 月
何林氏	滕州市荆河街道何庄	31	女	1938 年 3 月
何钱氏	滕州市荆河街道何庄	28	女	1938 年 3 月
何宋氏	滕州市荆河街道何庄	27	女	1938 年 3 月
何张氏	滕州市荆河街道何庄	40	女	1938 年 3 月
张振成	滕州市张汪镇小张庄	16	男	1938 年 3 月
王玉杰	滕州市荆河街道平等居	42	男	1938 年 3 月
王　波	滕州市荆河街道幸福园	23	男	1938 年 3 月
李庆金	滕州市鲍沟镇河崖村	26	男	1938 年 3 月
李庆山	滕州市鲍沟镇河崖村	27	男	1938 年 3 月
赵　柱	滕州市北辛街道北关	21	男	1938 年 3 月
何　永	滕州市北辛街道北刘	19	男	1938 年 3 月
孙　强	滕州市北辛街道东北坛	21	男	1938 年 3 月
田孙氏	滕州市北辛街道东北坛	40	女	1938 年 3 月
张　峰	滕州市北辛街道东北坛	25	男	1938 年 3 月

姓 名	籍 贯	年 龄	性 别	死难时间
张贺林	滕州市北辛街道东北坛	70	男	1938 年 3 月
赵大勇	滕州市北辛街道东北坛	25	男	1938 年 3 月
陈桂军	滕州市北辛街道教场	19	男	1938 年 3 月
陈艳平	滕州市北辛街道教场	36	女	1938 年 3 月
冯士纲	滕州市北辛街道教场	55	男	1938 年 3 月
何 伟	滕州市北辛街道教场	48	男	1938 年 3 月
李成忠	滕州市北辛街道教场	48	男	1938 年 3 月
李永乐	滕州市北辛街道教场	62	男	1938 年 3 月
唐 亮	滕州市北辛街道教场	21	男	1938 年 3 月
王传忠	滕州市北辛街道教场	50	男	1938 年 3 月
魏 东	滕州市北辛街道教场	28	男	1938 年 3 月
张宝军	滕州市北辛街道教场	26	男	1938 年 3 月
张成孚	滕州市北辛街道教场	67	男	1938 年 3 月
张传海	滕州市北辛街道教场	48	男	1938 年 3 月
张麻子	滕州市北辛街道教场	81	男	1938 年 3 月
张全景	滕州市北辛街道教场	30	男	1938 年 3 月
张永振	滕州市北辛街道教场	46	男	1938 年 3 月
张 真	滕州市北辛街道教场	37	女	1938 年 3 月
张中义	滕州市北辛街道教场	59	男	1938 年 3 月
赵 勇	滕州市北辛街道教场	59	男	1938 年 3 月
俞程祥	滕州市北辛街道文庙村	48	男	1938 年 3 月
张 三	滕州市北辛街道文庙村	70	男	1938 年 3 月
郭传利	滕州市北辛街道西北坛	28	男	1938 年 3 月
郭麻子	滕州市北辛街道西北坛	42	男	1938 年 3 月
张宝川	滕州市北辛街道西北坛	33	男	1938 年 3 月
张宝义	滕州市北辛街道西北坛	35	男	1938 年 3 月
张士军	滕州市北辛街道西北坛	30	男	1938 年 3 月
赵广平	滕州市北辛街道西北坛	44	男	1938 年 3 月
赵士文	滕州市北辛街道西北坛	45	男	1938 年 3 月
陈 亮	滕州市北辛街道新生	28	男	1938 年 3 月
王 磊	滕州市北辛街道新生	17	男	1938 年 3 月
李二蔡	滕州市北辛街道杏东	25	男	1938 年 3 月
李 正	滕州市北辛街道杏东	40	男	1938 年 3 月
刘 军	滕州市北辛街道杏东	35	男	1938 年 3 月

姓 名	籍 贯	年 龄	性 别	死难时间
王志国	滕州市北辛街道杏东	29	男	1938 年 3 月
杨 峰	滕州市北辛街道杏东	32	男	1938 年 3 月
张 勇	滕州市北辛街道杏东	30	男	1938 年 3 月
陈大富	滕州市北辛街道杏花村	57	男	1938 年 3 月
郝明超	滕州市北辛街道杏花村	64	男	1938 年 3 月
孔宪武	滕州市北辛街道杏花村	57	男	1938 年 3 月
李董氏	滕州市北辛街道杏花村	23	女	1938 年 3 月
秦 峰	滕州市北辛街道杏花村	68	男	1938 年 3 月
张大妮	滕州市北辛街道杏花村	24	女	1938 年 3 月
张建修	滕州市北辛街道杏花村	48	男	1938 年 3 月
杨建平	滕州市北辛街道杏西	26	男	1938 年 3 月
张 大	滕州市北辛街道杏西	46	男	1938 年 3 月
朱宝田	滕州市东沙河镇高庄	36	男	1938 年 3 月
朱清泉	滕州市东沙河镇高庄	27	男	1938 年 3 月
朱 三	滕州市东沙河镇高庄	21	男	1938 年 3 月
朱绍佩	滕州市东沙河镇高庄	31	男	1938 年 3 月
段克套	滕州市大坞镇小坞村	42	男	1938 年 3 月
段周氏	滕州市大坞镇小坞村	31	女	1938 年 3 月
段允享	滕州市大坞镇小坞村	33	男	1938 年 3 月
段允学	滕州市大坞镇小坞村	39	男	1938 年 3 月
段刘氏	滕州市大坞镇小坞村	41	女	1938 年 3 月
孙后纪	滕州市大坞镇小坞村	47	男	1938 年 3 月
孙后坚	滕州市大坞镇小坞村	46	男	1938 年 3 月
段克君	滕州市大坞镇小坞村	57	男	1938 年 3 月
段允贤	滕州市大坞镇小坞村	36	男	1938 年 3 月
陆李氏	滕州市大坞镇小坞村	27	女	1938 年 3 月
段正禄	滕州市大坞镇小坞村	31	男	1938 年 3 月
段允昌	滕州市大坞镇小坞村	60	男	1938 年 3 月
段允臣	滕州市大坞镇小坞村	43	男	1938 年 3 月
段克兴	滕州市大坞镇小坞村	57	男	1938 年 3 月
周照平	滕州市龙阳镇龙阳村	41	男	1938 年 3 月
杨 广	滕州市荆河街道南门里	36	男	1938 年 3 月
朱传山	滕州市南沙河镇冯东村	9	男	1938 年 3 月
朱广洋	滕州市南沙河镇冯东村	26	男	1938 年 3 月

姓 名	籍 贯	年 龄	性 别	死难时间
朱后福	滕州市南沙河镇冯东村	9	男	1938 年 3 月
朱后龙	滕州市南沙河镇冯东村	12	男	1938 年 3 月
朱孔氏	滕州市南沙河镇冯东村	—	女	1938 年 3 月
杨宝存	滕州市南沙河镇后仓村	12	男	1938 年 3 月
陈延福	滕州市大坞镇小坞村	54	男	1938 年 3 月
席明德	滕州市南沙河镇冯东村	32	男	1938 年 3 月
王来逢	滕州市大坞镇小坞村	—	男	1938 年 3 月
段大妮	滕州市大坞镇小坞村	16	女	1938 年 3 月
席夫祥	滕州市南沙河镇冯东村	26	男	1938 年 3 月
席明田	滕州市南沙河镇冯东村	8	男	1938 年 3 月
张学礼	滕州市大坞镇小坞村	49	男	1938 年 3 月
黄士宝	滕州市龙阳镇徐岭村	30	男	1938 年 3 月
段克料	滕州市大坞镇小坞村	45	男	1938 年 3 月
朱茂山	滕州市南沙河镇冯东村	17	男	1938 年 3 月
唐振东	滕州市龙阳镇徐岭村	28	男	1938 年 3 月
倪建习	滕州市龙泉街道岗子街	31	男	1938 年 3 月
西宗山	滕州市龙泉街道岗子街	26	男	1942 年
周士店	滕州市龙阳镇龙阳村	35	男	1938 年 3 月
刘法河	滕州市南沙河镇下徐村	25	男	1938 年 3 月
孔召银	滕州市南沙河镇上营村	32	男	1938 年 3 月 17 日
邵夫山之母	滕州市龙泉街道西大庙	48	女	1938 年 3 月 18 日
邵夫山之祖父	滕州市龙泉街道西大庙	71	男	1938 年 3 月 18 日
周保平	滕州市龙阳镇龙阳村	49	男	1938 年 3 月 18 日
曹文斗	滕州市南沙河镇冯东村	57	男	1938 年 3 月 18 日
邵允喜之祖父	滕州市龙泉街道西大庙	65	男	1938 年 3 月 19 日
邵允喜之祖母	滕州市龙泉街道西大庙	63	女	1938 年 3 月 19 日
黄李氏	滕州市龙阳镇徐岭村	41	女	1938 年 3 月 24 日
赵王氏	滕州市龙阳镇龙阳村	60	女	1938 年 3 月 25 日
周保香	滕州市龙阳镇龙阳村	53	男	1938 年 3 月 26 日
李宽圣	滕州市鲍沟镇姜庙村	24	男	1938 年 4 月
陈传国	滕州市北辛街道北楼	23	男	1938 年 4 月
黄大富	滕州市北辛街道北楼	55	男	1938 年 4 月
张李氏	滕州市北辛街道后屯	40	女	1938 年 4 月
李传军	滕州市北辛街道前辛居	22	男	1938 年 4 月

姓　名	籍　贯	年　龄	性　别	死难时间
鲁开泰	滕州市北辛街道前辛居	20	男	1938 年 4 月
鲁在点	滕州市北辛街道前辛居	29	男	1938 年 4 月
朱文和	滕州市北辛街道沈庄	21	男	1938 年 4 月
何廷爱	滕州市北辛街道杏花村	45	男	1938 年 4 月
李念波	滕州市北辛街道杏花村	30	男	1938 年 4 月
李柱子	滕州市北辛街道杏花村	21	男	1938 年 4 月
秦　六	滕州市北辛街道杏花村	35	男	1938 年 4 月
孙科兰	滕州市北辛街道俞寨	39	女	1938 年 4 月
朱会贵	滕州市北辛街道赵东	47	男	1938 年 4 月
段允则	滕州市大坞镇小坞村	33	男	1938 年 4 月
柴春雷	滕州市洪绪镇光明村	45	男	1938 年 4 月
葛学军	滕州市洪绪镇颜楼	50	男	1938 年 4 月
段正銮	滕州市大坞镇小坞村	29	男	1938 年 4 月
段正裕	滕州市大坞镇小坞村	60	男	1938 年 4 月
段成东	滕州市大坞镇小坞村	31	男	1938 年 4 月
段克存	滕州市大坞镇小坞村	—	男	1938 年 4 月
孙处明	滕州市大坞镇小坞村	57	男	1938 年 4 月
孙厚田	滕州市大坞镇小坞村	37	男	1938 年 4 月
孙赵氏	滕州市大坞镇小坞村	40	女	1938 年 4 月
段允荣	滕州市大坞镇小坞村	41	男	1938 年 4 月
赵二材	滕州市龙阳镇杨庄	29	男	1938 年 4 月 1 日
宫学怀	滕州市南沙河镇彭王楼	12	男	1938 年 4 月 3 日
马宝申	滕州市南沙河镇彭王楼	29	男	1938 年 4 月 3 日
彭夫田	滕州市南沙河镇彭王楼	—	男	1938 年 4 月 3 日
王学平	滕州市南沙河镇彭王楼	27	男	1938 年 4 月 3 日
张大全	滕州市张汪镇小张庄	22	男	1938 年 4 月 5 日
张二年	滕州市龙阳镇杨庄	28	男	1938 年 4 月 6 日
刘广青	滕州市柴胡店镇刘村	51	男	1938 年 4 月 7 日
丁　四	滕州市龙阳镇杨庄	34	男	1938 年 4 月 7 日
刘殿堂	滕州市南沙河镇北街村	42	男	1938 年 4 月 7 日
王延真	滕州市南沙河镇北街村	50	男	1938 年 4 月 7 日
宋贵法	滕州市龙阳镇冯庄	20	男	1938 年 4 月 11 日
曹尚月	滕州市西岗镇北曹庄	22	男	1938 年 4 月 11 日
韩敬才	滕州市龙泉街道南秦	32	男	1938 年 4 月 12 日

姓 名	籍 贯	年龄	性别	死难时间
李佰召	滕州市龙阳镇李沙村	62	男	1938 年 4 月 12 日
魏宝朝	滕州市龙阳镇李沙村	45	男	1938 年 4 月 12 日
李佰启	滕州市龙阳镇双河村	37	男	1938 年 4 月 12 日
闫守义	滕州市龙阳镇杨庄	36	男	1938 年 4 月 12 日
丁四之妻	滕州市龙阳镇杨庄	32	女	1938 年 4 月 13 日
刘二孩	滕州市龙阳镇杨庄	22	男	1938 年 4 月 13 日
赵六孩	滕州市龙阳镇杨庄	22	男	1938 年 4 月 14 日
关子河	滕州市龙阳镇冯庄	20	男	1938 年 4 月 15 日
宋贵枝	滕州市龙阳镇冯庄	19	男	1938 年 4 月 15 日
彭文运	滕州市龙泉街道前大庙	32	男	1938 年 4 月 17 日
孙玉来	滕州市龙阳镇杨庄	28	男	1938 年 4 月 20 日
张 奇	滕州市荆河街道马号居	32	男	1938 年 4 月 23 日
刘 来	滕州市龙阳镇杨庄	29	男	1938 年 4 月 24 日
张兴真	滕州市龙阳镇张山口	19	男	1938 年 4 月 27 日
孙 堂	滕州市龙阳镇杨庄	28	男	1938 年 4 月 29 日
张全事	滕州市鲍沟镇张埠村	20	男	1938 年 5 月
孟凡柱	滕州市北辛街道北关	32	男	1938 年 5 月
申宗正	滕州市北辛街道北关	30	男	1938 年 5 月
王二孩	滕州市北辛街道北关	15	男	1938 年 5 月
殷召秀	滕州市北辛街道北关	20	女	1938 年 5 月
张 五	滕州市北辛街道北关	40	男	1938 年 5 月
王玉立	滕州市北辛街道北楼	28	男	1938 年 5 月
张玉民	滕州市北辛街道北楼	31	男	1938 年 5 月
赵连民	滕州市北辛街道北楼	30	男	1938 年 5 月
李庆同	滕州市北辛街道冯河	25	男	1938 年 5 月
李全振	滕州市北辛街道冯河	18	男	1938 年 5 月
石柱子	滕州市北辛街道冯河	45	男	1938 年 5 月
梁广兴	滕州市北辛街道杏花村	29	男	1938 年 5 月
马文彬	滕州市北辛街道杏花村	11	男	1938 年 5 月
张山共之子	滕州市东郭镇石羊山	1	男	1938 年 5 月
商宗明	滕州市洪绪镇颜楼	29	男	1938 年 5 月
张 斌	滕州市荆河街道北门里	45	男	1938 年 5 月
韩敬启	滕州市西岗镇北曹庄	58	男	1938 年 5 月
王先保	滕州市西岗镇北曹庄	35	男	1938 年 5 月

姓 名	籍 贯	年 龄	性 别	死难时间
张宝力	滕州市西岗镇北曹庄	36	男	1938 年 5 月
张召存	滕州市西岗镇北曹庄	56	男	1938 年 5 月
鲁宋氏	滕州市荆河街道东十里岗	28	女	1938 年 5 月
张大发	滕州市荆河街道南门里	32	男	1938 年 5 月
张为力	滕州市张汪镇小张庄	19	男	1938 年 5 月
王崇员	滕州市西岗镇北曹庄	36	男	1938 年 5 月
秦清友	滕州市龙泉街道梁场村	34	男	1938 年 5 月
狄陈氏	滕州市南沙河镇古石四村	48	女	1938 年 5 月
狄贵光	滕州市南沙河镇古石四村	38	男	1938 年 5 月
狄贵江	滕州市南沙河镇古石四村	42	男	1938 年 5 月
秦怀良	滕州市龙泉街道南秦	30	男	1938 年 5 月
秦怀玉	滕州市龙泉街道南秦	25	男	1938 年 5 月
李忠文	滕州市荆河街道鲁西	39	男	1938 年 5 月
孙玉汉	滕州市荆河街道幸福园	45	男	1938 年 5 月
侯贺玉	滕州市龙泉街道前洪村	54	男	1938 年 5 月
王瑞海	滕州市龙泉街道泰山庙	26	男	1938 年 5 月
张恒真	滕州市龙泉街道张庄	56	男	1938 年 5 月
吕兰玉	滕州市龙泉街道泰山庙	39	男	1938 年 5 月
张恒增	滕州市龙泉街道张庄	68	男	1938 年 5 月
张李氏	滕州市龙泉街道张庄	55	女	1938 年 5 月
张吴氏	滕州市龙泉街道张庄	60	女	1938 年 5 月
张小凤	滕州市龙泉街道张庄	43	女	1938 年 5 月
张兴怀	滕州市龙泉街道张庄	30	男	1938 年 5 月
赵宪明	滕州市龙泉街道赵庄	70	男	1938 年 5 月
赵一活	滕州市龙泉街道赵庄	46	男	1938 年 5 月
张恒祥	滕州市龙泉街道张庄	38	男	1938 年 5 月
张恒善	滕州市龙泉街道张庄	26	男	1938 年 5 月
张二妮	滕州市龙泉街道张庄	20	女	1938 年 5 月
王 伟	滕州市荆河街道北门里	—	男	1938 年 5 月
班志元	滕州市荆河街道马号居	52	男	1938 年 5 月
张恒书	滕州市龙泉街道张庄	51	男	1938 年 5 月
张恒顺	滕州市龙泉街道张庄	46	男	1938 年 5 月
张李氏	滕州市龙泉街道张庄	56	女	1938 年 5 月
张刘氏	滕州市龙泉街道张庄	30	女	1938 年 5 月

姓 名	籍 贯	年 龄	性 别	死难时间
张兴银	滕州市龙泉街道张庄	28	男	1938 年 5 月
高焕昌	滕州市鲍沟镇侯楼	41	男	1938 年 6 月
时培华	滕州市北辛街道北关	—	男	1938 年 6 月
王 宽	滕州市北辛街道北关	56	男	1938 年 6 月
张道明	滕州市北辛街道北关	60	男	1938 年 6 月
曹凤礼	滕州市北辛街道北楼	32	男	1938 年 6 月
曹志明	滕州市北辛街道北楼	32	男	1938 年 6 月
李广安	滕州市北辛街道北楼	20	男	1938 年 6 月
李广磊	滕州市北辛街道北楼	35	男	1938 年 6 月
赵德荣	滕州市北辛街道北楼	26	男	1938 年 6 月
王德坤	滕州市北辛街道西北坛	60	男	1938 年 6 月
孙连毕	滕州市北辛街道小岗	16	男	1938 年 6 月
周民林	滕州市北辛街道小岗	28	男	1938 年 6 月
周民志	滕州市北辛街道小岗	19	男	1938 年 6 月
李 德	滕州市北辛街道杏花村	54	男	1938 年 6 月
李小庆	滕州市北辛街道杏花村	12	男	1938 年 6 月
李颜氏	滕州市北辛街道杏花村	38	女	1938 年 6 月
孙 大	滕州市北辛街道杏花村	14	男	1938 年 6 月
王金明	滕州市北辛街道杏花村	70	男	1938 年 6 月
王李氏	滕州市北辛街道杏花村	36	女	1938 年 6 月
王李氏	滕州市北辛街道杏花村	27	女	1938 年 6 月
周 王	滕州市北辛街道杏花村	70	男	1938 年 6 月
刘位江	滕州市北辛街道杏西	28	男	1938 年 6 月
刘曾伟	滕州市北辛街道杏西	18	男	1938 年 6 月
刘曾志	滕州市北辛街道杏西	17	男	1938 年 6 月
王大柱	滕州市北辛街道杏西	37	男	1938 年 6 月
吴子刚	滕州市北辛街道杏西	38	男	1938 年 6 月
徐瑞虎	滕州市北辛街道杏西	46	男	1938 年 6 月
张非常	滕州市北辛街道杏西	29	男	1938 年 6 月
张志强	滕州市北辛街道杏西	18	男	1938 年 6 月
赵 二	滕州市北辛街道杏西	26	男	1938 年 6 月
赵张氏	滕州市北辛街道杏西	32	女	1938 年 6 月
李振安	滕州市北辛街道于岗	39	男	1938 年 6 月
陈庆龙	滕州市北辛街道赵西	78	男	1938 年 6 月

姓 名	籍 贯	年 龄	性 别	死难时间
任正千	滕州市大坞镇任前	45	男	1938 年 6 月
李德新	滕州市洪绪镇东赵沟	20	男	1938 年 6 月
苏元喜	滕州市洪绪镇光明村	28	男	1938 年 6 月
徐法亮	滕州市洪绪镇光明村	24	男	1938 年 6 月
柴彦河	滕州市洪绪镇颜楼	19	男	1938 年 6 月
葛永宏	滕州市洪绪镇颜楼	23	男	1938 年 6 月
商宗亮	滕州市洪绪镇颜楼	29	男	1938 年 6 月
苏明华	滕州市洪绪镇颜楼	35	男	1938 年 6 月
吕　四	滕州市羊庄镇官兴庄	20	男	1938 年 6 月
魏振宾	滕州市羊庄镇沈井	20	男	1938 年 6 月
王福友	滕州市羊庄镇小赵前	19	男	1938 年 6 月
孙成文	滕州市羊庄镇于坡	22	男	1938 年 6 月
孙成哲	滕州市羊庄镇于坡	26	男	1938 年 6 月
王士启	滕州市龙阳镇李庄	27	男	1938 年 6 月 1 日
鲁在宝	滕州市荆河街道鲁东	17	男	1938 年 6 月 2 日
张大允	滕州市张汪镇小张庄	21	男	1938 年 6 月 4 日
李王氏	滕州市荆河街道后十里岗	42	女	1938 年 6 月 5 日
王张氏	滕州市荆河街道后十里岗	40	女	1938 年 6 月 5 日
高庆端	滕州市南沙河镇陡铺村	38	男	1938 年 6 月 5 日
朱高氏	滕州市南沙河镇陡铺村	41	女	1938 年 6 月 5 日
王新志	滕州市柴胡店镇柴胡店村	21	男	1938 年 6 月 7 日
任大涛	滕州市柴胡店镇沙岗村	46	男	1938 年 6 月 7 日
杜家长	滕州市西岗镇杜庙村	32	男	1938 年 6 月 7 日
李申全	滕州市西岗镇杜庙村	25	男	1938 年 6 月 7 日
李正田	滕州市西岗镇杜庙村	25	男	1938 年 6 月 7 日
李中迁	滕州市西岗镇杜庙村	46	男	1938 年 6 月 7 日
朱希配	滕州市西岗镇杜庙村	56	男	1938 年 6 月 7 日
周继君	滕州市龙阳镇李庄	45	男	1938 年 6 月 10 日
周传湖	滕州市龙阳镇南张庄	32	男	1938 年 6 月 10 日
王玉岭	滕州市龙泉街道南秦	23	男	1938 年 6 月 12 日
王广钦	滕州市龙阳镇李庄	26	男	1938 年 6 月 12 日
王金山	滕州市柴胡店镇	22	男	1938 年 6 月 15 日
王泽金之叔	滕州市龙泉街道赵楼	32	男	1938 年 6 月 15 日
张兴要	滕州市龙阳镇张山口	18	男	1938 年 6 月 15 日

姓　名	籍　贯	年　龄	性　别	死难时间
耿志刚	滕州市南沙河镇后辛章	52	男	1938 年 6 月 17 日
王金河	滕州市柴胡店镇柴胡店村	47	男	1938 年 6 月 18 日
王士亮	滕州市龙阳镇李庄	17	男	1938 年 6 月 18 日
王青雪	滕州市南沙河镇南池	30	男	1938 年 6 月 20 日
王子杰	滕州市南沙河镇南池	28	男	1938 年 6 月 20 日
苏继昌	滕州市西岗镇北赵庄	21	男	1938 年 6 月 22 日
王士秀	滕州市龙阳镇李庄	29	男	1938 年 6 月 27 日
李全伟	滕州市北辛街道教场	19	男	1938 年 7 月
时培元	滕州市北辛街道教场	45	男	1938 年 7 月
王兆腾	滕州市北辛街道教场	30	男	1938 年 7 月
徐爱兵	滕州市北辛街道教场	26	男	1938 年 7 月
葛记国	滕州市洪绪镇东赵沟	48	男	1938 年 7 月
柴召生	滕州市洪绪镇团结村	22	男	1938 年 7 月
刘　元	滕州市洪绪镇西赵沟	28	男	1938 年 7 月
商宗海	滕州市洪绪镇西赵沟	24	男	1938 年 7 月
王　永	滕州市洪绪镇西赵沟	51	男	1938 年 7 月
徐得文	滕州市洪绪镇西赵沟	30	男	1938 年 7 月
柴同民	滕州市洪绪镇颜楼	65	男	1938 年 7 月
丁法国	滕州市洪绪镇颜楼	28	男	1938 年 7 月
葛宝安	滕州市洪绪镇颜楼	30	男	1938 年 7 月
刘传论	滕州市洪绪镇颜楼	25	男	1938 年 7 月
赵永顺	滕州市洪绪镇颜楼	28	男	1938 年 7 月
张广宾	滕州市羊庄镇沈井	26	男	1938 年 7 月
张井义	滕州市羊庄镇沈井	22	男	1938 年 7 月
李于氏	滕州市羊庄镇土城	33	女	1938 年 7 月
王辉贵	滕州市羊庄镇小赵前	20	男	1938 年 7 月
王友道	滕州市羊庄镇小赵前	26	男	1938 年 7 月
李　俊	滕州市荆河街道奎文	12	女	1938 年 7 月 2 日
鲁张氏	滕州市荆河街道鲁东	37	女	1938 年 7 月 2 日
常二孩	滕州市荆河街道韩桥	18	男	1938 年 7 月 5 日
秦克俭	滕州市荆河街道韩桥	39	男	1938 年 7 月 5 日
徐运明	滕州市荆河街道韩桥	22	男	1938 年 7 月 5 日
张崇辉	滕州市荆河街道韩桥	40	男	1938 年 7 月 5 日
袁运水	滕州市荆河街道袁庄	19	男	1938 年 7 月 7 日

姓 名	籍 贯	年 龄	性 别	死难时间
周王氏	滕州市荆河街道袁庄	37	女	1938 年 7 月 8 日
张大成	滕州市张汪镇小张庄	18	男	1938 年 7 月 8 日
袁李氏	滕州市荆河街道袁庄	23	女	1938 年 7 月 9 日
袁王氏	滕州市荆河街道袁庄	20	女	1938 年 7 月 10 日
丁老大	滕州市龙阳镇杨庄	27	男	1938 年 7 月 12 日
吕学田	滕州市龙泉街道泰山庙	25	男	1938 年 7 月 14 日
程洪晓之祖母	滕州市龙泉街道程堂	51	女	1938 年 7 月 15 日
程王氏	滕州市龙泉街道程堂	49	女	1938 年 7 月 15 日
宋延云之祖母	滕州市龙泉街道赵楼	52	女	1938 年 7 月 15 日
王慎兰之婶	滕州市龙泉街道后洪村	32	女	1938 年 7 月 16 日
王慎兰之叔	滕州市龙泉街道后洪村	34	男	1938 年 7 月 16 日
吕广才	滕州市龙泉街道泰山庙	37	男	1938 年 7 月 18 日
高成令	滕州市鲍沟镇侯楼	25	男	1938 年 8 月
付红英	滕州市北辛街道北关	18	女	1938 年 8 月
李赵氏	滕州市北辛街道北关	49	女	1938 年 8 月
李质英	滕州市北辛街道北关	27	女	1938 年 8 月
杨贾氏	滕州市北辛街道北关	35	女	1938 年 8 月
秦克昌	滕州市北辛街道北秦	47	男	1938 年 8 月
秦克玉	滕州市北辛街道北秦	42	男	1938 年 8 月
秦献伟	滕州市北辛街道北秦	51	男	1938 年 8 月
秦肇福	滕州市北辛街道北秦	35	男	1938 年 8 月
秦振方	滕州市北辛街道北秦	45	男	1938 年 8 月
黄美洪	滕州市北辛街道汤庄	38	男	1938 年 8 月
陈 磊	滕州市北辛街道文庙村	15	男	1938 年 8 月
王光华	滕州市北辛街道文庙村	18	男	1938 年 8 月
柴彦堂	滕州市洪绪镇东赵沟	26	男	1938 年 8 月
杨学立	滕州市洪绪镇东赵沟	22	男	1938 年 8 月
孙德海	滕州市洪绪镇光明村	26	男	1938 年 8 月
孙德平	滕州市洪绪镇光明村	22	男	1938 年 8 月
王学忠	滕州市洪绪镇光明村	19	男	1938 年 8 月
赵守志	滕州市洪绪镇光明村	53	男	1938 年 8 月
柴彦华	滕州市洪绪镇西赵沟	53	男	1938 年 8 月
商宗成	滕州市洪绪镇西赵沟	28	男	1938 年 8 月
赵怀宏	滕州市洪绪镇西赵沟	24	男	1938 年 8 月

姓 名	籍 贯	年 龄	性 别	死难时间
柴召学	滕州市洪绪镇颜楼	49	男	1938 年 8 月
冯桂庆	滕州市洪绪镇颜楼	28	男	1938 年 8 月
葛永昂	滕州市洪绪镇颜楼	36	男	1938 年 8 月
张元银	滕州市洪绪镇颜楼	50	男	1938 年 8 月
李玉成	滕州市羊庄镇土城	33	男	1938 年 8 月
孟宪恩	滕州市羊庄镇土城	28	男	1938 年 8 月
任振兰	滕州市羊庄镇土城	22	女	1938 年 8 月
王诗英	滕州市羊庄镇土城	27	女	1938 年 8 月
闫守德	滕州市龙阳镇杨庄	34	男	1938 年 8 月 9 日
刘传彪	滕州市龙泉街道泰山庙	38	男	1938 年 8 月 14 日
吴海岚	滕州市龙泉街道泰山庙	31	男	1938 年 8 月 14 日
肖保明	滕州市龙泉街道泰山庙	31	男	1938 年 8 月 14 日
张德顺	滕州市龙泉街道泰山庙	39	男	1938 年 8 月 14 日
赵宪银	滕州市龙泉街道前洪村	32	男	1938 年 8 月 15 日
鞠庆云	滕州市龙泉街道泰山庙	37	男	1938 年 8 月 15 日
韩金宝	滕州市龙泉街道欧庄	42	男	1938 年 8 月 17 日
韩金铎	滕州市龙泉街道欧庄	42	男	1938 年 8 月 17 日
蒋玉燕	滕州市龙泉街道欧庄	48	男	1938 年 8 月 17 日
钱敬堂	滕州市龙泉街道欧庄	51	男	1938 年 8 月 17 日
钱李氏	滕州市龙泉街道欧庄	42	女	1938 年 8 月 17 日
杨安仁	滕州市龙泉街道欧庄	48	男	1938 年 8 月 17 日
杨德仁	滕州市龙泉街道欧庄	51	男	1938 年 8 月 17 日
杨里仁	滕州市龙泉街道欧庄	36	男	1938 年 8 月 17 日
张丰花	滕州市南沙河镇东魏村	49	女	1938 年 8 月 17 日
张守汉	滕州市龙泉街道泰山庙	42	男	1938 年 8 月 18 日
韩金芳	滕州市龙泉街道泰山庙	30	男	1938 年 8 月 19 日
王士文	滕州市龙阳镇李庄	48	男	1938 年 8 月 30 日
李希武	滕州市北辛街道教场	82	男	1938 年 9 月
李克柱	滕州市北辛街道马王	60	男	1938 年 9 月
杨 文	滕州市北辛街道赵东	42	男	1938 年 9 月
李述朋	滕州市大坞镇东桥头	41	男	1938 年 9 月
李以存	滕州市大坞镇东桥头	35	男	1938 年 9 月
李以增	滕州市大坞镇东桥头	38	男	1938 年 9 月
李以政	滕州市大坞镇东桥头	35	男	1938 年 9 月

姓　名	籍　贯	年　龄	性　别	死难时间
刘振山	滕州市大坞镇东桥头	21	男	1938 年 9 月
任继世	滕州市大坞镇东桥头	36	男	1938 年 9 月
生昌龙	滕州市大坞镇东桥头	24	男	1938 年 9 月
王学良	滕州市大坞镇东桥头	36	男	1938 年 9 月
张加启	滕州市大坞镇东桥头	34	男	1938 年 9 月
柴同玉	滕州市洪绪镇东赵沟	28	男	1938 年 9 月
柴彦庆	滕州市洪绪镇东赵沟	19	男	1938 年 9 月
葛留洋	滕州市洪绪镇东赵沟	22	男	1938 年 9 月
刘学继	滕州市洪绪镇东赵沟	39	男	1938 年 9 月
商庆德	滕州市洪绪镇东赵沟	23	男	1938 年 9 月
商宗法	滕州市洪绪镇东赵沟	22	男	1938 年 9 月
葛记新	滕州市洪绪镇光明村	36	男	1938 年 9 月
王开华	滕州市洪绪镇团结村	24	女	1938 年 9 月
柴同玲	滕州市洪绪镇颜楼	28	男	1938 年 9 月
柴兆栋	滕州市洪绪镇颜楼	3	男	1938 年 9 月
颜景海	滕州市洪绪镇颜楼	24	男	1938 年 9 月
甘志兰	滕州市羊庄镇土城	26	女	1938 年 9 月
刘书德	滕州市滨湖镇岗头	20	男	1938 年 9 月 2 日
赵宪菊	滕州市龙泉街道前洪村	41	女	1938 年 9 月 6 日
曹奎来	滕州市西岗镇北曹庄	23	男	1938 年 9 月 10 日
张天宝	滕州市荆河街道南门里	6	男	1938 年 9 月 11 日
王子洋	滕州市荆河街道南门里	9	男	1938 年 9 月 12 日
韩宗仁	滕州市西岗镇北曹庄	21	男	1938 年 9 月 16 日
刘广群	滕州市龙泉街道双庙	52	男	1938 年 9 月 20 日
梁　五	滕州市荆河街道奎文	9	男	1938 年 9 月 21 日
王　石	滕州市荆河街道奎文	5	男	1938 年 9 月 23 日
张　金	滕州市荆河街道马号居	12	男	1938 年 9 月 23 日
杜张氏之兄	滕州市龙泉街道刁庄	32	男	1938 年 9 月 28 日
孙玉财	滕州市龙阳镇杨庄	29	男	1938 年 9 月 28 日
陈二孩	滕州市大坞镇小坞村	16	男	1938 年 10 月
陈庆安	滕州市大坞镇小坞村	28	男	1938 年 10 月
陈庆干	滕州市大坞镇小坞村	26	男	1938 年 10 月
陈庆广	滕州市大坞镇小坞村	31	男	1938 年 10 月
陈庆田	滕州市大坞镇小坞村	39	男	1938 年 10 月

姓 名	籍 贯	年 龄	性 别	死难时间
陈庆于	滕州市大坞镇小坞村	30	男	1938 年 10 月
陈庆珠	滕州市大坞镇小坞村	37	男	1938 年 10 月
陈小生	滕州市大坞镇小坞村	18	男	1938 年 10 月
段克民	滕州市大坞镇小坞村	28	男	1938 年 10 月
段克生	滕州市大坞镇小坞村	21	男	1938 年 10 月
郝长边	滕州市大坞镇小坞村	47	男	1938 年 10 月
郝长存	滕州市大坞镇小坞村	30	男	1938 年 10 月
金大海	滕州市大坞镇小坞村	48	男	1938 年 10 月
金大权	滕州市大坞镇小坞村	43	男	1938 年 10 月
金大胜	滕州市大坞镇小坞村	40	男	1938 年 10 月
金大洋	滕州市大坞镇小坞村	46	男	1938 年 10 月
金王氏	滕州市大坞镇小坞村	47	女	1938 年 10 月
李昌海	滕州市大坞镇小坞村	37	男	1938 年 10 月
李昌洋	滕州市大坞镇小坞村	35	男	1938 年 10 月
李风宝	滕州市大坞镇小坞村	36	男	1938 年 10 月
李风友	滕州市大坞镇小坞村	38	男	1938 年 10 月
李军河	滕州市大坞镇小坞村	18	男	1938 年 10 月
李军营	滕州市大坞镇小坞村	20	男	1938 年 10 月
马延仁	滕州市大坞镇小坞村	23	男	1938 年 10 月
马延仕	滕州市大坞镇小坞村	27	男	1938 年 10 月
马延伟	滕州市大坞镇小坞村	30	男	1938 年 10 月
牛常氏	滕州市大坞镇小坞村	46	女	1938 年 10 月
牛大孩	滕州市大坞镇小坞村	30	男	1938 年 10 月
牛大妮	滕州市大坞镇小坞村	18	女	1938 年 10 月
牛二孩	滕州市大坞镇小坞村	26	男	1938 年 10 月
牛风菊	滕州市大坞镇小坞村	16	女	1938 年 10 月
牛黄氏	滕州市大坞镇小坞村	36	女	1938 年 10 月
牛连成	滕州市大坞镇小坞村	60	男	1938 年 10 月
牛连军	滕州市大坞镇小坞村	54	男	1938 年 10 月
牛连平	滕州市大坞镇小坞村	58	男	1938 年 10 月
牛连生	滕州市大坞镇小坞村	55	男	1938 年 10 月
牛连营	滕州市大坞镇小坞村	51	男	1938 年 10 月
牛永庆	滕州市大坞镇小坞村	39	男	1938 年 10 月
牛袁氏	滕州市大坞镇小坞村	56	女	1938 年 10 月

姓　名	籍　贯	年　龄	性　别	死难时间
牛张氏	滕州市大坞镇小坞村	50	女	1938 年 10 月
生平平	滕州市大坞镇小坞村	33	女	1938 年 10 月
吴发金	滕州市大坞镇小坞村	50	男	1938 年 10 月
吴发铜	滕州市大坞镇小坞村	47	男	1938 年 10 月
吴发玉	滕州市大坞镇小坞村	44	男	1938 年 10 月
吴黄氏	滕州市大坞镇小坞村	40	女	1938 年 10 月
吴以银	滕州市大坞镇小坞村	49	男	1938 年 10 月
张传德	滕州市大坞镇小坞村	48	男	1938 年 10 月
张刘氏	滕州市大坞镇小坞村	45	女	1938 年 10 月
朱宝贵	滕州市羊庄镇沈井	31	男	1938 年 10 月
王辉平	滕州市羊庄镇小赵前	35	男	1938 年 10 月
赵真之母	滕州市龙泉街道程堂	48	女	1938 年 10 月 6 日
王昌明	滕州市荆河街道南门里	7	男	1938 年 10 月 12 日
张计虎	滕州市龙阳镇张沙土	35	男	1938 年 10 月 19 日
王成永	滕州市柴胡店镇官场村	20	男	1938 年 10 月 20 日
李玉峰	滕州市北辛街道北关	39	男	1938 年 11 月
汪大孩	滕州市北辛街道北关	40	男	1938 年 11 月
王家富	滕州市北辛街道北关	50	男	1938 年 11 月
满士光	滕州市北辛街道文庙村	46	男	1938 年 11 月
张振民之女	滕州市东郭镇石羊山	6 个月	女	1938 年 11 月
赵夫义	滕州市洪绪镇东赵沟	35	男	1938 年 11 月
柴彦胜	滕州市洪绪镇光明村	36	男	1938 年 11 月
柴彦鹏	滕州市洪绪镇团结村	24	男	1938 年 11 月
柴同贵	滕州市洪绪镇颜楼	30	男	1938 年 11 月
张建忠	滕州市洪绪镇颜楼	50	男	1938 年 11 月
孙本海	滕州市龙泉街道岗子街	36	男	1938 年 11 月 2 日
倪成信	滕州市荆河街道东倪	36	男	1938 年 11 月 3 日
吴天浩	滕州市荆河街道东倪	35	男	1938 年 11 月 3 日
吴天杰	滕州市荆河街道东倪	33	男	1938 年 11 月 3 日
侯志成之父	滕州市龙泉街道冯村	46	男	1938 年 11 月 6 日
李玉其之堂兄	滕州市龙泉街道后洪村	32	男	1938 年 11 月 14 日
赵恒英之伯父	滕州市龙泉街道后洪村	32	男	1938 年 11 月 14 日
王明理	滕州市南沙河镇北王铺	48	男	1938 年 11 月 25 日
宋国明	滕州市鲍沟镇	29	男	1938 年 12 月

姓 名	籍 贯	年 龄	性 别	死难时间
朱丙爱	滕州市鲍沟镇	33	男	1938 年 12 月
刘大牙	滕州市北辛街道北关	38	男	1938 年 12 月
王刘氏	滕州市北辛街道北关	37	女	1938 年 12 月
闫玉花	滕州市北辛街道北关	50	女	1938 年 12 月
郑广顺	滕州市北辛街道北关	20	男	1938 年 12 月
刘成金	滕州市北辛街道北楼	22	男	1938 年 12 月
刘家才	滕州市北辛街道北楼	23	男	1938 年 12 月
刘真生	滕州市北辛街道东北坛	30	男	1938 年 12 月
李铭泰	滕州市北辛街道侯王村	46	男	1938 年 12 月
蔡云启	滕州市北辛街道明王	23	男	1938 年 12 月
王孝先	滕州市北辛街道明王	27	男	1938 年 12 月
肖光义	滕州市北辛街道文庙村	29	男	1938 年 12 月
周连良	滕州市北辛街道小岗	16	男	1938 年 12 月
周民奎	滕州市北辛街道小岗	18	男	1938 年 12 月
李振叶	滕州市北辛街道于岗	27	男	1938 年 12 月
丁发坤	滕州市洪绪镇东赵沟	39	男	1938 年 12 月
葛学峰	滕州市洪绪镇光明村	28	男	1938 年 12 月
刘景华	滕州市洪绪镇光明村	39	女	1938 年 12 月
商庆标	滕州市洪绪镇光明村	51	男	1938 年 12 月
孙士厚	滕州市洪绪镇西赵沟	53	男	1938 年 12 月
王 伟	滕州市洪绪镇西赵沟	49	男	1938 年 12 月
葛永继	滕州市洪绪镇颜楼	23	男	1938 年 12 月
刘传柱	滕州市洪绪镇颜楼	22	男	1938 年 12 月
商庆国	滕州市洪绪镇颜楼	39	男	1938 年 12 月
孙贵荣	滕州市羊庄镇小赵前	40	女	1938 年 12 月
杨 兰	滕州市荆河街道南门里	34	女	1938 年 12 月 3 日
张计丙	滕州市龙阳镇张沙土	38	男	1938 年 12 月 3 日
周传龙	滕州市龙阳镇南张庄	49	男	1938 年 12 月 4 日
张士亮	滕州市龙阳镇上司村	26	男	1938 年 12 月 4 日
王福泉	滕州市龙阳镇陈庄	35	男	1938 年 12 月 5 日
周传新	滕州市龙阳镇李庄	32	男	1938 年 12 月 5 日
陈长计	滕州市龙阳镇陈庄	34	男	1938 年 12 月 8 日
陈德功	滕州市龙阳镇陈庄	29	男	1938 年 12 月 8 日
王福亮	滕州市龙阳镇陈庄	51	男	1938 年 12 月 8 日

姓　名	籍　贯	年　龄	性　别	死难时间
王福香	滕州市龙阳镇陈庄	43	男	1938 年 12 月 8 日
刘　猛	滕州市荆河街道幸福园	52	男	1938 年 12 月 9 日
刘庆芳	滕州市柴胡店镇刘村	35	男	1938 年 12 月 11 日
刘念传	滕州市柴胡店镇刘村	44	男	1938 年 12 月 29 日
李金玉之祖父	滕州市东沙河镇朝阳村	36	男	1938 年
李金中	滕州市东沙河镇朝阳村	36	男	1938 年
李祥贵	滕州市东沙河镇朝阳村	36	男	1938 年
赵成敏	滕州市鲍沟镇坝前村	21	男	1939 年 1 月
赵洪文	滕州市鲍沟镇坝前村	28	男	1939 年 1 月
张正峰	滕州市鲍沟镇	37	男	1939 年 1 月
孟天祥	滕州市鲍沟镇后汉宫村	26	男	1939 年 1 月
冯　志	滕州市北辛街道北关	29	男	1939 年 1 月
展　明	滕州市北辛街道北关	26	男	1939 年 1 月
朱　成	滕州市北辛街道北关	25	男	1939 年 1 月
秦现磊	滕州市北辛街道北秦	39	男	1939 年 1 月
秦献庆	滕州市北辛街道北秦	38	男	1939 年 1 月
时金山	滕州市北辛街道教场	44	男	1939 年 1 月
满成瑞	滕州市北辛街道小岗	20	男	1939 年 1 月
周民堂	滕州市北辛街道小岗	20	男	1939 年 1 月
李洪伦	滕州市北辛街道于岗	36	女	1939 年 1 月
李佳举	滕州市北辛街道俞寨	32	男	1939 年 1 月
孙明启	滕州市洪绪镇东赵沟	23	男	1939 年 1 月
丁玉盘	滕州市洪绪镇孔屯村	30	男	1939 年 1 月
张清远	滕州市荆河街道金平	25	男	1939 年 1 月
党金堂之祖父	滕州市龙泉街道西大庙	62	男	1939 年 1 月 10 日
党金堂之祖母	滕州市龙泉街道西大庙	60	女	1939 年 1 月 10 日
邵允喜之母	滕州市龙泉街道西大庙	42	女	1939 年 1 月 11 日
徐孝美之叔	滕州市龙泉街道刁庄	31	男	1939 年 1 月 19 日
孙广会	滕州市龙阳镇上司村	32	男	1939 年 1 月 23 日
邢佑天	滕州市鲍沟镇邢寨村	21	男	1939 年 2 月
党金宝	滕州市北辛街道北关	26	男	1939 年 2 月
李翠莲	滕州市北辛街道北关	26	女	1939 年 2 月
李同刚	滕州市北辛街道北关	21	男	1939 年 2 月
巫　龙	滕州市北辛街道北关	19	男	1939 年 2 月

姓　名	籍　贯	年　龄	性　别	死难时间
赵士荣	滕州市北辛街道北关	17	男	1939 年 2 月
朱　明	滕州市北辛街道北关	16	男	1939 年 2 月
孙孙氏	滕州市北辛街道小岗	32	女	1939 年 2 月
陈家龙	滕州市北辛街道新生	27	男	1939 年 2 月
陈俊礼	滕州市北辛街道新生	17	男	1939 年 2 月
韩　三	滕州市北辛街道新生	36	男	1938 年 2 月
田庆平	滕州市北辛街道新生	48	男	1939 年 2 月
商登荣	滕州市北辛街道新生	21	女	1939 年 2 月
商　华	滕州市北辛街道新生	35	男	1939 年 2 月
杨家磊	滕州市北辛街道新生	42	男	1939 年 2 月
朱韩氏	滕州市北辛街道新生	46	女	1939 年 2 月
俞夫义	滕州市北辛街道俞寨	33	男	1939 年 2 月
李家爱	滕州市北辛街道赵东	51	女	1939 年 2 月
刘亚增	滕州市北辛街道赵东	47	男	1939 年 2 月
孙王氏	滕州市北辛街道赵东	50	女	1939 年 2 月
张传汉	滕州市北辛街道赵东	39	男	1939 年 2 月
赵李氏	滕州市北辛街道赵东	44	女	1939 年 2 月
赵张氏	滕州市北辛街道赵东	40	女	1939 年 2 月
赵月文	滕州市大坞镇任前	38	男	1939 年 2 月
于江氏之兄	滕州市龙泉街道刁庄	33	男	1939 年 2 月
朱广海	滕州市南沙河镇冯庄中村	12	男	1939 年 2 月
朱广水	滕州市南沙河镇冯庄中村	26	男	1939 年 2 月
朱广厅	滕州市南沙河镇冯庄中村	30	男	1939 年 2 月
朱刘氏	滕州市南沙河镇冯庄中村	28	女	1939 年 2 月
朱绍玉	滕州市南沙河镇冯庄中村	27	男	1939 年 2 月
王　梅	滕州市荆河街道南门里	26	女	1939 年 2 月
冯广玉	滕州市龙泉街道岗子街	30	男	1939 年 2 月
孙刘氏	滕州市龙泉街道岗子街	34	女	1939 年 2 月
张宪云	滕州市荆河街道幸福园	63	男	1939 年 2 月
王刘氏	滕州市柴胡店镇大王楼	28	女	1939 年 2 月
杨士清	滕州市柴胡店镇杨桥	63	男	1939 年 2 月
李　祥	滕州市荆河街道幸福园	36	男	1939 年 2 月
黄大明	滕州市龙泉街道岗子街	30	男	1939 年 2 月
王黄仪	滕州市龙泉街道岗子街	28	女	1939 年 2 月

姓 名	籍 贯	年 龄	性 别	死难时间
赵本和	滕州市龙泉街道岗子街	26	男	1939 年 2 月
朱怀法	滕州市南沙河镇冯庄西村	27	男	1939 年 2 月
朱敬坤	滕州市南沙河镇冯庄西村	31	男	1939 年 2 月
朱绍运	滕州市南沙河镇冯庄西村	36	男	1939 年 2 月
朱宗贞	滕州市南沙河镇冯庄西村	41	男	1939 年 2 月
何开礼	滕州市荆河街道何庄	42	男	1939 年 2 月
朱宗奇	滕州市南沙河镇冯庄西村	28	男	1939 年 2 月
朱长汪	滕州市柴胡店镇沙岗村	64	男	1939 年 2 月
赵月新	滕州市荆河街道南门里	26	男	1939 年 2 月
李德运	滕州市张汪镇宗庄村	—	男	1939 年 2 月
王立人	滕州市张汪镇宗庄村	—	男	1939 年 2 月
王玉丰	滕州市张汪镇宗庄村	—	男	1939 年 2 月
王玉山	滕州市张汪镇宗庄村	—	男	1939 年 2 月
吴继金	滕州市张汪镇宗庄村	—	男	1939 年 2 月
殷延桂	滕州市张汪镇宗庄村	—	男	1939 年 2 月
张大林	滕州市张汪镇宗庄村	—	男	1939 年 2 月
赵金中	滕州市张汪镇宗庄村	—	男	1939 年 2 月
赵兴宝	滕州市张汪镇宗庄村	—	男	1939 年 2 月
刘建平	滕州市荆河街道马号居	29	男	1939 年 2 月
唐张氏	滕州市龙泉街道唐村	64	女	1939 年 2 月
唐王氏	滕州市龙泉街道唐村	62	女	1939 年 2 月
朱广良	滕州市南沙河镇冯庄西村	12	男	1939 年 2 月
朱沈氏	滕州市南沙河镇冯庄西村	28	女	1939 年 2 月
朱周氏	滕州市南沙河镇冯庄西村	26	女	1939 年 2 月
孟宪制	滕州市南沙河镇魏村	36	男	1939 年 2 月
魏全安	滕州市南沙河镇魏村	52	男	1939 年 2 月
马俊合	滕州市柴胡店镇沙岗村	39	男	1939 年 2 月
曹奎增	滕州市西岗镇北曹庄	21	男	1939 年 2 月
韩成胜	滕州市滨湖镇岗头	19	男	1939 年 2 月
徐元爱	滕州市鲍沟镇	38	男	1939 年 2 月
朱王氏	滕州市鲍沟镇北朱村	40	女	1939 年 2 月
严爱国	滕州市鲍沟镇郝寨村	19	男	1939 年 2 月
马 花	滕州市鲍沟镇张埠村	31	女	1939 年 2 月
甄西宗	滕州市鲍沟镇甄洼村	23	男	1939 年 2 月

姓　名	籍　贯	年　龄	性　别	死难时间
刘隋氏	滕州市北辛街道北关	33	女	1939 年 2 月
毛王氏	滕州市北辛街道北关	25	女	1939 年 2 月
司荣氏	滕州市北辛街道北关	40	女	1939 年 2 月
魏凤伍	滕州市北辛街道后荆沟	40	男	1939 年 2 月
魏小小	滕州市北辛街道教场	17	女	1939 年 2 月
申奉正	滕州市北辛街道西北坛	13	男	1939 年 2 月
商王氏	滕州市北辛街道新生	49	女	1939 年 2 月
田李氏	滕州市北辛街道新生	42	女	1939 年 2 月
赵王氏	滕州市北辛街道杏花村	42	女	1939 年 2 月
刘竞真	滕州市大坞镇刘西	37	男	1939 年 2 月
刘守年	滕州市大坞镇刘西	58	男	1939 年 2 月
刘希卫	滕州市大坞镇刘西	15	男	1939 年 2 月
商宗勤	滕州市洪绪镇西赵沟	39	男	1939 年 2 月
李　爱	滕州市荆河街道北门里	7	女	1939 年 2 月
杨广才	滕州市荆河街道金平	30	男	1939 年 2 月
赵　石	滕州市荆河街道奎文	11	男	1939 年 2 月 1 日
雷延坤	滕州市荆河街道马号居	53	男	1939 年 2 月 1 日
彭延礼	滕州市荆河街道奎文	7	男	1939 年 3 月 4 日
刁红文	滕州市南沙河镇杨杭	36	男	1939 年 3 月 7 日
刘汗农	滕州市南沙河镇杨杭	52	男	1939 年 3 月 7 日
王学法	滕州市南沙河镇杨杭	49	男	1939 年 3 月 7 日
张家道	滕州市南沙河镇杨杭	60	男	1939 年 3 月 7 日
赵　七	滕州市荆河街道奎文	8	男	1939 年 3 月 8 日
刘本成	滕州市龙阳镇庄头村	23	男	1939 年 3 月 10 日
刘广仓	滕州市龙阳镇庄头村	20	男	1939 年 3 月 10 日
刘广太	滕州市龙阳镇庄头村	20	男	1939 年 3 月 10 日
刘占州	滕州市龙阳镇庄头村	19	男	1939 年 3 月 10 日
曹奎顺	滕州市西岗镇北曹庄	24	男	1939 年 3 月 11 日
曹尚成	滕州市西岗镇北曹庄	25	男	1939 年 3 月 11 日
张士海	滕州市荆河街道南门里	11	男	1939 年 3 月 12 日
赵怀廷	滕州市鲍沟镇侯楼	39	男	1939 年 4 月
邢昌伍	滕州市鲍沟镇邢寨村	27	男	1939 年 4 月
鲁开泉	滕州市北辛街道前辛居	33	男	1939 年 4 月
鲁在军	滕州市北辛街道前辛居	30	男	1939 年 4 月

姓 名	籍 贯	年 龄	性 别	死难时间
赵培玉	滕州市大坞镇任前	32	男	1939 年 4 月
李广争	滕州市大坞镇前峰在中村	65	男	1939 年 4 月
李士阳	滕州市大坞镇前峰在中村	39	男	1939 年 4 月
李志普	滕州市大坞镇前峰在中村	47	男	1939 年 4 月
葛学武	滕州市洪绪镇东赵沟	45	男	1939 年 4 月
商连存	滕州市洪绪镇东赵沟	30	男	1939 年 4 月
刘瑞才	滕州市柴胡店镇刘村	57	男	1939 年 4 月 2 日
邓贞印	滕州市西岗镇北孔村	32	男	1939 年 4 月 2 日
李凡珠	滕州市西岗镇北孔村	35	男	1939 年 4 月 2 日
李世光	滕州市西岗镇北孔村	12	男	1939 年 4 月 2 日
李正金	滕州市西岗镇北孔村	63	男	1939 年 4 月 2 日
龙兴前	滕州市西岗镇北孔村	35	男	1939 年 4 月 2 日
满华东	滕州市西岗镇北孔村	11	男	1939 年 4 月 2 日
任宪玲	滕州市西岗镇北孔村	35	男	1939 年 4 月 2 日
任宪清	滕州市西岗镇北孔村	10	男	1939 年 4 月 2 日
任昭银	滕州市西岗镇北孔村	56	男	1939 年 4 月 2 日
张泽厚	滕州市西岗镇马庙村	45	男	1939 年 4 月 2 日
赵恒彬	滕州市西岗镇马庙村	45	男	1939 年 4 月 2 日
赵月强	滕州市西岗镇马庙村	45	男	1939 年 4 月 2 日
丁德启	滕州市西岗镇南曹村	63	男	1939 年 4 月 2 日
丁德振	滕州市西岗镇南曹村	36	男	1939 年 4 月 2 日
郭成山	滕州市西岗镇南曹村	59	男	1939 年 4 月 2 日
李自金	滕州市西岗镇南曹村	58	男	1939 年 4 月 2 日
王吉泉	滕州市西岗镇南曹村	65	男	1939 年 4 月 2 日
周广兰	滕州市西岗镇南曹村	—	男	1939 年 4 月 2 日
华玉芝	滕州市西岗镇南张村	45	男	1939 年 4 月 2 日
刘绍兰	滕州市西岗镇南张村	56	男	1939 年 4 月 2 日
徐道桐	滕州市南沙河镇下徐	12	男	1939 年 4 月 5 日
徐广文	滕州市南沙河镇下徐	30	男	1939 年 4 月 5 日
徐明芳	滕州市南沙河镇下徐	28	男	1939 年 4 月 5 日
徐明海	滕州市南沙河镇下徐	23	男	1939 年 4 月 5 日
徐明千	滕州市南沙河镇下徐	32	男	1939 年 4 月 5 日
何玉洋	滕州市龙阳镇何岭村	49	男	1939 年 4 月 11 日
曹怀宝	滕州市西岗镇北曹庄	65	男	1939 年 4 月 11 日

姓　名	籍　贯	年　龄	性　别	死难时间
曹尚坤	滕州市西岗镇北曹庄	52	男	1939 年 4 月 11 日
赵铜生	滕州市荆河街道幸福园	35	男	1939 年 4 月 13 日
赵宪后	滕州市龙泉街道赵庄	49	男	1939 年 4 月 14 日
郝秀明	滕州市柴胡店镇沙岗村	48	男	1939 年 4 月 16 日
赵怀任	滕州市龙阳镇何岭村	47	男	1939 年 4 月 19 日
高邦海	滕州市龙泉街道岗子街	32	男	1939 年 4 月 20 日
耿学振	滕州市龙泉街道岗子街	29	男	1939 年 4 月 20 日
倪　京	滕州市龙泉街道岗子街	39	男	1939 年 4 月 20 日
孙冯氏	滕州市龙泉街道岗子街	27	女	1939 年 4 月 20 日
西康东	滕州市龙泉街道岗子街	41	男	1939 年 4 月 20 日
西马氏	滕州市龙泉街道岗子街	39	女	1939 年 4 月 20 日
赵生钱	滕州市鲍沟镇坝前村	18	男	1939 年 5 月
赵文生	滕州市鲍沟镇坝前村	23	男	1939 年 5 月
杨成运	滕州市鲍沟镇杨村	16	男	1939 年 5 月
刘德军	滕州市鲍沟镇中皇甫村	22	男	1939 年 5 月
刘德山	滕州市鲍沟镇中皇甫村	28	男	1939 年 5 月
王张氏	滕州市鲍沟镇中皇甫村	55	女	1939 年 5 月
张刘氏	滕州市北辛街道西北坛	55	女	1939 年 5 月
周民田	滕州市北辛街道小岗	19	男	1939 年 5 月
王小波	滕州市北辛街道新生	11	男	1939 年 5 月
李侯氏	滕州市北辛街道于岗	47	女	1939 年 5 月
于玉明	滕州市北辛街道于岗	20	男	1939 年 5 月
张玉党	滕州市大坞镇大坞村	27	男	1939 年 5 月
单凤祥	滕州市大坞镇东洋汶	29	男	1939 年 5 月
单桂祥	滕州市大坞镇东洋汶	29	男	1939 年 5 月
庞后安	滕州市大坞镇东洋汶	27	男	1939 年 5 月
庞自耕	滕州市大坞镇东洋汶	31	男	1939 年 5 月
张心亮	滕州市大坞镇东洋汶	30	男	1939 年 5 月
张心仪	滕州市大坞镇东洋汶	31	男	1939 年 5 月
赵巨良	滕州市大坞镇东洋汶	27	男	1939 年 5 月
赵延礼	滕州市大坞镇东洋汶	27	男	1939 年 5 月
赵延香	滕州市大坞镇东洋汶	27	男	1939 年 5 月
周理田	滕州市大坞镇东洋汶	31	男	1939 年 5 月
张大正之女	滕州市东郭镇石羊山	1	女	1939 年 5 月

姓　名	籍　贯	年　龄	性　别	死难时间
张学善之女	滕州市东郭镇石羊山	1	女	1939 年 5 月
高学成	滕州市荆河街道平行路居	48	男	1939 年 5 月
王洪财	滕州市荆河街道平行路居	50	男	1939 年 5 月
崔宝南	滕州市羊庄镇庄里	45	男	1939 年 5 月
杨乃干	滕州市大坞镇大坞村	31	男	1939 年 5 月
张光素	滕州市大坞镇大坞村	39	男	1939 年 5 月
赵恒崇	滕州市大坞镇东洋汶	28	男	1939 年 5 月
张玉朋	滕州市大坞镇大坞村	33	男	1939 年 5 月
赵恒伟	滕州市大坞镇东洋汶	27	男	1939 年 5 月
王啟俊	滕州市大坞镇前峰庄中村	50	男	1939 年 5 月
张玉查	滕州市大坞镇大坞村	35	男	1939 年 5 月
赵延告	滕州市大坞镇东洋汶	26	男	1939 年 5 月
张玉洗	滕州市大坞镇大坞村	29	男	1939 年 5 月
赵延明	滕州市大坞镇东洋汶	26	男	1939 年 5 月
张玉即	滕州市大坞镇大坞村	25	男	1939 年 5 月
赵中凉	滕州市大坞镇东洋汶	27	男	1939 年 5 月
张玉双	滕州市大坞镇大坞村	40	男	1939 年 5 月
赵恒常	滕州市大坞镇东洋汶	30	男	1939 年 5 月
张玉家	滕州市大坞镇大坞村	27	男	1939 年 5 月
赵恒珠	滕州市大坞镇东洋汶	29	男	1939 年 5 月
张玉需	滕州市大坞镇大坞村	34	男	1939 年 5 月
赵中怀	滕州市大坞镇东洋汶	31	男	1939 年 5 月
张玉期	滕州市大坞镇大坞村	41	男	1939 年 5 月
赵延镇	滕州市大坞镇东洋汶	29	男	1939 年 5 月
张玉注	滕州市大坞镇大坞村	33	男	1939 年 5 月
张从顺	滕州市大坞镇东洋汶	28	男	1939 年 5 月
张玉维	滕州市大坞镇大坞村	26	男	1939 年 5 月
赵中明	滕州市大坞镇东洋汶	22	男	1939 年 5 月
张玉要	滕州市大坞镇大坞村	21	男	1939 年 5 月
赵家良	滕州市大坞镇东洋汶	23	男	1939 年 5 月
张玉规	滕州市大坞镇大坞村	20	男	1939 年 5 月
马宗礼	滕州市大坞镇东洋汶	23	男	1939 年 5 月
张玉强	滕州市大坞镇大坞村	36	男	1939 年 5 月
赵恒洋	滕州市大坞镇东洋汶	26	男	1939 年 5 月

姓 名	籍 贯	年 龄	性 别	死难时间
张玉问	滕州市大坞镇大坞村	37	男	1939 年 5 月
赵素良	滕州市大坞镇东洋汶	23	男	1939 年 5 月
张玉度	滕州市大坞镇大坞村	42	男	1939 年 5 月
赵恒希	滕州市大坞镇东洋汶	21	男	1939 年 5 月
张玉晶	滕州市大坞镇大坞村	24	男	1939 年 5 月
赵恒尧	滕州市大坞镇东洋汶	23	男	1939 年 5 月
张玉饰	滕州市大坞镇大坞村	30	男	1939 年 5 月
庞自银	滕州市大坞镇东洋汶	26	男	1939 年 5 月
张玉效	滕州市大坞镇大坞村	28	男	1939 年 5 月
赵延金	滕州市大坞镇东洋汶	23	男	1939 年 5 月
张玉义	滕州市大坞镇大坞村	21	男	1939 年 5 月
杨延运	滕州市大坞镇东洋汶	25	男	1939 年 5 月
张玉点	滕州市大坞镇大坞村	29	男	1939 年 5 月
田中仓	滕州市大坞镇东洋汶	23	男	1939 年 5 月
张玉世	滕州市大坞镇大坞村	31	男	1939 年 5 月
罗明仁	滕州市大坞镇东洋汶	29	男	1939 年 5 月
张玉介	滕州市大坞镇大坞村	40	男	1939 年 5 月
罗明义	滕州市大坞镇东洋汶	27	男	1939 年 5 月
张玉追	滕州市大坞镇大坞村	45	男	1939 年 5 月
张道密	滕州市大坞镇东洋汶	28	男	1939 年 5 月
张光其	滕州市大坞镇大坞村	44	男	1939 年 5 月
张从银	滕州市大坞镇东洋汶	29	男	1939 年 5 月
张光益	滕州市大坞镇大坞村	25	男	1939 年 5 月
张道玉	滕州市大坞镇东洋汶	28	男	1939 年 5 月
张光干	滕州市大坞镇大坞村	22	男	1939 年 5 月
王开举	滕州市大坞镇东洋汶	29	男	1939 年 5 月
蔡希春	滕州市大坞镇大坞村	29	男	1939 年 5 月
蔡希凤	滕州市大坞镇大坞村	27	男	1939 年 5 月
蔡希礼	滕州市大坞镇大坞村	36	男	1939 年 5 月
蔡希同	滕州市大坞镇大坞村	43	男	1939 年 5 月
姬付勤	滕州市大坞镇大坞村	40	男	1939 年 5 月
姬付梓	滕州市大坞镇大坞村	37	男	1939 年 5 月
姬广来	滕州市大坞镇大坞村	27	男	1939 年 5 月
姬广同	滕州市大坞镇大坞村	41	男	1939 年 5 月

姓 名	籍 贯	年 龄	性 别	死难时间
姬广新	滕州市大坞镇大坞村	30	男	1939 年 5 月
姬生和	滕州市大坞镇大坞村	29	男	1939 年 5 月
姬生亮	滕州市大坞镇大坞村	37	男	1939 年 5 月
姬生明	滕州市大坞镇大坞村	40	男	1939 年 5 月
姬生照	滕州市大坞镇大坞村	34	男	1939 年 5 月
刘景发	滕州市大坞镇大坞村	40	男	1939 年 5 月
刘景光	滕州市大坞镇大坞村	32	男	1939 年 5 月
刘景亮	滕州市人坞镇大坞村	27	男	1939 年 5 月
刘景文	滕州市大坞镇大坞村	30	男	1939 年 5 月
刘景修	滕州市大坞镇大坞村	19	男	1939 年 5 月
刘茂才	滕州市大坞镇大坞村	31	男	1939 年 5 月
刘云环	滕州市大坞镇大坞村	42	男	1939 年 5 月
钱金景	滕州市大坞镇大坞村	30	男	1939 年 5 月
杨广诗	滕州市大坞镇大坞村	19	男	1939 年 5 月
杨广增	滕州市大坞镇大坞村	40	男	1939 年 5 月
杨乃栋	滕州市大坞镇大坞村	30	男	1939 年 5 月
杨乃品	滕州市大坞镇大坞村	33	男	1939 年 5 月
杨乃其	滕州市大坞镇大坞村	27	男	1939 年 5 月
杨乃申	滕州市大坞镇大坞村	18	男	1939 年 5 月
杨乃同	滕州市大坞镇大坞村	26	男	1939 年 5 月
张崇标	滕州市大坞镇大坞村	41	男	1939 年 5 月
张崇对	滕州市大坞镇大坞村	28	男	1939 年 5 月
张崇功	滕州市大坞镇大坞村	33	男	1939 年 5 月
张崇教	滕州市大坞镇大坞村	29	男	1939 年 5 月
张崇满	滕州市大坞镇大坞村	25	男	1939 年 5 月
张崇然	滕州市大坞镇大坞村	37	男	1939 年 5 月
张崇如	滕州市大坞镇大坞村	22	男	1939 年 5 月
张崇为	滕州市大坞镇大坞村	20	男	1939 年 5 月
张崇引	滕州市大坞镇大坞村	30	男	1939 年 5 月
张崇止	滕州市大坞镇大坞村	40	男	1939 年 5 月
张从节	滕州市大坞镇大坞村	33	男	1939 年 5 月
张光从	滕州市大坞镇大坞村	19	男	1939 年 5 月
张光对	滕州市大坞镇大坞村	18	男	1939 年 5 月
张光后	滕州市大坞镇大坞村	18	男	1939 年 5 月

姓　名	籍　贯	年　龄	性　别	死难时间
张光纪	滕州市大坞镇大坞村	39	男	1939 年 5 月
张光间	滕州市大坞镇大坞村	34	男	1939 年 5 月
张光兼	滕州市大坞镇大坞村	35	男	1939 年 5 月
张光结	滕州市大坞镇大坞村	21	男	1939 年 5 月
张光民	滕州市大坞镇大坞村	37	男	1939 年 5 月
张光如	滕州市大坞镇大坞村	34	男	1939 年 5 月
张光实	滕州市大坞镇大坞村	33	男	1939 年 5 月
张光适	滕州市大坞镇大坞村	33	男	1939 年 5 月
张光同	滕州市大坞镇大坞村	26	男	1939 年 5 月
张光透	滕州市大坞镇大坞村	23	男	1939 年 5 月
张光五	滕州市大坞镇大坞村	22	男	1939 年 5 月
张光现	滕州市大坞镇大坞村	37	男	1939 年 5 月
张光颜	滕州市大坞镇大坞村	19	男	1939 年 5 月
张光营	滕州市大坞镇大坞村	41	男	1939 年 5 月
张光用	滕州市大坞镇大坞村	26	男	1939 年 5 月
张光则	滕州市大坞镇大坞村	28	男	1939 年 5 月
张光增	滕州市大坞镇大坞村	41	男	1939 年 5 月
张光质	滕州市大坞镇大坞村	43	男	1939 年 5 月
张兆标	滕州市大坞镇大坞村	24	男	1939 年 5 月
张兆等	滕州市大坞镇大坞村	24	男	1939 年 5 月
张兆顶	滕州市大坞镇大坞村	33	男	1939 年 5 月
张兆范	滕州市大坞镇大坞村	33	男	1939 年 5 月
张兆观	滕州市大坞镇大坞村	41	男	1939 年 5 月
张兆看	滕州市大坞镇大坞村	32	男	1939 年 5 月
张兆抗	滕州市大坞镇大坞村	41	男	1939 年 5 月
张兆量	滕州市大坞镇大坞村	25	男	1939 年 5 月
张兆识	滕州市大坞镇大坞村	43	男	1939 年 5 月
张兆适	滕州市大坞镇大坞村	35	男	1939 年 5 月
张兆纹	滕州市大坞镇大坞村	19	男	1939 年 5 月
张兆闻	滕州市大坞镇大坞村	36	男	1939 年 5 月
张兆选	滕州市大坞镇大坞村	25	男	1939 年 5 月
张兆重	滕州市大坞镇大坞村	25	男	1939 年 5 月
张兆准	滕州市大坞镇大坞村	37	男	1939 年 5 月
张兆自	滕州市大坞镇大坞村	18	男	1939 年 5 月

姓 名	籍 贯	年 龄	性 别	死难时间
王洪山	滕州市大坞镇东洋汶	28	男	1939 年 5 月
蔡希景	滕州市大坞镇大坞村	30	男	1939 年 5 月
张光复	滕州市大坞镇大坞村	29	男	1939 年 5 月
马延禧	滕州市大坞镇东洋汶	28	男	1939 年 5 月
何赵氏	滕州市荆河街道何庄	21	女	1939 年 5 月 3 日
孙 开	滕州市龙阳镇上司村	36	男	1939 年 5 月 6 日
王元祥	滕州市柴胡店镇大王楼	30	男	1939 年 5 月 10 日
胡长奎	滕州市柴胡店镇贾楼村	19	男	1939 年 5 月 10 日
党成之	滕州市荆河街道南门里	52	男	1939 年 5 月 12 日
李兴永	滕州市荆河街道朱李	35	男	1939 年 5 月 12 日
赵李氏	滕州市龙泉街道赵庄	67	女	1939 年 5 月 14 日
耿康氏	滕州市龙泉街道岗子街	30	女	1939 年 5 月 15 日
赵福军	滕州市龙阳镇西朱仇村	50	男	1939 年 5 月 15 日
赵王氏	滕州市龙泉街道赵庄	59	女	1939 年 5 月 16 日
赵一明	滕州市龙泉街道赵庄	58	男	1939 年 5 月 16 日
赵一征	滕州市龙泉街道赵庄	63	男	1939 年 5 月 16 日
赵一群	滕州市龙泉街道赵庄	60	男	1939 年 5 月 18 日
赵张氏	滕州市龙泉街道赵庄	20	女	1939 年 5 月 18 日
赵福延	滕州市龙阳镇西朱仇村	43	男	1939 年 5 月 18 日
孙小弟	滕州市荆河街道北门里	12	男	1939 年 5 月 23 日
张洪台	滕州市鲍沟镇张埠村	36	男	1939 年 6 月
刘大军	滕州市北辛街道北楼	30	男	1939 年 6 月
赵德发	滕州市北辛街道北楼	35	男	1939 年 6 月
赵连友	滕州市北辛街道北楼	31	男	1939 年 6 月
李芪山	滕州市北辛街道侉庄	40	男	1939 年 6 月
李芪永	滕州市北辛街道侉庄	61	男	1939 年 6 月
赵连昌	滕州市北辛街道侉庄	48	男	1939 年 6 月
张王氏	滕州市北辛街道西北坛	50	女	1939 年 6 月
黄进章	滕州市北辛街道小岗	24	男	1939 年 6 月
孙付胜	滕州市北辛街道小岗	27	男	1939 年 6 月
张玉礼	滕州市北辛街道小岗	17	男	1939 年 6 月
周进栋	滕州市北辛街道小岗	21	男	1939 年 6 月
周民海	滕州市北辛街道小岗	23	男	1939 年 6 月
周民元	滕州市北辛街道小岗	19	男	1939 年 6 月

姓　名	籍　贯	年龄	性别	死难时间
周玉美	滕州市北辛街道小岗	24	男	1939 年 6 月
周玉振	滕州市北辛街道小岗	26	男	1939 年 6 月
孙张氏	滕州市北辛街道杏花村	29	女	1939 年 6 月
张王氏	滕州市北辛街道杏花村	30	女	1939 年 6 月
王开志	滕州市大坞镇任前	25	男	1939 年 6 月
葛学忠	滕州市洪绪镇东赵沟	32	男	1939 年 6 月
苏明利	滕州市洪绪镇光明村	29	男	1939 年 6 月
孙德斌	滕州市洪绪镇光明村	36	男	1939 年 6 月
王韦东	滕州市洪绪镇西赵沟	60	男	1939 年 6 月
葛保元	滕州市洪绪镇颜楼	19	男	1939 年 6 月
许兴瑞	滕州市羊庄镇庄里	26	男	1939 年 6 月
许兴言	滕州市羊庄镇庄里	53	男	1939 年 6 月
王广永	滕州市柴胡店镇龙山村	48	男	1939 年 6 月 2 日
薛金成	滕州市荆河街道鲁东	41	男	1939 年 6 月 2 日
杨学礼	滕州市荆河街道南门里	25	男	1939 年 6 月 3 日
高中全	滕州市荆河街道南门里	36	男	1939 年 6 月 4 日
李全成	滕州市西岗镇栾庄	56	男	1939 年 6 月 6 日
孙彦伟	滕州市西岗镇栾庄	58	男	1939 年 6 月 6 日
孙彦运	滕州市西岗镇栾庄	54	男	1939 年 6 月 6 日
蒋开为	滕州市龙阳镇李庄	21	男	1939 年 6 月 8 日
彭高氏	滕州市南沙河镇东魏村	44	女	1939 年 6 月 11 日
魏传余	滕州市南沙河镇东魏村	47	男	1939 年 6 月 11 日
赵风臣	滕州市龙阳镇西朱仇村	40	男	1939 年 6 月 12 日
仝祥礼	滕州市柴胡店镇沙岗村	39	男	1939 年 6 月 13 日
朱加龙	滕州市柴胡店镇沙岗村	51	男	1939 年 6 月 13 日
马增明	滕州市柴胡店镇沙岗村	53	男	1939 年 6 月 18 日
宋丙志	滕州市鲍沟镇	36	男	1939 年 7 月
郝玉太	滕州市鲍沟镇郝庄村	31	男	1939 年 7 月
杨际会	滕州市鲍沟镇琉璃庙	43	女	1939 年 7 月
石　头	滕州市鲍沟镇裴楼	3	男	1939 年 7 月
时杨氏	滕州市鲍沟镇孙岗村	24	女	1939 年 7 月
渠开河	滕州市鲍沟镇甄洼村	16	男	1939 年 7 月
王二平之子	滕州市东郭镇前高庄	1	男	1939 年 7 月
葛学志	滕州市洪绪镇东赵沟	48	男	1939 年 7 月

姓　名	籍　贯	年 龄	性 别	死难时间
丁志相	滕州市洪绪镇西赵沟	41	男	1939 年 7 月
丁志勇	滕州市洪绪镇西赵沟	29	男	1939 年 7 月
葛学伟	滕州市洪绪镇西赵沟	28	男	1939 年 7 月
徐东宏	滕州市洪绪镇西赵沟	51	男	1939 年 7 月
范　月	滕州市荆河街道南关街	18	男	1939 年 7 月
李　贞	滕州市荆河街道南关街	24	男	1939 年 7 月
刘树彬	滕州市荆河街道南关街	41	男	1939 年 7 月
李夫亭	滕州市柴胡店镇姬庄	58	男	1939 年 7 月 2 日
方立功	滕州市柴胡店镇王官庄	83	男	1939 年 7 月 2 日
鲁在河	滕州市荆河街道东十里岗	50	男	1939 年 7 月 6 日
徐世杰	滕州市龙阳镇西朱仇村	35	男	1939 年 7 月 9 日
王家开	滕州市南沙河镇后房村	28	男	1939 年 7 月 9 日
王孙氏	滕州市南沙河镇后房村	27	女	1939 年 7 月 9 日
王三亚	滕州市柴胡店镇龙山村	22	男	1939 年 7 月 15 日
刘大件	滕州市柴胡店镇官路口	32	男	1939 年 7 月 18 日
王士成	滕州市柴胡店镇沙岗村	39	男	1939 年 7 月 19 日
周传连	滕州市龙阳镇李庄	15	男	1939 年 7 月 21 日
赵恒亭	滕州市西岗镇北赵庄	20	男	1939 年 7 月 30 日
丛恒兰	滕州市鲍沟镇	21	女	1939 年 8 月
贺广清	滕州市鲍沟镇	20	女	1939 年 8 月
陈学才	滕州市鲍沟镇西皇甫村	38	男	1939 年 8 月
赵恒平	滕州市鲍沟镇徐村	31	男	1939 年 8 月
周民华	滕州市北辛街道小岗	19	男	1939 年 8 月
李青贵	滕州市北辛街道于岗	19	男	1939 年 8 月
李相平	滕州市北辛街道于岗	17	男	1939 年 8 月
葛永军	滕州市洪绪镇东赵沟	39	男	1939 年 8 月
葛永民	滕州市洪绪镇东赵沟	48	男	1939 年 8 月
丁国友	滕州市洪绪镇西赵沟	36	男	1939 年 8 月
葛永建	滕州市洪绪镇西赵沟	24	男	1939 年 8 月
柴同州	滕州市洪绪镇颜楼	39	男	1939 年 8 月
韩昌宝	滕州市荆河街道大同	43	男	1939 年 8 月
鲁车光	滕州市荆河街道大同	38	男	1939 年 8 月
任广宪	滕州市荆河街道大同	37	男	1939 年 8 月
崔宝玉	滕州市羊庄镇庄里	35	男	1939 年 8 月

姓 名	籍 贯	年 龄	性 别	死难时间
张学正	滕州市东郭镇石羊山	81	男	1939 年 8 月 2 日
张学具	滕州市东郭镇石羊山	62	男	1939 年 8 月 4 日
张传青	滕州市东郭镇石羊山	40	男	1939 年 8 月 6 日
常学兵	滕州市荆河街道韩桥	37	男	1939 年 8 月 6 日
李光财	滕州市荆河街道韩桥	35	男	1939 年 8 月 6 日
李兴旺	滕州市荆河街道韩桥	26	男	1939 年 8 月 6 日
张学国	滕州市东郭镇石羊山	53	男	1939 年 8 月 8 日
杨 义	滕州市荆河街道奎文	13	男	1939 年 8 月 9 日
张学共	滕州市东郭镇石羊山	32	男	1939 年 8 月 10 日
刘孙氏	滕州市善南街道鞠庄	73	女	1939 年 8 月 12 日
张振廷	滕州市东郭镇石羊山	23	男	1939 年 8 月 14 日
张传清	滕州市东郭镇石羊山	26	女	1939 年 8 月 24 日
张传河	滕州市东郭镇石羊山	26	女	1939 年 8 月 26 日
邢佑才	滕州市鲍沟镇邢寨村	26	男	1939 年 9 月
徐瑞金	滕州市鲍沟镇徐村	25	男	1939 年 9 月
徐叶标	滕州市鲍沟镇徐村	18	男	1939 年 9 月
柴召旭	滕州市洪绪镇东赵沟	45	男	1939 年 9 月
徐东忠	滕州市洪绪镇东赵沟	24	男	1939 年 9 月
赵夫珍	滕州市洪绪镇颜楼	35	男	1939 年 9 月
鲁景彪之妻	滕州市荆河街道辛庄	49	女	1939 年 9 月
鲁景彪之子	滕州市荆河街道辛庄	—	男	1939 年 9 月
孙广兵	滕州市龙阳镇上司村	23	男	1939 年 9 月 10 日
柴令友	滕州市龙泉街道泰山庙	39	男	1939 年 9 月 16 日
韩以友	滕州市龙泉街道泰山庙	38	男	1939 年 9 月 16 日
刘传仁	滕州市龙泉街道泰山庙	42	男	1939 年 9 月 16 日
王恒山	滕州市龙泉街道泰山庙	35	男	1939 年 9 月 16 日
唐宝誉	滕州市龙泉街道唐村	60	女	1939 年 9 月 17 日
唐高氏	滕州市龙泉街道唐村	58	女	1939 年 9 月 17 日
孔 莫	滕州市西岗镇杜庙村	23	男	1939 年 10 月 2 日
李良田	滕州市西岗镇杜庙村	39	男	1939 年 10 月 2 日
李良友	滕州市西岗镇杜庙村	36	男	1939 年 10 月 2 日
李申常	滕州市西岗镇杜庙村	65	男	1939 年 10 月 2 日
李正志	滕州市西岗镇杜庙村	58	男	1939 年 10 月 2 日
宋光明	滕州市西岗镇杜庙村	59	男	1939 年 10 月 2 日

姓 名	籍 贯	年龄	性别	死难时间
宋光申	滕州市西岗镇杜庙村	32	男	1939 年 10 月 2 日
王申之母	滕州市龙泉街道前大庙	30	女	1939 年 10 月 6 日
谢李氏	滕州市龙泉街道岗子街	37	女	1939 年 10 月 11 日
谢振台	滕州市龙泉街道岗子街	39	男	1939 年 10 月 11 日
何玉德	滕州市龙阳镇何岭村	48	男	1939 年 10 月 11 日
孙庆山	滕州市龙阳镇西朱仇村	41	男	1939 年 10 月 13 日
王学荣	滕州市龙阳镇张沙土	38	男	1939 年 10 月 17 日
工先位	滕州市西岗镇北曹庄	29	男	1939 年 10 月 24 日
王玉心	滕州市鲍沟镇琉璃庙	35	男	1939 年 11 月
邢佑栋	滕州市鲍沟镇邢寨村	25	男	1939 年 11 月
范学相	滕州市鲍沟镇甄洼村	18	男	1939 年 11 月
赵夫忠	滕州市洪绪镇光明村	22	男	1939 年 11 月
孟凡才	滕州市荆河街道平行路居	40	男	1939 年 11 月
孟凡银	滕州市荆河街道平行路居	59	男	1939 年 11 月
倪黄氏	滕州市荆河街道东倪	52	女	1939 年 11 月 2 日
倪张氏	滕州市荆河街道东倪	46	女	1939 年 11 月 2 日
徐连银	滕州市龙泉街道杏坛	—	男	1939 年 11 月 5 日
闫 六	滕州市善南街道十里铺二	64	男	1939 年 11 月 6 日
张士贵	滕州市柴胡店镇柴胡店村	17	男	1939 年 11 月 7 日
贾宝顺	滕州市柴胡店镇贾楼村	61	男	1939 年 11 月 7 日
王宜生	滕州市龙阳镇北王村	36	男	1939 年 11 月 8 日
李成富	滕州市龙泉街道东关	—	男	1939 年 11 月 25 日
王洪喜	滕州市鲍沟镇	42	男	1939 年 12 月
孟成义	滕州市鲍沟镇后汉宫村	30	男	1939 年 12 月
高本位	滕州市鲍沟镇侯楼	35	男	1939 年 12 月
高成光	滕州市鲍沟镇侯楼	21	男	1939 年 12 月
高成民	滕州市鲍沟镇侯楼	19	男	1939 年 12 月
徐兆林	滕州市鲍沟镇徐村	22	男	1939 年 12 月
徐兆明	滕州市鲍沟镇徐村	30	男	1939 年 12 月
杨全云	滕州市鲍沟镇杨村	35	男	1939 年 12 月
甄承利	滕州市鲍沟镇甄洼村	28	男	1939 年 12 月
甄宗利	滕州市鲍沟镇甄洼村	26	男	1939 年 12 月
赵李氏	滕州市北辛街道北楼	42	女	1939 年 12 月
赵荣兰	滕州市北辛街道北楼	26	女	1939 年 12 月

姓 名	籍 贯	年龄	性别	死难时间
李洪亮	滕州市北辛街道于岗	18	男	1939 年 12 月
李振生	滕州市北辛街道于岗	18	男	1939 年 12 月
柴同斌	滕州市洪绪镇光明村	28	男	1939 年 12 月
刘长禄	滕州市荆河街道南关街	40	男	1939 年 12 月
赵 珠	滕州市荆河街道南关街	20	男	1939 年 12 月
马宏才	滕州市荆河街道平行路居	43	男	1939 年 12 月
张玉宝	滕州市龙阳镇上司村	19	男	1939 年 12 月
赵崇善	滕州市羊庄镇土城	38	男	1939 年 12 月
孟召国	滕州市羊庄镇庄里	28	男	1939 年 12 月
姚恒瑞	滕州市荆河街道北门里	35	男	1939 年 12 月 3 日
孟 彬	滕州市荆河街道幸福园	26	男	1939 年 12 月 5 日
司王氏	滕州市龙阳镇上司村	38	女	1939 年 12 月 5 日
王二迷	滕州市善南街道十里铺二	63	男	1939 年 12 月 5 日
周传武	滕州市龙阳镇李庄	44	男	1939 年 12 月 6 日
李道华之兄	滕州市西岗镇高庙西村	41	男	1939 年 12 月 9 日
李大众	滕州市龙泉街道荆东	70	男	1939 年 12 月 23 日
褚思九	滕州市	—	男	1939 年
褚耀堂	滕州市	—	男	1939 年
刘乡长	滕州市	—	男	1939 年
巩德法	滕州市东郭镇石羊山	44	男	1939 年
裴学水	滕州市鲍沟镇河崖村	24	男	1940 年 1 月
钟明则	滕州市鲍沟镇闫庙村	21	男	1940 年 1 月
甄承永	滕州市鲍沟镇甄洼村	21	男	1940 年 1 月
甄自洪	滕州市鲍沟镇甄洼村	19	男	1940 年 1 月
甄自礼	滕州市鲍沟镇甄洼村	18	男	1940 年 1 月
刘本庆	滕州市鲍沟镇中皇甫村	30	男	1940 年 1 月
任正英	滕州市大坞镇任前	35	女	1940 年 1 月
郭 杰	滕州市大坞镇前峰庄中村	—	男	1940 年 1 月
李 明	滕州市大坞镇前峰庄中村	—	男	1940 年 1 月
刘念胜	滕州市柴胡店镇刘村	59	男	1940 年 1 月 6 日
曹奎付	滕州市西岗镇北曹庄	60	男	1940 年 1 月 10 日
唐宝顶	滕州市龙泉街道唐村	—	男	1940 年 1 月 15 日
沙大柱	滕州市龙泉街道东关	—	男	1940 年 1 月 16 日
沙印德	滕州市龙泉街道东关	—	男	1940 年 1 月 16 日

姓 名	籍 贯	年 龄	性 别	死难时间
张德环	滕州市龙泉街道东关	—	男	1940 年 1 月 16 日
孙张氏	滕州市龙阳镇上司村	23	女	1940 年 1 月 23 日
时培尧	滕州市鲍沟镇孙岗村	18	男	1940 年 2 月
甄承文	滕州市鲍沟镇甄洼村	24	男	1940 年 2 月
李振邦	滕州市北辛街道小岗	24	男	1940 年 2 月
李振朝	滕州市北辛街道小岗	28	男	1940 年 2 月
张士彬	滕州市北辛街道俞寨	29	男	1940 年 2 月
李书祥	滕州市大坞镇前峰庄中村	67	男	1940 年 2 月
李志书	滕州市大坞镇前峰庄中村	62	男	1940 年 2 月
张述杰	滕州市大坞镇前峰庄中村	39	男	1940 年 2 月
徐东河	滕州市洪绪镇东赵沟	28	男	1940 年 2 月
柴彦厚	滕州市洪绪镇光明村	39	男	1940 年 2 月
梁丰收	滕州市洪绪镇颜楼	24	男	1940 年 2 月
徐东军	滕州市洪绪镇颜楼	22	男	1940 年 2 月
陈玉兰	滕州市荆河街道平行路居	20	女	1940 年 2 月
党同元之叔	滕州市龙泉街道西大庙	42	男	1940 年 2 月
郭明哲之曾祖父	滕州市龙泉街道西大庙	68	男	1940 年 2 月
郭明哲之曾祖母	滕州市龙泉街道西大庙	66	女	1940 年 2 月
孔东泽	滕州市荆河街道马号居	59	男	1940 年 2 月
李卫明	滕州市荆河街道幸福园	42	男	1940 年 2 月
张扎根	滕州市荆河街道奎文	25	男	1940 年 2 月
马毛子	滕州市张汪镇陈楼村	20	男	1940 年 2 月
吕群山	滕州市荆河街道南门里	42	男	1940 年 2 月
杨士亮	滕州市荆河街道幸福园	52	男	1940 年 2 月
曹召任	滕州市南沙河镇北街村	41	男	1940 年 2 月
巩继强	滕州市南沙河镇北街村	27	男	1940 年 2 月
赵马氏	滕州市南沙河镇北街村	36	女	1940 年 2 月
赵忠远	滕州市南沙河镇北街村	37	男	1940 年 2 月
李宝运	滕州市善南街道十里铺二	58	男	1940 年 2 月
张三化	滕州市善南街道王开二	29	男	1940 年 2 月
张 彪	滕州市荆河街道马号居	28	男	1940 年 2 月
赵成刺	滕州市鲍沟镇坝前村	23	男	1940 年 2 月
赵肆奎	滕州市鲍沟镇坝前村	18	男	1940 年 2 月
杜允明	滕州市鲍沟镇	35	男	1940 年 2 月

姓 名	籍 贯	年 龄	性 别	死难时间
朱成武	滕州市鲍沟镇北朱村	35	男	1940 年 2 月
李庆喜	滕州市鲍沟镇河崖村	20	男	1940 年 2 月
甄泽国	滕州市鲍沟镇甄洼村	23	男	1940 年 2 月
王大勇	滕州市北辛街道教场	37	男	1940 年 2 月
赵夫启	滕州市洪绪镇东赵沟	28	男	1940 年 2 月
柴彦忠	滕州市洪绪镇光明村	36	男	1940 年 2 月
钱广运	滕州市荆河街道大同	28	男	1940 年 2 月
王同仁	滕州市荆河街道大同	60	男	1940 年 2 月
陈付民	滕州市荆河街道平行路居	41	男	1940 年 2 月
李凡东	滕州市荆河街道马号居	26	男	1940 年 2 月
刘小河	滕州市龙泉街道岗子街	16	男	1940 年 2 月
鲁三黑	滕州市荆河街道东十里岗	38	男	1940 年 2 月
李回凯	滕州市龙泉街道东关	—	男	1940 年 2 月
倪德美	滕州市龙泉街道东关	—	男	1940 年 2 月
杨宝玉	滕州市龙泉街道东关	—	男	1940 年 2 月
孙大海	滕州市龙泉街道岗子街	30	男	1940 年 2 月
张田氏	滕州市善南街道张北庄	38	女	1940 年 2 月
孙明才	滕州市柴胡店镇高桥村	69	男	1940 年 2 月
祁贵金	滕州市龙泉街道东关	—	男	1940 年 2 月
沈彦田	滕州市龙泉街道东关	—	女	1940 年 2 月
杨树尧	滕州市龙泉街道东关	—	男	1940 年 2 月
赵延珍	滕州市西岗镇北赵庄	67	男	1940 年 2 月
张延存	滕州市荆河街道马号居	34	男	1940 年 2 月
姜刘氏	滕州市龙泉街道岗子街	36	女	1940 年 2 月
王广友	滕州市龙阳镇何岭村	51	男	1940 年 2 月
巩文磊	滕州市东郭镇石羊山	27	男	1940 年 2 月
牛庆功	滕州市鲍沟镇	28	男	1940 年 4 月
鲁在前	滕州市北辛街道前辛居	24	男	1940 年 4 月
朱李氏	滕州市南沙河镇冯庄中村	77	女	1940 年 4 月 6 日
朱绍卫	滕州市南沙河镇冯庄中村	28	男	1940 年 4 月 6 日
马顺启	滕州市柴胡店镇官路口	32	男	1940 年 4 月 12 日
孙振东	滕州市龙泉街道岗子街	33	男	1940 年 4 月 12 日
刘印文	滕州市鲍沟镇鲍沟东村	27	男	1940 年 5 月
姜宫氏	滕州市鲍沟镇孙岗村	32	女	1940 年 5 月

姓 名	籍 贯	年 龄	性 别	死难时间
王泰生	滕州市鲍沟镇中皇甫村	46	男	1940 年 5 月
柴彦洪	滕州市洪绪镇光明村	19	男	1940 年 5 月
孙德军	滕州市洪绪镇光明村	28	男	1940 年 5 月
徐德成	滕州市洪绪镇光明村	28	男	1940 年 5 月
柴兆广	滕州市洪绪镇颜楼	23	男	1940 年 5 月
杜金家	滕州市荆河街道平行路居	53	男	1940 年 5 月
高云山	滕州市荆河街道辛庄	29	男	1940 年 5 月
刘王氏	滕州市荆河街道辛庄	56	女	1940 年 5 月
柴正兰	滕州市羊庄镇小赵前	44	女	1940 年 5 月
徐 良	滕州市荆河街道韩桥	29	男	1940 年 5 月 3 日
张二黑	滕州市荆河街道韩桥	43	男	1940 年 5 月 3 日
单成法	滕州市善南街道十里铺二	61	男	1940 年 5 月 3 日
王盛和	滕州市龙泉街道杏坛	—	男	1940 年 5 月 6 日
徐周氏	滕州市龙泉街道杏坛	—	女	1940 年 5 月 6 日
刘长忍	滕州市柴胡店镇刘村	21	男	1940 年 5 月 7 日
李玉山	滕州市荆河街道北门里	72	男	1940 年 5 月 12 日
高广山	滕州市张江镇陈楼村	18	男	1940 年 5 月 16 日
田秀中之叔	滕州市龙泉街道邾城村	26	男	1940 年 5 月 17 日
马俊有	滕州市张汪镇陈楼村	18	男	1940 年 5 月 18 日
张广水	滕州市南沙河镇杨杭	37	男	1940 年 5 月 20 日
高文双	滕州市龙阳镇高岭村	29	男	1940 年 5 月 20 日
钟福武	滕州市柴胡店镇鲁庄	68	男	1940 年 5 月 26 日
秦应伍	滕州市柴胡店镇振兴庄	43	男	1940 年 5 月 26 日
高文后	滕州市龙阳镇高岭村	31	男	1940 年 5 月 26 日
高文祥	滕州市龙阳镇高岭村	42	男	1940 年 5 月 26 日
杜海祥	滕州市鲍沟镇	30	男	1940 年 6 月
王洪成	滕州市鲍沟镇	27	男	1940 年 6 月
朱庆安	滕州市鲍沟镇北朱村	44	男	1940 年 6 月
赵允三	滕州市鲍沟镇后汉宫村	35	女	1940 年 6 月
赵曰艳	滕州市鲍沟镇徐村	28	女	1940 年 6 月
李世山	滕州市鲍沟镇中皇甫村	18	男	1940 年 6 月
褚思怀	滕州市北辛街道后屯	40	男	1940 年 6 月
张 二	滕州市北辛街道西北坛	40	男	1940 年 6 月
于太尧	滕州市北辛街道杏西	29	男	1940 年 6 月

姓　名	籍　贯	年　龄	性　别	死难时间
任祥军	滕州市洪绪镇东赵沟	23	男	1940 年 6 月
王玉伟	滕州市洪绪镇颜楼	28	男	1940 年 6 月
赵怀河	滕州市洪绪镇颜楼	42	男	1940 年 6 月
鲁景海	滕州市荆河街道鲁东	30	男	1940 年 6 月 3 日
李良国	滕州市西岗镇杜庙村	35	男	1940 年 6 月 4 日
李良善	滕州市西岗镇杜庙村	25	男	1940 年 6 月 4 日
李远林	滕州市西岗镇杜庙村	27	男	1940 年 6 月 4 日
秦永增	滕州市西岗镇杜庙村	31	男	1940 年 6 月 4 日
宋光原	滕州市西岗镇杜庙村	45	男	1940 年 6 月 4 日
张贵千	滕州市柴胡店镇柴胡店村	30	男	1940 年 6 月 7 日
曹尚华	滕州市西岗镇北曹庄	41	男	1940 年 6 月 17 日
张福群	滕州市柴胡店镇高桥村	19	男	1940 年 6 月 19 日
周文州	滕州市柴胡店镇龙山村	28	男	1940 年 6 月 19 日
纪召海	滕州市鲍沟镇姜庙村	27	男	1940 年 7 月
郭振义	滕州市鲍沟镇马庄村	27	男	1940 年 7 月
蒋开山	滕州市鲍沟镇南潭村	27	男	1940 年 7 月
杨印开	滕州市鲍沟镇南潭村	36	男	1940 年 7 月
张茂刚	滕州市鲍沟镇南潭村	24	男	1940 年 7 月
宗宝伟	滕州市鲍沟镇南潭村	31	男	1940 年 7 月
杨令成	滕州市鲍沟镇杨村	25	男	1940 年 7 月
葛宝宜	滕州市洪绪镇东赵沟	23	男	1940 年 7 月
葛华东	滕州市洪绪镇西赵沟	29	男	1940 年 7 月
张元友	滕州市洪绪镇西赵沟	43	男	1940 年 7 月
柴兆磊	滕州市洪绪镇颜楼	24	男	1940 年 7 月
刘传江	滕州市洪绪镇颜楼	28	男	1940 年 7 月
孙德坤	滕州市洪绪镇颜楼	22	男	1940 年 7 月
张元全	滕州市洪绪镇颜楼	30	男	1940 年 7 月
王光兰	滕州市羊庄镇小赵前	38	女	1940 年 7 月
王张氏	滕州市羊庄镇小赵前	24	女	1940 年 7 月
秦恒田	滕州市南沙河镇北池村	36	男	1940 年 7 月 8 日
孙清平之弟	滕州市西岗镇高庙西村	71	男	1940 年 7 月 10 日
王元林	滕州市柴胡店镇大王楼	32	男	1940 年 7 月 18 日
韦张氏	滕州市柴胡店镇高桥村	60	女	1940 年 7 月 18 日
周文备	滕州市柴胡店镇龙山村	35	男	1940 年 7 月 20 日

姓　名	籍　贯	年　龄	性　别	死难时间
丁兆瑞	滕州市鲍沟镇	31	男	1940 年 8 月
朱世民	滕州市鲍沟镇北朱村	28	男	1940 年 8 月
李成典	滕州市鲍沟镇徐村	26	男	1940 年 8 月
徐云海	滕州市鲍沟镇徐村	35	男	1940 年 8 月
杨全才	滕州市鲍沟镇杨村	19	男	1940 年 8 月
李成德	滕州市鲍沟镇中皇甫村	21	男	1940 年 8 月
孔庆兰	滕州市羊庄镇小赵前	31	女	1940 年 8 月
刘开永	滕州市羊庄镇小赵前	37	男	1940 年 8 月
陈继雷	滕州市柴胡店镇高桥村	45	男	1940 年 8 月 3 日
方铁蛋	滕州市柴胡店镇王官庄	71	男	1940 年 8 月 3 日
张宝申	滕州市西岗镇北曹庄	58	男	1940 年 8 月 5 日
邵尚鹏	滕州市荆河街道北门里	35	男	1940 年 8 月 12 日
秦永友	滕州市善南街道十里铺二	51	男	1940 年 8 月 12 日
王学芝	滕州市善南街道十里铺二	32	男	1940 年 8 月 12 日
戚徐氏	滕州市柴胡店镇黄山村	59	女	1940 年 8 月 15 日
张传山	滕州市东郭镇石羊山	25	女	1940 年 8 月 28 日
李维芳	滕州市鲍沟镇后汉宫村	20	女	1940 年 9 月
侯文义	滕州市鲍沟镇侯楼	35	男	1940 年 9 月
郝金灿	滕州市鲍沟镇南潭村	34	男	1940 年 9 月
闫永才	滕州市鲍沟镇闫庙村	38	男	1940 年 9 月
李庆江	滕州市鲍沟镇杨村	21	男	1940 年 9 月
褚庆坤	滕州市	—	男	1940 年 9 月
徐怀海	滕州市洪绪镇颜楼	35	男	1940 年 9 月
赵永朋	滕州市洪绪镇颜楼	22	男	1940 年 9 月
崔安祥	滕州市龙泉街道泰山庙	45	男	1940 年 9 月 16 日
崔彭氏	滕州市龙泉街道泰山庙	32	女	1940 年 9 月 16 日
韩金三	滕州市龙泉街道泰山庙	34	男	1940 年 9 月 16 日
孙荣耀	滕州市龙泉街道泰山庙	33	男	1940 年 9 月 16 日
戚凤党	滕州市柴胡店镇黄山村	65	男	1940 年 9 月 27 日
陈彦荣	滕州市大坞镇韩北村	46	男	1940 年 10 月
陈袁荣	滕州市大坞镇韩北村	50	男	1940 年 10 月
段成春	滕州市大坞镇韩北村	37	男	1940 年 10 月
段成泗	滕州市大坞镇韩北村	24	男	1940 年 10 月
段成绪	滕州市大坞镇韩北村	38	男	1940 年 10 月

姓 名	籍 贯	年 龄	性 别	死难时间
段成治	滕州市大坞镇韩北村	24	男	1940 年 10 月
段李氏	滕州市大坞镇韩北村	24	女	1940 年 10 月
段允立	滕州市大坞镇韩北村	32	男	1940 年 10 月
段允瑞	滕州市大坞镇韩北村	31	男	1940 年 10 月
段允志	滕州市大坞镇韩北村	32	男	1940 年 10 月
段允中	滕州市大坞镇韩北村	41	男	1940 年 10 月
段允柱	滕州市大坞镇韩北村	30	男	1940 年 10 月
孔宪审	滕州市大坞镇韩北村	28	男	1940 年 10 月
孔张氏	滕州市大坞镇韩北村	26	女	1940 年 10 月
孔召顺之兄	滕州市大坞镇韩北村	37	男	1940 年 10 月
刘奉尚	滕州市大坞镇韩北村	43	男	1940 年 10 月
刘奉田	滕州市大坞镇韩北村	21	男	1940 年 10 月
刘奉寅	滕州市大坞镇韩北村	36	男	1940 年 10 月
刘洪儒	滕州市大坞镇韩北村	24	男	1940 年 10 月
王玉朴	滕州市大坞镇韩北村	21	男	1940 年 10 月
王玉山	滕州市大坞镇韩北村	19	男	1940 年 10 月
张奉明	滕州市大坞镇韩北村	21	男	1940 年 10 月
赵金斗	滕州市大坞镇韩北村	42	男	1940 年 10 月
王祥玉	滕州市羊庄镇小赵前	40	男	1940 年 10 月
倪振兰	滕州市荆河街道西倪	43	女	1940 年 10 月 2 日
韩敬依	滕州市西岗镇北赵庄	67	男	1940 年 10 月 5 日
高金山	滕州市南沙河镇前仓村	36	男	1940 年 10 月 7 日
高吕氏	滕州市南沙河镇前仓村	34	女	1940 年 10 月 7 日
贾 峰	滕州市荆河街道东寺院	31	男	1940 年 10 月 11 日
柳 杨	滕州市荆河街道东寺院	30	男	1940 年 10 月 11 日
李长彬	滕州市龙阳镇谷堆石	23	男	1940 年 10 月 11 日
梁西贵	滕州市滨湖镇岗头	20	男	1940 年 10 月 15 日
王先凤	滕州市西岗镇北曹庄	30	男	1940 年 10 月 22 日
王昭田	滕州市柴胡店镇大王楼	29	男	1940 年 10 月 26 日
宋渠氏	滕州市柴胡店镇鲁庄	50	女	1940 年 10 月 26 日
王昱成	滕州市鲍沟镇坝前村	20	男	1940 年 11 月
赵王氏	滕州市鲍沟镇坝前村	40	女	1940 年 11 月
张庆福	滕州市鲍沟镇西皇甫村	56	男	1940 年 11 月
甄宗宣	滕州市鲍沟镇甄洼村	16	男	1940 年 11 月

姓 名	籍 贯	年 龄	性 别	死难时间
李光祥	滕州市大坞镇前峄庄中村	69	男	1940 年 11 月
李光阳	滕州市大坞镇前峄庄中村	49	男	1940 年 11 月
赵夫国	滕州市洪绪镇颜楼	49	男	1940 年 11 月
程勤海	滕州市西岗镇高庙东村	25	男	1940 年 11 月 3 日
单传之	滕州市西岗镇高庙东村	19	男	1940 年 11 月 3 日
单心云	滕州市西岗镇高庙东村	30	男	1940 年 11 月 3 日
贾法胜	滕州市西岗镇高庙东村	21	男	1940 年 11 月 3 日
贾法运	滕州市西岗镇高庙东村	19	男	1940 年 11 月 3 日
李成方	滕州市西岗镇高庙东村	25	男	1940 年 11 月 3 日
李会方	滕州市西岗镇高庙东村	30	男	1940 年 11 月 3 日
李配方	滕州市西岗镇高庙东村	20	男	1940 年 11 月 3 日
李自远	滕州市西岗镇高庙东村	20	男	1940 年 11 月 3 日
黄德石	滕州市龙阳镇卧龙村	42	男	1940 年 11 月 18 日
李大宝	滕州市鲍沟镇后汉宫村	30	男	1940 年 12 月
杨成举	滕州市鲍沟镇琉璃庙	31	男	1940 年 12 月
李正本	滕州市鲍沟镇杨村	33	男	1940 年 12 月
杨业元	滕州市鲍沟镇杨村	39	男	1940 年 12 月
甄承福	滕州市鲍沟镇甄洼村	17	男	1940 年 12 月
刘孔氏	滕州市羊庄镇小赵前	22	女	1940 年 12 月
刘 进	滕州市荆河街道幸福园	61	男	1940 年 12 月 3 日
尚同安	滕州市滨湖镇岗头	30	男	1940 年 12 月 4 日
李六斤	滕州市荆河街道奎文	37	男	1940 年 12 月 5 日
胡广斗	滕州市龙阳镇陈庄	39	男	1940 年 12 月 6 日
张建斌	滕州市柴胡店镇振兴庄	38	男	1940 年 12 月 7 日
董小孩	滕州市荆河街道马号居	8	男	1940 年 12 月 12 日
刘庆申	滕州市柴胡店镇刘村	40	男	1940 年 12 月 23 日
张显坤	滕州市东郭镇石羊山	21	男	1940 年 12 月 24 日
张民山	滕州市东郭镇石羊山	41	男	1940 年 12 月 29 日
陈部显	滕州市	—	男	1940 年
党锡春	滕州市	—	男	1940 年
魏广元	滕州市	—	男	1940 年
孟庆兰	滕州市官桥镇	—	男	1940 年
李自保	滕州市鲍沟镇后汉宫村	44	男	1941 年 1 月
邢佑国	滕州市鲍沟镇邢寨村	28	男	1941 年 1 月

姓 名	籍 贯	年 龄	性 别	死难时间
甄宝金	滕州市鲍沟镇甄洼村	15	男	1941 年 1 月
柴茂培	滕州市洪绪镇光明村	30	男	1941 年 1 月
柴同龙	滕州市洪绪镇孔屯村	—	男	1941 年 1 月
柴春金	滕州市洪绪镇团结村	19	男	1941 年 1 月
柴洪德	滕州市洪绪镇团结村	22	男	1941 年 1 月
柴同德	滕州市洪绪镇团结村	24	男	1941 年 1 月
商 健	滕州市洪绪镇西赵沟	40	男	1941 年 1 月
柴彦斌	滕州市洪绪镇颜楼	39	男	1941 年 1 月
朱易霞	滕州市荆河街道平行路居	25	女	1941 年 1 月
侯肖鹏	滕州市荆河街道北门里	36	男	1941 年 1 月 1 日
黄德奎	滕州市龙阳镇卧龙村	38	男	1941 年 1 月 8 日
赵冯氏	滕州市鲍沟镇坝前村	39	女	1941 年 2 月
时少林	滕州市北辛街道教场	17	男	1941 年 2 月
王明亮	滕州市北辛街道教场	38	男	1941 年 2 月
张成花	滕州市北辛街道西北坛	19	女	1941 年 2 月
梁宝民	滕州市北辛街道俞寨	31	男	1941 年 2 月
赵永义	滕州市洪绪镇东赵沟	28	男	1941 年 2 月
柴同堂	滕州市洪绪镇孔屯村	32	男	1941 年 2 月
柴彦昌	滕州市洪绪镇孔屯村	28	男	1941 年 2 月
柴兆松	滕州市洪绪镇孔屯村	24	男	1941 年 2 月
葛继东	滕州市洪绪镇孔屯村	38	男	1941 年 2 月
时东太	滕州市洪绪镇孔屯村	38	男	1941 年 2 月
柴 琦	滕州市洪绪镇团结村	51	男	1941 年 2 月
柴兆文	滕州市洪绪镇团结村	28	男	1941 年 2 月
葛华北	滕州市洪绪镇团结村	28	男	1941 年 2 月
刘计田	滕州市洪绪镇团结村	28	男	1941 年 2 月
徐延河	滕州市洪绪镇团结村	46	男	1941 年 2 月
柴同华	滕州市洪绪镇西赵沟	40	男	1941 年 2 月
柴兆卫	滕州市洪绪镇西赵沟	30	男	1941 年 2 月
商庆新	滕州市洪绪镇颜楼	24	男	1941 年 2 月
李逢华	滕州市荆河街道马号居	45	男	1941 年 2 月 2 日
马清菊	滕州市西岗镇凌庄	23	男	1941 年 2 月 2 日
宋光磊	滕州市西岗镇凌庄	21	男	1941 年 2 月 2 日
王夫强	滕州市西岗镇凌庄	—	男	1941 年 2 月 2 日

姓　名	籍　贯	年　龄	性　别	死难时间
王开胜	滕州市西岗镇凌庄	12	男	1941 年 2 月 2 日
王同清	滕州市西岗镇凌庄	23	男	1941 年 2 月 2 日
魏传会	滕州市西岗镇凌庄	18	男	1941 年 2 月 2 日
魏传生	滕州市西岗镇凌庄	12	男	1941 年 2 月 2 日
魏恒东	滕州市西岗镇凌庄	12	男	1941 年 2 月 2 日
魏再贤	滕州市西岗镇凌庄	45	男	1941 年 2 月 2 日
张广富	滕州市西岗镇凌庄	56	男	1941 年 2 月 2 日
赵　会	滕州市西岗镇凌庄	—	男	1941 年 2 月 2 日
赵金胜	滕州市西岗镇凌庄	32	男	1941 年 2 月 2 日
赵　严	滕州市荆河街道马号居	43	男	1941 年 2 月 3 日
周　明	滕州市荆河街道马号居	10	男	1941 年 2 月 3 日
张明明	滕州市荆河街道幸福园	10	男	1941 年 2 月 3 日
李×常	滕州市龙泉街道杏坛	—	男	1941 年 2 月 3 日
刘宝芝	滕州市南沙河镇杨杭	24	男	1941 年 2 月 8 日
刘祥安	滕州市南沙河镇杨杭	26	男	1941 年 2 月 8 日
杨清海	滕州市南沙河镇杨杭	30	男	1941 年 2 月 8 日
乔振业	滕州市柴胡店镇郭沟村	42	男	1941 年 2 月 8 日
杨　树	滕州市柴胡店镇振兴庄	49	男	1941 年 2 月 10 日
李　坤	滕州市龙泉街道董村	56	男	1941 年 2 月 15 日
刘维乾	滕州市龙泉街道董村	58	男	1941 年 2 月 15 日
吕庆山	滕州市鲍沟镇坝后村	21	男	1941 年 3 月
高茂斌	滕州市鲍沟镇鲍沟东村	41	男	1941 年 3 月
孙赵氏	滕州市鲍沟镇孙岗村	—	女	1941 年 3 月
甄泽喜	滕州市鲍沟镇甄洼村	19	男	1941 年 3 月
刘本余	滕州市鲍沟镇中皇甫村	18	男	1941 年 3 月
赵凤苓	滕州市东郭镇石羊山	35	女	1941 年 3 月
葛宝东	滕州市洪绪镇东赵沟	43	男	1941 年 3 月
秦估武	滕州市洪绪镇东赵沟	28	男	1941 年 3 月
柴春生	滕州市洪绪镇孔屯村	30	男	1941 年 3 月
柴同发	滕州市洪绪镇孔屯村	26	男	1941 年 3 月
柴同雨	滕州市洪绪镇孔屯村	40	男	1941 年 3 月
赵　建	滕州市洪绪镇孔屯村	28	男	1941 年 3 月
柴西林	滕州市洪绪镇团结村	51	男	1941 年 3 月
柴彦军	滕州市洪绪镇团结村	53	男	1941 年 3 月

姓 名	籍 贯	年 龄	性 别	死难时间
柴印元	滕州市洪绪镇团结村	29	男	1941 年 3 月
孙德臣	滕州市洪绪镇团结村	53	男	1941 年 3 月
赵士平	滕州市洪绪镇团结村	22	男	1941 年 3 月
赵守安	滕州市洪绪镇团结村	36	男	1941 年 3 月
赵永迎	滕州市洪绪镇团结村	22	男	1941 年 3 月
苏元利	滕州市洪绪镇西赵沟	28	男	1941 年 3 月
孙德伦	滕州市洪绪镇西赵沟	29	男	1941 年 3 月
李二孩	滕州市荆河街道幸福园	6	男	1941 年 3 月 1 日
吴 健	滕州市荆河街道马号居	9	男	1941 年 3 月 2 日
李 彬	滕州市荆河街道奎文	27	男	1941 年 3 月 5 日
高 兰	滕州市荆河街道北门里	10	女	1941 年 3 月 6 日
何玉章	滕州市龙阳镇何岭村	47	男	1941 年 3 月 8 日
宋元法	滕州市龙阳镇冯庄	15	男	1941 年 3 月 12 日
宋兆岐	滕州市龙阳镇冯庄	19	男	1941 年 3 月 12 日
宋兆友	滕州市龙阳镇冯庄	35	男	1941 年 3 月 12 日
孙兴来	滕州市龙阳镇冯庄	19	男	1941 年 3 月 12 日
孙来全	滕州市龙阳镇冯庄	21	男	1941 年 3 月 16 日
刘其功	滕州市龙泉街道董村	—	男	1941 年 3 月 26 日
刘其干	滕州市龙泉街道董村	—	男	1941 年 3 月 27 日
孙玉岩	滕州市鲍沟镇孙岗村	—	男	1941 年 4 月
鲁在全	滕州市北辛街道前辛居	28	男	1941 年 4 月
孙德峰	滕州市洪绪镇东赵沟	29	男	1941 年 4 月
孙明喜	滕州市洪绪镇东赵沟	24	男	1941 年 4 月
徐庆振	滕州市洪绪镇东赵沟	40	男	1941 年 4 月
闫吉海	滕州市洪绪镇东赵沟	36	男	1941 年 4 月
赵守松	滕州市洪绪镇东赵沟	42	男	1941 年 4 月
赵永河	滕州市洪绪镇东赵沟	38	男	1941 年 4 月
赵永文	滕州市洪绪镇东赵沟	19	男	1941 年 4 月
柴同沛	滕州市洪绪镇孔屯村	53	男	1941 年 4 月
柴西民	滕州市洪绪镇孔屯村	43	男	1941 年 4 月
柴召洪	滕州市洪绪镇孔屯	22	男	1941 年 4 月
徐怀武	滕州市洪绪镇团结村	26	男	1941 年 4 月
陈永祥	微山县夏镇	—	男	1941 年 4 月
李丹桂	微山县夏镇	—	男	1941 年 4 月

姓　名	籍　贯	年　龄	性　别	死难时间
桑宜生	微山县夏镇	—	男	1941 年 4 月
吴夫志	微山县夏镇	—	男	1941 年 4 月
于西涛	微山县夏镇	—	男	1941 年 4 月
张光富	微山县夏镇	—	男	1941 年 4 月
张国藜	微山县夏镇	—	男	1941 年 4 月
张开申	微山县夏镇	—	男	1941 年 4 月
张文忠	微山县夏镇	—	男	1941 年 4 月
张用佩	微山县夏镇	—	男	1941 年 4 月
李洪元	滕州市龙阳镇南张庄	40	男	1941 年 4 月 15 日
郝祥会	滕州市鲍沟镇郝寨村	24	男	1941 年 5 月
郝子福	滕州市鲍沟镇郝寨村	21	男	1941 年 5 月
高本地	滕州市鲍沟镇侯楼	19	男	1941 年 5 月
赵山雷	滕州市鲍沟镇侯楼	21	男	1941 年 5 月
李洪奎	滕州市北辛街道小岗	16	男	1941 年 5 月
张德功	滕州市大坞镇任前	45	男	1941 年 5 月
赵夫贵	滕州市洪绪镇东赵沟	32	男	1941 年 5 月
赵永成	滕州市洪绪镇东赵沟	36	男	1941 年 5 月
时东宝	滕州市洪绪镇孔屯村	19	男	1941 年 5 月
柴德海	滕州市洪绪镇团结村	38	男	1941 年 5 月
孙德亮	滕州市洪绪镇团结村	36	男	1941 年 5 月
王　猛	滕州市荆河街道奎文	47	男	1941 年 5 月 2 日
蒋凤生	滕州市龙阳镇卧龙村	50	男	1941 年 5 月 6 日
王昭元	滕州市柴胡店镇振兴庄	43	男	1941 年 5 月 7 日
何玉敏	滕州市龙阳镇何岭村	50	男	1941 年 5 月 10 日
刘其灿	滕州市龙泉街道董村	61	男	1941 年 5 月 14 日
姜广山	滕州市龙泉街道岗子街	38	男	1941 年 5 月 16 日
高增正	滕州市南沙河镇北王铺	—	男	1941 年 5 月 17 日
曹奎文	滕州市西岗镇北曹庄	25	男	1941 年 5 月 18 日
孔凡文	滕州市龙阳镇双河村	—	男	1941 年 5 月 26 日
田士启	滕州市龙阳镇双河村	58	男	1941 年 5 月 26 日
田魏氏	滕州市龙阳镇双河村	57	女	1941 年 5 月 26 日
王德传	滕州市龙阳镇何岭村	51	男	1941 年 5 月 28 日
李　伟	滕州市鲍沟镇后汉宫村	28	男	1941 年 6 月
张本留	滕州市鲍沟镇吴庄村	41	男	1941 年 6 月

姓　名	籍　贯	年　龄	性　别	死难时间
甄承斌	滕州市鲍沟镇甄洼村	21	男	1941 年 6 月
苏明坤	滕州市洪绪镇东赵沟	46	男	1941 年 6 月
孙明春	滕州市洪绪镇东赵沟	36	男	1941 年 6 月
孙明水	滕州市洪绪镇东赵沟	30	男	1941 年 6 月
柴春文	滕州市洪绪镇孔屯村	40	男	1941 年 6 月
柴彦具	滕州市洪绪镇孔屯村	49	男	1941 年 6 月
柴彦启	滕州市洪绪镇孔屯村	28	男	1941 年 6 月
柴彦生	滕州市洪绪镇孔屯村	25	男	1941 年 6 月
唐玉清	滕州市洪绪镇团结村	39	男	1941 年 6 月
唐玉朱	滕州市洪绪镇团结村	—	男	1941 年 6 月
王裕友	滕州市洪绪镇团结村	49	男	1941 年 6 月
徐东洋	滕州市洪绪镇团结村	24	男	1941 年 6 月
张宪臣	滕州市洪绪镇团结村	51	男	1941 年 6 月
张宪存	滕州市洪绪镇团结村	32	男	1941 年 6 月
丁爱文	滕州市洪绪镇西赵沟	34	男	1941 年 6 月
刘昌友	滕州市洪绪镇西赵沟	28	男	1941 年 6 月
刘传更	滕州市洪绪镇西赵沟	22	男	1941 年 6 月
刘传良	滕州市洪绪镇西赵沟	41	男	1941 年 6 月
张现成	滕州市洪绪镇西赵沟	24	男	1941 年 6 月
商庆河	滕州市洪绪镇颜楼	29	男	1941 年 6 月
赵夫华	滕州市洪绪镇颜楼	36	男	1941 年 6 月
张小红	滕州市荆河街道幸福园	12	女	1941 年 6 月 4 日
常永生	滕州市荆河街道韩桥	19	男	1941 年 6 月 5 日
徐道俊	滕州市南沙河镇下徐	63	男	1941 年 6 月 7 日
徐道友	滕州市南沙河镇下徐	62	男	1941 年 6 月 7 日
徐金氏	滕州市南沙河镇下徐	69	女	1941 年 6 月 7 日
徐增生	滕州市南沙河镇下徐	65	男	1941 年 6 月 7 日
黄振伟	滕州市南沙河镇后仓村	8	男	1941 年 6 月 8 日
欧牛利	滕州市南沙河镇后仓村	38	男	1941 年 6 月 8 日
李广文	滕州市善南街道丁庄	23	男	1941 年 6 月 8 日
张　刚	滕州市柴胡店镇沙岗村	45	男	1941 年 6 月 21 日
高凤东	滕州市龙阳镇高岭村	37	男	1941 年 6 月 28 日
高凤江	滕州市龙阳镇高岭村	46	男	1941 年 6 月 28 日
高凤亭	滕州市龙阳镇高岭村	37	男	1941 年 6 月 28 日

姓　名	籍　贯	年龄	性别	死难时间
韩家海	滕州市鲍沟镇	30	男	1941 年 7 月
郝成水	滕州市鲍沟镇郝庄村	23	男	1941 年 7 月
李铁旦	滕州市北辛街道杏东	22	男	1941 年 7 月
巩文涛	滕州市东郭镇石羊山	84	男	1941 年 7 月
柴同具	滕州市洪绪镇孔屯村	57	男	1941 年 7 月
葛永华	滕州市洪绪镇孔屯村	40	男	1941 年 7 月
时东相	滕州市洪绪镇孔屯村	48	男	1941 年 7 月
赵永祥	滕州市洪绪镇孔屯村	24	男	1941 年 7 月
柴德宝	滕州市洪绪镇团结村	57	男	1941 年 7 月
刘传才	滕州市洪绪镇团结村	28	男	1941 年 7 月
刘传水	滕州市洪绪镇西赵沟	38	男	1941 年 7 月
商宗旺	滕州市洪绪镇西赵沟	28	男	1941 年 7 月
德　发	滕州市南沙河镇南池	28	男	1941 年 7 月 8 日
王　东	滕州市南沙河镇南池	26	男	1941 年 7 月 8 日
王子仁	滕州市南沙河镇南池	30	男	1941 年 7 月 8 日
吕长庆	滕州市鲍沟镇坝后村	25	男	1941 年 8 月
梁思平	滕州市鲍沟镇	46	男	1941 年 8 月
王成才	滕州市鲍沟镇	29	男	1941 年 8 月
王大永	滕州市鲍沟镇	21	男	1941 年 8 月
徐宜水	滕州市鲍沟镇	39	男	1941 年 8 月
朱元贵	滕州市鲍沟镇	38	男	1941 年 8 月
李自荣	滕州市鲍沟镇后汉宫村	31	男	1941 年 8 月
孟庆运	滕州市鲍沟镇后汉宫村	40	男	1941 年 8 月
孙　江	滕州市鲍沟镇孙岗村	35	男	1941 年 8 月
黄启领	滕州市鲍沟镇吴庄村	28	男	1941 年 8 月
王士成	滕州市鲍沟镇西皇甫村	28	男	1941 年 8 月
徐兆玉	滕州市鲍沟镇徐村	31	男	1941 年 8 月
杨令文	滕州市鲍沟镇杨村	20	男	1941 年 8 月
杨秋生	滕州市鲍沟镇杨村	18	男	1941 年 8 月
孙明德	滕州市洪绪镇东赵沟	19	男	1941 年 8 月
赵夫民	滕州市洪绪镇东赵沟	60	男	1941 年 8 月
柴同忠	滕州市洪绪镇孔屯村	42	男	1941 年 8 月
柴彦德	滕州市洪绪镇孔屯村	36	男	1941 年 8 月
柴彦章	滕州市洪绪镇孔屯村	53	男	1941 年 8 月

姓　名	籍　贯	年　龄	性　别	死难时间
柴印仿	滕州市洪绪镇孔屯村	60	男	1941 年 8 月
柴兆林	滕州市洪绪镇孔屯村	22	男	1941 年 8 月
葛学亮	滕州市洪绪镇孔屯村	45	男	1941 年 8 月
赵夫文	滕州市洪绪镇孔屯村	25	男	1941 年 8 月
赵永志	滕州市洪绪镇孔屯村	24	男	1941 年 8 月
柴金河	滕州市洪绪镇团结村	23	男	1941 年 8 月
柴同海	滕州市洪绪镇团结村	46	男	1941 年 8 月
柴彦彬	滕州市洪绪镇团结村	24	男	1941 年 8 月
柴彦伦	滕州市洪绪镇团结村	30	男	1941 年 8 月
柴兆桂	滕州市洪绪镇团结村	30	男	1941 年 8 月
葛学伟	滕州市洪绪镇团结村	29	男	1941 年 8 月
葛永庆	滕州市洪绪镇团结村	30	男	1941 年 8 月
刘继平	滕州市洪绪镇团结村	24	男	1941 年 8 月
商宗来	滕州市洪绪镇团结村	24	男	1941 年 8 月
王慎清	滕州市洪绪镇团结村	32	男	1941 年 8 月
王慎水	滕州市洪绪镇团结村	36	男	1941 年 8 月
徐德伟	滕州市洪绪镇团结村	34	男	1941 年 8 月
徐庆付	滕州市洪绪镇团结村	20	男	1941 年 8 月
赵夫音	滕州市洪绪镇团结村	37	男	1941 年 8 月
苏元国	滕州市洪绪镇西赵沟	22	男	1941 年 8 月
王延安	滕州市洪绪镇西赵沟	49	男	1941 年 8 月
丁国亮	滕州市洪绪镇颜楼	43	男	1941 年 8 月
葛凯现	滕州市洪绪镇颜楼	26	男	1941 年 8 月
徐瑞国	滕州市洪绪镇颜楼	30	男	1941 年 8 月
徐瑞清	滕州市洪绪镇颜楼	53	男	1941 年 8 月
赵夫然	滕州市洪绪镇颜楼	30	男	1941 年 8 月
郭　花	滕州市荆河街道马号居	10	女	1941 年 8 月 1 日
颜丙磊	滕州市张汪镇颜村	26	男	1941 年 8 月 6 日
颜丙印	滕州市张汪镇颜村	28	男	1941 年 8 月 6 日
颜迁瑞	滕州市张汪镇颜村	28	男	1941 年 8 月 6 日
颜迁位	滕州市张汪镇颜村	40	男	1941 年 8 月 6 日
颜迁义	滕州市张汪镇颜村	27	男	1941 年 8 月 6 日
高山海	滕州市龙泉街道岗子街	35	男	1941 年 8 月 13 日
程马氏	滕州市龙泉街道泰山庙	30	女	1941 年 8 月 15 日

姓 名	籍 贯	年 龄	性 别	死难时间
华马氏	滕州市龙泉街道泰山庙	31	女	1941 年 8 月 15 日
李奎思	滕州市张汪镇冯堂村	31	男	1941 年 8 月 15 日
宋月付	滕州市张汪镇冯堂村	40	男	1941 年 8 月 15 日
张金贵	滕州市张汪镇冯堂村	28	男	1941 年 8 月 15 日
韩兴德	滕州市张汪镇辛集村	37	男	1941 年 8 月 29 日
王学义	滕州市张汪镇辛集村	23	男	1941 年 8 月 29 日
张敬武	滕州市张汪镇辛集村	31	男	1941 年 8 月 29 日
张均度	滕州市张汪镇辛集村	25	男	1941 年 8 月 29 日
张敏度	滕州市张汪镇辛集村	29	男	1941 年 8 月 29 日
张文清	滕州市张汪镇辛集村	26	男	1941 年 8 月 29 日
张宇度	滕州市张汪镇辛集村	30	男	1941 年 8 月 29 日
高文河	滕州市龙阳镇高岭村	33	男	1941 年 8 月 30 日
赵可存	滕州市鲍沟镇东皇甫村	16	男	1941 年 9 月
赵成伟	滕州市鲍沟镇侯楼	36	男	1941 年 9 月
赵庆礼	滕州市鲍沟镇侯楼	38	男	1941 年 9 月
赵文庆	滕州市鲍沟镇侯楼	48	男	1941 年 9 月
徐治美	滕州市鲍沟镇徐村	38	女	1941 年 9 月
赵殿和	滕州市鲍沟镇徐村	29	男	1941 年 9 月
柴广来	滕州市洪绪镇孔屯村	36	男	1941 年 9 月
王慎君	滕州市洪绪镇团结村	65	男	1941 年 9 月
柴彦付	滕州市洪绪镇西赵沟	39	男	1941 年 9 月
徐庆国	滕州市洪绪镇西赵沟	28	男	1941 年 9 月
丁志胜	滕州市洪绪镇颜楼	32	男	1941 年 9 月
柳功臣	滕州市荆河街道柳楼	22	男	1941 年 9 月 3 日
曹波	滕州市荆河街道北门里	9	男	1941 年 9 月 4 日
李鸣亮	滕州市荆河街道幸福园	32	男	1941 年 9 月 7 日
党西江	滕州市南沙河镇前房村	38	男	1941 年 9 月 7 日
李海	滕州市西岗镇高庙西村	32	男	1941 年 9 月 11 日
李启法	滕州市西岗镇高庙西村	62	男	1941 年 9 月 11 日
王绪金	滕州市西岗镇高庙西村	54	男	1941 年 9 月 11 日
徐盖宝	滕州市西岗镇高庙西村	30	男	1941 年 9 月 11 日
赵中刚	滕州市西岗镇高庙西村	51	男	1941 年 9 月 11 日
吕亮亮	滕州市荆河街道幸福园	8	男	1941 年 9 月 12 日
谢李氏之大伯	滕州市龙泉街道刁庄	39	男	1941 年 9 月 21 日

姓 名	籍 贯	年 龄	性 别	死难时间
魏殿民	滕州市龙阳镇尚河圈	20	男	1941 年 10 月 10 日
秦应仁	滕州市南沙河镇北池村	12	男	1941 年 10 月 20 日
宗继年	滕州市张汪镇南宋庄	27	男	1941 年 10 月 30 日
宋大伟	滕州市鲍沟镇	28	男	1941 年 11 月
朱宗涛	滕州市鲍沟镇	28	男	1941 年 11 月
邢佑金	滕州市鲍沟镇邢寨村	28	男	1941 年 11 月
邢佑淼	滕州市鲍沟镇邢寨村	30	男	1941 年 11 月
邢佑同	滕州市鲍沟镇邢寨村	32	男	1941 年 11 月
徐德水	滕州市洪绪镇东赵沟	36	男	1941 年 11 月
张现岭	滕州市洪绪镇东赵沟	23	男	1941 年 11 月
赵永起	滕州市洪绪镇东赵沟	19	男	1941 年 11 月
柴同水	滕州市洪绪镇孔屯村	22	男	1941 年 11 月
柴同相	滕州市洪绪镇团结村	23	男	1941 年 11 月
柴同元	滕州市洪绪镇团结村	53	男	1941 年 11 月
柴彦龙	滕州市洪绪镇团结村	19	男	1941 年 11 月
柴彦武	滕州市洪绪镇团结村	53	男	1941 年 11 月
柴印启	滕州市洪绪镇团结村	51	男	1941 年 11 月
柴兆杰	滕州市洪绪镇团结村	32	男	1941 年 11 月
孙德义	滕州市洪绪镇团结村	39	男	1941 年 11 月
徐东斌	滕州市洪绪镇团结村	65	男	1941 年 11 月
张现奎	滕州市洪绪镇团结村	29	男	1941 年 11 月
赵守亮	滕州市洪绪镇团结村	25	男	1941 年 11 月
王裕佳	滕州市洪绪镇西赵沟	42	男	1941 年 11 月
徐德民	滕州市洪绪镇西赵沟	22	男	1941 年 11 月
徐怀文	滕州市洪绪镇西赵沟	37	男	1941 年 11 月
邵丙山	滕州市善南街道十里铺二	46	男	1941 年 11 月 6 日
李新科之堂叔	滕州市西岗镇高庙西村	—	男	1941 年 11 月 7 日
李自存	滕州市鲍沟镇后汉宫村	28	男	1941 年 12 月
高印伦	滕州市鲍沟镇姜庙村	41	男	1941 年 12 月
王昭民	滕州市鲍沟镇西皇甫村	18	男	1941 年 12 月
徐业成	滕州市鲍沟镇徐村	29	男	1941 年 12 月
朱广俊	滕州市鲍沟镇徐村	41	男	1941 年 12 月
甄宝海	滕州市鲍沟镇甄洼村	24	男	1941 年 12 月
甄宝河	滕州市鲍沟镇甄洼村	21	男	1941 年 12 月

姓 名	籍 贯	年龄	性别	死难时间
柴彦石	滕州市洪绪镇团结村	23	男	1941 年 12 月
王慎强	滕州市洪绪镇团结村	53	男	1941 年 12 月
王开玲	滕州市洪绪镇西赵沟	25	女	1941 年 12 月
王慎宇	滕州市洪绪镇西赵沟	37	男	1941 年 12 月
刘庆河	滕州市柴胡店镇刘村	40	男	1941 年 12 月 2 日
蒋永成	滕州市龙阳镇蒋庄村	35	男	1941 年 12 月 3 日
蒋永环	滕州市龙阳镇蒋庄村	16	男	1941 年 12 月 3 日
蒋永前	滕州市龙阳镇蒋庄村	30	男	1941 年 12 月 3 日
蒋永森	滕州市龙阳镇蒋庄村	26	男	1941 年 12 月 3 日
蒋永盛	滕州市龙阳镇蒋庄村	32	男	1941 年 12 月 3 日
蒋永旺	滕州市龙阳镇蒋庄村	40	男	1941 年 12 月 3 日
蒋永宪	滕州市龙阳镇蒋庄村	39	男	1941 年 12 月 3 日
蒋永雪	滕州市龙阳镇蒋庄村	16	男	1941 年 12 月 3 日
蒋永印	滕州市龙阳镇蒋庄村	36	男	1941 年 12 月 3 日
乔振明	滕州市柴胡店镇郭沟村	35	男	1941 年 12 月 7 日
孟凡秀	滕州市官桥镇	—	男	1941 年
郝明相	滕州市鲍沟镇郝庄村	28	男	1942 年 1 月
孙 建	滕州市鲍沟镇孙岗村	6	男	1942 年 1 月
邢昌玉	滕州市鲍沟镇邢寨村	29	男	1942 年 1 月
苏清明	滕州市洪绪镇东赵沟	30	男	1942 年 1 月
时东阳	滕州市洪绪镇光明村	35	男	1942 年 1 月
柴德龙	滕州市洪绪镇孔屯村	22	男	1942 年 1 月
柴兆龙	滕州市洪绪镇西赵沟	28	男	1942 年 1 月
丁克启	滕州市洪绪镇颜楼	30	男	1942 年 1 月
赵永峰	滕州市洪绪镇颜楼	22	男	1942 年 1 月
郑友厚	滕州市荆河街道大同	29	男	1942 年 1 月
魏振东	滕州市羊庄镇沈井	30	男	1942 年 1 月
张洪山	滕州市羊庄镇小赵前	36	男	1942 年 1 月
李凤刚	滕州市龙泉街道东关	—	男	1942 年 1 月 3 日
李凤山	滕州市龙泉街道东关	—	男	1942 年 1 月 3 日
李玉启	滕州市龙泉街道东关	—	男	1942 年 1 月 3 日
冯余林	滕州市龙泉街道东关	—	男	1942 年 1 月 6 日
宋玉久	滕州市龙泉街道东关	—	男	1942 年 1 月 6 日
徐连启	滕州市龙泉街道杏坛	—	男	1942 年 1 月 6 日

姓 名	籍 贯	年 龄	性 别	死难时间
李瑞良之父	滕州市龙泉街道刁庄	33	男	1942 年 1 月 11 日
彭汉军	滕州市荆河街道安乐居	41	男	1942 年 1 月 15 日
彭汉平	滕州市荆河街道安乐居	46	男	1942 年 1 月 15 日
刘其磊	滕州市龙泉街道董村	71	男	1942 年 1 月 17 日
杜家普之父	滕州市龙泉街道刁庄	31	男	1942 年 1 月 19 日
刘 青	滕州市龙泉街道董村	62	男	1942 年 1 月 19 日
刘 涛	滕州市龙泉街道董村	59	男	1942 年 1 月 19 日
王玉进	滕州市荆河街道幸福园	32	男	1942 年 1 月 30 日
董开富	滕州市	—	男	1942 年 2 月
刘希娥	滕州市洪绪镇颜楼	38	女	1942 年 2 月
孙 志	滕州市北辛街道俞寨	34	男	1942 年 2 月
董关山	滕州市南沙河镇魏村	47	男	1942 年 2 月 6 日
董闵氏	滕州市南沙河镇魏村	42	女	1942 年 2 月 6 日
刘广清	滕州市柴胡店镇刘村	31	男	1942 年 2 月 13 日
巩继立	滕州市南沙河镇前仓村	25	男	1942 年 2 月 15 日
马宝俊	滕州市南沙河镇前仓村	28	男	1942 年 2 月 15 日
王彦宝	滕州市南沙河镇前仓村	26	男	1942 年 2 月 15 日
吕张氏	滕州市鲍沟镇坝后村	45	女	1942 年 3 月
宋丙真	滕州市鲍沟镇	36	男	1942 年 3 月
孟庆龙	滕州市鲍沟镇后汉宫村	36	男	1942 年 3 月
张二民	滕州市北辛街道后屯	27	男	1942 年 3 月
刘张氏	滕州市北辛街道教场	29	女	1942 年 3 月
马刘氏	滕州市北辛街道教场	27	女	1942 年 3 月
柴兆营	滕州市洪绪镇孔屯村	24	男	1942 年 3 月
柴召军	滕州市洪绪镇西赵沟	34	男	1942 年 3 月
赵含义	滕州市羊庄镇土城	28	男	1942 年 3 月
李振具	滕州市龙阳镇南张庄	37	男	1942 年 3 月 1 日
刘传丙	滕州市南沙河镇杨杭	28	男	1942 年 3 月 2 日
巩德品	滕州市东郭镇石羊山	62	男	1942 年 3 月 7 日
王长申	滕州市南沙河镇杨杭	30	男	1942 年 3 月 11 日
张广胜	滕州市南沙河镇杨杭	32	男	1942 年 3 月 11 日
李方明	滕州市荆河街道南门里	12	男	1942 年 3 月 11 日
刘春海	滕州市柴胡店镇后大官庄	21	男	1942 年 3 月 12 日
闵召宽	滕州市南沙河镇南街村	27	男	1942 年 3 月 14 日

姓　名	籍　贯	年　龄	性　别	死难时间
赵恒平	滕州市南沙河镇北街村	58	男	1942 年 3 月 16 日
赵忠良	滕州市南沙河镇北街村	39	男	1942 年 3 月 16 日
赵忠义	滕州市南沙河镇北街村	38	男	1942 年 3 月 16 日
张生水	滕州市柴胡店镇官路口	40	男	1942 年 3 月 18 日
李振青	滕州市龙阳镇南张庄	43	男	1942 年 3 月 27 日
颜知田	滕州市	23	男	1942 年 4 月
朱二全	滕州市鲍沟镇北朱村	8	男	1942 年 4 月
李传田	滕州市北辛街道前辛居	20	男	1942 年 4 月
柴茂芳	滕州市洪绪镇光明村	24	男	1942 年 4 月
韦德甫	滕州市洪绪镇孔屯村	60	男	1942 年 4 月
刘继付	滕州市洪绪镇颜楼	45	男	1942 年 4 月
王裕启	滕州市洪绪镇颜楼	25	男	1942 年 4 月
徐德祥	滕州市洪绪镇颜楼	28	男	1942 年 4 月
许兴芳	滕州市羊庄镇土城	40	男	1942 年 4 月
许兴文	滕州市羊庄镇土城	37	男	1942 年 4 月
顾士水	滕州市柴胡店镇官路口	32	男	1942 年 4 月 2 日
刘其泰	滕州市龙泉街道董村	71	男	1942 年 4 月 11 日
刘维堂	滕州市龙泉街道董村	69	男	1942 年 4 月 11 日
李学明	滕州市龙泉街道岗子街	23	男	1942 年 4 月 12 日
刘其灿	滕州市龙泉街道董村	69	男	1942 年 4 月 14 日
刘其恒	滕州市龙泉街道董村	72	男	1942 年 4 月 14 日
王克山	滕州市龙泉街道董村	59	男	1942 年 4 月 14 日
刘大峰	滕州市荆河街道安乐居	46	男	1942 年 4 月 18 日
杨恒磊	滕州市龙泉街道董村	68	男	1942 年 4 月 18 日
陈　田	滕州市龙泉街道董村	70	男	1942 年 4 月 19 日
刘维友	滕州市龙泉街道董村	66	男	1942 年 4 月 20 日
李振山	滕州市龙泉街道岗子街	32	男	1942 年 4 月 21 日
褚教旺	—	—	男	1942 年 5 月
赵小宝	滕州市鲍沟镇东皇甫村	12	男	1942 年 5 月
高全才	滕州市鲍沟镇侯楼	18	男	1942 年 5 月
曹明启	滕州市大坞镇休城村	34	男	1942 年 5 月
曹明山	滕州市大坞镇休城村	29	男	1942 年 5 月
曹小喜	滕州市大坞镇休城村	29	男	1942 年 5 月
陈道立	滕州市大坞镇休城村	31	男	1942 年 5 月

姓　名	籍　贯	年　龄	性　别	死难时间
陈道休	滕州市大坞镇休城村	30	男	1942 年 5 月
陈道业	滕州市大坞镇休城村	28	男	1942 年 5 月
陈家安	滕州市大坞镇休城村	21	男	1942 年 5 月
陈家才	滕州市大坞镇休城村	25	男	1942 年 5 月
陈世明	滕州市大坞镇休城村	37	男	1942 年 5 月
孔庆干	滕州市大坞镇休城村	22	男	1942 年 5 月
孔庆坡	滕州市大坞镇休城村	18	男	1942 年 5 月
孔昭发	滕州市大坞镇休城村	23	男	1942 年 5 月
孔昭建	滕州市大坞镇休城村	31	男	1942 年 5 月
李传功	滕州市大坞镇休城村	27	男	1942 年 5 月
李传营	滕州市大坞镇休城村	25	男	1942 年 5 月
李二柱	滕州市大坞镇休城村	35	男	1942 年 5 月
李家亮	滕州市大坞镇休城村	23	男	1942 年 5 月
李家通	滕州市大坞镇休城村	33	男	1942 年 5 月
李家宪	滕州市大坞镇休城村	29	男	1942 年 5 月
李家言	滕州市大坞镇休城村	32	男	1942 年 5 月
李家营	滕州市大坞镇休城村	38	男	1942 年 5 月
李宗尧	滕州市大坞镇休城村	19	男	1942 年 5 月
梁丰修	滕州市大坞镇休城村	27	男	1942 年 5 月
梁家焕	滕州市大坞镇休城村	30	男	1942 年 5 月
梁家继	滕州市大坞镇休城村	25	男	1942 年 5 月
梁家来	滕州市大坞镇休城村	33	男	1942 年 5 月
梁家品	滕州市大坞镇休城村	21	男	1942 年 5 月
梁家任	滕州市大坞镇休城村	37	男	1942 年 5 月
梁西长	滕州市大坞镇休城村	28	男	1942 年 5 月
梁西范	滕州市大坞镇休城村	18	男	1942 年 5 月
梁西进	滕州市大坞镇休城村	20	男	1942 年 5 月
梁西杨	滕州市大坞镇休城村	37	男	1942 年 5 月
刘茂德	滕州市大坞镇休城村	41	男	1942 年 5 月
刘茂会	滕州市大坞镇休城村	36	男	1942 年 5 月
刘茂里	滕州市大坞镇休城村	26	男	1942 年 5 月
刘茂选	滕州市大坞镇休城村	28	男	1942 年 5 月
刘茂章	滕州市大坞镇休城村	28	男	1942 年 5 月
王介盖	滕州市大坞镇休城村	19	男	1942 年 5 月

姓 名	籍 贯	年 龄	性 别	死难时间
王介位	滕州市大坞镇休城村	28	男	1942 年 5 月
王衍里	滕州市大坞镇休城村	24	男	1942 年 5 月
王衍章	滕州市大坞镇休城村	27	男	1942 年 5 月
尹付让	滕州市大坞镇休城村	62	男	1942 年 5 月
尹付选	滕州市大坞镇休城村	33	男	1942 年 5 月
张建礼	滕州市大坞镇休城村	22	男	1942 年 5 月
张建中	滕州市大坞镇休城村	33	男	1942 年 5 月
张思方	滕州市大坞镇休城村	28	男	1942 年 5 月
张思奋	滕州市大坞镇休城村	37	男	1942 年 5 月
张玉高	滕州市大坞镇休城村	17	男	1942 年 5 月
张玉明	滕州市大坞镇休城村	35	男	1942 年 5 月
赵逢复	滕州市大坞镇休城村	22	男	1942 年 5 月
赵逢建	滕州市大坞镇休城村	19	男	1942 年 5 月
赵逢位	滕州市大坞镇休城村	19	男	1942 年 5 月
赵逢孝	滕州市大坞镇休城村	25	男	1942 年 5 月
赵华盖	滕州市大坞镇休城村	18	男	1942 年 5 月
赵华广	滕州市大坞镇休城村	34	男	1942 年 5 月
赵全荣	滕州市大坞镇休城村	21	男	1942 年 5 月
赵西壁	滕州市大坞镇休城村	20	男	1942 年 5 月
赵西发	滕州市大坞镇休城村	30	男	1942 年 5 月
赵西竞	滕州市大坞镇休城村	23	男	1942 年 5 月
赵西拓	滕州市大坞镇休城村	20	男	1942 年 5 月
赵西选	滕州市大坞镇休城村	22	男	1942 年 5 月
柴召明	滕州市洪绪镇西赵沟	40	男	1942 年 5 月
葛宝亮	滕州市洪绪镇颜楼	40	男	1942 年 5 月
葛保军	滕州市洪绪镇颜楼	22	男	1942 年 5 月
王启忠	滕州市荆河街道大同	41	男	1942 年 5 月
刘光法	滕州市羊庄镇小赵前	32	男	1942 年 5 月
魏玉宝	滕州市南沙河镇魏村	27	男	1942 年 5 月 3 日
鲍佳品	滕州市南沙河镇后辛章	46	男	1942 年 5 月 4 日
张 磊	滕州市荆河街道北门里	52	男	1942 年 5 月 6 日
徐思凤	滕州市荆河街道安乐居	22	女	1942 年 5 月 6 日
杨位明	滕州市荆河街道奎文	41	男	1942 年 5 月 6 日
巩现品	滕州市东郭镇石羊山	27	男	1942 年 5 月 10 日

姓 名	籍 贯	年 龄	性 别	死难时间
鲁景清	滕州市荆河街道鲁东	22	男	1942 年 5 月 12 日
张王氏	滕州市荆河街道南门里	35	女	1942 年 5 月 12 日
张李氏	滕州市善南街道张北庄	40	女	1942 年 5 月 14 日
李刘氏	滕州市荆河街道奎文	51	女	1942 年 5 月 16 日
孔　明	滕州市荆河街道幸福园	25	男	1942 年 5 月 16 日
王志金	滕州市鲍沟镇	46	男	1942 年 6 月
徐爱国	滕州市鲍沟镇	36	男	1942 年 6 月
张玉田	滕州市北辛街道于岗	24	男	1942 年 6 月
马兆红	滕州市洪绪镇西赵沟	26	女	1942 年 6 月
王大狗	滕州市荆河街道大同	38	男	1942 年 6 月
何三妮	滕州市柴胡店镇何庄	13	女	1942 年 6 月 5 日
高庆生	滕州市南沙河镇中仓村	26	男	1942 年 6 月 9 日
王玉良	滕州市龙阳镇北王村	32	男	1942 年 6 月 15 日
高增元	滕州市南沙河镇上营村	65	男	1942 年 6 月 17 日
朱何氏	滕州市鲍沟镇	44	女	1942 年 7 月
赵井山	滕州市鲍沟镇东皇甫村	25	男	1942 年 7 月
赵兴元	滕州市鲍沟镇东皇甫村	45	男	1942 年 7 月
王彦国	滕州市鲍沟镇刘东甫村	28	男	1942 年 7 月
王二妮	滕州市鲍沟镇西皇甫村	22	女	1942 年 7 月
柴同伟	滕州市洪绪镇孔屯村	26	男	1942 年 7 月
赵夫亮	滕州市洪绪镇孔屯村	26	男	1942 年 7 月
王　玉	滕州市荆河街道南关街	15	男	1942 年 7 月
张继明	滕州市荆河街道南关街	45	男	1942 年 7 月
张学喜	滕州市荆河街道南关街	21	男	1942 年 7 月
赵　英	滕州市荆河街道南关街	30	男	1942 年 7 月
刘全宝	滕州市羊庄镇小赵前	28	男	1942 年 7 月
王张氏	滕州市善南街道丁庄	24	女	1942 年 7 月 6 日
张贵彪	滕州市柴胡店镇柴胡村	41	男	1942 年 7 月 8 日
巩现彬	滕州市东郭镇石羊山	52	男	1942 年 7 月 13 日
严　环	滕州市龙泉街道泰山庙	41	男	1942 年 7 月 17 日
赵徐氏	滕州市西岗镇北赵庄	35	女	1942 年 7 月 23 日
李成斌	滕州市鲍沟镇坝前村	25	男	1942 年 8 月
李李氏	滕州市鲍沟镇坝前村	41	女	1942 年 8 月
李小娥	滕州市鲍沟镇坝前村	18	女	1942 年 8 月

姓 名	籍 贯	年 龄	性 别	死难时间
徐黄氏	滕州市鲍沟镇徐村	46	女	1942 年 8 月
赵恒兰	滕州市鲍沟镇徐村	20	男	1942 年 8 月
董圣志	滕州市大坞镇任前	26	男	1942 年 8 月
谢凤菊	滕州市洪绪镇光明村	30	女	1942 年 8 月
丁志玲	滕州市洪绪镇孔屯村	46	男	1942 年 8 月
丁志艳	滕州市洪绪镇孔屯村	30	男	1942 年 8 月
徐延文	滕州市洪绪镇团结村	19	男	1942 年 8 月
葛继宏	滕州市洪绪镇颜楼	48	男	1942 年 8 月
葛学鑫	滕州市洪绪镇颜楼	19	男	1942 年 8 月
赵夫莉	滕州市洪绪镇颜楼	30	男	1942 年 8 月
王清忠	滕州市龙阳镇曾楼村	39	男	1942 年 8 月 1 日
华玉兰	滕州市荆河街道安乐居	21	女	1942 年 8 月 8 日
徐 华	滕州市荆河街道北门里	9	男	1942 年 8 月 9 日
徐宜立	滕州市鲍沟镇	29	男	1942 年 9 月
裴行元	滕州市鲍沟镇裴楼	25	男	1942 年 9 月
马德善	滕州市鲍沟镇吴庄村	21	男	1942 年 9 月
赵培增	滕州市大坞镇任前	16	男	1942 年 9 月
苗朝水	滕州市洪绪镇光明村	32	男	1942 年 9 月
柴艳华	滕州市洪绪镇孔屯村	24	男	1942 年 9 月
柴茂领	滕州市洪绪镇团结村	32	男	1942 年 9 月
柴西存	滕州市洪绪镇颜楼	32	男	1942 年 9 月
王清国	滕州市龙阳镇曾楼村	27	男	1942 年 9 月 3 日
王思珍	滕州市龙阳镇北王村	59	男	1942 年 9 月 7 日
杨三妮	滕州市荆河街道南门里	13	女	1942 年 9 月 15 日
张学德	滕州市东郭镇石羊山	62	男	1942 年 9 月 16 日
马同凤	滕州市东郭镇石羊山	43	女	1942 年 9 月 17 日
郭建山	滕州市龙泉街道董村	58	男	1942 年 9 月 17 日
刘维海	滕州市龙泉街道董村	61	男	1942 年 9 月 17 日
刘维洪	滕州市龙泉街道董村	60	男	1942 年 9 月 17 日
赵文后	滕州市羊庄镇土城	38	男	1942 年 10 月
郭庆石	滕州市荆河街道东十里岗	40	男	1942 年 10 月 2 日
韩大采	滕州市滨湖镇北双井	15	男	1942 年 10 月 12 日
刘永德	滕州市滨湖镇北双井	23	男	1942 年 10 月 12 日
秦存余	滕州市滨湖镇北双井	20	男	1942 年 10 月 12 日

姓 名	籍 贯	年 龄	性 别	死难时间
秦正湖	滕州市滨湖镇北双井	40	男	1942 年 10 月 12 日
史为锁	滕州市滨湖镇北双井	18	男	1942 年 10 月 12 日
王思来	滕州市龙阳镇北王村	39	男	1942 年 10 月 17 日
赵李氏	滕州市龙阳镇西朱仇村	40	女	1942 年 10 月 19 日
屈凡山	滕州市滨湖镇岗头	31	男	1942 年 10 月 22 日
黄金庆	滕州市荆河街道马号居	37	男	1942 年 10 月 26 日
甄宝祥	滕州市鲍沟镇甄洼村	21	男	1942 年 11 月
苏明星	滕州市洪绪镇东赵沟	38	男	1942 年 11 月
丁志峰	滕州市洪绪镇孔屯村	20	男	1942 年 11 月
王道恩	滕州市羊庄镇土城	29	男	1942 年 11 月
刘昭喜	滕州市柴胡店镇刘村	56	男	1942 年 11 月 3 日
王思富	滕州市龙阳镇北王村	38	男	1942 年 11 月 5 日
王宝真	滕州市龙阳镇北王村	32	男	1942 年 11 月 8 日
黄道凤	滕州市荆河街道安乐居	32	女	1942 年 11 月 11 日
张同清	滕州市东郭镇石羊山	36	男	1942 年 11 月 20 日
王玉为	滕州市龙阳镇北王村	52	男	1942 年 11 月 21 日
高文路	滕州市龙阳镇高岭村	42	男	1942 年 11 月 24 日
吕庆伟	滕州市鲍沟镇坝后村	28	男	1942 年 12 月
吕士美	滕州市鲍沟镇坝后村	16	男	1942 年 12 月
吕苏昌	滕州市鲍沟镇坝后村	32	男	1942 年 12 月
王兴玉	滕州市鲍沟镇坝后村	18	男	1942 年 12 月
刘建礼	滕州市鲍沟镇刘西村	31	男	1942 年 12 月
肖洪标	滕州市鲍沟镇刘西村	29	男	1942 年 12 月
肖庆云	滕州市鲍沟镇刘西村	38	男	1942 年 12 月
甄玉宝	滕州市鲍沟镇甄洼村	21	男	1942 年 12 月
甄元启	滕州市鲍沟镇甄洼村	16	男	1942 年 12 月
杜 宾	滕州市羊庄镇杜堂	29	男	1942 年 12 月
朱宝章	滕州市羊庄镇沈井	35	男	1942 年 12 月
高凤铎	滕州市龙阳镇高岭村	21	男	1942 年 12 月 4 日
高凤忠	滕州市龙阳镇高岭村	27	男	1942 年 12 月 4 日
高刘氏	滕州市龙阳镇高岭村	45	女	1942 年 12 月 4 日
高文秀	滕州市龙阳镇高岭村	44	男	1942 年 12 月 4 日
耿纪堂	滕州市龙阳镇谷堆石	23	男	1942 年 12 月 4 日
李文光	滕州市龙阳镇西朱仇村	50	男	1942 年 12 月 5 日

姓 名	籍 贯	年 龄	性 别	死难时间
李赵氏	滕州市龙阳镇西朱仇村	41	女	1942 年 12 月 6 日
严康氏	滕州市龙泉街道泰山庙	40	女	1942 年 12 月 8 日
张正存	滕州市荆河街道马号居	26	男	1942 年 12 月 12 日
王宜友	滕州市龙阳镇北王村	37	男	1942 年 12 月 14 日
董广灿	—	31	男	1942 年
龚鸿义	滕州市	—	男	1942 年
王光美	滕州市	—	—	1942 年
吴庆祥	滕州市荆河街道西门里	—	男	1942 年
孟庆和	滕州市鲍沟镇后汉宫村	37	男	1943 年 1 月
邢佑奎	滕州市鲍沟镇邢寨村	29	男	1943 年 1 月
赵夫友	滕州市洪绪镇东赵沟	30	男	1943 年 1 月
柴春文	滕州市洪绪镇光明村	38	男	1943 年 1 月
柴印武	滕州市洪绪镇光明村	60	男	1943 年 1 月
高 玲	滕州市荆河街道大同	36	女	1943 年 1 月
陈小二	滕州市荆河街道大同	25	男	1943 年 1 月
王顺华	滕州市龙阳镇曾楼村	33	男	1943 年 1 月 11 日
吴 凤	滕州市荆河街道马号居	53	男	1943 年 1 月 16 日
王顺雨	滕州市龙阳镇曾楼村	30	男	1943 年 1 月 21 日
王自全	滕州市鲍沟镇	33	男	1943 年 2 月
朱自明	滕州市鲍沟镇	50	男	1943 年 2 月
孙德华	滕州市洪绪镇东赵沟	32	男	1943 年 2 月
柴同俊	滕州市洪绪镇西赵沟	22	男	1943 年 2 月
孙德河	滕州市洪绪镇颜楼	38	男	1943 年 2 月
姜立洪	滕州市南沙河镇彭王楼	31	男	1943 年 2 月 5 日
马宝江	滕州市南沙河镇彭王楼	26	男	1943 年 2 月 5 日
刘崔氏	滕州市南沙河镇杨杭	28	女	1943 年 2 月 7 日
刘祥彬	滕州市南沙河镇杨杭	41	男	1943 年 2 月 7 日
王长存	滕州市南沙河镇杨杭	12	男	1943 年 2 月 7 日
王学礼	滕州市南沙河镇杨杭	56	男	1943 年 2 月 7 日
杨宝富	滕州市南沙河镇杨杭	27	男	1943 年 2 月 7 日
赵晓金	滕州市荆河街道奎文	3	男	1943 年 2 月 8 日
汪玉汉	滕州市荆河街道奎文	39	男	1943 年 2 月 12 日
杜 涛	滕州市鲍沟镇	24	男	1943 年 3 月
朱存真	滕州市鲍沟镇	30	男	1943 年 3 月

姓　名	籍　贯	年龄	性别	死难时间
李廷玉	滕州市鲍沟镇后汉宫村	39	男	1943 年 3 月
孟庆涛	滕州市鲍沟镇后汉宫村	24	男	1943 年 3 月
徐存贤	滕州市洪绪镇光明村	32	男	1943 年 3 月
柴春洪	滕州市洪绪镇孔屯村	29	男	1943 年 3 月
柴德余	滕州市洪绪镇团结村	29	男	1943 年 3 月
徐道增	滕州市南沙河镇下徐	29	男	1943 年 3 月 5 日
徐继江	滕州市南沙河镇下徐	12	男	1943 年 3 月 5 日
李景太	滕州市柴胡店镇官路口	37	男	1943 年 3 月 12 日
刘福祥	滕州市鲍沟镇小刘庄	21	男	1943 年 3 月 21 日
刘希山	滕州市鲍沟镇小刘庄	22	男	1943 年 3 月 21 日
刘真河	滕州市鲍沟镇小刘庄	17	男	1943 年 3 月 21 日
刘真龙	滕州市鲍沟镇小刘庄	19	男	1943 年 3 月 21 日
郭夫申	滕州市洪绪镇光明村	36	男	1943 年 4 月
王慎水	滕州市洪绪镇西赵沟	37	男	1943 年 4 月
张　岩	滕州市洪绪镇颜楼	34	男	1943 年 4 月
何玉臣	滕州市龙阳镇何岭村	48	男	1943 年 4 月 10 日
李建成	滕州市柴胡店镇官路口	24	男	1943 年 4 月 17 日
王广志	滕州市龙阳镇何岭村	49	男	1943 年 4 月 24 日
张兆磊	滕州市大坞镇大坞村	20	男	1943 年 5 月
韩有昌	滕州市荆河街道通衢街	24	男	1943 年 5 月
张光生	滕州市大坞镇大坞村	25	男	1943 年 5 月
陈何东	滕州市大坞镇大坞村	20	男	1943 年 5 月
生昌福	滕州市大坞镇大坞村	16	男	1943 年 5 月
生克南	滕州市大坞镇大坞村	31	男	1943 年 5 月
生玉群	滕州市大坞镇大坞村	21	男	1943 年 5 月
吴家怀	滕州市大坞镇大坞村	41	男	1943 年 5 月
吴家军	滕州市大坞镇大坞村	36	男	1943 年 5 月
吴家男	滕州市大坞镇大坞村	25	男	1943 年 5 月
吴瑞朴	滕州市大坞镇大坞村	30	男	1943 年 5 月
邓开法	滕州市大坞镇大坞村	31	男	1943 年 5 月
邓龙氏	滕州市大坞镇大坞村	30	女	1943 年 5 月
张庆诸	滕州市大坞镇大坞村	26	男	1943 年 5 月
张庆书	滕州市大坞镇大坞村	30	男	1943 年 5 月
张兆言	滕州市大坞镇大坞村	37	男	1943 年 5 月

姓 名	籍 贯	年 龄	性 别	死难时间
张兆星	滕州市大坞镇大坞村	35	男	1943 年 5 月
张兆伦	滕州市大坞镇大坞村	39	男	1943 年 5 月
张兆贤	滕州市大坞镇大坞村	41	男	1943 年 5 月
张光联	滕州市大坞镇大坞村	23	男	1943 年 5 月
守慎余	滕州市大坞镇大坞村	24	男	1943 年 5 月
张李氏	滕州市大坞镇大坞村	33	女	1943 年 5 月
刘书腾	滕州市大坞镇大坞村	27	男	1943 年 5 月
刘书思	滕州市大坞镇大坞村	23	男	1943 年 5 月
张兆鑫	滕州市大坞镇大坞村	41	男	1943 年 5 月
张泽云	滕州市大坞镇大坞村	23	男	1943 年 5 月
张学礼	滕州市大坞镇大坞村	26	男	1943 年 5 月
张玉喜	滕州市大坞镇大坞村	33	男	1943 年 5 月
于瑞林	滕州市大坞镇大坞村	26	男	1943 年 5 月
张兆吉	滕州市大坞镇大坞村	21	男	1943 年 5 月
张玉东	滕州市大坞镇大坞村	20	男	1943 年 5 月
邵明星	滕州市大坞镇大坞村	31	男	1943 年 5 月
张培青	滕州市大坞镇大坞村	31	男	1943 年 5 月
张王氏	滕州市大坞镇大坞村	30	女	1943 年 5 月
张兆存	滕州市大坞镇大坞村	43	男	1943 年 5 月
张孙氏	滕州市大坞镇大坞村	35	女	1943 年 5 月
张刘氏	滕州市大坞镇大坞村	34	女	1943 年 5 月
张肖氏	滕州市大坞镇大坞村	30	女	1943 年 5 月
张秀成	滕州市大坞镇大坞村	27	男	1943 年 5 月
张玉法	滕州市大坞镇大坞村	21	男	1943 年 5 月
张玉金	滕州市大坞镇大坞村	32	男	1943 年 5 月
张玉真	滕州市大坞镇大坞村	32	男	1943 年 5 月
张召来	滕州市大坞镇大坞村	40	男	1943 年 5 月
张兆继	滕州市大坞镇大坞村	29	男	1943 年 5 月
张兆云	滕州市大坞镇大坞村	25	男	1943 年 5 月
黄德洪	滕州市龙阳镇卧龙村	39	男	1943 年 5 月 1 日
张士亮	滕州市荆河街道柳楼	17	男	1943 年 5 月 6 日
王夺龙	滕州市龙泉街道西大庙	16	男	1943 年 5 月 9 日
何玉宝	滕州市龙阳镇何岭村	50	男	1943 年 5 月 12 日
何文池	滕州市龙阳镇何岭村	46	男	1943 年 5 月 24 日

姓 名	籍 贯	年 龄	性 别	死难时间
韩夫伟	滕州市鲍沟镇	26	男	1943 年 6 月
贺中芝	滕州市鲍沟镇	31	女	1943 年 6 月
宋思洋	滕州市鲍沟镇	51	男	1943 年 6 月
朱广裴	滕州市鲍沟镇	24	男	1943 年 6 月
马召运	滕州市鲍沟镇大刘庄	38	男	1943 年 6 月
张成岭	滕州市鲍沟镇东皇甫村	25	男	1943 年 6 月
赵保华	滕州市鲍沟镇东皇甫村	29	男	1943 年 6 月
徐曰宝	滕州市鲍沟镇徐村	20	男	1943 年 6 月
陈二柱	滕州市北辛街道杏花村	43	男	1943 年 6 月
魏先明	滕州市北辛街道杏花村	34	男	1943 年 6 月
郭全宝	滕州市羊庄镇洪山前	40	男	1943 年 6 月
刘凡成	滕州市羊庄镇洪山前	38	男	1943 年 6 月
陆茂芳	滕州市羊庄镇洪山前	41	女	1943 年 6 月
刘永强	滕州市荆河街道孙楼	42	男	1943 年 6 月 3 日
王福辰	滕州市龙阳镇何岭村	45	男	1943 年 6 月 7 日
何吉文	滕州市柴胡店镇何庄	83	男	1943 年 6 月 10 日
朱绍明	滕州市南沙河镇朱庄村	52	男	1943 年 6 月 11 日
朱宗氏	滕州市南沙河镇朱庄村	49	女	1943 年 6 月 11 日
薛东海	滕州市南沙河镇南街村	34	男	1943 年 6 月 15 日
袁继崇	滕州市南沙河镇南街村	31	男	1943 年 6 月 15 日
袁继友	滕州市南沙河镇南街村	28	男	1943 年 6 月 15 日
袁刘氏	滕州市南沙河镇南街村	43	女	1943 年 6 月 15 日
陈家海	滕州市南沙河镇高庄	36	男	1943 年 6 月 17 日
陈姜氏	滕州市南沙河镇高庄	33	女	1943 年 6 月 17 日
高继立	滕州市南沙河镇高庄	47	男	1943 年 6 月 17 日
王学辰	滕州市龙阳镇何岭村	46	男	1943 年 6 月 20 日
王继往	滕州市南沙河镇北王铺	78	男	1943 年 6 月 21 日
高庆表	滕州市南沙河镇前辛章	42	男	1943 年 6 月 22 日
刘传明	滕州市鲍沟镇刘西村	29	男	1943 年 7 月
聂凤池	滕州市鲍沟镇刘西村	42	男	1943 年 7 月
张学田	滕州市东郭镇石羊山	24	男	1943 年 7 月
柴德芳	滕州市洪绪镇光明村	29	男	1943 年 7 月
柴春桂	滕州市洪绪镇孔屯村	53	男	1943 年 7 月
赵永水	滕州市洪绪镇颜楼	37	男	1943 年 7 月

姓 名	籍 贯	年 龄	性 别	死难时间
姚绍礼	滕州市南沙河镇北街村	53	男	1943 年 7 月 11 日
黄德冒	滕州市龙阳镇卧龙村	41	男	1943 年 7 月 19 日
王德辰	滕州市龙阳镇何岭村	43	男	1943 年 7 月 28 日
徐士民	滕州市鲍沟镇	32	男	1943 年 8 月
朱二响	滕州市鲍沟镇褚村	30	男	1943 年 8 月
葛仲玉	滕州市鲍沟镇甄洼村	19	男	1943 年 8 月
赵夫军	滕州市洪绪镇颜楼	26	男	1943 年 8 月
赵夫忠	滕州市洪绪镇颜楼	39	男	1943 年 8 月
刘宗汉	滕州市羊庄镇小赵前	21	男	1943 年 8 月
贾玉强	滕州市荆河街道公园居	21	男	1943 年 8 月 11 日
彭 伟	滕州市荆河街道公园居	33	男	1943 年 8 月 11 日
余 干	滕州市荆河街道公园居	20	男	1943 年 8 月 11 日
张 涛	滕州市荆河街道公园居	27	男	1943 年 8 月 11 日
倪德吉	滕州市柴胡店镇柴胡店村	29	男	1943 年 8 月 20 日
梁 涛	滕州市鲍沟镇	23	男	1943 年 9 月
张敬告	滕州市东郭镇石羊山	28	男	1943 年 9 月
王逢利	滕州市洪绪镇西赵沟	24	男	1943 年 9 月
柴彦标	滕州市洪绪镇颜楼	28	男	1943 年 9 月
柴兆海	滕州市洪绪镇颜楼	29	男	1943 年 9 月
孔凡埂	滕州市西岗镇花庄	60	男	1943 年 9 月 10 日
李小亮	滕州市荆河街道南门里	8	男	1943 年 9 月 14 日
赵来益	滕州市龙阳镇何岭村	46	男	1943 年 9 月 21 日
杨则兵	滕州市荆河街道马号居	52	男	1943 年 10 月 2 日
陈长仗	滕州市滨湖镇岗头	25	男	1943 年 10 月 6 日
彭宋氏	滕州市南沙河镇前房村	26	女	1943 年 10 月 11 日
彭宪友	滕州市南沙河镇前房村	12	男	1943 年 10 月 11 日
赵二娃	滕州市南沙河镇前房村	12	男	1943 年 10 月 11 日
马召永	滕州市鲍沟镇大刘庄	31	男	1943 年 11 月
邢计田	滕州市鲍沟镇邢寨村	22	男	1943 年 11 月
苏元胜	滕州市洪绪镇光明村	37	男	1943 年 11 月
刘传刚	滕州市洪绪镇颜楼	34	男	1943 年 11 月
韦德艳	滕州市洪绪镇颜楼	26	男	1943 年 11 月
刘庆瑶	滕州市柴胡店镇刘村	40	女	1943 年 11 月 2 日
刘广敏	滕州市柴胡店镇刘村	46	女	1943 年 11 月 7 日

姓　名	籍　贯	年　龄	性　别	死难时间
颜世礼	滕州市鲍沟镇刘东村	29	男	1943 年 12 月
郝吉平	滕州市羊庄镇小赵前	30	男	1943 年 12 月
满树雨	滕州市羊庄镇小赵前	25	男	1943 年 12 月
李小亮	滕州市荆河街道北门里	9	男	1943 年 12 月 4 日
沈祥水	滕州市荆河街道平等居	20	男	1943 年 12 月 4 日
殷照恩	—	—	男	1943 年
郭佑生	滕州市	—	男	1943 年
吴庆福	滕州市荆河街道西门里	—	男	1943 年
柴同喜	滕州市洪绪镇颜楼	51	男	1944 年 1 月
赵永生	滕州市洪绪镇颜楼	36	男	1944 年 1 月
王凤草	滕州市龙阳镇何岭村	50	男	1944 年 1 月 21 日
陈宝青	滕州市龙阳镇南张庄	33	男	1944 年 2 月
陈庆文	滕州市龙阳镇南张庄	20	男	1944 年 2 月 2 日
徐桂波	滕州市荆河街道平等居	30	男	1944 年 2 月 4 日
甘　友	滕州市荆河街道安乐居	27	男	1944 年 2 月 7 日
高培英	滕州市荆河街道平等居	62	女	1944 年 2 月 13 日
柴召芳	滕州市洪绪镇光明村	45	男	1944 年 3 月
丁法海	滕州市洪绪镇光明村	48	男	1944 年 3 月
徐怀东	滕州市洪绪镇颜楼	24	男	1944 年 3 月
张　杰	滕州市荆河街道安乐居	23	女	1944 年 3 月 8 日
魏殿洪	滕州市龙阳镇尚河圈	40	男	1944 年 3 月 8 日
沈林勤	滕州市荆河街道南门里	62	男	1944 年 3 月 13 日
王学文	滕州市南沙河镇魏村	60	男	1944 年 3 月 19 日
王友展	滕州市龙阳镇何岭村	47	男	1944 年 3 月 21 日
丁贵臣	滕州市洪绪镇光明村	20	男	1944 年 4 月
柴茂堂	滕州市洪绪镇西赵沟	40	男	1944 年 4 月
徐延山	滕州市洪绪镇颜楼	41	男	1944 年 4 月
苏清武	滕州市洪绪镇光明村	42	男	1944 年 5 月
赵永国	滕州市洪绪镇颜楼	29	男	1944 年 5 月
杜新田	滕州市羊庄镇杜堂	39	男	1944 年 5 月
颜敏志	滕州市荆河街道安乐居	39	男	1944 年 5 月 6 日
刘　水	滕州市荆河街道孙楼	42	男	1944 年 5 月 6 日

姓 名	籍 贯	年 龄	性 别	死难时间
张士先	滕州市柴胡店镇柴胡店村	36	男	1944 年 5 月 7 日
赵李氏	滕州市荆河街道南门里	38	女	1944 年 5 月 12 日
孙 波	滕州市荆河街道奎文	50	男	1944 年 5 月 20 日
柴春龙	滕州市洪绪镇光明村	30	男	1944 年 6 月
司永生	滕州市洪绪镇颜楼	38	男	1944 年 6 月
刘传川	滕州市羊庄镇陈村	50	男	1944 年 6 月
杜继言	滕州市羊庄镇杜堂	40	男	1944 年 6 月
王金书	滕州市羊庄镇土城	28	男	1944 年 6 月
王士杰	滕州市龙阳镇李庄	—	男	1944 年 6 月 1 日
翟来法	滕州市柴胡店镇柴胡店村	11	男	1944 年 6 月 5 日
张来田	滕州市柴胡店镇柴胡店村	27	男	1944 年 6 月 5 日
张 玲	滕州市荆河街道安乐居	27	女	1944 年 6 月 7 日
张兆祥	滕州市荆河街道安乐居	47	男	1944 年 6 月 9 日
张大友	滕州市张汪镇小张庄	20	男	1944 年 6 月 15 日
曹召顺	滕州市南沙河镇北街村	39	男	1944 年 6 月 17 日
孙迈亮	滕州市南沙河镇北街村	27	男	1944 年 6 月 17 日
孙迈明	滕州市南沙河镇北街村	12	男	1944 年 6 月 17 日
孙张氏	滕州市南沙河镇北街村	27	女	1944 年 6 月 17 日
王宝路	滕州市南沙河镇北街村	36	男	1944 年 6 月 17 日
杨玉国	滕州市南沙河镇北街村	31	男	1944 年 6 月 17 日
翟凤智	滕州市鲍沟镇刘东村	30	男	1944 年 7 月
孙晓麟	滕州市洪绪镇颜楼	38	男	1944 年 7 月
赵永山	滕州市洪绪镇颜楼	37	男	1944 年 7 月
张宝库	滕州市羊庄镇杜堂	38	男	1944 年 7 月
李传财	滕州市荆河街道后十里岗	41	男	1944 年 7 月 2 日
张兆斌	滕州市荆河街道安乐居	21	男	1944 年 7 月 10 日
颜世昌	滕州市鲍沟镇刘东村	30	男	1944 年 8 月
甄洪清	滕州市鲍沟镇甄洼村	13	男	1944 年 8 月
甄汇清	滕州市鲍沟镇甄洼村	17	男	1944 年 8 月
柴彦清	滕州市洪绪镇颜楼	32	男	1944 年 8 月
葛保进	滕州市洪绪镇颜楼	36	男	1944 年 8 月
张宝明	滕州市羊庄镇杜堂	44	男	1944 年 8 月

姓 名	籍 贯	年 龄	性 别	死难时间
马训广	滕州市南沙河镇南街村	42	男	1944 年 8 月 4 日
卓裴坚	滕州市南沙河镇南街村	34	男	1944 年 8 月 4 日
卓裴志	滕州市南沙河镇南街村	26	男	1944 年 8 月 4 日
秦福利	滕州市南沙河镇北池村	25	男	1944 年 8 月 9 日
柴召伟	滕州市洪绪镇光明村	30	男	1944 年 9 月
徐德平	滕州市洪绪镇光明村	25	男	1944 年 9 月
王广才	滕州市龙阳镇何岭村	40	男	1944 年 9 月 11 日
曹百明	滕州市羊庄镇陈村	53	男	1944 年 10 月
刘广元	滕州市羊庄镇庄里	35	男	1944 年 10 月
王 虎	滕州市南沙河镇南池	12	男	1944 年 10 月 11 日
王朱氏	滕州市南沙河镇南池	42	女	1944 年 10 月 11 日
王子山	滕州市南沙河镇南池	43	男	1944 年 10 月 11 日
张士武	滕州市鲍沟镇坝前村	32	男	1944 年 11 月
邢国瑞	滕州市鲍沟镇邢寨村	29	男	1944 年 11 月
丁法彬	滕州市洪绪镇光明村	60	男	1944 年 11 月
柴同庆	滕州市洪绪镇颜楼	34	男	1944 年 11 月
黄德金	滕州市龙阳镇卧龙村	51	男	1944 年 11 月 3 日
邓永其	滕州市南沙河镇南池	26	男	1944 年 11 月 9 日
张茂元	滕州市南沙河镇南池	12	男	1944 年 11 月 9 日
黄德吉	滕州市龙阳镇卧龙村	39	男	1944 年 11 月 14 日
刘朱光	滕州市鲍沟镇西皇甫村	30	男	1944 年 12 月
甄承河	滕州市鲍沟镇甄洼村	16	男	1944 年 12 月
许兴家	滕州市羊庄镇土城	23	男	1944 年 12 月
孔凡金	滕州市西岗镇花庄	41	男	1944 年 12 月 1 日
方 晓	滕州市荆河街道北门里	11	男	1944 年 12 月 7 日
张小明	滕州市荆河街道南门里	12	男	1944 年 12 月 7 日
刘 贵	滕州市荆河街道马号居	14	男	1944 年 12 月 13 日
王 凡	滕州市荆河街道幸福园	64	男	1944 年 12 月 13 日
张西角	—	29	男	1944 年
王大山	—	—	男	1944 年
苏元礼	滕州市洪绪镇东赵沟	28	男	1945 年 1 月
张建伟	滕州市洪绪镇东赵沟	46	男	1945 年 1 月

姓 名	籍 贯	年 龄	性 别	死难时间
李凤海	滕州市洪绪镇光明村	39	男	1945 年 1 月
柴茂坤	滕州市洪绪镇孔屯村	25	男	1945 年 1 月
陈晓标	滕州市洪绪镇团结村	65	男	1945 年 1 月
苏沛平	滕州市洪绪镇团结村	23	男	1945 年 1 月
韦德国	滕州市洪绪镇团结村	42	男	1945 年 1 月
柴同文	滕州市洪绪镇西赵沟	30	男	1945 年 1 月
柴德洋	滕州市洪绪镇颜楼	60	男	1945 年 1 月
柴彦喜	滕州市洪绪镇颜楼	45	男	1945 年 1 月
丁贵军	滕州市洪绪镇颜楼	53	男	1945 年 1 月
王成涛	滕州市荆河街道平等居	9	男	1945 年 1 月 1 日
邵小梅	滕州市荆河街道马号居	6	女	1945 年 1 月 2 日
曹 锡	滕州市荆河街道平等居	12	男	1945 年 1 月 2 日
张海生	滕州市荆河街道幸福园	31	男	1945 年 1 月 2 日
李奉天	滕州市荆河街道北门里	35	男	1945 年 1 月 3 日
方晓晓	滕州市荆河街道南门里	11	男	1945 年 1 月 3 日
黄 芳	滕州市荆河街道平等居	11	女	1945 年 1 月 3 日
孟 波	滕州市荆河街道幸福园	39	男	1945 年 1 月 3 日
闵 梅	滕州市荆河街道平等居	10	女	1945 年 1 月 4 日
徐永春	滕州市荆河街道平等居	9	女	1945 年 1 月 5 日
孟宪云	滕州市荆河街道奎文	36	男	1945 年 1 月 6 日
王 明	滕州市荆河街道北门里	12	男	1945 年 1 月 7 日
龙云妮	滕州市级索镇港沟崖	13	女	1945 年 1 月 9 日
彭培高	滕州市龙泉街道前大庙	67	男	1945 年 1 月 9 日
何玉发	滕州市龙阳镇何岭村	47	男	1945 年 1 月 11 日
徐大伟	滕州市荆河街道南门里	62	男	1945 年 1 月 16 日
沈明华	滕州市荆河街道北门里	28	男	1945 年 1 月 23 日
柴彦举	滕州市洪绪镇光明村	36	男	1945 年 2 月
张现贵	滕州市洪绪镇孔屯村	22	男	1945 年 2 月
张现君	滕州市洪绪镇孔屯村	22	男	1945 年 2 月
柴茂凯	滕州市洪绪镇西赵沟	45	男	1945 年 2 月
王明山	滕州市荆河街道南门里	10	男	1945 年 2 月 1 日
龙 业	滕州市级索镇港沟崖	35	男	1945 年 2 月 3 日

姓 名	籍 贯	年 龄	性 别	死难时间
龙红阳	滕州市级索镇港沟崖	26	男	1945 年 2 月 3 日
龙兴红	滕州市级索镇港沟崖	33	男	1945 年 2 月 3 日
李祥征	滕州市荆河街道幸福园	35	男	1945 年 2 月 3 日
朱广富	滕州市南沙河镇冯庄西村	32	男	1945 年 2 月 3 日
朱刘氏	滕州市南沙河镇冯庄西村	—	女	1945 年 2 月 3 日
朱绍友	滕州市南沙河镇冯庄西村	—	男	1945 年 2 月 3 日
朱宗端	滕州市南沙河镇冯庄西村	36	男	1945 年 2 月 3 日
朱秦氏	滕州市南沙河镇冯庄中村	29	女	1945 年 2 月 3 日
朱绍怀	滕州市南沙河镇冯庄中村	27	男	1945 年 2 月 3 日
朱宗山	滕州市南沙河镇冯庄中村	30	男	1945 年 2 月 3 日
邵二孩	滕州市荆河街道马号居	5	男	1945 年 2 月 4 日
徐化水	滕州市南沙河镇河汇村	41	男	1945 年 2 月 5 日
张立贵	滕州市南沙河镇河汇村	48	男	1945 年 2 月 5 日
李玉美	滕州市荆河街道平等居	53	女	1945 年 2 月 23 日
葛永海	滕州市洪绪镇东赵沟	28	男	1945 年 3 月
刘传武	滕州市洪绪镇东赵沟	32	男	1945 年 3 月
孙德兵	滕州市洪绪镇东赵沟	29	男	1945 年 3 月
孙玉平	滕州市洪绪镇东赵沟	42	男	1945 年 3 月
柴春志	滕州市洪绪镇孔屯村	24	男	1945 年 3 月
柴同林	滕州市洪绪镇孔屯村	51	男	1945 年 3 月
柴兆防	滕州市洪绪镇孔屯村	25	男	1945 年 3 月
马兆琴	滕州市洪绪镇孔屯村	30	女	1945 年 3 月
苏清山	滕州市洪绪镇团结村	28	男	1945 年 3 月
王慎存	滕州市洪绪镇团结村	51	男	1945 年 3 月
柴兆品	滕州市洪绪镇西赵沟	39	男	1945 年 3 月
孙宝玉	滕州市洪绪镇西赵沟	28	男	1945 年 3 月
赵 德	滕州市张汪镇安村	46	男	1945 年 3 月 1 日
刘 友	滕州市张汪镇安村	38	男	1945 年 3 月 3 日
李 高	滕州市张汪镇安村	46	男	1945 年 3 月 6 日
刘 伟	滕州市张汪镇安村	42	男	1945 年 3 月 9 日
马大朋	滕州市张汪镇安村	39	男	1945 年 3 月 13 日
朱远明	滕州市张汪镇安村	37	男	1945 年 3 月 19 日

姓 名	籍 贯	年 龄	性 别	死难时间
苏元强	滕州市洪绪镇东赵沟	20	男	1945 年 4 月
唐中存	滕州市洪绪镇东赵沟	20	男	1945 年 4 月
徐存立	滕州市洪绪镇东赵沟	42	男	1945 年 4 月
徐芳坤	滕州市洪绪镇东赵沟	65	男	1945 年 4 月
韦德存	滕州市洪绪镇光明村	37	男	1945 年 4 月
韦德省	滕州市洪绪镇光明村	36	男	1945 年 4 月
韦德同	滕州市洪绪镇光明村	24	男	1945 年 4 月
柴同国	滕州市洪绪镇孔屯村	40	男	1945 年 4 月
柴同河	滕州市洪绪镇孔屯村	38	男	1945 年 4 月
丁法亮	滕州市洪绪镇孔屯村	39	男	1945 年 4 月
丁法明	滕州市洪绪镇孔屯村	28	男	1945 年 4 月
丁法启	滕州市洪绪镇孔屯村	46	男	1945 年 4 月
丁志刚	滕州市洪绪镇孔屯村	53	男	1945 年 4 月
马海洋	滕州市洪绪镇西赵沟	29	女	1945 年 4 月
徐庆林	滕州市洪绪镇西赵沟	23	男	1945 年 4 月
徐庆申	滕州市洪绪镇西赵沟	38	男	1945 年 4 月
柴德胜	滕州市洪绪镇颜楼	24	男	1945 年 4 月
王裕臣	滕州市洪绪镇颜楼	28	男	1945 年 4 月
赵永强	滕州市洪绪镇颜楼	23	男	1945 年 4 月
彭有田	滕州市龙泉街道前大庙	56	男	1945 年 4 月 10 日
柴德迎	滕州市洪绪镇孔屯村	40	男	1945 年 5 月
柴茂珠	滕州市洪绪镇孔屯村	29	男	1945 年 5 月
徐怀平	滕州市洪绪镇颜楼	60	男	1945 年 5 月
唐传朴	滕州市龙泉街道前大庙	32	男	1945 年 5 月 7 日
孙延芳	滕州市洪绪镇东赵沟	22	女	1945 年 6 月
柴彦哲	滕州市洪绪镇颜楼	29	男	1945 年 6 月
柴兆胜	滕州市洪绪镇颜楼	22	男	1945 年 6 月
刘广宇	滕州市柴胡店镇刘村	21	男	1945 年 6 月 3 日
王宝才	滕州市羊庄镇小赵前	21	男	1945 年 7 月
王延伦	滕州市龙泉街道前大庙	46	男	1945 年 7 月 10 日
王洪军	滕州市荆河街道南门里	45	男	1945 年 7 月 12 日
王全才	滕州市羊庄镇小赵前	26	男	1945 年 8 月

姓　名	籍　贯	年　龄	性　别	死难时间
王孟氏	滕州市南沙河镇后仓村	54	女	1945 年 8 月 11 日
王修远	滕州市南沙河镇后仓村	54	男	1945 年 8 月 11 日
张允元	滕州市南沙河镇后仓村	42	男	1945 年 8 月 11 日
张高氏	滕州市南沙河镇前房村	35	女	1945 年 8 月 20 日
张振友	滕州市南沙河镇前房村	34	男	1945 年 8 月 20 日
王洛然	—	—	男	1945 年
康文堂	滕州市	35	男	1945 年
陆家建	枣庄市	32	男	1945 年
张贻光	滕州市	—	男	—
李保东	滕州市荆河街道程庄街	—	男	—
合　计	**13120**			

责任人：李乐坤　李　涛　　　　　核实人：杨军峰　张　艳　　　　填表人：王　斌

填报单位（签章）：滕州市委党史研究室　　　　　　　填报时间：2009 年 5 月 21 日

后　记

在中央党史研究室组织指导下，山东省于 2006 年开展了抗日战争时期人口伤亡和财产损失大型调研活动（以下简称"抗损调研"）。抗损调研的成果之一，是通过全省普遍的乡村走访调查，广泛收集见证人和知情人的口述资料，如实记录伤亡者的姓名、籍贯、性别、年龄、死难时间等信息，编纂一部《山东省抗日战争时期伤亡人员名录》（以下简称《名录》）。《名录》于 2010 年编纂完成后，共收录抗日战争时期日军造成的山东现行政区域范围内的伤亡人员 46.9 万余名。以《名录》为基础，我们选择信息比较完整、填写比较规范的 100 个县（市、区）抗日战争时期死难人员名录，经省市县三级党史部门进一步整理、编纂，形成了《山东省百县（市、区）抗日战争时期死难者名录》，共收录死难者169173 人。

2005 年，中央党史研究室部署开展《抗日战争时期中国人口伤亡和财产损失》这一重大课题的调研工作。考虑到这项课题是一项艰巨复杂的浩大工程，山东省委党史研究室确定先行试点，在取得经验的基础上全面展开。2006 年 3月，山东省委党史研究室在全省 17 个市选择 30 个县（市、区）作为抗损调研试点单位。在中央党史研究室指导下，山东省委党史研究室按照全国调研工作方案确定的指导思想、组织领导、调研项目、工作步骤、基本要求等，制定下发了《山东省抗日战争时期人口伤亡和财产损失调研试点工作方案》。各试点县（市、区）建立了两支调研队伍：一是县（市、区）建立由党史、档案、史志等单位人员组成的档案与文献资料查阅队伍；二是乡（镇）、村建立走访调查队伍。调查的方式是：以村为单位，以 70 岁以上老人为重点，走访调查见证人和知情人，调查人员根据访问情况填写调查表，被调查人员确认填写的内容准确无误后签字（按手印）；以乡（镇）为单位对调查表记录的人员伤亡和财产损失情况进行汇总统计；以县（市、区）为单位查阅历史档案和文献资料，细致梳理人员伤亡和财产损失情况记录，汇总统计本县（市、区）人口伤亡和财产损失情况。试点工作于 7 月底结束。

试点期间，中央党史研究室不仅从方案规划设计，调研方法步骤确定，以及走访调查和档案查阅等各个环节需要把握的问题，给予我们精心指导，而且一再提出把调研工作做成"基础工程、精品工程、警世工程、传世工程"的标准要求，不断提升我们对这项工作的认识高度。

在中央党史研究室的悉心指导下，试点工作不仅取得重要成果，而且深化了我们对抗损调研工作的认识，增强了我们做好这项工作的责任意识。

一是收集了大量历史档案和文献资料，掌握了历史上山东省对抗损问题的调研情况，对如何深化调研取得了新的认识。

试点期间，30 个试点县（市、区）共查阅历史档案 2.36 万卷，文献资料 6859 册，收集档案、文献资料 3.72 万份。主要包括：抗日战争胜利后，山东解放区政府、冀鲁豫解放区政府和国民党山东省政府、国民党青岛市政府对抗日战争时期山东省境内人口伤亡和财产损失所做的调查资料；新中国成立后，为收集日本战犯罪行证据，由山东省人民政府统一组织领导，各级公安、检察机关所做的调查资料；20 世纪五六十年代和改革开放以来，各级党史、史志、文史部门，社科研究单位和民间人士对抗日战争时期发生在山东省境内的人口伤亡和财产损失重大事件所做的典型调查资料等。

通过分析这些资料，可以看到，解放区政府和国民党政府所做的调查，调查时间是抗战胜利后至 1946 年初，调查方法是按照联合国救济总署设定的战争灾害损失调查项目进行的，调查目的在于战后救济与善后，着重于人口伤亡和财产损失的数据统计，其调查覆盖山东全境，统计数据全面、可靠，但缺少伤亡者具体信息的记录。新中国成立后及改革开放新时期的调查，留存了日本战犯和受害人、当事人的大量口供和证词。这些口供和证词记录了伤亡者姓名、被害经过等许多具体信息，但仅限于部分重大事件中的少数伤亡者。据此，我们认识到，虽然通过系统整理散落在各级档案馆、图书馆、博物馆的档案和文献中的历次调查资料，可以在确凿的历史档案、文献资料以及人证、物证等证据的基础上，进一步查明山东省抗日战争时期人口伤亡和财产损失的情况，但还是难以在全省范围内查明伤亡者更多的具体信息。因此，还需要我们做更多的工作。

二是收集了大量见证人、知情人口述资料，掌握了乡村走访调查的样本选择和操作方法，深化了对直接调查重要性的认识。

30 个试点县（市、区）走访调查 19723 个村庄、103.6 万人，召开座谈会 13.13 万人次，收集证人证言 22.42 万份。这些证言证词记载了当年日军的累累罪行。虽然时间已经过去了六七十年，见证人的有些记忆已很不完整、有些仅是片段式的，但亲眼目睹过同胞亲人惨遭劫难的老人们，仍能清晰讲述出其刻骨铭心的深刻记忆；虽然有些村庄已经消失，有些家族整个被日军杀绝，从而导致一些信息中断，但大多数村庄仍然保留有历史记忆，大量死难者有亲人或后人在世。

基于对证言证词的分析，我们认识到：村落是民族记忆的历史载体、家族生活的社会单元，保留着家族绵延续绝的历史信息；70岁以上老人在抗日战争胜利时已有十几岁，具备准确记忆的能力。以行政村为调查样本、以全省609万在世的70岁以上老人为重点人群，采用乡村走访调查的方法，可以收集更多的抗日战争时期伤亡人员信息，以弥补过去历次调查留下的缺憾。

三是查阅了世界其他国家对二战时期死难者调查的文献资料，增强了我们对历史负责、对死难者亡灵负责、对国际社会和人类文明负责的民族担当意识。

试点期间，山东省委党史研究室组织研究人员查阅了世界各国对二战时期死难者调查和纪念的相关资料。"尊重每一个生命，珍惜每一个人的存亡"，在第二次世界大战灾难的调查和纪念中得到充分体现。2004年，以色列纪念纳粹大屠杀的主题是"直到最后一个犹太人，直到最后一个名字"。在美国建立的珍珠港纪念碑上，死难者有名有姓，十分具体。在泰国、缅甸交界的二战遗址桂河大桥旁，盟军死难者纪念公墓整齐刻写着死难者的名字。铭记死难者的名字，抚平创伤让死难者安息，成为国际社会通行的做法。但是，日本全面侵华战争中造成数百万山东人民伤亡，60多年来在尘封的历史档案中记录的多是一串串伤亡数字，至今没有一部记录死难者相关信息的大型专著。随着当事人和见证者相继逝去，再不完成这方面的调查，将会成为无法弥补的历史缺憾。推动开展一次乡村普遍调查，尽可能多地查找死难者的名字、记录死难者的相关信息，既可告慰死难者的冤魂亡灵，又可留存日军残酷暴行的铁证。这是我们历史工作者的良心所在，责任所在！

中央党史研究室对山东试点工作及取得的成果给予充分肯定和高度评价，同意山东省委党史研究室对试点成果的分析和对抗损调研工作的认识，提出了开展山东省抗日战争时期人口伤亡和财产损失大型调研活动的指导意见，并要求努力实现以下两个主要目标：

一是在收集整理以往历次抗损调研成果的基础上，准确查明山东省抗日战争时期人口伤亡和财产损失的情况。即由省市县三级党史、史志、档案等部门具有一定研究能力的人员，广泛收集散落在各地档案馆、图书馆、博物馆的抗损资料，在系统整理、深入分析研究60多年来各级政府、社会团体、研究机构等调查和研究成果的基础上，准确查明山东省抗日战争时期人口伤亡和财产损失的情况；

　　二是开展一次普遍的乡村走访调查，尽可能多地调查记录伤亡者的信息，弥补以往历次调查的不足。即按照统一方法步骤，由乡村两级组成走访调查队伍，以行政村为调查样本、以70岁以上老人为重点调查人群，通过进村入户走访调查，广泛收集见证人和知情人的口述资料，如实记录死难者的姓名、性别、年龄、籍贯、伤亡时间、伤亡原因等信息。

　　在中央党史研究室的指导下，山东省委党史研究室研究制定了《山东省抗日战争时期人口伤亡和财产损失课题调研工作方案》，明确了抗损调研的指导思想、目标任务、方法步骤和保障措施等要求。在中央党史研究室的推动下，山东省成立了由党史、财政、史志、档案、民政、文化、出版、统计、司法等单位组成的大型调研活动领导小组，下设课题研究办公室（重大专项课题组）。

　　2006年10月中旬，山东省抗损调研领导小组研究通过并下发了《山东省抗日战争时期人口伤亡和财产损失课题调研工作方案》及关于录制走访取证声像资料、重大惨案进行司法公证、编写抗损大事记等相关配套方案，统一复制并下发了由中央党史研究室设计制定的"抗日战争时期人口伤亡调查表"、"抗日战争时期财产损失调查表"、"抗日战争时期人口伤亡统计表"、"抗日战争时期财产损失统计表"。

　　各市、县（市、区）按照方案要求进行了筹备部署：

　　一是组织调研队伍。各市、县（市、区）成立了抗损调查委员会，从党史、史志、档案、民政、统计、图书馆等单位抽调10～20名人员组成抗损课题办公室，主要负责本地调研工作的组织协调，历史档案和文献资料的查阅、收集、分析整理、汇总统计等任务。全省共组织档案文献查阅人员3910名。各乡（镇）抽调5～10人组成走访调查取证组，具体承担本乡（镇）各村的走访调查取证工作。全省各乡（镇）调查组依托村党支部、村委会共组织走访调查取证人员32万余名。

　　二是培训调研人员。各市培训所属县（市、区）骨干调研队伍，培训主要采取以会代训的形式，重点推广试点县（市、区）调研工作中的成功做法。各县（市、区）培训所属乡（镇）调研队伍，培训采取选择一个典型村或镇进行集中调研、现场观摩的形式。

　　三是乡（镇）以行政村为单位对辖区内70岁以上老人登记造册，统一印制并向70岁以上老人发放了"抗日战争时期人口伤亡和财产损失入户调查明白纸"，告知调查的目的和有关事项。

2006 年 10 月 25 日，山东省抗损调研领导小组召开了全省抗损调研动员会议。10 月 26 日，走访取证工作在全省乡村全面展开。各乡（镇）走访调查取证组携带录音、录像设备和"抗日战争时期人口伤亡调查表"、"抗日战争时期财产损失调查表"等深入辖区行政村走访调查。调查人员主要由乡（镇）调查组人员和村党支部、村委会成员以及离退休老干部和退休教师组成。调查对象是各村 70 岁以上老人。

调查人员按照"抗日战争时期人口伤亡调查表"设置的栏目，主要询问被调查人所知道的抗日战争时期伤亡者姓名、年龄，伤亡时间、地点、经过（被日军枪杀、烧杀、活埋、砍杀、奸杀、溺水等情节）、伤亡者人数等情况。被调查人讲述，调查人员如实记录。记录完成后调查人员当场向被调查人宣读记录，被调查人确认无误后签名或盖章、按手印，调查人同时填写调查单位、调查人姓名、调查日期。证人讲述的死难者遇难现场遗址存在或部分存在的，调查组在证人指证的遗址现场（田埂、河沟、大树、坟地、小桥、水井、宅基地等）拍摄照片、录制声像资料。至此，形成一份完整的证言证词。

对于文献资料中记载的一次伤亡 10 人以上的惨案，各县（市、区）课题办公室组织党史、档案、史志等部门专业人员进行了专题调查，调查主要采取召开见证人、知情人座谈会的形式，调查过程全程录音、录像。对证言证词准确完整、具备司法公证条件的惨案，司法公证部门进行了司法公证。

为加强对调研工作的协调和指导，确保乡村走访调查目标的实现，山东省抗损课题研究办公室建立了督导制度、联系点制度、信息通报制度。省市县三级抗损课题研究办公室主任负责本辖区调研工作的督查指导，分别深入市、县（市、区）、乡（镇）检查调研工作开展情况。各市抗损课题研究办公室向所属县（市、区）派出督导员，深入乡（镇）、村检查指导调查取证工作，解决遇到的具体问题。省、市抗损课题研究办公室每位成员确定一个县（市、区）或一个乡（镇）为联系点，各县（市、区）抗损课题研究办公室每位成员联系一个乡（镇）或一个重点村，具体指导调研工作开展。为交流经验，落实措施，山东省抗损课题研究办公室编发课题调研《工作简报》150 多期。

截止到 2006 年 12 月中旬，大规模的乡村走访取证工作结束，全省乡村两级走访调查队伍共走访调查 8 万余个行政村、507 万余名 70 岁以上老人，分别占全省行政村总数和 70 岁以上老人总数的 95% 和 80% 以上，共收集证言证词 79 万余份。录制了包括证人讲述事件过程、事件遗址、有关实物证据等内容的大量影像资料，其中拍摄照片 7376 幅（同一底片者计为一幅），录音录像 49678 分钟，制作光盘 2037 张，并对专题调查的 301 个惨案进行了司法公证。

自 2006 年 12 月中旬开始，调研工作进入回头检查和分类汇总调研材料阶段。各乡（镇）调查组回头检查走访调查取证是否有遗漏的重点村庄和重点人群，收集的证言证词中证人是否签名、盖章、留下指纹，证言是否表述准确，调查人、调查单位、调查日期等是否填写齐全。在回头检查的基础上，将有关事件、伤亡者信息等如实记载下来，填写"抗日战争时期人口伤亡统计表"、"抗日战争时期财产损失统计表"。

12 月 16 日，山东省抗损课题研究办公室印制并下发了《山东省抗日战争时期伤亡人员名录》表格。《名录》包括死难人员和受伤人员的"姓名"、"籍贯"、"年龄"、"性别"、"伤亡时间"、"伤亡地点"、"伤亡原因"等要素。《名录》以乡（镇）为单位填写，以县（市、区）为单位汇总，于 2007 年 7 月完成。

自 2007 年 8 月开始，山东省抗损课题研究办公室对各地上报的调研资料进行分类整理和分析研究，发现《名录》明显存在以下不足：一是《名录》收录的伤亡人员数远远少于档案资料中记载的抗日战争时期全省伤亡人数。山东解放区政府和冀鲁豫解放区政府调查统计的山东省平民伤亡人口为 518 万余人，国民党山东省政府和青岛市政府调查统计的全省平民伤亡人口为 653 万余人，《名录》收录的查清姓名的伤亡人员仅有 46 万余人，不到全省实际伤亡人口数的十分之一。分析其中原因，从见证人、知情人的层面看，主要是此次调研距抗日战争胜利已达 61 年之久，大多数见证人、知情人已经去世，加之部分村庄消失、搬迁，大量人口流动，调研活动中接受调查的 70 岁以上老人仅是当时见证人和知情人中的极少部分，而且他们中有些当时年龄较小、记忆模糊，只能回忆印象深刻的部分。从死难者的层面看，主要是记录伤亡者名字信息的家谱、墓碑在"文化大革命"时期大多已被销毁、损坏，许多名字随着时间流逝难以被后人记住。受农村传统习俗的影响，大多数农村妇女没有具体名字，而许多儿童在名字还没有固定下来时就已遇难。许多家族灭绝的遇难者，因没有留下后人而造成信息中断，难以通过知情人准确回忆姓名等信息。二是各县（市、区）名录收录的查清姓名的伤亡人员在人数的多少上与实际伤亡人数的多少不成正比，其中部分县（市、区）在抗日战争时期遭日军破坏程度接近，但所收录的伤亡人员在数量上存在较大差异。主要原因是调研活动的走访调查阶段，各县（市、区）对此项工作的重视程度、投入力量和走访调查的深入细致程度存在较大差异，有些县（市、区）在走访调查中遗漏见证人和知情人，有的在证言证词的梳理中遗漏伤亡者的填写。三是《名录》确定的各项要素有的填写不全，有些填写不完整、不规范。主要原因是，《名录》所依据的"证言证词"记录的要素有许多本身就不完整、不全面，而《名录》填写者来自乡（镇）调查组的数万名调查人员，在填写规范上也难以达到一致。

根据中央党史研究室关于编纂《抗日战争时期中国人口伤亡和财产损失调研丛书》的要求，针对《名录》中存在的主要问题，山东省抗损课题研究办公室于 2009 年初制定下发了《关于编纂〈山东省抗日战争时期伤亡人员名录〉有关要求的通知》（以下简称《通知》）。《通知》要求各市、县（市、区）党史部门以对历史高度负责的精神，集中时间、集中力量，对《名录》进行逐一核实和修订，真正把《名录》编纂成经得起历史检验和各方质疑的精品工程、传世工程、警世工程。《通知》明确了各市、县（市、区）的编纂任务和责任要求，各市委党史研究室负责所辖县（市、区）、高新技术开发区、经济开发区伤亡人员名录补充和核实校订工作的具体部署、组织指导、督促检查和汇总上报工作。各市委党史研究室主任为第一责任人，对本市所辖县（市、区）伤亡人员名录核实校订工作质量和完成时限负总责；确定一名科长为具体责任人，协助第一责任人做好工作部署和组织指导工作，具体做好督促检查和汇总上报工作。各县（市、区）委党史研究室具体负责本县（市、区）伤亡人员名录的补充、核实和校订工作。县（市、区）委党史研究室主任为责任人，对伤亡人员名录的真实性、可靠性负总责。各县（市、区）分别确定 1 至 2 名填表人和核实人。填表人根据《名录》表格的规范标准认真填写，确保无遗漏、无错误。《名录》正式出版后，责任人和填表人、核实人具体负责对来自各方的质询进行答疑。责任人、核实人、填表人在本县（市、区）伤亡人员名录最后一页页尾签名，并注明填报单位和填报时间。

《通知》下发后，各市委党史研究室确定了本市抗日战争时期伤亡人员名录编纂工作第一责任人和直接责任人。全省 140 个县（市、区）和 16 个经济开发区、高新技术开发区共确定了 460 余名责任人、核实人、填表人，并明确了责任。各县（市、区）党史研究室根据《通知》要求，细致梳理调研资料特别是走访调查资料，认真核实伤亡人员各要素，补充遗漏的伤亡人员。部分县（市、区）还针对调研资料中存在的伤亡人员基本要素表述不清、填写不完整等情况，进行实地回访或电话回访，补充了部分遗漏和填写不完整的要素。各县（市、区）抗日战争时期伤亡人员名录补充、核实工作完成后，各市委党史研究室按照《通知》提出的要求，进行了认真审核把关，对达不到要求的，返回县（市、区）进一步修订。

至 2010 年 10 月，全省 140 个县（市、区）和 16 个经济开发区、高新技术开发区共 156 个区域单位全部完成了《名录》的补充、核实和校订工作，共收录抗日战争时期因战争因素造成的、查清姓名的伤亡人员 46 万余名。此后，中央党史研究室安排中共党史出版社对《名录》进行多次编校，但终因《名录》存在伤亡原因、伤亡地点等要素不规范、不完整和缺失较多等诸多因素，未能正式出版。

2014 年初，中央党史研究室组织展开新一轮抗损课题调研成果审核出版工作，并把《名录》纳入《抗日战争时期中国人口伤亡和财产损失调研丛书》第一批出版。按照中央党史研究室的部署要求，山东省抗损课题研究办公室组织力量对 2010 年整理编纂的《名录》再次进行认真审核，从中选择死难者信息比较完整、规范的 100 个县（市、区）死难者名录，组织力量集中进行编纂。在编纂中，删除了信息缺失较多的死难者死难原因、死难地点等要素，保留了信息比较完整的姓名、籍贯、性别、年龄、死难时间等 5 项要素。2014 年 8 月，《山东省百县（市、区）抗日战争时期死难者名录》编纂完成后，山东省抗损课题研究办公室将其下发各市和相关县（市、区）进行了再次核对。

山东省抗日战争时期人口伤亡和财产损失大型调研活动和《山东省百县（市、区）抗日战争时期死难者名录》的编纂工作是一项极其复杂的系统工程。这项工程自始至终按照中央党史研究室设定的调研项目、方法步骤和基本要求开展，自始至终得到中央党史研究室的精心指导，倾注着中央党史研究室领导和专家的智慧和心血；这项工程得到了全省各级各有关部门和广大基层干部的积极支持和热情参与，包含着全省数十万名调研人员的辛勤奉献和全省各级党史部门数百名编纂人员历时数年的艰辛付出。

在调研活动和《名录》编纂过程中，每位死难者的名字，都激起亲历者、知情人难以言尽的惨痛回忆和血泪控诉，他们的所说令人震颤、催人泪下。我们深知：通过系统、详尽、具体的调查，将当年山东人民的巨大伤亡和损失尽可能完整地记载下来，上可告慰死难者的冤魂亡灵，表达后人的祭奠和怀念，下可教育子孙后代"牢记历史、珍爱和平"。我们深感：对发生在六七十年前的巨大灾难进行调查，由于资料散失、在世证人越来越少，调查和研究的难度难以想象，但良心和责任驱使我们力求使调查更加扎实、有力、具体和准确，给历史、给子孙一个负责任的交代。由于对那场巨大的战争灾难进行调查研究，毕竟是一项复杂的浩大工程，需要经过一个长期的研究过程，我们对许多调研资料的梳理还不够细致全面，对调研资料的研究还需进一步深化，我们目前取得的调研成果和研究编纂成果，都与中央党史研究室的要求存在一定差距。我们将以对历史负责、对人民负责、对死难者负责、对子孙负责的态度，不断深化研究，陆续推出阶段性研究成果，为推动人类和平和文明进步作出应有的贡献。

山东省抗损课题研究办公室
山东省委党史研究室重大专项课题组
2014 年 8 月